PREMIÈRE PARTIE

# VIES ANTIQUES

## DU bx [PAPE] URBAIN V

[Par des auteurs contemporains et autres
antérieurs au XVIe siècle].

[*L'auteur a laissé en blanc la place des préfaces respectives à chacune de ces Vies antiques. Pour les rédiger, l'éditeur n'a trouvé que des notes souvent informes. Tout en les coordonnant et en les complétant, il s'est imposé la loi d'en respecter le plus possible la facture. On y trouve de précieuses indications; puissent-elles renseigner suffisamment sur les sources manuscrites et imprimées de ces documents*]

[*Pour cette première Vie, M. Albanès a mis à contribution cinq manuscrits, désignés dans les variantes par les lettres A à E :*

A. Paris, Bibliothèque nationale, ms.] lat. 14617, anc. S. Victor 267, cartac., *écrit au commencement du XV*e *siècle; où, après divers ouvrages de droit, vient (f*o *162)* Cronica Martiniana, cum continuatione, *jusqu'à la mort de Clément VII (1394); le ms. est écrit peu après, eâdem manu. Il y a toutes les longues Vies des Papes d'Avignon. [Celle d'Urbain V occupe les] ff. 253 v*o *- 265 v*o*.*

B. Paris, Biblioth. nation., ms. lat. 15011, cod. S. Victor 581, anc. 818, *in-4*o *à longues lignes, 552 ff. Contient le* Memoriale historiarum *de* Jean de Saint-Victor (*sur lequel voir* Lelong, [Biblioth. histor. de la France, *1769, t.* II, no] *16985), écrit au XIV*e *siècle et finissant à Jean XXII en 1322 (f*o *494). Au f*o *495 vient la rubrique* : Finis Memorialis historiarum est hic, que vero secuntur ex diversis collegi usque ad modernum papam Paulum II, qui prius vocabatur Petrus natione Venetus.... *Cette continuation commence par Benoît XII et finit proprement par Clément VII ; il y a toutes les longues Vies de* Bosquet. *Après Clément VII, plus que 4 p. 1/2, où on résume Pierre de Luna jusqu'à la mort de Pie II et à la nomination de Paul II. A la p. 495 il y a ces notes* : Hic codex quem Bosquetus vocat regium, quo usus est in editione Pontificum qui in Gallia sederunt[1] (*en effet il y a presque toutes les variantes qu'il indique en marge*). Hujus continuationis author profitetur se fuisse Rome cum successor Gregorii XI electus fuit, p. 532 (in fine Greg. XI : ego ipse tunc Rome existens ut plurimum vidi); fuit Lutetiæ cum..., p. 544 (Vie de Clém. VII : hoc autem posui quia eo tunc Parisius presens eram et ea in propria cognovi) [Baluze, *I, 522*]. *L'écriture de la continuation est du*

---

1. [*Il dit en effet (p. 45 de l'ouvr. cité plus loin):* Idem liber manu exaratus habetur in Bibliotheca Regia, ad calcem Chronicæ Victorianæ quæ Memoriale Historiarum inscribitur, ex illis gestis et alijs Pontificum vitis ad Paulum II. collectus ab incertis auctoribus.]

XV⁰ siècle et toute identique, mais plus récente que celle du ms. [Urbain V comprend les ff.] 512-523 v°.

C. Paris, Biblioth. nation., ms. lat. 4949, anc. Reg. 4725, *pergam., grand in-fol. à longues lignes, 173 ff. écrits primâ manu ad ann. 1322, secundâ ad ann. 1494, exactement comme le n° 15011, dont il paraît une copie. Au f° 1, rubrique :* Cronice compilate in monasterio S. Victoris Parisiensis et Memoriale historiarum appellatur. *F° 152 v° :* Finis... [*comme ci-dessus*]... Venetus. *L'addition commence par Benoît XII. Pour la note dans la Vie de Clément VII, elle est* in textu, *ainsi* : multimode processum. Additio est que sequitur. Dubitans ne actor... ; *tout se suit. Après les longues vies de Grégoire XI et* [de] *Clément VII, il ne reste qu'une p. 1/2 pour Benoît XIII et tous les autres : ce n'est qu'un résumé.* [*Urbain V va du f° 159 à 163.*]

D. Vatican, *cod. Reg. 518, pergam., in-folio à longues lignes. F° 1 :* Incipit Cronica fratris Martini Poloni, dom. pape penitentiarii et capellani, de ordine fratrum Predicatorum ; *au bas :* Alexander Pauli filius Petauius, senator Parisiensis, 1647. *La Chronique jusqu'à Nicolas III semble écrite à la fin du XIII⁰ siècle ; de Nicolas III à la fin de Clément VII tout d'une autre main, la même, fin du XIV⁰ siècle. Les vies de Nicolas III et seq. très courtes, Boniface VIII plus long, les Papes d'Avignon très longues. Dans la vie de Clément VII* [*l'addition publiée par* BALUZE, *c. 522-3 :* Dubitans... evitarent] *continue dans le texte, même main et sans que rien la distingue du reste ; mais à côté, en marge, il y a, eâdem manu :* additio est que sequuntur. *C'est dans cette addition que se trouve la phrase :* Hec autem posui [*comme ci-dessus*]. *Le codex se termine à la fin par la liste des Papes, qui finit à Nicolas III, comme Martin Polonus, item des rois de France et des ducs de Normandie.* [*Urbain V y occupe les ff. 51-7*].

E. Toulouse, *ms. B. 143, petit in-folio, papier, XV⁰ siècle. Contient les grandes Vies de Benoît XII, Clément VI, Innocent VI, Urbain V, Grégoire XI* [et] *Clément VII, quelques opuscules à la fin* [*voir la description de ce ms. dans le* Catalogue gén. d. manuscrits d. biblioth. publ. d. départ., *1885, t. VII, p. 270-1*], *mais rien autre au commencement. Voilà donc ce que j'avais soupçonné, que toutes ces vies sont d'un seul auteur, qui n'a pas commencé avant* ni *continué après, mais a écrit (sous Grégoire XI) ce qu'il a vu... Il y a là beaucoup d'événements* — Foix, Armagnac, etc. — *qui dénotent un auteur Languedocien. Il est évident que ce ms. est celui qu'a suivi* Bosquet ; *très probablement c'est celui qu'il désigne ainsi (p. 45)* : Ex Ms. bibliothecæ Fuxensis, cui inscriptio : Gesta quorundam pontificum Aquitaniæ. [*Le rédacteur du Catalogue cité,* M. A. Molinier, *est de cet avis.*

*Comme il vient d'être dit, cette Vie a été publiée par François* Bosquet (*alors jurisconsulte à Narbonne, mort évêque de Montpellier*) *dans ses* Pontificvm Romanorvm qvi e Gallia orivndi, in ea sedervnt, historia ab a⁰ Chr. 1305 ad aᵐ 1394, ex mss. codicibvs nvnc primùm edita et notis illustrata (Parisiis, *1632), p. 142-97 ; puis par Etienne* Baluze, *dans ses* Vitæ paparum Avenionensium, *1693, t. I, c. 363-98* (Editio Bosqueti collata cum vetustis codicibus mss.) *Ce dernier texte a été littéralement reproduit par* Muratori, Rerum Italic. script., *1734, t. III, part.* II, *c. 610-29. M. Albanès avait recueilli les passages de l'auteur de nature à permettre de l'identifier ; il a mis simplement dans le plan de cet ouvrage :* « Vie latine écrite par un languedocien, anonyme, c'est la plus complète ».]

## PRIMA VITA

### AUCTORE ANONYMO SYNCHRONO

Urbanus Papa quintus, natione Gabalitanus [1], de loco de Grisaco, diocesis Mimatensis, [2] Avenione fuit electus in Papam die XXVIII mensis Octobris, anno Domini M.CCC.LXII, et die VI mensis Novembris immediate sequentis consecratus et coronatus [3].

Hic prius vocatus est Guillelmus Grimoardi, cujus pater fuit Grimoardus miles. Et in adolescentia sua sub habitu monastico Domino voluit famulari, fuitque receptus in

---

Variæ lect. 1. *Bosq. cum* E Gallicanus. — 2. *Bosq. et Bal. addunt post dictum* Innocentium VI. — 3. *Codd.* B C confirmatus et coronatus.

monachum in prioratu de Chiriaco [1], dictæ diocesis, a monasterio Sancti Victoris Massiliensis dependente; ubi postquam fuit instructus in regularibus observantiis, se transtulit ad studia litterarum, in quibus adeo diligenter institit et insudavit, quod demum fuit effectus solemnis doctor decretorum, legitque ex tunc multis annis tam in Montepessulano quam in Avenione. Tandem vero suis suffragantibus meritis, primo ad monasterium Sancti Germani Antissiodorensis, postea vero ad monasterium prædictum Sancti Victoris Massiliensis, sub quo primitus ordinem Sancti Benedicti professus extiterat, promotus fuit, et abinde assumptus in Papam. Seditque annis octo, mense uno, et diebus viginti [2].

Modus autem suæ assumptionis, seu [3] electionis, magis a Deo quam ab homine videtur processisse; attento præsertim quod dicta sede Apostolica tunc vacante, erant in collegio Cardinalium multi valentes et sufficientes viri, qui tamen, ut creditur, Deo sic disponente, concordare nequiverunt ut ipsorum aliquis eligeretur. Sed post satis diuturnam vacationem, habentes aspectum ad merita, virtutes, et sufficientiam ipsius [4], de quibus magnam experientiam habuerant, cum inter ipsos in plerisque officiis deputatus, longis temporibus fuisset conversatus, in eum pro tunc absentem, in partibus Neapolitanis pro negotiis [5] Ecclesiæ Romanæ existentem, sua vota direxerunt. Non tamen ea publicaverunt, donec et quousque [6] ipse personaliter ad ipsos venit, hæsitantes an electioni hujusmodi suum vellet præbere consensum; quem [7], licet cum timore et tremore, præstitit [8], nolens divinæ et eorum contraire voluntati. Fuitque per eos intronizatus, debitis et solitis solemnitatibus observatis.

In hac autem electione fuit præsens et tanquam in ipsa vocem habens, admissus et in [9] conclavi cum aliis Cardinalibus introductus dominus Androinus de Rocha, prius abbas Cluniacensis, qui per dominum [10] Innocentium papam VI. factus fuerat presbyter Cardinalis, cum tamen nondum haberet titulum, nec vivente dicto Innocentio in

---

1. *A D* Chiraco, *B* Chyriaco. — 2. *Ita Codd.; Bosq. et Bal. cum E* novemdecim. — 3. *B C non habent* assumptionis, seu. — 4. Ipsius *ex Codd., excepto C.* — 5. *B C in* negotiis. — 6. *A B C* donec quousque. — 7. *Bosq.* qui. — 8. *B C* tremore consensit. — 9. *Bosq.* admissus est in. — 10. *Bosq. Bal. A D E* per dictum.

consistorio fuerat installatus; intravit enim primo Curiam dum dictus Innocentius laborabat in extremis, imo et quasi hora qua [1] moriebatur. Quod ideo notanter hic inserendum duxi, ut appareat quod sola assumptio, seu promotio ad Cardinalatum, dat vocem in electione Papæ, et non tituli assignatio. Et hoc expresse denotat regularis seu communis observantia, quæ habet quod noviter promoto ad dictum statum per Papam, clauditur os antequam sibi titulus assignetur; sicque manet ore clauso, et vocem in nullo habens, donec demum sibi aperiatur; et tunc sibi titulus assignatur. Per quod, ut [2] in posterum loquatur, vocemque liberam habeat tam in dicta electione quam in aliis actibus ad statum hujusmodi pertinentibus, tribuitur eidem et conceditur facultas quæ per dictam oris clausuram suspensa fuerat et effectualiter interdicta. Hoc etiam denotat verbum *claudere*, quod non potest locum habere nisi in re jam aperta. Et ita pro vero et indubitato, et de jure, tunc tentum, habitum, et determinatum extitit concorditer per dominos Cardinales.

Dictus autem Urbanus Papa modo præmisso electus, consecratus, et coronatus, satis cito post dominum Guillelmum Bragose, Sancti Georgii [3] ad Velum aureum diaconum Cardinalem, ac majorem Pœnitentiarium, virum utique satis grandævum, qui perprius in studio Tolosano doctor decretorum solemnis existens, annis pluribus cathedram doctoralem, ad perutilem instructionem seu informationem plurimorum rexerat, in presbyterum Cardinalem ordinavit, sibique titulum presbyteralem assignavit, videlicet Sancti Laurentii in Lucina. Ad quod faciendum præcipue motus extitit ratione officii [4] Pœnitentiariæ, quod presbytero magis quam diacono convenire judicavit.

Ad ecclesiam insuper Avenionensem, quæ diu pastore caruerat, cum per duos prædecessores suos [5], pro suis et Ecclesiæ necessitatibus vacans quasi [6] continue retenta fuisset, promovit dominum Anglicum [7] Grimoardi, priorem Diensem [8], fratrem suum, de quo quasi communiter dicebatur, quod in omni probitate et [9] honestate, religionis

---

1. *B C* quasi post horam qua. — 2. *Bosq.* assignatur, et ut. — 3. *Bosq.* S. Gregorii. — 4. *Bosq.* Romano officio. — 5. *B C* duos successores suos. — 6. *Def.* quasi *in B C*. — 7. *B C D* Angelicum. — 8. *Codd et Bosq.* Dignensem, *erronèe*. — 9. Et, *ex Codd.*

observantia ac discretione, seu circumspectione naturali, cum litteratura convenienti, ordo suus, scilicet Canonicorum regularium, etsi sibi pares haberet, paucos tamen, excedentes vero nullos. Qui etiam suo tempore et successive, ultra bona multa quæ fecit in ecclesia memorata, in Avenione a solo ædificavit monasterium cum officinis et habitationibus necessariis pro monialibus de Furnis, ordinis Sancti Benedicti, quæ prius erant ab extra collocatæ in loco campestri et aperto, deditque eis multa bona, et reliquias aliquorum sanctorum, et specialiter bracchium [1] sanctæ Luciæ munitum et incassatum in argento. In Aptensi etiam civitate, a solo ædificavit, et etiam dotavit monasterium monialium ordinis Cisterciensis, et in Montepessulano collegium [2] Canonicorum regularium, sub nomine Sancti Rufi, in quo constituit certum numerum canonicorum qui Deo ibi deservirent [3], et nihilominus intenderent circa studia litterarum; dotavitque collegium hujusmodi redditibus et proventibus satis sufficientibus ad sustentationem dictorum canonicorum; quibus etiam providit de pluribus bonis libris, ac aliis ornamentis pro divino servitio et sui continuatione studii necessariis et opportunis.

Et eodem currente tempore [4] fuit prælium inter Johannem, comitem Armaniaci et Gastonem comitem Fuxi [5]; in quo idem Gasto extitit victor, habuitque captivos tam dictum Johannem quam fere omnes majores et notabiliores [6] bellatores suos. Fuerunt etiam multi ex utraque parte interempti.

Post dictam etiam promotionem Urbani Papæ, ad ipsum satis cito venerunt Johannes Francorum, Petrus Cypri, et Daciæ Reges, causa ipsum visitandi sibique reverentiam exhibendi. Qui demum cum suis voluntate, deliberatione et consilio, ad faciendum generale passagium ultramarinum, et specialiter contra Turcos, se mutuo astrinxerunt; fueruntque cum multis magnis [7] notabilibusque viris signati cruce per dictum Papam. Qui etiam pro tunc crucem [8] contra dictos Turcos prædicavit, ordinans dictum generale passagium, cujus Capitaneum constituit præfatum

---

1. *Bosq. omisit* bracchium. — 2. *Bosq.* monasterium. — 3. *Ita A B D.* — 4. *B C* eodem tempore durante. — 5. *Ita A B D.* — 6. *B* nobiles, *C* notabiles. — 7. *Bosq. et Bal.* cum multis aliis magnis. — 8. *B C D non habent* crucem.

Johannem Francorum Regem, personaliter onus hujusmodi in se suscipientem. Cui etiam adjunxit dominum Thaleyrandum de Petragorio [1], episcopum Albanensem [2] Cardinalem, quem Legatum de latere ordinavit secum profecturum, pro passagii [3] hujusmodi prosecutione. Fuitque pro tunc de consensu unanimi prædictorum missus dictus Petrus Rex Cypri ad partes Occidentales, causa exhortandi et inducendi earum principes [4], ut vellent se adstringere [5] ac disponere ad passagium memoratum.

Circa idem tempus Johanna regina Siciliæ nupsit cum Jacobo rege Majoricarum, verbo tenus, cum regnum suum totaliter teneretur per regem Arragonum.

Eodem tempore dictus Urbanus processus suos fecit contra Barnabovem et Galeacium de Vicecomitibus Mediolani, qui pro tunc occupabant aliquas terras ad jus et dominium, seu proprietatem, Romanæ Ecclesiæ pertinentes ; sed demum, interponentibus se aliquibus, actum est de concordia inter eos. Pro cujus tractatu, et etiam regimine dictarum terrarum et aliquarum aliarum terrarum, missus est ad partes Italiæ Legatus de latere præfatus dominus Androinus de Rocha, tituli Sancti Marcelli presbyter Cardinalis, per cujus ministerium facta fuit pro tunc dicta concordia inter eumdem Papam [6] et dictos Mediolanenses [7], fueruntque ipsi sibi et Ecclesiæ reconciliati.

Pro tunc etiam fuit quidam nobilis Alamannus [8], dictus Adulphus de Marcha, qui mirabiliter et inaudite Romanam Ecclesiam decepit atque illusit. Fuerat enim per eam primo ad Monasteriensem, et demum ac successive ad Coloniensem promotus ecclesias ; quibus cum aliquandiu præfuisset, licet nondum in sacris constitutus, se ad laicalia vota transferens, præfatæ Coloniensi ecclesiæ, cui ultimo præsidebat, renuntiavit libere matrimonium contrahendo ; cui per dictum Urbanum datus fuit in successorem [9] Engelbertus, tunc episcopus Leodiensis [10].

Anno Domini M.CCC.LXIV [11], in mensibus Januarii, Februarii et Martii, fuerunt quasi generaliter frigora inten-

---

1. *Bosq. cum* E Petragoriis. — 2. *B C D* Albiensem. — 3. *Malè interpunxit Bosq.* profecturum. Pro passagii... — 4. *B C* principes eorum. — 5. *Bal. cum B C* accingere. — 6. *Bosq.* inter dictum P. — 7. *A B C* et dictum Mediolan. ; *D* et dñm Mediolan. — 8. *Bosq. cum* E nob. Alcovianus ; *B C* nob. Almanus ; *dein B* Adiephus. — 9. *D* in successionem. — 10. *Bosq.* Engilbertus Leodiensis. — 11. *A D* Anno LXIV.

sissima, geluque fortissimum, adeo quod tam Rhodanus quam alia flumina constricta fuere, quod super eis equites et quadrigæ, etiam multum oneratæ, transitum haberent solidum et securum. Duravitque in tantum quod ejus nimia rigiditate, seu fortitudine, vites et arbores fructiferæ, et præsertim amigdali [1] et olivæ quam plurimæ, fuerunt perditæ et totaliter mortificatæ, seu desiccatæ, imo et multæ per medium scissæ et confractæ.

Eodem tempore, sociales quamplurimi totum fere regnum Franciæ, et præsertim in lingua Occitana, occupabant, discurrebant, et totaliter destruebant, cum in ipso detinerent loca multa, imo et de die in diem alia noviter capiebant, pro suæ libito voluntatis; a quibus nec expelli poterant, nec etiam erat qui eorum posset resistere potestati; fiebantque per ipsos damna et mala infinita in personis, locis, et rebus, tam ecclesiasticis quam mundanis [2]. De quibus dictus [3] Urbanus Papa, prædictis ad sui notitiam et auditum perductis, valde doluit atque stupuit [4]; ac regno, locis, et personis ex his afflictis et tribulatis [5], pro affectu [6] compatiens eis posse tenus, quantum ad suum spectabat officium, obviare et occurrere decrevit. Fecitque processus ac fulminavit sententias contra ipsos, eorumque fautores et receptatores, ac eis qualitercumque verbo aut facto participantes, sive dantes consilium vel juvamen, ministrantesque ipsis quæcumque victualia aut necessaria, quocumque titulo sive causa. Hortatusque est et induxit omnes fideles, ut adversus eos insurgerent, tanquam contra hostes Christi et fidei, imo et totius generis humani, certas etiam indulgentias spirituales eos persequentibus concedendo.

Quibus ubique divulgatis, ipsis per prius faventes ut plurimum se ab ipsis retraxerunt, ac omnes per eos oppressi et conturbati, adversus eos adeo animati sunt quod alter alterum [7] non expectando, in eos et loca quæ occupabant, unanimiter ac viriliter [8] et subito irruerunt, quod plura loca quæ ad se reduxerant [9], quanquam ut plurimum fortia, et aliqua inexpugnabilia, satis faciliter et cum modicis insultibus per eos capta sunt et demolita, ac demum in eis

---

1. A agandali. — 2. *Codd.* et mundanis. — 3. B prædictus. — 4. Atque stupuit, *ex B C.* — 5. B C et turbatis, *cum Bal.* — 6. *Bal.* pio affectu. — 7. B C quod alter alterum, *ex quibus Bosq. et Bal.* — 8. B C ac se viriliter, *Bosq. et Bal.* ac sic viriliter. — 9. *Bosq. et Bal. cum E* ad quæ se reduxerant.

inclusi trucidati ; alia vero [1] per longam obsidionem, fame et siti in eis existentes macerati, exire et deserere sunt coacti. Sicque [2] per Dei gratiam et, ut creditur, ob merita dicti Summi Pontificis actum est quod in satis brevi tempore sociales hujusmodi terras et loca quæ sic per eos opprimebantur cum maximo discrimine dimittere, et se ad alia divertere sunt compulsi. Non tamen omnes, cum eorum quamplurimi gladio, igne [3], fame aut inedia fuerunt interempti, prout etiam eorum demerita exigebant ; et sic regio prædicta satis, vel saltem plus solito, in pace quievit.

Anno eodem, die decima septima Januarii, obiit Johannes Rex Francorum in Anglia, ad quam redierat postquam semel fuerat liberatus et Regi Angliæ suo adversario pacificatus, causa perficiendi et totaliter exequendi ea quæ inter ipsos ordinata fuerant et conventa, cum inter ipsos pax sive concordia facta fuerat [4]. Successitque sibi in regno Karolus suus filius primogenitus, dux Normanniæ et Dalphinus Viennensis, qui eodem anno, die decima nona Maii, quæ [5] fuit solemnitas Trinitatis, Remis extitit coronatus.

Eodem tempore fere, nuncii Romanorum venerunt Avenionem ad prædictum Urbanum Papam, petieruntque inter alia ut Romam cum sua Curia se transferret. Qui eorum petitioni benigniter annuit [6], dixitque eis circa eam taliter se facturum [7] quod ipsi deberent merito contentari. Pro tunc tamen circa illud eis aliquid aliud non specificavit.

Anno sequenti, qui fuit LXV, mense Maii, Karolus Romanorum Imperator venit Avenionem, ad dictum Urbanum Papam, cum magna comitiva principum et nobilium Alamannorum, et ornatus insigniis imperialibus. Per ipsum Papam et Cardinales fuit valde notabiliter et honorifice receptus ; et die sancto Pentecostes tunc occurrente, dicto Papa solemniter celebrante, astitit in habitu imperiali, diademate coronatus, in manu dextra sceptrum gestans. Deinde ivit Arelatem, cujus regnum ad ipsum spectabat ; ubi se fecit in Regem per Archiepiscopum coronari [8]. Tandem vero habitis multis colloquiis inter Papam et ipsum tam super statu [9] Ecclesiæ

---

1. *Bosq. et Bal. cum C* alii vero. — 2. *Bosq.* Sic quod. — 3. *B C om.* igne. — 4. *Bosq.* perficiendi eam quæ inter ipsos pax sive concordia facta fuit. — 5. *B C* quæ. — 6. *Bosq.* petitionem ben. audivit. — 7. *Bosq. et Bal.* taliter Deo duce se facturum. — 8. *Omisit Bosq. totam phrasim* Deinde... coronari. — 9. *Bosq.* super factis.

quam Imperii, rediit ad propria cum bonis pace, amore et favore Urbani papæ prædicti.

Paulo vero post [1] recessum dicti Imperatoris, Arnaldus [2] de Servola, vulgariter Archipresbyter de Verniis [3] nominatus, natione Vasco, coadunatis sibi aliis quamplurimis tam propriæ quam aliarum diversarum nationum, tanquam sociales, Alsatiam [4] partem Alamanniæ intraverunt, personas captivando, igne et gladio omnia consumendo. Ex quo inter Principes et incolas Alamanniæ commotio seu turbatio fuit non modica exorta; præsertim quia suspicati sunt quod hæc faciebant [5] de consensu seu conniventia [6] dicti Imperatoris; aggregatique fuerunt ad invicem, et disposuerunt se ad eis viriliter resistendum, ac eis impediendum [7] ne ulterius progrediendo, flumen Rheni possent transire. Quod prædicti audientes, scientesque [8] adversus eos prævalere non posse, retrocesserunt, multis tamen damnis illatis et etiam receptis, et se ad partes Galliæ reduxerunt [9]; ubi satis cito post, per aliquos ex suis crudeliter interfectus est Archipresbyter memoratus, prout etiam ejus demerita bene exigebant.

Et hic notanter inserendum est quod Capitanei talium societatum, ut plurimum morte simili aut crudeliori, tam perprius quam ex post, mortui fuisse referuntur. In quo Deus signanter ostendit, quod malam vitam sectantes, seu ducentes, ad eam similiter finiendam disponuntur, juxta illud Evangelicum: *Qui gladio ferit* [10], *gladio peribit*, etc.

Eodem etiam tempore, cum Leopoldus Dux Austriæ [11], secundo genitus [12] inter suos fratres, filiam Barnabovis de Vicecomitibus Mediolani desponsasset uxorem, Radulphus [13] ejus frater primogenitus, Mediolani existens, de fluxu ventris satis inopinate mortuus est. An autem naturaliter vel dolose, varii varia [14] sunt locuti; hoc autem Dei judicio relinquatur.

Pro tunc etiam Petrus Rex Cypri, videns quod passagium ultramarinum, perprius ordinatum cum Johanne Rege

---

1. *A D* paulo post vero. — 2. *B* Arnoldus. — 3. *D* de Bernus. — 4. *Bosq.* Alcouviam, *E* Alcouriam, *pessimè*. — 5. *B C D* hæc fiebant. — 6. *Bosq.* de convenientia; *B C* de consensu Imp. — 7. *Bosq.* fuerunt se ad invicem viriliter resistendum ac impediendum, *contra Codd.* — 8. *Bal. et C* sentientesque. — 9. *Bosq.* redierunt. — 10. *Ita A D*; *Bosq. et Bal.* feriet, *B C* percutit. — 11. *Codd.* Austericiæ, *C* dux au.ento. — 12. *Bosq.* tertio genitus. — 13. *B* Rodulphus. — 14. *Ita A D*; *Bosq.* multi varii varia; *B C non habent* varii.

Franciæ et aliis supranominatis, progressum seu effectum [1] habere non poterat, propter dicti Johannis Regis, et etiam Cardinalis Legati ad hoc ordinati obitus, qui paulo ante supervenerant, coadunatis sibi quampluribus [2] notabilibus personis ad arma doctissimis, aggressus est Alexandrinam civitatem, eamque vi armorum cepit, die undecima mensis Octobris anni prædicti sexagesimi quinti. Considerans tamen quod ipsam diutius tenere non poterat, cum suus exercitus esset satis modicus, et impotens ad resistendum infidelibus, qui in manu forti et innumera multitudine, adversus eum [3] se disponebant, ipsam dimittere decrevit; et prius bonis ipsius datis in prædam suis commilitonibus [4], eam pro majori parte incendio concremavit, et sic retrocessit ad propria.

Per idem tempus, Philippus, junior inter filios præfati Johannis regis Franciæ, Margaritam filiam Ludovici comitis Flandriæ, relictamque Philippi ducis Burgundiæ, duxit in uxorem. Qui etiam jure sui partagii a dicto Johanne patre suo [5] in donum habuerat ducatum Burgundiæ, qui ad ipsum patrem ratione propinquitatis seu successionis devenerat per obitum dicti Philippi ultimi Ducis, qui obierat nulla ex se sobole relicta. Suam autem dictam uxorem respiciebat universalis successio paterna et avitina, in qua veniebant comitatus Flandriæ, Burgundiæ, Artesii [6], Nivernensis et Restellensis, ac baronia de Salinis. Et idem erat de materna, in qua veniebat ducatus Brabantiæ, post decessum amitæ suæ Ducissæ, de cujus posteritate [7] spes nulla erat. In istorum autem matrimoniali copulatione necessaria fuit Apostolica dispensatio, propter consanguinitatem qua satis de proximo jungebantur; quam memoratus papa Urbanus gratiose et favorabiliter concessit, licet eam perprius regi Angliæ in persona unius ex suis filiis denegasset. In quo nullam sibi fecit injuriam, cum hoc non a justitia, sed a sui mera [8] gratia dependeret; et sic sibi licuit, prout sibi placuit alteri concedere, et sibi denegare.

Et quod sic factum fuerit, a Deo creditur ordinatum. Si enim domus Angliæ ad successiones venisset memoratas, quæ admodum potentes sunt, adeoque latæ quod majo-

---

1. *B C profectum seu effectum.* — 2. *Ita Codd.* — 3. *B adversus eam.* — 4. *B C commilitibus.* — 5. *Bosq. a dicto tempore suo.* — 6. *Deest Artesii in B C.* — 7. *B C posterioritate.* — 8. *Pro mera Bosq. habet* maxima.

rem partem regni circumeunt aut contingunt, aut domus Franciæ statim ex toto absorpta fuisset, aut in tribulationibus, turbationibus, guerris et dissensionibus domus utraque perpetuo remansisset : ex quibus quot mala secuta fuissent, indicant illa quæ hucusque secuta sunt occasione ducatus Aquitaniæ, super quo tamdiu ad invicem disceptarunt. Quibus si modo præmisso dictus Urbanus Papa occurrere et obviare decrevit, quod debuit fecit : primo obviando destructioni regni Franciæ, cujus Reges hactenus continue fuere Romanæ Ecclesiæ manutentores, et speciales defensores; secundo occurrendo turbationibus, guerris, et dissensionibus jam prætactis, cum ad suum spectaret officium talibus viam percludere [1] et eam nullatenus aperire.

Per idem fere tempus fuit prælium inter Karolum de Blesis et Johannem comitem de Monteforti, super ducatu Britanniæ contendentes; in quo dictus Johannes victor extitit, et fuit præfatus Karolus [2] occisus; de cujus canonisatione demum instantissime actum est, ad regis Franciæ procurationem, cum fuerit homo multum virtuosus, honestæ conversationis, et laudabilis vitæ; ferebaturque tam vivens [3] quam mortuus multis miraculis coruscare. Ducatum tamen prædictum per ipsum tunc usque pro majori parte possessum, abinde obtinuit Johannes memoratus, per Regem Angliæ suffultus [4] et adjutus.

Dicto etiam tempore currente, Amedeus comes Sabaudiæ cepit Galliopolim, ipsam eripiens de manibus Turcorum, quam demum tradidit Imperatori Græcorum, consanguineo suo.

Per idem etiam tempus præfatus Urbanus Papa publicavit seu manifestavit suam intentionem super accessu suo et translatione [5] Curiæ versus Romam; destinavitque certos nuntios tam Viterbium, ubi primum declinare et aliquamdiu morari intendebat, quam Romam, causa disponendi et ordinandi necessaria, reparandique sua palatia, et libratas pro dominis Cardinalibus dividendi. Et ad hoc assignavit seu ordinavit terminum, Paschale tempus immediate post secuturum [6].

---

1. *B C D* præcludere. — 2. *B C* dictus Karolus. — 3. *B C D* tam vivus. — 4. *B C D* suffectus. — 5. *B C* in translatione. — 6. *B C* post futurum.

Eodem anno, qui pro tunc currebat LXVI^tus [1], dictus Urbanus Papa die xviii mensis Septembris, quæ fuit feria sexta Quatuor Temporum, tres creavit novos presbyteros Cardinales, videlicet dominos fratrem Guillelmum Sudoris [2], diocesis Tutellensis, ordinis Prædicatorum, tunc episcopum Massiliensem, Anglicum [3] Grimoardi, fratrem suum, tunc episcopum Avenionensem, supra nominatum, et fratrem Marcum de Viterbio, Italicum, tunc generalem ministrum ordinis fratrum Minorum [4].

Postea vero, circa principium anni LXVII [5], ivit ad Montempessulanum, causa videndi et visitandi monasterium quod in honorem Sanctorum Benedicti et Germani a solo suis magnis sumptibus ædificaverat, et solemniter dotaverat pro sustentatione certi et notabilis numeri [6] monachorum jam per eum instituti [7] et ordinati, partim ut divinis insistant officiis, et partim in litterarum studiis vacent pariter et intendant. Ipse etiam tunc [8] in propria altare majus ecclesiæ [9] hujus monasterii [10] consecravit ac magnis privilegiis decoravit, et multis reliquiis, ornamentis, et jocalibus pretiosis adornavit.

Per eadem tempora, cum Petrus rex Castellæ in suos inhumaniter desæviret, nunc unum jugulando, nunc alium mutilando, et quemque suis bonis spoliando, vel alias generaliter eos persequendo, ejusque furore perterriti [11] a suo regno exularent, essetque odium innatum, imo et irradicatum inter eos, saltem pro majori parte, fuit tractatus habitus ut expellerent [12] eum a regno [13]. In quo, consentientibus multis tam nobilibus quam ecclesiasticis et popularibus [14], fuit vocatus, introductus, receptus et admissus in Regem, Henricus comes de Trestamar [15], suus frater naturalis, qui pro tunc a facie ejus fugiens tanquam profugus hinc inde vagabatur ; qui satis subito [16] sequaces multos habuit, et quasi ex toto obtinuit dictum regnum.

---

1. *B* Eodemque anno qui tunc occurrebat MLXVI. — 2. *Ita Codd.; Bal. vero* Sudre. — 3. *B C D cum Bosq.* Angelicum. — 4. *Ita B C D; A cum Bosq.* gen. magistrum ord. Minorum. — 5. *B C* anni M.CCC.LXVII. — 6. *D et notabilis* monasterii. — 7. *Bosq. et Bal.* ibidem instituti. — 8. *Ita Codd.; Bosq. et Bal.* ipse enim tunc. — 9. *Deest* Ecclesiæ *in A C D*. — 10. *Bosq.* hujusmodi monasterio. — 11. *Add. Bosq. et Bal.* quamplurimi a suo regno. — 12. *Bosq.* expelleretur. — 13. *Bosq. et Bal.* a regno suo. — 14. *Bosq. et* particularibus. — 15. *Ita Codd., excepto E; editi* de Trastamara. — 16. *Bosq. et Bal.* satis cito.

Et cum dictum Petrum regem sequeretur, et ille pro tunc non haberet ad quem fugeret, cum perprius fere omnibus fuisset plus quam hostis et capitalis inimicus, clam habuit regnum ipsum deserere ; venitque ad regem Angliæ [1], et Edoardum principem Walliæ et Aquitaniæ, primogenitum suum, thesauros innumerabiles secum ferens, petens eorum consilium et juvamen.

Qui mediantibus thesauris prædictis secum confœderati sunt, sibique favoribus et auxiliis opportunis assistere promiserunt. Pro quorum majore firmitate dedit duas filias suas, quas secum duxerat, in conjuges duobus filiis regis Angliæ memorati ; ordinavitque earum primogenitam, quam recepit Johannes dux Lencastriæ, sibi debere succedere in suo regno, ubi ipsum decedere contingeret sine masculo legitimo et naturali. Quibus peractis, Edoardus [2] princeps prædictus cum magno exercitu armatorum, ipsum secum ducens, dictum regnum intravit, dictoque Henrico victo in prælio, fugæ cum præsidio [3] liberato, vi armorum infra paucos [4] dies ipsum ad statum suum dictique regni sui regimen restauravit ; et sic ipso ibidem relicto triumphator gloriosus ad propria remeavit.

[5] Circa idem tempus, vacavit Ecclesia Cassinensis, quam dictus Papa [6] ad Abbatiam reduxit, prout antiquitus fuerat usque ad tempus Johannis papæ XXII, qui eam in sedem episcopalem erexit. Ad quod faciendum dictus Urbanus motus fuisse dicitur ut religio monachorum nigrorum, qui ibidem exordium habuit, ibi melius servaretur ; quod æstimavit posse fieri sub Abbatis regimine quam Episcopi convenientiori modo.

Eodem anno, scilicet M CCC LXVII [7], die ultima mensis Aprilis, præfatus Urbanus Papa recessit de Avenione, gressus suos dirigens versus Romam. Et cum applicuisset Massiliæ, declinavit ad monasterium Sancti Victoris, cui dudum præfuerat ; quod cum perprius esset satis [8] vetustate consumptum, minareturque ruinam in multis, ex quo ad Papatum assumptus fuerat, multimode fecerat renovari

---

1. *B C non habent* Angliæ, *qui mox* Ebdouardum (*Bosq.* Odoardum), *et dein* Galiæ; *E vero,* Edouardum princ. Vallie ac Equitanie. — 2. *B C E dictus* Edouardus. — 3. *B Bosq. Bal.* fugæ tamen præsidio. — 4. *B C* infra octo dies ; *Bosq. Bal.* intra paucos. — 5. *Deest in B C totus paragr.* Circa idem... modo. — 6. *Bosq. et Bal.* Urbanus papa. — 7. *Ita B C* ; *A cum Bosq.* scilicet LXVII. — 8. *Ita Codd.*

ac reparari, murisque ac turribus altis claudi, circui et fortificari, magnis etiam privilegiis decoraverat, et multis adornaverat reliquiis, jocalibus, et ornamentis pretiosis.

Ibidem insuper existens, die videlicet duodecima mensis Maii anni prædicti, assumpsit in presbyterum Cardinalem dominum Guillelmum de Agrifolio, decretorum doctorem, tunc sedis Apostolicæ notarium, jam sacerdotem. De quo non modicum quamplurimi fuerunt admirati, cum esset satis juvenis, nondum attingens unnum xxviii ætatis suæ, et de ejus promotione, saltem ad illum statum, pro tunc nullatenus speraretur. Sed ad hoc faciendum motus fuisse dicitur consideratione domini Guillelmi de Agrifolio senioris, tituli Sanctæ Mariæ Transtyberim presbyteri Cardinalis, cujus ipse Papa socius et familiaris fuerat, cum in minoribus existebat, et qui post Deum dictæ suæ assumptionis in Papam dicebatur fuisse præcipuus promotor et auctor, cujus dictus Guillelmus [1] nepos existebat. Qui etiam in studio, in quo a sua adolescentia usque tunc versatus fuerat, bonæ famæ, vitæ laudabilis, et conversationis honestæ, ac inter alios suos coætaneos [2] satis esse sufficiens communiter ferebatur ; eratque speciosus forma, statura decorus, et alias bene dispositus ad omne bonum.

Die vero vigesima dicti mensis, idem Urbanus Papa de Massilia exiens intravit mare cum mirabili apparatu galearum et aliorum navigiorum, de quibus honorifice valde sibi providerant Johanna regina Siciliæ, Veneti, Januenses, et Pisani. Itemque [3] suum iter persequens, die quarta sequenti prospere applicuit Januæ, ubi fuit tam in portu quam in civitate per Ducem [4] et cives solemniter receptus et debite honoratus. Et quia pro tunc erant dies Rogationum, instabatque dies Ascensionis Domini, ibidem per illos remanere decrevit ; et interim equitando per dictam civitatem Ecclesiam majorem visitavit, et demum pro sua mansione, descendit ad domum Sancti Johannis Hierosolymitani, in cujus Ecclesia in dicta die Ascensionis Domini solemniter celebravit. Et in crastinum, iter suum continuando, abinde discessit, relicto ibidem domino fratre Marco de Viterbio, tituli Sanctæ Praxedis presbytero Cardinali, pro sedandis

---

1. *Bosq. et Bal. add.* dominus Guillelmus. — 2. *E* inter alios suos Occetanos satis. — 3. *Ita Codd.* — 4. *Deest in B C* per Ducem.

guerris et dissensionibus quæ pro tunc vigebant inter dictam civitatem et Barnabovem [1] de Vicecomitibus Mediolani.

Et divino sibi assistente præsidio, pervenit feliciter ad portum seu plagam [2] Corneti, die quarta mensis Junii subsequentis, circa ortum solis. Ubi mari exiens, sibi obvium habuit dominum Ægidium Alvari Hispanum, episcopum Sabinensem Cardinalem, tunc sedis Apostolicæ Legatum in provinciis illis, concomitatum fere omnibus nobilibus [3] et magnatibus terrarum Ecclesiæ, et prælatis, et aliis quamplurimis armatis aut inermibus, prout eorum cujuslibet conditio, seu qualitas, exigebat. In littore autem parata fuerunt tentoria tam de pannis sericeis quam de frondibus, seu ramis arborum virentium, magna amœnitate decora. Quæ cum dictus Pontifex fuisset ingressus, ac ipsis aliqualiter quievisset [4], parato ibidem altari, missam cum nota solemniter fecit coram se decantari. Qua finita, equum ascendit, venitque Cornetum hora prandii, ad domum Minorum declinando, ubi mansit usque ad in crastinum [5] diei instantis Pentecostes, in qua ipse ibidem solemniter celebravit. Veneruntque ad eum solemnes nuncii Romanorum, pro eorum parte sibi plenum dominium Urbis offerentes, et claves castri Sancti Angeli per ipsos prius detenti secum deferentes. Ab inde autem recedens, die nona dicti mensis intravit Viterbium, ubi fuit cum magno gaudio et solemnitate receptus. Veneruntque ibidem ad eum paulo post tam domini Cardinales, qui post eum per terram iter suum prosecuti fuerant, quam universaliter nobiles et magnates, prælatique et communitates [6] partium Italiæ, de suo adventu congaudentes [7].

Die autem XXIV mensis Augusti immediate suum dictum adventum subsequente, obiit in Viterbio præfatus dominus Ægidius Alvari episcopus Sabinensis Cardinalis, vir utique vitæ laudabilis [8], imo et indelebilis in æternum. Fuit namque Legatus in illis partibus [9] continue fere per quatuordecim annos. Et licet a principio repererit civitates, loca, et castra, et terras quæ ad dominium, jus, et proprietatem Romanæ

---

1. *D* Barnabovam. — 2. *B C* seu flagum Corti, *E* plaiam, *Bal.* plagiam. — 3. *B C et Bal.* notabilibus. — 4. *B cum Bosq.* aliqualiter convenisset. — 5. *Ita A D.* — 6. *B C* prælatique et comites. — 7. *Ita Codd.* — 8. *Bosq.* memoriæ laudabilis. — 9. *Bosq. et Bal.* in dictis partibus.

Ecclesiæ spectabant, sub manibus consistere tyrannorum [1], castris Montis Flasconis et de Montefalco [2] dumtaxat exceptis, tamen divino fretus auxilio sic operatus est, nunc per tractatus amicabiles, nunc vero per insultus hostiles, quod fere omnia ad obedientiam dictæ Ecclesiæ suo tempore suoque ministerio sunt reducta. In quibus etiam castra, rochas, et alias munitiones, ut plurimum, aut noviter fecit ædificari, aut quæ hactenus fuerant, renovari, ut essent inposterum in defensionem [3] fidelibus, rebellibus ad offensionem et terrorem. Fuit insuper homo admodum virtuosus, litterarum scientia præditus, in agibilibus multum circumspectus, corde magnanimus, corpore laboriosus, ac in factis armorum, non omissa pontificali decentia, valde doctus et expertus ; scivitque in omnibus sic et taliter se gerere quod in tota Italia vivens amabatur, aut saltem timebatur. Ipse vero de bonis a Deo sibi datis constituit, dotavit, et fundavit Bononiæ unum solemne collegium pro pauperibus scholaribus regionis suæ ; pluraque alia bona fecit pro salute animæ suæ : ejusque obitus fuit multum toti Ecclesiæ damnosus, et præfato Urbano Papæ displicibilis [4] et dolorosus, præsertim in sui dicti adventus principio, cum speraret in suis agendis per eum ut plurimum [5] dirigi et juvari.

Post vero, paucis elapsis diebus, fuit rumor in Viterbio. Insurrexerunt enim cives contra curiales, domusque aliquorum Cardinalium hostiliter invaserunt ; propter quod tam illi quam fere alii omnes, Italicis exceptis, pro sui securitate se reduxerunt in palatio cum Papa, ubi manserunt per tres dies quibus duravit dictus rumor. Tandem vero dicti cives se male egisse cognoscentes, ac misericordiæ et voluntati Papæ se submittentes, in signum emendæ et culpæ recognitionis omnia arma dictæ civitatis, cum catenis quibus carreriæ [6] claudebantur, detulerunt [7] ; erectisque patibulis in locis in quibus hujusmodi rumor ortum habuerat aut magis invaluerat, in eis culpabiliores suspenderunt. Et sic Papa cum ipsis mite [8] agens, eis pepercit.

---

1. *Omisit Bosq.* tyrannorum. — 2. *B C D* Monteflaco. — 3. *Bosq.* hactenus imposterum in defensionem. — 4. *B C cum Bal. addunt* et honerosus atque dolorosus. — 5. Ut plurimum *ex B.* — 6. *Deest* carreriæ *in B; Bosq. habet* carceriæ. — 7. *Bosq. et Bal. add.* ad dictum palatium portaverunt, *contra Codd.* — 8. *Ita B C, pro quo Bal.* mire, *Bosq.* nunc ; *A C cum ipsis* agens.

rumorque cessavit, nec ex tunc aliquid mali contra dictos curiales egerunt.

Dicto etiam tempore [1], dominus Sugericus Gomecii [2], Archiepiscopus Compostellanus, concertans cum vassallis suis super juribus ecclesiæ suæ, fuit per eos crudeliter interfectus, cum aliquibus officiariis suis.

Dicto Urbano etiam [3] adhuc Viterbii existente, venerunt ad ipsum memoratus Amedeus, comes Sabaudiæ, et Patriarcha Constantinopolitanus, et aliqui alii viri notabiles missi pro parte Imperatoris Constantinopolitani, pro sui parte eidem Papæ promittentes ipsum rediturum ad Romanæ Ecclesiæ unitatem, et super hoc breviter personaliter venturum ad ipsum Papam.

Qui Papa de Viterbio recedens, die decima sexta mensis Octobris Romam intravit, occurrentibus sibi clero et populo Romanis, ipsumque solemniter recipientibus cum ingenti gaudio [4], ac Deum [5] laudantibus de jucundo adventu suo. Postquam vero in Ecclesia Beati Petri suam fecit orationem, ac in cathedra Papali fuit more solito collocatus, declinavit ad palatium suum dictæ Ecclesiæ contiguum, quod perprius vetustate aut inhabitatione quasi consumptum et dirutum [6], saltem quoad tecta, opere mirabili fecit [7] renovari.

Die vero ultima dicti mensis, quæ fuit dies dominica in vigilia Omnium Sanctorum, primum in altari Beati Petri missam solemniter celebravit, et ibidem consecravit in episcopum Sabinensem prænominatum dominum Guillelmum de Agrifolio, qui longis temporibus ante non consecratus, tituli Sanctæ Mariæ in Transtyberim presbyter extiterat Cardinalis. In dicto autem altari, a tempore Bonifacii Papæ VIII non fuerat celebratum, propter diuturnam [8] absentiam Summorum Pontificum qui in ipso tantum sunt soliti celebrare.

Satis cito post introitum suum in Roma, præfatus Urbanus Papa constituit Vicarium generalem, pro regimine terrarum Ecclesiæ, præfatum dominum Anglicum [9] Grimoardi, fratrem suum, jam per ipsum factum episcopum Albanensem Cardinalem, quem hac de causa destinavit

---

1. *Add. Bosq. et Bal.* currente, *dein* Sugerius. — 2. *B et Bosq* Gomerii. — 3. *Deest etiam in B C.* — 4. *Bosq. et Bal.* cum magno gaudio. — 5. *Bosq.* ac demum. — 6. *B C et* diminutum. — 7. *Bosq.* fecerat. — 8. *Bosq. et Bal.* diutinam. — 9. *B C D* Angelicum.

Bononiam, voluitque quod ibi suam continuam faceret mansionem. Destinavit insuper prædictum dominum Guillelmum Sabinensem episcopum Cardinalem ad partes Neapolitanas, causa sedandi discordias et guerras pro tunc vigentes [1] inter principem Tarenti [2] et ducem Andriæ, ex quibus fere tota illa regio mirabiliter turbabatur.

Anno M.CCC.LXVIII [3] jam inchoato, die prima mensis Martii, dictus Urbanus Papa venit ad Ecclesiam Lateranensem ; ubi cum in crastinum in Sancta Sanctorum missam celebrasset, capita beatorum Petri et Pauli, quæ annis multis fuerant recondita, et sub altari in quo missam celebraverat clausa servata, ascendens amphitheatrum dictæ Ecclesiæ ad communem plateam aspectum habens, toti Romano populo ibi astanti exhibuit et ostendit. Et cum theca seu capsa, in quibus pro tunc erant reposita, essent satis modici [4] et parvi valoris, ex tunc alias novas ordinavit fieri pretiosiores. Abinde vero ad Palatium remeavit pacifice et quiete, per Urbem equitando rectamque viam tenendo ; nec obliquavit hinc vel inde, etiam occasione illius fatuæ mulieris quæ aliquandiu Papatum dicitur occupasse, et in eadem via abortum faciendo peperisse refertur, quemadmodum alias nonnulli ex suis prædecessoribus fecisse leguntur.

Præterea eodem mense ad ipsum Romam venerunt Johanna regina Siciliæ, et Petrus rex Cypri superius nominati [5] ; et cum tunc occurrerit Dominica *Lætare Jerusalem*, in qua consuevit dari per Papam rosa aurea viro nobiliori [6] tunc in Curia existenti, dictam rosam memoratæ Johannæ, tanquam nobiliori, majori et excellentiori, licet vir non existeret, dedit, Regi prædicto ipsam in hoc præferendo : quæ more solito demum, cum Cardinalibus et aliis nobilibus per Urbem equitavit.

Eodem anno, tempore æstivo instante, idem Urbanus Papa deliberavit [7] se transferre ad Montemflasconis, ubi aer purus est et sanus ; fecitque ejus palatium utique saltem [8] pro tunc ruinosum, collapsum et deforme, reparari, renovari et mirabiliter adaptari, ac novis officinis decorari. Et cum

---

1. *Bosq.* urgentes. — 2. *Bosq.* Tærentinum. — 3. *A D* Anno LXVIII. — 4. *Bosq.* modicæ. — 5. *B C* superius memorati. — 6. *Ita Codd.*; *Bosq.* nobili, *Bal.* notabiliori ; *B addit* et excellentiori. — 7. *B C* deliberaverat. — 8. *Bosq. et Bal.* satis pro tunc.

locus ipse non haberet aquas potabiles nisi cisternales ab
intra, in medio villae puteum magnum et altum fodi et fieri
fecit, aquam abundanter proferentem. Cumque ad dictum
locum pervenisset, adeo in ipso delectatus est, quod moram
suam in eo se velle facere etiam in aestatibus futuris ordinavit, audientia tamen causarum in Viterbio residente [1],
cum locus ille pro tota Curia non existeret bene capax.
Volens insuper locum ipsum peramplius honorare, sedem
episcopalem in eo constituit, et Ecclesiam collegiatam in
honorem beatae Margaritae dedicatam, ejusdem loci matri-
cem, in Cathedralem erexit, ac a juridictione et subjec-
tione [2] episcopi Balneoregensis, de cujus diocesi perprius
existebat, ipsam eximendo subtraxit, eidem novum Episcopum praeficiendo.

Eodem anno, die XXVI mensis Julii, obiit in dicto loco
dominus Nicolaus de Capocia, episcopus Tusculanus Cardinalis, Romanus, vir utique magnae litteraturae, zelator
maximus justitiae, et pauperum continuus sustentator. Diebus omnibus et singulis [3] per hospitalia panem, vinum,
et alia cibaria, de et in domo [4] sua praeparata, abundanter
faciebat distribui et pauperibus ministrari. Ultra quae de
ipso duo laudabilia notanter referuntur. Primo, quod in
consistoriis et consiliis sic libere et intrepide locutus est,
quod propter neminem, sive praesentem sive absentem,
omisit dicere quod sua conscientia sibi dictabat. Secundo,
cum esset [5] valde practicus in decisione et prosecutione causarum, amore Dei et intuitu pietatis, pauperibus litiganti-
bus, quos sciebat justas fovere causas, consilia dabat, eorum
processus videbat, positiones et articulos ac alia eis ad hoc
opportuna dictabat, formabat et ordinabat; salaria etiam
notariorum, procuratorum et advocatorum, de proprio
administrabat, et etiam quandoque victus necessarios [6],
secundum quod eorum inopia exigebat. De bonis etiam a
Deo sibi datis, in studio Parisiensi fundavit et dotavit notabile collegium pauperum scholarium, quod Sanctae Sophiae [7]
voluit nominari. Fecit etiam multa bona ecclesiae Sanctae
Mariae majoris de Urbe, ubi jacet miraculis coruscando.

---

1. *Ita B C D; A cum Bosq.* audientes t. c. in Viterbio residentes. — 2. *B C*
et subnectione. — 3. *Bosq. et Bal.* diebus enim singulis. — 4. *Ita A C; B C*
de domo. — 5. *B* Secundo, quod esset. — 6. *Ita Codd.* — 7. *Bosq.* S. Sopho-
niae.

Eodem anno, ex ordinatione et voluntate [1] dicti Urbani Papæ, corpus sancti Thomæ de Aquino, quod a tempore obitus sui tumulatum remanserat in monasterio Fossænovæ, ordinis Cisterciensis, ubi decessit, translatum fuit ad conventum Prædicatorum Tolosæ, ubi per ministerium fratris Helyæ Raymundi, tunc generalis Magistri ejusdem ordinis, qui dictum corpus a præfato monasterio, licet cum inani gloria, prius extraxerat [2], fuit sibi sepulchrum miræ pulchritudinis præparatum, habeturque ibi utque in præsens tempus in magnis devotione et veneratione.

Eodem etiam anno, in die Nativitatis beati Johannis Baptistæ, dictus Urbanus Papa, de consilio Cardinalium fratrum suorum, ordinavit quod in missa dictæ festivitatis et per octavas ejusdem diceretur in antea *Credo in Deum* [3], quod perprius non fiebat secundum antiquas regulas. Licet enim non fuerit de numero Apostolorum, non tamen reputandum est ipsis fuisse minor, et sic ejus festivitas in hoc non minus debet [4] honorari.

Eodem anno, die xxii [5] mensis Septembris, quæ fuit feria sexta Quatuor Temporum, præfatus Urbanus Papa in Monteflasconis dominos Guillelmum Judicis Sanctæ Mariæ in Cosmedin, et Stephanum Alberti Sanctæ Mariæ in Aquiro, antiquos diaconos Cardinales, in presbyteros ordinavit; et etiam septem alios [6] in presbyteros Cardinales noviter assumpsit, videlicet: dominum Philippum Cabassole [7] Avenionensem, patriarcham Hierosolymitanensem, Simonem de Langari Anglicum, tunc archiepiscopum Cantuariensem, monachum ordinis Sancti Benedicti, Bernardum de Bosqueto Caturcensem, tunc archiepiscopum Neapolitanum, Johannem de Dormannis [8] Gallicum, tunc episcopum Belvacensem et Cancellarium regis Franciæ, Stephanum de Parisius Gallicum, tunc episcopum Parisiensem, Petrum de Banhaco, diocesis Lemovicensis, tunc Abbatem Montismajoris, et Franciscum de Cabaldesis [9] Romanum, tunc priorem basilicæ Sancti Petri de Urbe.

Eodem anno Leonellus, filius secundo genitus regis

---

1. *B Bosq. et Bal.* ex ordinatione apostolica. — 2. *Bosq. cum E* qui idem corpus in præf. mon. licet cum Mauchla prius erexerat (*E* extraxerat). — 3. *B C* diceretur in missa *Credo*. — 4. *B C D* non inique debet. — 5. *B C* die xii. — 6. *B C* sex alios; *Bosq.* et etiam die septima alios; *Bal.* et eadem die septem alios. — 7. *B C* Cabassolbe; *Bosq. cum E* Cabacolæ. — 8. *Bosq. cum E* de Normannis. — 9. *Bal.* de Thebaldeschis; *sed repugnant Codd.*

Angliæ, Dux Clarentiæ, duxit in uxorem filiam Galeacii de Vicecomitibus Mediolani : venitque ad civitatem Papiensem, in qua modico tempore post supervixit [1].

Eodem anno, mense Octobris, Karolus Romanorum Imperator venit Viterbium, ad dictum Urbanum Papam, ad cujus requestam cum magno exercitu intravit [2] Italiam, invasores et occupatores terrarum Ecclesiæ et oppressores [3] debellaturus. Veniensque Veronam, cum nobilibus de Scala pecuniis et pactis intervenientibus concordavit [4]. Deinde contra Mediolanenses acies suas direxit, sed tandem nihil profecit. Propter quod iter suum continuare habuit versus dictum Papam ; quem cum Viterbii, ut præmittitur, adiisset, ex ordinatione inita [5] versus Romam eum præcessit, ipsumque post sequentem expectavit in introitu Urbis ; ibi, scilicet in porta quæ est juxta castrum Sancti Angeli, de suo equo descendens, stratoris vicem gessit, ac usque ad basilicam Beati Petri, pedester equi Papæ frenum tenens ipsum adextravit, ac demum usque ad altare majus deduxit. Mansitque in Roma, expectando adventum Imperatricis ; quam [6] demum die Omnium Sanctorum in altari Beati Petri, dictus Urbanus Papa, prius inunctam per episcopum Ostiensem Cardinalem, prout moris est, coronavit. Quo facto, dictus Imperator satis cito post recessit de Urbe, versus Boemiam [7] dirigens gressus suos ; secumque duxit ex ordinatione Papæ dominum Guidonem de Bolonia, episcopum Portuensem Cardinalem, quem discedendo de Italia [8] suum vicarium constituit, et in Luca [9] suam mansionem ordinavit.

Dicto etiam anno, die tertia mensis Decembris, quæ fuit prima dominica Adventus Domini, natus est Karolo V regi Francorum filius [10], cui nomen suum, scilicet Karolus, impositum est ; fuitque in ejus nativitate magnum gaudium toti regno, cum pro tunc nulla spes esset quod ipse ulterius prolem esset habiturus.

Anno Domini M CCC LXIX [11], die xv mensis Aprilis, Romæ, dictus Urbanus Papa canonizavit et sanctorum

---

1. *B* ad civitatem capiendam, in qua mod. temp. supervixit. — 2. *Bosq.* intraverat. — 3. *Bosq.* Ecclesiæ et Imperii oppressurus. — 4. *Ita Codd ; Bosq.* deliberavit. — 5. *Bosq.* ex ordin. mutua. — 6. *B C* Imperatoris, quem. — 7. *Ita Codd ; malè Bosq. et Bal.* versus Bononiam. — 8. *Bosq.* cum *E* descendendo de Italia. — 9. *B C* in Lacha. — 10. *Bosq.* natus est Carolus R. F. filius. — 11. *Ita B C ; sed A D* anno LXIX.

confessorum catalogo annotavit sanctum Alziarium, quondam comitem Ariani [1], natione Provincialem, multis et magnis miraculis coruscantem ; in cujus commendationem [2] fecit sermonem valde solemnem, et audientibus multum utilem et ædificativum.

Eodem currente tempore, contigerunt multa magnalia, imo et terribilia, fere in toto mundo. Nam Ludovicus Dux Andegavensis, tunc Locumtenens regis Francorum [3] in partibus Occitanis, conatus est usurpare Provinciæ comitatum ; hostiliter invasit, ac per Rhodanum obsedit ac demum cepit locum de Tarasco [4], abinde ulterius progredi et procedere intendens in usurpatione memorata. Per mediationem dicti Urbani Papæ, qui per nuncios suos circa hæc se interposuit, a suo hujusmodi proposito totaliter destitit, et locum prædictum dereliquit [5].

Henricus etiam comes de Trestamar, frater naturalis Petri regis Castellæ, qui, ut supra scriptum, bello victus in fugamque conversus [6] regnum Castellæ, quod semel usurpaverat [7], fuerat [8] compulsus exire, viribus resumptis, coadunatis sibi aliis quamplurimis ad bella doctissimis, præsertim illis quos dictus Karolus rex Francorum sub ducatu militis incliti Bertrandi de Clakini [9], Conestabularii sui, in ejus subsidium et adjutorium ordinaverat [10], regnum prædictum reintravit, dictumque regem Petrum, qui propter sui tyrannidem ac atrocitatem maximam [11] quas inhumaniter in suos exercuerat [12], paucos sibi fideles habebat, adeo viriliter et intrepide persecutus est, quod satis cito ipsum cepit, ac manibus propriis interfecit ; et ab inde regnum ipsum obtinuit et possedit, nomen Regis sibi etiam [13] assumendo ; nec fuit qui in eis sibi tunc non applauserit, vel saltem attentaverit suæ resistere potestati. Et sic hæreditas Isaac ad Ismaelem est perducta ; quod an juste vel injuste, Dei est discernere, cujus judicia sunt abyssus multa.

Petrus insuper rex Cypri supra sæpius nominatus, qui

---

1. B C Aziani, Bosq. cum E Anciani. — 2. Bosq. in cujus commemorationem. — 3. B C Franciæ. — 4. Deest in Codd. phrasis illa hostiliter invasit ... de Tarasco. — 5. B C totaliter derelinquit. — 6. Ignorant Codd. phrasim qui ut supra... conversus. — 7. Bosq. et Bal. usurpavit. — 8. Codd. a quo fuerat. — 9. B C de Clakin, C de Clœquin, E de Claykin, Bosq. de Clayo. — 10. Bosq. ordinavit. — 11. Bosq. tyr. et atroc. innumeras quas... — 12. Bosq. et Bal. diutius exercuerat. — 13. Bosq. nomen regni sui etiam.

ultra omnes reges et principes suos contemporaneos ad recuperationem et acquisitionem Terræ Sanctæ aspiraverat, et ad hoc alios multos incitaverat et induxerat, pro viribusque suis infideles multimode expugnaverat [1], totus etiam bonus, virtuosus et animosus, velut alter justus Abel vel Joseph innocens, per operationem et machinationem fratrum suorum, fuit malitiose et crudeliter interemptus.

Fuit præterea denuo suscitata guerra inter reges Franciæ et Angliæ, occasione ressorti seu superioritatis Ducatus Aquitaniæ, in quo, absque hujusmodi recognitione, pro tunc dominabatur Edoardus princeps Walliæ [2], qui in signum denegationis superioritatis hujusmodi, etiam se principem Aquitaniæ faciebat nominari. Cumque etiam per ipsum aut officiarios suos in dicto Ducatu gravamina inferrentur, non erat qui provocare præsumeret [3] aut quomodolibet appellare; si quis enim hoc attentaret, gravissime puniebatur personaliter vel in bonis. Ex quo Prælati, magnates, nobiles, communitates, et generaliter omnes dicti Ducatus, se merito gravatos æstimantes, amplius in posterum gravari formidantes, quasi communicato consilio, saltem pro majori parte, deliberaverunt præmissis possetenus obviare. Habueruntque recursum [4] ad regem Franciæ, petentes ut pro sui et eorum juris [5] conservatione, ipsorum oppositiones [6] vellet admittere, eosque appellantes protegere et defendere, loco et tempore opportunis. Qui eorum votis annuens, ipsorum appellationes admittere, eosque protegere ac tueri promisit. Quibus ad sui notitiam perductis, dictus Edoardus fuit turbatus vehementer, indignatusque graviter contra suos subditos memoratos [7], quos occasione hujusmodi incepit multimode prosequi et hostiliter impugnare. Qui sibi resistere non valentes, adversus eum auxilium [8] expetierunt dicti Regis, volentes [9] etiam sub dominio ipsius amplius remanere; ne forte in posterum eis deteriora contingerent, se ex toto sibi submiserunt, reddiderunt et tradiderunt. Quos ipse gratiose recepit, et ad eorum defensionem se disposuit et paravit, per ministerium Ludovici ducis

---

1. *Bosq.* quem infideles multis modis expugnaverant. — 2. *B C* Edouardus princeps Guelliæ. — 3. *Bosq.* qui pro timore præsumeret. — 4. *Bosq.* recessum. — 5. *Deest* juris *in A.* — 6. *B C Bosq. et Bal.* appellationes. — 7. *Deest* memoratos *in B C.* — 8. *Bosq. et Bal.* consilium et auxilium. — 9. *B C cum Bal.* nolentes.

Andegavensis, fratris sui supranominati ; fueruntque occasione hujusmodi in dicto Ducatu hinc inde insultus varii, locorum captiones, cædes hominum, et alia mala et discrimina infinita.

Anno etiam prænotato[1], scilicet M.CCC.LXIX [2], ad dictum Urbanum Papam Romæ existentem venit [3] Johannes Paleologus [4], Imperator Græcorum ; fuitque receptus honorifice et tractatus per dictum Papam et Cardinales paulo minus quemadmodum si fuisset Imperator Romanorum [5]. Qui demum fuit reductus ad Romanæ Ecclesiæ unitatem, juravitque eidem perpetuo obedire ac fidem ipsius servare in futurum. Super quo certam bullam græce et latine conscripsit, et sua bulla aurea sigillavit, quam in archivis Ecclesiæ conservandam dicto Papæ assignavit. Quo expedito, paulo post ad propria remeavit, de dicto Papa a quo gratias et favores multos reportaverat, valde bene consolatus et contentus.

Per idem tempus, præfatus Urbanus Papa tam spiritualiter processus et sententias fulminando, quam temporaliter ipsos manu armata expugnando, processit contra Perusinos, eorumque territorium, pro eo quod sibi et Romanæ Ecclesiæ obedientiam denegando se ab ejus dominio, ad quod pertinebant, malitiose subtrahebant. Cujus occasione et ipsi [6] multa mala passi sunt, et etiam terris et locis dictæ Ecclesiæ [7] eis convicinis intulerunt ; et cum [8] per satellites suos discurrerent ante Viterbium, dicto Urbano ibidem existente, in ejus opprobrium multa ignominiosa et alias fere inaudita perpetraverunt. Deus tamen demum eorum justus vindex extitit : nam ipsorum patratores tandem mala morte perierunt.

Memoratus etiam Urbanus Papa, anno M CCC LXX [9] currente, volens quod in monasterio Cassinensi, in quo, ut supra memoratum est, religio monachorum nigrorum, ex institutione et ordinatione beati Benedicti suum quasi sumpsit exordium, vigeret præcipue, essentque religiosi in ipso vitam exemplarem ducentes, quemadmodum alias

---

1. *Bosq. et Bal.* prænominato. — 2. *A D* scilicet LXIX. — 3. *Bosq. et Bal.* accessit. — 4. *E* Pelagosus. — 5. *B C non habent* Romanorum. — 6. *B C D* etiam ipsi. — 7. *B C* et etiam terræ dictæ Eccl. ; *Bosq.* et etiam certas turres et loca dictæ Eccl. ; *Bal.* et etiam certis terris et locis... — 8. *Bosq. et Bal.* et præsertim cum. — 9. *A D* anno LXX.

extiterant ; postquam de episcopali dignitate ipsum ad abba-
tialem reduxit, tria fecit. Primo, quia erat quasi collapsum
in ædificiis, quæ propter terræ motum fuerant pro majori
parte diruta, ipsum fecit reparari et reædificari, et in hoc
voluit exponi proventus ipsius, quamdiu vacavit. Secundo,
advocavit et collegit monachos religiosos et devotos de
diversis aliis monasteriis in quibus sciebat vitam monasticam melius et strictius observari, quos ibidem instituit,
et ordinavit perpetuo residere, amotis abinde pluribus vaga-
bundis et insolentibus qui vitam sæcularem potius quam
regularem erant ibi soliti observare. Tertio, deliberavit
eidem in Abbatem præficere aliquem, qui juxta regulam
præfati beati Benedicti vivens, ad sic vivendum præfatos
monachos suo exemplo alliceret et etiam compelleret, ubi
ad contrarium eos inclinatos inveniret.

Et cum, licet diutius perquisitum, talem juxta suum
votum in cœnobiis monachorum [1] non inveniret, ne in suo
hujusmodi sancto desiderio frustraretur, ad heremum
fratrum Camaldulensium [2] sub regula eadem Domino famulantium [3], aspectum habuit, in quo quod optabat adinvenit :
virum videlicet qui totus erat devotus, orationi et lectioni
assidue deditus, et alias Dei servitio semper intentus, bene-
que morigeratus, et in agendis circumspectus ; qui etiam
omni tempore ab esu carnium [4] abstinebat, ac insuper
abstinentias ordinationesque ecclesiasticas [5] juxta præcepta
et instituta dictæ regulæ indefectibiliter observabat. De
quibus ipse plene informatus, eum ad se vocavit, et licet
satis invitum et renitentem, eidem monasterio præfecit in
Abbatem ; et ad perseverantiam in bonis operibus, ac ut
cum timore Domini officium sibi traditum sollicite et
debite exerceret, ipsum charitative et dulciter admonuit [6].
Qui tam onus sibi impositum, quam monita hujusmodi
humiliter suscipiens, monachos sibi subditos ad similiter
vivendum induxit, et in debitis religione et obedientia tenuit,
monasteriumque ipsum pro tunc satis in spiritualibus et
temporalibus reformatum in statu debito conservavit, deditque formam et aperuit viam suis successoribus et posteris ut
similia [7] facerent in futurum.

---

1. *Bosq. et Bal.* monachorum nigrorum. — 2. *A cum Bosq.* ad habendum fratrum Camald. — 3. *B C cum Bal.* Domino servientium seu famulantium. — 4. *Bosq.* ab escis carnium. — 5. *Bosq. et Bal.* ordinationes monasticas. — 6. *Bal.* addit cum C et induxit. — 7. *B C et Bal.* similiter.

Eodem anno, cum dictus Urbanus Papa jam fecisset fieri seu fabricari imagines seu statuas pro conservandis capitibus beatorum Apostolorum Petri et Pauli, quæ erant de auro et argento mirabiliter operatæ, ornatæque multis gemmis et lapidibus [1] pretiosis, valorque earum communi æstimatione esset triginta millium florenorum et ultra, devote et solemniter, adstantibus multis personis [2], magnis et notabilibus, capita dictorum sanctorum reponi et includi fecit infra ipsas. Quæ etiam demum fuerunt processionaliter et publice, universis clero et populo Romanis ad hoc convocatis, præsentibus etiam aliquibus dominis Cardinalibus et Prælatis multis, per Urbem deportatæ, et demum collocatæ super altare Lateranense, in loco, seu alto et eminenti ciborio super [3] quatuor columnas marmoreas, ad hoc specialiter miro opere præparato, magnisque et fortibus januis ferreis circumdato.

Adveniente insuper tempore æstivo, anno prædicto, idem Urbanus recedens de Urbe, vadensque ad Montemflasconis, declinavit Viterbium, ubi primum palam et publice manifestavit se velle redire de proximo ad civitatem Avenionensem, et ut omnes curiales ad hoc se disponerent, ferias indixit [4] a principio mensis Junii tunc instantis, usque ad principium mensis Octobris postea sequentis [5]. Et ad hoc faciendum dixit se esse motum, inclinatum, et præcipue inductum, pro eo quia videbat ex una parte regionem illam pro tunc esse satis in pacifico et tranquillo statu; et si quid fortassis esset dissensionis, illud sperabat breviter et ante discessum suum, per tractatum aut alias debite terminari. Ab alia vero audiebat mala quæ continue fiebant, et majora fieri sperabantur occasione guerræ noviter suscitatæ et exortæ inter Reges Franciæ et Angliæ memoratos; quibus ut obviare posset, multum inerat menti suæ, eratque intentionis suæ, Domino favente, circa hujusmodi guerræ sedationem totis viribus laborare et intendere, etiam in propria ad dictos Reges accedendo hac de causa, ubi alias super hoc se non posse proficere reperiret.

Eodem anno, die sexta mensis Junii, quæ fuit feria sexta Quatuor Temporum post Pentecosten, in Monteflasconis,

---

1. *Addit Bal.* cum C et magnis notabilibusque lapidibus. — 2. B C et Bal. multis et magnis notabilibusque personis. — 3. B C seu alto eminenti altaris, super, *quibus favere videtur* C. — 4. B C D induxit. — 5. *Busq.* secuturi.

idem Urbanus creavit duos novos presbyteros Cardinales, videlicet dominos Petrum de Stagno [1], diocesis Ruthenensis, monachum ordinis Sancti Benedicti, tunc Archiepiscopum Bituricensem, et Petrum de Corsinis, Florentinum [2], tunc Episcopum Florentinum.

Dicto autem domino Petro de Stagno [3], cui jam titulum Sanctæ Mariæ in Transtyberim assignaverat, Vicario in Patrimonio et aliquibus circumadjacentibus provinciis ordinato, Urbanus iter suum arripiens, intravit mare in Corneto die v [4] mensis Septembris, ubi invenit galeas et navigia ad sufficientiam [5], de quibus cum magnis [6] excellentia et apparatu sibi providerant reges Franciæ et Aragonum, regina Siciliæ, civitas Avenionensis et Provinciales. Sicque divino sibi assistente præsidio, iter suum continuando, Massiliæ feliciter applicuit die xvi dicti mensis, et xxiv Avenione, ubi cum gaudio et exultatione maximis fuit receptus.

Eodem tempore, civitas Lemovicensis, quæ noviter subtrahendo se ab obedientia et dominio Edoardi principis Walliæ [7] et Aquitaniæ, dominio regis Franciæ se submiserat, secundum quod fecerant fere omnes aliæ civitates et loca notabilia dicti Ducatus, obsessa fuit per dictum Principem et tamdiu viriliter expugnata, quod tandem vi et potentia armorum per eum capta fuit, cum omnibus in ea existentibus, tam incolis quam aliis qui pro sui tuitione ad eam confugerant, ac multis notabilibus viris qui pro ejus succursu et adjutorio illuc advenerant. Fuitque demum totaliter demolita et destructa, et ædificia ejus ad terram prostrata, et exinde effecta inhabitabilis et deserta, sola ecclesia Cathedrali dumtaxat remanente.

Dictus etiam Urbanus Papa, quasi a principio sui Pontificatus, in plerisque locis continue ædificavit. Et primo, in palatio Avenionensi, quod in magna parte ampliavit, in illa videlicet quæ hodie vulgariter [8] Roma appellatur ; in qua factæ cameræ, habitationes, deambulatoria et viridarium miræ pulchritudinis et amœnitatis, habent in se majorem delectabilitatem [9] quam etiam quæcumque in alio toto palatio

---

1 *Bosq.* de Scanno, dein de Cortinis — 2. *B C*, omissis intermediis, tunc archiep. Florentinum. — 3. *Ignorant Codd.* de Stagno ; moneat tamen, ne cum alio Petro confundatur. — 4. *B C* die vi. — 5. *Bosq.* ad excellentiam. — 6. *B C* cum magna. — 7. *B C* Edouardi principis Guelliæ. — 8. *D omisit* vulgariter. — 9. *Ita Codd.* unanimiter, sicut et in alio toto palatio.

existentes. In loco etiam de Bedoesco [1], diocesis Mimatensis, ubi ecclesia baptismalis et parochialis loci suæ originis, spectabatque ad domum suam paternam, a solo ædificavit pulchram et satis notabilem [2] ecclesiam, quam muris altis et turribus ad modum castri circumdedit ; in qua constituit collegium certorum canonicorum secularium et Decani, qui ibi haberent Deo perpetuo deservire in memoriam sui et parentum suorum, quorum sepultura est et erat ibi ab antiquo; dotavitque dictum collegium tam de bonis paternis quam aliis, bene et sufficienter. In ecclesia etiam de Quesaco [3], dictæ diocesis, ubi est oratorium spirituale [4] et devotum beatæ Mariæ Virginis, collegium novum instituit certorum canonicorum secularium, et Decani qui ipsis habeat præsidere [5]; pro quorum sustentatione sufficienti redditus et proventus multos acquisivit et ordinavit; fecitque dictam ecclesiam muris et turribus altis circumdari. Et idem fecit in plerisque aliis locis et ecclesiis Dei servitio deputatis, in dicta diocesi constitutis, de quibus dubitavit quod tempore guerræ faciliter possent capi aut hostiliter impugnari.

In Roma etiam existens, ecclesias Lateranensem et Sancti Pauli, quarum tecta erant totaliter demolita, fecit mirabiliter et sumptuose reparari. Et idem fecit de ecclesia Sancti Petri, in ea parte in qua reparatione indigebat. Ibidem etiam juxta palatium suum fodi et aptari fecit unam vineam maximi ambitus, de qua communiter, si bene et debite colatur et operetur, annuatim colligentur ccc dolia [6] vini ; in qua etiam noviter plantari fecit multas vites et arbores fructiferas, quas de diversis et longinquis terris et partibus fecit asportari.

Ipse insuper tam in Urbe quam in ecclesiis [7] et locis religiosis et ecclesiasticis, prout eorum necessitas exigebat, vestes sacras, calices, ornamenta ecclesiastica, et libros ad officium divinum opportunos, innumerabiliter distribuit atque dedit, reliquiasque multorum sanctorum auro et argento, gemmis ac lapidibus pretiosis adornatas, reposuit [8] in eisdem.

---

1. *A D* de Bedoesco, *B C* de Bedeasco, *Bosq.* de Bodostro. — 2. *Bosq.* nobilem. — 3. *B* Item ecclesiam etiam de Quesaco. — 4. *C D et forsan B* speciale. — 5. *Bosq.* et qui ipsis præsideret Decanus. — 6. *B C* cccc dolea. — 7. Ita *B*; *Bosq. et Bal.* quam in aliis eccl.; *A D* tam ecclesiis et locis. — 8. *B C* disposuit.

Ipse præterea fuit multum diligens in tenendis consistoriis [1] et consiliis, diebus et horis ad ea debitis et ordinatis, vacavitque cum omni sollicitudine circa debitam et celerem expeditionem negotiorum Ecclesiæ, et aliorum sibi incumbentium, et præsertim illorum quæ pauperes concernebant, quæ etiam sæpius, aliis prætermissis, expedivit. Justitiam permaxime fovit et dilexit, deditque ordinem, quo mediante, suo tempore in Curia [2] fuit mirabiliter observata, ad hoc specialiter ne fierent brigæ, dissensiones, aut insultus, prout alias fieri solebant per familiares Cardinalium [3] et alios curiales, de quibus cum talia attentarunt, per suos officiarios ordinavit sic fieri justitiæ complementum, quod cæteri eorum exemplo perterriti a similibus se multimode retraxerunt. Abusus etiam et observantiam, seu verius corruptelam, advocatorum et procuratorum Curiæ, ex quibus causæ ibidem vertentes plurimum protrahebantur, et ne ad expeditionem venirent impedimenta præstabant, una cum exactionibus indebitis, quæ in magnum gravamen et præjudicium litigantium antea per ipsos fiebant, cassavit, annullavit, et interdixit, et ne a cætero servarentur aut fierent prohibuit, certas ordinationes etiam pœnales super his specialiter faciendo.

Concubinarios et alios vitam inhonestam publice ducentes, quam maxime ecclesiasticos [4], rigide compescuit, et ad correctionem et emendationem venire coegit. Usurarios admodum persecutus est, adeo quod justitia mediante, suo tempore, de male allatis in Curia occasione hujusmodi [5] restituta dicuntur ultra ducenta millia florenorum. Simoniacos execratus est : ementes enim aut vendentes beneficia sive spirituales gratias, aut super eis mercimonia illicita facientes, tractantes aut procurantes, aut etiam occasione talium exactiones indebite facientes, puniri multimode ordinavit, imo et eorum quamplurimos Curiam exire coegit.

Beneficiorum multiplicationem, præsertim incompatibilium, in eamdem personam concurrentium [6], invitissime toleravit; imo multos ex illis qui plura obtinebant privavit,

---

1. *Ita A C; Bal. cum B C* diligens et intendens consistoriis. — 2. *B C* in sua Curia. — 3. *A D* familiares Cardinales. — 4. *B C* inter quos maxime ecclesiasticos. — 5. *Hæc verba in Codd. defecerunt* persecutus est *usque* hujusmodi, *adest tamen in C et D* occasione; *supplemus ex Baluzio.* — 6. *Deest etiam in Codd.* concurrentium.

relictis eis tantummodo illis quæ suis statui et sufficientiæ congrue convenire judicavit. [1] Super quo etiam constitutionem edidit quæ incipit *Horribilis*; in qua quod suo tempore licere sibi non passus est, successoribus indicavit.

Viros litteratos valde dilexit, multosque ex ipsis promovit et exaltavit; et ut daret cæteris ad discendum materiam et opportunitatem, quamdiu vixit in Papatu, suis expensis tenuit in diversis studiis mille studentes; ex quibus cum aliqui jam erant provecti, aut alias deficiebant, illorum loco alios continue subrogavit. Libros necessarios tam eis quam aliis pluribus, quos scivit studio esse intentos ipsisque indigentes [2], etiam ministravit.

In Montepessulano, ubi specialiter solet vigere scientia [3] Medicinæ, instituit unum Collegium duodecim scholarium qui studerent in dicta facultate, et in ipso haberent residere; pro quorum sufficienti sustentatione redditus certos acquisivit et ordinavit. Libertates et jura Ecclesiarum posse tenus manutenuit et conservavit; et si qui essent eis derogantes, ubi post admonitiones et exhortationes [4] se non proficere vidit, contra ipsos processus et sententias faciendo, viriliter et rigide insurrexit, cordatum, constantem, et animosum, licet benignus cum quibuscumque existeret [5], in hoc se mirabiliter demonstrando, sic et taliter quod suo tempore Ecclesiæ satis ubique in quiete et libertate permanserunt. De pauperibus et egenis, aliisque miserabilibus personis, semper sibi singulariter cura fuit, adeo quod ubi ipsos esse pauperes cognovit, ipsorum inopiæ liberaliter et gratiose subvenit; præsertim illorum qui abundantes extiterant, et demum ad paupertatem deducti erubescebant mendicare. Sciens etiam plures de clero multimode fore vexatos propter guerras, talliasque, et deveria [6] quæ hactenus earum occasione eis imposita extiterant, ipsisque pio affectu compatiens, in diversis provinciis tam regni Franciæ quam aliorum, eorum decimam ad mediam reduxit, ut si in posterum eam ipsis [7] indici contigerit, ex earum solutione minus gravarentur. Non nova subsidia imposuit,

---

1. *B seq. phrasim non habet:* Super quo... indicavit. — 2. *B C* ipsisque indigerent, *Bosq. et Bal.* indigere. — 3. *B C* solent vigere scientiæ Med. — 4. *Bosq. et Bal.* addunt debitas. — 5. *Bosq.* animosum, cum qualiscumque accusatus existeret. — 6. *Bosq.* tailliasque et onera, *B C* tailliasque denarias. — 7. *Codd. non habent* imposita... eam ipsis.

nec alias impositis usus fuit, nisi in quantum necessitas Ecclesiæ ipsum hortavit [1]. Non enim curavit coacervare [2] pecunias, et si quas aliquando habuit, ipsas feliciter aut in Ecclesiæ negotiis exposuit, aut in piis operibus erogavit.

Ad beneficiorum collationes provisionesque Ecclesiarum et monasteriorum habens procedere, magnam inquisitionem solertemque examinationem fieri semper fecit super meritis et sufficientia illorum, de quorum provisione aut promotione actum fuit; per quas cum bene meriti et sufficientes inventi sunt, ipsos liberaliter et gratiose promovit, etiam quandoque inscios et non procurantes. Ubi vero inventum est oppositum, præsertim si fuerunt in vita vel conversatione maculati, aut scientia vel ætate notabiliter defectuosi, etiam quarumcumque precum seu intercessionum obtentu, eos nullatenus, saltem scienter, admisit.

Toto tempore suo diligentiam maximam adhibuit, inquirendo mores et vitam generaliter omnium suorum subditorum, et præsertim ecclesiasticorum; super quo modum tenuit valde notabilem et honestum. Secretissime namque fere de omnibus nationibus advocavit ad se aliquas personas devotas et discretas, Deum et suam conscientiam perʹimescentes, quas super inquisitione hujusmodi, per earum quamlibet in suis locis seu regionibus occulte fienda et demum sibi referenda, specialiter oneravit. Sicque actum est quod saltem notabilium fere omnium, morum et vitæ satis notitiam habuit; qua habita, bonos in bono confirmavit, malos vero a malo cohibuit, aut corrigi, aut emendari procuravit per visitatores aut reformatores quos ad hoc demum specialiter deputavit. Volensque curiales ecclesiasticos sic honeste vivere quod essent cæteris in exemplum, a principio suæ creationis pœnaliter ordinavit quod omnes generaliter et indistincte in Adventu Domini, et duabus diebus quartam feriam Cinerum immediate præcedentibus, ab esu carnium abstinerent, et in dictis duobus diebus [3] sæculares sive laicos in Curia existentes etiam voluit comprehendi.

Affectum carnalem nequaquam ad suos se habere demonstravit: nullum enim ex eis ad quamcumque prælaturam

---

1. *Ita Codd.; Bal.* ad hoc ipsum artavit. — 2. *D* exacervare, *Bosq.* conservare. — 3. *Bosq.* et in dictis diebus.

promovit, nisi duos dumtaxat, videlicet memoratum fratrem suum, et unum nepotem ex consanguineo germano, doctorem decretorum, aliasque bonum et sufficientem, quem ecclesiæ Sancti Papuli [1] in episcopum præfecit ; alios autem, quamquam essent boni et idonei, aut beneficiis satis simplicious, aut officiis Curiæ voluit remanere contentos. De laicis etiam nullum exaltavit, imo nec per alios exaltari permisit. In cujus evidentiam, expresse recusari ordinavit per Patrem suum DC. libras renduales [2] quas rex Franciæ sibi dederat ob sui favorem. Nepotem etiam suum unicum, ad quem sua paterna hæreditas pertinere debebat, non cum locupletiori, imo [3] nec cum æquali sibi in genere voluit matrimonialiter copulari. Suscepit namque sibi in uxorem filiam cujusdam mercatoris Montispessulani satis simplicis, sui generis respectu ; quam tamen, ut creditur, ipso adhuc in minoribus existente, dictus nepos minime recepisset.

Ipse paternaliter et caritative omnes dilexit ; in his tamen quæ pertinent ad Deum neminem timuit, nisi Eum cujus gratia suffultus sic et taliter rexit quod universaliter amabatur a bonis, et verebatur [4] a malis. Fuit enim sanctæ et justæ intentionis, faciendi in omnibus quæ Deo credebat fore placitura, et contraria evitandi ; habuitque in mente constantiam, veritatem in ore, et efficaciam seu virtuositatem in operatione.

Postquam rediit de partibus Italiæ, totaliter mente disposuit in propria laborare circa pacificationem dictorum regum Franciæ et Angliæ, ad quod etiam certa præparata [5] ordinavit. Sed cito magna infirmitas ipsum arripuit, ex qua sentiens se gravari, mortemque sibi propinquam existimans, ad ea vacare destitit, sed ad illa quæ animæ suæ salutem concernere poterant totaliter se convertit, humiliterque et devote sæpius confessus est ; et cætera ecclesiastica sacramenta suscepit. Præsentibus etiam Camerario, Confessore, pluribusque aliis familiaribus suis, ac aliis multis notabilioribus personis, dixit et asseruit se tenere et credere firmiter, sicque simpliciter confessus est, quid-

---

1. Codd. Sancti Pauli, *cum Bosq; qui certo corrigendi sunt.* — 2. *B C* reddituales. — 3. *Ita Codd.; Bosq. et Bal.* non cum altiori, imo. — 4. *Deficiunt in Bosq.* a bonis, et verebatur. — 5. *Ita Codd.; Bosq. et Bal.* præparativa.

quid sancta Ecclesia catholica et apostolica [1] tenet, docet, et prædicat. Et si perprius legendo, docendo, conferendo, prædicando, disputando, vel quovismodo, aliud dixerat [2], totum [3] id revocavit voluitque haberi pro non dicto, submittens se et dicta sua hujusmodi, correctioni et determinationi dictæ sanctæ matris Ecclesiæ, a qua asseruit nunquam se deviasse scienter.

Tandem vero post multa bona et virtuosa opera, in Domino requievit die xix mensis Decembris, anno Domini M.CCC.LXX, Pontificatus sui anno nono; fuitque sepultus in Ecclesia majori Avenionensi, demum transferendus ad monasterium Sancti Victoris Massiliensis, ubi vivens suam perpetuam elegerat sepulturam, magnis et stupendis miraculis coruscando. Vacavitque Sedes diebus undecim.

---

1. *Deest* apostolica *in B C et Bal.;* Ecclesia, *in Bosq.* — 2. *Bosq. cum E* docendo, legendo, prædicando, aut disputando, vel alias aliud quovismodo prædicaverat, vel dixerat. — 3. *B non habet* totum.

## II

[*Werner de Liège était chanoine de la collégiale de Bonn, au diocèse (auj. régence) de Cologne, à la fin du XIV*ᵉ *siècle (voir* Potthast, *Bibl. hist. med. aevi, 1896, p. IIII* ᵃ *). Sa vie d'Urbain V est publiée ici d'après quatre manuscrits :*

A. Paris, *Biblioth. nation.,*] cod. lat. 4931. C, anc. Bigot. 186, Reg. 5229.3, *cartac., sæc. XIV. On lit au f*° *1 en haut la rubrique suivante :* Hunc librum scribi fecit dom. Johannes Alvernhacii, licentiatus in decretis, monacus Case Dei, diossesis Claromontensis, et prior de Bellomonte [*Beaumont-lès-Valence*], diossesis Valentinensis, anno Dom. Mº CCC.XCIIIJº. *Aux ff.* cccvj *v*° *et* cccxviii *v*° *le scriptor a signé :* Ego Bertrandus de Garda [*la Garde-Adhémar*], clericus Tricastrinensis diocesis. *Chronique, en partie tirée de Martin Polonus, par le chanoine de Bonn, puis Fleur des chroniques de Bernard Gui. L'auteur de la Chronique continuée est connu par cette phrase* [Secunda Vita Innocentii VI, *dans* Baluze, *op. cit., c. 354*] : De mense februarii [*1361*] magnus ignis, quasi aer totus arderet, visus est in Alamannia, me V'nne tunc residentiam faciente in prebenda mea et vidente, die vid. xviii ipsius mensis, et eo tempore dux Juliacensis mortuus est in villa Duren[si] qua decubuit, *que je ne trouve que dans ce ms. En tête du codex, une note a relevé ce mot* V'nne *et ajouté* (opinor Vienne) in Alamannia [*lire* Bunne, *Vienne étant* in Austria *et non* in Alamannia]. *La vie d'Urbain V occupe les ff.* clxviij *v*°*-*clxxij : *c'est la fin du ms. en ce qui concerne la vie des Papes; après 3 ff. 1/2 blancs suit la série des Empereurs. Au f*° *168 v*° *(fin d'Innocent VI) le scriptor a noté en marge en rouge :* De dom. Urbano V sancte et felissis memorie; *et à l'index des Papes (f*° *255 v*°*), aussi en rouge :* Urbanus quintus, qui mea puericia edoceri fecit, homo sanctus, Massiliensis monacus. *Je crois que l'auteur* [A. Briquet] *de la* Dissertation [histor. et littér.] *sur les Chroniques Martiniennes* [*1855*] *se trompe quand il dit* (p. 16) *que la ligne rognée par le relieur, au haut du f. 49, devait contenir le nom de* Verneron : *d'abord cette note est très récente, puis il est bien probable qu'il y* *avait ou le nom de Martin Polonus ou celui de Bernard Gui, car la note est tout à fait au commencement de la Chronique de Polonus, puis à la fin reste* ceci : hujusmodi Lodovensis sedes erecta est a Johanne XXII.

*B.* Paris, *Bibl. nat.*, cod. lat. 4980, anc. Colb. 2770, Reg. 4204.6, *membran., pet. in-fol., XIV*[e] *siècle. Continuation à Guidonis : contient la Chronique des Papes jusqu'à Jean XXII. continuée jusqu'après la mort de Grégoire XI par la même main, à peu près de l'époque, finissant au commencement du schisme qui suivit et dont il raconte les débuts (1378). [La vie d']Urbain V va du f*[o] *276 au f*[o] *282. Il est à remarquer que les deux phrases :* me tunc... Bunne... *[voir ci-dessus] et* me tunc Leodii commorante et Mosam sepius... *[ci-dessous, p. 40] sont complètement retranchées du cod. 4980 et ne se trouvent que dans 4931.C. Or, dans celui-ci la continuation ne va que jusqu'à Urbain V et la Chronique Martinienne dit explicitement que Wernero n'est allé que jusque-là. Le 4980 va jusqu'après Grégoire XI. C'est donc un continuateur autre que Wernero et qui a retranché ce que celui-ci a dit de personnel ; et justement aussi il a changé le commencement.*

*C.* Aix, *Biblioth.* Méjanes, ms. 916, *petit in-fol., papier, écrit. du XVII*[e] *siècle, p. 17-26 [voir la description détaillée par* M. Albanès *dans le* Catal. gén. des mss. des biblioth. publ. de France, *1894, t. XVI, p. 136-7]. On lit à la p. 11 (table) :* Vita Urbani papæ quinti ex ms. codice qui a d. Seguino domino de Prades Marologii asservatur, in calce Historiæ pontificum Romanorum à Martino Polono scriptæ, in quo codice habetur commemoratio præcedens et hic sequens.

*D.* Paris, *Bibl. nat., ms.* lat. nouv. acquis. 2352, *XVII*[e] *siècle, ff. 1-8 ; copié sur Aix, pas d'indication de source, pas de commémoraison.*

[*M. Albanès a noté les passages du chap. 271 de la Chronique de Werner (relatifs à Urbain V) que Suarès avait recueillis (ff. 270-346 du ms. lat. 8974 de la Bibl. nat. à Paris) ; il a paru inutile de les indiquer autrement.*

Cette Secunda vita *se trouve imprimée dans* Baluze, *op. cit., c. 399-414, et dans* Muratori, *op. cit., p. 629-37*].

# SECUNDA VITA

## AUCTORE WERNERO,
## CANONICO ECCLESIÆ BUNNENSIS

Peractis [1] exequiis domini Innocentii more solito, alias novem diebus, die decima Cardinales numero viginti intraverunt conclave, die videlicet beati Mauritii. Et cum inter se concordare non possent, in dominum Guillelmum Grimoardi, natum domini Guillelmi Grimoardi, militis, domini baroniæ de Grisaco, Mimatensis diocesis [2], tunc abbatem Sancti Victoris Massiliensis, absentem [3], in regno Siciliæ nuntium Sedis apostolicæ, vota sua major pars et sanior direxit. Qui decreto electionis recepto, in vigilia Omnium Sanctorum reversus est Avenionem.

Interim vero dicti Cardinales [4] erant in conclavi. Prælati quolibet die missas celebrabant et sermones faciebant, rogando Deum pro celeri et felici Pontificis provisione, quodam speciali officio missæ ad hoc ordinato, quod incipit *Suscitabo mihi sacerdotem fidelem*, etc. Die vero XXVII [5] Octobris, cum dictus dominus Guillelmus Papa futurus applicuisset Massiliam, eadem die misit dominis Cardinalibus adhuc in conclavi existentibus consensum electioni [6] de se factæ. Tanta vero fuit tunc inundantia [7] aquarum Rhodani atque Durentiæ, quod usque ad fossata civitatis pertingerent, et dominus Papa intrare non potuit usque in vigilia Omnium Sanctorum [8]. Tunc intronisatus fuit, et facta insinuatione ad populum quod Urbanus quintus vocaretur, mox ab omnibus cantatum fuit *Te Deum laudamus*.

---

1. *Aliter incipit B:* Urbanus quintus, natione Gabellitanus, ex patre Guillermo Grimoardi, milite, domino loci de Grisaco, Mimathensis dyocesis. Hic prius vocabatur Guillermus Grimoardi, filius domini Grimoardi supradicti. Hunc viginti Cardinales in conclavi existentes, cum inter se concordare non possent, in Papam elegerunt, tunc abbatem Massiliensem Sancti Victoris, absentem, etc. — 2. Natum... diocesis: *tota pericope in Baluzio deest*. — 3. A tunc absentem. — 4. C domini Cardinales, B Interim vero dum essent in conclavi, prælatique omni die, etc. — 5. *Reluctantibus Codd., Bal. habet* XXVIII. — 6. B C electionis. — 7. B inundatio. — 8. *Addit B* anno Domini M.CCC.LXII, tunc intronizatus, et facta, *etc.*

Die quoque dominica sequenti post festum Omnium Sanctorum, fuit in palatio apostolico coronatus per dominum Magalonensem, qui tunc erat Ostiensis episcopus. Sed post coronationem non equitavit per villam, ut moris est, licet omnia parata fuissent, fastum vitans, prout dicebatur [1].

Circa hoc tempus, comes Fuxi cœpit comitem Armaniaci [2] cum multis nobilibus suis.

Hoc tempore Rex Angliæ quasi totam Aquitaniam recuperavit de manibus Regis Franciæ, videlicet Johannis supradicti.

Idem Johannes Rex, Novembris die xx, intravit Avenionem [3]; et in die veneris sancta, cruce signatus est per dominum Papam, una cum multis nobilibus, contra Turcos.

Die xxii Februarii, Rex Daciæ venit ad Curiam, qua de causa ignoratur [4].

Anno Domini M.CCC.LXIII, Aprilis die xiv, Papa [5] prædicavit crucem contra Turcos, ordinans passagium generale, cujus capitaneum ordinavit Johannem regem Franciæ, tunc præsentem, qui ibidem juravit passagium facere a Martio præterito ad duos annos. Tunc [6] Papa fecit diversos processus contra Bernabovem.

Maii die ix, recessit rex Franciæ de Avenione versus Parisios, et nocte sequenti obiit dominus Magalonensis [7]. Die vero ultima Maii, recessit rex Cypri de Avenione, iturus ad Principes mundi, eosque ad passagium inducturus.

Hoc anno fuit pestilentia gravissima quasi per omnes partes mundi. Et circa festum sanctæ Luciæ cœpit gelu fortissimum, ita ut omnia flumina congelata essent, me Vernero [8] tunc Leodii morante et Mosam sæpius transeunte, ac Johanne Girardi de Remis cum diversis personis Rodano congelato desuper transeuntibus. Et duravit usque ad mensem Martii.

Circa hos dies Bernabos reconciliatus fuit Ecclesiæ. Obiit etiam dominus Cardinalis Petragoricensis, Avenione.

---

1. *Hîc in C inseritur pericope de rege Daciæ, infra legenda.* — 2. C Armanhacii. — 3. *Addit B* Et die xxix Marcii, Petrus rex Chipri intravit Avenionem etiam, et in die... una cum filio dicti Johannis, regis Francorum, et multis *etc.* — 4. *Desunt hæc in A.* — 5. A Anno Domini M.CCC.LXIII, passagium generale. Aprilis die xiiii, Papa *etc.* — 6. *Sequens pericope deest in A.* — 7. B et C Magal. Cardinalis. — 8. *A et B non habent* Vernero; B, *cæteris omissis,* conglutinata essent, et duravit, *etc.*

Anno Domini M.CCC.LXIV, Januarii die xvii, dominus Johannes rex Franciæ prædictus, reversus in Anglia [1] obiit, et fuerunt ejus exequiæ in capella Papæ celebratæ die martis, Maii vii.

De mense Maii intraverunt ambassiatores Romanorum, supplicantes Papæ ut ad Urbem se transferret.

Die xix ejusdem mensis [2] et dominica sanctæ Trinitatis, coronatus fuit Remis in Regem Karolus primogenitus domini Johannis regis Franciæ supradicti, defuncti.

Die xi Julii, dominus Papa ivit ad pontem Sorgiæ, et modicum stetit, reversus Avenionem die xvi, Carpentorato et aliis locis quibusdam de comitatu Venaissini visitatis. Hic fecit processus contra Societates in regno Franciæ exeuntes, concedens euntibus contra eos plenariam [3] indulgentiam in mortis articulo.

Circa finem hujus mensis magnæ locustæ [4] turmatim [5] in tanta multitudine videbantur volare in aere, ut sole lucente umbram facerent super terram, nocte campos, germinata depascendo, cooperiebant, de quo multi multa præsagiebant ; sed finaliter evanuerunt.

Anno Domini M.CCC.LXV, anno vero domini Papæ, seu pontificatus, tertio [6], die xxiii Maii, dominus Karolus IV, Imperator Romanus [7], venit Avenionem ad Papam cum magna comitiva, et in [8] imperialibus insigniis intrando, a domino Papa et Cardinalibus cum gaudio et honore receptus. Qui quidem, visitata civitate Arelatensi, antiqua sede regni sui, reversus est Pragam, recedens de Avenione die lunæ, secunda mensis Junii.

Eodem anno, Radulfus [9] dux Austriæ, habens filiam Bernabovis in uxorem, Mediolani moritur.

Hoc tempore magna pestilentia fuit Coloniæ, tanta quod infra quatuor menses obierunt xxii millia hominum. Fuit etiam in Marchia Anconitana, et aliis diversis provinciis.

Eodem anno, die xi Octobris, capta fuit Alexandria per Petrum regem Cypri ; sed eam non fuit ausus tenere, dubitans de inimicis Christi, prædamque faciens et ignem immittens, eam dimisit.

---

1. *C reversus de Anglia.* — 2. *A Die xix Maii.* — 3. *B et C plenam.* — 4. *B langustæ.* — 5. *C catervatim.* — 6. *C Anno vero pontificatus domini Papæ iii, B pontificatus vero domini nostri Papæ iii.* — 7. *B Romanorum.* — 8. *B cum imperialibus.* — 9. *B et C Rodulfus, C addit rex.*

Eodem anno et mense, dominus Papa existens in Massilia consecravit majus altare Sancti Victoris in monasterio Massiliensi [1]. Die xxiv dicti mensis reversus est Avenionem, et in die sequenti intraverunt ambassiatores Romanorum.

Anno pontificatus domini Papæ quarto, de mense Novembris, dominus Papa cupiens [2] ut Societates, quarum capitaneus erat Bertrandus de Claquino [3], exirent de regno Franciæ, multam pecuniam promisit eisdem, pro quibus solvendis decimas indixit [4] in Francia.

Anno Domini M.CCC.LXVI, anno domini Papæ quarto [5], Henricus comes Transtamaris [6], frater naturalis Petri regis Castellæ, fretus auxilio dicti domini Bertrandi et Societatum suarum, intravit regnum Castellæ, et coronam regni suscepit de manu episcopi Burgensis, vivente adhuc rege Petro, de cujus sævitia et mala vita horribilia dicebantur. Et postea cœpit Hispalim, et per consequens totam Hispanian obtinuit, prædicto rege Petro interfecto per eumdem Henricum.

Hoc tempore, Philippus, frater regis Franciæ, duxit uxorem filiam Ludovici comitis Flandriæ, relictam [7] ducis Burgundiæ, et eumdem ducatum obtinuit cum ipsa domina.

Eodem anno, de mense Junii, dominus Papa concessit regi Hungariæ prædicationem crucis contra Turcos.

Die vi Augusti [8], Admiratus Cypri [9] banderiam quæ capta fuit Alexandriæ domino Papæ præsentavit, Avenione.

Circa idem tempus, Amedeus [10] comes Sabaudiæ cœpit Gallipolim de manibus Turcorum, et tradidit [11] Imperatori Græcorum, cujus consanguineus erat.

Eodem anno, de mense Septembris, dominus Papa creavit tres Cardinales, videlicet fratrem suum, nomine Anglicum [12], et alios duos, episcopum Massiliensem, Prædicatorum, et Ministrum generalem Minorum ordinum, qui erat de civitate Viterbiensi, ubi post mortuus fuit.

Eodem anno, die xvii Octobris, moritur dominus Guillelmus de Grisaco, miles grandævus, genitor domini Papæ.

---

1. *B et C* altare, in monasterio S. Victoris Massiliensis. — 2. *Deest* cupiens *in B*. — 3. *B* de Cliquino, *C vero* de Clequino. — 4. *B* induxit. — 5. *B* Eodem anno, pontificatus domini Papæ iiii. — 6. *B et C* Transtamaræ. — 7. *B* viduam relictam. — 8. *Deest* Augusti *in A*. — 9. *C* regis Cypri. — 10. *A* Amadeus, *B* Amodeus. — 11. *B et C* et reddidit. — 12. *Ita C, cæteris nomen tacentibus.*

Hoc mense, decimæ fuerunt indictæ per Alamanniam in subsidium domini Imperatoris ituri cum Papa in Italiam.

Anno Domini M.CCC.LXVII, et die vii. Januarii, dominus Papa ivit apud Montempessulanum, ubi cum gaudio et honore receptus consecravit monasterium novum per eum fundatum, et sequenti mense Martii [1] reversus est Avenionem.

Eodem anno, die ultima Aprilis, dominus Papa recessit de Avenione versus Italiam, pergens Massiliam, ubi modicum stetit, et ubi, in præsentia quinque Cardinalium, cæteris Avenione morantibus, cardinalem de Agrifolio fecit. Et post intrans mare, eundo versus Italiam, die xxiii Maii, quæ fuit dies dominica ante Ascensionem Domini, intravit Januam, cum magna solemnitate et lætitia populi receptus, ibique mansit usque ad diem veneris. Et relicto ibi fratre Marco Cardinale, ordinis Minorum, prædicto, tractaturo pacem inter dominos Bernabovem et Galeam [2] de Mediolano cum civibus Januensibus dissidentes, cœpit navigare; ita quod die quarta [3] Junii, quæ fuit dies veneris ante Pentecosten, intravit Cornetum; ubi mansit usque ad diem Pentecosten inclusive, qua die celebravit in ecclesia [4] Minorum. Et die ix dicti mensis, intravit Viterbium, cum magna jucunditate populi receptus, in rocca constituta [5] pro Ecclesia per dominum Ægidium episcopum Sabinensem, Legatum Ecclesiæ valentem [6], qui terras Ecclesiæ quasi ex toto perditas recuperavit; qui die xxiv Augusti obiit, sepultus in Assisio in ecclesia Sancti Francisci.

Eodem anno, de mense Septembris, orto rumore inter cives Viterbienses et familiares aliquorum Cardinalium, sex de civibus et quatuor de familiaribus mortui sunt; et facta fuit justitia de civibus aliquibus, ita quod decem fuerunt suspensi ante domos suas.

Eodem mense, Ambrosius [7] filius Bernabovis de Mediolano prædicti, qui cum magna societate armatorum [8] intravit regnum Apuliæ, per dominum Gometium [9] militem, nepotem dicti Legati, missum per dominum Papam contra dictam

---

1. *A et C* de mense Martii. — 2. *C* Galeam alias Giraleacho de Med. — 3. *Ita ubique; falso Bal.* tertia. — 4. *B et C* fratrum Minorum. — 5. *C* constructa. — 6. *B* Legatum valentem, *C* valentem virum. — 7. *Ita A C, silente B cum Bal.* — 8. *B* gentium armorum. — 9. *Pessime B cum Bal.* Guillelmum, *C* Gemerium.

societatem, fuit in bello devictus, ipso capto, et suis omnibus vel captis vel interfectis.

Eodem anno, die vii Octobris, venerunt Viterbium Amedeus [1] comes Sabaudiæ, et Patriarcha Constantinopolitanus, et cum eis octo ambassiatores Imperatoris Constantinopolitani, promittentes redire ad Ecclesiæ unitatem.

Die sabbati xvi dicti mensis, dominus Papa intravit Urbem cum indicibili lætitia Romanorum receptus; ubi dominus marchio Estensis [2], qui dextraverat dominum Papam, in platea Sancti Petri fecit duodecim milites, domino Papa tunc gradus Sancti Petri ascendente. Die lunæ sequenti, visitavit ecclesiam Lateranensem. Die dominica, quæ fuit vigilia Omnium Sanctorum, celebravit in altari sancti Petri, in quo a tempore Bonifacii VIII. non fuerat celebratum.

Hoc tempore, dominus Cardinalis Albanensis [3], frater Papæ, factus fuit Vicarius in terris Ecclesiæ, et ivit Bononiam, ibi moraturus.

Anno Domini M.CCC.LXVIII, die v Januarii, luna eclipsata est quasi media [4], circa tertiam horam noctis.

Die i Martii, dominus Papa ivit Lateranum, et sequenti die capita Apostolorum, quæ pluribus annis in conclavi retenta fuerant, ostensa fuerunt populo innumerabili, quibus dominus Papa fecit fieri thecas pretiosas de argento et gemmis, et ea in ipsis reponi fecit.

Hoc tempore, Petrus rex Cypri [5] venit Romam, et domina Johanna regina Siciliæ dominum Papam visitavit, et habuit rosam de manu Papæ, tanquam nobilior, dominica qua cantatur *Lætare Jerusalem*.

Circa finem mensis Aprilis, visa est cometa in Occidente, comas ad meridiem protendens, quam secuta est caristia, anno sequenti.

Eodem anno, de mense Maii, dominus Papa ivit ad Montemflasconem, moraturus ibidem de æstate.

Hoc tempore, dominus Karolus Imperator prædictus, cum multis armatis [6] intrans Italiam, obsedit Veronam, quam non cœpit.

Eodem anno, die v Julii, dominus Papa Montemflasconem, qui antea erat Balneoregensis diocesis, in civitatem

---

1. B Asmodeus. — 2. C marchio Trestensis. — 3. *Deest vox* Albanensis *in* A. — 4. B *cum Bal.* quasi circa tertiam. — 5. C Petrus rex Siciliæ, *cæteris transmissis.* — 6. B cum multis armorum gentibus.

erexit, ponens ibi episcopum, mensæ cujus redditus deputavit.

Eodem anno, de mense Augusti, dominus Papa declaravit canonizandum sanctum Alziasium, olim comitem Ariani, cujus corpus est in civitate Aptensi in Provincia, et claret miraculis multis.

Die II Septembris, Viterbii, combusti sunt duo fratres Minores, propter hæresim.

Die XXII dicti mensis, creavit octo Cardinales, inter quos prior basilicæ Sancti Petri fuit unus.

Die IX Octobris, rediturus ad Urbem recessit de Monteflascone et intravit Viterbium, ubi Imperator exiens de civitate Senensi venit ad Papam die XVII dicti mensis ; et sequenti die iter arripiens præcessit Papam ad Urbem, cum gaudio et honore receptus per Romanos.

Die sabbati XXI dicti [1] mensis, dominus Papa venit Romam ; quem idem Imperator, vice stratoris, adextravit a porta Colonia [2] quæ est prope castrum Sancti Angeli, usque ad basilicam Sancti Petri, pedester eundo et tenendo frenum equi. Deinde, descendente domino Papa, idem Imperator ipsum deduxit usque ad altare. Mansitque in Urbe, infra canonicam habitando, expectans adventum dominæ Imperatricis uxoris suæ, quæ venit Romam die XXIX dicti mensis cum decenti comitiva. Et die I Novembris, domino Papa celebrante in altare sancti Petri, dominus Ostiensis Cardinalis inunxit eam, et idem dominus Papa imposuit sibi diadema. Ac comitantibus eam duobus episcopis Cardinalibus, post prandium ad Lateranum coronata perrexit, in lætitia gentis quæ eam sequebatur ; et dominus Imperator eadem die fecit milites.

In die sancti Clementis [*23 nov.*], domina Imperatrix recessit de Urbe, recepto congerio [3] a domino Papa. Die XVI Decembris, dominus Imperator recessit de Urbe [4].

Hoc tempore imponitur sexagesima [5] omnibus monasteriis sub regula sancti Benedicti viventibus, pro reparatione monasterii Cassinensis de terræ motu olim lapsi [6].

Hoc tempore dominus Papa fecit reparare ecclesias multas in Urbe, specialiter ecclesiam Sancti Johannis de Laterano, et ecclesiam Sancti Pauli.

---

1. *C* die XXa dicti. — 2. *B et C* porta Colina. — 3. *C* congedio. — 4. *Deficiunt in B et Bal.* recepto... de Urbe. — 5. *Ita ubique, pro quo Bal.* decima. — 6. *C* collapsi.

Anno Domini M.CCC.LXVIIII, die dominica xv Aprilis, adscripsit [1] sanctorum catalogo sanctum Alziasium prædictum, statuens ejus festum celebrandum xx die Septembris. Hoc anno supradictus rex Cypri per nobiles regni sui fuit interfectus [2].

Eodem anno et die xviii dicti mensis, recessit de Urbe dominus Papa, eundo versus Viterbium. Hoc tempore Perusini cœperunt movere guerram contra Ecclesiam [3].

Die i Julii, venerunt archiepiscopus Tarsensis [4] et alii ambassiatores Armenorum [5], petentes a domino Papa auxilium contra Saracenos. Fuerunt etiam ambassiatores Januensium et Venetorum, qui concordes in liga contra Soldanum obtinuerunt indulgentiam absolutionis pro transfretantibus ad impugnandum Saracenos.

Eodem anno, die viii Augusti, dominus Papa publicari fecit processus contra Perusinos. Et eodem die recessit de Monteflascone, ubi fuerat de æstate, et ivit Viterbium. Et stante ibidem et vidente de rocca, exercitus Perusinorum intravit patrimonium manu hostili. Et Johannes Acuti, miles anglicus, ductor exercitus, venit ante Viterbium, et inde recessit cum exercitu quasi statim, cremando ligna [6] civium Viterbiensium, pergens versus Montem altum ; ubi in suburbiis, aliquibus diebus mansit ; contra quos pugnantibus dominus Papa concessit indulgentiam.

Hoc tempore, monasterium Cassinense de ecclesia cathedrali reduxit in Abbatiam.

Hoc etiam tempore [7], Viterbii fuit mortalitas transmontanorum, in qua mortui fuerunt quinque vel sex Cardinales.

Eodem anno, die xiii Octobris, dominus Papa venit ad Urbem, ubi jam dominus Imperator Græcorum, nomine Johannes Paleologus, expectabat eum ; qui in die sancti Lucæ, in domo Sancti Spiritus de Urbe, professionem [8] fecit in præsentia quinque Cardinalium et duorum protonotariorum, et juravit se perpetuo servaturum. Postea suscripsit manu propria cum sanguine conchylii et bulla

---

1. C dominus Papa adscripsit. — 2. B et C phrasim hanc præcedenti anteponunt. — 3. B et C guerram Ecclesiæ. — 4. B Tresensis. — 5. C Armeniorum. A voce Armenorum inclusive usque ad ambassiatores, omnia omisit Bal. — 6. Bal. vineas, ex recenti correctione B. — 7. B Similiter hoc tempore. — 8. A processionem.

aurea sigillavit cartam scriptam græce et latine, repositam in archiviis Ecclesiæ. Et deinde, dominica xxi dicti mensis, dominus Papa veniens ad gradus sancti Petri, eumdem Imperatorem obvium ascendentem excepit; et simul euntes ad ecclesiam, dominus Papa in ejus præsentia celebravit.

Hoc tempore, Karolus de Duratio cum Margarita [1] matrimonium contraxit.

Anno Domini M.CCC.LXX [2], de mense Januarii, renovatum fuit altare Lateranensis ecclesiæ, super cujus ciborium in cacumine locata sunt capita Apostolorum per dominum Cardinalem Bellifortis, qui postea factus est Papa, in duabus statuis argenteis quas Papa, ut est dictum, fecit fieri.

Hoc tempore concessa est ecclesia Sanctæ Crucis in Jerusalem de Urbe fratribus Cartusiensibus.

Eodem anno, de mense Martii, recessit dictus Imperator Græcorum cum quatuor galeis, cum quibus venerat. Tunc de novo Præfectus Urbis movere cœpit [3] guerram contra Ecclesiam.

Die lunæ, crastino Paschæ, xv Aprilis, facta processione per clerum Romanum de mandato domini Papæ a Sancto Petro usque ad Lateranum, portatæ fuerunt ibidemque repositæ statuæ argenteæ supradictæ, datæ, una cum capitibus Apostolorum Petri et Pauli, positæ infra ecclesiam Lateranensem, per eumdem dominum Papam.

Die mercurii sequenti, dominus Papa recessit de Roma, et venit ad Montemflasconem, in crastinum sancti Marci evangelistæ.

Hoc tempore exercitus Ecclesiæ obsedit Vetrallam [4], locum dicti Præfecti; qui postea fuit reconciliatus per dominum Papam, et venit ad eum apud Montemflasconem.

De mense Maii, dominus Papa rediturus Avenionem, indixit vacationes a principio Junii [5] usque ad Octobrem, et tunc privavit plures scriptores qui eum non fuerant secuti in Italiam.

Die ultima mensis Maii, dominus Cardinalis Hierosolymitanus factus est Sabinensis episcopus.

Die veneris vii Junii [6], fecit duos Cardinales, Petrum episcopum Florentinum [7], et Petrum de Stagno [8] archie-

---

1. *B* cum domina Margarita. — 2. *Def. in A* Anno Domini 1370. — 3. *A* movere fecit. — 4. *A* Vetrellam, *B* Vetrallum. — 5. *Male C* a principio anni. — 6. *Male apud Bal.* vi Junii. — 7. *C* Florensem. — 8. *C* de Stanno.

piscopum Bituricensem. Qui Bituricensis fuit factus Vicarius, et antea erat missus [1] pro Ecclesia Romana contra Perusinos in ducatu Spoletano.

De mense Julii eodem anno, fuit apud Sedem apostolicam domina Brigida [2] de regno Sueciæ, petens confirmari regulam sibi revelatam a Deo, secundum quam volebat vivere moniales et fratres in monasterio a se fundato in dicto regno, in loco de Vaztena [3], et obtinuit quod secundum regulam sancti Augustini viverent. Hæc domina a pueritia revelationes divinas habuit, et claruit miraculis in vita et post mortem.

Eodem anno, die xxvi Augusti, dominus Papa recessit de Monteflascone, iturus versus Avenionem, manens Corneti usque ad diem v Septembris, tuncque intravit mare; et applicuit Massiliam die xxvi dicti mensis, et post ivit Avenionem.

Post ejus recessum, Perusini pacem facientes se dederunt Ecclesiæ, et per syndicos suos missos Bononiam ad dominum Legatum, fratrem domini Papæ, recognoverunt civitatem et districtum eorum ad Ecclesiam Romanam pertinuisse ab antiquo et pertinere. Tuncque est pax pronuntiata, et dominus Bituricensis, Vicarius, intravit Perusium et possessionem recepit pro Ecclesia; cœpitque ædificare citadellam. Eoque, post recessum domini Albanensis de Bononia, eunte Bononiam, mittitur dominus Philippus Hierosolymitanus, Cardinalis Sabinensis per dominum Gregorium Papam XI, qui operi cœpto finem imposuisset, nisi quod morte præventus fuit ibidem. Et post eum missus fuit dominus Geraldus, Abbas Majoris Monasterii prope Turonis, qui cum opus cœptum quasi complevit, Perusinis rebellantibus expulsus aufugit, ut infra dicetur.

Eodem anno, de mense Novembris, dominus Papa existens in Avenione [4], infirmitate arreptus portari se fecit de palatio apostolico ad domum fratris sui Cardinalis Albanensis adhuc commorantis Bononiæ, ubi die xix [5] Decembris [6] migravit ad Dominum. Et corpus ejus locatum est in capella papæ Johannis XXII, quæ est in ecclesia Beatæ Mariæ

---

1. A fuit missus. — 2. B Brigidia. — 3. B Ventena, C Balzena. — 4. *Male Bal*. exiens Avenione. — 5. *Falso B cum Bal*. die xxa. — 6. *Addit B* anno Domini M.CCC.LXX.

de Dompnis ; ibique mansit usque ad ultimam diem Maii anni sequentis, ubi Deus multa miracula operatur pro illis qui ipsum devote invocant. Et dicta die [1] ejus ossa translata fuerunt cum innumerabili multitudine gentium laudantium Deum in omnibus quæ de ipso audierant, ad monasterium Sancti Victoris Massiliensis, cujus pridem Abbas fuerat.

Per quem Deus multa miracula facit [2], ut testantur infinitæ imagines cereæ appensæ ante sepulchrum et quasi per totam ecclesiam dicti monasterii, apportatæ per liberatos a diversis periculis et infirmitatibus ad invocationem nominis ejus. Vix est ecclesia in mundo in locis solemnibus, quin sit imago ejus depicta et cum vigiliis et oblationibus honorata. Sedit in papatu annis VIII, mense I, diebus XVII. Vacavit Sedes diebus XIII.

## III

[*Cette Vie, qui est pour certaines parties un développement de la précédente, est publiée ici d'après quatre manuscrits :*

*A. Paris, Bibliothèque nation., ms.* lat. *16553, anc.*] Sorb. *1537, membran. à longues lignes, non paginé. Ce joli ms. contient, à partir du commencement, le* Chronicon Martinianum, *continué eâdem manu (XV*e *siècle, probablement peu après 1430) jusqu'à la mort de Martin V. On dirait qu'il a été écrit en Italie ou dans l'obédience des Papes italiens, car quoiqu'il fasse le récit du schisme, il n'a point d'article pour Clément VII* [et] *Benoît XIII ; il en a un pour Boniface IX, Innocent VII, Alexandre V, etc. Il y a deux vies d'Urbain V :* [celle-ci, qui se termine comme B et C avec l'article du 19 mai 1364,] *rien de plus et pourtant le ms. n'est pas défectueux ; sur la même page suit une autre Vie d'Urbain V (la X*e*) sans lacune, et plus d'une vingtaine de feuillets encore.*

*B. Paris, Biblioth. nat.,* Baluze vol. 56, *contenant des* Schedæ variæ *d'André Duchesne sur les Papes. Au f*o *71,*

---

1. B et de dicta die. — 2. C fecit.

Appendix ex continuatore Martini Poloni desumpta (Ms. exhibuit N. Camuzatius). *Au f° 74 v° il y a [cette] vie d'Urbain V, [laquelle se termine comme la précédente au mot]* defuncti. *Ici il y a en marge* : Quæ sequuntur hic videntur alterius esse auctoris. *Et suit immédiatement la X<sup>e</sup> vie. C'est donc comme dans le cod. Sorb. 1537 : il semble pourtant que ce n'est pas de ce ms. qu'est prise la collation, à cause des variantes.*

C. Bordeaux, [*M. Albanès l'a indiqué par ce seul mot* Burdegal.; *la copie s'en trouve dans le*] vol. 56 de Baluze (B), *f° 79 v°-81 ; au f° 77 il y a* : Ex cod. ms. capituli Burdegalensis, in quo Pontificum, Impp. ac Regum gesta a S. Petro usque ad annum 1480. *Suit Grégoire XI et Urbain VI ; après quoi* : Que sequuntur alio ac recentiori caractere scripta sunt. *Semble donc avoir été écrit par un partisan [des Papes] de Rome. Ce ms. est le seul qui donne intégralement le texte de cette Vie; les menaces de sainte Brigitte (à la fin) ne reposent que sur lui.*

D. Vatic. 3765, cod. in-4°, *85 ff. écrits à longues lignes, XIV<sup>e</sup> siècle. Sur un f<sup>t</sup> de garde, manu rec.* : Ricardi monachi Cluniacensis Cronica pontificum, ut colligi potest in vita Innocentii III. *Sur un autre f<sup>t</sup> de garde, une dédicace à Paul II, avec quatre vers signés par* suus Ja[cobus] Vulterranus, secretarius cardinalis Papiensis, *qui écrit en face l'index des Papes y contenus et demande des secours à Paul II. F<sup>os</sup> 84-5, [vie d'Urbain V, se terminant à* defuncti]. *Rien de plus : le codex finit là, quoiqu'il reste encore plusieurs feuillets blancs, dont le dernier a été rempli par autre chose. A côté de ces mots* : me tunc Leodii morante, *on lit en marge cette remarque, manu posteriori :* Ecce compositor libri, qui et fecit hospitale Almanorum Rome, Theodoricus Nyem, famosissimus abbreviator.

[André Duchesne *a publié* (ex eodem MS. codice Nicolai Camuzatii, qui videtur esse alterius auctoris) *la partie de cette Vie commune aux mss. A B D, dans ses* Historiæ Francorum scriptores, *1636, t. II, p. 602 ; et* Baluze *les parties divergentes de la précédente, op. cit., t. I, c. 403-14*].

# VITA

## EX CANONICO BUNNENSI DESUMPTA, PLURIBUS ADDITIS

Peractis exequiis domini Innocentii more solito ix diebus, die decima Cardinales numero viginti intraverunt conclave, die videlicet beati Mauritii, et cum inter se concordare non possent, in dominum Guillelmum Grimoardi [1], tunc abbatem Sancti Victoris [2], absentem, in regno Siciliæ nuntium Sedis apostolicæ, vota sua major et sanior pars direxit. Qui decreto electionis recepto, in vigilia Omnium Sanctorum reversus est Avenionem.

Interim vero quod Cardinales erant in conclavi, Prælati quolibet die missas celebrabant et sermones faciebant, rogando Deum pro felici et celeri [3] pontificis provisione, quodam speciali officio missæ ad hoc ordinato, quod incipit *Suscitabo mihi sacerdotem fidelem* [4]. Die vero xxvii [5], cum dominus Guillelmus, Papa futurus [6], applicuisset Massiliam, eodem die misit dominis Cardinalibus consensum electionis de se factæ. Tanta vero fuit inundatio Rodani et Duranciæ quod usque ad fossata pertingerent civitatis, et dominus Papa intrare non potuit usque in vigilia Omnium Sanctorum, tuncque intronizatus fuit. Et facta insinuatione ad populum quod Urbanus V vocaretur, mox ab omnibus cantatum fuit *Te Deum laudamus*.

Die quoque dominica sequenti, videlicet in festo sancti Leonardi, post festum Omnium Sanctorum, fuit in palatio apostolico coronatus per dominum Magalonensem, qui tunc fuit Ostiensis episcopus. Sed post coronationem non equitavit per villam, ut moris est, licet omnia parata fuissent: fastum vitans, ut dicebatur.

Hoc tempore rex Angliæ quasi totam Aquitaniam recuperavit de manibus regis Franciæ, videlicet Johannis supradicti. Idemque rex, mensis hujus die xx, intravit curiam, et

---

1. A et D Grimoaldi. — 2. D S. Victoris Massiliensis. — 3. A et celebri. — 4. D fidelem, etc. — 5. C Die vero xxviii. — 6. Papa futurus *deest in C, necnon* eodem die.

mane pransus cum domino Papa, moram traxit apud Villamnovam, in domo quam olim [1] dominus Clemens inhabitare consuevit. Eoque præsente, et tota frequentia Curiæ, corpus domini Innocentii fuit portatum ad monasterium Cartusiense, ibique tumulatum in die sanctæ Cæciliæ.

Circa hæc tempora [2], comes Fuxi cepit comitem Armaniaci cum multis nobilibus, pluribus interfectis.

Mensis hujus die xxviii, dominus Papa citari fecit coram se dominum Bernabovem, termino sibi præfixo ad primam diem Martii, ad audiendam sententiam condemnationis, quod esset hæreticus; [3] et per alias litteras mandavit citationes publicari per prælatos, sub alia data. Item fertur sententia contra eum in domino [4], et contra ad partem conceditur contra eum. Item proceditur contra communicantes, item contra faventes eidem. Dein [5] lapso termino, mandatur inquiri contra inobedientes præmissis, et iterum datur contumacia contra omnes, per alias litteras.

In die sancti Nicolai, fuit duellum inter duos milites ultra pontem Rodani, in præsentia regis Franciæ et plurium nobilium, neutro tamen interfecto.

Die lunæ xii Decembris, dominus Papa providit ecclesiæ Avenionensi de persona fratris sui, nomine Anglici, canonici regularis in monasterio Sancti Ruffi prope Valentiam; quæ vacaverat temporibus duorum pontificum prædecessorum suorum. Fecit etiam dominum Vabrensem [6], qui diaconus Cardinalis creatus fuerat per dominum Innocentium et Pœnitentiarius summus, presbyterum Cardinalem.

Januarii die viii, dominus Papa sacram generalem [7] celebrans, fratrem suum prædictum consecravit episcopum, cum aliis tam abbatibus quam prælatis xxvii [8].

Die xxvi [9] Februarii, rex Daciæ intravit curiam.

Martii die tertia, in consistorio publico declaratus fuit hæreticus dominus Bernabos [10] Mediolanensis; et non longe post perdidit conflictum prope Bononiam [11].

Mensis hujus die iv [12] fuit eclipsis solis, hora nonæ, quasi duabus horis.

---

1. *Def.* olim *in* A *et* D. — 2. A Circa hoc tempus. — 3. *Quæ exinde sequuntur,* et per alias, *usque* In die s. Nicolai, *solus habet* C. — 4. *Bal.* in termino. — 5. *Bal.* Demum. — 6. A dominum Babiensem. — 7. C sacrá generalia. — 8. *Bal. cum* C *numero* xxviii. — 9. B Die xxvii. — 10. A Barnabas, C Barnabos. — 11. *Bal.* post, conflictum habuit, et bellum perdidit prope Bon. — 12. B die v, *Bal.* die quinto.

Ejusdem mensis die mercurii xxix, dominus Petrus rex Cypri intravit curiam, et in die veneris sancta cruce signatus est per dominum Papam, una cum filio regis et multis nobilibus contra Turcos.

Aprilis die xiv, Papa prædicavit crucem contra Turcos, ordinans passagium generale, cujus capitaneum constituit Johannem regem Franciæ, tunc præsentem, qui ibidem juravit passagium facere a Martio præterito ad duos annos.

Anno Domini M.CCC.LXIII prædicto, missus fuit in Italiam [1] dominus Cluniacensis Cardinalis.

Maii die nona, recessit rex Franciæ, et nocte sequenti [2] obiit dominus Cardinalis Magalonensis.

Maii die ultima, recessit rex Cypri de Avenione, iturus ad principes mundi eosque ad passagium inducturus.

Hoc anno fuit pestilentia gravissima [3] quasi per omnes partes mundi; et circa festum sanctæ Luciæ cœpit gelu fortissimum, ita ut omnia flumina congelata essent, me tunc Leodii morante et Mosam sæpius transeunte, et duravit usque ad mensem Martii.

Circa hos dies [4], dominus Bernabos reconciliatus fuit Ecclesiæ. Obiit dominus Petragoricensis Cardinalis, Avenione [5].

Anno Domini M.CCC.LXIV, mensis Januarii die xvii, dominus Johannes rex Francorum reversus ad captivitatem in Anglia, obiit; et fuerunt ejus exequiæ in capellà Papæ celebratæ die martis vii Maii.

Maii die iii [6], reversus fui Avenionem, prosecuturus litem contra capitulum Bunnense, eo quod me a fructibus præbendæ meæ suspenderunt.

Hoc mense intraverunt ambassiatores Romani [7], supplicantes Papæ ut ad Urbem se transferret.

Dominus Engelbertus Leodiensis episcopus hoc tempore transfertur ad ecclesiam Coloniensem [8].

Die xix [9] Maii, dominica Trinitatis, coronatus fuit in Regem Karolus, primogenitus domini Johannis regis Franciæ supradicti, defuncti [10].

---

1. *C addit* Legatus. — 2. *C et nocte* ii. — 3. *A fecit* pestilentiam gravissimam. — 4. *C Circa hoc tempus.* — 5. *Addit C die* xvii Januarii; *cæteri notam hanc sequentibus annectunt.* — 6. *Tota hæc pericope deest in C.* — 7. *D Romanorum.* — 8. *Hæc etiam non habet C.* — 9. *C Die* xx. — 10. *Hic desinunt A B D, cætera in solo C habentur.*

Mense Julii, cœperunt in partibus Occitanis [1] nasci animalia sine cauda, similia gluribus aut magnis muribus [2] quæ corchæ vulgariter dicebantur, blada omnia mirabiliter destruentia. Et paulo post bruchi cum grossis capitibus similes locustarum, in tanta multitudine ab Oriente venerunt, ut omnem viriditatem usque ad radices, vel duras fustes, devorantes, terram sterilem et [al]bam relinquerent; et solem quodammodo ad terram descendere impediret nubes multitudinis eorumdem; nullæque carnes porcinæ tunc essent in usu, sed propter esum bruchorum quasi venenatæ prohibebantur; ovaque gallinarum, quæ eis similiter vescebantur, erant omnia rubea ultra modum, et quemadmodum [3] similiter venenata. Nec poterant homines prohibere quovis remedio quin per ostia et tecta replerent domos et lectos earum. Hi faciebant foramina in terra quæ eorum semine replebantur, ex quo pestis desolatoria putebatur [4]. Sed superveniens Favonius, dum volarent [5], eos in mare dejecit.

Idem dominus Urbanus V misit ad Imperatorem Constantinopolitanum duos episcopos, ad sciendum an esset firmus in fide jurata per eum Romæ in manibus sui prædecessoris [cum] omnibus magnatibus et populis suis. Qui respondit ei gratam responsionem, dicens omnes progenitores in fide catholica vixisse et obiisse, et se similiter agere et semper facturum, nihil discrepando a fide Romanæ Ecclesiæ.

Anno M.CCC.LXV, Urbanus revocat omnia domanialia regni Siciliæ, tam vendita, impignorata et perpetuo donata, quam alias distracta; et mandat restitui [instrumenta] [6] inde confecta, cum gravissimarum pœnarum illatione. Et hoc fecit motu proprio et ad excusationem Reginæ, in solemnissima forma.

Hoc tempore, vir magnanimus et magnæ virtutis, Ægidius episcopus Sabinensis, apostolicæ Sedis Legatus in terris Ecclesiæ, missus per Innocentium [7] ad parandum vias ipsi venturo, contra tyrannos occupatores terrarum Ecclesiæ, mirabiliter triumphavit, eosque subjugavit modis quos in

---

1. *Bal.* in partibus Orientis. — 2. *Bal.* aut magis muribus. — 3. *Bal.* quodammodo. — 4. Putebatur *linea subnotatur in codice.* — 5. *Bal.* dum velarent. — 6. Instrumenta *deest in* C. — 7. C Innocentem, cui *Bal.* substituit Urbanum.

aliis Chronicis habes extense; et tandem personaliter venit ad remigium ¹ Apuliæ; et fecit quod Regina dicti regni tunc potentissima venit ad eum Aversam, et recepit ab ipsa ² homagium. Deinde congregavit Neapolim concilium cleri et populorum regni, in quo actum est ut universi magnates in suis manibus fidelitatem jurarent; quod obtinere nequiverunt, cum ad id Regi pro tempore tenerentur. Ex quo recessit non bene contentus, licet alios fructus magnos egisset.

Anno Domini M.CCC.LXVI, idem Urbanus publicavit suum accessum ad Urbem et propriam sedem, quæ diu caruerat gaudio proprii ³ præsentis præsulis. Et tandem impedimenta Galliæ superans tam a fratribus procurata quam a rogantibus adhibita solerter, ultima die Aprilis LXVII iter arripuit, Avenione relicta, ad dictam Urbem cum LX galeis et pluribus navigiis, adeo quod una maxima civitas ejus stolus videretur. Ipse in propria persona ⁴ cum galea Antonicorum ⁵ mirabiliter fabricata, et nobilibus et aliis ornamentis ornata ⁶, [quæ] præ omnibus aliis numero singularissima in toto mundo fuit reputata, ad civitatem Ostiensem se deponi fecit. Et quam cito ibi fuit, misit diversos nuntios ad tractandum pacem in Ungaria, Sicilia et Bernabove, cum potestate monendi renitentes ut revocarent gravamina cleri. Sed contra Perusinos publicantur processus facti sub data idus Augusti anno septimo.

Huic nuntiavit devota domina Brigida de Suecia per Nicolaum comitem Nolanum, quod si recederet, esset insipiens ⁷ et non perficeret iter suum. Et sic contigit.

Obiit autem XIV kalendas Januarii, pontificatus sui nono.

---

1. *Bal.* ad regnum. — 2. C ab ipso, *non bene.* — 3. *Bal. omisit* proprii. — 4. C Ipsius propria persona. — 5. *An legendum* Anconitarum? — 6. C ornatus. — 7. *Bal.* incipiens.

## IV

[*L'éditeur n'a rien à ajouter aux indications bibliographiques de son* Répertoire des sources hist. du moy. âge *(t. I, cc. 44 et 2386) touchant* Aimeric de Peyrac *(abbé de Moissac en 1377, mort en 1406) et sa Chronique. L'auteur avait recueilli dans les registres du pape Urbain V* (De Ind. et Com. an. VIII, *f° 109 v°*) *une nomination le concernant :*]

Dilecto filio Aymerico de Peyraco, camerario ecclesie Sarlatensis, ordinis S¹ Benedicti, licentiato in decretis, salutem, etc. Religionis zelus... Olim officio camerarie ecclesie Sarlatensis per obitum quondam Petri Baudoini, ejusdem ecclesie camerarii, extra Romanam curiam defuncti vacante, dilectus filius Johannes electus Sarlaten... officium ipsum consuetum per monachos dicte ecclesie, cujus tunc monachus existebas prout existis, gubernari, sic vacans auctoritate ordinaria tibi contulit... *Crainte de réserves apostoliques et recours au Pape*... Nos volentes te, qui ut asseris de diocesi Sarlatensi es oriundus,... favore prosequi gratioso, tuis in hac parte supplicationibus inclinati..., tibi prioratum de Tanerio, dicti ordinis, Sarlatensis diocesis, a dicta ecclesia dependentem et per ipsius ecclesie monachos solitum gubernari obtinenti,... auctoritate apostolica concedimus, quod collatio et provisio predicte perinde a data presentium...valeant,*etc.,mais le prieuré de* Tanerio *sera vacant*. Datum Avinione, xvii kal. Novemb., anno VIII [*16 oct. 1370*]. *et remarqué qu'Aimeric parle de ce prieuré de* Tanerio [*Tanniers, com° du cant. de Sarlat (Dordogne)*] *au milieu de l'avant-dernière col.* [*Il avait aussi extrait de sa Chronique des notes concernant sa carrière :*]

An. 1375. Et ego eodem anno gradum doctoratus assumpsi, et Tholose legebam. Predictus dom. Gregorius anno Dñi 1377, xviii die mensis Augusti, ad Moyssiassensem abbatiam me promovit, tunc me existentem priorem Elizone, ordinis Cluniacensis, diocesis Auxitane (in Greg. XI, *f° 98 v°*).

[*Sa vie d'Urbain V, déjà publiée par* Baluze, *op. cit.*, c. 415-24, *et* Muratori, *op. cit.*, c. 838-42, *paraît ici d'après le manuscrit*] unique et assez peu correct [*de la Biblioth. nation. de* Paris], cod. lat. 4991 A, *petit in-folio* *pergam. à 2 col., écrit au milieu du XV<sup>e</sup> siècle. La Chronique a dû être écrite avant, puisqu'elle finit par Grégoire XI et Clément VII, Benoît XIII n'ayant qu'une mention ; mais immédiatement (f<sup>o</sup> cj) arrive une liste des Papes finissant, toute eâdem manu, par Eugène IV, M.IIII<sup>c</sup> XXXIJ : c'est à peu près l'âge du ms. [La vie d'Urbain V est au f<sup>o</sup> xciiij v<sup>o</sup>].*

# VITA

## AUCTORE AYMERICO DE PEYRACO, ABBATE MOISSIACENSI

URBANUS quintus, monachus, felicis recordationis et bonæ memoriæ, multa construxit pro Ecclesia et ordine sanctissimi Benedicti, et pulcherrimam domum et ecclesiam [1] in Montepessulano fierit fecit. Et audivi ab eis qui dicti operis faciendi erant commissarii deputati, quod in [VII millia] francorum et ultra [2] in opere illo expensa fuerant cum dependentibus subsecutis. Et de maximis donis et jocalibus dotavit [3] dictum locum, et de reliquiis pretiosis. Ubi constituit perpetuo monasterium monachorum studentium et claustralium. Et dicebatur quod si diu vixisset, episcopatum vel abbatiam erexisset.

Marciliæ, ubi præfuit Abbas in Sancto Victore, multa ædificavit, reparavit et donavit, et inibi quasdam abbatias subjugavit. Muros pulcherrimos et fortes, cum vallatis, Avenionensis civitatis, et quamplurima alia citra montes et ultra sumptuosa construxit ; quæ quasi incredibilia reputantur facta in parvo tempore suo.

Clericos diligebat, et libentissime dignos promovebat ; et expensis suis et Ecclesiæ plures in diversis studiis tenebat. Et pro speciali dilectione, septem pueros, una cum magistro suo in scientia musicali peritissimo, destinavit studio Tolosano, qui in missa majori Studii voce dulci harmo-

---

1. *Bal. addit* et monasterium. — 2. *Cod.* quod in franchorum et ultra. — 3. *Bal.* ditavit.

nizarent, atque in aliis facultatibus proficerent et erudirentur. In studiis universis quosdam viros notabiles tenebat in habitu difformato, pro explorandis meritis studentium, et labores, quos affectabat dignos nimium promovere. Simoniæ fuit maximus vitii extirpator, et omnium bonorum et virtutum propagator. A cunctis mundi principibus timebatur, et si diu vixisset sancta Christianitas [1] incrementum habuisset.

Erat magnanimus et valde robustus. Patrem carnalem habebat tempore sui papatus, bonum militem; cui parum dedit et assignavit, dicens quod bona Ecclesiæ sunt pauperibus dispensanda, et quod genitor suus de propriis suis redditibus antiquis valebat congrue sustentari. Et quando prædictus obiit, Papa præsens fuit [2], et eidem concessit plenariam indulgentiam peccatorum, et eumdem benedictione papali sanctissima manu propria sanctificavit et bene dixit.

Fuit maximus clericus; et in Montepessulano, ubi specialem gerebat devotionem, legit ordinarie Decreta. Et vocabatur Guillermus Grimohardi, de diocesi Mimatensi in Gavaldano. Et ad ipsius pedum oscula beatorum fere cuncti christiani principes accesserunt, vel excusationes legitimas cum honorabilibus et notabilibus ambassiatoribus transmiserunt. Et in eo [3] refulserunt quasi omnia dona Spiritus Sancti gratiarum.

Cum magna precum dominorum Cardinalium instantia fratrem suum promovit ad Cardinalatus fastigium, licet probissimus esset, ex eo quia scientiam eminentem non habebat. Qui fuit devotissimus, et maximus pauperum et clericorum relevator; et etiam multa construxit in Monte pessulano, Avinione, et multis locis; et supervixit Papæ prædicto bene per viginti annos.

Dictus dominus Urbanus fuit in Marsiliensi monasterio debite traditus sepulturæ; quam in vita sua fecit non nimium [4] sumptuosam de lapidibus ædificari. Et ibi per universum orbem miracula Deus pro ipso intercedente clementissime operatur. Et audivi sæpius quod in vita sua

---

1. *Pro* sancta Christianitas *Bal. posuit incaute* scientia christianitatis. — 2. *Cod. per interversionem,* quando prædictus Papa obiit, præsens fuit; *Bal. vero,* quando prædictus pater ejus obiit, præsens fuit. — 3. *Cod.* in eorum, *mox Bal.* omnium. — 4. *E contra Bal.* non minimum.

etiam frater suus dominus Albanensis in quibusdam miraculis fuit gloriosissime exauditus.

Ejusdem Papæ tempore, universalis Ecclesia maxima pace et libertate plenissime fruebatur. Et dominum de Milano, tyrannum crudelissimum, qui ipsum in minoribus constitutum, Nuntium apostolicum, fere inhoneste tractavit, demum ad obedientiam Romanæ Ecclesiæ compulit devenire. Magnæ Societates totum regnum [1] Franciæ dissipabant; et quos [2] ferro nec potentia Rex domare non poterat, subito censura ecclesiastica et orationibus institutis per eumdem exterminati fuerunt. Huic congruunt no[tata]in cap. *Si Dominum*, de reliquiis et veneratione sanctorum, in Clementinis [3].

De isto enim Rege Franciæ Karolo, primitus receptis novis de nativitate ejusdem regis, nuntiis destinatis prædixit quod erat natus Ecclesiæ et orbi universo, præsignans in futuro quæ de misericordia Dei erant profutura.

Anno secundo pontificatus ejusdem domini Urbani, qui fuit M.CCC.LXIII, hyems solito acerbior, et nimis horrida, importuna fuit. Multi enim pauperum, infantium et mulierum, nimietate frigoris defecerunt ; et in multis aquis pisces sub glacie [4] absorpti sunt. Glacies enim adeo spissa erat et valida, ut vehicula onusta super eam ducerentur, et quasi super solidum [5] equitaretur. Acciditque eo tempore quod magnæ Societates pervagantes et destruentes regnum Franciæ, properantes capere quemdam locum de nocte, quoddam magnum stagnum [6] illæsi transiverunt, æstimantes se supra terram ambulare. Rigore dicti frigoris, quidam equitans supra equum, frigore nimio tactus interiit; quem equus mortuum detulit in quodam hospitio Carcassonæ, in quo consueverat commeare ; hospesque æstimans ipsum vivum, quia per apparentiam vivus putabatur ex rigore frigoris, volens ipsum tangere, recipiendo per manus, indilate et subito cecidit. Qui quidem homo judicatus fuit per expertos per spatium leucæ obiisse. Dictusque Papa excommunicavit omnes transeuntes supra Rhodanum sic conge-

---

1. *Cod.*, *turbato verborum ordine*, nuntium apostolicum, demum ad obedientiam romanæ ecclesiæ compulit evenire, magne societatis, fere inhoneste tractavit totum regnum ; *quod facillime restituitur: Bal. tamen locum corruptum produxit.* — 2. *Cod.* quod, *moxque* exterminari. — 3. [Clementin. lib. III, tit. 16, cap. un.] — 4. *Cod.* sub galicie, *et dein* galicies. — 5. *Cod.* super solium, *Bal.* super solum. — 6. *Cod.* stragium.

latum, pro eo quia Arelatis quidam submersi fuerunt, confidentes de fortitudine glaciei. Nam tunc dicebatur quod tunc Rhodanus continebat in spissitudine xv. pedes glaciei ; propter quod prædicta vehicula onusta super glaciem ducebantur, et Rhodanum sic congelatum, tam pedes quam eques, homines pertransire non verebantur.

 Pontificatus etiam domini Urbani anno tertio, anno Domini M.CCC.LXV, fuit factus Doctor Tholosæ, sub domino Guidone de Malesicco, nunc Cardinale Prænestino, dominus Guillermus de Agrifolio, protonotarius Papæ. Et eadem die, quod admirabile et inauditum fuerat temporibus retroactis, dictus dominus Guillermus doctoravit, videlicet dominum Bertrandum de Pelaiano, abbatem Sancti Severii de Bigorra, postque abbatem de Monteolivo, ordinis Sancti Benedicti, Petrum Olerii, abbatem Calesii, ordinis Cisterciensis ; Bernardum de Malodunio [1], priorem Beatæ Mariæ Deauratæ Tholosæ, vita, religione, doctrina, prædicatione, pietate, et aliis multis virtutibus insignitum, cujus memoriam dum recolo, vix lacrima conquiescit, sub cujus magisterio gradum licentiæ [et] doctoratus assumpsi ; Petrum de Cosnaco, priorem de Briva, nunc episcopum Tutellensem [2], Johannem Alberti, priorem Sancti Orientii, diocesis Auxitanensis, post abbatem Mansi Agenesii, Guillermum Noveletti, postmodum Cardinalem Sancti Angeli, Guillermum Sabbaterii, canonicum Agathensem, Rigaldum Astergii, canonicum Lingonensem, officialem Biterrensem, Bertrandum de Gregiis, canonicum Agennensem. Qua die fuit etiam doctor in jure civili dominus Guido Lesteria, dein miles et senescallus Ruthenensis. Et anno Domini M.CCC.LXVII, dominus Urbanus prædictus, de cujus mandato, ut æstimo, prædictus actus excellentissimus factus fuit, dictum dominum Guillermum de Agrifolio protonotarium, in presbyterum Cardinalem motu proprio promovit in civitate Marsiliensi, anno xxvii ætatis dicti domini Guillermi.

 Dictus dominus Urbanus privilegiavit Tholosæ Studium legendi et studendi et gradus utrosque recipiendi in facultate theologiæ ; de quo civitas et studium magno jubilo exultavit [3]. Idemque dominus Urbanus corpus beati Thomæ

---

1. *Bal.* de Maloduino. — 2. *Cod.* Tullensem. — 3. *Cod.* exaltavit.

de Aquino, ordinis Prædicatorum, in jocale theologiæ, ordinavit in ecclesia Prædicatorum Tholosæ perpetuo persistere. Quod quidem corpus fuerat pridem sublatum furtive de monasterio Fossænovæ, Cisterciensis ordinis, in quo ab olim fuerat depositum. Et idem Doctor gloriosus, plenus miraculis, in magna devotione ibi colitur, mirabili sepultura, artificioso opere et valore auri, argenti, et lapidibus pretiosis dignissime perornata, quod mauceolum [1] potest dici. Mauceolum [2] dictum est a quodam qui dicebatur Mauceolus, qui fuit vir potens et ab Artemisia ejus uxore valde dilectus; adeo quod eo defuncto ipsa gloriosissimum ei construxit sepulchrum quod vocavit mauceolum, a nomine viri sui. Exinde mos inolevit ut quælibet pretiosa sepultura mauceolum nuncupetur. De quo in capite *Bene quidem*, XCVI. distinctione, circa principium [3].

Tempore quo dictus Urbanus fuit Viterbii prope Romam, fuit maximus populi tumultus in prædicta civitate contra Papam et totam curiam, dicentes : *Vivat populus, Ecclesia moriatur !* Dictusque tumultus exordium habuit propter inhonestam tractationem [4] cujusdam fontis vocati Griffols. Et propter hoc dominus Guillermus Bragose, Cardinalis Vabrensis, maximus canonista et homo magni cordis, fuit a populo male tractatus. Idemque Papa dictum tumultum malum condemnavit [5], et dixit quod hoc erat initium malorum, et Ecclesia debebat multa mala tolerare, quod perdiu non differretur.

Fratricellos vocatos nonnullos, a fide catholica divertentes, igne fecit concremari in Roma, dum Romæ fuit. De illis clericis quos dictus Papa in diversis scientiis et in diversis studiis, sumptibus propriis tenebat, Ecclesia Dei multipliciter illustratur, qui columnas Ecclesiæ viriliter sustentarunt. Legitur [6] quod Romæ, tempore Octaviani Imperatoris, fuit taberna emeritoria, per quam fons olei, tempore nativitatis Christi, extera emanavit, quæ maximo rivo fluxit. In qua non nisi emeriti solatio fovebantur ; et ille locus, propter emeritos, ad consolandum fuit specialiter deputatus, qui sine merito laboris indignos, tales recipere taberna

---

1. *Bal.* mausolæum. — 2. *Quæ sequitur phrasis a Bal. omittitur.* — 3. Gratiani Decretum, *pars I, dist. XCVI, cap. 1.* — 4. *Bal.* spectationem. — 5. *Cod.* malumcodavit, *Bal.* malum sedavit. — 6. Legitur... residente : *nihil horum apud Bal.*

dedignabat. Namque in diversis studiis digni merito provehuntur, ideoque insignibus et notabilibus locis Studia generalia deputantur, quæ magnis gaudent privilegiis; in capite *Tuæ*, de clericis non residentibus [1]. Ideo in prædictis studiis generalibus, considerando quod Ecclesia sancta Dei viris litteratis maxime eget ad columnas Ecclesiæ sustentandas, studiosos et in ipsis scientiis graduatos multipliciter ad beneficia et dignitates assumebat et promovebat; et sic Ecclesiam virtuosissime et sanctissime regebat.

Anno ejusdem pontificatus tertio, fuit maximus conflictus sive bellum, et asperrimum et durissimum, inter magnas Comitivas jam per ipsum Papam excommunicatas et damnatas, indebite fere totum regnum Francorum dissipantes, et gentes armorum regis Franciæ, in plano de Villa Dei, diocesis Montisalbani. Et ex parte Societatum erat principalis Bertrucatus [2] de Lebreto, et Aymarus de Duchelo, olim presbyter, et alii usque ad numerum mille ducentorum [3] hominum armorum. Gallici vero strenuissime se habuerunt; et communiter dictum fuit quod, judicio Militum, plus honoris tunc in dicto bello habuerunt victi quam victores, qualitate facti circumspecta et strenuitate Gallorum. Sed et quia sub justo clypeo quamplures Dei judicio succumbunt, gentes regis Francorum fuerunt devictæ in illo campo; inter quos fuit captus Guido de Basio, senescallus Tholosanus [4], A. de Hispania, prudentissimus et fidelissimus miles, senescallus Carcassonæ. Interfuit etiam senescallus Bellicadri, qui de genere Baussorum in provincia Provinciæ, vicecomes Narbonensis, vicecomes de Caramanho, dominus de Tarrida, et quasi flos militiæ totius patriæ. Et quia *granum frumenti mortuum multum* [5] *fructum* [6] produxit seminatum, dicta victoria fuit destructio illarum maledictarum Societatum. Nam ex post, certis institutis orationibus dicti Papæ, et maledictionibus publice contra eas fulminatis, indignationem Dei et populi incurrerunt, et fere cuncti fuerunt interfecti, et quasi ut fumus dissipati et turpissime dispersi evanuerunt.

Contigit tunc res mirabilis satis, prout per informatio-

---

1. [Gregorii IX] Decretal., *lib. III, tit. IV, cap. 12.* — 2. *Ita codex, Bal.* Perducatus. — 3. *Cod.* XII<sup>e</sup> hominum armorum, *Bal.* decem millium. — 4. *Bal. omisit* senescallus Tholosanus, *et etiam* fidelissimus. — 5. *Bal.* nullum, *tum* producit, *et* maledicarum. — 6. [Joan. xii, 24-5].

nem sufficientem fuit denuntiatum Papæ prædicto. Ex parte Societatum, illi qui interfecti et mortui fuerant, supino corpore et facie versus terram eversi reperiebantur, in signum maledictionis; illi vero qui ex parte Gallicorum, seu patriæ, facie erecta ad cœlum et corpore adverso. Ego vero interfui prope dictum campum, habito conflictu, statim fere per tres dies, per ibidem faciens transitum, de studio rediens ad larem proprium; auditis attestationibus multis, prædictorum veritatem percepi [1]. Gloriosus enim Deus Jesus Christus mirabilia opera propter dictum Papam faciebat.

Sane [2] Papa quilibet, Christi vicarius, non umbra, curat infirmos, sicut Petrus faciebat. Quamvis enim cujusque pastoris sententia ex divina parte procedat, Deus per sanctiores interdum mirabilia operatur. Ecce quanta cautela est homini Christiano ne *in laqueum incidat diaboli* [3], ne sua culpa, consortium amittat communicationis sanctæ, cujus confederatione gratus Deo est, et separatione stat miraculorum novitate infeliciter prostratus! In cibo sacrificii, orationum et eleemosynarum, atque bonorum operum universitatis ecclesiasticæ participatione [4], Christianus calefit et vivit, et anathemate putrescit, et a bonorum separatus consortio morte prævenitur, sententiis ecclesiasticis innodatus, et ad nihilum redigitur, velut jumentum sine adjutorio factus. Ut ergo populo lapidei cordis satisfiat, stupescat Christianus, et ecclesiasticam censuram merito perhorrescat : in *Cœp[isti habere]*, XI, q. III [5]; *Si homo esses*, XXVII, q. I [6]. Vivere inter homines et eorum carere consortiis, lex utraque detestabile reputat, et opprobrium et damnum manifestum. Sententia enim censuræ ecclesiasticæ letaliter jugulat [7] quem sane reperit [8] contemptorem; prodest tamen in jugo humili a proprio pastore prolata, in cap. *Sententia*, XI, q. I [9]; *Cum medicinalis*, de sententia excommunicationis, li. VI [10], *Cum non*, ibidem [11].

Tempore dicti Urbani quinti, Princeps Aquitaniæ Eduardus, qui ducatum Aquitaniæ tunc tranquille, strenue et

---

1. *Bal.* prædicta veritate potiri. — 2. *Totum paragraphum resecavit Bal.* — 3. [I Timoth. III, 7]. — 4. *Cod.* participationis. — 5. [Gratiani Decret., pars II, caus. XI, quæst. III, cap. 48. — 6. *Ibid.*, caus. XXVII, qu. I, cap. 19]. — 7. *Cod.* jaculat. — 8. *Cod.* repertum. — 9. *Ibid.*, caus. XI, qu. III, cap. 1. — 10. Sextus decret. lib. V, tit. XI, cap. 1. — 11. [*Ibid.*, lib. I, tit. VI, cap. 30].

pacifice regebat, tenuit quoddam solemne concilium in civitate Petragoricensi, ubi interfuerunt xxii episcopi [1] dicti ducatus. Atque sermo fuit commissus domino Ostenco, episcopo Sarlatensi, maximo et famoso theologo, in spiritualibus et temporalibus circumspecto, et affluenter in divitiis temporalibus communito. Qui episcopus eumdem principem, in sermone, in quibusdam Filio Dei comparavit. Propter quod quidam invidi, qui ejusdem celebrem famam offuscare volebant, in curia romana prædictum episcopum absque causa rationabili nisi fuerunt diffamare, pervertendo ejus tunc catholice dicta sane intellecta. Et quia tela prævisa minus feriunt, volens obviare eorum verbis malitiosis et suggestionibus falsis, ad curiam Romanam accessit, sperans se defendere veraciter de objectis clam contra ipsum prolocutis. Et nec ibidem interessendo personaliter, quisquam partem fecit contra ipsum publice vel occulte. Dumque vocatus fuisset ad prandium, in collatione dominus Urbanus interrogat ipsum si Papa et Ecclesia debebant gaudere de morte crudelissima Petri quondam regis Hispaniæ, noviter interfecti per spurium Hispaniæ fratrem suum, pro eo quod rebellis erat Ecclesiæ, fautor Sarracenorum et Judæorum, et quasi infidelis, infidelium propagator, et patrator malorum, et populi Christiani interemptor; allegans sibi exemplum beati Benedicti, de presbytero qui beato Benedicto invidens de solio corruit, et de ejus subitanea morte Maurus exultavit. De quo pater Benedictus discipulo pœnitentiam imposuit, quia de morte ejus presbyteri gavisus fuit, ut beatus Gregorius in secundo libro Dialogorum latius ostendit [2].

Qui episcopus taliter respondit quod de expiatione vitiorum ipsius exultabat, sed tanquam de homine condolebat; quia odio execrari debent peccata, non homines, pro fraternitate et dilectione caritatis. Et Papa ait : « Nonne legistis in psalmo : *Lætabitur justus cum viderit vindictam*[3] ?» Tunc episcopus propter sanctitatem suæ dignitatis [4] supersedens responsioni, dixit quod totum remittebat ordinationi et definitioni papali. Et taliter petitio remansit insoluta, ad alia verba divertendo. Et hoc mihi dominus episcopus

---

1. *Apud Bal.* xvii episcopi.— 2. [*Cap. VIII* (Patrol. lat., *t. LXVI, c. 150*)].— 3. [Psalm. lvii, *11*]. — 4. *Ita Codex; Bal.* propter sanctitatis suæ dignitatem.

prædictus retulit, tempore quo prioratum de Tanerio, in ecclesia sua existens monachus, tunc habebam. Et ultra mihi adjecit quod dictus Princeps non gratum accepit quod ad laudem, in conspectu sui, dixerat, secundum quod sibi retulit quidam amicus suus; qui dum secrete exfabularentur [1], dixit eidem principi : quid dicebat de sermone dicti episcopi coram eo pridie dicto? Qui sibi respondit quod dictus episcopus, quamquam esset et eloquentia et scientia mirabilis, et perspicatissimi ingenii, ab eo joculatorum debebat habere mercedem; quia nec magnifice in conspectu suo quisquam erat extollendus, maxime magnus princeps, qui propter casus sinistros fortunæ inopinate consternari, et sic actus præcedentes famosi poterant offuscari, et ad nihilum redigi, et penitus confundi. Qui quidem episcopus prædicta mihi asseruit, comprobando sapientiam dicti principis Eduardi.

Sæpe [2] ex laudis præconio innascitur superbiæ inflatio, ut notatur in § hoc capitulo, XI, in Sexto. Ideo etiam vana laus viventis non approbatur, vel quia suspectus est laudator, ut rogatus; vel quia veritatis regula est ut nihil facias commendandi tui causa, quo minor alius fiat; nec si quid boni operis habeas, id ad deformationem alterius et vituperationem exerceas; non defendas improbum, et sancta indigno committenda non arbitreris; nec iterum arguas et impugnes eum cujus crimen non deprehendis, ut ait Ambrosius in libro de Officiis [3]; et capit. *Si quis vero*, XI, q. III [4]. Ideo superflua laus, et sui et alterius, est prorsus evitanda, et ibi de gloria, non de laude seu honorum appetitione.

Ad dictum dominum Urbanum venit Imperator Romanorum, Imperator Græcorum, Johannes rex Franciæ, Johanna regina Siciliæ, et fere cuncti principes sæculi hujus eumdem timebant. Percepi quoque quod quidam familiaris Cardinalis Petragoricensis, eximii clerici et potentis domini, paulo post creationem dicti Papæ interrogavit ipsum, quid dicebat de Papa prædicto. Qui dicitur respondisse : « Modo habemus Papam; alios ex debito honorabamus, et istum

---

1. Bal. *confabularentur.* — 2. *Hunc quoque paragraphum Bal. prætermisit.* — 3. Ambr., De off., lib. II, cap. 24. — 4. Decretum, pars II, causa XI, qu. III, cap. 13.

necesse est nobis timere et revereri, quia potens est opere et sermone ».

Idem Papa volebat quod omnes clerici et studentes ostenderent honestatem in gestu, ut in eis nihil indecorum esset. Inhibuit quoque monachis nigris quod de eorum caputiis auferrent cornetas, nec in papali palatio quemquam monachorum cum prædictis cornetis introducere patiebatur; alioquin a caputio per officiarios suos illico et incontinenti, interdum cum violentia, evellebantur [1]. Cluniacenses etiam hunc morem observant, et per statuta habent, in caputiis eorum non deferendi cornetas.

Etiam ipse certum modum et forum parvum pannorum et vestium statuit in multis [2] studiis observari, ne clerici pretiositate vestium confunderentur, et a continuatione studii penuria desistere [3] haberent; quod et vidi in studio Tholosano tunc de facto observari.

Romæ accessit, ubi multa laudabilia et magnalia egit, et fere in omni Italia, ubi per tres annos moram traxit continuam. Inchoataque noviter guerra inter reges Franciæ et Angliæ, volens personaliter dicta regna visitare, et dictos reges insimul congregare, rediit Avenionem pro pace inter eos pertractanda. Ubi paulo post adventum suum, infirmitate naturali detentus, in Domino laudabiliter obdormivit et obiit, pace imperfecta dictorum regum et regnorum, anno Domini M.CCC.LXX. [4]

De cujus obitu, sub talis orationis precamine, exclamo querelosus : « O mors crudelis et fera bestia, festine Urbanum Papam Romanum sanctissimum de mundo sustulisti, Ecclesiæ et orbi universo accommodum ! O terra, quare in foveam retines, et in cinerem non erubescis capere, quem ad lumen Ecclesiæ Dominus educavit ! Per cujus absentiam aruerunt scientiarum rivuli, cujus fonte faciebantur clerici ! Hic erat pater justitiæ, doctor veritatis, malorum extirpator, monachorum propagator, Ecclesiarum potentissimus defensor, totius scientiæ illuminator, validissimus expugnator perversorum, regni Francorum præcipuus amator, et oppressorum [5] ejusdem validissimus submotor. O pater sanctissime, cur nos dimisisti in hac valle miseriæ

---

1. *Cod.* evelabantur. — 2. *Bal.* in universis. — 3. *Cod.* desisti. — 4. *Hucusque Bal., qui sequentia non admisit.* — 5. *Cod.* expressorum.

desolatos ? Dignissime Ecclesiam militantem sanctam Dei tenuisti, et in triumphanti, ut pie credimus, refulges gloriosus, duplici corona tibi justitiæ misericorditer attributa. Et ut pie capiamus solatia militantis civitatis [1] tribulatæ, ut pro ea interpellare digneris munificentiam divinæ largitatis exordiis omnimoda puritate supplices deprecamur, gloria[m] paradisi præstante Domino nostro Jesu Christo Dei filio benedicto. Amen. »

V

[*Pierre d'Hérenthals (Belgique) était chanoine de l'ordre des Prémontrés ; il devint prieur de Floreffe (près Namur) et mourut le 12 janvier 1391 (voir* Répertoire cité, t. I, c. 1821, *et* t. II, c. 1119-20). *Le seul manuscrit complet de son* Compendium chronicorum de imperatoribus et pontificibus Romanorum *paraît être celui de la* Biblioth. nation. de Paris], cod. lat. 4931 A, [anc. Colb. 751]. *Pierre écrivait sa Chronique en 1384, comme il le dit f° 241 v°* : Postquam vero a mundi exordio... conscripsi usque ad annum Dominice Incarnationis M°CCC°LXXX IIIJ<sup>to</sup>, prout in presenti Cronicarum volumine patet evidenter, recordatus sum illius sentacie Salomonis, dicentis : « Faciendi plures libros non est finis ». Unde ego constitutus in senio nil utilius michi restare video quam fine michi ampliora scribendi constituto, deinceps intendere necessariis ad salutem... Nam pro certo hominis salus cognoscere dinoscitur in filiali timore mandatorumque observatione Dei ac Domini nostri Jhesu Xpisti, cui est gloria, laus et honor in secula seculorum, amen. *C'était la fin; immédiatement suit (f° 242)* : Preterea vero, vite mee incolatu prolongato, *il ajouta un très court supplément, sans dépasser Urbain VI.*

[*La vie d'Urbain V est au f° 229 v° ; elle a été] exactement imprimée dans* BALUZE [*op. cit.*, c. 413-6, *et dans* MURATORI, *op. cit.*, p. 637] *sans variante d'après ce même*

---

1. *Cod.* civitate.

ms., comme l'indique le parfait accord [des leçons] et l'absence du mot Sancti [au commencement.

M. Albanès avait transcrit un passage du Magnum Chronicon Belgicum concernant Pierre d'Hérenthals; il paraît suffisant de renvoyer au texte imprimé dans Pistorius, Rer. German. vet. script., *1653, f° 332, l. 43 (1409)*].

# VITA

## AUCTORE PETRO DE HERENTHALS, PRIORE FLOREFFIENSI

Urbanus Papa quintus primo fuit Abbas ordinis [Sancti] Benedicti in civitate Antisiodorensi, deinde translatus fuit ad Abbatiam Marsiliæ. Ipsoque apud Lombardiam existente in legatione, defuncto Innocentio Papa prædicto, Cardinales inter se discordantes in conclavi apud Avinionem, tandem mentio[ne] inter ipsos facta de dicto Urbano qui vocabatur Grimoaldus, subito in ipsum direxerunt vota sua atque eum elegerunt in summum Pontificem. Hic homo strictus fuit, pompositates odio habens, et maxime sumptuosos status Cardinalium quos invenit.

Proposuit ergo ire Romam, sicut et fecit. Nam veniens Marsiliam, dum Cardinales recusarent eum sequi, statim ibidem duos ordinavit Cardinales, asserens quod in capillo capucii sui sufficientes habebat Cardinales. Unde Cardinales ejus constantiam videntes, suam audaciam prius habitam mutaverunt in timorem, et secuti sunt eum.

Veniens itaque Romam, primo constituit reparari ecclesias Romanas. Fertur autem abbas ecclesiæ Sancti Pauli, Romæ, dicto Papæ magnam summam florenorum obtulisse, ad finem quod ad Cardinalatum posset promoveri. Accipiens itaque Papa hanc oblationem, de eadem constituit reparari ecclesiam Sancti Pauli, et Abbatem in suo statu reliquit, absque promotione. Sicque factum est quod Papa de dicti Abbatis pecunia fecit quod ipse Abbas facere debuit. Hic Romæ Imperatricem, uxorem videlicet Karoli de Bohemia, coronavit.

Multa bona in Roma fecit, et tandem reversus est ; et non multum post ibidem clausit diem extremum. Post cujus mortem multa dicuntur evenisse miracula circa ejus corpus, tam in Avinione ubi obiit, quam in Marsilia ubi ipsum corpus translatum fuit in Ecclesia ubi prius fuerat Abbas. Sed nondum propter dicta miracula exstat canonizatus, etc. *(sic)*.

## VI

*[Cette] vie anonyme, écrite vers 1380, occupe les ff. 116 v°-118 du ms. lat. nouv. acquis. 1171 [de la Bibliot. nation. de Paris]; parchemin, 227 ff., plus les ff. prélimin. cotés A-F, écriture du commencement du XIVe siècle. C'est un exemplaire original et probablement autographe des Fleurs des chroniques de Bernard Gui. La partie la plus considérable de la Continuation (fos 111-20), allant de l'« émotion » des Pastoureaux en 1321 jusqu'au couronnement de Clément VII, a dû être écrite d'un seul jet vers l'année 1380, sûrement avant la fin du XIVe siècle. Une autre continuation, très abrégée et plus moderne, occupe 4 col. à la suite. Aux XVe et XVIe siècles, le volume était conservé à Cambrai; [il a été] acquis en 1870 à la vente du libraire Pothier. [Il en est souvent question dans la Notice de M. Léop. Delisle sur les manuscrits de Bernard Gui, 1879; voir particulièrement la page 189].*

# VITA

AUCTORE ANONYMO, PRÆSERTIM EX VERNERONE

Urbanus quintus, prius Abbas Massiliensis, post Innocentium sextum in Papam fuit electus; qui sui recepta electione, anno Domini M.CCC.LXII, intravit Avinionem, in vigilia Omnium Sanctorum, et inthronizatus voluit quod Urbanus nominaretur. Et die dominica sequenti, in palatio apostolico coronatus est, seditque annis octo, mense uno, diebus xvii. Et vacavit Sedes diebus xiii.

Hujus vacationis tempore, obiit Willelmus archiepiscopus Coloniensis, et Urbanus papa dedit ecclesiam Coloniensem Adulpho de Marcha tunc electo ; sed quia finaliter laicus et secularis vir voluit remanere, filiosque procreare, factusque fuit comes Clivensis, Engelbertus, episcopus Leodiensis, patruus ejus, per eumdem Urbanum in Archiepiscopum Coloniensem translatus est.

Tempore isto plures Reges, scilicet Johannes rex Franciæ, Petrus rex Cypriæ, atque rex Daciæ, et Philippus dicti regis Franciæ filius, cum multis nobilibus, cruce fuerunt signati. Anno Domini [M.CCC.]LXIV, die xiv Aprilis, Papa prædicavit crucem contra Turcos, generale passagium ordinans, et Johannem regem Francorum, tunc præsentem, Capitaneum constituit ; et rex Cypri missus fuit ad principes Occidentis, eos ad hoc passagium pro inducendo. Etiam tunc temporis, gravissima erat pestilentia per universum mundum. Fecitque tempore illo Papa Urbanus varios processus contra Barnabovem, qui tandem Ecclesiæ reconciliatus fuit.

Anno [M.CCC.] LXV°, dieque xvii[a] Januarii, Johannes rex Francorum in Angliam rediens, ibidem mortuus est ; cui successit in regno Karolus ipsius primogenitus, et Remis fuit eodem anno coronatus, in festo sanctæ Trinitatis, quod festum fuit Maii xix. Nuncii Romanorum eodem tempore venerunt in Avinionem ad curiam, supplicaveruntque domino Papæ, quatenus ipse cum sua curia ad Romam, causa ibidem trahendi moram, suos gressus dirigere dignaretur.

Imperator Karolus quartus, anno Domini [M.CCC.]LXVI, pontificatus papæ Urbani anno tertio, et imperii sui anno decimo, venit ad Urbanum in Avinionem, cum magna comitiva nobilium Alamannorum ; et intrans cum insigniis imperialibus, a Papa et dominis Cardinalibus honorifice fuit receptus ; et cum multum super factis Ecclesiæ et Imperii fuissent locuti, Imperator transivit ad Arelatum, et ibi in regem Arelatensem fecit coronari se, quia illud regnum ad Imperium ab antiquo spectabat. Deinde rediens per Avinionem et per suum imperium, usque ad partes Rheni, in Pragam consequenter pervenit.

Illo tempore, intravit Alsatiam miles quidam de Vasconia, Archipresbyter cognomine, cum magna Anglicorum et aliorum adunata societate, et omnia ubicumque devastavit ; unde in Alamannia magna fuit principum commotio. Cui occurrit Imperator cum exercitu magno. Vasco autem ejus cognoscens adventum, retrocessit in Gallias ; ubi postmodum turpiter occisus est.

Eo etiam tempore, Petrus rex Cypri. die xi[a] Octobris, Alexandriam cepit ; sed quia timebat eam se retinere non posse, ipsam spoliavit et postea destruxit incendio. Sequenti vero anno, Henricus frater naturalis Petri regis Castellæ, cum auxilio domini Bertrandi de Ghesclin, militis et conestabularii postea regis Francorum, Regem prædictum occidit, et obtinuit dictum regnum.

Philippus, filius Johannis regis Franciæ, junior aliis filiis, dominam Margaretam, filiam Ludovici comitis Flandriæ, duxit in uxorem, postquam Johannes dux Burgundiæ, qui prius eam desponsaverat, obiit. In tractatu ejus matrimonii, habuit Philippus prædictus dictum ducatum, quia dictus Johannes dux sine herede relicto suum clausit diem extremum, et dicti ducatus dispositio ad Regem Franciæ, tanquam ad superiorem, fuit devoluta. Post cujus Ludovici obitum, dictus dominus Philippus, ad causam suæ uxoris Margaretæ, comitatum Flandriæ, et etiam comitatus Artusiensem et Burgundiæ, cum pluribus aliis comitatibus, possessionibusque et terris, obtinuit.

Tempore supradicto, cepit Amedeus, comes Sabaudiæ, Galliopolim de manibus Turchorum, quam Imperatori Græcorum, suo consanguineo, reddidit. Tunc etiam, instante rege Hungariæ, crux contra Turchos fuit prædicata.

Die ultima Aprilis, quæ fuit anno Domini M.CCC.LXVII, Urbanus papa quintus de Avinione recessit, ivitque versus Romam. Et die nona mensis Junii venit Viterbium, ubi ad eum, septima die mensis Octobris, venit dictus Amedeus comes Sabaudiæ, cum Patriarcha Constantinopolitano, et aliis pluribus ambassatoribus ab Imperatore Constantinopolitano missis ; qui dictum Imperatorem, suum dominum, et se, promiserunt redire ad Ecclesiæ unitatem.

Papa vero, decima sexta die dicti mensis Octobris, intravit Romam, cum magna lætitia gentium Urbis ; et in festo

Omnium Sanctorum, celebravit super altare sancti Petri, ubi a tempore Bonifacii octavi non fuerat celebratum.

Anno Domini M.CCC.LXVIII, prima die Martii, Papa veniens in Lateranum, sequenti die capita Apostolorum Petri et Pauli, quæ multis annis fuerant sub clavi servata, toti populo Romano ad devotionem ostendit; pro quibus thecas ex auro et argento et lapidibus pretiosis fecit fieri pretiosas, et ea capita in ipsis reponi. Regina Johanna, regnorum Jerusalem et Siciliæ, existens Romæ anno illo, in dominica qua cantatur in Ecclesia sancta Dei *Lætare Jerusalem*, tanquam nobilior, de manibus Papæ recepit Rosam; rex tamen Cypri die illa erat ibidem. Eodem anno, 11. Septembris, in Viterbio combusti sunt propter hæresim, duo fratres Minores.

Anno Domini prædicto, Karolus quartus Romanorum imperator venit ad Papam in Viterbium, et fuit mense Octobris. Hic ad petitionem domini Papæ, cum magno exercitu intravit Italiam, invasores Ecclesiæ et Imperii oppressurus. Et venit Veronam; qui cum illo de Scala, pecuniis et pactis intervenientibus, contra illos de Mediolano suas acies direxit; sed repulsus est, et ad Papam iter suum arripuit. Unde Viterbium veniens, cum Papa ivit ad Urbem, et ipsum a porta Colina, quæ est prope castrum Sancti Angeli, stratoris vicem gessit, et pedester usque ad basilicam Sancti Petri, equi Papæ frenum tenens, dextravit; atque ipsum, postquam ab equo descendit, usque ad altare sancti Petri deduxit. Mansitque Imperator infra canonicam in Urbe diu habitando, ubi Imperatricis suæ uxoris exspectabat adventum. Quæ xxix die prædicti mensis Romam intravit, et juxta altare beati Petri per Cardinalem Episcopum Ostiensem fuit inuncta, et propriis manibus sibi dominus Papa diadema imposuit; fuitque postea in Imperatricem coronata, et tunc dominus Imperator multos milites fecit in Urbe.

Canonizatus fuit in Urbe, anno Domini M.CCC.LXIX, sanctus Alziasius comes Arriani, qui multis clarescebat miraculis; cujus festivitas vigesima die Septembris celebratur. Quo tempore Rex Cypri a suis fuit interfectus.

Eodem anno, Johannes Paleologus, Imperator Græcorum, intravit Urbem, et juravit se perpetuo servaturum obedientiam et fidem Ecclesiæ Romanæ; et cartam manu propria et sanguine consilii scriptam græce et latine, bulla aurea sigillavit, quæ in archiviis Ecclesiæ reposita est.

Anno vero sequenti, scilicet M.CCC.LXX, renovatum fuit altare Lateranense, super cujus cacumine posita fuerunt capita beatorum Apostolorum Petri et Pauli, et collocata in statuis duabus argenteis. Decima sexta die Aprilis dicti anni, dominus Urbanus Papa de Roma recedens, venit ad Montemflasconem, et in Avinionem rediturus, indixit vacationes fieri a principio Junii usque ad mensem Octobris; privavitque multos scriptores, qui ipsum in Italiam secuti non fuerant. Postea, septima die Junii, Cardinalem fecit dominum Petrum episcopum Florentiæ.

Papa autem iter quod incœperat perficere cupiens, de Monteflascone recessit xxvi. die Augusti, et Massiliam venit die xxv. Septembris. Et postmodum, in Avinionem veniens, correptus seu tentus gravi infirmitate, xix. die Decembris migravit ad Christum ; et fuit corpus ejus in Nostra Domina de Donnis, in capella domini Johannis Papæ XXII, tumulatum. Et multis præcedentibus miraculis, juxta suam ordinationem, postmodum in Massiliam, ad monasterium Sancti Victoris, ubi fuerat Abbas, fuit dictum corpus suum translatum.

## VII

[*M. Léop.* Delisle *a le premier dressé le bilan de l'activité scientifique d'Etienne de Conty* [1], *bénédictin à Corbie, dont il fut official, mort le 5 octobre 1413. Sa continuation des Chroniques Martiniennes était conservée à la bibliothèque de* Saint-Germain-des-Prés, *sous le n° 520* [2] ; *c'est aujourd'hui le n° 11730 du fonds latin de la Biblioth. nation. à* Paris. *Ce manuscrit est unique et pour ce motif M. Albanès en a respecté l'orthographe. La vie d'Urbain V va du f° 85 v° au f° 87 v°*]. *La Chronique finit avec le fol. 94, à la mort d'Alexandre V (1409) ; mais ce feuillet*

---

1. Recherches sur l'ancienne Bibliothèque de Corbie, *dans* Biblioth. de l'école des Chartes, *1860, 5° sér., t. I, p. 421-6 : à part, Paris, 1860, p. 29-34 ;* Cabinet des manuscrits de la Biblioth. nation., *1874, t. II, p. 127-30*.
— 2. Lelong, Biblioth. hist. de la France, *1769, t, III, n° 17134*.

n'*était pas le dernier. Toutefois l'auteur écrivait évidemment du temps du schisme; il dit de Grégoire XI (f° 87 v°)* : Plangenda fuit mors ipsius ab omnibus xpistianis, quia dampnosa fuit, est et erit quamdiu Deo placuerit, propter scisma quod statim accidit post ipsius mortem. *On s'aperçoit aisément que l'auteur était moine de Corbie, aux nombreux détails qu'il donne sur ce monastère. Aussi on lit au f° 1 manu rec.* : Historia eccl. fr. Martini, ord. Pred., cui immixta est Stephani de Conti, Corb. in Gallia mon., historia sui temporis; *et au f° 2* : Ex libris Corbeien. mon. *Manuscrit du XV° siècle, in-folio, à 2 col.*

---

# VITA

## AUCTORE STEPHANO DE CONTIACO, MONACHO CORBEIENSI

---

URBANUS quintus, natione Gabalitanus, de castro Grisiaco, fuit natus nobilis homo. Fuit filius militis, et quando fuit Papa, adhuc vivebat pater suus miles, et vixit per quinque annos, postquam filius suus fuit Papa. Nomine baptismali primo vocabatur dompnus Guillelmus Grimoardi.

Fuit a juventute monachus in ordine Cluniacensi, et procurator generalis dicti Ordinis in curia Romana. Etiam fuit magnus et profundus doctor in decretis. Postea fuit Abbas primitus Sancti Germani Altisiodorensis, ubi voluit custodire jura dicti monasterii contra nobilem virum dominum Willermum de Meleun, fratrem germanum comitis de Tanquarville, et etiam Archiepiscopum Cenonensem, et non potuit contra dictum Archiepiscopum tunc. Et cum hoc injuriatus fuit de facto per dictum Archiepiscopum, et sibi dixit : « Grimoarde, tu es magnus clericus et sapiens; sed nisi sis Papa, in tota vita tua hoc non poteris emendare ». Quod postea accidit. Hac de causa, translatus fuit de dicta Abbatia Sancti Germani ad Abbatiam Sancti Victoris Maciliensis, de qua inmediate translatus fuit ad Papatum.

Anno Domini M°CCC°LXII, cum Cardinales in conclavi non possent in aliquem Cardinalem, nec in aliquem Archiepiscopum vel Episcopum concordare, hac de causa, in vigilia Omnium Sanctorum, elegerunt concorditer in Papam dictum Abbatem Sancti Victoris de Marcelia ; et statim mandaverunt pro ipso. Qui(s) veniens, fuit per Cardinalem Hostiensem primitus factus episcopus, postea in Papam solenniter in Avinione coronatus. Fertur quod die suæ coronationis, omnibus Cardinalibus dixit : « Grates de hoc beneficio non vobis refero, sed gratias ago soli Deo qui hoc voluit ».

Anno primo suæ coronationis, in mense Februarii, in ecclesia Corbeiensi mortuus et sepultus fuit Abbas Corbeiæ, Johannes d'Arsy, et eodem mense fuit electus in Abbatem dompnus Johannes de Goua, tunc monachus et officialis dictæ Abbatiæ ; et in principio mensis Aprilis, ipso existente et prosequente dictam electionem suam in Avinione, ad preces Regis Franciæ Johannis, qui tunc erat in dicta curia Romana, papa Urbanus confirmavit dictam electionem electi Corbeiensis, et fuit in octabis Paschæ dicti anni benedictus in Avinione.

Anno Domini M°CCC°LXIII, rex Franciæ Johannes mortuus fuit in Anglica terra, et translatum solemniter fuit ipsius corpus de Anglia in Franciam, et more regali in Sancto Dionysio sepultum. Et cor ipsius sepultum fuit in Sancta Capella Palatii, ejusque viscera in choro Jacobitarum sive Prædicatorum Parisiensium.

Eodem anno, Karolus Sapiens, ejus primogenitus, fuit honorifice inunctus in Regem Franciæ per Archiepiscopum Remensem, cum domina Johanna de Bourbonia, uxore sua. Venerunt ambo Parisius coronati, cum maximo honore et lætitia plebis, eodem anno die S. Trinitatis.

Anno Domini M°CCC°LXIIII°, prædictus papa Urbanus fecit fundare et ædificare de novo in Montepessulano unum prioratum nigrorum monachorum, in honore S. Benedicti. Et debebant esse monachi nigri in dicto prioratu semper quadraginta ; unde viginti debebant esse scolares, et alii viginti facere cothidie servitium divinum in dicto prioratu. Sed non potuit omnino adimplere, morte postea nimis cito præventus.

Anno Domini M°CCC°LXV°, fuit revelatum a Spiritu

Sancto dicto papæ Urbano, ut curiam Romanam reduceret ad primum locum suum Romæ, quod a tempore Clementis papæ quinti continue remansit, sive remanserat, in Avinione, et hoc in Consistorio manifestaret omnibus suis Cardinalibus, quod fecit; et displicuit eis vehementer. Hoc etiam displicuit regi Karolo Franciæ, et multis aliis principibus Christianis. Et misit Rex ad eum solennes legatos Franciæ, ut si possent, flecterent ejus animam ut non iret Romæ; quod non potuerunt facere. Et fulminavit sententias excommunicationis in pleno Consistorio, coram omnibus Cardinalibus et dictis Legatis et populo ibidem congregato, in omnes qui dictum factum impedirent.

Et fecit parare navigium copiosum in Marcelia, ubi ipse cum suis Cardinalibus et tota Curia sua iverunt; et intraverunt omnes ibidem mare; et omnes venerunt sine dampno cum Papa in Romam; et honorifice a Romanis cum sua Curia susceptus est. Et ibi invenit ecclesiam Sancti Pauli Apostoli, quæ est ordinis Sancti Benedicti nigrorum monachorum, quasi totam destructam per defectum Abbatis dictæ Ecclesiæ; quem fecit mori in carcere, et dictam Ecclesiam per omnia bene reparare.

Ipse etiam fecit reparare et reedificare Abbatiam S. Benedicti de Monte Cassino, in Cicilia, quæ corruerat per terræ motus. Et postquam in partibus Romanis fuerat quasi per duos annos, ad preces Cardinalium et multorum aliorum, reversus est cum sua curia per mare in Avinionem.

Item sciendum est quod postquam reversus fuit in Avinionem, postea displicuit sibi fortiter, propter hoc quod reversus fuerat de Roma, et dixit Cardinalibus quod iterum iret Romam. Hoc audientes Cardinales turbati sunt valde, et dixerunt multi quod hac de causa fuit intoxicatus per cubicularium suum, tunc Archiepiscopum Occitanum.

Item, cum dictus Papa esset in lecto mortis, fertur a fide dignis quod secrete dixit Cardinali Bellifortis, quod sibi revelatum erat quod post ipsius mortem esset Papa; rogans eum quod si eveniret, vellet ire cum sua Curia iterum Romam; quod promisit, et promissum postea adimplevit.

Anno Domini M°CCC°LXIX°, xxi<sup>a</sup> die mensis Decembris *(lege 1370, 19 Déc.)*, obiit dictus Papa Urbanus in palatio suo, in civitate Avinionensi. Unde maximum damnum fuit per totam Christianitatem, maxime quia scriptum est de eo in Chronicis Romanorum Pontificum, quod ipse fuit reformator Ecclesiæ, amator sapientiæ, conservator justitiæ, effugator simoniæ, regulator monachorum, sustentator egenorum, conculcator tyrannorum, et tandem post ipsius mortem patrator miraculorum.

Item sciendum est quod multa bona et utilia proposuerat facere sanctæ Ecclesiæ et fidei catholicæ, quæ non potuit adimplere, præventus morte. Vixit Papa per septem annos; et post ipsius mortem, corpus ipsius honorifice translatum, sepultum fuit in Abbatia Sancti Victoris Maciliensis, unde erat Abbas quando electus fuit ad Apostolicam Sedem summi Pontificatus. Et vacavit Sedes Apostolica, post ipsius mortem, per quindecim dies.

## VIII

[Paris, *Biblioth. nation.*, ms.] lat. 4987, *contenant Bernard Guidonis. La Chronique des Papes s'arrête à Jean XXII, comme d'usage; suit d'une autre main la continuation de Jean XXII jusqu'à Nicolas V (1455). C'est un court abrégé de huit pages en tout; la vie d'Urbain V (f° 67-8) est la plus longue. On voit dans ces vies comme un résumé des longues. C'est une œuvre du XV<sup>e</sup> siècle.*

# VITA

### E PRIMA VITA DESUMPTA, AUCTORE ANONYMO

URBANUS Papa quintus, natione Gallicanus, diocesis Mimatensis, prius vocatus Guillelmus Grimoardus, monachus, Abbas Sancti Victoris Marciliæ, ordinis Sancti Benedicti, decretorum doctor solemnis. de militari genere procreatus, postquam Sedes vacasset per quadraginta dies, et in conclavi Cardinales fuissent discordes, fuit concorditer assumptus in Papam in Avinione, anno Domini

M.CCC.LXII, de mense Novembri, seditque in papatu annis octo, mense uno et diebus xix.

Hic absens a curia et in legatione pro sede apostolica, fuit, ut creditur, Deo specialiter disponente, in Papam electus. In qua electione fuit cum aliis Cardinalibus ad eligendum admissus dominus Androinus de Roca, prius Abbas Cluniacensis, qui per Innocentium Papam fuerat pronunciatus presbyter Cardinalis, et hora qua dictus Innocentius mortuus est primo intraverat Avinionem, nec fuerat receptus, vivente Papa Innocentio, in consistorio inter alios Cardinales, nec installatus, nec sibi certus titulus assignatus; tamen fuit ad eligendum admissus, et determinatum per alios dominos Cardinales concorditer, quod sola assumptio seu promotio ad Cardinalatum dat vocem in electionem Papæ.

Hic Papa Urbanus multum dilexit litteratos, et tempore sui pontificatus ad diversa studia generalia plus quam mille studentes transmisit, et eis provideri fecit de necessariis. Bononiam et majorem partem patrimonii Beati Petri sua industria bona recuperavit ad obedientiam sedis apostolicæ in Italia, mirum in modum qui de nullo alio summo Pontifice reperitur.

Toto tempore sui pontificatus, hic Papa Urbanus quintus summam diligentiam adhibuit ad sciendum et habendum notitiam morum et vitæ omnium Christi fidelium, generaliter in omni parte Christianitatis, et præsertim omnium ecclesiasticorum; super quo modum tenuit valde notabilem et honestum. Secretissime namque, fere de omnibus partibus Christianitatis advocavit ad se aliquas personas devotas, Deum super omnia timentes et bonam conscientiam habentes, discretas et prudentes, et secrete commisit singulariter singulis, ut in eorum locis et provinciis hanc inquisitionem diligenter et secrete [facerent], atque sibi postea referrent; quod et factum est. Et per hoc habuit magnam notitiam de bonis et notabilibus personis virtuosis in singulis regnis et provinciis totius Christianitatis; quas personas notabiles et dignas privilegiis et promotionibus in utroque statu, tam ecclesiastico quam mundano, studuit præ cæteris præferre et præmunire.

In sua curia et extra rigide persecutus est publice peccantes, specialiter simoniacos, concubinarios, et usurarios quos ad summam ducentorum millium ducatorum compulit facere restitutionem de his quæ male lucrati fuerant, specialiter [qui] in Romana curia cunctos ecclesiasticos gravaverant, et exhauserant substantias illorum. Non fuit inordinatus in amore ad exaltandum in Dei Ecclesia vel in mundo parentes suos.

Capita ss. apostolorum Petri et Pauli in urbe Romæ personaliter relevavit et reposuit in imaginibus aureis et gemmatis, valoris triginta millium ducatorum, et solemniter in ecclesia Lateranensi in perpetuum collocavit. Fecit opus papale, collegium Sancti Germani in Montepessulano, et collegium Hispaniæ in Bononia, et collegium Sanctæ Sophiæ Parisius, pro pauperibus studentibus. Suo tempore, et de ejus auctoritate, fuit translatum ad conventum Prædicatorum Tholosæ sanctum corpus beati Thomæ de Aquino, mirifice collocatum in sepulcro authentico.

Romæ, Imperator Alamannicus personaliter destravit per frenum equi pedester hunc Papam solemni cum processione equitantem. Imperator Græcorum venit ad obedientiam ejus. De tempore sui pontificatus nisi sex Cardinales de novo non creavit. Ducatus Burgundiæ ad manus Philippi, junioris filii Johannis regis Franciæ, pervenit. Per idem tempus, ducatus Britanniæ, anno Domini M.CCC.LXV, pervenit ad manus Johannis, comitis Montisfortis, qui cum auxilio Anglorum superavit in bello Carolum de Bloys, virum virtuosum et sanctum reputatum. Anno Domini M.CCC.LXIX, hic Papa in Avinione canonizavit sanctum Alsyarium confessorem, natione Provincialem.

De Roma ad Avinionem reversus, post magnas reparationes Ecclesiarum factas in urbe Romæ, post multa virtuosa opera, venit ad exitum vitæ, et in Avinione, cum magna devotione et bono fine, diem suum clausit extremum, pontificatus sui anno nono. Deinde translatum fuit corpus suum ad monasterium Sancti Victoris Massiliæ, ubi Deo operante magnis miraculis claruit, et coruscare non desinit, ad honorem et gloriam Omnipotentis Dei.

## IX

[*Cette courte notice est tirée de trois manuscrits de la Bibliothèque nationale à Paris*] :

A. *Lat. 4943, in-fol. de 225 ff. Au f° 1* : Cod. Colb. 1805, Reg. 5222. 8; *au bas, autogr.* Jac. Aug. Thuani. [*C'est une Chronique générale, de la création du monde à l'an 1428, dont l'auteur anonyme suit Landolphe Colonna.*] *Au f° 245, parlant de Jean XXIII, il dit* : Bononiam rediit, a [in ?] cujus urbis palacio, anno Dom. 1414, prima Octobris post prandium, me tunc ibi existente, decessit, versus Constanciam proficiscens. *Le manuscrit est de la première moitié du XV*ᵉ *siècle, tout de la même main. La vie d'Urbain V est au f° 242 v°.*

B. *Lat. 5033, cod. membr. sæc. XV, contient* Bernardi Guidonis Flos cronicorum sive Catal. Roman. Pontif. *Au f° 157 v° (Jean XXII) on met* : Huc usque protenduntur Flores cronicorum fr. Guidonis, ordinis Predicat. Que secuntur sumpta sunt ex alia autentica cronica. *C'est un court abrégé jusqu'à Martin V inclusivement. Urbain V est au f° 161.*

C. *Lat. 9670, anc. Suppl. lat. 120, in-fol. cartac. de 161 ff. C'est aussi une sorte de Chronique universelle, depuis le commencement du monde jusqu'à 1428 (f° 160 v°* : Idem Sigismundus imperator anno presenti M.IIII°XXVIII et de mense augusti). *Je crois que c'est une copie du ms. 4943, mais les pièces préambulaires doivent manquer.*

---

# VITA

## JUXTA VERNERONEM, CANONICUM BUNNENSEM [1]

---

URBANUS quintus electus fuit in Summum Pontificem ipso existente Abbate Sancti Victoris Massiliensis. Hujus pontificis tempore [2], anno primo, rex Angliæ quasi

---

1. [*Vel potius ex Vita* III]. — 2. Tempore *deest in* B.

totam Aquitaniam recuperavit a manibus [1] regis Franciæ, videlicet Johannis supradicti. Circa hæc tempora, comes Fuxi cepit comitem Armaniaci [2], cum pluribus aliis nobilibus, multis etiam interfectis. Et ne impunita remaneret terrarum Ecclesiæ invasio, et occupatio facta per Barnabonem [3], anno prædicto et die XXVIII Novembris, dictus summus pontifex citari fecit eumdem coram se ad primam diem Martii proxime sequentem, pro audiendo et declarando ipsum hæreticum. Quo anno LXIII et Martii die tertia, in consistorio publico dictus Barnabonus [4] Mediolanensis fuit declaratus hæreticus. Et in crastinum fuit eclipsis solis hora nona, quasi duabus horis. Quo anno, [die] XXVIII dicti mensis, dominus Petrus rex Cypri intravit curiam ; qui, die veneris sancta, cruce signatus est per Summum Pontificem, una cum filio regis nostri Francorum. Dictusque Summus [5] Pontifex primus prædicavit XIV. Aprilis crucem contra Turcos, passagium ordinans generale, cujus Capitaneum constituit Johannem regem Franciæ tunc præsentem, qui infra biennium spopondit passagium facere. Sed morte præventus, quod promiserat non adimplevit. Hic Summus Pontifex post octo annos, vel secundum alios prope novem suæ assumptionis ad Papatum, obiit ; cui successit Gregorius XI, vocatus dominus Petrus de Belloforte.

## X

[*Notice plus courte encore, publiée d'après les sources suivantes :*

A. *Biblioth. nation. de* Paris], cod. [lat.] 5127, anc. Reg. 5229 .2, *cartaceus. Chronique de Tolémée de Lucques, allant jusqu'à Clément V ; il y a deux suppléments, l'un de Jean XXII à* Martin *V, l'autre contenant seulement* Eugène IV, *alterâ manu. Ce codex est celui qu'indique* ECHARD, [Script. ord. Prædic., *1719, t.*] I, p. 542. *Le*

---

1. B *in manibus*. — 2. B Armeniaci, C Arminiaci ; *et mox* B multisque. — 3. B per Nabonem. — 4. *Ita ubique*. — 5. *Deest* Summus *in* B, primus *in* A *et* C, rursusque crucem *in* B.

*grand supplément est du XV<sup>e</sup> siècle, à peu près à la fin de Martin V, dont il raconte la mort et finit ainsi* : cessavitque episcopatus diebus xii, *mais ne dit rien du successeur*. [*Il a dû être copié par Pierre Guillaume Rocca, archevêque de Salerne.*] *Urbain V a le num. 207 (f° 364).*

B. Sorb. 1537 [, *auj. n° 16553 du fonds* latin; *voir la notice sur ce ms. en tête de la* Vita iii, *p. 49*].

C. Bal. 56 [; *voir la notice sur ce ms. au même endroit*].

D. Muratori, [*op. cit., p. 643, ex additamentis ad Ptolomeum Lucensem e ms. Patav.*

*A cette édition il faut ajouter celle d'André* Duchesne, *à l'endroit indiqué, p. 50 ; et celle de M. l'abbé* L. Duchesne, *dans son édition du* Liber pontificalis, *1891, t. II, p. 494, d'après les mss. 3763 du Vatican, 5144 et 5444. A de Paris (E). Ce dernier ouvrage renferme (p. 528) une autre notice sur Urbain V, d'étendue à peu près égale, d'après le ms. 5623 du Vatican (XVI<sup>e</sup> siècle) : inutile de la reproduire, car elle est de trop basse époque et ne relate que la nomination et la mort du pape, avec une grosse erreur sur le jour de son élection.*]

## VITA

### AUCTORE ANONYMO

Urbanus quintus, natione Lemovicensis, prius vocatus Guillelmus Grisant[1], post mortem Innocentii VI, dum esset Abbas[2] Massiliensis et in legatione apud[3] dominos de Vicecomitibus in Lombardia, electus est in Papam[4] anno Domini M.CCC.LXII, die xiii[5] mensis septembris. Sedit annis viii, mensibus iii, diebus...[6]. Hic summus Pontifex, vir sanctus et eminentis[7] virtutis habitus est[8]; libertatis

---

1. *E* Grisac *contra omnes codd.* — 2. *E a.* sancti Victoris. — 3. *B E ad.* — 4. *E P.* in Avinione. — 5. Die xiii *def. in C et D.* — 6. *B et C* mensibus iiii; *dierum numerus deest ubique; E* annos viii, menses iii, dies viii. — 7. *C* Hic summus pontifex factus, vir eminentis, *etc.* — 8. *A om.*

ecclesiasticæ fortissimus defensor, et innocentissimæ vitæ. Veniens enim [1] ad Italiam et Romam intrans, capita apostolorum Petri et Pauli, quæ ubi locata forent [2] in memoria hominum esse desierat, invenit ; et de altari basilicæ Salvatoris, quæ Sancta Sanctorum dicitur, in palatio Lateranensi, ubi recondita erant, reverenter levavit [3], eaque auro [4] et pretiosissimis gemmis ornavit; fabricatoque [5] tabernaculo seu ciborio marmoreo supra [6] altari ligneo, quod in medio Lateranensis ecclesiæ est situatum [7], illa omnibus conspicienda et veneranda honorabiliter collocavit. Fecit etiam [8] palatium in Monteflascone, prospectum habens ad lacum Vulsinum; aliud item [9] palatium in Urbe veteri magnæ structuræ fabricavit. Ex Italia deinde rediens Avenionem, animo tamen ad Italiam, ut ferebatur [10], redeundi, ibi defunctus est.

XI

[Paris, *Biblioth. nation., ms. lat.*] *5029, in-8°, moitié pergam., moitié cartaceus. Au f° 1* : P. Pithou, Colb. 3786, Reg. 4503. 5. 5. *Ce ms. contient la* Cronica fratris Martini Poloni, *dont la fin est notée au f° 117.* [Puis] *vient une suite depuis Nicolas III jusqu'à la mort de Clément VII en 1394. On lit au f° 137* : Hee historie scripte sunt per magistrum Guidonem de Mota, de Barro super Albam [*Bar-sur-Aube*] oriundum, ad mei Nicolai Forjot, religiosi Sancti Lupi Trecensis, petitionem et complete a. D. 1471, in mense januarii. Cetera vero que inferius, ego Nicolaus extraxi a quadam Cronica que magistro Donato de Puteo, ordinis Sancti Francisci, pertinebat. [*Les passages reproduits sont aux*] *ff. 119 v° et 147 v°.*

---

1. *E* autem. — 2. *B* erant. — 3. *C* locavit. — 4. *B et C* atque auro ea. — 5. *B* om. que. — 6. *B E* super. — 7. *E* sit. est. — 8. *B* et. — 9. *E* item aliud. — 10. *Deest in C* ut ferebatur ; *B* t. ut f. ad I.

# VITA
## AUCTORIBUS GUIDONE DE MOTA ET NICOLAO FORJOT

Urbanus quintus, natione Gaballitanus [1], de loco de Grisaco, diocesis Mimatensis [2], electus die xxviii Octobris, anno Domini M.CCC.LXII, die vi[a] Novembris immediate sequentis coronatus fuit. Hic prius appellabatur Guillelmus Grimoardi, ex patre Grimoardo, milite. Hic iter suum Romam cepit, mare transfretando; et ibidem multas ecclesias propter Sedis absentiam demolitas restauravit. Post vero aliquod tempus, mare ingressus, Avinionem reversus est. Item, rex Franciæ et rex Daciæ tunc per Papam cruce signati fuerunt. Hic Papa multa fecit in vita sua. Tandem quievit anno Domini M.CCC.LXX°, pontificatus sui anno nono. Sepultus fuit Avinione in ecclesia majori. Vacavit sedes diebus xi.

(*Additiones Nicolai Forjot* [3]). Tempore hujus, anno Domini M.CCC.LXVIII, et ex ejus ordinatione, corpus sancti Thomæ de Aquino, quod a tempore obitus sui tumulatum fuerat in monasterio Fossæ Novæ, ordinis Cisterciensis, ubi decessit, translatum fuit ad conventum Prædicatorum Tholosæ, ubi per ministerium fratris Helyæ Raymundi, tunc generalis Magistri ejusdem ordinis, qui dictum corpus a præfato monasterio, licet cum inani gloria, prius extraxerat, fuit sibi sepulcrum miræ pulchritudinis præparatum, habeturque usque huc in magna devotione et veneratione. Iste Urbanus in loco nativo pulcherrimam ecclesiam ædificavit [4]. Hic viros litteratos adeo dilexit, quod quamdiu vixit in Papatu, suis expensis tenuit in diversis studiis mille studentes; ex quibus cum aliqui erant provecti aut alias deficiebant, illorum loco continue subrogavit. Libros necessarios, tam eisdem quam aliis pluribus quos scivit studio esse intentos, ipsis qui indigerent etiam ministravit. In Montepessulano xii. bursarios qui studerent medicinam fundavit, ac multa alia bona fecit.

---

1. *Cod.* Gabassitanus. — 2. *Cod.* Miniotensis. — 3. *Titulum præfixit Nicolaus Forjot:* Urbanus IV, *quia per inscitiam suo Trecensi Urbano IV accommodavit vitam Urbani V.* — 4. *Hoc accipe de Urbano IV, in margine etenim scriptum est:* S. Urbain de Troie.

## XII

[*D'abord bénédictin à Saint-Jacques de Liège, puis doyen de Stavelot, Corneille de Santvliet (Belgiq.e) a rédigé une* Chronique *qui va du commencement du monde à 1461.* Dom MARTÈNE *en a publié la partie postérieure à 1230* (Veter. scriptor. et monum. ampliss. collectio, *1729, t. V). Les extraits qui suivent sont pris aux col. 281, 289, 290, 294 et 317*].

---

# VITA

## AUCTORE CORNELIO ZANTFLIET, MONACHO S. JACOBI LEODIENSIS

---

Obiit Innocentius papa VI, et vacavit sedes usque ad diem sextam Novembris. Tandem cum Cardinales in hoc concordare non possent, quod de collegio eorum eligeretur quisquam in summum pontificem, novissime elegerunt in vicarium Petri abbatem S. Victoris juxta Massiliam Provinciæ, qui pridem dictus est Grimoardus, virum justum et providum et litteratum, pro tunc legatum in Italia, qui eo tempore vocabatur lucerna juris, propter eminentem in eo juris et æquitatis scientiam pariter et doctrinam : qui cum audisset Cardinalium de eo concordem et uniformem sententiam et electionem, non consternatus nec in elationem evectus, sed uniformis et idem in prosperis et adversis : « Benedictus, inquit, Deus, *qui dat omnibus affluenter et non improperat*[1] ». Hic in sua consecratione dictus est Urba-

---

1. [JACOB. I, 5. — *Sur l'élection d'Urbain V, M. Albanès avait en outre recueilli le récit de* SOZOMÈNE *de Pistoie, dont l'Histoire ou* Chronique universelle *comprend à peu de chose près la même période que celle de* Corn. de Santvliet (O. C.-1455). MURATORI *en a donné un* Specimen *(1362-1410) dans ses* Rerum Italic. script. *(1730. t. XVI : il y est question d'Urbain V col. 1071, 1076, 1082, 1085, 1090, mais surtout col. 1069] :*

A. 1362... Urbanus PP. V. et Sanctus eligitur die 3o Septembris secrete, et postea publicatus fuit Papa die 3o Octobris 1362. Et coronatus fuit die VII Novembris Avinione ; nam Cardinales ante dictam electionem, cum essent clausi in conclavi, numero XXI, a die 28 Septembris, quindecim ex eis elegenus V, vere urbanus ac totus civilis, qui litteratos viros multum dilexit et nobiles, vix quemquam permisit duo beneficia competentia possidere, nisi graduatum in theologia aut jure canonico, propter sustentanda onera expensarum in his facultatibus prosequendis opportuna. Hic insuper Urbanus publice excommunicavit et excommunicatum denuntiavit Ducem Mediolanensem Barnabovem, tyrannisantem in Liguria et Emilia regionibus, ac per totam fere Italiam, quem in publicis sermonibus affirmabat parem Herodi, pejorem Nerone....

Circa finem hujus anni Urbanus V sedulis Italorum precibus inflexus, relicta Avenione, galeam paratam invenit in portu Massiliæ; quam ingressus, secundis ventis pervectus est ad urbem Romam. Ad quem visendum cum magna devotione convenerunt illic duo imperatores, videlicet Romanorum et Græcorum, quia propter suæ sanctitatis eminentiam habebatur quasi semideus in terris. Hic papa Lateranensem ecclesiam fere neglectam restauravit, abbatiam S. Benedicti in Monte Cassino reædificavit, et in brevi tempore in multis emendavit Italiam. Tota ejus intentio fuit ecclesias et statum cleri reformare, beneficiorum pluralitatem restringere, dignioribus majora beneficia tribuere, et zelare justitiam ac prosequi ubicumque poterat....

[1] Eo tempore Carolus rex Francorum nimium mœstus super sterilitate suæ uxoris, postulabat ab Urbano papa celebrari divortium inter eum et reginam, prospiciens, ut aiebat, saluti regni. Quod cum vir sanctus, nullis causis

---

runt in Papam Cardinalem nominatum Nerum et natione Limoginum, hominem antiquum, magnæ pœnitentiæ et in totum servientem Deum. Et antequam publicaretur, renuntiavit. Et Cardinales acceptarunt dictam renuntiationem, quia non erat homo secundum eorum vitam. Et cum dicti Cardinales essent in maxima discordia, tandem elegerunt dictum Urbanum V. in Papam; qui prius dicebatur D. Guilielmus Grimoarnaudi, natus ex Siniscalchia de Belchari, qui tunc erat Abbas S. Victoris de Marsilia, ordinis S. Benedicti; et quando fuit electus sexagesimum agebat annum, homo honestissimæ vitæ, satis civilis in rebus mundanis, et satis eruditus. Hic tamen de mense Septembris, de pecuniis Ecclesiæ missus fuit legatus a PP. Innocentio VI in Italiam, ad Legatum et ad Reginam Johannem. Qui transiens per civitatem Florentiam, a dominis Prioribus Artium in convivio fuit valde honoratus. Et cum audisset mortem dicti Papæ Innocentii VI, abiens de civitate Florentia, usus fuit dicere, quod si videret Papam, cui esset curæ venire Romam ad veram Sedem Papæ, et veniret, si alio die hac vita recederet, esset contentus mori. Et dum reverteretur Avinionem, nuntiatum fuit sibi fuisse electum in Papam, ut præfertur.

1. *In margine* Urban. papa V. filium Carolo Franc. regi precibus impetrat.

divortii substantibus præter sterilitatem, omnimode facere recusaret, rursum misit fratrem suum Philippum juniorem, humillimis et sedulis precibus idipsum requirens, adjungens quod nisi exaudiretur ad votum, etiam nolente papa reginam a suo thoro repelleret. Cujus importunitati papa condescendens, tam clero quam populo Avenionis injunxit, ut intente Dominum deprecarentur, quatenus votum Francorum Regis, si sibi expediens foret, exaudire dignaretur. Ipse etiam summus pontifex ob eamdem causam ad missam celebrandam se mox accinxit. Qua devote peracta, fratrem regis blande allocutus, remisit ad fratrem, cum epistola continente hæc verba : « Carole, fili sincere dilecte, eo die quo uxorem tuam desponsaveras, omnem ei fidelitatem et amorem integerrimum spopondisti, et illa tibi ; ita quod nulla succrescente casu, dempta causa fornicationis, disjungi possetis ab alterutro. Eapropter, fili carissime, post hæc uxorem tuam omni qua potes et debes affectione cordis amplectere, ei quæ justa sunt exhibe, et carnis debitum juxta Pauli apostoli monitum exsolve. Deum time, Ecclesiam ejusque ministros venerare. Quod si feceris, indubie tibi promitto, confisus de misericordia Dei, quod infra spatium septem mensium, uxor tua filium concipiet, qui tuus erit successor et hæres [1] ». Rex, hac epistola cum ingenti gaudio et integra fide suscepta, reginam deinceps obsequiosius quo poterat, et in sinceritate et caritate tractavit, eisque conjugali more convenientibus, post terminum præfixum, videl. in festo Gregorii quod est XII Martii, regina filium concepit juxta verbum viri Dei, quem quarta Decembris cum ingenti Francorum est enixa tripudio, qui ab omnibus regnicolis filius Urbani agnominabatur, et in baptismate Carolus dictus est, patrique successit in regno, cum vix esset duodennis, dolentibus super hac re fratribus, qui devolvendum ad se regnum Francorum sine obstaculo auspicabantur. Verum homo proponit, Deus autem disponit omnia in cœlo et in terra.

Anno M CCC LXX. Urbanus V. per informationem suorum Cardinalium a Roma venit in Avinionem, ubi statim gravi pressus ægritudine, decidit in lectum et ait :

---

1. [Inutile de faire remarquer qu'au point de vue diplomatique cette prétendue lettre d'Urbain V au roi Charles V est d'une insigne fausseté].

« Merito hoc patior, quia reliquimus sedem patrum nostrorum »[1]. Sicque decessit a sæculo decima quinta decembris. Cujus corpus est sepultum in monasterio S. Victoris Massiliensis, ubi primo fuit abbas, et post mortem multis claruit signis et miraculis. Vacavitque sedes diebus quindecim.

Anno Domini M CCC LXXX, in mense Maio, decessit Carolus rex Francorum, filius Johannis Regis... Huic successit Carolus filius ejus puer duodennis, quem per preces et merita Urbani V, sicut præfatum est, genuerat ex filia ducis Borbonii.

## XIII

[*Le Petit Thalamus de Montpellier (aux archives de la ville) contient, à la suite des coutumes et règlements de l'administration municipale, une chronique de la ville, laquelle pour la période qui intéresse Urbain V est rédigée en ancien languedocien. Ce précieux recueil a été publié pour la première fois d'après les manuscrits originaux par* MM. Pégat, Eug. Thomas *et* Desmazes *pour la Société archéologique de Montpellier* [2]].

## VIE PROVENÇALE

[LANGUEDOCIENNE]

*Tirée du Petit Thalamus de Montpellier* [3]

A xii. de Setembre, egal l'alba, mori az Avinhon mossen Esteve Albert, apelat papa Innocent VI. Et pueys, a xxiii. jorns del dich mes, los Cardenals intreron en lo

---

1. [*Sur le retour des Papes en Italie, il y a lieu de signaler la lettre curieuse, mais déclamatoire, de la république de Florence aux Romains, du 4 janv. 1376, publiée par M.* Ludw. Pastor *dans sa* Geschichte der Päpste seit dem Ausgang des Mittelalters (Freiburg, 1891, t. I, p. 671-3); *elle n'est pas reproduite dans sa traduction française. Il y est question d'Urbain V*].
2. Montpellier, 1836-40, in-4° de lxix-653 p.
3. [*M. Albanès avait mis en tête de sa copie ce titre plus exact*]: Vita a synchronis, lingua occitana, scripta in villa Montispessulani.

conclaus del palais d'Avinhon, ont esteron entro lo derrier jorn del mes d'Octobre ; en lo cal elegiron papa mossen G. Grimoart, abat de Masselha, lo qual era nadiu de Grizac de Gavalda ; e puoys fo sagrat lo dimergue apres, que era VI. de Novembre, et fo apelat papa Urban V....

Item, aquel an meteys, prop Nadal, nostre senhor lo rey de Fransa venc az Avinhon, et estet aqui, et entorn, entro prop la festa de la Assention de Nostre Senhor....

Item, aquel an meteys, lo dimercres sans, mossen P. rey de Chipre, venc az Avinhon, et aqui estet entorn II. mezes, et pueys anet en Fransa, e d'aqui en Flandres, e pueys en Anglaterra, per parlar am lo rey, per far lo sant passatge otra mar. Item, lo jorn del venres sans, que era lo derrier jorn de Mars, nostre senhor lo papa, az Avinhon, donet la crozada, per anar otra mar en la Terra sancta ; e prezeron la crozada los ditz senhors reys de Fransa e de Chipre, et alais (sic) senhors cardenals, e motz d'autres....

Item, aquel an fon tan gran freg e tan gran gelada, que lo Rozer gelet ; et tant tant que hom passava a pe, desus del pueg de Ceta entro Mezoa. E trop gran quantitat d'amolas e de jarras, en que avia aygua, se gelavon e se rompian ; e l'aygua si gilava a taula en las copas, e las copas se gelavon am las toalhas. E duret aquel freg contuniament de sant Andrieu entro a sancta Perpetua ; e en aquel mejan, tombet neu III. vetz, en grant quantitat. E moriron per lo dich frech alcunas vinhas, e lo mays dels oliviers e de las figuieiras, e motz autres albres, e quays totas las ortas, et erbas de tot lo pais. E las pintas d'estanh en que avia aygua, se fendian per lo lonc, per lo dich frech.

(1364). Item, lo prumier jorn d'Octobre, lo cal jorn era festa de s. German e de sant Remy, foron messas las prumieyras peyras en la glyeya que fes far nostre senhor lo papa Urban sinque, prop Costa Freja, am procession general de totz los ordes, e de totas las glieyas de Montpellier. E y foron los senhors cossols de Montpeslier, els senhors obriers, els senhors cossols de mar, am lurs entortas e lumenaria, els menestriers, el pabalhon del cossolat. E parti la procession del ostal del cossolat, am lo cap de mossenhor sant Blazer, e pueys aqui tornet. E fes la procession e l'ofici mossen Johan Gasc, abat d'Anhana ; e fes lo sermon, sus lo luoc de la glieya, fraire Gordon Tivel, frayre Menor, nadiu de Montpellier. E nostre senhor lo papa y donet, aquel jorn e tos temps mays, cascun an, a aquel jorn meteys, vii. ans e vii. quarantenas de veray pardon. E mes la prumieyra peyra, al cap del cor, lo dich Mº l'abat; e l'autra, al costat drech, los senhors cossols; e giteron de sotz la peyra una punhada d'argent menut; e pueys y giteron, per estrenas dels peyriers, vi. tassas d'argen marchals; e l'autra, al costat senestre, messier Ph. de Lantilla, rector de la part antiqua, el sen Jacme de la Manhania, bayle d'aquesta part. E fo azordenada e fondada la dicha glieya am iii. autars, dels cals lo principal devia esser de la gloriosa verges mayre de Dieu, et de Mº sant Benezeg, e l'autre, devers lo costat drech, de mossenher sant Blazer, e l'autre, del costat senestre, de mossenher sant Girman....

(1365). Item, a xiiii. de Genoyer, mossen Loys de Fransa, frayre e luoctenent de nostre senher lo Rey, duc d'Anjo, intret a Montpeslier; e mossen l'avesque d'Avinho, fraire de nostre senhor lo papa....

Item, a xxiiii. de May, intret az Avinho mossen Carles, Emperador de Roma e Rey de Boemia; e estet y xvii. jorns.

Item, a xv. de Julh, comenseron a venir en Montpeslier, e per tot la terrador, grans quantitatz de langostas, las quals volavon per l'ayre a grans ardas, tant que tenian cubert tot lo pays, e cays cubrian tota la terra, et en partida tolian la vista del solelh. E manjavan totas las erbas que trobavon de pratz et d'autres luoys....

Item, a x. de Novembre, intret a Montpeslier Mº Bertran de Clequin, breton, compte de Longavilla, capitani major de totas las companhas de Frances, d'Engles, d'Alamans, de Bretos, de Gascos, et de moiz autres; et y estet entro a iii. de Dezembre. Et adoncs s'en anet, menant las dichas companhas, passadas et a passar, en Aragon et en Castela, et puoys en Granada, per tractament et per acort de nostre senhor lo papa Urban V, et de nostre senhor lo Rey de Fransa, et de l'Emperador de Roma....

(1366). Aquest an, nostre senhor lo papa trames al covent de frayres Menors de Montpeslier lo bras drech de mossenhor sant Loys de Masselha, encastrat en d'argent; lo qual trames per frayre P. d'Aragon, frayre Menor, nebot del dich sant Loys et oncle del Rey d'Aragon....

Item, a xxix. de Julh, nostre senhor lo papa trames a sa glieiza de Sanh Benezeg de Montpeslier, per M° l'abat de Sant P. de Monmajor, lo cap de mossenhor sant Girman, avesque, et una cahubla tota cuberta de perlas, et I. calice tot d'aur, e motz d'autres bels juelhs, los cals la y foron portatz am gran procession de totas las glieyas, e dels ordes, e am gran lumenaria.

(1367). Item, a I. dissapte IX. jorns de Genoyer, nostre senhor lo papa Urban V. intret a Montpeslier, am los senhors cardenals de Boluonha, de Canilhac, avesques, Avinhon, frayre de nostre senhor lo papa, Terohana, Sarragossa, Vabre, Pampalona, vice cancelier, capelas, Limotges, Guillermes Belfort, mossen Raynaut Dorssins, Carcassona, Sant Marsal, dyagues cardenals. Et yssiron los senhors cossols, els senhors obriers, a caval, els curials del rey de Fransa, et aquels dessa del rey de Navarra, els mestiers, am lieureyas per las VII. escalas. Et issiron li entro prop Sant Anthoni de Cadola, am III. bandieyras grandas, so es assaber : la una, de las armas de nostre senhor lo papa, e las II. de las armas de la vila de Montpeslier ; de las cals, la una anava ain menestriers de las armas de nostre senhor lo papa e de la vila, e l'autra anava primieyra davan totz los penos de las escalas. E pueys, totas las lieureyas e las escalas li foron a pe, per orde, en lo plan des Areniers, dessay la cros. E fo prumieira, l'escala del dimmergue ; apres, l'escala del dissapte ; apres, l'escala del dilus ; apres, l'escala del dimartz ; apres, l'escala del dimercres ; e pueys ensemps, las escalas del digons e del divenres. E cascuna escava portava penon de sendat, de las colors de la lieureya de la escala ; et enayssi vengron entro al cap dessay del pon de Castel nou. Et aqui foron totz los senhors cossols, a pe, amb I. bel pabalho e noble, que els li avian far fag de novel, de III. draps d'aur, am VIII. bastos, e XIIII. escutz d'argent de las armas del dig nostre senhor lo papa, et autras XIIII. de las armas de la vila, e XXIIII. campanetas d'argent dauradas. E IIII. dels ditz senhors cossols lo destravon, II. al madre del fre, e II. als pes ; e los VIII. portavon lo dich pabalhon. E quant fo als Augustins, el se revesti en pontifical ; et enayssi vengron entro lo portal de Sant Gili. Et aqui fo mossenhor l'arcevesque de Narbona, e motz autres prelatz, revestitz, am gran e sollempna procession, et am los reliquiaris de la glieya de Sant Benezeg ; et reculhiron lo am gran reverencia. Et aqui meteys fo mossenhor lo duc d'Anjou, frayre de nostre senhor lo rey de Fransa ; e mes si a pe, e destret lo a pe d'aqui entro l'ostal del cossolat, ont tornet e discendet nostre senhor lo papa. Et intret a Nostra Dona de Taulas, et aqui donet perdon a tota persona que y era e que i fora, se pogues, que era en estamen de gracia, e y sera de fra vııı. jorns, vıı. ans e vıı. quarantenas de veray perdon. E pueys, apres disnar, anet per la vila, revestit en pontifical, a caval ; e fazen son camin, anet vezer l'estat de sa glieya de Sant Benezeg, e donet y senblan perdon que dessus. Els ditz senhors cossols lo destreron a pe, anan e tornan. Et aitant quant el fo a Montpeslier, y fo la bulla de la Pinhota.

Item, a 1. dissapte xxx. de Jenoyer, nostre senhor lo papa estant a Montpeslier, trames a la dicha glieya lo cap de mossenhor sant Blazer, martir, fach far de novel per los senhors cossols, exceptat que nostre senhor lo papa y avia paguat lo quart del argent, e las peyras preciosas, tant solament. Et y trames atressi lo cap de sant Benezeg, abat, et una gran emage de Nostra Dona, am son tabernacle tot d'argent. Los cals juelhs y foro portatz am sollempna processio de las glieyas e dels ordes, et am gran lumenaria del cossolat e de tota la vila ; et y ac grans perdos de nostre senhor lo papa, e de vııı. senhors cardenals, e de motz avesques e abatz. que y foro revestitz. E cantet la messa mossen P. Jutge, arcivesque de Narbona, et y det grans perdos, que monteron entre tot xı. ans.

Item, lo jorn de Nostra Dona la Candaloza, foron senhadas las candelas al capitol de Predicadors, egal matinas, per mosenhor lo cardenal d'Avinhon, frayre de nostre senhor lo papa. E pueys, nostre senhor lo papa fo aqui meteys, a prima, et donet candelas a tota gent, et apres, cantet messa en pontifical, a l'autar mager, presens e revestitz xıı. senhors cardenals, e motz autres prelatz.

Item, lo dimergue, que era vıı. jorns de Febrier, per so car lo era fama per tot lo pays que nostre senhor lo papa devia sagrar l'autar major de sa dicha glieya, mot gran pobol de diverses pays d'entorn Montpeslier, a xx. legas e plus, venc a Montpeslier, per aver perdon. E car la dicha sagrazon non se fes, per tal que lo pobol non say fos vengut de badas, nostre senhor lo papa lur donet a cascun VII. ans e VII. quarantenas de perdon.

Item, car la nueg tantost seguent, fes mot gran temporal de tros e de ylhausses, e fes mot gran plueia tota aquela nueg e l'autra seguent, e tot lo dilhus, el dimars, nostre senhor lo papa donet a totz los ditz estrangiers, per cascuna lega de venir, e per autra lega de tornar, I. an et XL. jorns de perdon.

Item, lo dimergue seguent, que era XIIII. jorns de Febrier, nostre senhor lo papa sagret l'autar major de sa glieya de Sant Benezeg; e pueys, cantet aqui messa en pontifical, presens totz los ditz cardenals e motz autres prelatz; et y donet VII. ans e VII. quarantenas de perdon. E pueys, a vespras, mosenhor l'arsivesque de Narbona y prediquet, et y donet semblan perdon, de part nostre senhor lo papa; e de part los senhors cardenals, C. jorns per cascun ; e dels autres prelatz, y donet de perdon per cascun XL. jorns ; e per se meteys, per prevelegi de papa Clemens VI, LX. jorns, e del dig papa Urban, LX. jorns, e de son dreg ordenari, XL. jorns. Et aquestz perdons volc que fosson per tostz temps, al jorn meteys, cascun an.

Item, a XV. de Febrier, nostre senhor lo papa fes avesque de Caortz mossen Bec de Castelnou, doctor en decretz, legent en l'estudi de Montpeslier, local, amb alcus autres avesques novels, foro sagratz lo dimergue apres, que era XXI. de Febrier, en la dicha glieya de Sant Benezeg, per lo dig mossenhor lo cardenal de Canilhac.

Item, estant nostre senhor lo papa a Montpeslier, motas vegadas se mostret al pobol, a las fenestras del cossolat, una vegada lo jorn, e pueys en derrier, II. vegadas lo jorn, el derrier jorn, III. vegadas lo jorn ; e cascuna vegada donava perdon a totz aquels que y eron en estamen de gracia, o foron de fra VIII. jorns, VII. ans e VII. quarantenas de perdon. Et I. divenres, que era lo v. jorn de Mars, fes en Montpeslier avesque de Magalona Mº Gaucelin de Deus, local pueys mori a Montpeslier lo IX. jorn d'Aost, l'an LXXIII, avesque de Nemze, e fes avesque de Nemze mossen Johan Gasc, abat d'Anhana. E pueys s'en anet de Montpeslier vers Avinho, I. dilus, VIII. jorns de Mars, et acompanhet lo cays tot lo poble, alcus a caval, alcus a pe, entro la cros dels Baucels e plus ; e d'aqui otra, lo acompanhero a caval alcus senhors cossols vielhs e novels, e motz autres bos homes de Montpeslier, entro Avinhon....

Item, lo derrier jorn d'Abril (1367), nostre senhor lo papa parti d'Avinhon, am motz senhors cardenals, per anar vers Masselha, e d'aqui en Roma. Et estet a Masselha entro a XIX. de May, lo cal jorn se mes en mar en galeas, per anar en Roma, am motz senhors cardenals et autres prelatz, et fes vela, et anet s'en....

Item, lo derrier jorn d'Abriel, nostre senhor lo papa parti d'Avinhon, per anar a Marcelha, et d'aqui en Roma, et anet jazer a Novas, et aqui estet III. jorns.

Item, a III. de May, parti d'aqui et anet a Orgon.

Item, a IIII. de May, parti d'aqui, et anet a Sant Canat.

Item, a V. de May, parti d'aqui, et anet a Aycs; et aqui foro los embayssadors de Venezia que y eron vengutz per far li la reverencia.

Item, a VI. de May, parti d'aqui et anet a Masselha.

Item, lo dich IIII. jorn de May, apliqueron a Masselha V. galeas de Venessias, per prezentar las a nostre senhor lo papa, a son servizi entro a Roma, mot belas et ben ornadas, am I. capitani, et am XII. ambayssadors, mot notables homes et savis.

Item, a XIII. de May, y apliquet una autra galea, mot ben ornada dins et de foras, am I. capitani et IIII. cosselhiers de Ancona, e mariniers, vestitz de unas raubas am las armas de nostre senhor lo papa, am penoncels de las dichas armas en cascun banc.

Item, a XVI. de May, y apliqueron IIII. galeas de Genovezes, e IIII. de Florentis, e II. de Pizas, e VI. de la Regina Johana de Napols. Et en aquelas de Genoa, avia I. capitani frayre del duc de Genoa, am motz embayssadors, savis e mot ben ornatz. En aquelas de Florensa, avia I. capitani mot savi. Et las galeas de Genoa eron a despens de Florensa. Et en aquelas de la Regina, era capitani lo comte Camarlenc; et en cascuna galea de la Regina, avia I. comte et I. baron, am mota cavalaria ben ornada.

Item, a XVIII. de May, lo comte, el senhor de... (*nom resté en blanc*) vengron am I. pamfil, et alcus homes d'armas, per acompanhar nostre senhor lo papa. Et aquel jorn meteys, nostre senhor lo papa fes capitani sobeyran, et amiralh de totas las galeas, lo Maistre del Hospital de Rodas, lo cal fes far a Masselha II. galeas.

Item, aqui meteys, a Marselha, presens III. senhors cardenals, nostre senhor lo papa fes cardenal Mº G. d'Agrifuelha, prothonotari, e filh de Mº Adhemar d'Agrifuelha, marescal de cort de Roma.

Item, a XIX. de May, nostre senhor lo papa auzi sas messas, et anet romieu a Sant Victor; e pueys a solelh levant, montet en la galea dels Venessias, et estet foras la cadena del port entro a mieja tercia, esperan los cardenals que eron a Masselha, los cas eron VIII, so es assaber, Urgel, Vabre, Avinhon, Viterba, Masselha, Guillems, Sant Marsal et Agrifuolha. Et aquel jorn meteys, nostre senhor lo papa ac bon vent, e venc a Tolon.

Item, a XX. de May, parti d'aqui, et arribet a Vilafranca, prop Nissa de mieja lega, et aqui dissendet de galea.

Item, a XXI. de May, parti d'aqui, e montet en la galea dels Genoeses. Et venc ella rebieyra de Genoa, en I. petit luoc apelat Sant Esteve, et aqui demoret tota la nuog en galea.

Item, a XXII. de May, davant l'alba, comenset a navigar, et venc dinar juxta la ylla d'Albenga. Et aquel jorn meteys, apliquet a XV. milhas prop Genoa; et es cert que de tot lo camin non volc greviar las glieysas.

Item, a XXIII. de May, a l'alba, fo en lo port de Genoa, et estet en lo port entro a mieja tercia. Et aqui, li yssiron las processions, el Duc, et grant gent am I. sollempne papelhon. Et tot lo pobol fo vestit de liureya departit de una escarlata blanca et de drap blanc de seda. Et nostre senhor lo papa vezen la gran multitut del pobol, apliquet al port, foras los murs, en I. hostal apelat Paradis; et donet perdon de VII. ans e de VII. quarantenas. Et estet y v. jorns, et donet y semblan perdon, cascun jorn, II. o III. vetz. Et estet y tant per far la pas dels nobles et del pobol; et car las partidas non comparien, el comes la pas al cardenal de Viterba, lo cal per aquo fes aqui remaner.

Item, a XXVI. de May, nostre senhor lo papa se mudet defra los murs de Genoa, en l'ostal de Sant Johan, cavalcan per vila, et revestit en pontifical; et puoys, en la glieya de Sant Johan, cantet vespras am los cardenals sollempnamens.

Item, lendeman a XXVII. de May, lo cal jorn era festa de la Assention de Nostre Senhor, lo dich nostre senhor lo papa cantet messa en pontifical en la dicha glieya de Sant Johan, presens los ditz Duc de Genoa, Maestre de Rodas, e madona Ysabels, filha que fo de M⁰ Jacme, rey de Malhorca et molher del marques de Monferrat, e mot gran pobol. Et aqui, lo dich Maistre de Rodas fes cavalier de Sant Johan M⁰ Johan, frayre del Duc de Genoa. Et apres la messa, la dicha marqueza parlet mot espaciozament am nostre senhor lo papa, et pres congiet de lui. Et puoys, aquel jorn meteys, los dichs Duc et Maistre soperon en la cambra, am nostre senhor lo papa, els cardenals d'Avinhon e d'Agrifuolha, en lo tinel.

Item, a xxviii. de May, nostre senhor lo papa, sus l'alba, montet en la galea de Genoa, et aqui, el port, auzi II. messas; et a mieja tercia, fes vela; et a vespras, arribet a Porto Venrres, e dissendet de galea, et aqui jac aquela nuog.

Item, a xxix. de May, montet en la galea d'Ancona, la cal era sieua propria, e car fazia orre temps de pluoia, estet aqui III. jorns, sens yssir de galea.

Item, lo premier jorn de Junh, vengron aqui, am bon temps, lo Duc e l'avesque de Pisa, am gran multitut de gens, e feron li la reverencia.

Item, lo segon jorn de Junh, arribet al port de Plombir.

Item, a III. de Junh, montet en la galea dels Venessias, et aquel jorn meteys, arribet al port de Cornet, e demoret tota la nuog en la galea, els cardenals en terra. Et aqui fo lo cardenal d'Espanha, legat en Lumbardia, am gran multitut de gens; et y avia fach far motas mayoneras de rama. Puoys, lendeman de matin, nostre senhor lo papa yssi de la galea, e per lo Legat, am las reliquias, et am los embayssadors de Roma, los cals eron vengutz aqui, fo receuput am mot gran reverencia, et auzi messa en una de las dichas mayoneras de rama. Et puoys, montet a caval, et venc a Cornet, et dissendet als frayres Menors. Et aqui estet IIII. jorns, et aqui meteys, cantet messa en pontifical, lo jorn de Pantacosta, que era v. jorns de Junh.

Item, lo dilus, vii. jorns de Junh, vengron aqui en concistori los embassadors de Roma, portant las claus del castel de Sant Angil de Roma, et offren a nostre senhor lo papa, et al sanct collegi dels senhors cardenals, se et tota la universitat de Roma.

Item, lo dimars, viii. de Junh, nostre senhor lo papa parti de Cornet, et anet jazer a Tusculana *(sic)*.

Item, lo dimecres, ix. de Junh, fo a Viterba, et aqui fo receuput am gran sollempnitat per los Lombartz.

Item, divenres, a xx. jorns de Aost, fo montat sus la tor gran, costa lo portal de la glieya, devers lo mur de la vila de Montpeslier, lo sen majer de nostre senhor lo papa, lo cal sen a nom Urban. Et puoys, lo dilus aprop que era xxiii. jorns del dich mes, lay fo montat lo segon sen, que a nom Girman.

Item, i. dimergue que era v. jorns de Setembre, per i. sirvent del marescal qui lavava sas mas en una font de Viterba, se levet una rumor et riota mot gran en Viterba, la cal duret entro lo dimars seguent, entre las gens dels cardenals e del marescal, d'una part, e lo pobol de Viterba, d'autra; tant que la gent de Viterba cridavon : « Mueyron aquestz cardenals! » Et se armeron entro a III$^m$. homes, e tenderon las cadenas de la vila. Et combateron los hostals dels cardenals de Vabre et de Carcassona; tant que intreron per forsa en l'ostal de Vabre, et auciron lo maistre de sala, et I. autre servidor del hostal, e cuieron aucir lo cardenal, mays que el se redet a els, am lo capel en las mas, e se rezemet de III$^c$. francs. E covenc quel cardenal de Carcassona yssis de son hostal secretament, en habit d'Augustin; et anet s'en a Prezicadors, et aqui mudet habit de Prezicadors, et anet si gandir al palays del papa. Et atressi totz los autres cardenals lay se aneron gandir, exceptat aquels de Belfort e Guillems, los cals eron malautes en lurs hostals. Per que, lo Papa vezen tan gran insult, mandet querre gens d'armas per tot lo pays d'entorn ; si que de Roma y venian ben XV$^m$. homes armatz. E quant foro a vi. milhas de Viterba, lo Papa los fes tornar atras, exceptatz V$^c$. dels melhors, los cals vengron a Viterba ; et d'autra part, vengron de la terra de la Glieya, d'entorn Viterba, XX$^m$. homes armatz, lo dich dimars. Per que, los homes de Viterba s'en fugiron quant o auziron, exceptatz entorn IIII$^c$. que y demoreron, los cals foron pres. E totz aquels que eron pres, que eron estatz en lo insult, foron pendutz et decapitatz. E los hostals d'els e de totz los autres que y eron estatz, foron cremalz, en guiza que jamays non se tornon bastir. Totas las cadenas foron arrabadas e portadas al palays; et totas las tors de la vila abatudas; e la dicha font desfacha, et aqui bastidas unas forcas. E la vila que era ciutat, fo privada per tos temps de se pontifical et de nom de ciutat ; e fo mudada la ciutat e la se al castel de Monteflisco. E fo devedat al cardenal de Viterba, frayre Menor, que d'aqui avant non se auzes far apelar cardenal de Viterba, may lo cardenal March.

Item, entorn la festa de Totz Sans, nostre senhor lo Papa entret en Roma, revestit en pontifical, et aqui fo receuput per los Romas am mot gran honor.

Item, aprop entorn la festa sant Andrieu, mori en Roma lo dich cardenal de Vabre....

(1370). Item, aquel an meteiss, en Pascor, nostre senhor lo papa Urban se parti de Roma, e mudet se a Montiflisco, et aqui estet tro al mes d'Aost. E d'aqui s'en anet a Cornet, et estet y entro en Setembre. Et adoncs montet en galea per tornar say, e fon a Marscelha a xvii. jorns del dit mes de Septembre. E pueis parti d'aqui, et intret en Avinhon a xxv. del dit mes.

Item, aquel an meteyss, a i. dijous, que era a xix. de Dezembre, lo dit nostre senhor lo Papa anet a Dieu, en la dita ciutat d'Avinhon. E pueys, lo dimars apres, que era la vegelia de Nadal, los senhors cossols e los senhors obriers ne feron per el i. sollempne cantar, en la glieya de Nostra Dona de las Taulas ; en que los senhors cossols y giteron i. bel drap d'aur fin de Lucha orlat, e xxiiii. entortas ; e los senhors obriers y giteron i. autre drap d'aur, ab x. entortas. Et cantet la messa mossen Berenguier de Salve, prebost de Magalona e prior de la dicha glieya de Nostra Dona de Taulas.

---

## XIV

[*Cet extrait de la traduction française des* Chroniques Martiniennes *est publié d'après le*] cod. Vatic. Reg. 1898, *grand in-folio, écriture de l'époque* [*du traducteur*] ; *je pense que c'est l'original de* Mamerot (*voir* Rev. critique, *1885, t. XIII, p. 255*).

*Au 1ᵉʳ f. non chiffré :* (rouge) Cy commencent les Croniques Martiniennes. Prologue du translateur. (*noir*) Par le vouloir de Jhesu Crist, vray Dieu tout puissant, courant l'an de son Incarnation mil CCCC cinquante et huit, messire Loys de Laval, seigneur de Chastillon et de Frivondeur [1], gouverneur du Daulphiné, a fait translater et mettre de latin en francois les Croniques Martiniennes par son tres humble clerc et serviteur Sebastien de Mamerot, de Soissons. Et oultre icelles Martiniennes luy a fait escripre et extraire autres Croniques de plusieurs orateurs et mettre en cette translation les fais des papes et empereurs, et aussi des princes, docteurs et plusieurs gens de leurs temps, plus au long que frere Martin de Poloine, penancier et chappellain du pape, qui fist icelles Croniques, et les a adjoutées en icelles. Et est a savoir que combien que ceste presente translation soit et sera nommée Cronique Martinienne, toutesfois comme dit est, plusieurs fais et avantures y sont plus au long et oultre icelles Martiniennes. Car messire Verneron, chanoyne du Liege, mist depuis frere Martin plus au long les fais de ces Croniques ; et aussi les tint depuis pape Nicholas le tiers includ jusques au pape Urbain le quint includ. Et depuis la creue d'yceluy Verneron ont esté creues de deux papes, c'est assavoir depuis pape Urbain le quint ont finé Verneron, iceluy Urbain includ [2] jusques a pape Clement VIIe includ. Toutes lesquelles croniques et creues, avecques plusieurs autres grans creues, ont esté derrenierement translatées et mises en ung livre et traictié, par le vouloir d'icelluy seigneur monseigneur le gouverneur, non pas qu'il n'entende et concoive bien les livres et traictiés latins, mais affin que tous ces fais dignes de grant memoire soient plus communement divulguez.

*A la 1re page, au-dessus du prologue du traducteur, une curieuse miniature, tiers de page, représentant l'auteur qui offre son livre à son maître. Au bas de la page, les armes de celui-ci, je crois : écartelées, 1 et 4 d'or au chevron de gueules à trois aiglons de ...., deux et un, 2 et 3 échiquier d'or et de gueules; pend le collier de S. Michel. — Au feuillet de garde :* Le jeudy vingt cinquiesme jour de septembre, l'an mil six cens trois, monsieur Petau, conseiller du roy en sa cour de parlement a Paris, passant par Lodun a eu agreable le don qui luy a esté faict du present livre par Me Jehan Briault, escuier, bailly, juge presidial et ordi-

---

1. *Ed. de 1503 :* Friuōdour. — 2. *Ed.* exclud.

naire en la ville et chastellenie dudit Lodun, pays et ressort du Lodunois. *Il y a dans les marges quelques notes, probablement de Petau (A)* [1].

[*Un exemplaire d'une traduction peu différente, mais parfois préférable, se trouve à la Biblioth. nation. de Paris, dans le*] ms. franç. 1411, anc. 7513, *petit in-folio, cartaceus, 298 ff., XV*e *siècle.* [*Les chapitres relatifs à Urbain V commencent au*] f° 262. [*D'ordinaire les variantes en sont communes à celles de l'édition ci-après, mais celle-ci a eu comme base un autre manuscrit (B).*]

*Je retrouve cette vie imprimée, à la Bibliothèque Corsinienne, dans un vol. in-folio gothique à 2 colonnes, ayant pour titre au f° 1 :* La Cronique Martiniane... [*voir les sources indiquées dans la* Topo-Bibliographie, *v*° Martinienne (chronique)] ; *f° 402 :* imprimee a Paris, pour Anthoine Verard, *après 1503. Elle comprend Mamerot, avec une courte vie de Benoît XIII après Clément VII. F*° clxxxij *v*° : Cy fine le premier volume de la Cronique Martiniane : *la 2*e *partie commence par le f*° cclj *et finit au f*° ccccij *en 1503, commencement de Louis XII d'après Robert Gaguin.* [*De la collation de cette édition il n'a été conservé ici que ce qui était nécessaire au sens. Dans l'imprimé, le chapitre consacré à Urbain V*] commence ainsi : Comment Grimoalde, qui depuis fut appellé Urbain le V, fut couronné la veille de Toussains l'an mil troys cens septante (*sic*) deux, chap. 261. Les obseques.... (*C*).

---

# VIE FRANÇAISE

PAR [SÉBASTIEN] MAMEROT, DE SOISSONS

*Traduction de Verneron presque contemporaine*

---

F° 159 v°, Innocent VI, an 1362. Ou moys de mars, les freres de l'ordre de Notre Dame dessus nommez, en la veille

---

1. [*Ce ms. a été décrit d'une manière insuffisante par M.* Ern. LANGLOIS, *dans ses* Notices des manuscrits français et provençaux de Rome antérieurs au XVI*e* siècle (Not. et extr. d. ms., *1889, t. XXXIII, 2*e *part., p. 238-9). Verneron y est qualifié* chanoine d'Utrege, *mauvaise lecture pour* du Liege.

de Pasques, prindrent ung chasteau nomme Canuin [1] qui estoit au roy de Heulbaniens [2], dedens lequel ils prindrent le filz du roy et environ xxxvii de ses compaignons. Et en tuerent environ deux milles, duquel fist faire le pape criminelle justice le xxv$^e$ jour du moys de juing. Et envoya en ces parties son messagé, c'est assavoir monsg$^r$ [Guillaume] Grimouart, lors abbé de Marceilles, qui après la estant fut esleu pape et appellé Urbain le quint.

---

Les obseques de pape Innocent parfaictes en la maniere accoustumée par neuf jours, le dixiesme jour les cardinaulx en nombre vingt entrerent en conclave, c'est assavoir le jour de saint Maurice. Et comme (s')ils ne se peussent entre eulx concorder, la plus grant et saine partie adresserent leurs voix a monseig$^r$ Guillaume Grimoalde [......], seigneur de la baronnie de Grisac, ou dyocese de Mande, lors abbé de Saint Victor de Marceilles, absent. Si fut envoyé le messagé du saint Siege appostolique ou regne de Secille, et luy fut baillé le decret de son election, lequel messagé retourna [3] en Avignon la vigile de Toussains.

Cependant que les cardinaulx estoient en conclave, les prelaz celebroient messe chascun jour et faisoient sermons, prians Dieu pour la prochaine et benereuse provision du pape, [disans] ung office de la messe especialment a ce ordonné, qui (se) commence *Suscitabo michi sacerdotem fidelem* etc. Et le xxvii$^e$ jour d'octobre, comme monsg$^r$ Guillaume pape advenir ayant receu le decret de l'election et [4] arrivé a Marceille, il envoya celuy jour aux cardinaulx estans encores audit conclave par ledit messagier [5] le consentement de ladite election sur luy faicte. Si estoit lors tant grant l'innondance du Rosne et de Durance qu'ils attaingnoient jusques aux fossez de la cité d'Avignon, et par ce n'y peust entrer jusques a la vigile de Toussains. Si fut lors receu en la dignité papale, et fut nommé Urbain le quint ; et incontinent [6] de tous chanté *Te Deum laudamus*.

---

1. *Ed.* Canuyn. — 2. *Ed.* Lieulbaniens.
3. C Sec., lequel avant recu le d. de s. el. ret. — 4. C adv. fut. — 5. C om. p. l. m. — 6. C T. et lors il fut intronisé. Si fut demonstrance faicte au peuple qu'il seroyt appellé pape Urbain le quint ; et inc. feust.

Et le jour du dimenche ensuivant, après la feste de Toussains, il fut couronné au palais du pape par monsg' Maguelonne, qui lors estoit evesque d'Ostience. Mais après la coronacion, il ne chevaucha pas par la ville, comme il est de coustume de ce faire, non obstant que tout y estoit appresté, mais il ne voult. evitant l'orgueil.

En[1] ce temps le conte de Foix print le conte d'Armignac[2] et moult de ses nobles avec luy.

En ce temps le roi d'Angleterre recouvra du roy Jehan de France c'est assavoir[3] toute Acquitaine.

Celuy roy Jehan, le ving° jour de novembre, entra en Avignon, et le jour du saint vendredi fut croisié par le pape et aussi moult de ses nobles, pour aler contre les Turqs.

Le xxvj° jour de fevrier, le roy de Dace vint a la court du pape, mais on ne scet la cause pour quoy il y vint.

Le xxix° jour de mars, Pierre roy de Chippre entra aussi en Avignon.

L'an de Notre Seigneur mil III° LXIIJ, le xiiij° jour d'avril, le pape prescha la croix contre les Turqs et ordonna passage general, duquel il ordonna (passage) cappitaine Jehan roy de France lors present, qui la jura faire le passage du moys passé en deux ans. Lors fist le pape divers procès contre Bernabo.

Le ix° jour de may, se partist d'Avignon Jehan roy de France et ala devers Paris. Et en celle nuit mourut monsg' de Maglonne cardinal. Le derrenier jour de may, se departist d'Avignon le roy de Chippre pour aller aux princes des Crestiens par tout, et les esmouvoir au passage general.

En celui temps fut très griefve pestillence comme par toutes les (choses et) parties de ce monde. Et environ la feste saincte Luce commença très forte gellée, tellement que toutes les rivieres furent gellées, moy Veneron demourant ou Liege et passant souvent la riviere de Meuse ; et aussi Jehan Girart de Rains, avecques plusieurs personnes, passerent le Rosne sur la glace, tant estoient fort gellées. Et dura celle gellée jusques au moys de mars.

Environ ces jours Bernabo fut reconsilié a l'Eglise. Si mourut aussi monsg' de Pierregort, cardinal d'Avignon.

---

1. C coust., comme toutes ces choses fussent apprestées pour ce faire, evit. l'org., comme il disoit. Environ. — 2. B d'Armaignac, C de Maignac. — 3. C roy de Fr., c'e. a. du roy Jehan dessus nommé, comme.

Selon les Croniques Dalphinales, l'an de Notre Seigneur mil CCC LXJ, fut grant habondance de vins, et en ot grant marché pour l'année [1].

L'an de Notre Seigneur mil CCC LXIJ, fut la bataille de Bernay [2] sur la riviere de Gren [3] entre [4] l'armée des Anglois et l'armée des François et Daulphinois, de la quelle orent victoire les Anglois. [5]

L'an de Notre Seigneur mil CCC LXIIIJ, le xvij$^e$ jour de janvier, Jehan roy de France, retourné en Angleterre, y mourut, et puis le roy de Navarre fist union, contre Charles fils du roy Jehan de France dessus nommez, avecques les communitez de Paris et de plusieurs aultres lieux du royaulme de France et Daulphiné de Viennois, et estoient celles communitez appellées Jacques. Et par les gelées dessus nommées et declairées moururent moult de vignes.

Mais retournant à l'acteur de ce traictié, l'an de Notre Seigneur mil CCC LXIIIJ, le xvij$^e$ jour de janvier, Jehan roy de France mourut; et furent ses obseques celebrées en la chappelle du pape le mardy vij$^e$ jour de may. Celuy roy Jehan, comme racontent les Croniques Dalphinales, avoit esté ou Daulphiné, et avecques luy le roy d'Asie et le roy de Chippre. Et après, celuy an mesmes, s'en estoit retourné en Angleterre en la cité de Londres, ou il tenoit arrest prisonnel.

Ou moys de may entrerent les ambaxadeurs des Rommains en Avignon, supplians au pape qu'il se voulsist transporter a Romme.

Le vingtiesme jour de may et le jour de la saincte Trinité fut couronné a Rains Charles, fils ainsné du roy de France et trespassa [6].

Le vj$^e$ jour de juillet, le pape ala au pont de Soignes [7] et y arresta ung pou, puis retourna en Avignon le xvj$^e$ jour après, ayant visité Carpentras et aucuns autres lieux de la conté de Venise. Il fist les procès contre les Compaignies estans ou royaulme de France, octroyant a ceulx qui yroient contre eulx pleine remission de leurs pechez en l'article de la mort.

---

1. *C* furent grans vendenges et avoit on la pinte de vins pour troys deniers. — 2. *C* Vernay. — 3. *B* Gier, *C* Ger. — 4. *A* contre. — 5. *C* L'an de N. S. mil CCC soixante troys, le roy de Navarre feist union avec (*B* contre) Charles (*B* filz du roy Jehan). — 6. *C F.* trespassé. — 7. *B* Sorgues.

Environ la fin du moys de may furent veues voler en l'air si grant multitude de tourbes de sauterelles que le soleil luisant ils faisoient umbre sur la terre; et paissant de nuit aux champs devoroient les semences, dont plusieurs en devinoient moult de choses, les ungs en une maniere et les autres en une autre : mais finablement ils s'esvanouirent. En celuy an ne pleust oncques, sinon en rousée depuis Pasques jusques au derrain jour d'aoust. Et selon les Croniques Dalphinales, en celuy an furent tant de bleds et aussi de vins, qu'on ne trouvoit qui en voulsist trouver[1] argent que a grant peine et a vil pris. Et l'année ensuivant fust l'yver si sec et froit qu'il gela les vignes et les bleds en terre, tellement que l'année fut très chiere, et valoit la pinte de vin XIIJ d[eniers] p[arisis] et le septier de bled trois florins. Et l'an ensuivant fut tres grant plante de tous biens, tant fruiz comme de toutes autres choses, non obstant que le second jour de may cheut de nuit moult de neige, mais pourtant ne fist nul mal. Et retournant au propoz [de] Verneron acteur de ce traictié.

DE PLUSIEURS AFFAIRES QUE LE PAPE URBAIN EUST EN SON TEMPS ET D'UNE COMETE QUI APPARUST, APRÈS LAQUELLE FUT GRANDE MORTALITÉ ET AUSSI FAMINE. RUBRICHE. C[hap.] XXXVI[2]. — L'an de Notre Seigneur mil CCC LXV, l'an tiers du papal Urbain pape, le XXIIJ jour de may, Charles le quart empereur des Rommains, selon les Croniques Dalphinales, passant par Grenoble, avecques luy le conte Amé de Savoye et Charles roy de France, nepveu d'yceluy empereur et daulphin de Viennois, et fils du roy Jehan mort; et de la, selon Verneron, vint au pape en Avignon en noble et grant compaignie, et y entra en habiz et enseignes imperiaulx. Si fut receu en grant honneur et joye par le pape et les cardinaulx. Lequel après ce ayant visitée la cité d'Arle, ancien siege de son regne, s'en retourna a Prague, departant d'Avignon le lundi second jour du moys de juing.

En celuy an, Raoul d'Austriche, ayant en femme la fille Bernabo, mourut a Millan.

---

1. C donner. — 2. C Comment Charles le IIII empereur des Rommains vint au pape en Avignon, chap. 262. [*L'itinéraire le plus complet de l'empereur Charles IV en Dauphiné et en Provence se trouve pour le moment, avec mention des travaux antérieurs, dans un ouvrage où l'on aurait guère la pensée de le chercher*, Le Mystère des Trois Doms, *1887, in-4°, p. cxx-vj.*]

En celuy an fut a Coulongne grant pestillence; et tellement que dedens quatre moys y moururent XXIJ$^m$. chiefs d'ostel, sans les enfans et autres serviteurs. Si fut aussi grande pestillence ès marches d'Acquitaine et en autres diverses provinces.

En celuy an, le xj$^e$ jour d'octobre, fut prise Alexandrie par Pierre roy de Chippre, mais il ne l'osa tenir, doubtans les ennemis de la foy. Si la pilla et roba, puis bouta le feu dedens. Et ainsi la laissa.

En celuy an et moys, le pape estant a Marceille [.......] et le xxiiij$^e$ jour d'yceluy moys, il retourna en Avignon; et le landemain y arriverent les ambaxadeurs des Romains.

L'an quart du papal saint Urbain pour lors pape, ou moys de novembre, vouloir ayant et desirant[2] les Compaignies dont estoit cappitaine messire Bertrand de Glasquin[3], leur promist ledit pape grant somme d'argent, pour laquelle payer il mist ung decime sur France.

L'an de Notre Seigneur mil CCC LXVJ, l'an du papal dessus dit, Henry conte de Transtamare, frere bastart du roy Pierre d'Espaigne, par l'aide de Bertran de Glasquin[3] et ses compaignies, entra ou royaulme d'Espaigne, et print la couronne d'iceluy royaulme de l'evesque de Burgues[4], vivant encores Pierre de la mauvaistie et mauvaise vie, duquel se disoit moult de choses horribles. Après ce celuy Henry print Hispalin et par consequent obtint toute Espaigne, celuy Pierre par luy tué.

En celuy temps, Philippe, frere du roy de France, print en femme la fille de Loys conte de Flandres, delaissée veufve du duc de Bourgongne, et obtint celle duché avecques celle dame.

En celuy an, ou moys de juing, le pape octroya au roy de Hongrie la predication de la croix contre les Turqs.

Le vj$^e$ jour d'aoust, l'admiral du roy de Chippre presenta a pape en Avignon la banniere qui fut prise en Alexandrie.

En celuy temps, Amé conte de Savoye print Gallipolin et l'osta des mains des Turqs, et le rendit a l'empereur de Grece, duquel il estoit cousin.

En celuy temps[5], ou moys de septembre, crea le pape trois

---

1. *B* il cons... a le grant autel de l'abbaye Saint Victor de Marceille. — 2. *C* des. de saill... du royaulme de France. — 3. *C* du Clesquin. — 4. *C* roy. par la main de l'evesque de Buygnes. — 5. *C* an.

cardinaulx, c'est assavoir son frere et deux autres, l'evesque de Marceille, de l'ordre des Prescheurs, et le ministre general de l'ordre des Mineurs, qui estoit [de] la cité de Viterbe, ou il mourut après.

En celuy an, le xvij<sup>e</sup> jour d'octobre, mourut messire Guillaume de Grisac, chevalier de grant aage, pere charnel du pape.

En celuy moys, furent mises les decimes en Allemaigne pour aydier a l'empereur voulant aler avecques le pape en Ytalie.

L'an mil CCC soixante et sept, le vij<sup>e</sup> jour de janvier, le pape ala a Montpellier, ou il fut receu en grant joye et honneur, et la consacra le monastere par luy fondé, puis retourna en Avignon ou moys de mars.

En celuy an, le derrenier jour d'avril, le pape se partist d'Avignon pour aller en Ytalie. Si vint a Marceille et la arresta ung pou, et avecques luy estoient cinq cardinaulx. Si se partist de Marceille, et vint a Grieffeul. Et d'illec¹ entra en mer, allant vers Ytalie. Et le xxiij<sup>e</sup> jour de may, qui fut le dimenche devant l'Ascension, entra dedens² Gennes, ou il fut receu du peuple en grant sollempnité et leesse, et illec demoura jusques au vendredy. Et la laissa frere Marc cardinal de l'ordre des Mineurs devant dit, pour traictier la paix entre messeigneurs Bernabo et Galleas de Millan avecques les habitans de Gennes qui se discordoient. Si se mist en mer et commenca a nager, tellement que le quart jour de juing, qui fut le vendredi devant³ la Pentechoste, il entra a Cornet⁴, et la demoura jusques au jour de Pentechoste includ, au quel jour il chanta messe en l'eglise des freres Mineurs. Et le ix<sup>e</sup> jour du moys entra a Viterbe, ou il fut receu par le peuple en tres grant joye ou chasteau de la Roche, fait pour l'Eglise par monsg<sup>r</sup> Gilles evesque de Sabine, tres vaillant legat qui les terres de l'Eglise recouvra, lesquelles estoient comme du tout perdues. Et lequel mourut le xxiiij<sup>e</sup> jour du moys d'aoust, et fut ensepvely en Assiz en l'eglise Saint Francois.

Et en celuy an, ou mois de septembre, sourdant rumeur et noise entre les habitans de Viterbe et les famillers et

---

1. *C* et la, en la presence de cinq cardinaulx, (*B* les autres estans et demeurans en Avignon, il fist cardinal de) Agrieffueil et après. — 2. *C* d. la cité. — 3. *A* d'après. — 4. *A* Tournans, *C* Torner.

serviteurs des cardinaulx, si fut fait justice d'aucuns habitans, desquels jusques a dix furent pendus devant leurs maisons.

En celuy an, Ambroise fils de Bernabo de Milan nommé, avecques grant compaignie de gens d'armes entra ou royaulme de Naples. Mais il vint en bataille a l'encontre de luy et les siens, monsg<sup>r</sup> Gomet chevalier, nepveu du legat devant dit, envoyé par le pape en icelluy royaulme contre celles compaignies, et fut prins en champ celuy Ambroise et tous ses gens prins ou tuez.

En celuy an, le septiesme jour d'octobre, vindrent a Viterbe Amé conte de Savoye et le patriarche de Constantinoble, et avecques eulx huit ambaxadeurs de l'empereur de Constantinoble, promettans retourner a l'union de l'Eglise.

Et le mardy[1] xvi<sup>e</sup> jour de ce moys, le pape entra dedens Romme, ou il fut receu par les Rommains en si grant joye comme ils le porent faire[2]. Et la le marquis de Ostience[3], qui estoit a la dextre du pape fist xii chevaliers en la place Saint Pierre[4]. Et le lundi ensuivant,[5] qui fut vigille de Toussains, il celebra messe en l'autel saint Pierre, ou quel on ne avoit celebré depuis le temps de pape Boniface VIIJ<sup>e</sup>.

En celuy temps le cardinal d'Albane, frere du pape, fut fait vicaire des terres de l'Eglise, et ala a Boulongne pour la demourer.

L'an de Notre Seigneur mil CCC soixante et huit, le v<sup>e</sup> jour de janvier, la lune eclipsa comme de moittié de nuit, environ l'eure de tierce ou trois heures.

Le premier jour de mars, le papa ala au Lateran; et le jour ensuivant furent les chiefs de saint Pierre et de saint Pol monstrez au peuple, qui les regardans estoit comme sans nombre; lesquels chiefs avoient esté longtemps retenuz ou conclave. Et ausquelsz chiefs le pape fist faire reliquaires d'or et garniz de[6] pierres precieuses, et les fist mettre dedens.

En celuy temps, Pierre roy de Chippre vint a Romme, et dame Jehanne royne de Secille visita le pape, de la main du quel elle eust une rose comme (la plus belle et) la plus noble. Ce fut fait le dimenche jour de la my Karesme.

---

1. B samedy. — 2. C j. qu'on ne le pourrait dire. — 3. C Esten. — 4. C le pape montant lors sur les degretz Sainct Pierre. — 5. B il visita l'eglise du Lateran; et le dimanche. — 6. C rel. et chasses d'argent et.

Et en ce mesmes an, le environ la fin du moys d'avril, fut veue une comette estendant ses queues en Orient, la quelle en suivist chierté l'an ensuivant.

En celuy an, ou moys de may, le pape ala a Monflascon, pour la demourer l'esté.

En celuy temps, Charles l'empereur devant dit, avec moult de gens d'armes, entra en Ytalie et assega Veronne, mais il ne la prist pas.

En celuy an, le cinquiesme jour de juillet, le pape esleva et fist cité Montflascon, et y mist evesque, qui par avant estoit du dyocese de Balner Regenses [1], ou quel moys il ordonna et depputa les rentes et revenues d'iceluy eveschié.

En celuy an, ou mois d'aoust, le pape desclaira canonizer saint Alziase, jadiz conte d'Arien [2], le corps du quel est en la cité de Aptenanses [3] en Prouvence, ou il resplendist en miracles.

Le second jour de septembre ou dit an, furent brulez a Viterbe deux freres Mineurs pour [4] heresie.

Le xxij<sup>e</sup> jour, le pape crea huit cardinaulx, entre lesquelz en estoit ung le prieur de l'eglise Saint Pierre.

Le xxix<sup>e</sup> [5] jour d'octobre, le pape s'en retournant a Romme entra a Viterbe, ou l'empereur yssant de la cité de Senes vint a luy le xvij<sup>e</sup> jour de ce moys. Et le jour ensuivant print le pape son chemin vers Romme, ou il fut receu par les Rommains en grant joye et honneur.

Le samedi xxj<sup>e</sup> jour de novembre ensuivant [6], le quel celuy empereur comme il devoit faire se mist [7] a pié et tenant le frain du cheval du pape, c'est assavoir depuis la porte Coline, qui est près du chasteau Saint Ange, jusques dedens l'eglise Saint Pierre. Après ce le pape descendit et l'empereur le mena jusques a l'autel ; le quel empereur demoura a Romme dedens la maison canonique, attendant la venue de sa femme, la quelle arriva a Romme, environ trois sepmaines après, avec moult noble compaignie. Et peu de temps après [8], le pape celebrant messe en l'autel Saint Pierre, la estant monseig<sup>r</sup> l'evesque d'Ostience la oindit et le pape luy mist la couronne sur la teste ; et estant accompaignié

---

1. C Balnerregen. — 2. B Arrian. — 3. C Apten. — 4. A par leur. — 5. B ix<sup>e</sup>. — 6. C j. de ce mois. — 7. C f. adestra alant. — 8. C de l'emperiere sa f-e, qui vint a R-e le vingt et neufviesme jour de ce mois, avecques deue c-e et noble. Et le premier jour de novembre.

par deux cardinaulx evesques, ala celuy jour après disner, la couronne sur son chef, ou Lateran en grant leesse et joye des gens qui la suivoient. Et celuy jour fist l'empereur Charles ung moult sollempnel disner a tous venans.

En après, le jour saint Clement, l'empereur ayant pris congié se departist de Romme, accompaignié de l'emperiere avec moult noble compaignie.

En celuy temps, sur tous les monasteres vivans soubs la regle saint Benoist fut imposé le soixantiesme pour la reparation de l'abbaye du Mont de Cassin, jadiz cheue par les mouvement de la terre.

En celuy temps fist le pape reparer moult d'eglises a Romme, especialment l'eglise de Saint Jehan du Lateran [1].

Celuy an, le roy de Chipre dessus nommé fut tué par les nobles de son royaume.

L'an de Notre Seigneur mil CCC soixante et neuf, le xv$^e$ jour d'avril, mist le pape ou cathologue des sains, saint Aleziase [2] devant dit, establissant la feste estre celebrée le xx$^e$ jour de septembre.

En celuy an, le xviij$^e$ jour de ce moys, se departist le pape de la cité de Romme et s'en ala vers Viterbe. En celuy temps les Perusiens encommencierent de esmouvoir guerre contre l'Eglise.

Le premier jour de juillet vindrent l'arcevesque de Tarse et autres ambaxadeurs des Armeniens, demandans ayde au pape contre les Sarrazins. Si y furent aussi les ambaxadeurs de Gennes et aussi de Venise [3], lesquelz estans concordans en langue contre le Souldan, obtindrent indulgences et absolutions pour tous ceulx qui passeroient la mer pour guerroier et destruire les Sarrazins.

En celuy an, le viij$^e$ jour d'aoust, le pape fist publier guerre [4] contre les Perusiens. Et ce jour se deppartist de Montflascon, ou il avoit esté en l'esté, et de la ala a Viterbe; et luy la estant et voyant de la Roche l'ost des Perusiens entrans [5] ou patrimoine de l'Eglise par main armée. Et Jehan Acut, capitaine de l'ost des Perusiens, chevalier, natif d'Angleterre, vint a Viterbe et de la se departist avec son ost tantost après, et brula les oliviers des bourgois de Viterbe,

---

1. C et ... e de Sainct (*B Pol*). — 2. A Eleziase. — 3. C et des Venissiens. — 4. C p. ses procès. — 5. C entrerent.

s'en alant vers Monthault[1], la ou il demoura en grans orgueilz par aucuns jours. Et donna le pape plain pardon a tous ceulx qui a l'encontre d'eulx se combatroient.

En ce temps il reduist et remist en abaye le monastere du Mont de Cassin, qui estoit eglise cathedrale et cité.

En celuy temps fut aussi a Viterbe mortalité de ceulx d'oultre mer les monts, en la quelle moururent cinq ou six cardinaulx.

En celuy an, le xiij[e] jour d'octobre, le pape vint a Romme, ou par avant le attendoit Jehan Peleologus, empereur des Grecs, qui le jour saint Luc, en la maison du Saint Esperit dedens Romme, fist profession[2] en la presence de cinq cardinaulx et deux prothonotaires, et jura qu'il serviroit l'Eglise de Romme perpetuellement. Et après il s'escripvist de sa propre main une bulle ou toutes les convenances qu'il avoit promises estoient, et ce que le pape luy avoit fait jurer tenir et faire. Et estant la dite bulle[3] escripte en grec et en latin, qui après fut mise aux aulmaires[4] et arches de l'Eglise. Et après ce, le dimenche xxj[e] jour de ce moys, le pape venant aux degrez de Saint Pierre, celuy empereur luy vint au devant, et le receut moult honnourablement ; si alerent ensemble a l'eglise, et la le pape celebra en sa presence.

En celuy temps, messire Charles de Duras contrahit mariage avecques madame Marguerite.

COMMENT CEULX DE PEROUSE QUI C'ESTOIENT REBELLEZ CONTRE L'EGLISE ET LE PAPE FURENT RECONSILIEZ ET PEU APRES RENCHEURENT. RUBRICHE. C[hap.] XXXVIJ. — L'an de Notre Seigneur mil CCC soixante et dix, ou moys de janvier, fut renouvellé l'autel de l'eglise du Lateran, sur simbole[5] duquel au plus hault et sommet furent mis les chiefs des apostres saint Pierre et saint Pol par monseig[r] le cardinal de Beaufort, qui après fut fait pape, et furent mis en deux statues ou deux reliquiaires d'or[6] que le pape avoit fait faire, comme dit est.[7]

---

1. *A C* Monchault. — 2. *A* procession, *C* promesse. — 3. *C* il escripvit dessoubz de sa propre main, de sang de conchile, et seella la bulle de seel d'or, la charte estant. — 4. *B* ausmoires, *C* aulmoires. — 5. *B* serrile, *C* sibolle. — 6. *C* ou ymages d'argent. — 7. *B* En celluy an, ou mois de mars, fut octroyé aux freres de l'ordre de la Chartrousse l'eglise de Saincte Crois de Jherusalem de Romme.

En celuy an, ou moys de mars, s'en retourna l'empereur des Grecs avecques quatre galées esquelles il estoit venu. Et lors le prefect nouveau de Romme commenca a mouvoir guerre contre l'Eglise.

Et le lundi landemain de Paques, quinziesme jour d'avril, fut par le commandement du pape faicte procession par le clergié de Saint Pierre de Romme jusques au Laterant, ou furent portées et la mises et posées ses statues ou ymages dessusdictes. Et avec ce les chiefs de saint Pierre et de saint Pol, mises dedens l'eglise du Lateran par celuy pape.

Et le jour du merquedi ensuivant, le pape se departist de Romme et vint a Montflascon le landemain de saint Marc euvangeliste.

En celuy temps, l'ost de l'Eglise assiega le chasteau de Vatrelleñ qui estoit au prefect dessus nommé, qui après fut reconsilié au pape, et vint a luy a Montflascon.

Ou moys de may, le pape s'en voulant retourner en Avignon, induist et fist vacquations du commencement de juing jusques au moys d'octobre, et lors priva plusieurs escripvains qui ne l'avoient pas suivy en Ytalie.

Le derrenier jour de may, monseigneur le cardinal Jherusalem fut fait evesque de Sabine.

Le vendredi vij<sup>e</sup> jour de juing, le pape fist deux cardinaulx, c'est assavoir Pierre, evesque de Florence, et Pierre de Lestang, arcevesque de Bourges, qui par avant avoit esté fait vicaire et envoyé en la duchié d'Espolitaine[1] pour l'Eglise Rommaine contre les Perusiens.

En celuy an, ou moys de juing, fut devers le pape madame Bride du royaulme de Sourre[2], demandant estre confermée la regle a elle revelée par Notre Seig<sup>r</sup>, selon la quelle elle vouloit que les nonnains et seurs[3] vesquissent ou monastere par elle fondée en celuy royaulme, ou lieu de Vaztene, et obtint qu'ilz vesquissent ou monastere par elle fondé selon la regle saint Augustin. Celle dame dès son enfance eust revelacions divines et resplendist en miracles en sa vie et après sa mort.

En celuy an, le xxvj<sup>e</sup> jour d'aoust, le pape se departist de Montflacon pour aler vers Avignon. Si demoura a Cornet[4]

---

1. C B., lequel de Bourges fut fait v-e et par avant avoit esté e-é en la cité d'Espoleteine (B duchié de S-e). — 2. B Souece, C Suisse. — 3. C et les freres. — 4. A Court, C Coruet.

jusques au cinquiesme jour de septembre. Et lors il entra en mer et arriva a Marseille le xxvij° jour de ce moys, et après ala en Avignon.

Après son departement, les Perusiens furent pacifiez, et donnerent grans dons a l'Eglise et par leurs messagés envoyerent[1] a Boulongne a monseig[r] le legat, frere du pape, recongnoissant leur cité et les appartenances devoir appartenir d'ancienneté a l'Eglise de Romme. Et fut la paix prononcée. Et mons[r] de Bourges, vicaire de l'Eglise, entra a Perouse et receust la possession pour l'Eglise. Et commenca a edifier la maison pontificale[2], puis se departist de Perouse. Après fut envoyé monsg[r] d'Albanense audit Perouse, si n'y demoura gueires qu'il fust surpris par mort. Après y envoya le pape[3] monsg[r] Philippe de Jherusalem, cardinal de Sabine, pour parfaire l'euvre par l'arcevesque de Bourges, vicaire de l'Eglise, encommencée, mais pareillement en bref temps mourut. Et après luy fut envoyé monsg[r] Girart, abbé de Meremoustier[4] emprez Tours, qui ainsi comme il eust accomply l'euvre encommencée, les Perusiens se rebellerent et convint a l'abbé qu'il s'enfouist pour sauver sa vie, comme cy après se dira.

En celuy an, ou moys de novembre, le pape estant en Avignon prins par maladie, se fist porter de son palais (royal et) papal d'Avignon en l'ostel de son frere cardinal d'Albane encores demourant a Boulongne, ou il trespassa en Notre Seigneur, le xix° jour de decembre, et fut son corps ensepveli en la chapelle du pappe Jehan XXIJ°, la quelle est en l'eglise de Notre Dame de Domps, et la demoura jusques au derrain jour de may de l'an ensuivant, ou Dieu fait moult de miracles pour ceulx qui l'invocquent devotement. Et celuy jour furent ces oz translatez, avecques innumerable multitude de gens loans Dieu de toutes les choses quilz avoient ouyes de luy. Et furent portez au monastere de Saint Victor de Marceille, dont il avoist esté par avant abbé.

Pour le quel Notre Seigneur fait moult de miracles, comme tesmoingnent infinies ymages de cire pendues devant son sepulchre et comme par toute l'Eglise, portées a celuy

---

1. C firent paix (B et d-t) a l'E-e et (B par leurs sindicques) e-t messaigés. — 2. C la citadelle. — 3. C p. Gregoire onziesme. — 4. C Moyen Monstier (!).

monastere par ceulx qui sont delivrez de divers perilz et maladies par l'invocation de son nom. Et a paine est il eglise ou monde, es lieux sollennels, ou son ymage ne soit paincte et honnourée en vigiles et oroisons. Il tint le siege du papal huit ans ung moys xvij jours. Si vacqua le siege xiij jours.

Jusques a cy ont duré les Croniques de messire Verneron, qui les commenca comme dit est dessus ou frere Martin de Polonie fina les siennes. Et depuis cy en avant commencent les Croniques de la creue des deux pappes dont cy dessus ou premier prologue est faicte mention, lesquelles finées est la fin de ce present traictié.

*Suit Grégoire XI; j'y prends le passage qui concerne Urbain V (f° 165, c. 1).* En celuy temps, fut aussi translaté d'Avignon au monastere de Saint Victor de Marceille le corps de saint Urbain pape quint, au quel lieu luy vivant avoit esleu et ordonné estre ensepulturé. Et l'accompaignerent six cardinaulx par luy ordonnez. Et fist la Notre Seigneur par ses merites et à sa requeste moult et de merveilleux miracles, ainsi que continuellement avoit fait par avant depuis le jour de son trespas, et après continua et encores continue de present. — *Le ms. continue jusqu'au f° 189, à la mort de Clément VII :* Si vacqua le siege xii jours, l'Esglise encores demourant en son scisme. Cy finent les Croniques Martiniennes.

DEUXIÈME PARTIE

—

# PROCÈS-VERBAUX

## *DES MIRACLES*

### DU b<sup>x</sup> [PAPE] URBAIN V

(1376-1379)

# PRÉFACE

Ce volume[1] *contient les Procès-verbaux, qui furent faits en 1376 et années suivantes, des miracles opérés par l'intercession du B. Urbain V, et dont les témoins venaient à Marseille les attester devant notaire.*

*On lit dans la première édition de l'*Histoire de Marseille, *par Antoine de* Ruffi *(p. 353)* : Notre Seigneur... rendit la mémoire de ce Pontife (*Urbain V*) si glorieuse par une infinité de miracles qui furent faits par son intercession qu'on fit dessein de le canonizer. En effet, en l'an 1377, on procéda à l'information par devant Jacques Deolières Marseillois... J'ay tenu entre mes mains, cette information qui n'estoit pas entière, le tems en ayant consommé une partie. On y pouuoit néantmoins lire encor fort facilement la deposition de 70 tesmoins, parmy lesquels on remarquoit Foulques de Pontevez, Seigneur de Bargeme et de Cotignac, *etc.*

*Lors de la seconde édition, 54 ans après,* Ruffi *avait mieux lu (t. II, p. 159) et sa narration est plus explicite:* Aux années 1374. 1376. 1377. et 1378, on proceda à l'information, tant en presence de quelques Religieux du Monastere S. Victor, que par devant Jacques de Olieres, Marseillois, et Antoine Marini, et Jean de Thama, notaires de cette ville ;... j'ai tenu entre mes mains quatre diverses informations renfermees dans un volume, qui ne sont pas toutefois entieres, le tems en aïant consumé une partie. On y peut neantmoins lire fort facilement la deposition de 659 témoins, parmi lesquels on remarque Pierre Evêque de Tulles, Guinet de S. Martial, Chevalier, frere du Cardinal de S. Martial, un Religieux de l'Ordre de S. Basile et un autre de Fontevrault, Jacques Flotte, fils de Guigues Flotte Chevalier, Fouques de Ponteves, Seigneur de Bargeme et de Cotignac, Andrivet de Chaseron, Gentilhomme d'Auvergne, Bernard Robert, Chevalier, Seigneur de S. Gal au Diocèse de Limoges, Gau-

---

1. [Lire *Cette deuxième partie*].

tonet de Ausaco, Chevalier, Seigneur de Bellegarde, au Diocèse de Perigord, noble Jean de la Chalme, du Diocèse de Valence, Jaspert de Tragulano, Prévôt et Chanoine de Maïorque, frère de la Vicomtesse de Rhodes, Raimond de Portes, Damoiseau de Lunel, Isabeau, femme de Jean de Reveria, Chevalier, de Mets en Lorraine, Pierre d'Allamanon, Seigneur de Vidauban, le Vicomte Pons de Cardaillac, au Diocèse de St. Flour, Ademar de Civeria, Seigneur de Garrigue, Noble Jacques d'Amirat, Seigneur de Tourves et Bertrand son fils, Noble Louis de Ponte, Noble Jean de Narcesio, au Diocèse de Cahors, Noble Jacques Guiran, du lieu de Monteil, au Diocèse de Carpentras, Noble Guiran Guiran, fils de Gibelin de Guiran, Chevalier, du lieu de Monteil, Noble Riquier Riquier de Nice, Pierre de Lassagne, Chevalier de Navarre, Bertrand d'Escala, Chevalier de l'ordre de S. Jean de Jerusalem ; enfin on y trouve encore le témoignage de quantité de personnes de divers endroits, savoir d'Aix, d'Arles, de Toulon, de Carpentras, de Mende, d'Avignon, de Cavaillon, de Nice, de Nîmes, des Diocèses de Reims, de Clermont, de Cahors, de Saint-Papoul, de Poitiers, de Besançon, de Maguelone, de Rhodes, de Constance, d'Aux, de Narbonne, de Bretagne, de Picardie, de Boniface en Corsègne, de Savonne, de la Rivière de Gènes, de Naples, de Barcelonne, de Gironne, de Palerme, de la Calabre, de Pavie, de Pise, d'Alemagne, de Portugal, de Flandres, de Corfou dans la Grèce, et de Sardaigne... etc.

*Ce que dit Ruffi est exact, sauf le nom du second notaire qui se lit clairement Antoine Mayni, et quelques autres noms propres, que nous avons cru devoir lire un peu autrement qu'il ne l'a fait. Nous avons retrouvé aux Archives de la préfecture[1] l'original de ces Procès-verbaux que l'on croyait perdus ; ils ne sont pas catalogués. Pour faciliter les recherches et les renvois, nous avons, en les copiant, numéroté tous les miracles ; par ce moyen, il sera très facile de trouver ce que l'on voudra. La plupart ne portant point de date, ou seulement une date incomplète,* anno quo supra, *nous avons eu beaucoup de peine à mettre en ordre ces cahiers confondus ensemble, et surtout les feuilles séparées, et malgré tout le soin que nous y avons mis,*

---

1. [de Marseille].

*nous ne sommes pas sûr que toutes ces feuilles vagues se retrouvent à leur place.*

*Quoique ces divers cahiers soient encore divisés actuellement en 4 paquets, nous avons pourtant classé et divisé le tout en trois parties : la première, et la plus considérable, contient les actes faits par Jacques d'Olières en 1376 et 1377 ; la seconde, les procès-verbaux dressés par Antoine Mayni en 1377 ; la troisième, ceux qui ont été écrits par Jean de Thama en 1378. On ne trouve rien de ceux de 1374, que Ruffi dit avoir vus, et il pourrait bien se faire qu'il eût indiqué cette date, parce que beaucoup d'actes faits en 1376 et 1377 se rapportent à des faits qui se sont accomplis en 1374* [1].

*La première partie comprend donc les actes reçus par le notaire Jacques d'Olières* [2] *; la date de l'année ne s'y trouve qu'une fois au n° 24, où on lit clairement 1376 ; de même on lit au commencement de février de l'année suivante,*

---

1. [Cette explication n'est pas plausible : les actes de 1376-7 relatent des faits passés en d'autres années que 1374. Il suffit de remarquer qu'au temps de Ruffi les Procès-verbaux renfermaient 659 dépositions et qu'il ne s'en trouve actuellement qu'un peu plus de la moitié, soit 380 ; de plus, le déficit correspond surtout à la partie antérieure. D'après les Annales Matseenses (Mattsee, près Salzbourg, en Autriche), qui vont de 1305 à 1395, le recueil intégral en aurait contenu 1500. Voici ce texte, publié par W. WATTENBACH *dans les* Monum. German. histor. *(1851),* Script. *t. IX, p. 834] :*
1370. Beatus Urbanus papa quintus supradictus obiit 10 kal. Decembris in Aviniona, cui successit Gregorius XI in papatu, et idem beatus Urbanus papa intumulatus est in cappella b..V. Marie in Avinione, in summo, jacens super sepulchro a tempore mortis sue usque [*en blanc*]. In quo tempore infinitis emicuit signis et prodigiis. Unicum filiolum cujusdam domine ob devotionem parentum cum aliis pluribus devotis resuscitavit defunctum. Et mutum mutilatione lingue ex tirannide domini Mediolanensis, cujus sevicia multos necuit, mutilavit, torsit nequitia, sermone restituto florido et expressivo decoravit, ac aliis mille et quingentis grandibus miraculis coruscavit, scriptis a fide dignis exaratoribus ad hoc deputatis a papa Gregorio XI, exceptis illis que commorantes defuncto non scripserunt. Unde versus :
Tunc credant signis qui nolunt credere verbis.
[*p. 836*] : Urbanus V revertitur Avinionem. Urbanus V obiit, qui multa signa fecit : mortui suscitabantur, ceci illuminabantur, claudi et alii infirmi curabantur qui invocabant eum, sicut patet in manifestissimis signis et manifestum fuit tam in Callica (*ms. 2.* Italia) terra quam in aliis linguis, ita quod habebatur pro beato.

2. *1403.6 Octobre :* Dominum Jacobum de Oleriis, presbiterum, notariumque et scribam quondam miraculorum domini Urbani sancte memorie pape quinti, sumpsisse quandam notam ... scriptam, prout consistere videbatur, littera simili facta in quodam *cartulario alio, ubi scripta sunt nonnulla miracula dicti dni Urbani...* (*Plus haut en bas d'un acte*) Et dnus Jacobus de Oleriis, presbiter de Tritis, notariusque publicus imperiali auctoritate, quo a rebus humanis abducto, ejus cartularia et prothocolla infra dictum monasterium remanserunt. Ego vero Guills. Barbani... (*S. Victor de Marseille,* n° *569*).

1377. Elle se compose : 1° de 3 ff. détachés, dont le 1ᵉʳ a la date du 19 avril, mais il n'est pas certain que les deux premiers soient à leur place ; 2°, d'un cahier de 15 feuillets doubles, comprenant les nos 7-64, mai-juin et juillet 1376 ; 3°, de 3 ff. détachés, l'un daté du mois de juillet, l'autre du mois d'août, l'autre sans date ; 4°, d'un cahier de 13 feuillets doubles, plus 2 ff. simples, comprenant 72 à 127, août et septembre ; 5°, de 2 ff. dont le haut est en très mauvais état, et qui semblent commencer le mois d'octobre, nos 128-131 ; 6°, d'un cahier de 8 ff. doubles, dont le haut est rongé, comprenant 132-161, octobre et novembre : il est à remarquer que novembre commence par le 23, quoique sur un feuillet non détaché et précédé de 2 ff. blancs ; 7°, de 5 ff. séparés, dont le haut est entièrement consumé, de sorte que les dates et le commencement ont disparu : les rapports que ces ff. ont avec les précédents, pour leur état de moisissure, font croire qu'ils y font suite, nos 162-170 ; 8°, d'un cahier de 11 feuillets doubles, plus un feuillet en tête et un au milieu, comprenant les nos 183-232, février et mars 1377 ; 9°, d'un cahier de 9 feuillets doubles, plus 3 feuillets simples, plus 2 feuillets détachés à la fin, comprenant les nos 233-258 et 171-182, décembre 1376, janvier et avril 1377. Nous n'avons pas hésité à transporter les miracles qui portent les nos 171-182, quoiqu'ils soient placés à la fin de ces deux cahiers, et à les mettre en tête ; en effet, ils sont datés de décembre et janvier, et quoiqu'ils ne portent pas d'année, ils ne peuvent être que de la fin de 1376 et du commencement de 1377, d'abord parce que dans le n° 178, du 24 janvier, il est fait mention du voyage de Grégoire XI en Italie, lequel n'eut lieu qu'en octobre 1376, puis, parce que Jacques d'Olières mourut dans le courant de 1377, et fut remplacé par d'autres notaires, qui dressèrent les procès-verbaux des miracles subséquents, ainsi qu'on le verra dans la 2ᵉ et la 3ᵉ partie. Il existe de cette partie, cotée 8° et 9°, une copie datée du 22 novembre 1646, et signée par Bezaudun, notaire ; elle figure sur l'inventaire des archives de Saint-Victor, sous le n° 635 ; cette copie est peu exacte, et lit souvent autrement qu'il n'y a sur l'original ; il paraîtrait qu'au moment où elle a été faite, on n'avait pas sous la main les autres parties de ces informations, que l'on aurait aussi copiées sans doute. Je remarque pourtant que le copiste a inséré au milieu de sa transcription cinq miracles qui ne font pas partie des deux cahiers de Jacques d'Olières, puisqu'ils ont été dressés par Jean de Thama ; il a dû les prendre sur quelques feuilles volantes, à présent perdues ; nous les avons mis à leur place, parmi les actes de Jean de Thama, n°s 335-339. Outre ses inexactitudes, la copie de Bezaudun a des transpositions, qui ne nous ont pas paru autorisées ; après le miracle du 22 avril 1377, n° 258, on y lit ceci : Multa miracula hic desunt scribenda, quæ injuria temporis deleta transcribi non potuerunt ; ce qui semble faire allusion aux feuillets dont le haut est dévoré par la moisissure. Puis enfin, après les 5 miracles de Jean de Thama, qu'il nous a conservés, et quelques autres transposés, on trouve, in fine : Extraict des archiues du celebre mon$^{re}$ St Victor lez Marseille, et collationé au requis du chapitre dudit mon$^{re}$, par moy Pierre Besaudun, no$^{re}$, greffier royal audit Marseille, secretere dudit chapitre, soubsigné, ce vingt deux$^e$ de Novembre mil six cens quarante six.

BEZAUDUN, not.[1].

Nous avons joint à cette première partie, comme supplément, quelques miracles qui se trouvent sur une feuille, pliée sur la largeur, et qui ne ressemble en rien aux autres ; elle a pourtant plus d'un rapport avec les actes de Jacques d'Olières : et, comme elle contient des miracles datés du 15 août et du samedi 16 août, elle ne peut guère appartenir qu'à l'année 1376, où le 16 août était un samedi, ce qui ne convient à aucune des autres années dont nous avons des miracles ; d'ailleurs à cette date, il y a un vide dans les cahiers de J. d'Olières. Ce supplément est numéroté 259-271.

La seconde partie comprend les actes reçus par le notaire Antoine Mayni, depuis le mois de mai jusqu'en octobre 1377 ; l'année y est marquée au n° 277. Elle se compose d'un feuillet double ayant fait autrefois partie d'un cahier dont il était le second feuillet probablement, car les actes y contenus y sont numérotés en chiffres romains, le 1$^{er}$

---

1. *Une copie de ces extraits (n°s 233-256) se trouve à la Biblioth. nation. de Paris, dans le ms. lat. 16986, anc. résidu Saint-Germain, f° 207, copie à peu près de l'époque, avec l'attestation finale.*

*porte le n° xi, et le dernier* lxxxx, *le 1ᵉʳ feuillet et tous les feuillets du milieu sont perdus; après ce feuillet double, viennent 15 feuillets simples, en fort mauvais état de conservation, mais se suivant assez bien, depuis le n°* lxxxxv *jusqu'à* cxliiii, *les trois derniers restant sans numéro. Ces feuillets, à présent séparés, ont dû jadis composer un second cahier; comme ils sont extrêmement corrodés par le bas, où il a fallu coller des bandes de papier pour les conserver un peu, on les aura, quand on a fait cette opération, découpés en feuillets simples, pour qu'ils pûssent être maniés plus facilement.*

*La troisième partie comprend les actes reçus par le notaire Jean de Thama, depuis juillet 1378 jusqu'en mars 1379. L'année n'y est marquée nulle part; mais il est bien facile de constater qu'ils appartiennent à 1378; car le jour de la semaine étant presque partout marqué à côté du jour du mois, il en résulte avec évidence qu'ils ne peuvent être que de cette année-là, où la lettre dominicale était* C. *Il y a pourtant quelques désignations qui ne concordent pas; mais elles sont évidemment fautives. Ainsi après avoir désigné aux* nᵒˢ *344 et 346, le vendredi 20 août et le mercredi 1ᵉʳ septembre, ce qui est très exact, on parle au n° 345 du samedi 29 août, ce qui ne peut pas être. Nous n'avons pas hésité à corriger ces indications fautives, en contradiction avec celles qui les précèdent et les suivent; toutefois nous avons laissé le texte primitif en regard. Cette partie se compose: 1°, de cinq miracles,* nᵒˢ *335-339, dont l'original ne se retrouve pas, et que nous avons tirés de la copie faite, en 1646, par le notaire Bezaudun; ils sont là certainement à leur place, le dernier étant du 18 août, et le premier de ceux qui se retrouvent du 19 août; 2°, d'un cahier de 17 feuillets doubles, précédé d'un feuillet simple, et suivi de quatre autres feuillets simples; il est évident que ceux-ci faisaient autrefois partie du cahier, et que s'étant séparés par le dos, ils s'en sont détachés. Ils devaient être autrefois plus nombreux, ainsi il manque en tête au moins 5 ff. contenant les cinq premiers miracles, et par conséquent aussi quelques-uns à la queue, correspondant aux premiers. Il est probable qu'il a dû exister d'autres cahiers des miracles reçus par Jean de Thama; car celui-ci paraît avoir pris la charge de* noter les miracles d'Urbain V en octobre 1377, et pourtant nous n'avons rien avant juillet 1378 ; quant à ceux qui nous restent, ils sont très bien classés, et se suivent régulièrement : chaque feuillet en contient un sur le recto, le verso restant en blanc, à moins qu'il n'y ait les dernières lignes du miracle. Les ff. détachés de la fin suivent à leur rang, car le premier des miracles du 5 janvier 1379 est écrit sur le dernier des ff. doubles, les trois autres du même jour sont donc où ils doivent être ; il n'y a de doute possible que pour le dernier feuillet contenant le miracle du 12 (11) mars : quant à celui-ci, nous n'avons pas de preuve qu'il soit à sa place, et qu'il n'y ait auparavant aucune lacune.

On remarquera que les trois parties sont incomplètes du commencement et de la fin, il ne nous reste que des fragments, qui pourront quelque jour être complétés par la découverte d'autres cahiers ou feuillets, ou de quelque ancienne copie.

Nous avons dit que les actes retrouvés par nous aux Archives de la préfecture sont les originaux, et non point des copies ; on en a pour preuve, outre l'écriture qui est de l'époque, la signature des notaires apposée presqu'à chacun de ces actes. Nous avons pris un calque de ces trois signatures différentes, qui sont assez compliquées ; on les trouvera à la page suivante [1].

[Tous ces cahiers et feuillets isolés sont aujourd'hui réunis en un gros volume, dont le format mesure 30 centim. sur 225 millim., forte reliure en parchemin ; au dos, sur maroquin rouge : S. VICTORIS. / MIRACULA / URBANI QUINTI. Grâce à la courtoise obligeance de l'archiviste de la Préfecture de Marseille, M. Blancard, correspondant de l'Institut, l'éditeur a pu fructueusement collationner les épreuves sur ces originaux.

La copie de M. Albanès porte en marge les observations suivantes, qu'il est préférable de grouper ici : I lib. en face des n°s 49 et 56 ; — II lib. au n° 31 ; — III lib. aux n°s 47, 52 et 57 ; — VI lib. aux n°s 53 et 54 ; — XXV lib. au n° 55 ; — Mirabile, au n° 125 ; — Miraculum, aux n°s 115 et 231 ; — Mirac. centurionis, au n° 248 ; — Mirac. pul-

---

1. [Elles n'offraient pas assez d'intérêt pour être reproduites].

crum, *au n° 202*; — Non dignum, *au n° 74*; — Nota, *aux n⁰ˢ 27, 96, 129, 134, 137-8, 182, 199, 247 et 255*; — Nota bene, *au n° 96*; — Notabile, *au n° 147*; — Notab. est, *au n° 217*; — Scribe, *en face des n⁰ˢ 6 à 8, 10, 12, 14 à 16, 18, 21, 24, 27, 32, 37, 40-1, 45-6, 61, 63, 67-8, 71, 74 à 76, 81, 85 à 87, 89, 90, 92 à 94, 99, 100 à 102, 104-5, 110, 113, 115, 119, 122, 125, 129, 137-8, 140, 143 à 145, 172-3, 177, 179, 181, 183, 185-6, 188-9, 190, 193, 198-9, 202 à 204, 206-7, 209, 214-5, 217 à 221, 223 à 226, 230, 232-3, 238, 240-1, 243 à 249, 254-5, 293, 304, 316, 319, 320 et 328*. — *Quelques autres sont indiquées à leur place.*]

# MIRACULA B' URBANI QUINTI

## PARS PRIMA

**1.** Anno et die quibus supra, Radulfus de Montefalconcella, diocesis Remensis, etatis circiter LI annorum, prout juramento suo retulit, cum aliqua guerra capitalis et mortalis esset et fuisset per xvIIJ° annos vel circa, inter dominos dicti loci de Montefalconcella, cujus est partim dominus, et quidam frater ejus, et cum alia parte cum Enequino condomino de Belloreardo, in ducatu de Lucenborc, in archiepiscopatu Treverensi, ducente guerra captus est dictus Radulphus per partem adversam in quodam loco prope Lorsenhet, in via abatie Sancti Ymberti, et positus in carceribus et in ferris ponderis fere xIJ librarum, et condempnatus pro sua financia in quadrigentis franquis auri, moratus est in dicto carcere per vI. menses cum dimidio. Die quadam dominica sequenti, talis ymaginatio ipsum arripuit quod ubicumque seu quandocumque dormiret, videbatur ei quod dominus Urbanus papa ipsum loquentem teneret, et hic et ubique duceret cum consolatione obtima. Die Mercurii sequenti post diem dominicam, ipse de nocte circa primam noctis, humiliter ac devotissime, genibus flexis et junctis manibus, in terra positus recommendans se dno Urbano pape, votum fecit tale et in hac forma : « O beate pater Urbane papa, qui mihi dormiendo tot visiones demo[n]strasti in sompnis meis sepe ac sepius licet indigno, digneris pro me apud Jhesum Xpistum intercedere quod possem a dictis carceribus illesus exire ». Facto itaque voto, ipse paulo post se obdormivit, et optime requievit ; circa auroram vero, ipse evigilans a sompno, tenensque adhuc oculos clausos, senciit incontinenti fore de dictis suis tibiis liberatus, et sine aliqua opressione, et apperiens oculos suos vidit dictos ferros totaliter remotos et separatos a dictis tibiis, integros et non fractos, neque etiam limatos ad claves ipsorum ferrorum ; et videns hoc, laudans et benedicens Deum, surrexit de loco ; sed cum custos carceris vellet aperire januam, timens multum ut si videret dictum tunc incarceratum extractum de ferris, vellet eum postea multo fortius gravare quam antea faciebat, propter quod ipse qui loquitur finxit se esse infirmum et valde male dispositum, petens sibi amore Dei afferri potum de aqua ad bibendum ; qui quidem custos exivit carcerem, et              .[1] — Testes, Petrus de Fontanisio, miles, de domo et familia dni ducis, Johannes de Oyena ..... de Lucduno, Ludovicus.....

2. Item, die xviiij[a] mensis Aprilis, Poncius de Villaura oriundus civitatis Arrelatum, suo juramento firmavit quod quadam die in principio Quadragesime, ipso equitante super quodam suo azino, azinus propter recalcitrationem fecit ipsum cadere taliter quō spatulam sinistram, et totaliter eam delocavit, taliter quod non credebat [*imperfect.*]... — Testes Johannes Chalcerii et Johannes de Oyana.

3. Item, die qua supra, Jacob Astaur, oriundus Papiensis civitatis, suo juramento firmavit quod quadam die ante Cadragesimam, sciens gens seu familia potestatis dni Galeaggii in civitate Papie, quod iste Jacob quandam mulierem non ucxorem suam tenebat publice contra statutum civitatis Papie existens, quod quicumque teneat mulierem non ucxorem suam sine licentia domini, debet amputari caput, prout dicitur, tamen non constat esse firmum statutum. Captus iste a gente seu familia domini propter crimen prædictum, positus est in carcere et in ferris pessimis ; iste autem sic stans in carcere, tertia die postquam fuit in car-

---

1. *En marge :* Plenum non est.

cere, fuit lata sententia per judicem quod sibi fuisset amputatum caput, et misit eidem Jacob ut staret cum Domino. Iste autem contristans et dolens de morte, nessiens quid facere, vel ad quem reccurere, videns quod multi incarcerati se vovebant domino et patri Urbano pape quinto, ipse votum suum fecit humiliter dno Urbano, quod si taliter faceret cum Deo quod mortem evaderet, ipse veniret propria persona ad sepulturam dni Urbani ; facto voto, sine aliqua alia rogatione dno G. facta, infra triduum post, libere eum cum multis aliis dimisit, que dies erat veneris sancta [*13 avril*].

4. Die predicta, Gasparinus Agulhoni, mercator de Nicia, prout juramento suo asseruit, quidam Anthonius Bovis, cognatus suus, fuerat condempnatus in curia Nicie, propter aliqua delicta, videlicet in triginta quinque libris coronatorum, et cum tantam summam pecunie ipse Anthonius non posset bene solvere, nisi quod esset penitus depauperatus ; propter quod ipse Gasparrinus votum fecit dno Urbano pape, ut si ipse apud Deum intercederet quod gratiam haberet de dicta condempnatione quod nihil solveret, ipse quam citius posset veniret peregre sepulcrum dicti dni Urbani papæ visitare pedester cum duabus libris cere. Et facto voto, parvo peracto tempore, ipse Anthonius delatus accessit apud Aquis, et dum fuit ibi supplicavit dno senescalli Provincie, quod gratiam sibi faceret de condempnatione sua ; qui quidem dns senescallus benigne remisit penitus totam quantitatem dictæ condempnationis sue, et exinde fuit absolutus per litteras ipsius dni senescalli, propter quod ipse Gasparinus credit pie quod hoc factum fuerit a Deo meritis et precibus memorati dni Urbani pape quinti. — Quod scripsi et puplicavi, ego Jacobus de Oleriis, notarius infrascriptus, in presentia et testimonio dnorum Laurentii Garnerii et Petri Alami, monachorum.

5. Anno quo supra, die tertia Madii, Anthonius Maurelli de Rosseto, nunc civis Aquensis, juramento suo asseruit quod Maunetus ejus filius, etatis nunc circiter quinque annorum, quando ipse erat etatis unius anni vel circa, quadam die ipse infans passus fuit graviter morbum caducum, stans semimortuus, non flens, et proiciebat spumam per os suum, propter quod credebat ipse Anthonius quod nullo modo posset evadere a morte, vel si forsitan viveret semper

ipse pateretur dictum morbum caducum; et incontinenti ipse votum fecit dno Urbano pape quinto, quod ipsum sibi presentaret ad sepulcrum suum, cum sua oblatione cere, si evaderet ab illo morbo caduco; et facto hoc voto, ipse puer incontinenti fuit liberatus ab illo morbo caduco et amplius per consequens non passus fuit, precibus et meritis dicti dni Urbani pape V. — Quod scripsi et puplicavi ego Jacobus de Oleriis, notarius infrascriptus, in presentia testium infra proxime descriptorum. — Fuerunt testes in miraculo pueri Durantus Mosterii et Raimundus Guerrejati de Aquis.

6. In festo sancte Crucis. — Anno quo supra, die tertia mensis Madii, Gassendis uxor Petri Bonni, de Berra, diocesis Arelatensis, prout juramento suo asseruit, ipsa passa fuerat in auribus suis surditatem diversis temporibus atque horis, quolibet anno, quandoque per mensem, quandoque per vj vel vij septimanas, et hoc sibi accidebat sepissime in anno, et per tempora et spatium quinque annorum, et nullo poterat medicorum remedio liberari, ymo erat multociens in tali statu de auribus quod nichil penitus audiebat; et dum ipsa Gassendis quadam die dictam surditatem pateretur, habens in mente sua dnum Urbanum, eidem humiliter et devote supplicando votum fecit, suum sepulcrum visitaturam cum auribus cere unius libre, si precibus suis sanctis recuperaret auditum; et facto voto in crastinum ipsa recuperavit auditum, quod sunt nunc bene duo menses lapsi, et postea de auribus suis nullam passa fuit surditatem, precibus et meritis, ut pie credit, memorati dni Urbani pape V. — Quod scripsi et puplicavi ego Jacobus de Oleriis, notarius infrascriptus, in presentia et testimonio Petri Alami et Guilhelmi de Sancto Johanne, monachorum.

7. Anno quo supra, die tertia mensis Madii, Alasaxia, uxor Johannis Amici, loci de Nantis, diocesis Massiliensis, prout juramento suo asseruit, ipse Johannes maritus suus per triennium gravem passus fuerat infirmitatem circa cor et in stomacho, nullum habens remedium sanitatis, et cibum quem recipiebat omni die per vomitum incontinenti extra proiciebat, et sic debilitabat, omni die taliter, quod quodammodo amiserat omnem virtutem corporalem, et nullo poterat medicorum remedio liberari, cum multa expendisset, neque sibi proficerent illa, et quod deterius est nullo modo credebat evadere a morte ab illa infirmitate.

Sed dum ipsa Alasaxia quadam die vovit dictum ejus maritum precibus dni Urbani pape, ut si evaderet ab illa infirmitate et sanitatem reciperet, ipsa veniret pedibus discalciatis usque ad sepulcrum dicti dni Urbani pape, et ibi presentaret dictum suum maritum cum oblatione sua de cera; et facto voto, ipsa eadem die, bene incepit reconvalescere, et cessavit dolor cordis, et amplius vomitum non habuit, et sic post paucos dies sequentes fuit pristine restitutus sanitati, ad invocationem dni Urbani pape quinti. — Quod scripsi et puplicavi ego Jacobus de Oleriis, notarius infrascriptus, in presentia et testimonio Anthonii Guigonis et Petri Vitatis, de Massilia.

8. Die predicta, Johannes de Lauriis, castri de Aygueriis, diocesis Avinionensis, suo retulit juramento, quod quidam ejus filius nomine Elziarius, etatis circiter nunc quinque annorum, tempore mortalitatis novissime preterite, ipse infirmabatur de febre et bossa epidimiali, et vermes vivos et mortuos, sive babotas, proiciebat per os suum, et cibum recipere non poterat, et erat in tanta debilitate quod de vita ejus totaliter desperabatur; et dum Monna, mater dicti pueri, quadam die vovit dictum ejus filium humili corde et devoto predicto dno Urbano pape, ut si ipse dignaretur apud Deum intercedere quod filius suus non moreretur sed restitueretur sanitati, ipsa quam citius posset sepulcrum dicti dni Urbani pape visitaret cum puero et oblatione sua. Et facto voto, ipsa die fuit liberatus de febre et vermibus sive babotis, et post paucos dies sequentes de bossa, et de infirmitate bene convaluit, restitutus pristine sanitati, ad invocationem et per merita, ut pie credit, dni Urbani pape quinti. — Quod scripsi et puplicavi ego Jacobus de Oleriis, notarius infrascriptus, in presentia testium predictorum.

9. Die predicta, Bertrandus Arnaudi, de Intercastris, Forojuliensis diocesis, suo asseruit juramento quod in fine mensis proxime lapsi, quidam roncinus suus stetit valde male dispositus, non comedens nec ambulare poterat, sed per totum corpus erat valde inflatus, nec fentabat nec urinabat, et sic credebat totaliter quod statim moreretur, nec per marescallos poterat in eodem remediari; et dum ipse Bertrandus vovit dictum roncinum beato pape Urbano, quod sibi ad sepulcrum suum offerret roncinum cere trium

librarum, si evaderet a morte ; statim facto voto, dictus roncinus comedere incepit et urinavit, et in crastina die fuit bene curatus, et sanitati pristine restitutus, meritis dni Urbani pape quinti. — In presentia testium predictorum fuit puplicatum.

**10.** Eadem die, Stephanus Maurini, de civitate Regensi, retulit juramento suo quod ipse steterat per certos annos cum uxore sua non habentes prolem, nec sperabat habere, credens quod ipsa uxor sua esset sterilis, licet esset juvenis satis ; et dum ipse Stephanus vovit beato pape Urbano, ut si precibus suis et meritis ipsi conjuges possent habere prolem, dum ad lucem venisset, pondus cere pro illo infante faceret offerri ad sepulcrum dicti dni Urbani pape ; et facto voto, post paucos dies sequentes, ipsa uxor sua pregnans fuit, sic et taliter quod infra annum filium peperit et vivit, et pro pondere ipsius pueri hic hodie sex libras cere ad predictum sepulcrum obtulit, et hanc gratiam credit obtinuisse a Deo meritis et precibus memorati dni Urbani pape quinti. — Quod scripsi ego Jacobus de Oleriis, notarius infrascriptus, in presentia testium predictorum.

**11.** Anno quo supra, die quarta Madii, Franciscus de Casa sage, de Barcilona, patronus cujusdam navis, retulit juramento suo, quod hoc anno presenti, dum ipse esset navigans in mari Majoricarum, cum dicta navi et aliis marineriis ibidem existentibus, fuerunt per duos dies continue cum tanta procella et ira maris discurrentes, quod totaliter omnes credebant periri cum nave et in profundum submergi, desperantes penitus de vita eorumdem ; et cum essent in tanto periculo constituti, dictus Franciscus vovit se humili corde et devoto visitaturum sepulcrum sancte memorie dni Urbani pape, cum quadam lampade argentea duarum marcharum, illam offerendo ibidem. Et facto voto, post modicum intervallum, cessavit procella, et habuerunt ventum congruum pro ipsis, taliter quod cum incolumitate ad portum salutis ipsi applicuerunt, ad invocationem et per merita memorati dni Urbani pape quinti. — Quod scripsi et puplicavi ego Jacobus de Oleriis, notarius infrascriptus, in presentia testium infrascriptorum.

**12.** Anno et die quibus supra, Raphael Dolsani, de Aquis, sabaterius, prout juramento suo asseruit, quidam ejus filius, Jacobus nomine, etatis circiter x. annorum, tres anni sunt nunc lapsi vel circa, graviter infirmabatur de febre et de fluxu sanguinis, et quod passus fuit infirmitatem quasi per sex menses, debilitans omni die taliter quod non erat in eo nisi ossa et pellis; quam ob rem desperabatur per circumstantes de vita ejus, juxta oppinionem ipsorum; et demum dictus Raphael vovit dictum filium suum humili corde et devoto dno Urbano pape, quod si evaderet a morte, offerret sibi eundem ad sepulcrum ipsius ibi in Masilia, cum ymagine cere 1. libre pro oblatione. Et facto voto, statim ac incontinenti dimisit eum febris et cessavit fluxus, exindeque post paucos dies fuit restitutus sanitati, ad invocationem, ut pie credit, dicti dni Urbani pape quinti.

**13.** Ad idem, quidam Petrus ejus nomine, filius suus infirmitatem febrilem per duos menses passus fuerat, taliter quod de vita ejus, ut dicit, totaliter desperabatur; et facto voto predicto sancte memorie dno Urbano pape, quod suum sepulcrum visitaret cum ymagine cere 1 libre, statim bene incepit reconvalescere, et paulo post fuit restitutus sanitati, per intercessionem et merita, ut pie credit, dicti dni Urbani pape quinti. — Que quidem omnia supradicta scripsi et puplicavi ego Jacobus de Oleriis, notarius, in presentia et testimonio dni Petri Alami, monachi, et Jacobi Berici, de Tritis.

**14.** Die Jovis in Ascensione Domini. — Anno quo supra, die XXII$^a$ Madii, hic frater Jacobus de Vercellis, ejusdem civitatis oriundus, de ordine Predicatorum, retulit juramento suo quod de anno Dni M°CCC°LXXIJ° erat gravis epidimia et mortalitas generalis in civitate de Motono, in provincia Patracensi, et ipse frater Jacobus existens in dicta civitate Motonensi, eo tunc graviter infirmabatur de infirmitate epidimiali, habens duas malas bossas in tibia dextra, et in inguine dextro aliam pessimam, cum febre continua, quam ipse passus fuit per XXI. dies, nullum habens remedium sanitatis, et nullo poterat medicorum remedio liberari de ipsis bossis sive febre, et quod oportuit de necessitate quod septies cum ferro fuisset percussus sive abcisus in dictis bossis, et in plaga magna de inguine intrabant XXIIII$^{or}$ calge, et cotidie et incessanter de ipsis plagis exibat orribilis fetor et obcenum, et ob hoc ipse stetit inpotens per duos menses cum dimidio, jacens in lecto, non potens se movere neque vertere sine alicujus adjutorio, nec cibum etiam recipere poterat, et erat in tanta debilitate quod quodammodo carebat omni virtute corporali, et quod per medicos fuerat dimissus incurabilis per artem medicine, et quod etiam, ut dicit, jam paratum erat pro eo de exequiis faciendis, in candelis et cereis, et ordinatum fuerat de facienda sepultura, quia quasi videbatur esse in extremis; ipse vero loquens semper, ut dicit, habuerat et habebat devotionem maximam erga dnum Urbanum papam, pretendens quod Deus multa miracula faciebat per merita ipsius per universum orbem; igitur ipse stans in illa perplexitate, in mente sua vovit se visitaturum sepulcrum ipsius quam citius posset, cum oblatione sua, si evaderet a morte. Et facto incontinenti voto, habuit in visione sua, non vigilando nec dormiendo, quod apparuit sibi dnus Urbanus papa albis vestibus indutus, talibus sicut summi pontiffices semper utuntur induere in dominica de Albis post festum Pasche, et ipse dnus Urbanus dixit sibi : « Fili mi, confide in Deo quia tu liberaberis ab ista infirmitate, et non morieris de presenti »; et tunc ipse sibi disparuit, et ipse tunc egrotus bene reconvalescere incepit, prosperando per consequens omni die, taliter quod a morte evasit ex infirmitate illa, et exinde sanitatem consequtus est ad invocationem et per merita, ut pie credit, memorati dni Urbani pape quinti. — Quod scripsi et puplicavi ego Jacobus de Oleriis, notarius, in presentia et testimonio Raimundi Agreve et Petri Vitalis, de Massilia.

**15.** Anno quo supra, die xxiij$^a$ Madii, dnus Johannes Alamandi, canonicus Montis Albani, prout juramento suo asseruit, duo anni sunt jam lapsi, ipse graviter infirmabatur patiens febrem, et invocato dno Urbano papa, factoque sibi voto, de febre convaluit; parvo peracto tempore, illo eodem anno, ipse loquens habebat quasdam bullas suas pro beneficio in hospitio bulle, et illas nullatenus potuit invenire, cum ipse perquisivisset omnes bullas que erant in domo bulle sepe ac sepius, quasi per spatium unius anni, nec ob hoc ipsam bullam invenire poterat, credens ex hoc quod jam illam bullam perdidisset; lapso vero anno vel circa, ipse loquens fuit in tali puncto quod nisi invenisset dictam bullam, dampnum pateretur non modicum; et propter hoc ipse confidens de dno Urbano papa, quod per merita ipsius suam invenire posset bullam, votum sibi fecit suum, venire visitare sepulcrum cum entorta cerea iiij$^{or}$ librarum. Et facto voto, ipse ad domum dicte bulle accessit ad investigandum de bulla sua, et illi qui erant ibidem, quodammodo derridebant eum quia amplius querebat dictam bullam, quia tanto tempore lapso non invenire potuerat; sed ipse loquens dixit quod dicto beato papa Urbano votum fecerat, et in ipso tantum confidebat quod credebat totaliter dictam bullam invenire; et prospiciens multas bullas ibi positas, primam quam inter manus suas recepit, invenit ipsam fore suam, de quo fuit valde miratus, quia totiens perquisiverat et non inveniebat; propter quod credit pie quod ad invocationem et per merita dni Urbani pape quinti dictam suam bullam invenerat. — Quod scripsi ego Jacobus de Oleriis, notarius, in presentia et testimonio Petri Guinhicerte, Remensis diocesis, et fratris Arnaudi de Cathania, ordinis Sancti Benedicti.

**16. Die Dominica xx$^a$ quinta Madii.** — Anno quo supra, die xxv$^a$ mensis Madii, Rostagnus Gassini, de Massilia, laborator, sexagenarius vel circa, prout juramento suo asseruit, quinque anni sunt jam lapsi, ipse inceperat pati quamdam gravem infirmitatem intrincecam circa viscera ejus, et gravissimum dolorem patiebatur quolibet mense, bis vel ter, et per duos vel tres dies, in valde gravi dispositione, taliter quod non poterat stare erectus neque jacens, sed curvus stabat quasi continue, et nullum penitus sanitatis remedium habere poterat, sed videbatur sibi quod quando patiebatur canes corroderent ipsum apud viscera ejus, nec poterat cibum recipere neque dormire quando patiebatur, et eo tunc prediligeret potius mori quam vivere; et cum ipse loquens pretenderet diversa miracula a Deo facta meritis et precibus dni Urbani pape, igitur eidem supplicando votum fecit suum visitare sepulcrum, cum bene curatus fuisset de illa gravissima infirmitate, et ibi offerret unam libram cere, in figura unius levate, sive viscerum. Et facto voto, bene sunt vi. septimane lapse, incontinenti fuit liberatus ab illa infirmitate et amplius non passus fuit, sed fuit pristine restitutus sanitati, ad invocationem et per merita sancte memorie dni Urbani pape quinti. — Quod scripsi et puplicavi ego Jacobus de Oleriis, notarius, in presentia et testimonio dnorum Johannis de Sanhis, prioris claustralis, et Guilhelmi Rixendis, helemosinarii monasterii Sancti Victoris.

**17.** Die Lune XXVI Madii. — Anno quo supra, die XXVI Madii, Bermundus Girardi, de Auriolo, diocesis Massiliensis, prout juramento suo asseruit, quadam die hujus mensis presentis, quasi in principio, de mane ipse erat in territorio de Rossanegues, ubi erat avere suum, sic quod accidit sibi casu fortuito quod ipse habuit oculos quodammodo obcecatos, modicum videns de eisdem, et dubitans quod forte perpetuo amisisset visum, subito ipse invocavit dnum Urbanum papam, faciens sibi votum ut si ipse dignaretur apud Deum intercedere, quod ab oculis suis visum et claritatem recuperaret, infra mensem Madii, ibi sepulcrum visitaret cum oculis cere pro oblatione; et facto voto, subito visum recuperavit ad invocationem et per merita ipsius dni Urbani pape quinti, ut pie credit. — Quod scripsi et puplicavi ego Jacobus de Oleriis, notarius infrascriptus, in presentia dni Petri Johannis, monachi, et Ludovici Johannis, fratris sui.

**18.** De liberato a morbo caduco per x. annos habito. — Die predicta, Johannes Blanqui, habitator loci de Sclans, diocesis Forojuliensis, laborator, etatis circiter xxx$^{ta}$ annorum, prout juramento suo asseruit, ipse passus fuerat morbum caducum per x. annos vel circa, videlicet bis vel ter quolibet anno; et demum ipse loquens se vovit humili corde et devoto dno Urbano pape, ut si ipse dignaretur apud Deum intercedere quod ab illo morbo caduco posset liberari, quam citius ipse posset sepulcrum dicti dni Urbani pape visitaret, veniendo pedibus nudis et discalciatis, offerensque ibidem duas libras cere; et quia ipse negligenter se habuit, quod votum quod fecerat non compleverat ut citius debebat, propter quod ipse iterato passus fuit dictum morbum caducum valde graviter, carens omni memoria et virtute corporali, per certum spatium temporis, et dum ipse fuit reversus in sua memoria, videlicet in XL$^a$ novissime preterita, ipse voluit ire ad confitendum peccata, faciens mentionem confessori suo quod votum fecerat beato pape Urbano, et nondum compleverat, et ipse confessor sibi precepit quod infra annum, ut citius posset, votum illud compleret; quo facto, ipse Johannes amplius dictum morbum caducum non passus fuit, credens quod a dicto morbo caduco, perpetuo fuerit liberatus ad invocationem et per merita sanctissimi patris dni Urbani pape quinti, ut pie credit. — Quod scripsi et puplicavi ego Jacobus de Oleriis, notarius, in presentia et testimonio dnorum Johannis de Sanhis, prioris claustralis, et Bernardi Bedoci, monachorum.

**19.** Die predicta, Jacoba uxor Johannis Roberti, de Draguiniano, diocesis Forojuliensis, prout juramento suo asseruit, in festo sancti Martini [*11 nov.*] de anno Domini M° CCC° LXX° IIIJ°, ipsa existens in mensa cenando, accidit sibi quod in secundo bolo, dum sumpsit quoddam os capitis, intravit in guture suo et ibi se trasversavit, non potens ascendere neque descendere, sed in eodem statu stabat; propter quod ipsa stetit per xij dies atque noctes in maxima pena, et quasi in mortis articulo esse videbatur, quia de ipsis xij diebus nichil penitus comedit sive bibit, et requiem non habebat die ac nocte, et quod per omnia membra sua et in facie effecta fuerat nigra valde; propter que omnia supradicta tam per circumstantes quam etiam per diversas gentes castri de Draguiniano videntes ac audientes ipsam esse in tali statu, opinionibus ipsorum judicabant ipsam non posse evadere a morte, nec per medicum loci non poterat remediari; ipsa vero Jacoba, sentiens se in tanto periculo constitutam, quadam die habens in mente sua dnum Urbanum papam, suppliciter deprecando votum sibi fecit ut si ipse dignaretur apud Deum intercedere quod ab illo osso guturis liberaretur, ne de eodem exinde mortem pateretur, quam citius ipsa posset veniret peregre sepulcrum dicti dni Urbani pape visitare, et ex devotione et humilitate eundo et redeundo helemosinam peteret de quo viveret in via, offerretque oblationem suum ad sepulcrum predictum. Facto autem hoc voto, mandavit quesitum medicum quendam, et dixit ei quod si videbatur sibi quod aliquod periculum imineret si imponeret manum super eam quod ob hoc ipsa moreretur, eo casu parcebat sibi mortem suam et cum instrumento puplico; et tunc ipse medicus hoc audiens habuit unam candelam grossam cere, et apperiens os dicte mulieris, apposuit candelam illam per gutur de longitudine, taliter quod in momento sine dolore aliquo, cum dicta candela inpinxit dictum os inferius, et incontinenti ipsa bona mulier, ut dicit, fuit liberata ab omni dolore et a periculo mortis, quod credit pie hoc factum fuisse a Deo miraculose, meritis et precibus dni Urbani pape quinti. — Quod scripsi et puplicavi ego Jacobus de Oleriis, notarius infrascriptus, in presentia testium predictorum. — Et de predicto miraculo supra descripto Johannes Roberti, ux[or?] dicte Jacobe, juramento suo diligenter interrogatus, dixit et asseruit supra contenta penitus fore vera.

**20. De morbo caduco liberatus.** — Die predicta, Guilhelma, uxor Stephani pargaminerii de Draguiniano, suo asseruit juramento, quidam filius ejus, Comas nomine, etatis circiter xviij annorum, quatuor anni sunt nunc lapsi quod sibi accidit quadam die, quasi in prima noctis, subito ipse cecidit in terra prostratus de morbo caduco, et de ore suo proiciebat spumam, et non flebat, sed quasi videbatur esse in extremis; et dubitans ipsa mulier quod filius suus semper pateretur dictum morbum caducum, quapropter ipsa recommendavit eum dno Urbano pape, votum sibi faciens quod si ipse apud Deum intercedere dignaretur quod dictus ejus filius liberaretur a dicto morbo caduco, ipsa quam citius posset, una cum dicto filio suo sepulcrum dicti dni Urbani pape visitarent cum oblatione sua ibi offerenda de candelis. Et facto voto, amplius non passus fuit dictum morbum caducum, sed totaliter fuit exinde liberatus, ad invocationem et per merita, ut pie credit, memorati dni Urbani pape quinti. — Quod scripsi et puplicavi ego Jacobus de Oleriis, notarius infrascriptus, in presentia et testimonio testium supra proxime descriptorum.

**21.** Anno et die quibus supra, Santolo de Neapoli, famulus dni Andree Carraffe, baronis de Neapoli, suo asseruit juramento quod ipse veniens de Sancto Jacobo de Gallicia peregrinus, accidit sibi quod propter nimiam fatigationem itineris et propter viarum pericula de societatibus comitum Armanhassi et Fuyssensis, in armis derraubantes quosque in itinere invenire possunt, nisi sint in societate magna: propter hec ipsi peregrini festinabant maximas dietas facere; eapropter ipse Santolo, propter dictam itineris fatigationem, habuit tibiam ejus sinistram grossam et inflatam valde ultra modum, quasi per viij° dies, cum nimio dolore atque pena; in fine vero illorum viij° dierum, quadam die ipse fuit in tali statu de tibia quod nullatenus posset ambulare, et de necessitate oportuit dimitere societatem suam, de quo multum dolebat et flebat, quod solus peregrinus hic remanebat in quodam loco de Sancto Johanne de Portu, in regno Navarre, et stans ibi anxiatus valde et afflictus, sedens ad solem circa horam vesperorum, cum lacrimis et fletibus dnum papam invocavit, dicens : « O beate pappa Urbane, qui tot et tanta miracula per universum orbem Deus per te operatur, digneris igitur apud Deum intercedere quod ab isto gravissimo dolore possim liberari de tibia mea, taliter quod bene possim ambulare et gressus meos dirigere cum incolumitate, et super hoc tibi votum facio quod tuum ibo visitare sepulcrum quam citius potero, cum oblatione mea ». Et facto voto, dum advesperavit dies, ipse ut melius potuit, voluit intrare lectum, cum maxima tamen adhuc anxietate patiente, sed dum fuit infra lectum, paulo post requievit et dormivit, et dum circa mediam noctis evigilavit a sompno, invenit se in valde bono statu de tibia, carens omni dolore inflationeque quacumque, et in crastinum de mane de lecto surrexit incolumis, et iter suum arripuit prospere, et sic fuit pristine restitutus sanitati, ad invocationem et per merita, ut pie credit, dni Urbani pape quinti. — Predicta fuerunt manifestata in presentia dnorum Ademari de Strilhis, et Bernardi Bedoci, monachorum, et mei Jacobi de Oleriis, notarii infrascripti.

**22.** Anno quo supra et die predicta, dnus Nicholaus de Baro, presbyter et canonicus Barensis, prout juramento suo asseruit, de mense Junii proxime preterito, ipse existens supra mare in plaja Arearum, volens descendere in terra de navicula, accidit quod habuit a casu pedem suum subversum et extra locum positum [*imperfect.*] — Item etiam retulit quod quadam die de hoc mense incepit pati dolorem et infirmitatem infra os suum, procedens taliter quod per viij° dies continue [*imperf.*] — In presentia et testimonio dni Johannis de Jherusalem, monachi, et nobilis Johannis de Oyena.

**23.** Die predicta, Jacobus de Jherusalem, de Massilia, suo asseruit juramento, quod quedam filia sua, nomine Caterina, etatis nunc circiter ix mensium, quadam nocte sibi accidit circa primam noctis, bene sunt iiij$^{or}$ menses lapsi, quod subito ipsa puella fuit agonizans et quasi in extremis videbatur esse ; et dum erat in tali statu, videns illam uxor dicti Jacobi, vocavit maritum suum, dicens :

« Surgite velociter, nam filia nostra est nunc in mortis articulo constituta »; et tunc ipse loquens surrexit, et dum vidit dictam ejus filiam agonizantem, credidit totaliter quod statim spiritus convolaret, desperantes ipsi conjuges de vita filie eorumdem; et tunc ipse Jacobus humili corde et devoto vovit dictam filiam dno Urbano pape, et si ipse dignaretur apud Deum intercedere quod a morte evaderet et restitueretur sanitati, ipse veniret peregre visitare sepulcrum ipsius dni Urbani pape, pedibus discalciatis, cum ymagine cere 1. libre, offerensque ibidem dictam filiam. Et facto voto, dum steterat ipsa filia in illo statu quasi per unam horam, incontinenti virtutem recuperavit, et in convalescentia fuit, oculos aperiens, pristine sanitati restituta, ad invocationem et per merita, ut pie credit, memorati dni Urbani pape quinti. — Quod scripsi et puplicavi ego Jacobus de Oleriis, notarius infrascriptus, in presentia et testimonio dnorum Petri Gavoti, sacriste, et Johannis de Villeribus, monachorum.

## MENSIS JUNII

**24.** Anno Domini M° CCC° LXX° sexto, die prima mensis Junii, Petrus Forici, de Annicio, prout juramento suo asseruit, Caterina Fromentala, mater sua, quinquagenaria vel circa, de anno proxime lapso et de mense Augusti, graviter infirmabatur, patiens febrem continuam quasi per xxx$^{ta}$ dies, nullum penitus habens remedium sanitatis, et medici eam dimiserant incurabilem; postremo vero in dicta infirmitate ipsa Caterina stetit per quatuor dies, non loquens nec cibum recipere poterat sive potum, nisi brodium, et quod aperiretur sibi os suum per vim cum gladio, stans quasi continue in agonia, et quod juxta opinionem omnium circumstantium totaliter desperabatur de vita ejus, credentes quod statim spiritus convolaret; et dum videbatur esse in extremis, omnes ibi circumstantes clamantes dicebant eidem bone mulieri quod se voveret beato pape Urbano; ipse vero Petrus predictus, filius ipsius mulieris, humili corde et devoto votum fecit predicto dno Urbano pape, ut si ipse dignaretur apud Deum intercedere quod mater ejus a morte evaderet et sanitati restitueretur, ipse veniret peregre, hinc ad festum Pentecostes, visitare sepulcrum dicti dni Urbani pape, cum octo libris cere pro oblatione. Et facto voto, incontinenti ipsa Caterina cepit loqui et virtutem bonam recuperavit, et paulo post in ipsa die dimisit eam febris, et ab illa hora in antea illam amplius non passa fuit, sed cotidie prosperavit de infirmitate illa, taliter quod post triduum ipsa mulier de lecto surrexit cum bona convalescentia, et exinde fuit pristine restituta sanitati, per merita et intercessionem, ut pie credit, memorati dni Urbani pape quinti. Et de predicta infirmitate et convalescentia recepta post votum factum eidem dno Urbano pape, Petrus de Fonte, testis productus per dictum Petrum Forici, diligenter interrogatus, dixit et asseruit omnia contenta superius fore vera juramento suo. — Quod scripsi et puplicavi ego Jacobus de Oleriis, notarius infrascriptus, in presentia et testimonio Johannis de Sanhis, prioris claustralis, et Bertrandi Grossi, monachorum [1].

**25.** Die Lune secunda Junii. — Anno quo supra, die secunda Junii, hic vir venerabilis Johannes Casse, de Massilia, retulit, ad relationem sibi factam per nobilem Stephanum de Monteaurono, fratrem dni Cardinalis Pampilonensis, quod quidam filius ipsius Stephani, nomine Johannetus, etatis nunc circiter duorum annorum, dum erat quasi etatis sex mensium, gravi infirmitate febrili detinebatur, debilitans omni die; tandem quadam die fuit et stetit quasi per mediam diem in valde gravi dispositione, quod quasi videbatur esse in extremis, nec volebat mamillas recipere nec lac sucgere; quapropter credebatur totaliter per circumstantes quod mullatenus evaderet a morte; et tunc ipse Stephanus vovit dictum filium suum humili corde et devoto dno Urbano pape, ut si ipse dignaretur apud Deum intercedere quod dictus infans a morte evaderet, ipse sibi presentaret seu presentari faceret ad sepulcrum dicti dni Urbani pape, usque ad quantitatem viginti librarum cere, pro oblatione pueri. Et facto voto, ipse venit ad puerum, ad videndum in quo statu erat, et vidit quod ipse sucgebat ubera sue nutricis, et exinde incepit bene reconvalescere, et post triduum incontinenti fuit pristine restitutus sanitati, ad invocationem memorati dni Urbani pape quinti, ut sibi hoc retulit dictus Stephanus de Monteaurono; et dictus Johannes Casse ob hoc obtulit ymaginem xx librarum cere

---

1. *Au bas (effacé):* T[estes] P. de Fonte, dom. Jo. de Sanh', B' Grossi.

quam fieri fecit pro dicto puero. Que quidem omnia supradicta prefatus Johannes Casse juravit in animam prefati Stephani, penitus fore vera, prout sibi notificatum fuit de verbo ad verbum. — Quod scripsi et puplicavi ego Jacobus de Oleriis, notarius infrascriptus, in presentia et testimonio Francisci Galli et Bertrandi Damiani, de Massilia.

**26.** Die Mercuri iiij$^a$ Junii. — Anno quo supra, die iiij$^a$. Junii, Ricarda, uxor Petri Garnerii, de Avinione, residens ad portam Aurosam, prout juramento suo asseruit, quidam Johannes nomine, filius magistri Gileti Sabaterii, residentis in Avinione, hoc anno non est diu, fuit in capite percussus gladio accerrime, taliter quod ex illo ictu fuit et remansit semimortuus, et quodammodo amiserat omnem virtutem corporalem, et dum magister Robinus, barberius, et magister Gandulfus, medici cirurgici, viderunt dictum juvenem taliter plagatum, dixerunt et reputaverunt eum mortalem et incurabilem de illa plaga per artem cirurgie : nam capud suum erat valde concassatum et fractum, et quod molle capitis, ut dicit, jam apparebant, quod videbatur esse signum mortale ; et quod erat etiam quedam spleuta sive os fractum, pertingens intrincece infra capud usque ad piam matrem, et non posset de facili frangi et removeri; dicta vero bona mulier videns dictum juvenem sic afflictum, et quod de vita ejus totaliter desperabatur, habens maximam compassionem in eo, misericordia mota vovit eum humili corde et devoto dno Urbano pape, et quod si ipse suis sanctis precibus apud Deum intercedere dignaretur, quod ipse juvenis evaderet a morte de illa plaga, ipsa quam citius posset, suis expensis propriis, veniret ad sepulcrum dni Urbani predicti visitare, offerens ibidem pro oblatione dicti juvenis ymaginem ceræ unius libre. Et facto voto, ipse juvenis bene incepit reconvalescere, et dum medici supradicti venerunt ad supradictum infirmum percussum, viderunt plagam suam satis in bono statu, et inponentes manus in eum, bono modo fregerunt ossa iiij$^{or}$ et removerunt a capite sine lesione quacumque ; et tunc ipsi medici bene se contentaverunt de illa plaga, taliter per Dei gratiam et per intercessionem et merita, ut pie credit, memorati dni Urbani pape quinti, ipse juvenis fuit liberatus a morte, et sanitati pristine restitutus in fine. — Quod scripsi ego Jacobus de Oleriis, notarius, et puplicavi, in presentia et testimonio dnorum Hugonis de Gondelherii et Petri Johannis, monachorum Sancti Victoris.

**27.** Die Jovis quinta Junii. — Anno quo supra, die quinta mensis Junii, frater Maximinus de Ventayrolio, preceptor de Pogeto Vallis, in diocesi Diensi, de ordine Sancti Johannis Jherosolymitani, prout juramento suo asseruit, de mense proxime venturo Octobris erunt duo anni lapsi, quod infra dictum locum de Pogeto fuit rixa magna inter quemdam Johannem Dalficus et quemdam scutiferum, nomine suo Guilhelmum d'Urra, dominum de Taxeria, diocesis Diensis, sic quod iste nobilis Guilhelmus in illa rixa fuit graviter percussus ex ictu illato contra ipsum acerrime in brachio ejus dextro de cultello laterali largo, taliter quod ab una parte in alia ipsum perforavit; ex quo quidem ictu magna effusio sanguinis exivit, quia non habebat ibi medicum ad hoc expertum, qui remedium aliquod sibi posset inferre de plaga; et quodammodo ipse percussus amiserat vitam de sanguine effuso, propter quod post modicum intervallum, ipse Guilhelmus cecidit in terra prostratus velud mortuus, pallidus in membris et frigidus, non movens membra, neque pultum habebat neque anelitum dabat per os suum, et quod oculos subverterat, et tractum sive badalh fecerat ut in extremis, et tenens exinde os suum apertum velud mortuus, et talem ipsum reputabat totaliter et quod jam obisset, et talis opinio erat omnium et plurimorum hic circumstantium, reputantium ipsum Guilhelmum tunc fore mortuum, et stetit in illo statu per certum spatium temporis, de longitudine quasi unius tractus baliste; dictus vero frater Maximinus videns ipsum jam mortuum, ut asserebat judicio suo, ipsum recomendavit Deo benedicto, quod animam suam haberet recomendatam, signans eo tunc ipsum signo sancte †, ut moris est fidelium in extremis signare; et subsequenter osculatus est eum in ore suo, et incontinenti etiam ipse loquens pretendens quod Jhesus Xpistus multa et diversa miracula operabatur omni die per universum orbem, per merita ejusdem dni Urbani pape, igitur precibus suis sanctis, ut pie credit, humili et devoto corde recomendavit dictum Guilhelmum, supplicansque omnibus hic circumstantibus, quod omnes unanimiter dictum dnum Urbanum deprecarentur quod precibus suis mediantibus Deum intercedendo, dictus Guilhelmus de morte ad vitam restitueretur, quod ita factum est per omnes ibi presentes, clamantes et dicentes una voce cum bona devotione : « O beate papa Urbane, digneris Deum deprecari quod iste nobilis homo restituatur ad vitam et vivat » ; et tunc ipse frater Maximinus votum fecit memorato dno Urbano pape, pro dicto Guilhelmo, si adhuc viveret in hoc mundo, quam citius ipse posset, duceret hic dictum Guilhelmum ad sepulcrum dicti dni Urbani pape visitandum, cum pondere cere usque ad summam x florenorum auri. Et emisso voto, subito ipse Guilhelmus, qui mortuus fuerat, suspirium dedit et oculos apperuit, et loqutus fuit dicto dno preceptori, dicens : « Domine mi, de me non anxiemini, quia ego non moriar ex hoc ictu, sed evadam » ; et tunc ipse incepit bene reconvalescere, et virtutem bonam recuperare, taliter quod in fine evasit a morte, et sanitati pristine restitutus est, ad invocationem et per merita, ut pie credit, memorati dni Urbani pape quinti. — Et dictus Guilhelmus de quo supra fit mentio, de predictis per me diligenter interrogatus, juramento suo dixit omnia supra contenta de se ipso penitus fore vera, videlicet quod ipse acerrime fuit percussus gladio in brachio dextro, ictu mortali, ut dicebatur, et maximam sanguinis effusionem amisit, et exinde obmutuit, non sentiens membra aliqua, neque dolorem patiebatur in aliquo, et omnibus sencibus corporalibus carebat penitus ; ignorat tamen si mortuus erat aut vivus, quia de hoc mundo nichil sentiebat, et si mortuus erat, credit revera quod per merita sanctissimi patris dni Urbani pape fuerit restitutus de morte ad vitam. — Predicta vero fuerunt manifestata in presentia et testimonio dnorum Johannis de Sanhis, prioris claustralis, et Ludovici Bartholomei, monachorum, et nobilis Johannis de Oyena et mei Jacobi de Oleriis, notarii puplici infrascripti, qui predicta scripsi et puplicani.

**28.** Die Sabati vii$^a$ Junii. — Anno quo supra, die vii$^a$ Junii, Arnaudus de Limon, de civitate Montis Albani, mercator, etatis circiter xxii annorum, prout juramento suo asseruit, de mense proxime lapso Madii fuit unus annus lapsus, ipse graviter infirmabatur infirmitate febrili cum discenteria, et eo tunc in illis partibus de Tholosa, ubi ipse erat eo tunc residens, epidimia et gravis mortalitas generalis vigebat, et quia ipse erat tactus de illa infirmitate epidimiali, totaliter credebat mori nec posset evadere, et de vita ipsius totaliter desperabatur per circumstantes, ut dicit; ipse vero loquens, dum esset in gravi perplexitate, et febricitaverat valde quasi per x. dies continue, habens in mente sua dnum Urbanum papam, quadam die vovit se humili corde et devoto eidem, et quod sepulcrum suum visitaret infra annum, offerens ihidem entortam cere duarum librarum, et ymaginem duarum librarum, et Bertranda, mater sua, etiam voverat eum cum duabus libris. Et facto voto per dictum tunc patientem, ipse immediate fuit in satis bono statu, et ipsa die dimisit eum febris, et amplius non passus fuit, et post triduum fuit pristine restitutus sanitati, ad invocationem et per merita, ut pie credit, dni Urbani pape quinti.

**29.** Eadem die et hora, quidam, suo nomine Petrus Richardi, obtulit ad sepulcrum predicti dni Urbani duas libras cere, dicens et asserens quod Guilhelmus Fage, filius Johannis Fage, de civitate Mimatensi, gravissima infirmitate febrili detinebatur, et nullum sanitatis remedium habere poterat, sed quod de vita ejus, ut dicit, totaliter desperabatur tam per medicum quam per circumstantes, sed dum ipse Johannes, pater ipsius Guilhelmi, vovit eum dno Urbano pape cum sua oblatione predicta, incontinenti fuit in convalescentia, et paulo post sanitati restitutus, per merita et ad invocationem memorati dni Urbani pape quinti. — Quod scripsi et puplicavi ego Jacobus de Oleriis, notarius infrascriptus, in presentia et testimonio dni Ademari de Strilhis, monachi, et Petri Laurige, de Massilia.[1]

**30.** Die predicta, Artaldus de Prada, clericus de Canagio, diocesis Mimatensis, prout juramento suo asseruit, de mense Augusti proxime lapso fuit commissum quoddam furtum de vaxella argenti dni abbatis Montismajoris, in Avinione, in summa quasi xxvij marcharum argenti, et ipse Artaldus, qui scutifer erat dicti dni abbatis, fuit accusatus de furto illo commisso, propter suspicionem, quia ipse scutifer illa nocte in qua fuerat furtum commissum, non jacuerat infra hospitium dicti dni abbatis, propter quam quidem suspi-

---

1. *Au bas du f° suiv. (blanc)*: P. Richardi pro Guilhelmo, filio Johannis Faja, de Mimata *(cancellé)*.

cionem tunc modo fuit sibi dictum, quod aliqui de domo dicti dni abbatis Montismajoris, ex parte et nomine ipsius, ut sibi dicebant, tractabant quod caperetur et in carcerem vilipenditer miteretur ut latro; et dubitans ex hoc, licet de facto illo nullatenus esset culpabilis, quod de facto hoc facerent, et dampnum non modicum atque dedecus de persona sua forte facerent sibi sustinere; propter quod ipse personaliter se absentavit, et in civitate[m] Carpentoratensem abiit, et stetit per aliquos dies; lapsis vero duobus mensibus cum dimidio vel circa, postquam fuerat factum furtum, quadam die ipse Artaldus audivit dici quod ex parte dicti dni abbatis fuerat mandatum quod incontinenti caperetur et poneretur exinde in carceribus; et tunc ipse loquens hoc audiens recurrit inmediate ad sufragia sanctissimi patris dni Urbani pape, tale sibi votum faciens, quod si ipse dignaretur apud Deum intercedere quod de illo falso crimine sibi inposito liberaretur, et remaneret illesus et sine aliqua infamia, quod eo casu ipse ut citius posset veniret de loco ubi fecerat votum, pedidus nudis et discalciatis, usque ad sepulcrum predicti dni Urbani pape, offerens ibi duas libras cere. Et facto voto, ipse voluit incontinenti accedere apud dnm abbatem Montismajoris, qui ipsum valde bene recolexit, et dixit sibi quod numquam suspicaverat de eodem quod furtum commisisset, et quod malum erat ei quia ante non venerat ad sui presentiam. In crastinum vero fuit puplice revelatum quod quidam monachus Montismajoris commiserat furtum illud de vaxella et jocalibus; et dum hoc audivit ipse Artaldus, dedit et dat laudem Deo altissimo et dno Urbano pape, sub cujus precibus et meritis, ut pie credit, de predicto falso crimine sibi inposito et perpetua infamia fuit liberatus et remansit inmaculatus. — Quod scripsi et puplicavi ego Jacobus de Oleriis, notarius infrascriptus, in presentia et testimonio Johannis Bonistephani, monachi Sancti Victoris, et Petri Laurige, macellarii, de Massilia.

**31. Die Sabati xiiij$^a$ Junii.** — Anno quo supra, die xiiij$^a$ Junii, Beatrix, uxor Bernardi Garini, de Sumidrio, diocesis Nemausensis, prout juramento suo asseruit, quidam ejus filius, nomine Bernardetus, etatis nunc circiter xii annorum, duo anni sunt nunc lapsi, erat mortalitas generalis et epidimia in partibus illis, et ipse infans eo tunc graviter infirmabatur de febre epidimiali, et vɪɪ bossas habebat et unum carboncle in diversis partibus corporis sui patiens illa, et in illo statu stetit et egrotavit quasi per tres septimanas, debilitans omni die, taliter quod quodammodo virtute corporali carebat, et non erat in eo nisi pellis et ossa, et medici ipsum juvenem dimiserant incurabilem per artem medicine, et cibum recipere non poterat, et juxta opinionem tam medicorum quam etiam omnium hic circumstantium, non poterat evadere a morte, desperantes totaliter de vita ejus; dicta vero Beatrix, mater pueri, tacta nimio dolore, cum lacrymis infinitis, existens sola in coquina ad parandum cibos, humili corde et devoto votum fecit beato pape Urbano, ut si ipse dignaretur apud Deum intercedere quod filius ejus sanitati restitueretur, quam citius posset afferret et presentaret dictum filium cum ymagine cere duarum librarum ad sepulcrum dicti dni Urbani pape. Et facto voto, ipsa rediens in camera ubi jacebat puer egrotus et invenit eum in satis bono statu, et incontinenti ipse puer petiit sibi afferri panem cum prunis recentibus ad comedendum, et libenter comedit, quod antea facere non posset, et ex tunc in antea omni die reconvalescebat taliter prosperando, quod in crastinum facto voto, dimisit eum febris, et per consequens post aliquos dies sequentes, fuit restitutus sanitati, ad invocationem et per merita, ut pie credit, dni Urbani pape quinti. — Testes Poncius Borgondionis et Petrus Garini, de Someyre, loci predicti, presentes erant quando dictus puer infirmabatur graviter, et credebant totaliter quod non evaderet a morte, sed postquam mater pueri vovit eum dno pape Urbano, evasit a morte, et sanitatem exinde consequtus est, et ita asseruerunt juramento eorumdem. — Quod scripsi et puplicavi ego Jacobus de Oleriis, notarius, in presentia et testimonio dnorum Bernardi Bedoci, monachi, et dni Johannis Mercerii, presbyteri.

32. Die Mercuri xvɪɪɪj$^a$ Junii. — Anno quo supra, die xvɪɪɪj$^a$ Junii, Jacobus Prepositi, macellarius de Avinione, residens a la Callada, prout juramento suo asseruit, quidam frater suus, nomine suo Monnetus, etatis circiter nunc xɪɪɪj annorum, in die sancto Parasceve novissime preterito [11 avr.], ipse existens in carreria ante hospitium, accidit sibi quod hic erat quoddam magnum scamnum de macellario, ponderis quasi trium quintalium, quod volebant

ponere super humeros cujusdam hominis volentis portare dictum scamnum, et pre nimio pondere vix poterant ipsum hominem onerare, et dum levabatur in altum ipse juvenis Monnetus ibidem intervenit, et volebat toto suo posse juvare ad onerandum dictum bancum, et ipse homo transversavit pedem suum casu fortuito, et tunc ipse dictum bancum non potuit sustinere, et inveniens dictum juvenem de subtus supressit eum in terra, et illud bancum dedit supra capud illius juvenis, taliter quod fuit concassatum capud, et quod quodammodo erant juncti ad invicem pulsi capitis, et ocullli videbantur esse extra capud, et de naribus et de ore ac de oculis et auribus multus sanguis effluebat, remanens eo tunc velud mortuus, non loquens, non videns, non membra movens, credentes eo tunc omnes ibidem circumstantes quod statim spiritus convolaret, tenentes candelam accensam ante dictum juvenem, ut si esset in extremis; et dum magister Robinus, barberius et cirurgicus, vidit dictum juvenem, dixit quod non credebat quod evadere posset a morte; et in illo statu ipse juvenis stetit quasi per unam diem naturalem; in crastinum vero, dum esset adhuc in illo statu agonizans, sperans plus de morte quam de vita ipsius, prefatus Jacobus humili corde et devoto, recommendans dictum fratrem suum dno pape Urbano, votum sibi fecit ut si ipse apud Deum intercedere dignaretur quod ipse juvenis a morte evaderet et sanitati restitueretur, ipse quam citius posset veniret peregre sepulcrum suum visitare, pedibus discalciatis, ducens secum fratrem suum cum ymagine cere pro oblatione sua. Et voto facto et emisso, in eodem momento, ipse juvenis plangendo loqui incepit, et exinde recuperando virtutem bene reconvalescere incepit, et in crastinum de lecto surrexit, in satis bono statu, taliter quod omni die ipsemet juvenis ibat ad medicum pro medicando ipsum, et post paucos dies sequentes fuit pristine restitutus sanitati, ad invocationem et per merita, ut pie credit, dicti dni Urbani pape quinti, et ipse juvenis fuit ibi præsens. — Quod scripsi et puplicavi ego Jacobus de Oleriis, notarius infrascriptus, in presentia dni Laurentii Bruni et Hugonis la Prada, monachorum Sancti Victoris Mas[siliensis] [1].

---

1. *Au bas (effacé)* : T[estes] Laurencius Bruni et Huguerus la Prada.

**33.** Anno et die quibus supra, hic vir venerabilis dnus Gautonetus de Auzaco, miles, dominus de Bella Garda, diocesis Petragoricensis, juramento suo asseruit quod ipse existens in Italia capitaneus pro sancta matre Ecclesia gentium armorum ac societatum, accidit quod de mense Aprilis, ipse societates gentium armorum de predicto milite et capitaneo conqueste sunt, dicentes quod vadia que ipsi debebant habere a domino nostro papa Gregorio, que erant in summa xx$^{ti}$ milia florenorum auri, et de ista summa tenebatur eis societatibus prefatus miles, et obligatus erat eis ad tenendum ostagia et supponi in carceribus, nondum potuerant habere, quam ob rem dictum militem voluerunt capere et recludi in carcerem et compeditari, et hic in loco de Acona stetit sic detentus per sex menses cum dimidio; subsequenter vero voluerunt ipsum in carcerem alium teterrimum recludi et tenebrosum valde, et habebat ad januam carceris xxiiij custodes, et infra dictum carcerem erat unus specialis custos, qui custodiebant ipsum nobilem noctuque die, et quod jam credebat quod nullatenus posset evadere de manibus eorumdem sine morte, quia finánciam dictorum viginti milia florenorum auri dicte societates habere non poterant; et cum ipse nobilis stetisset in dicto carcere tenebroso per xxxiij dies, dubitans forte de morte potius quam de vita, igitur ipse se recomendans predicto dno Urbano pape, votum fecit quod si ipse dignaretur quod a morte evaderet, quam citius posset suum visitaret sepulcrum ibi in Massilia cum entorta cerea ibi offerenda. Et facto voto, ipse habuit bonum cor et letum, et sine aliquo timore nichil dubitans, et ibidem incontinenti imaginatus est quod faceret quamdam scalam de quadam poste, primo scindens illam per frustra, et nichilominus scindens linteamina que habebat per longitudinem, ad modum unius corde, et cum predicta corda, sive fune, composuit scalam suam, pertingens usque ad summum, et ascendens in dicta scala pervenit ad januam carceris et exinde exivit, et subsequenter ejus socius, et dum fuerunt extra carcerem, neminem illorum custodum invenerunt nisi solum capitaneum, et viriliter cum impetu irruens in eum, ipsum prostravit in terra, tenens ipsum devictum; et subsequenter accepit fortalitium illius castri, et de spoliis ipsius castri inventis per eum, fuerunt inventi tesauri tot et tanti, quod multo plus excedeba[n]t in summa predicta viginti milia florenorum auri ; et sic ipse credit pie quod per merita et intercessionem beati pape Urbani, ipse evasit a morte et habuit triumphum ab inimicis suis. — Quod scripsi et puplicavi ego Jacobus de Oleriis, notarius infrascriptus, in presentia testium supra proxime descriptorum.

**34.** Die Veneris xx$^a$ Junii. — Anno quo supra, die xx$^a$ Junii, Jacobus Natoni, et Petrus Natoni, et Bors Avogarii, de Savona, venientes de Avinione per mare supra quamdam sagetiam Pisanorum, fuerunt heri quasi per totam diem cum tanta fortuna et procella maris periclitantes, quod statim credebant pati naufragium, nam velum dicte sagetie perdiderant et dirruptum erat ; et quod eo tunc gentes infra dictam sagetiam existentes desperabant totaliter de vita eorum, nullum remedium salutis sperantes habere, ymo potius de morte sperabant, nichilominus quia perdiderunt anchoram sagetie circa horam vesperorum et crediderunt periri, quia procella trasversabat sagetiam ex nimio inpetu, et erant ibi prope rupes sive insulas maris, dubitantes multum ibi naufragari et periri ; et tunc isti supra nominati, necnon etiam Petrus Dumas, Corisopitensis diocesis, Rostagnus Velerga, Johannes Amorosi, Johannes Chicarelli, de Viterbio, Johannes Roleti, de Britania, Johannes de Seli, de Burgundia, et Guilhelmus de Deravallo, et naute sive marinerii, in numero xiij, omnes isti unanimiter ac una voce clamaverunt dicentes : « O beate papa Urbane, qui tot et tanta miracula coruscant per universum orbem meritis tuis sanctis, Xpisto operante, digneris pro nobis omnibus intercedere quod possimus evadere a morte » ; et ortantes unus alterum, votum fecerunt quilibet per se in mente sua, aliqui venientes [*leg.* veniendi] nudi cum femoralibus, alii in camisia et discalciati, alii cum cereis et oblationibus discalciati, offerentes se ad sepulcrum dicti dni Urbani pape, cum omni reverentia et honore. Et facto voto, incontinenti quidam marinerius paravit quendam lodicem satis parvum pro velo faciendo, ut possent se juvare, nec ob hoc poterant se gubernare, sed continue erant in tanto periculo constituti, periclitantes in mari, et semper clamabant omnes : « Miserere nostri, Deus noster », et invocantes beatum papam Urbanum ; quidam vero piscatores de Massilia, piscantes retro rupem insule, vocem et clamorem magnum audientes illorum periclitantium, indilate venerunt in succursum dicte sagetie, et trahentes ipsam sagetiam per vim et cum bono ingenio perduxerunt eam ad insulam, et ibi terram acceperunt, et ibi steterunt per totam noctem, et sic evaserunt omnes a naufragio et a periculo mortis, et ad portum salutis pervenerunt, ad invocationem et per merita gloriosa, ut pie credunt, memorati dni Urbani pape quinti, et ista omnia supra descripta ad sancta Dei Euvangelia juraverunt penitus fore vera. — Quod scripsi et puplicavi ego Jacobus de Oleriis, notarius, in presentia et testimonio dnorum Johannis de Sanhis, prioris claustralis, et Bertrandi Grossi, monachorum.

35. Die Dominica xxij$^a$ Junii. — Anno quo supra, die xxij$^a$ Junii, Andreas Salvestre, de Massilia, laborator, suo asseruit juramento, quod in isto mense Junii, quidam roncinus, quem habet, fuit in valde gravissimo statu per iiij$^{or}$ dies, non comedens neque bibens, habensque collum suum grocissimum sicut capud, et dictus Andreas ostendens dictum roncinum omnibus marescallis de Massilia, dicebant sibi omnes quod nullum penitus remedium adhibere poterant in dicto roncino quod evadere posset a morte; et tunc ipse Andreas hoc audiens, incontinenti invocans dnm Urbanum papam, suppliciter votum sibi fecit, ut si meritis et precibus suis apud Deum intercedendo, dictus roncinus non moreretur sed evaderet a morte, quam citius posset dictum suum roncinum duceret ad sepulcrum dicti dni Urbani pape, cum roncino cere unius libre. Et facto voto, incontinenti ipse roncinus incepit comedere, et virtutem recuperare, et exinde inflatio colli cessavit et per se crepuit, et fecit capud iminuente plaga in collo de qua se purgabat, taliter quod post paucos dies sequentes fuit in bona convalescentia restitutus sanitati, ad invocationem et per merita, ut pie credit, dni Urbani pape quinti. — Quod scripsi et puplicavi ego Jacobus de Oleriis, notarius, in presentia et testimonio dni Guilhelmi Marini, monachi, et Anthonii Guigonis, de Massilia.

36. Die et hora predictis, Bertrandus Biscaloni, de Sistarico, ut juramento suo asseruit, grande malum patiebatur in tibia ejus sinistra, habens ipsam inflatam et grossam, de qua quodammodo inpotens eficiebatur, patiens dolores

infinitos, sed dum ipse se vovit humili corde et devoto dno Urbano pape, sepulcrum suum visitaturum cum tibia cere unius libre, incontinenti dolor cessavit, et post paucos dies sequentes fuit pristine restitutus sanitati, precibus, ut pie credit, dni Urbani pape quinti. — Quod scripsi et puplicavi ego dictus Jacobus de Oleriis, notarius, in presentia testium predictorum.

**37.** Anno et die quibus supra, hic vir nobilis Johannes de la Chalma, diocesis Valentinensis, dixit et suo juramento asseruit, quod de anno M° CCC° LXXIIIJ° et de mense Junii, circa festum Pentecostes, cum ipse et quamplures homines armorum, essent in quodam castro vulgaliter appellato Sahon, super Rodanum, prope Valentiam per unam leucam, societates Britonum cepissent dictum castrum, et ipse vellet evadere manus eorumdem, ivit ad Rodanum et intravit quamdam naviculam sive batel, qui quidem nobilis erat armatus de jupone, de tunica ferrea et jaque de velluto, et cum bacineto ligato et stachato, ut est moris, braceriis et gantelletis, ense et cultello cinctis, in pondere predictorum arnesiorum quasi C.L. librarum, et cum de dicta navicula in quamdam magnam aliam navem mutare se proponeret, cecidit sic armatus in aquam Rodani profundam, et distabat usque ad terram circa per x. cannas, et cum cadendo reputaret se perditum omnino, talia verba subito dixit : « Sancte pater Urbane, tibi me reddo » ; et incontinenti ipse ad fundum aque pervenit, et semper habebat in corde suo dnum Urbanum papam, ipsum invocando ; sed dum fuit in profundum aque, subito in altum se elevavit supra aquam existentem cum predictis arnesiis, non tamen natando neque posset, sed finaliter ipse pervenit ad illam navem, rapiens se cum manibus suis ad eamdem viriliter, taliter quod in eadem intravit cum juvamine aliorum hic infra navem existentium, dicens juramento suo, quod stans infra aquam in ore suo non intravit neque trasglutivit de eadem sola guta modica, de quo mirandum est ; dixit etiam quod illud jaque quod portabat de velluto nichil fuit devastatum neque mutatum de colore propter aquam, sed revera videbatur esse in meliori colore quam umquam fuerat ; et sic ipse nobilis credit, ut dicit, quod permaximum miraculum fuit perpetratum in eodem de supra proxime contentis, ad invocationem et per merita gloriosa sanctissimi patris dni Urbani pape quinti. — In presentia testium infrascriptorum fuerunt predicta notificata.

**38.** Item etiam asseruit juramento suo prefatus nobilis quod de anno proxime lapso, circa festum sancti Michaelis [*29 sept. 1375*], fuit infirmus usque ad mortem, et quod medici ipsum desamparaverant, incurabilem reputantes eundem; et dum ipse esset quasi in extremis, recomendans se beato pape Urbano ac etiam beato Claudio de Valencia, subito isti duo sancti, ut dicit, apparuerunt eidem patienti, stantes ex latere lecti sui, qui dixerunt sibi : « Fac votum nobis et curaberis »; et incontinenti ipse votum fecit venire ad sepulcrum beati pape Urbani cum pondere ipsius de frumento, et entorta cerea iiij$^{or}$ librarum, et beato Claudio aliud votum fecit, ut dicit. Et facto voto, incontinenti fuit in convalescentia, et tunc sanctus Claudius dixit : « Ad quem primo ibit ? » Respondit beatus papa Urbanus : « Ad me, quia primo se mihi promisit »; quare venit et promissa complevit, et dixit se credere firmiter quod per intercessionem beati pape Urbani a mortis periculo evasisset et sanitatem recuperasse[t].

**39.** Item etiam asseruit dictus nobilis quod de anno presenti, circa festum Pasche [*13 avr.*], ipse graviter patiebatur infirmitatem de gravella, sicut dolores parturientis; et facto voto dno Urbano pape, statim ac incontinenti sanatus, ac si pondus maximum de humeribus deposuisset in terra, quod credit hoc factum fuisse miraculose a Deo meritis et precibus memorati dni Urbani pape quinti. — Predicta fuerunt manifestata in presentia et testimonio dnorum Bertrandi Berici et Anthonii Mutonis, monachorum Sancti Victoris, quod scripsi ego Jacobus de Oleriis, notarius infrascriptus.

**40.** Die Dominica penultima Junii. — Anno quo supra, die penultima mensis Junii, Nicholaus de Cravoto, de Massilia, patronus galee, dixit et juramento suo asseruit quod in die Veneris ante Dominicam in Ramis [*4 avr.*] erat in mari in capite de Noli, cum galea sua sive pamfil, cum maxima procella discurrentes quasi per totam diem, et credentes naufragari et periri omnes in dicto navigio existentes, nec ullo modo poterant capere terram cum remis neque velo, et cum essent in tanto periculo constituti, periclitantes, quidam nauta clamavit ad dictum Nicholaum, dicens : « O patrone, faciatis votum beato Urbano, et salvi erimus »; ipse vero patronus hoc audiens, quodammodo desperatus de vita ejus et de perditione sui pamfili, incontinenti recommendans se dno Urbano pape, tale sibi votum fecit, ut si ipse dignaretur apud Deum intercedere quod ipse, una cum pamfilo et gentibus in eodem existentibus, evaderent ab illo periculo mortis et naufragio, quamdiu ipse esset in Massilia perductus ad portum, faceret fieri quamdam galeam ceream viij° librarum, offerens illam ad sepulcrum dicti dni Urbani pape. Facto itaque voto, subito habuerunt bonum ventum pro eis congruum, levantes velum et navigantes prospere, taliter quod ad portum salutis cum incolumitate pervenerunt, quod credit pie hoc factum fuisse miraculose a Deo, meritis et intercessionibus predicti dni Urbani pape quinti. — Quod scripsi et puplicavi ego Jacobus de Oleriis, notarius infrascriptus, in presentia et testimonio nobilis Guilhelmi de Ansana et Rastesini Johannis, de Massilia.

## MENSIS JULII

**41.** Anno quo supra, die tertia mensis Julii, Johannes Guiberti, clericus de civitate Ruthinensi, residens cum buticulario domini nostri pape, dixit et asseruit juramento suo, quod de mense lapso Decembris, ante festum Nathalis Domini, ipse veniebat de Roma per mare, in quadam barca de Masilia, et dum fuerunt in fusse Romana, arripuit eos qui erant in dicta barca procella et fortuna maris talis et tanta, quod totaliter ipsi credebant naufragari et periri, et quod perdiderant antennam et anchoram, et cum dicta procella discurrerunt per dies xix. continue, non recipientes portum alicubi, neque possent aliqua via mundi, et illa fortuna maris perduxit eos prope Sardiniam, periclitantes et de vita eorum desperantes illi de dicta barca, in numero xix, et quod steterunt per dictos xix dies non habentes aliqua victualia, non comedentes neque bibentes, nisi saltim quod comedebant modicum de carrubiis que adhuc erant in dicta barca, taliter quod de illis qui erant in dicta barca fame perierunt et mortui sunt, residui vero qui remanserunt vivi, cum essent in tanto periculo constituti, credentes periri fame aut submergi, omnes clamaverunt ad Deum ut misereretur illis, invocantes unanimiter dnm Urbanum papam, supplicantes eidem ut dignaretur apud Deum intercedere quod ab illa procella possent evadere, taliter quod ad portum salutis possent perduci, et eo casu faciebant votum venire visitare sepulcrum dicti dni Urbani pape cum oblatione eorumdem. Et facto voto, statim incepit cessare procella et mare tranquillari, habentes ventum aptum et congruum pro ipsis, sic quod satis breviter portum cum incolumitate receperunt, et evaserunt a morte, quod credit hoc fuisse factum miraculose a Deo, meritis et precibus dicti dni Urbani pape quinti. — Quod scripsi et puplicavi ego Jacobus de Oleriis, notarius infrascriptus, in presentia et testimonio dni Ademari de Strilhis, monachi, et Anthonii Guigonis, de Massilia.

**42.** Die Sabati quinta Julii. — Anno quo supra, die quinta mensis Julii, Nicholaus Parisius, mercator et patronus galee, de civitate Tholoni, prout juramento suo asseruit, ipse passus fuerat dolorem gravissimum in corde suo, quasi per annum et medium intollerabiliter, non habens remedium sanitatis, debilitans omni die, taliter procedens quod quando ipse illas passiones patiebatur, vociferabat et latrabat ut canis rabidus, nec quando patiebatur poterat comedere, nec etiam dormire, et jam ipse loquens effectus fuerat macellentus et pallidus valde, et quod credebat et suspicabatur multum quod fuisset intoxicatus; subsequenter vero hoc lapso anno, fuit data fama valida quasi per omnes gentes civitatis de Tholono quod ipse inciderat in speciem primam lepre, et convolante tali fama multum dolebat, et jam propter hoc ipse stetit quasi per unum annum et ultra, non exiens de civitate Tholoni, nec cum gentibus dicte civitatis conversabatur; postremo vero fuit ordinatum, non est diu, per gentes dicte civitatis, quod explicarent factum illud dno senescallo Provincie, et quod per litteras suas mandaret ibidem quod per medicos et barberios ac alios probos homines expertos, palparetur factum dicte infirmitatis, si erat aliqua species lepre aut ne, ita quod exinde provideretur de ipso loquente; die vero Mercuri proxime lapso [2 *juil.*], fuit mandatum dicto Nicholao per quemdam amicum suum de Aquis qualiter predicta ordinata erant, et dum hoc audivit multum doluit et

timuit; sed incontinenti ipse habuit recursum apud suffragia
beati pape Urbani, faciens sibi votum et supplicans eidem,
quod si ipse apud Deum intercedere dignaretur quod posset
evadere quod non fuisset percussus a lepra, et talis fama
puplica non remaneret in eodem, suis meritis et precibus
mediantibus, eo casu ipse quamdiu viveret quolibet anno
sepulcrum dicti dni Urbani pape visitaret cum ymagine
cere unius libre. Et facto voto, in crastinum in die Jovis
[3], ipse mandavit pro medicis et barberiis ac aliis probis
hominibus, quod venirent ad eum et probarent in eodem
si percussus erat a lepra; et palpato ipso, habitis et factis
informationibus claris cum diligentia et pervigili cura,
factaque flebotomia, invenerunt et viderunt sanguinem
dicti Nicholai bonum, pulcrum et sanum, et ex eo judica-
verunt eum sanum et carentem totaliler illa infirmitate
lepre, et sic, ut dicit, credit evasisse et miraculose hoc
factum fuisse a Deo, meritis et precibus sanctissimi patris
dni Urbani pape quinti. — Quod scripsi et puplicavi ego
Jacobus de Oleriis, notarius, in presentia et testimonio
dnorum Ademari de Strilhis et Hugonis de Gondelherio,
monachorum.

**43.** Die Veneris xj$^a$ Julii. — Anno quo supra, die xj$^a$ Julii,
dns Jaspertus de Tregulano, prepositus et canonicus sedis
Majoricensis, frater vicecomitisse de Rodas, prout juramento
suo asseruit, de anno M°CCC°LXXV, in Quadragesima, in
dictis partibus Majoricarum erat epidimia et mortalitas
generalis permaxima, et grandissima caristia talis quod
infinite gentes propter famem peribant et moriebantur,
quia vix poterant inveniri victualia aliqua; et dubitans forte
dictus dns Jasquetus quod ipse aut familiares sui in numero
quasi viij° morerentur fame aut mortalitate, invocavit igitur
dnm Urbanum papam, supplicavit eidem instantissime ut
ipse dignaretur apud Deum intercedere quod ipse, una cum
dictis gentibus suis et societate, possent evadere a morte,
tam pro fame quam etiam pro epidimia tunc vergente; et
eo casu vovebat se visitaturum sepulcrum dicti dni Urbani
quamdiu libere posset, et ibidem offerret duas cannetas
argenteas ad serviendum perpetuo in missa in cappella ubi
jacet corpus beati pape Urbani; quas quidem cannetas
argenteas, ponderis unius marchi argenti, obtulit et presentavit hodie, que est xi Julii, ad sepulcrum memorati

dni Urbani pape, et ut pie credit et sic asseruit juramento suo, ipse una cum gentibus suis, facto voto, evaserunt a morte tam pro epidimia quam etiam pro fame, per intercessionem et merita dicti dni Urbani pape quinti. — Quod scripsi et puplicavi ego Jacobus de Oleriis, notarius infrascriptus, in presentia et testimonio nobilis Johannis de Oyena, et Bernardi Ademari, clerici.

**44.** Die predicta, Albertinus de Aficirenco, Noacensis diocesis in Italia, nobilis homo, prout juramento suo asseruit, hoc anno de mense Martii, ipse existens in Avinion[e], in ostalaria de Rosa, accidit sibi quod habuit brachium suum sinistrum grocissimum valde, et inflatum valde per totum usque ad digitos, de apostema et boya mala que supervenerat in dicto brachio, propter quod erat inpotens de eodem, et multas anxietates et dolores intollerabiles nocte dieque sustinebat, nullum habens remedium sanitatis quasi per xv dies, et quod ipse quodammodo desperabatur de vita ejus, propter apostema, aut si abcideretur cum ferro illa boya, quod destruerent sibi brachium propter nervum vel propter venam abcisam ; et cum ipse esset in maxima perplexitate constitutus, quidam consanguineus ejus amonuit ipsum, dicens : « Voveas te beato Urbano pape, et sum certus quod tu bene curaberis de brachio tuo » ; qui quidem Albertinus hoc audiens votum fecit suum, dicti dni Urbani pape visitare sepulcrum cum brachio cere pro oblatione. Et facto voto, ipse bene de brachio suo incepit reconvalescere, meliorans omni die, taliter quod illa boya brachii crepuit, et exinde fetor de apostema exivit, et finaliter de brachio suo recepit sanitatem, et sine aliqua inpotentia remansit, per merita et intercessionem, ut pie credit, memorati dni Urbani pape quinti. — Quod scripsi et puplicavi ego Jacobus de Oleriis, notarius infrascriptus, in presentia et testimonio dni Bernardi Bedoci et Hugonis la Prada, monachorum.

**45.** In die sancti Victoris Massilie. — Anno quo supra, die xxj$^a$ Julii, Petrus Gaudrici, clericus regius de Lunello, Magalonensis diocesis, prout juramento suo asseruit, quidam ejus filius, nomine Anthonius, etatis circiter xiij annorum, de anno proxime lapso erat in gravissima infirmitate constitutus, patiens continue febrem et dissenteriam, de infirmitate epidimiali de qua antea jam mortui erant duo alii liberi, et ita de isto nunc filio unico desperabatur de vita ejus, et quodammodo videbatur esse in extremis, carens omni virtute corporali, nullum habens remedium sanitatis, et ipse puer dicebat quod ipse sentiebat in se ipso se breviter moriturum, et talis opinio erat omnium circumstantium quod ipse non debebat evadere a morte ab illa infirmitate ; et tunc predictus Petrus humili corde et devoto, recommendavit filium suum dno sancte memorie Urbano pape, faciens sibi votum ut si ipse dignaretur apud Xpistum intercedere quod dictus Anthonius, qui unicus ejus erat filius, eo tunc evaderet a morte, et sanitati restitueretur, quamcitius ipse posset duceret dictum ejus filium ad visitandum dicti dni Urbani pape sepulcrum, cum oblatione pro filio. Et facto voto, incontinenti ipse juvenis bene incepit reconvalescere, et in ipsa die fuit liberatus a febre et a dissenteria, et post duos dies inmediate sequentes, fuit pristine restitutus sanitati, per merita et ad invocationem, ut pie credit, dni Urbani pape quinti. — Quod scripsi et puplicavi ego Jacobus de Oleriis, notarius infrascriptus, in presentia et testimonio Anthonii de Carbena et Petri Vitalis, de Massilia.

**46.** De passo per spatium et intervalla xxx$^{ta}$ annorum curato. In die sancte Marie Magdalene. — Anno quo supra, die xxij$^a$ Julii, Bernardus Vincentii, mercator de Narbona, suo asseruit juramento, quod ipse passus fuerat quamdam gravem infirmitatem in latere suo dextro intrincece, per spatium et per tempora ac intervalla xxx$^{ta}$ annorum vel circa, ita quod quolibet mense ipse dictam infirmitatem patiebatur, quandoque per viij° dies, quandoque per xv vel circa, et nullo poterat medicorum remedio liberari, cum ipse accessisset in Sicilia, in Romania et in Perpiniaco, et diversis aliis mundi partibus, pro medicis, ad finem quod ab ipsis de dicta longa egritudine posset liberari ; et quidam ex ipsis medicis dicebant quod predicta infirmitas procedebat ex ventositate nimia intrincece inclusiva ; alii dicebant quod vulgariter appellabatur pleuesin, alii vero dicebant quod apostema erat, et sic nemo illorum medicorum dictam infirmitatem clare poterat discernere, nec remedium sibi tunc patienti confferre, licet expendisset ultra tricentos florenos auri ; et omni die debilitabat, et non erat aujus comedere aliqua legumina, neque res frigidas sive acetosas, nec ob hoc in aliquo ipse remediabatur, sed quod deterius est a xiiij annis citra ipse multo plus gravabatur, jacens in lecto continue per duos vel tres menses aut per unum quandoque, et hoc quolibet anno; in fine vero processit dicta egritudo in tantum quod de necessitate in quallibet septimana oportebat semel vel bis medicinam et purgationem recipere, quia nisi hoc faceret aut per balnea se juvaret, ipse erat totaliter in desperatione vite sue, affectans eo tunc multo plus mori quam vivere; dum esset in tanta perplexitate, et cum dictus loquens nullum penitus in mundo haberet refugium pro sue sanitatis remedio, pretendens quod Deus multa et diversa miracula cotidie operabatur per merita gloriosa sanctissimi patris dni Urbani pape quinti, igitur quadam die de anno proxime lapso et de mense Januarii, in dicto loco de Narbona, erat valde male dispositus propter infirmitatem illam, quam graviter patiebatur, jacens in lecto, et ad suffragia dicti dni Urbani pape recurrit, supplicans eidem quod dignaretur apud Deum intercedere quod ab illa infirmitate longeva posset liberari, prestando sibi vitam et sanitatem, aut saltim moreretur antequam ipse staret in tanta pena; et si sanitati restitueretur, vovebat se visitaturum sepulcrum dicti dni Urbani pape, quamcitius posset, offerens ibidem latus cereum et cum entorta cerea. Et facto voto, incontinenti, ut dicit, bene incepit reconvalescere, et post duos sequentes [dies] de lecto ipse surrexit incolumis; subsequenter vero, parvo peracto tempore, ipse Bernardus reincidit in infirmitate predicta, non tamen graviter patiens illam sicut solebat antea, sed incontinenti habuit suum ventrem inflatum et grocissimum, et exinde dissenteriam ipse patiebatur, et cum illa dissenteria evacuabatur et purgabatur valde de illa egritudine longeva, exiens apostema et corruptio totalis illius infirmitatis, ac si maximam medicinam de facto recepisset; et sic ipso itaque evacuato bene se habuit postea sine dolore, nichilominus quod ipse stetit ibi in Massilia per unum mensem et ultra pro suis negotiis faciendis, comedens pisces, legumina, et omnia alia sibi nociva et contraria, que fuerunt sibi inibita per medicos non comedere, nec ob hoc ipse amplius nullum malum sentiit, sed valde bene se habuit, et propter hoc inmediate vota sua complevit, et sic ipse Bernardus, ut pie credit, est penitus liberatus et sanatus a dicta longa egritudine ad invocationem et per merita gloriosa memorati dni Urbani pape quinti, de quo dat laudem et gloriam Deo benedicto, et predicto dno Urbano pape. — Que quidem omnia supradicta scripsi et puplicavi ego Jacobus de Oleriis, notarius infrascriptus, in presentia et testimonio dnorum Ademari de Strilhis et Hugonis de Gondelherio, monachorum.

**47.** Anno quo supra, die xxiij Julii, Monnetus Cauferii, de Berbentana, diocesis Avinionensis, suo asseruit juramento quod ipse passus fuerat malum in tibia ejus sinistra, de gotassa patiens per duos menses vel circa, non potens ambulare, et tunc Syfrena, mater ejus, in XL$^a$ [Quadragesima] proxime lapsa votum [*imperfect.*]

**48.** Die predicta, Johanna de Cabreriis, loci predicti, suo asseruit juramento quod de anno M° CCC° LXXIIIJ, circa festum sancti Johannis [*24 juin*], febricitans quasi per v. septimanas, et dum Gaufridus de Cabreriis, pater ejus, vovit dictam ejus filiam [*imperfect.*]

**49.** Die predicta, Beatrix Torneja, de Castro Raynardi, diocesis Avinionensis, prout juramento suo asseruit, de anno lapso, circa festum sancti Michaelis [*29 sept.*], graviter infirmabatur infirmitate febrili, et stetit per viij dies, non cognoscens se ipsam [*imperfect.*]

**50.** Die predicta, Bernardus Bolla, de Gravisone, diocesis predicte, retulit juramento suo, duo anni sunt lapsi vel circa, ipse graviter passus fuit febrem per xv dies, et demum Marita, uxor sua, vovit dictum Bernardum dno Urbano pape, quod visitaret sepulcrum suum cum sudario suo [*imperf.*]

**51.** Item pro Bertrandeto filio suo, qui infirmabatur de febre et senepion [*imperf.*] — In presentia dni Raymundi Laugerii, presbyteri, et dni Hugonis de Gondelherio, monachi.

**52.** Die predicta, Borgueta, uxor Ludovici de Moreriis, de Castro Raynardi, suo asseruit juramento, ipsa passa fuerat dolorem capitis valde graviter, quasi per duos annos vel circa, per tempora et intervalla, et nullo poterat medicorum [remedio] liberari, cum plurima expendisset, nichilque sibi proficerent, et dum quadam die inmediate post translationem sancte memorie dni Urbani [*imperf.*]

**53.** Die predicta, Johanneta, uxor Bartholomei Arquerii, de Avinione, prout juramento suo asseruit, de anno proxime lapso et de mense Octobris, quadam die Veneris, in sero, circa mediam noctem, subito dum ipsa evigilavit a sompno, supervenit sibi error capitis sive fantasia, taliter quod fuit mente capta, carens sana memoria, et neminem cognoscebat, in gravi perplexitate persistens et [*imperf.*]

**54.** Die predicta, Trimunda, uxor Michaelis Fabrica, de Avinione, prout juramento suo dixit, ipsa erat tempore mortalitatis novissime preterite graviter infirma, febricitans continue et jacens in lecto quasi per xv dies, et in fine fuit quodammodo destituta virtute corporali, taliter quod medici ipsam dimiserant incurabilem per artem medicine, et juxta opinionem ipsorum ac omnium circumstantium, ipsa videbatur esse in articulo mortis, et dum ipsa esset in illo statu, recommendans se humili corde et devoto dno Urbano pape, votum sibi fecit, ut si Deum intercedendo suis meritis fieret salva et non moreretur ab illa infirmitate, quam citius posset peregre suum visitaret sepulcrum cum vj. libris cere. Et facto voto, statim incepit bonam recuperare virtutem et reconvalescere.—In presentia dnorum Guilhelmi Natas et Hugonis de Gondelherio, monachorum.

**55.** Anno quo supra, die xxiiij Julii, Anthonius Musso, de Nicia, suo asseruit juramento quod quidam ejus filius, Valente nomine suo, etatis circiter duorum annorum et medii, in XL$^a$ proxime preterita graviter infirmabatur, et in fine ipse infans fuit valde atenuatus in virtute, et quasi videbatur esse in extremis, desperantes de vita ejus, et [*imperf.*]

**56.** Die predicta, Raynauda, uxor Audeberti Gastinelli, de Nicia, prout juramento suo asseruit, quedam felezena sua, nomine Rostagna, iiij$^{or}$ annorum vel circa, quadam die casu fortuitu cecidit de quodam gradario inferius, et exinde remane[n]s [*imperf.*]

**57.** Die predicta, Jacomina, uxor Guilhelmi Martini, de Nicia, prout juramento suo asseruit, ipsa passa fuerat quamdam gravem infirmitatem corporalem per totam personam suam, habens pustula(n)s in facie et in tota persona, et jam dicebatur per omnes gentes communiter de Nicia, quod ipsa erat leprosa, et stetit patiens et jacens in lecto [*imperf.*]

**58.** Die predicta, Pauleta Scuderia, de Nicia, suo asseruit juramento, ipsa stetit per tres menses jacens in lecto multum debilitata, nec poterat se movere de loco, sed inpotens erat, nec sperabatur quod evaderet a morte, juxta opinionem circumstantium ; et tunc Anthonius, maritus ejus, votum fecit dno Urbano pape, ut si precibus ejus et meritis ipsa Pauleta a dicta liberaretur infirmitate et inpotentia, sanitate recepta ipsa quamcitius posset, accederet peregre sepulcrum dni Urbani pape visitare, cum ymagine cere pro oblatione. Et facto voto, in ipsa die bene incepit reconvalescere et cibum recipere, et ab illa hora in antea prosperando omni die, post aliquos paucos dies sequentes fuit pristine restituta sanitati, meritis et precibus dni Urbani pape quinti. — Presentibus testibus infrascriptis.

**59.** Die predicta, Baudeta Symona, dicti loci, retulit juramento suo, quod Petrus Teyseyre, nepos suus, patiebatur in testiculis malum, et dubitabatur de ruptura intestinorum sive crepatura, ex eo quia unum ex testiculis grocissimum habebat valde, et tunc quadam die ipsa Baudeta vovit dictum nepotem suum dno Urbano pape, ut si precibus et meritis ipsius liberaretur a dicta infirmitate et ruptura, ipsa veniret peregre sepulcrum dni Urbani pape visitare cum oblatione cere. Et facto voto, post paucos dies sequentes fuit pristine restitutus sanitati, et sine inflatione quacumque testiculi ; et hoc credit pie factum fuisse a Deo meritis et precibus memorati dni Urbani pape quinti. — Presentibus testibus infrascriptis.

**60.** Die predicta, Jacomina Speuta, de Nicia, retulit juramento suo quod ipsa venerat casu fortuito in inpotentia de brachiis et tibiis, propter quod stetit per tres dies et noctes, et nullo modo poterat se juvare, nec posset se induere neque calciare, neque levare manus in altum, propter quod credebat totaliter quod fuisset perpetuo inpotens ; et facto voto dno Urbano pape, quod suum visitaret sepulcrum cum brachiis et tibiis cere, incontinenti ipsa incepit se juvare de brachio dextro, levans manum suam in altum, et in crastinum ipsa surrexit de lecto et ambulabat, et sic remansit sine aliqua inpotentia manuum et pedum, pristine restituta sanitati, ad invocationem et per merita sancte memorie dni Urbani pape quinti. — In presentia testium infrascriptorum.

**61.** Die predicta, Johannes Roclusani, de Nicia, mercator, suo asseruit juramento quod, nunc sunt duo anni lapsi quod ipse discessit de Nicia, accedens apud Romam, navigans per mare in quadam destreria, et dum fuerunt in plaja Romana, prope del Farilhon de Boca petita, arripuit eos tanta procella maris, periclitantes, quod totaliter credebant periri et naufragari, et omnes pariter de navi desperabant de vita eorum, et de perditione illius navigii, quia satis prope erant de rupis maris; timentes ferire ibidem et cupientes evitare pericula, voluerunt in altum maris se supponere, et ibi fuit tanta procella per ventum validum et undas altissimas, quod statim credebant intrare in profundum maris et submergi; et tunc iste Johannes predictus, timens de morte, dnm papam Urbanum invocavit, et sibi votum fecit sepulcrum suum visitare, quamcitius posset, cum cereo unius floreni auri, si evaderet ab illo periculo, Xpisto juvante et mediante. Et facto voto, statim cessare incepit procella, et ceperunt tranquillari, et post paululum ad portum salutis cum incollumitate pervenerunt, per merita, ut pie credit, memorati dni Urbani pape quinti. — In presentia testium infrascriptorum.

**62.** Die predicta, Laugerius de Cayrasso, de Nicia, suo asseruit juramento quod ultra duos annos lapsos accidit quadam nocte, quod quedam parva filia sua duorum annorum dormiebat, secum cont[i]nue in lecto tenebat candelam accensam in manu sua, et ipse loquens una cum uxore sua se obdormierunt; et ipsis dormientibus, ipsa filia projecit candelam accensam inter paleas lecti, et subito fuit accensus ignis validus, ardens paleas cum flammis vehementibus, et sentientes ignem atque fumum evigilaverunt, nescientes quid facere nec quale remedium posse(n)t adhiberi, quia ibi erat quoddam velum supra perticam lecti, et dubitabat quod fuisset perditum et devastatum propter ignem, quia jam flamma (jam) incipiebat ascendere, et finaliter ipse dubitabat quod omnia que habebat essent perdita propter ignem; et tunc ipse invocavit dnm Urbanum papam, votum sibi faciens ut si precibus suis et meritis ignis extingueretur et amplius non procederet, ipse suum veniret visitare sepulcrum cum oblatione sua. Et facto voto, incontinenti ignis incepit cessare et amplius non processit, nec aliquod dampnum fecit, nisi quod arsit paleam et modicum de mathalacio, et post modicum intervallum ignis fuit extinctus penitus, quod credit hoc factum fuisse a Deo meritis et precibus dni Urbani pape quinti. — Que quidem omnia supradicta de Nicia notificata scripsi et puplicavi ego Jacobus de Oleriis, notarius infrascriptus, in presentia dni Petri Alami et Hugonis de la Prada, monachorum.

**63.** Die predicta, hic vir venerabilis Geraldus, presbyter, vicarius ecclesie Sancti Salvatoris Trajactensis, prout juramento suo asseruit, ipse passus fuerat maximam penam per podegram passionem in pedibus et in tibiis, et nullo poterat medicorum [remedio] liberari; et dum ipse graviter patiebatur primo in civitate Trajactensi, et secundo in Avinione, ipse invocabat omnipotentem Deum et beatum Urbanum papam quintum, votum sibi faciens ut si precibus suis et meritis ipse liberaretur ab illa podrage infirmitate, suum ibi veniret visitare sepulcrum peregre, cum duabus tibiis cere. Et facto voto, incontinenti fuit liberatus ab infirmitate podrage, ad invocationem et per merita, ut pie credit, dni Urbani pape quinti. — Quod scripsi et puplicavi ego Jacobus de Oleriis, notarius infrascriptus, in presentia et testimonio dni Hugonis de Gondelherio et Hugonis de la Prada.

**64.** Die predicta, Guiretus Coste, de Galeranicis, monnerius, prout juramento suo asseruit, quedam filia sua, nomine suo Petronilla, etatis circiter vij annorum, duo anni sunt lapsi vel circa, ipsa graviter infirmabatur, patiens febrem cum picota vel vayrola, debilitans omni die, et erat in tali dispositione de illa picota quod non poterat videre de oculis nec poterat aperire os suum, et cibum non potuit recipere de viij° diebus nisi lac vel vinum dumtaxat, et se totaliter desperabatur de vita ejus, juxta oppinionem omnium circumstantium, et tunc ipse Guiretus videns filiam suam in tanta perplexitate afflicta, sperans de morte potius quam de viva, vovit eam presentare ad sepulcrum [*imperfect.*]

**65.** Anno quo supra, die xxv$^a$ mensis Julii, Johannes Isnardi, de Galaranicis, diocesis Nemausensis, prout juramento suo asseruit, tres anni sunt nunc lapsi vel circa, ipse graviter infirmabatur, patiens febrem et habens bossam magnam supra sthomacum, jacens in lecto per vi septimanas vel circa, debilitans omni die, et totaliter desperabatur de vita ejus, juxta oppinionem medicorum et omnium aliorum circumstantium, et in tantum erat debilitatus et attenuatus virtute corporali quod vix loqui poterat, et quasi omni die sperabatur de morte potius quam de vita, et inpotens de membris suis effectus fuerat; et dum quadam die ipse Johannes esset in mortis articulo constitutus, agonizans, quidam dnus Johannes Duranti, presbyter curatus loci predicti, videns eum in illo statu, dixit ei : « Domine Johannes Isnardi, voveatis vos in corde vestro humiliter et devote dno Urbano pape s[ancte] m[emorie], nam si hoc facitis, vos eritis liberatus ab hac infirmitate, prout credo »; dictus vero Johannes hoc audiens in corde suo votum fecit dno Urbano pape predicto, sepulcrum suum visitaturum, sanitate recepta, quamcitius posset, cum ymagine cere unius libre. Et facto voto, subito ac incontinenti ipse virtutem recuperavit et loqutus fuit, et paulo post cibum recepit; et post paucos dies sequentes illa bossa crepuit et fuit liberatus de febre, prosperans omni die, taliter quod a morte evasit, et exinde fuit pristine sanitati restitutus per merita, ut pie credit, dni Urbani pape quinti. — Dns Johannes Duranti, cappellanus curatus dicti loci de Galaranicis, pro parte dicti Johannis Isnardi testis productus, et diligenter interrogatus super contentis supra, dixit et asseruit juramento suo omnia supra contenta et descripta sibi exposita, penitus fore vera, nec credebat veraciter quod dictus Johannes posset ullo modo a morte evadere; sed postquam ipse presbyter monuit dictum Johannem, tunc in mortis articulo constitutum, quod se voveret dno Urbano pape, sancte memorie, et dum se vovit, incontinenti in eodem instanti bene reconvalescere incepit, taliter quod a morte evasit et sanitati pristine fuit restitutus, credens pie quod ad invocationem memorati dni Urbani pape quinti hoc factum fuerit. — Predicta fuerunt manifestata in presentia et testimonio dnorum Laurentii Garnerii et Guilhelmi Marini, monachorum, et mei notarii infrascripti.

**66.** Anno quo supra, die xxv Julii, Anthonius Robeti, de Narbona, prout juramento suo asseruit, quidam ejus filius, nomine Anthonius, etatis circiter v. annorum et medii, modo unus annus est lapsus, graviter infirmabatur infirmitate febrili continua, taliter quod de vita ejus totaliter desperabatur nec sperabatur quod amplius viveret, quia in mortis articulo erat constitutus, ut jam apparebat per omnia signa mortalia, quia non flebat nec membra movebat, nec sucgebat ubera ; et tunc predictus Anthonius vovit eum humili et devoto corde dno Urbano pape, ut si precibus suis et meritis dictus ejus filius a morte evaderet, quamcitius ipse posset sepulcrum dni Urbani pape visitaret cum ymagine cere unius libre, necnon etiam dictum puerum sibi presentaret loco et tempore oportunis. Et facto voto, ipse infans incontinenti virtutem recuperavit, et mamillas matris recepit ipsas sucgendo, et sic a morte evasit, et sanitati fuit restitutus ad invocationem et per merita, ut pie credit, memorati dni Urbani pape quinti. — In presentia testium infrascriptorum fuerunt predicta manifestata.

**67. De mortuo ressucitato.** — Die predicta, Johannes Baronis, notarius dicti loci, prout juramento suo asseruit, de anno proxime lapso graviter infirmabatur, patiens febrem per xiiij dies continue, de quo penitus desperabatur de vita totaliter, tam per medicos quam per alios circumstantes ; tandem quadam die ipse fuit in mortis articulo, agonizans, carens omni virtute corporali et sensibus corporalibus, cum sudore mortis, faciens tractum unum sive badalh, signatus cum signo sancte †, nec amplius movit membra, et pulsu carebat, flentes et dolentes eo tunc omnes amici de morte illius Johannis, et parantes pro exequiis faciendis ad funeralia, et quod jam erat emptum et paratum sudarium ad ponendum eum ibidem ; et tunc Bernardus Baronis, frater istius qui dicebatur esse mortuus, qui hic nunc presens est, et ut juramento suo asseruit, incontinenti dum vidit fratrem suum fore mortuum, ut credebat, flendo et lacrimando acerrime, positis in terra genibus flexis, dnm Urbanum papam invocans supplicavit ipsum, deprecans votum fecit ut si ipse precibus suis apud Xpistum intercedendo, frater suus qui tunc erat mortuus, ut credebat, restitueretur ad vitam, quamcitius posset ipse una cum fratre suo peregre sepulcrum dicti dni Urbani venirent visitare cum ymagine cere ibi offerenda. Et incontinenti facto voto, dictus Johannes qui mortuus erat suspirium dedit, et oculos quos habebat velatos aperuit, exinde virtutem bonam recuperando, et in crastinum ipse fuit in satis bona convalescentia, loquens, videns et cognoscens, et cibum recipiens, erigens se in lecto, et incontinenti mandaverunt sudarium predictum ad quamdam figuram ibi depictam dni Urbani pape, et hic hodie venerunt dicentes et manifestantes hoc miraculum factum fuisse a Deo meritis et precibus dni Urbani pape quinti. — Quod scripti et puplicavi ego Jacobus de Oleriis, notarius infrascriptus. [Testes] : Laurentius Garnerii et Guihlelmus Pelaprati, notarius.

. . . . . . . . . . . . . . . . .

**68.** Anno quo supra, die xvj Augusti, Bernardus Gibelini, de civitate Biterensi[1], prout juramento suo asseruit, de anno M°CCC°LXXJ°, ipse stetit per tres menses graviter infirmus, jacens in lecto, patiens febrem et alias graves infirmitates corporales, debilitans omni die, et quod totaliter de vita ejus desperabatur, et stetit in manibus magistri Raymundi Roserie, de Ginhaco, et magistri Hugonis de Folio Valle, medicorum, qui desperantes de vita ipsius patientis ipsum desamparaverant incurabilem per artem medicine, et nullo modo in eodem poterant remediare pro oportuno remedio sanitatis, licet expendisset ultra quingentos francos auri, tam in medicis quam in medicinis, et nichil proficiebant, sed omni die debilitabat, in tantum quod in fine sue infirmitatis, de mense Decembris, fuit carens omni virtute corporali, neminem cognoscens, et cibum non recipiebat nisi coladiciam, et stetit per aliquos dies, ignorans si mortuus erat aut vivus, stans in agonia, et statim sperabatur per circumstantes quod spiritus convolaret ; stans vero in illo statu, ut dicit, quadam die de mense Decembris dictus Bernardus, tunc Andrea, uxor sua, cum fletu et lacrimis cumque maxima devotione invocans dnm Urbanum papam, votum sibi fecit ut si ipse dignaretur apud Deum intercedere quod ipse maritus suus ex illa infirmitate a morte evaderet, ipse quamcitius posset, visitaret sepulcrum dicti dni Urbani pape cum iiij°r libris cere pro oblatione. Et facto voto, dum in crastinum predicti medici venerunt visitare dictum egrotum, invenerunt ipsum reconvalescentem de infirmitate et extra periculum mortis ; et incontinenti incepit virtutem recuperare, loquens exinde et cibum recipiens, taliter prosperando omni die, a die voti facti per dictam uxorem suam, prout ipsa sibi hoc retulit, in antea continue, quod a dicta sua gravissima infirmitate fuit in fine pristine restitutus sanitati, et evasit a morte, ad invo-

---

1. [*Le notaire avait d'abord écrit* Bituricensi.]

cationem et per merita gloriosa, ut pie credit, dni Urbani pape quinti. — Et de premissis omnibus, ut dicit, potest clare testificari predicta Andrea, uxor sua, de infirmitate ac de convalescentia post votum factum recepta, necnon etiam possunt testificari predicti medici, et Raymundus Butiraqui, apotecarius, et Petrus Bironi, ac Raymundus Corregerii, et generaliter quasi omnes dicte civitatis, qui desperabant de vita ejus. — Quod scripsi et puplicavi ego Jacobus de Oleriis, notarius infrascriptus, in presentia et testimonio nobilis Johannis de Oyena, et dni Mondoni la Casa, monachi Sancti Victoris Massilie.

**69.** Item etiam retulit quod quadam die ipse discedens de civitate predicta Bituricensi [1], equitabat accedens apud Montempessulanum, sic quod in itinere venerunt sibi dolores greves et intollerabiles circa lumbos suos et in squinis, nullum penitus habens remedium sanitatis; et tunc ipse recordatus de dno Urbano papa, quod de predicta sua infirmitate obtinuerat gratiam a Deo benedicto quod evaserat a morte, propter quod ipse humili et devoto corde votum sibi fecit, quod si precibus suis et meritis apud Deum intercedendo, ab illis gravissimis passionibus et doloribus posset liberari, quamcitius posset suum dicti dni Urbani pape visitaret sepulcrum cum oblatione sua. Et facto voto, post subsequenter per spatium dicendi bis septem psalmos, ipse fuit totaliter liberatus a doloribus renum et squinarum, et credit pie, ut dicit, hoc factum fuisse ad invocationem et per merita memorati dni Urbani pape quinti. — Quod scripsi et puplicavi ego Jacobus de Oleriis, notarius, in presentia testium prescriptorum.

**70.** Anno et die quibus supra, Riquerius Riquerii, nobilis de Nicia, prout juramento suo asseruit, de anno M° CCC° LXXIIIJ° et de mense Septembris, ipse incepit graviter infirmari, gravissima infirmitate corporali detentus, et illam infirmitatem febrilem passus fuit quasi per tres menses, desperans de vita ejus totaliter quod moreretur, et nullo poterat medicorum remedio liberari, sed incontinenti dum ipse nobilis quadam die vovit se humiliter et devote dno Urbano pape, quod apud Deum ipse intercedere dignaretur, quod liberaretur ab illa infirmitate, quamcitius

---

1. [*Le notaire a sans doute oublié de corriger ce mot en* Biterrensi.]

posset, suum dicti dni Urbani pape visitaret sepulcrum, cum oblatione sua. Et incontinenti voto facto, bene incepit reconvalescere, et ipsa die fuit liberatus de febre, ad invocationem et per merita memorati dni Urbani pape quinti, ut pie credit. — Quod scripsi et puplicavi ego Jacobus de Oleriis, notarius infrascriptus, in presentia testium infras criptorum.

**71.** Die predicta, Franciscus de Lentilhaco, condominus dicti loci, Catursiensis diocesis, prout juramento suo asseruit, de mense proxime lapso Julii, incepit graviter infirmari, patiens febrem validam et bossam habens in capite, et fluxum sanguinis per os et per nares etiam passus fuit quasi per unam diem, et fuit in tantum debilitatus quod quadammodo amiserat omnem virtutem corporalem, et medici dimiserant dictum Franciscum incurabilem per artem medicine, et jam reputabatur esse eo tunc morti propinqus, ut dicit, et sibi hoc postea relatum fuit per circumstantes in sua infirmitate ; et cum ipse loquens esset quasi in mortis articulo, tunc reverendissimus in Xpisto pater dns J[ohannes] de Cardalhaco, episcopus Ruthinensis et patriarcha, humiliter et devote vovit ipsum loquentem dno Urbano pape, et quod si ipse dignaretur suis sanctis precibus apud Deum intercedere, quod ipse loquens tunc graviter infirmus restitueretur ad vitam et sanitatem, dum esset in bona convalescentia mandaret ipsum hic peregre sepulcrum dni Urbani predicti visitare, cum oblatione sua. Et facto voto, paulo post cessavit fluxus sanguinis, ac etiam ipsa eadem die cessavit febris, et cibum recepit, et fuit in satis bona convalescentia, et in crastinum de lecto surrexit, et per consequens post paucos dies fuit pristine restitutus sanitati, ad invocationem et per merita, ut pie credit, memorati dni Urbani pape quinti. — Testes, dns Guilhelmus Natas, monachus, et Arnaldus de Croso.

**72.** Die predicta, Johannes Austacii, parator civitatis predicte, asseruit juramento suo quod Clara, uxor sua, etatis circiter xx annorum, de anno M° CCC° LXXV° et de mense Julii, graviter incepit infirmari, et passa fuit ipsa febrem continuam per xxxv dies, jacens in lecto, et fluxum ventris atque vomitum per os habuit, quasi per medietatem infirmitatis sue, et cibum et omnia alia que sumebat, per os incontinenti extra totaliter proiciebantur, nec aliquid remanebat; postremo vero ipsa penitus nullum poterat recipere cibum, nisi saltim aliqua coladicia cum perlis et auro moutis, ad dandum sibi mulieri corpori suo aliquod sustentamentum; ipsa vero mulier erat tam debilis in omnibus membris suis et attenuata virtute corporali, quod non erat in ea nisi pellis supra ossa; et propter multa signa mortalia, ut dicit, que medici cognoscebant in eadem, ipsi dimiserant eam incurabilem per artem medicine, desperantes totaliter de vita ejus quod non posset a morte evadere, quia signum vite in ea non apparebat, et juxta opinionem tam medicorum quam circumstantium, quam etiam juxta famam dicte civitatis, ipsa nullo modo poterat evadere a morte; quapropter ipse Johannes quadam die recommendans dictam uxorem suam dno Urbano pape, votum sibi fecit ut si ipse apud Deum intercedere dignaretur quod ipsa evaderet ab illa infirmitate et non moreretur, quam citius ipse posset, veniret pro ea sepulcrum dicti dni Urbani visitare cum iiij$^{or}$ libris cere. Et facto voto, ipsa bene incepit reconvalescere, et virtutem recuperare, et in crastinum melius se habuit, et cibum et potum recepit, et post vii dies de lecto surrexit sine febre aliqua, et post aliquos dies sequentes fuit pristine restituta sanitati, ad invocationem et per merita, ut pie credit, memorati dni Urbani pape quinti. — Et de predicta infirmitate dicte Clare, ac de convalescentia post votum recepta, possunt clare testificari, ut asserit dictus Johannes, videlicet magister Hugo de Folio Valle, et magister Josse, judeus, medici phisici, Hugo Garaudi, apothecarius, Johannes Blanqueti, Fulco Girone, Jacobus Capistagni, et quamplures alii dicte civitatis. — Que quidem omnia supradicta ego Jacobus de Oleriis, notarius infrascriptus, scripsi manu mea ac illa puplicavi in presentia testium predictorum.

**73.** Die Dominica xvii$^a$ Augusti. — Anno quo supra, die xvii. Augusti, Raymundus de Portis, domicellus de Lunello, prout juramento suo asseruit, de anno proxime lapso et de mense Septembris, ipse graviter infirmabatur, patiens febrem continuam nocte dieque per xv dies, et nullo poterat medicorum remedio liberari, et quod illi medici qui visitabant ipsum nobilem in sua infirmitate, totaliter desperabant de vita ipsius quod non evaderet a morte; et dum ipse loquens esset quasi in articulo mortis, et quod medici desamparaverant ipsum incurabilem per artem medicine, quadam die habens in mente sua dnm Urbanum papam, eidem se recommendavit, et sibi votum fecit suum visitare sepulcrum cum entorta cerea, si ipse evaderet a morte ab illa infirmitate, intercedendo Deum pro eo. Et facto voto, in ipsa eadem die bene incepit reconvalescere de sua infirmitate, taliter quod medici hoc bene cognoverunt inmediate, et prosperando per consequens omni die, evasit a morte, et finaliter ipse fuit pristine restitutus sanitati, invocato dno Urbano papa quinto. — De qua quidem infirmitate sua possunt clare testificari magister Johannes Patarani, et magister Guilhelmus Fabri, medici cirurgici de Lunello, necnon etiam nobiles Johannes de Monteferrerio, et Bernardus de Sancto Justo, et gentes de hospitio, et quamplures alii dicti loci de Lunello, qui de vita ejus totaliter desperabant, sed postquam ipse se vovit beato pape Urbano, ipse bene reconvalescere incepit. — Quod scripsi et puplicavi ego Jacobus de Oleriis, notarius infrascriptus, in presentia et testimonio dni Petri Alami, monachi, et Petri Oda, de Massilia.

**74.** [1] Die Mercuri xx$^a$ Augusti. — Anno quo supra, die xx$^a$ Augusti, Angelinus Galhardi, de Straberc in Alamania, famulus dni Petri Scatisse, magistri camere computorum dni Regis Francie, prout juramento suo asseruit, de anno proxime lapso et circa festum Omnium Sanctorum [1$^{er}$ nov.], ipse dns Petrus Scatisse erat in Tholosa allogiatus in hospitio de Moneta, ubi continue utitur venire; sic est quod quadam nocte dicti mensis quidam vaylletus dicti dni Petri dimiserat quamdam candelam ardentem infra stabulum, ubi erant viij$^o$ equi, valoris circa mille [2] francorum auri, et dimittens candelam illam accensam, ignis validus accensus est, ubi erat fenum multum de super equos et supra rastellum, taliter quod fuit tantus ignis infra stabulum quod nemo sane mentis erat ausus intrare infra dictum stabulum, ad extrahendum equos, propter validas flammus ignis ardentis atque fumum; et ipse Angelinus dum vidit ignem accensum, credidit totaliter quod equi quodammodo essent arsi et devastati, de quo multum dolebat, dubitans forte pati dampnum de persona sua per magistrum suum, eo

---

1. [*En marge:* Nota dignum. — 2. *On a effacé* ducentorum *après* mille.]

quia ipse Angelinus erat custos equorum dicti dni Petri Scatisse; et incontinenti ipse pretendens quod Deus per universum orbem multa miracula operabatur per merita dni Urbani pape, igitur ipsum invocando supplicavit dicens: « O beate papa Urbane, digneris me juvare in hac dieta, videlicet quod possim extrahere dictos equos libere de igne et sine lesione quacumque, et si hanc gratiam mihi inpetraveris apud Deum, votum tibi facio quod tuum visitabo sepulcrum, quamcitius potero, offerens ibidem ymaginem cere iiijor librarum » ; et incontinenti dum votum fecit, signans se signo sancte † et recommendans se Deo et virgini Marie et beato pape Urbano, intravit infra stabulum ubi erat ignis expansus per totum, cum maximo fumo, taliter quod credidit ibi remanere propter ignem et suffocationem, et capilli capitis et barbe fuerunt arsi, et in manibus et in capite opressus et vulneratus propter ignem, et veniens apud equos ad rastellum, inveniens equos, cum gladio suo scidit stacham de collo, ipsi vero equi credebant ibi mori, ponentes capita inferius et trahentes per terram, ac si se vellent in terra flectere, et tunc ipse Angelinus dixit cuidam equo magno, ipsum nominando nomine quo utebatur ipsum nominare : « In nomine Domini nostri Jhesu Xpisti et beati pape Urbani, sequere me » ; et tunc ipse equs incepit vestigia ejus sequi, ac si esset unus catellus, et post ipsum equm tres alii post eum sequti sunt et extra exierunt, et cum alii iiijor equi adhuc remansissent infra stabulum ardentem, ipse dictus Angelinus iterato intrare voluit infra stabulum, prediligens mori quam vivere, si equi perirent propter ignem, quia ipse dubitabat quod eo casu magister suus faceret eum interficere et gladio periri ; et accipiens baculum in manibus, intrans in stabulum, dixit : « In nomine Jhesu Xpisti benedicti et beati pape Urbani, possim ego extrahere equos illesos de igne ? » et tunc illi equi exierunt extra illesi ; et tunc ipse inveni[e]ns istos viijo equos, aptavit et fretavit eos taliter quod in eisdem nulla penitus adustio apparebat, et sic evaserunt ab incendio ignis et a morte, ad invocationem et per merita sanctissimi patris dni Urbani pape quinti, ut pie credit. — Et de predicto incendio ignis et de miraculo exinde subsequto per merita memorati dni Urbani pape, potest testificari quidam scutifer et magister hospitii dicti dni Petri Scatisse, suo nomine Mahuetus, et fratres Carmelitarum de Tholosa, ac alie infinite gentes ibidem.

**75**. Item etiam retulit juramento suo quod, parvo peracto tempore, circa per unum mensem, post illud incendium, fuit in valde gravissimo statu de capite suo, propter ardorem ignis et fumum qui jam intraverant infra cerebrum, propter quod habebat faciem inflatam et oculos quod modicum videre poterat, et nasum turpissime forme et coloris, et portabat capud demissum versus terram, et quod jam credebat quod fuisset capud suum apostematum ab infra, et in illo statu male dispositus stetit per tres septimanas; quadam vero die, dum ipse Angelinus esset in tali gravi statu et difformis valde in facie, invocans ibidem dictum dnm Urbanum papam, talia verba dixit : « O beate papa Urbane, sicut tuis sanctis meritis nuperrime miraculum mihi inpetrasti a Deo », ut supra fit mentio, « digneris etiam nunc pro me apud Deum intercedere quod possim sanari ab infirmitate capitis mei; et si hanc gratiam obtinueris a Deo quod hinc ad tres dies fuerim liberatus, ad tuum sepulcrum presentabo capud cereum unius libre ». In tertia vero die sequenti, stans ipse ad ignem, circa horam tertiarum, adhuc predicta sua infirmitate detentus, dixit : « O beate papa Urbane, sis recordatus de me, si placet »; et incontinenti ac in momento fuit penitus liberatus, et sanitati pristine restitutus, per merita, ut pie credit, dni Urbani pape quinti. — Quod scripsi et puplicavi ego Jacobus de Oleriis, notarius, in presentia et testimonio dni Petri Sibore, monachi, et nobilis Johannis de Oyena.

**76**. De restituta ad vitam que mortua dicebatur. — Anno quo supra, die predicta, dna Isabel, de civitate Metensi in Lotorigia [1], uxor dni Johannis de Revenia, militis, prout juramento suo asseruit, de anno M° CCC° LXXJ°, de mense Junii, ipsa jacebat de quadam filia quam in partu habuerat in Avinione, sic quod sibi accidit quadam die quod dicta filia post triduum nativitatis sue erat in lecto cum dicta dna Isabel, matre sua, et volens recipere dictam filiam invenit eam subversam in lecto, penitus mortuam, ut credebat, tenens os apertum, occulos subversos, velud mortua persis-

---

1. *Primo scriptum fuit :* de Mes en lo rene, *quod fuit cancellatum, et alia superposita.*

tens, nigra effecta in facie et in membris, non movens
membra, sic totaliter credebat quod jam obisset et spiritus
convolasset, et tunc ipsa domina tacta gravi dolore in
corde, acerrime flebat, ignorans penitus si ipsa esset in causa
mortis filie sue, dormiendo, autne, licet distaret satis longe
ab ipsa in eodem lecto; et tunc venerunt ad ipsam nutrix
dicte filie que ipsam lactabat et nomine suo vocatur Perreta,
et subsequenter venit matrina que fecerat dictam filiam
babtizari, que quidem matrina suo nomine vocatur Johanneta de Benna, et omnes tres ille mulieres credebant et
asserebant dictam filiam fore mortuam; et stetit in illo statu
per spatium quasi medie hore; et tunc ipsa nobilis cum
fletibus et lacrimis invocavit dnm Urbanum papam, dicens:
« O beate papa Urbane, sicut pie credo te esse sanctum in
conspectu Dei, supplico igitur sanctitati tue ut digneris
apud Deum deprecare, ut filia mea, modo predicto deffuncta,
meritis tuis restituatur ad vitam; nam tibi ipsam voveo
sepulcrum tuum visitaturam, si ipsa vixerit, cum laude Dei
et virginis Marie et nominis tui sancti, et cum honore
perpetuo persone sue; et offeram ymaginem cere cum dicta
filia ». Et hiis dictis, dixit nutrici predicte : « Recipias
filiam et porta eam ad ignem, ut eam calefacere possis, et
ponas lac, sugendo ubera in ore suo; nam pro certo credo
et confido quod beatus papa Urbanus pro ipsa operabitur,
et ad vitam restituetur ». Ipse vero mulieres semper dicebant quod non erat opus aliquid facere in eadem filia, quia
pro certo mortua erat, ut asserebant, judicio earumdem ;
ipsa vero mater multo magis clamabat et dicebat : « Faciatis id quod vobis precepi de filia, portantes ipsam ad ignem ;
nam spero in Deo et in orationibus sanctis beati pape
Urbani, quod ipsa filia restituetur ad vitam ». Audientes
hoc, ita fecerunt et ipsam portaverunt ad ignem, sucgen-
tes mamillam nutricis in ore infantis, aperientes sibi os
suum, et ponentes lac in ore suo, licet remaneret in ore,
nil transglutiens; et tunc mater ait : « O beate papa Urbane,
sis memor mei, et quod digneris meas preces exaudire, nam
si dicta filia adhuc vixerit, semper tibi serviam in laude et
honore, necnon et filia mea, toto meo posse ». Et hoc dicto,
dicta ejus filia, ut dixit, virtutem recuperavit, et oculos
aperuit, et lac transglutivit, recipiens eotunc convalescentiam et ab illa hora in antea ; et sic, ut pie credit et dixit,

predicta filia sua de morte ad vitam fuit restituta, de quo dat laudem et gloriam Deo benedicto ac gloriose Virgini matri ejusdem, necnon et beato pape Urbano, sub cujus precibus et meritis prefata filia ejus fuit a morte liberata, et sanitati restituta. — Et de predicto axidenti et casu mortis dicte puelle, et de restitutione vite sue post votum factum beato pape Urbano per matrem ejusdem filie, possunt clare testificari, ut dicit, Johanneta de Benna, matrina dicte filie, et Perreta, nutrix ejusdem, ibi tunc presentes, necnon etiam magister Portius de Villanova, ex auditu tamen, et ipse tenet et nutrit dictam filiam sibi attinentem. — Que quidem omnia supradicta ego Jacobus de Oleriis, notarius infrascriptus, scripsi et puplicavi, in presentia dnorum Johannis de Jherusalem, et Petri Alami, monachorum.

**77.** Sabati xxiiij$^a$ Augusti. — Anno quo supra, die xxiiij$^a$ Augusti, Giraudus Gili, barberius, de Nicia, etatis circiter xxvij annorum, prout juramento suo asseruit, ipse habebat maculam in occulo suo sinistro; propter quod stetit quasi per viiij$^o$ dies, habens offuscatum visum illius occuli, de quo valde modicum videre poterat; et dubita[n]s forte quod amisisset perpetuo claritatem illius occuli, quadam die dum adhuc esset in illo statu, non potens clare videre, neque discernere personam de illo occulo, igitur ipse votum fecit dno Urbano pape, recommendens se humiliter et devote, et si ipse dignaretur apud Deum intercedere quod de macula sui occuli liberaretur, taliter quod ipse recuperaret visum et claritatem, quam citius ipse posset, suum veniret peregre visitare sepulcrum, cum uno oculo argenti pro oblatione ibi offerenda. Et facto voto, in crastinum incepit recuperare visum oculi sui et omni die per consequens prosperabat, taliter quod in fine visum et claritatem recuperavit de dicto ocullo suo sinistro, ad invocationem et per merita memorati dni Urbani pape quinti. — Et de predictis ut supra contentis potest clare testificari, ut dicit, Johanneta, uxor sua, et Nicholaus Malatesta, de Nicia. — Que quidem omnia supradicta scripsi et puplicavi ego Jacobus de Oleriis, notarius infrascriptus, in presentia et testimonio dni Hugonis de Gondelherio et Guilhelmi de Sancto Johanne, monachorum.

**78.** Die predicta, nobilis Petrus de Alamanono, dominus

de Vidalbane, prout juramento suo asseruit, Bertrandeta, filia sua, etatis circiter x. annorum, de mense proxime lapso Julii, stetit inpotens circa per x. dies de latere suo dextro, quod nullo modo posset ambulare, neque movebatur de lecto, sed ibi stabat continue cum maxima perplexitate atque pena. Igitur ipse nobilis, videns illam puellam filiam suam sic afflictam, quadam die recommendans eam humiliter et devote dno Urbano pape, votum sibi fecit, ut si ipse apud Deum intercedere dignaretur quod filia sua restitueretur sanitati, quamcitius ipse posset, duceret ipsam ad sepulcrum dicti dni Urbani pape visitandum, cum ymagine cere iiij$^{or}$ librarum. Tandem post iiij$^{or}$ vel v. dies sequentes, dum ipsa puella audivit et intellexit quod dns pater ejus voverat eam dno Urbano pape, multum gavisa fuit, et talia verba dixit : « Sancte Urbane, adjuva me per tuam sanctam gratiam » ; et incontinenti ipsa incepit bene se habere et reconvalescere, taliter quod paulopost in ipsa die dicta puella de lecto surrexit incolumis, pristine restituta sanitati, ad invocationem et per merita, ut pie credit, dni Urbani pape quinti. — Et incontinenti dicta Bertrandeta hic presens, de qua supra fit mentio, diligenter interrogata super premisis, dixit et asseruit omnia supra contenta, per patrem suum notificata, penitus fore vera, videlicet quod ipsa steterat inpotens de latere suo et jacens in lecto per x. dies et ultra, et dum ipsa audivit sibi refferri quod dns pater suus voverat eam beato pape Urbano, ipsa se eidem recommendavit, dicens : « Sancte Urbane, adjuva me » ; et ex illa hora in antea recepit sanitatem, surgens incontinenti de lecto, et credit se fuisse sanatam meritis dni Urbani pape. — Item etiam nobilis Petrus Polhani, necnon etiam Giletus de Sancto Dionisio, scutifer dicti Petri de Alamannono, qui serviebat eidem puelle, dum infirmabatur de inpotentia et levabat eam de lecto ac portabat, isti duo dixerunt et asseruerunt juramentis eorumdem omnia supra contenta penitus fore vera, et ibi presentes fuerunt. — Que quidem supradicta ego Jacobus de Oleriis, notarius, scripsi et puplicavi, in presentia et testimonio dni Guilhelmi Marini, monachi, et nobilis Rostagni de Sperrono, castri de Auriolo.

79. Die predicta, Petrus Ermengaudi, mercator Narbone, prout juramento suo asseruit, uxor sua nomine Garna,

etatis circiter xxx annorum, de anno mill'o CCCo LXXIIIJ et in XLª, ipsa stetit graviter infirma et male disposita de tussim, nocte dieque patiens quasi per unum mensem, de qua quidem tussi maximas passiones intollerabiles sustinebat, nullum habens remedium sanitatis, et quod secundum opinionem multarum gentium ipsa mulier inciderat in prima specie tisici, quasi morbus incurabilis prenominatur; quapropter ipse loquens, volens toto suo posse quod adhiberetur remedium sanitatis in dicta uxore sua, accedere voluit apud Perpinianum, ubi dicebantur esse obtimi medici et bene experti, et dum ipse fuit quasi in medio itineris, habuit in memoria dnm Urbanum papam, et ipsum dum equitabat invocare incepit, dicens : « O beate papa Urbane, digneris apud Deum intercedere quod uxor mea possit liberari ab illa infirmitate quam nunc patitur, nam ego tibi offeram ad sepulcrum tuum pro dicta uxore mea entortam ceream quinque librarum pro voto ». Dum vero ipse fuit in Perpiniano, habens consilium de medicis, habuit aliqua medicamenta pro remedio sanitatis ipsius uxoris sue habendo, et dum ipse reversus fuit apud Narbonam, videns uxorem suam, invenit eam penitus et totaliter liberatam et sanatam ab infirmitate sua, per merita, ut pie credit, memorati dni Urbani pape quinti. — Et de predictis omnibus maniffestatis, Petrus Pastoris et Paulus Bedoci hic presentes, diligenter interrogati, dixerunt et asseruerunt juramento eorumdem quod quando dicta Garna patiebatur illam tussim, non credebant quod ita de facili posset liberari, ymo, quod deterius est, dicebatur per multos dicte civitatis quod ipsa patiebatur malum de tesic ; sed postquam audiverunt refferri quod dictus Petrus Ermenguaudi voverat dictam uxorem suam beato papé Urbano, ipsa fuit penitus liberata ab infirmitate. — Que quidem omnia supradicta ego Jacobus de Oleriis, notarius, scripsi et etiam puplicavi in presentia et testimonio dnorum Bernardi Bedoci et Andree Tronelli, monachorum.

**80**. Die predicta, Petrus Folichart, curssor domini nostri pape, suo asseruit juramento, quod de anno lapso, in XLª, in civitate Avinionis, ipse graviter infirmabatur, et stetit febricitans et male se habens, jacens in lecto per tres septimanas, omni die debilitans in tantum quod medicus domini nostri pape et alii medici, ac alii omnes circumstantes, totaliter desperabant de vita ejus, et quodammodo carebat omni virtute corporali; et dum ipse loquens esset quasi in articulo mortis, ut credebat, quadam die recommendans se dno Urbano pape, humiliter et devote votum sibi fecit suum visitare sepulcrum, peregre veniendo in Massilia, offerens ibidem ymaginem cere, et cum sudario quod voverat uxor dicti Petri cursoris domini pape. Et facto voto, ipse incepit reconvalescere, taliter prosperando omni die quod a morte evasit ab infirmitate illa, et in fine fuit pristine restitutus sanitati, ad invocationem et per merita, ut pie credit, dni Urbani pape quinti. — Et de predicta infirmitate ac de convalescentia recepta post votum factum dno Urbano pape, possunt testificari clare uxor dicti Petri cursoris, et medici qui visitabant ipsum, dum infirmabatur, desperantes de vita ipsius, et post votum factum dno Urbano pape, ut dicit, bene reconvalescere incepit. — Que quidem omnia supradicta ego Jacobus de Oleriis, notarius, scripsi et puplicavi, in presentia et testimonio dni Raynaudi Donadei, monachi, et nobilis Johannis de Oyena.

**81.** Anno quo supra, die xxiiij<sup>a</sup> mensis Augusti, hic vir magnificus dnus Pontius de Cardalhaco, vicecomes de Murato, diocesis Sancti Flori, suo asseruit juramento, quod ipse de mense Julii proxime lapso, existens in civitate Ruthinensi, graviter infirmabatur, et stetit febricitans et jacens in lecto continue, debilitans omni die, et de vita ejus totaliter desperabatur, ut dicit, quasi per tres septimanas existens in lecto; in fine sue infirmitatis fuit in tanta debilitate quod quodammodo carebat omni virtute corporali, et quod medici ipsum tunc egrotum visitantes, desperantes totaliter de vita ejus, ipsum desamparaverant per artem medicine non posse curari propter signa que inveniebant in eo mortalia, ut dicit; et quod quadam nocte ipse vicecomes videbatur esse in extremis, et ipsi medici dicebant quod in ipsa nocte debebat mori, et talis opinio erat omnium hic circumstantium, et tunc dominus de Castro Novo de Britanosso et de Caumens, hic presens, videns eum quasi morti propinquum, ut asserebat, recommendans eum humili et devoto corde dno Urbano pape, votum sibi fecit ut si ipse apud Deum intercedere dignaretur quod ipse, qui loquitur, a morte evaderet et sanitati restitueretur, ipse mandaret ad sepulcrum dicti dni Urbani pape duas entortas cere cum predicto vicecomite, sanitate recepta per eum. Facto itaque voto, incontinenti in ipsa nocte, ipse vicecomes sudorem recepit, et cessato sudore infecto, fuit penitus liberatus de febre, et in crastinum fuit in satis bona convalescentia et virtutem recuperaverat, et cibum recepit, sic quod bene cotidie se habuit omni die post votum factum in antea tam per seipsum loquentem quam etiam per dictum dominum de Castro Novo, usquequo fuit pristine restitutus sanitati, ad invocationem et per merita, ut pie credit, memorati dni Urbani pape quinti. — De quibus omnibus supradictis possunt satis clare testificari prefatus dominus Castri Novi et frater Nicholaus, prior Predicatorum Ruthin., et dns Amalricus de Severaco, canonicus Ruthin., et dns Johannes de Maolhono et dns Raymundus de Cardalhaco, milites. — Que quidem omnia supradicta ego Jacobus de Oleriis, notarius, scripsi et puplicavi, in presentia et testimonio dni Ademari de Strilhis et nobilis Johannis de Oyena.

**82.** Anno quo supra, die xxv$^a$ mensis Augusti, Miquael Roquerii, de Nemauso, draperius, juramento suo asseruit quod Stephanus, filius ejus, canonicus Nemausensis, hoc anno circa festum Ascentionis Domini [*22 mai*] graviter infirmabatur, et quod passus fuit febrem continuam quasi per decem dies, ita taliter quod de vita ejus totaliter desperabatur, juxta opinionem tam medicorum quam etiam omnium hic circumstantium; et dum quadam die graviter febrem pateretur, nullum habens remedium sanitatis, recommendare se voluit humiliter et devote dno Urbano pape, votum sibi faciens, ut si ipse apud Deum intercedere dignaretur quod evaderet ab illa infirmitate et liberaretur a febre, quamcitius ipse posset suum veniret peregre visitare sepulcrum, offerens ibi unam libram cere. Et facto [voto], ipsa die fuit penitus liberatus de febre, et postea bene convaluit restitutus pristine sanitati, ad invocationem, ut pie credit, dni Urbani pape quinti. — De quibus omnibus Martialis Chabaudi, dicti loci de Nemauso, testis per dictum Michaelem productus, juravit supra contenta penitus fore vera. — Et ego Jacobus de Oleriis, notarius, predicta scripsi et publicavi, in presentia et testimonio Deodati Raynaudi et dicti Martialis Chabaudi.

**83.** Anno et die quibus supra, hic presens dns Johannes

de Raymundo Sanxii, rector ecclesie de Marciaco, diocesis Auxitane, suo asseruit juramento, quod nunc sunt duo anni lapsi vel circa, ipso existente procuratore et gubernatore beneficiorum dni Petri de Solenheto, beneficiati in diocesi Auxitana, habebat in scriptis omnia in quodam cartulario papireo de receptis et administratis per predictum dnm Johannem in maxima summa pecuniarum; tandem qualitercumque ipse liber de compotis fuit perditus, cum ipse perquisivisset eum hic et ubique, tam in domo sua quam etiam alibi in hospitiis et locis in quibus ipse crederet dictum librum invenire, sed minime ipsum invenire potuit. Et sic stetit perditus ille liber per tres menses et ultra, non credens quod amodo ipsum invenire posset, et dubitans forte pati dampnum non modicum de suis bonis, propter perditionem illorum computorum, igitur quadam die invocans dnm Urbanum papam, votum sibi fecit, oblationem ceream sibi afferri si dictum librum invenisset. Et facto voto, in crastinum accidit quod quidam presbyter de Auxio preceperat gentibus suis quod quedam capsa, in qua erant scripta nullius valoris, evacuaretur et exinde illa scripta in igne ponerentur; et dum hec fiebant, quidam alter presbyter, socius dicti dni Johannis, dum dicebat ibi oras suas, vidit a casu quamdam literam sigillo magno sigillatam inter alia scripta, et trahens illam literam, sequtus fuit ille liber de computis, et illo recepto et lecto, portavit prefato dno Johanni, et sic ipsum recuperavit, ut pie credit, ad invocationem dni Urbani pape quinti.

**84.** Item etiam retulit dictus dns Johannes quod quidam infans qui etatis erat unius anni, filius cujusdam sartoris, nomine suo Bernardetus, steterat quasi per unam horam semimortuus, quasi in agonia, credentes omnes circumstantes quod statim spiritus convolaret; et facto voto per ipsum dnm Johannem dno Urbano pape, quod sibi offerret libram ceream pro dicto puero, incontinenti recuperata virtute, bene convaluit. — Que quidem omnia supradicta ego Jacobus de Oleriis, notarius, scripsi et puplicavi, in presentia et testimonio reverendi in Xpisto patris dni Abbatis Silve majoris, et dni Sanxii de Besseria, rectoris de Villafranca.

**85.** De ruptura sanatus. — Die predicta, Deodatus Raynaudi, de Monte Albo, diocesis Bitarrensis, prout juramento suo asseruit, ipse passus fuerat per iiij<sup>or</sup> annos vel circa rupturam intestinorum, que descendebant usque ad testiculos, et ipsi testiculi erant grocissimi valde, propterea non posset bene ambulare, nisi quod portaret braguerium arquatum circa lumbos, et multas passiones exinde sustinuit diversis horis et temporibus, nullum habens remedium sanitatis; et cum in tanta perplexitate stetisset per dictos quatuor annos, quadam die ipse habens in mente sua dnm Urbanum, eidem se humiliter et devote recommendavit, et votum fecit ut si ipse apud Deum dignaretur intercedere quod ab illa crepatura sive ruptura intestinorum posset bene sanari, quamcitius ipse posset, suum dicti dni Urbani pape veniret visitare sepulcrum cum oblatione sua de cera. Et facto voto, incepit convalescere, propter quod ipse voluit paulòpost peregrinando venire ad dictum sepulcrum; et dum cepit iter suum veniendo, bene incepit meliorari et prosperare de illa ruptura omni die, taliter quod antequam ipse applicuisset ibidem ad sepulcrum predictum, ipse fuit bene sanatus, liberatus a ruptura et sanitati pristine restitutus, ad invocationem dicti dni Urbani pape quinti. Et quod de predicta infirmitate de crepatura, ac de convalescentia post votum factum recepta, potest clare testificari Riqus Malafossii. — Quod scripsi et puplicavi ego Jacobus de Oleriis, notarius, in presentia et testimonio testium predictorum.

**86.** Die Jovis xxviij<sup>a</sup> Augusti. — Anno quo supra, die xxviij<sup>a</sup> mensis Augusti, Guilhelmus Monnerii, parator pannorum castri de Rossilhono, diocesis Eunensis, sub archiepiscopatu Narbonensi, prout juramento suo asseruit, Petrus Monnerii, filius suus, etatis circiter xiij annorum, habuit maculam in occulo suo sinistro, quasi per septem menses, de qua quidem macula habebat visum offuscatum de illo occulo, nihil penitus videns de eodem; interrogatus qualiter hoc scit, dixit quod sepe et sepius claudebat sibi oculum bonum, et tunc nichil de alio videre poterat, et una dierum claudens sibi oculum bonum, fuit aportatum quoddam vas vitreum sive veyriale sic appellatum, ante dictum puerum, et ipsum vas nullatenus videre potuit neque discernere, credens ex tunc quod numquam videre posset de illo occulo, licet multa fuissent facta in medicinis pro cura illius occuli habenda, et illa sibi nichil proficiebant, sed omni die debilitabat de visu. De anno vero lapso et de mense Augusti, ipse erat in Avinione hospitatus in quadam hostalaria, in fustaria, ubi tenetur signum dni Regis Aragoni, et ipse loquens quadam die infra dictam hostalariam audivit refferri multa et diversa miracula qua Deus faciebat ad invocationem dni Urbani pape et per merita ipsius. Igitur ipse hoc percipiens in corde suo, votum fecit eidem humiliter et devote, supplicando eidem ut si ipse dignaretur apud Deum intercedere quod filius suus claritatem recuperaret et visum de occulo suo in quo erat macula, infra annum duceret secum eundem filium suum ad visitandum sepulcrum dicti dni Urbani pape, cum entorta cerea duarum librarum. Et facto voto, post xv dies sequentes, ipse reversus fuit apud Rossilhonum et invenit filium suum qui prosperaverat de visu oculi, credens veraciter, ut dicit, quod postquam ipse voverat filium suum beato pape Urbano, ipse incepit bene recuperare visum de occulo, et omni die per consequens minuebatur illa macula et devastabatur, taliter quod post paucos dies sequentes illa macula fuit consummata, et visum occuli sui penitus recuperavit, ad invocationem et per merita, ut pie credit, memorati dni Urbani pape quinti. — Et de premissis omnibus prefatus Petrus, qui oculum suum habebat obcecatum, hic presens, interrogatus dixit juramento suo, quod prout supra fit mentio ipse nichil videbat de occulo suo sinistro, sed postquam audivit quod pater suus voverat eum beato pape Urbano bene incepit videre et nunc bene videt, per intercessionem et merita dni Urbani pape quinti. — Que quidem omnia supradicta ego Jacobus de Oleriis, notarius, scripsi et puplicavi in presentia et testimonio dni Hugonis de Gondelherio, monachi, et nobilis Johannis de Oyena.

87. Anno quo supra, die penultima Augusti, Ademarus de Tineria, nobilis homo, dominus[1] de Garrigia, Ruthinensis diocesis, prout juramento suo asseruit, de anno M° CCC° LXX° secundo et de mense Aprilis, graviter infirmabatur et febrem passus fuit continuam quasi per xxiij dies, debilitans omni die, taliter quod per medicos ac alios ibi circumstantes totaliter de vita ejus desperabatur, et quod

---

1. [*Le notaire a écrit à la suite, puis effacé* castri.]

jam amiserat omnem virtutem corporalem, attenuatus totaliter. Quadam vero die ipse loquens, ut dicit, fuit agonizans, carens sensibus corporalibus, et quod jam sperabant omnes ibi presentes quod spiritus convolaret, ut eis apparebat, tenentes candelam accensam benedictam ante eum, et omnia signa in eodem apparebant mortalia, prout ista postea fuerunt sibi notificata per illos qui presentes erant; et dum videbatur esse in extremis, tunc dnus Bernardus de Tineria, miles, vovit eum humili corde et devoto dno Urbano pape, faciens sibi votum ut si ipse apud Deum intercedere dignaretur quod a morte evaderet et sanitati restitueretur, ipse mandaret pro oblatione dicti Ademari ad sepulcrum dicti dni Urbani pape xxv libras cere et ipsemet Ademarus ipsam oblationem offerret. Facto itaque voto, in ipsa eadem hora, virtutem bonam recuperavit, vidit, cognovit et loqutus fuit, et cibum petiit sibi afferri, et sic a morte evasit, et exinde post aliquos dies sequentes fuit pristine restitutus sanitati, credens pie quod hoc factum fuit ad invocationem dni Urbani pape quinti. — De quibus omnibus supradictis potest clare testificari, ut dicit, prefatus dns Bernardus de Tineria, qui votum fecerat pro eodem Ademaro, ac etiam nobilis Petrus Fumati, Berengarius la Casa, Johannes de Auriacio, qui presentes erant quando ipse Ademarus erat in mortis articulo constitutus, in loco de Antrargis[1], diocesis predicte. — Ego vero Jacobus de Oleriis predicta scripsi et puplicavi, in presentia et testimonio dnorum Johannis de Sanhis, prioris claustralis, et Bertrandi Berici, monachorum.

**88.** Die predicta, dns Guilhelmus Coderie, presbyter de Atogiis, Vivariensis diocesis, prout juramento suo asseruit, de anno lapso, circa festum sancti Andree [*30 nov.*], quadam nocte, circa mediam noctis, subito dum evigilavit a sompno, arripuit eum dolor cordis intollerabilis, et opressiones graves, et quod de vita ejus propter hoc totaliter desperabatur, et quod jam amiserat loquelam, et stetit in illo statu per duas horas, et tunc dns Guilhelmus Aujolati, monachus monasterii Sancti Theoffredi, votum fecit dno Urbano pape, ut si ipse dignaretur apud Deum intercedere quod

---

1. *In fine pagine* Antraygas, *quod fuit scriptum prima manu.* — [*Ibidem* : Nobilis Johannes de Vales, pro tribus per xxj dies ; dns Bernardus de Teneria ven[didi]t 1 quar. quintalis.]

ipse Guilhelmus a morte evaderet, quamcitius posset ad sepulcrum ipsius dni Urbani pape mandaret unam libram cere cum predicto Guilhelmo. Et facto voto, incontinenti loqutus fuit, carens omni dolore cordis, et hoc credit factum fuisse a Deo meritis et precibus dni Urbani pape quinti. — De quibus omnibus supradictis possunt clare testificari, ut dicit, videlicet predictus dns Guilhelmus Aujolati, qui fecit votum pro eo, necnon etiam dns Matheus Pogeti et Petrus Nielli, laicus. — Quod scripsi et puplicavi ego Jacobus de Oleriis, notarius, in presentia et testimonio dni Johannis de Ansana, monachi, et fratris Petri Fortans, de ordine Minorum.

89. Eadem die, nobilis Johannes de Valos, diocesis Ruthinensis, suo asseruit juramento quod ipse graviter passus fuerat dolorem in renibus suis per xxj. dies, nullum penitus habens remedium sanitatis, et recommendans se humiliter et devote dno Urbano pape, votum fecit suum visitare sepulcrum cum oblatione sua, si evaderet a dolore renum suorum, precibus suis et meritis. Et facto voto, incontinenti fuit liberatus ad invocationem et per merita, ut pie credit, dni Urbani pape quinti. — Quod scripsi et puplicavi ego Jacobus de Oleriis, notarius, in presentia et testimonio dnorum Johannis de Sanhis, et Bertrandi Berici, monachorum Sancti Victoris Massiliensis.

90. Die predicta, magister Guilhelmus Columbi, magister in medicina et in artibus, residens nunc in Massilia, suo asseruit juramento quod quidam Jacominus Massacani, de Nicia, duo anni sunt lapsi vel circa, de mense Aprilis, circa festum sancti Petri martiris [29], febrem pestilentialem graviter patiebatur cum quodam carbunculo in tibia sinistra, subtus sufragia, de rotunditate tenens circa duorum palmorum, et dictus medicus applicuit sibi medicamenta dicto carbunculo, et uno alio bossio quod erat superius in inguine; quod quidem bossium fuit scissum et apertum cum rasorio ad latitudinem unius palmi, et exinde fuerunt extracta duo carnivacia terribiliter fetentia, quod vix quis poterat stare prope, et quod erant illa carnivacia ad magnitudinem duorum pugnorum; habens omnia signa mortalia, ut asserit ipse medicus, et videns casum sic desperatum quod et ipse medicus ac omnes alii circumstantes de vita ejusdem Jacomini totaliter desperabant, nec credebant quod ullo

modo bene posset a morte evadere; et tunc ipse medicus
videns quod per artem medicine nullatenus evadere poterat, ex affectione bona et amore caritatis, quadam die vovit
eum humili corde et devoto beato pape Urbano, ut si ipse
apud Deum intercedere dignaretur quod prefatus Jacominus,
qui in extremis eotunc esse videbatur, a morte evaderet et
sanitati restitueretur, quamcitius ipse posset, duceret ipsum
ad sepulcrum memorati dni Urbani pape. Et facto voto,
paulopost, ipsa eadem die, bene incepit reconvalescere et
virtutem recuperare, taliter quod sine periculo mortis fuit
ab illa hora in antea, et sic per consequens a morte evasit
et sanitati pristine fuit restitutus, ad invocationem et per
merita, ut pie credit, memorati dni Urbani pape quinti. —
Et prout asserit prefatus medicus, Jacomina, mater predicti tunc patientis, et Johannes Lachesa, ac uxor dicti
magistri Guilhelmi refferentis miraculum supradictum,
possunt clare de premissis testificari. — Que quidem omnia
supradicta ego Jacobus de Oleriis, notarius, scripsi et puplicavi, in presentia et testimonio Petri Johannis et Hugonis
la Prada, monachorum Sancti Victoris.

**91.** Anno et die quibus supra, Bonacorso de Colle, de
Pisis, mercator, massay galearum sive navigiorum de Pisis
pro domino nostro papa Gregorio, suo asseruit juramento,
quod tres anni sunt nunc lapsi vel circa, uxor sua nomine
Bartholomea graviter infirmabatur de mense Augusti, et
subsequenter per duos menses sequentes fuit valde male
disposita, febricitans et debilitans omni die, et cum ipsa
bona mulier eotunc gravida et pregnans esset, multum
suspicabatur quod ipsa moreretur et infans in ventre periret; nichilominus cum ipsa mulier temporibus jam retroactis habuisset tres liberos, qui infra tempus duorum annorum
moriebantur nec amplius vivere poterant, dubitantes
propterea quod si casus esset quod ille infans quem uxor
sua in ventre portabat ad lucem veniret, sub satis brevi
tempore etiam moreretur, sicut et alii, igitur ipse Bonacorso humili et devoto corde votum fecit dno Urbano pape,
ut si ipse apud Deum intercedere dignaretur [quod] uxor sua
predicta tunc infirmans a morte evaderet, et infans ad
lucem veniret et pro tempore viveret, ipso vivente quamdiu
posset ad sepulcrum dicti dni Urbani pape ipsum offerret
cum oblatione sua cere. Facto itaque voto, ipsa uxor sua

bene incepit reconvalescere de infirmitate et prosperari, taliter quod post paucos dies fuit pristine restituta sanitati; tractu vero temporis ipsa bona mulier filium peperit, qui vixit et adhuc vivit incolumis; et ista omnia supradicta credit factum fuisse a Deo, meritis et precibus memorati dni Urbani pape quinti. — Et quod de predictis omnibus per eum manifestatis, possunt clare testificari, ut dicit, dna Helena, uxor de Lugo, dna Jacoba, uxor Gabrielis de Liorna, dna Oliva, uxor Miere de Livorna, et quamplures alie persone. — Quod scripsi et puplicavi ego Jacobus de Oleriis, notarius, in presentia et testimonio nobilis Johannis de Oyena et Petri Alami, monachi Sancti Victoris Massiliensis.

## MENSIS SEPTEMBRIS

**92.** Anno quo supra, die secunda mensis Septembris, Jacobus de Amirato, nobilis homo de loco de Torreves, diocesis Aquensis, prout juramento suo asseruit, quidam ejus filius, Bertrandetus nomine, etatis circiter x. annorum, de anno M° CCC° LXXIIIJ° erat in valde gravi dispositione, detentus infirmitate epidimiali, existente eotunc ibidem mortalitate magna: et ipse juvenis tunc temporis stetit per iiij$^{or}$ vel v. dies valde gravatus de malo, omni die debilitans, in quinto vero die ipse juvenis videbatur esse in extremis juxta opinionem omnium hic existentium, quia jam amiserat sensus corporales, non videns, non loquens, neminem cognoscens, et ob hoc non sperabatur de ejus vita, sed statim sperabatur quod spiritus convolaret; et quod signaretur signo sancte †; ipse vero nobilis videns filium suum in tali statu, quasi morti propinquum, ut asserit, recommendare eum voluit humili corde et devoto dno Urbano pape, faciens sibi votum ut, si ipse intercedere dignaretur quod dictus infans non moreretur et sanitati restitueretur, ipsum presentaret, quamcitius posset, ad sepulcrum ipsius dni Urbani pape cum una libra cere. Et facto voto, ipse juvenis incontinenti incepit oculos aperire et loqui, et virtutem recuperavit taliter quod in crastinum de lecto surrexit incolumis, ad invocationem, ut pie credit, memorati dni Urbani pape quinti. — Et de premissis omnibus notificatis et descriptis, de infirmitate dicti juvenis ac de ejus convalescentia post votum recepta, possunt, ut dicit, satis clare testifficari, videlicet Mabilia Torquada et Huga Sabateria, mulieres bone fame. — Que quidem omnia supra ego Jacobus de Oleriis, notarius, scripsi et puplicavi, in presentia et testimonio dni Bernardi Bedoci et nobilis Johannis de Oyena.

**93**. Die predicta, Martinus Bessoni, loci predicti de Torreves, prout juramento suo asseruit, quidam Bertrandetus, ejus filius, etatis circiter xxiiij annorum, quadam die de mense Augusti proxime lapso, in principio, fuit et stetit per totam diem valde male dispositus de persona sua, jacens in lecto, febricitans cotidie et multum gravatus, nullum penitus habens remedium sanitatis; advesperescente autem die circa primam noctis, ipse adolescens caruit omni virtute corporali et obmutuit, stans in agonia, non loquens, neminem cognoscens nec membra movens, et jam credebatur per circumstantes quod fuisset in extremis et in illa nocte moreretur; et in illo statu stetit agonizans usque circa mediam noctis, ipse vero Martinus videns dictum filium suum in tali statu, reputans ipsum mortuum ut credebat, humili et devoto corde ipsum recommendare voluit dno Urbano pape, dicens : « O beate papa Urbane, supplico tibi instantissime ut digneris apud Deum intercedere quod filius meus evadat a morte et sanitati restituatur; nam votum tibi faciendo, si vixerit, quam citius potero, ad sepulcrum tuum ipsum tibi presentabo cum entorta cerea [1], et cum suo stadal de candelis ». Et facto voto, subito et in momento, ipse juvenis loqutus fuit, vocans matrem suam suo nomine, et paulopost ipse dixit sibi dicto patri suo hic presenti : « Domine mi, certe hinc ad diem proxime venturum ego bene ero curatus » : quo audito ipse pater suus dedit laudem Deo et virgini Marie et beato pape Urbano, quia talem et tantam gratiam habere meruerat. Adveniente itaque die, ipse juvenis fuit in bona convalescentia, taliter quod de lecto surrexit incolumis, pristine restitutus sanitati. — Et de supradictis omnibus possunt satis clare testificari, ut dicit, videlicet Bartholomeus Gasqueti et Beatrix Stevenessa, dicti loci, bone fame et honeste vite. — Que quidem omnia supradicta ego Jacobus de Oleriis, notarius, scripsi et puplicavi, in presentia et testimonio dnorum Ber-

---

[1]. [Le notaire a écrit, puis effacé unius floreni auri.]

nardi Bedoci et Guilhelmi de Verduno, monachorum Sancti Victoris.

**94.** Die predicta, Johannes Ruffi, loci predicti, laborator, etatis circiter xxv. annorum, retulit juramento suo, quod nunc sunt duo anni lapsi vel circa, quod ipse passus fuerat quamdam gravissimam infirmitatem corporalem internectam, quasi per unum annum, videlicet quod habebat faciem suam empolmonicatam et discoloratam valde, habebatque ventrem suum inflatum continue, et erat in tanta ponderositate totius corporis sui quod vix poterat ambulare, ac si haberet magnum pondus plumbeum inter tibias; et quando alicubi ipse vellet ambulare, oportebat ipsum paulative requiescere; et de predicta infirmitate nullum penitus sanitatis remedium habere poterat, sed omni die debilitabat; quadam vero die, dum ipse loquens esset in maxima perplexitate et valde male dispositus de persona sua, pretendens quod Deus multa miracula faciebat per intercessionem dni Urbani pape, ut dicit, eidem se recommendare voluit humiliter et devote, votum sibi faciens ut si ipse dignaretur apud Deum intercedere, quod hinc ad viij° dies proxime sequentes, ipse bene fuisset sanatus de infirmitate sua, quamcitius posset, sanitate recepta, suum dicti dni Urbani sepulcrum veniret peregre visitare cum una entorta cerea unius floreni auri. Facto itaque voto, infra dictum tempus viij° dierum, ipse fuit de infirmitate sua, quam longo tempore passus fuerat, pristine restitutus sanitati, ad invocationem dni Urbani pape quinti, ut pie credit. — Et de predicta infirmitate prefati Johannis Ruffi, ac de ejus convalescentia, superius nominati et descripti Martinus Bessoni et Jacobus de Amirato, ut testes diligenter interrogati, dixerunt et asseruerunt juramento eorumdem, quod ipse Johannes Ruffi stetit quasi per unum annum valde male dispositus, et in facie discoloratus et empolmonicatus, non credentes quod de infirmitate illa posset evadere a morte; sed postquam ipsa Johannes se vovit dno pape Urbano, prout audiverunt ab eodem hoc refferri, ipse post paucos dies sequentes, voto facto, fuit pristine restitutus sanitati. — Quod scripsi et puplicavi ego Jacobus de Cleriis, notarius, in presentia et testimonio dnorum Guilhelmi Marini et Bernardi Bedoci, monachorum Sancti Victoris.

**95.** Item etiam asseruit juramento suo prefatus Johannes

Ruffi, quod dna mater sua, nomine suo Bertranda, de mense Febroarii proxime lapso, graviter detinebatur a febre valida, et cum ipse Johannes haberet ducere uxorem et sponsare in quadam die Dominica dicti mensis, et dubitaret multum de morte matris sue ; igitur quadam die Jovis ipse Johannes dnm Urbanum papam invocans, tale sibi votum fecit, dicens : « O beate papa Urbane, si tu digneris Deum deprecare quod mater mea nunc graviter infirma, hinc ad diem dominicam proxime venientem, in qua meam Jebeo uxorem ducere, sit sanitati restituta, taliter quod in festo meo nuptiali possit ipsa interesse, tibi offeram ad sepulcrum tuum, quando me contigerit hic interesse, unam candelam ceream duorum solidorum coronatorum ». Hinc est quod voto facto, quod ipsa mater dicti loquentis bene incepit reconvalescere, taliter prosperando quod in dicta die dominica sequenti ab omni febre fuit liberata et bene se habuit, et in dicto festo nuptiali personaliter interfuit, credens hoc pie, ut dicit, quod factum fuerit ad invocationem et per merita dicti dni Urbani pape quinti. — In presentia testium predictorum fuerunt predicta notificata.

**96.** Anno quo supra, die quarta mensis Septembris predicti, Anthonius Isnardi, de civitate Nicie. patronus cujusdam navigii sive pamfil, de anno proxime lapso, in mense Septembris, circa festum sancti Michaelis [29], ipse erat in dicto suo pamfil. navigans in mari de Calabria, videlicet in playa Sancte Fimie, et ibidem arripuit dictum pamfil cum navigantibus in eodem tanta procella et ira maris, per insufflationes ventorum validorum et undas maris, periclitantes et discurrentes fortunam per duos dies et duas noctes, quod statim ipsi navigantes credebant periri et nullum bonum poterant adhiberi remedium, et nichilominus erant ibi simul alia navigia, tam magna quam etiam parva, sub tanto periculo existentes in numero quasi viii$^v$, et omnes pariter credebant naufragium pati et ferire ad rupes ; dictus vero loquens Anthonius, dubitans se fore perditum de suo pamfil, consodalibus suis, aliis patronis navigiorum, talia verba dixit : « O valentissimi domini, rogo vos ut omnes unanimiter voveamus nos et navigia nostra humili corde et devoto beato pape Urbano, quia aliter viam non video bonam quod possimus evadere ab isto periculo, in quo sumus constituti de presenti, nisi cum Dei adjutorio, et per intercessionem et merita sepedicti dni Urbani ». At illi hoc audientes, quasi increduli de potentia divina, nichil sibi super hoc responderunt; et incontinenti dictus Anthonius traxit se ad partem, et ibidem devotissimo corde dnum papam Urbanum quintum invocavit, dicens: « O beatissime papa Urbane, digneris pro me apud Deum intercedere, quod possim evadere a perditione mei pamfil, et si hoc feceris, ex voto tuum visitabo sepulcrum, oferens ibidem unum pamfil sive navigium cere pro oblatione ». Et incontinenti voto facto, illa procella valde crevit, quod nemo sane mentis bene posset extimare, ferientes in terra sive ad rupes dicta navigia, ac etiam unum cum altero sevissime, taliter quod frangebantur et disrumpebantur; et sic omnia penitus navigia que erant ibidem simul confracta fuerunt et naufragium passi fuerunt, et istud navigium sive pamfil predicti Anthonii, pro quo fecerat votum beato pape Urbano, tantummodo salvum factum fuit, et sine aliqua perditione illesum remansit, ad invocationem et per merita, ut pie credit, dni Urbani pape quinti. — Et quod predicta omnia, ut dicit, possunt obtime probari per Requestonum Mancasola, per Bonifacium Boeti, per Johannem Saluda de Agate, patroni, ac per diversos alios marinerios, qui evaserunt a fortuna de personis eorumdem. — Que quidem omnia supradicta ego Jacobus de Oleriis, notarius, scripsi et puplicavi, in presentia testium infrascriptorum.

**97.** Eadem die et hora de mane, fuit hic Astrugueta, uxor Jacomini Massacani, de Nicia, que juramento suo asseruit quod Johannes, ejus filius, modo sunt duo anni lapsi vel circa, graviter infirmabatur febre pestilentiali, cum bossa in inguine, et quod de vita ejus per circumstantes, ut dicit, [desperabatur]; et dum ipsa Astrugueta vovit filium suum dno Urbano pape, humili corde et devoto, ipsum ad sepulcrum dicti dni Urbani visitaturum cum entorta cerea vj librarum, ipse infans fuit a dicta febre liberatus, et per consequens paulopost fuit de infirmitate illa pristine restitutus sanitati, ad invocationem et per merita, ut pie credit, memorati dni Urbani pape quinti. — Et de predictis omnibus, ut dicit, possunt clare testificari Jacobus Massacani, maritus dicte Astruguete, et magister Guilhelmus Columbi, medicus; qui quidem magister Guilhelmus Columbi predictus, hic presens, diligenter interrogatus, juramento suo dixit quod ipse potius reputabat dictum juvenem mortalem quam vitalem de infirmitate illa epidimiali, et si quis evaderet judicio suo miraculose posset dici. — Item etiam predictus Jacominus, pater pueri, juramento suo interrogatus dixit quod ipse nullo modo credebat quod filius suus a morte evaderet ab illa infirmitate; sed postquam uxor sua vovit eum dno Urbano pape, fuit a febre liberatus. — Que predicta scripsi et puplicavi ego Jacobus de Oleriis, notarius, in presentia et testimonio dni Petri Johannis et Hugonis la Prada, monachorum Sancti Victoris.

**98.** Anno quo supra, die quinta mensis Septembris, est hic presens Cola de Neapoli, tabernarius residens in Avinione, qui suo asseruit juramento, quod de alio anno et de mense Augusti, stetit per xvij dies patiens febrem omni die, cum nimio dolore capitis et tussim, nullum habens remedium sanitatis, sed cotidie debilitabat; quadam vero die ipse Cola fuit carens sensibus corporalibus, stans in agonia, et quod per circumstantes non sperabatur de vita ejus, sed potius de morte; sed dum ipse in mente sua se recommendavit dno Urbano pape et vovit se visitaturum sepulcrum ejusdem dni Urbani, incontinenti virtutem recuperavit et loquutus fuit, recipiens terminum de febre, per sudorem liberatus de eadem et a dolore capitis, nec etiam amplius tussim passus fuit, et post paucos dies sequentes fuit pristine restitutus sanitati, per merita, ut pie credit, dni Urbani pape quinti.

**99.** Die predicta, dnus Matheus Gaupichier, presbiter, bachallarius in decretis, diocesis Briocensis in Britania, ipso stante et residente in Avinione, de mense proxime lapso Decembris, supervenit sibi quedam gravis infirmitas in maxilla sua sinistra de apostema, habens partem sinistram sue faciei valde inflatam et difformem, et quod etiam de occulo ejus sinistro nichil videre poterat, et valde modicum ipse poterat os suum aperire ad comedendum vel ad loquendum, sic quod de facili ipse non credebat curari, ymo forte dubitabat mori, quia prout dicebatur per medicos, si ipsa infirmitas continue procederet inferius usque ad collum, suffocasset eum et mortuus extitisset; et quod stetit in illo supradicto statu, in mortis articulo, per quinque dies; dum vero dictus Matheus presbiter erat in mortis articulo constitutus, quadam die in mente sua recommendans se humiliter et devote dno Urbano pape, vovit se suum sepulcrum visitaturum, si a morte evaderet et sanitatem consequeretur, Xpisto juvante et suis sanctis intercessionibus mediantibus. Et facto voto, in ipsa eodem die, post modicum intervallum, illa infirmitas sive morbus per se crepuit infra os suum, de quo quidem ore exivit fetor orribilis et obcenum de apostema, recuperans eotunc visum de oculo ejus sinistro, et post paucos dies sequentes fuit pristine restitutus sanitati, ad invocationem dni Urbani pape quinti. — De quibus omnibus supradictis, ut asserit dictus Matheus, possunt clare testificari magister Johannes de Caherinou, bachallarius in decretis, Trecorensis diocesis, et Alanus Rationis, bachallarius in legibus, et Guilhelmus Gaupichier, nepos dicti dni Mathei, et quamplures alii. — Ego vero Jacobus de Oleriis, notarius, predicta scripsi et puplicavi, in presentia et testimonio dnorum Andree Tronelli et Raymundi Raynardi, monachorum.

**100.** De puero mortuo, postea ressucitato. — Anno quo supra, die vij$^a$ mensis Septembris, Fulco Jordani, castri de Areis, diocesis Tholonensis, suo asseruit juramento quod Anthonetus, ejus filius, etatis nunc circiter ix. annorum, vergente epidimia et mortalitate in dicto loco Arearum, nunc sunt tres anni lapsi, ipse juvenis eo tunc graviter infirmabatur febre pestilentiali, cum bossa in inguine, debilitans omni die, et nullum penitus sanitatis remedium haberet poterat, et quod de vita ejus totaliter desperabatur, juxta opinionem circumstantium; tandem quadam die circa ocasum solis, ipse juvenis fuit in mortis articulo, agonizans, carens omni virtute corporali ac sensibus corporalibus, non loquens, occulos subvertens, et non sperabatur nisi de sepultura ejus, credens quod jam obisset, propter quod ipsum signaverunt, ut in extremis, signo sancte ✝ et faciem ejus, ut dicit, velaverunt, ipsum dimitentes velud mortuum; et tunc ipse Fulco, tactus gravissimo dolore, quia jam antea perdiderat per mortem alium filium et subsequenter istum qui unicus remanserat, amare flebat, et pretendens multa miracula que a Deo fiebant ad invocationem dni Urbani pape, igitur eidem humiliter et devote supplicavit ut dignaretur apud Deum intercedere, quod filius suus jam mortuus, ut credebat et steterat ab ocasu solis usque in mediam noctis, in qua fecit votum, quod suis sanctis intercessionibus restitueretur ad vitam, promittens et votum faciens quod eo casu ad sepulcrum suum presentaret dictum filium suum cum ymagine cere. Et facto voto, paulopost, in ipsa nocte, virtutem recuperavit et loqutus fuit, et in crastinum fuit in satis bona convalescentia, prosperans per consequens omni die, taliter quod a morte evasit et exinde fuit pristine restitutus sanitati, ad invocationem, ut pie credit, memorati dni Urbani pape quinti. — Interrogatus fuit si predicta possunt probari per testes ydoneos; dixit quod sic, tam per uxorem suam quam etiam per diversas gentes sue carrerie, que presentes erant ibidem quando dictus filius suus videbatur esse mortuus ; de voto facto dixit quod nemo hoc audivit quando eum vovit dno Urbano, sed postquam reconvaluit eis notificavit. — Quod scripsi et puplicavi ego Jacobus de Oleriis, notarius, in presentia dnorum Nicholay de Fonte, et Bernardi Bedoci, monachorum Sancti Victoris.

**101.** Die predicta, Bertrandus Mosterii, de Brinonia, diocesis Aquensis, prout juramento suo asseruit, Alasaxia, uxor sua, tempore mortalitatis predicte, ipsa graviter infirmabatur usque ad mortem, patiens febrem epidimialem cum bossa, et quod juxta opinionem circumstantium desperabatur totaliter de vita ejus, sed potius de morte. Igitur ipse loquens votum fecit dno Urbano pape, ut si ipse dignaretur apud Deum intercedere, ut uxor sua, que in extremis videbatur esse, a morte evaderet et sanitati restitueretur, quamdiu ipse posset, una cum dicta sua uxore, sepulcrum ipsius dni Urbani peregre visitaret cum ymagine cere. Et facto voto, bene incepit reconvalescere, et in ipsa die fuit liberata de febre, et post fuit pristine restituta sanitati, ad invocationem dni Urbani pape quinti.

**102.** Item etiam retulit idem Bertrandus quod Catherina, socrus sua, de mense proxime lapso Febroarii, febribus graviter detinebatur, et passa fuit per xv dies, debilitans omni die ; et cum quadam die ipse Bertrandus videret dictam socrum suam in gravissimo statu, patientem febrem validam, igitur ipsam vovit humili corde et devoto dno Urbano pape, ut si ipse dignaretur apud Deum intercedere quod illa bona mulier liberaretur a febre, et quia amiserat loquelam et alios sensus corporales, quod recuperaret de eisdem virtutem, recepta sanitate, quamcitius ipse posset, una cum dicta socru sua venirent peregre visitare sepulcrum dicti dni Urbani pape, cum oblatione sua. Et facto voto, statim ac incontinenti incepit loqui, et in crastinum fuit in satis bona convalescentia, liberata a febre, et sic evasit a morte de infirmitate illa, ad invocationem, ut pie credit, memorati dni Urbani pape quinti. — Et de premissis omnibus, predicte Alasaxia et Caterina, de quibus supra fit mentio, hic presentes, interrogate diligenter dixerunt et asseruerunt juramento earumdem, omnia supra contenta penitus fore vera, et quod ipse fuerunt in mortis articulo constitute, sed voto facto beato pape Urbano per dictum Bertrandum, fuerunt sanitati pristine restitute, ad invocationem ipsius, ut pie credunt, et nichilominus hec bene possunt probari per diversas gentes carrerie ubi residebant in Brinonia. — Que quidem omnia supradicta ego Jacobus de Oleriis, notarius, scripsi et puplicavi, in presentia dnorum Deodati Boneti et Bernardi Bedoci, monachorum Sancti Victoris Massiliensis.

**103.** Anno quo supra, die viij$^a$ Septembris, Petrus Vincentii, castri de Auriolo, diocesis Massiliensis, prout juramento suo asseruit, de anno novissime preterito, in dicto loco de Auriolo erat pestilentia et epidimia bovum, de qua moriebantur et mortui fuerunt in numero quasi centum, de diversis gentibus, et ipse loquens jam perdiderat unum bovem eadem infirmitate pestilentiali; quadam vero die subsequenter, paulopost, quidam alter bos suus incidit in infirmitatem predictam, et stetit per xv dies valde male dispositus, non potens operari neque discedens de stabulo, et vix sive modicum valde comedere poterat, sperans propterea de morte potius quam de vita ipsius bovis, sicut per experientiam multi alii boves mortui fuerant infra modicum temporis spatium, ex illa eadem infirmitate: et quando mortui erant, dum respiciebant eorum viscere, videbant pulmonem ab omnibus corruptum et dapnatum, et jam confixatum in costis, et hoc videbatur esse signum mortale in eis; et dubitans super hoc quod ipse bos moreretur, sicut et alii, propter quod ipse vovit eum dno Urbano pape, ut si precibus suis a morte evaderet, ad sepulcrum ipsius dni Urbani offerret unum bovem cere unius libre. Et facto voto, incontinenti dictus bos bene incepit reconvalescere et cibum recipere, prosperans omni die, taliter quod post viij° dies inmediate sequentes dictus bos in bono statu fuit, et laboravit opera faciendo, et fuit pristine sanitati restitutus, ad invocationem, ut pie credit, memorati dni Urbani pape quinti. — Et de premissis omnibus dixit quod Guilhelmus Grasi, Raymundus Valentini et Anthon[i]us V[i]ncentii, et quamplures alii de Auriolo possunt clare testificari. — Quod scripsi et puplicavi ego Jacobus de Oleriis, notarius, in presentia dni Nicholay de Fonte, monachi, et nobilis Johannis de Oyena.

**104.** Die Jovis xj<sup>a</sup> Septembris. — Anno quo supra, die xj<sup>a</sup> mensis Septembris, hic Nicholaus Mesisca, de Calabria, civitatis Rassane, notarius, suo asseruit juramento quod ipse existens in mari infra galeam Johannis Casse, venientes apud Massiliam, quadam die presentis mensis incepit febricitari, quam febrem graviter passus fuit per tres dies continue, nullum habens remedium sanitatis, et quia ipse est expertus in talibus de facto medicine, credebat quod non de facili liberaretur a febre, et quia tantum erat atenuatus in virtute corporali et debilitatus; propter quod ipse habens in mente sua dum Urbanum papam, eidem humiliter ac devotissime supplicavit, ut [si] dignaretur apud Deum intercedere quod a febre liberaretur, dum esset hic in Massilia, veniret peregre sepulcrum dicti dni Urbani pape visitare, offerens ibi ymaginem ceream et faciens ibi celebrari unam missam ad honorem et laudem Dei et beati pape Urbani. Et facto hoc voto, in die tertia post receptionem febris, circa horam tertiarum, dum graviter febricitabat, incontinenti ipsa hora penitus fuit a febre liberatus et amplius non passus fuit, ad invocationem et per merita, ut pie credit, dni Urbani pape quinti. — Et de predicta infirmitate sua febrili, ac de ejus convalescentia post votum habita et recepta, possunt clare testificari frater Laurentius de Acrio, frater Nitarius, frater Alexius, ordinis Sancti Basilii, quia presentes erant. Et incontinenti hic presens frater Laurentius, diligenter interrogatus super premissis, juramento suo dixit quod predictus Nicholaus per tres dies continue febricitavit in mari, et in tertia die circa horam tertiarum vovit eum dno Urbano pape, et quod ibi ante sepulcrum suum unam missam faceret celebrari; et facto voto, incontinenti fuit liberatus a febre, credens pie quod ad invocationem et per merita memorati dni Urbani pape quinti. Item frater

Nitarius de Sancto Adriano, juramento suo interrogatus, dixit quod dum predictus Nicholaus detinebatur febre valde graviter, quadam die in galeam vovit eum dno Urbano pape, cum ymagine cere ; et facto voto fuit incontinenti liberatus a febre, nec amplius passus fuit. Item frater Alexius de Sancto Adriano, ordinis predicti, juramento suo asseruit predicta fore vera, prout continetur per principalem ac testium depositiones.

**105.** Anno et die quibus supra, frater Nestorius de Parento, ordinis predicti Sancti Basilii, suo asseruit juramento quod dum ipse erat in galea Johannis Casse de Massilia, venientes apud Massiliam, fuerunt per tres dies continue cum tanta procella et fortuna maris, per ventos validos et contrarios eis, quod vix poterant navigare, ymo retrocedebant quandoque taliter quod per dictos tres dies naturales non potuerunt navigare nisi per triginta miliaria vel circa, et dum die esterna de mane essent adhuc cum illa procella, et ventum contrarium valde habentes penes se, stantes in maxima perplexitate, propter quod ipse invocans dnm Urbanum papam, votum sibi fecit, quod si ipse dignaretur apud Deum intercedere quod cessaret ille ventus contrarius, et haberent ventum bonum et prosperum pro eis, dum essent in Massilia, ad sepulcrum predicti dni Urbani pape offerret unam candelam magnam cere. Et facto voto, incontinenti cessavit ille ventus qui erat eis contrarius, et subito habuerunt ventum bonum et prosperum, pro eis aptum, taliter quod in ipsa die navigantes discurrerunt per centum XL. miliaria, usquequo applicuerunt in nocte predicta cum incolumitate ad portum Massilie, quod credit factum fuisse ad invocationem et per merita dni Urbani pape quinti, ut pie credit. — Et de predictis omnibus testificati fuerunt prenominati fratres Laurentius de Acrio, Nitarius de Sancto Adriano, Alexius de Sancto Adriano, juramento eorumdem interrogati, predicta omnia fore vera. — Quod scripsi et puplicavi ego Jacobus de Oleriis, notarius, in presentia dnorum Nicholay de Fonte et Andree Tronelli, monachorum Sancti Victoris, testium ad hec vocatorum.

**106.** Die Sabati XIIIª Septembris. — Anno quo supra, die XIIIª Septembris, Matheus Passero, de Venetiis, habitator nunc de Papia, speciator, etatis circiter XL annorum, prout juramento suo asseruit, de anno M° CCC° LXXIIIJ° et de mense Madii, ipse passus fuit gravissimam infirmitatem febrilem epidimialem in domo sua de Papia, et stetit jacens in lecto febricitans per duos menses, nullum habens remedium sanitatis, sed debilitans omni die de infirmitate, taliter quod medicus qui visitabat eum in sua infirmitate ipsum licentiaverat, ad omnia dimitens eum sicut incurabilem per artem medicine, et desperans totaliter de vita juxta opinionem ejus, ac etiam juxta opinionem omnium aliorum circumstantium desperabatur de vita ejus, ac etiam ipse loquens multum suspicabatur quod non bene posset evadere a morte. Igitur quadam die, dum esset in valde gravissimo statu, attenuatus virtute corporali propter febrem quam patiebatur ac longo tempore passus fuerat, pretendens diversa miracula que Deus faciebat in loco de Papia ac etiam in diversis aliis partibus, ad invocationem dni Urbani pape quinti, eidem se humiliter ac devote recommendavit et votum fecit, suum visitare sepulcrum ubi esset corpus suum, si evaderet a morte, et quamcitius libere venire posset, offerens ibidem entortam ceream iiij$^{or}$ librarum. Et facto voto, incontinenti sudorem passus fuit, et cessato dicto sudore, terminum habuit de febre, et ab illa hora in antea fuit penitus liberatus ab eadem, ad invocationem, ut pie credit, sanctissimi patris dni Urbani pape quinti. — Et de dicta infirmitate sua, de qua non sperabatur de ejus vita, ut dicit, possunt satis clare testificari magister Jacobus Codera, medicus fisicus, et Dominicus de Vercellis, Nicholetus Damiani, de Venetiis, et Nicholetus Adoldo, de Venetiis, et quamplures alii de Papia, et quod post votum inmediate factum dno Urbano pape, fuit liberatus a febre. — Item fuit interrogatus diligenter dictus Matheus, si ipse sciebat aliquos incarceratos de Papia fuisse liberatos ad invocationem dni Urbani pape, dixit quod sic, quia quedam ymago sive figura dicti dni Urbani erat depicta infra carcerem de Papia, et quadam die viderunt dictam ymaginem sudantem in facie et lacrimantem in oculis, et propter istud evidens miraculum dns Galeacius de Mediolano fecit incontinenti suos incarceratos liberari, et sic dixit juramento suo[1]. — Quod scripsi et puplicavi ego Jacobus de

---

1. [*En marge* : Facit ad confirmationem dicti empti (? Austur?) incarcerati, qui ita deposuit (*voy.* n° 4)].

Oleriis, notarius, in presentia et testimonio dni Bertrandi Berici et Johannis de Oyena.

**107.** Anno quo supra, die xiijᵃ Septembris, Guilhelmus Romei, de Massilia, piscator, residens in carreria de Cavalhono, etatis circiter xxxᵗᵃ annorum, suo asseruit juramento, quod tempore mortalitatis novissime preterite, dum vigebat in Massilia, ipse graviter infirmabatur febre epidimiali, et stetit febricitans, jacens in lecto, per xv dies, et, ut dicit, per circumstantes desperabatur de vita ejus, ac etiam per se ipsum, eo quia mortalitas generalis vigebat eotunc ; et ideo ipse votum fecit dno Urbano pape, ut si ipse apud Deum intercederet quod non moreretur et sanitati restitueretur, ipse offerret ad sepulcrum suum ibidem, anno quolibet, toto tempore vite sue, unam ymaginem cere duarum librarum. Et facto voto, bene convalescere incepit, et post iiijᵒʳ dies sequentes de lecto surrexit liberatus a febre, ad invocationem, ut pie credit, memorati dni Urbani pape quinti. — Et [de] predicta infirmitate sua possunt clare testificari Hugo Arami, Bartholomeus Aymari, Andreas de Scala et Ricarda, uxor sua. — Quod scripsi et puplicavi ego Jacobus de Oleriis, notarius, in presentia et testimonio dnorum Guilhelmi Marini et Roberti Ortholani, monachorum Sancti Victoris.

**108.** Die Dominica xiiijᵃ mensis Septembris. — Anno quo supra, die xiiijᵃ Septembris, Johannes Arvieu, marinerius de Massilia, suo asseruit juramento, quod ipse navigans in mari, in quadam barca, accidit quadam die quod fuerunt cum tanta fortuna et procella maris, quod credebant ibi totaliter naufragium facere et periri, et quod rumperetur illa barca ad ruppes, cum aliis navigiis et galeis ibidem presentibus ; et dum essent in tanto periculo constituti, votum fecit dno Urbano pape, ut si apud Deum intercedere dignaretur quod evaderent ab illo periculo et non pateretur naufragium illa barca, quamcitius ipse esset in Massilia, offerret unam barcam cere unius libre ad sepulcrum dni Urbani pape. Et facto voto, habuerunt ventum bonum et prosperum pro eis, taliter quod per duas horas ad portum salutis applicuerunt, ad invocationem et per merita, ut pie credit, dicti dni Urbani pape quinti. — Quod scripsi et puplicavi ego Jacobus de Oleriis, notarius, in presentia et testimonio dni Nicholay de Fonte et Jacobi de Pratis.

**109**. Die predicta, Bertrandus Berenguarii, de Massilia, marinerius, suo asseruit juramento, quod ipse steterat inpotens de brachio suo sinistro, taliter quod non bene poterat se juvare de eodem; et facto voto dno Urbano pape, quod ad sepulcrum suum offerret unum brachium cere, ipse incontinenti incepit se juvare de eodem brachio, et post paucos dies sequentes fuit pristine restitutus sanitati, ad invocationem dni Urbani pape quinti. — Quod scripsi et puplicavi ego Jacobus de Oleriis, notarius, in presentia et testimonio Martini Bosqueti et Raymundi Alarici.

**110**. De puero sanato de crepatura. — Anno quo supra, die xv. mensis Septembris, hic nomine suo Cola Colato, de Iscla, in episcopatu Beate Marie Majoris in regno Neapoli, dixit et asseruit juramento suo, quod Anthonellus, filius suus, etatis nunc circiter quinque annorum, a tempore nativitatis sue, fuit crepatus et ruptus, ita quod oportebat de necessitate quod dictus puer portaret penes se braguerium furcatum, quia de intestinis descendebant inferius usque ad testiculos, propter quod efficiebantur eotunc grocissimi valde, et exinde multas passiones sustinebat, et nullo poterat medicorum remedio liberari, cum multa expendisset ipse loquens, pater pueri, in medicis et medicinis, et nichil penitus sibi proficiebant, sed deteriori modo se habebat. Tandem mater dicti pueri, nomine suo Catherina, audiens a multis refferri miracula infinita dni Urbani pape quinti, igitur quadam nocte circa crepusculum, dum volebat ire cubitum in lecto, dictum suum filium humili et devotissimo corde recommendavit dno pape Urbano, et sibi votum fecit, ut si ipse apud Deum intercedere dignaretur, quod filius ejus ab illa ruptura intestinorum et crepatura liberaretur et sanitati restitueretur, quamcitius posset, illa mandaret ad sepulcrum ipsius dni Urbani pape oblationem cere pro dicto filio suo. Et facto voto, ipsa intravit lectum, et dum de mane surrexit de lecto, veniens ad ipsum filium suum, invenit eum sanatum totaliter et liberatum ab illa ruptura intestinorum et crepatura, et amplius nichil passus fuit, ad invocationem et per merita gloriosa, ut pie credit, memorati dni Urbani pape quinti. — Et supradicta omnia possunt clare probari, ut dicit, per Caterinam, uxorem suam, que voverat dictum filium eorumdem dno Urbano pape, ac etiam per alias gentes hospitii sui, et Ludovicus Mane, de

Iscla, presens, juramento suo asseruit supra proxime contenta fore vera, interrogatus. — Quo[d] scripsi et puplicavi ego Jacobus de Oleriis, notarius, in presentia et testimonio dnorum Nicholay de Fonte et nobilis Johannis de Oyena.

**111.** Anno quo supra, die xvj Septembris, hic vir venerabilis dns Guilhelmus de Barta, licentiatus in decretis, officialis Auxitanus, prout juramento suo asseruit, quasi in principio hujus mensis ipse tradiderat quamdam supplicationem domino nostro pape Gregorio in Avinione, pro reservatione cujusdam beneficii, quam quidem supplicationem prefatus dominus noster papa promisit eidem loquenti sibi signari, sed continuatis diebus tam in Avinione quam postquam exivit de Avinione veniendo usque hic, predicta supplicatio non potuit sibi expediri et signari, sed per dilationes trancibat sibi tempus, propter quod ipse dubitabat pro certo quod illa supplicatio nunquam tranciret; sed et ipse reccurrens ad suffragia dni Urbani pape, esterna die humiliter et devote supplicando eidem votum sibi fecit, ut si ipse dignaretur apud Deum intercedere quod supplicatio sua per dominum nostrum papam signaretur et tranciret, adepta gratia sua ad sepulcrum ejusdem dni Urbani pape offerret duas libras cere pro oblatione sua. Et facto voto, hodie summo mane fuit sibi notifficatum quod supplicatio sua jam erat signata, quod credit hoc factum fuisse a Deo meritis et precibus dni Urbani pape quinti. Testes : dns Sanxius de Bosseria, rector ecclesie de Villafranca, et dns Bernardus Bedoci, monachus monasterii Sancti Victoris.

**112.** Die et hora predictis, Jacobus Blanqueti, notarius de Oliolis, diocesis Tholonensis, prout juramento suo asseruit, ipse non potuerat invenire quamdam notam cujusdam acapiti hospitii valoris c.l. florenorum auri, quam notam perquisierat hic et ubique inter suos cartularios, ac alibi, et non potuit invenire per duos annos vel circa, nec de cetero credebat invenire; quadam vero die mensis jam lapsi, ipse votum fecit dno Urbano pape, ut si precibus suis et meritis dictam notam posset invenire, ipse veniret hic suum visitare sepulcrum cum media libra cere. Et facto voto, post x. dies sequentes, ipse invenit dictam notam in loco in quo pluries fuerat perquisita ; quod credit pie hoc factum fuisse a Deo meritis et precibus dni Urbani pape quinti. — Testes : Matheus Pujoli, bachallarius in legibus, et Johannes Vaylete, diocesis Sancti Flori. — Que quidem omnia supradicta ego Jacobus de Oleriis, notarius, scripsi et puplicavi in presentia testium prescriptorum.

**113.** De pecunia recuperata que erat perdita. — Anno et die quibus supra, hic Rodericus Johannis de Obidis, clericus Ulixbonensis diocesis, prout juramento suo asseruit, ipse erat de mense Januarii proxime lapso, in loco de Montepessulano, in societate dni Martini, abbatis de Alcobatia, ordinis Cistericensis, et cum ipse dns Abbas haberet multas pecunias penes se et dubitaret de eisdem, propter quod ad majorem utilitatem et cautelam dictas pecunias distribuit familiaribus suis, quod ipsi defferrent secum, et inter alios tradidit cuidam monacho suo et familiari, nomine suo Martino, videlicet septingentas petias auri et ultra, in quodam sacculo de corio, quod portaret secum; iste vero monachus tradidit dictum saculum cum pecunia cuidam juveni cubiculario dicti Abbatis, et ipse juvenis reposuit ipsum in lecto ubi jacebant, inter paleas; et dum in crastinum voluisset dictus dns Abbas recedere de Montepessulano, dictus monachus non fuit recordatus dictas pecunias recipere, et etiam dictus cubicularius tradiderat oblivioni dictum saculum recipere, propter quod inter paleas dicti lecti remansit; et in itinere dictus monachus fuit recordatus, et petiit a dicto cubiculario si dictum seculum pecunie habebat penes [se] et dictus cubicularius negavit penitus nullas ab eo pecunias recepisse; et cum dictus Abbas audiret altercationem ipsorum, et intellexisset quod pecuniam dimisisset in lecto, multum doluit, credens totaliter quod dicta pecunia fuisset perdita; et incontinenti ipse mandavit scutiferum suum apud Montempessulanum, et quod perquireret diligenter de pecunia que fuerat recondita inter paleas lecti, et ipse scutifer hoc fecit et perquisivit diligenter, subvertens totam paleam lecti et nichil inveniens, et nichilominus quesivit ab hospite et ab hospita si dictam pecuniam invenissent; qui responderunt quod non, sed bene fuerunt aliqui milites hospitati in illa camera, post recessum dicti dni Abbatis, et ob hoc ipsi penitus ignorabant qui hoc facere potuisset; et talem relationem fecit eidem dno Abbati; et post stetit ipse dns Abbas in Avinione per unum mensem, et nullam potuit habere informationem de dicta pecunia. Quadam vero die, predictus Rodericus, studens in jure canonico, qui etatis est circiter xxxvj annorum, dixit dno Abbati : « Voveatis vos sanctissimo patri dno Urbano pape et, procul dubio, spero in Deo quod meritis et precibus suis vos dictam vestram pecuniam invenietis ». Et tunc ipse dns Abbas talia verba inquid, in audientia omnium hic presentium : « Ego voveo Deo et virgini Marie, et beatissimo pape Urbano, ut sicut credo ipsum fore sanctum in conspectu Dei, quod ipse dignetur apud Deum intercedere quod pecuniam meam sic perditam recuperare possim, sicut ipsam credo juxte et sancte aquisivisse et sine mentis scrupulo, et eo casu quod recuperare potero, ad sepulcrum ipsius dni Urbani pape bonam oblationem faciam ibi offerri ». Et facto voto, incontinenti ipse dns Abbas mandavit dnm Alfoncium Stephani, cantorem ecclesie Colimbriensis, cum cubiculario dicti dni Abbatis, apud Montempessulanum, ut investigarent iterato de dicta pecunia ; et dictus cantor, dum fuit illuc, dixit hospite cum comminatione, quod ipsi veniebant propter pecuniam perditam et sublatam furtive infra domum suam, et nisi ipsa redderet dictam pecuniam, maximum dampnum de persona et bonis sui et mariti sui eveniret eis breviter, quia ordinatum erat ; audiens hoc dicta hospita multum timuit, et dixit : « Domine mi, supplico vobis, ne vultis nos gravare in aliquo, nam pecuniam vestram vobis reddam, et quod nemini pandatis, si placet ». Et aictam pecuniam per integrum sibi dicto cantori tradidit sine aliquo obstaculo, et deinde dictus Abbas ipsam pecuniam recuperavit, ad invocationem et per merita, ut pie credit, memorati dni Urbani pape quinti. — Et quod de omnibus supradictis possunt satis clare testificari, ut dicit, prefatus dns Abbas et cubicularius suus qui resconderat in lecto pecuniam, necnon etiam prefatus dns Alfoncius, cantor ecclesie Colimbriensis. — Et quod predictus Rodericus, nomine et ex parte dicti dni abbatis de Alcobatia, obtulit et presentavit ad sepulcrum dicti dni Urbani pape, propter gratiam sibi obtantam ab eo a summo Deo, videlicet unum pannum ciricum, valoris xiiij florenorum camere, et unum aurifresium, et quod de ipsis pannis fiat unum pluviale sive capa ad honorem Dei et beati pape Urbani. — (*Effacé* : Et ego Jacobus de Oleriis).

**114.** De quodam mulo recuperato. — Item etiam retulit juramento suo dictus Rodericus, quod de dicto mense

Januarii, dum ipse erat in Avinione, accidit sibi quadam nocte, hora tarda, quod ipse intravit stabulum ubi tenebat quendam suum mulum bonum et sufficientem, et credens eidem mulo amovere sellam et bridas, ipsum nullo modo invenire potuit, petens a gentibus hospitii si dictum mulum vidissent, aut si quis ipsum furtive extra stabulum extraississet, qui responderunt quod non ; et tunc ipse loquens perquisivit et investigavit per carrerias quantum potuit, et ipsum minime invenire potuit; et etiam fecit munire portalia de quibusdam personis, ut ipsi avisarent se de mulo illo si tranciret per dicta portalia ; sed per totam diem nulla nova de dicto mulo audire potuit, credens ob hoc quod jam fuisset extra Avinionem; sed, ut dicit, semper habebat confidentiam magnam in dno Urbano papa, quod ipse faceret sibi restitui dictum mulum, et propter hoc sibi votum fecit ut si ipse dignaretur apud Deum intercedere quod dictum suum mulum posset invenire, ad sepulcrum suum hic in Massilia presentaret unum mulum cere, valoris medii floreni auri. Et facto voto, incontinenti ipse accessit ad preconem et sibi dixit quod ipse per civitatem Avinionis accederet, preconizando cum tuba quod si quis invenisset dictum mulum restitueret, et daret sibi pro vino ; et tunc ipse preco sibi dixit : « Domine, non oportet vos hoc facere, quia dictus vester mulus in nocte preterita fuit inventus per carrerias, ambulans sine aliquo duce, et tunc fuit captus per gentes et custodes civitatis, et per servientes curie fuit positus dictus mulus in tali loco, et ibi eum invenietis et vobis restituetur ». Et ita factum est, quod per Dei gratiam et per intercessionem et merita, ut pie credit, dicti dni Urbano pape quinti, dictus suus mulus fuit sibi restitutus. — Et hoc bene potest probari per predictum preconem ac per clientes curie Avinionis. — Que quidem omnia supradicta manifestata per dictum Rodericum ego Jacobus de Oleriis, notarius, scripsi et puplicavi, in presentia dnorum Johannis de Sanhis, prioris claustralis, et Nicholay de Fonte, et dni Raynaudi Donadei, qui petiit fieri puplicum instrumentum.

**115.** Die Mercuri xvij$^a$ Septembris. — Anno quo supra, die xvij$^a$ mensis Septembris, dns Petrus Bruni, presbiter et clericus beneficiatus in ecclesia cathedrali Lodovensi, suo asseruit juramento quod nunc sunt duo anni lapsi, tempore estatis, quedam nobilis mulier, nomine suo Berengaria, uxor Guilhelmi Castanhi de Lodeva, graviter infirmabatur, que passa fuit febrem epidimialem per aliquos dies, nullum habens remedium sanitatis; tandem quadam die ipsa mulier obmutuit et non loquta fuit, nec membra aliqua movebat; stans in agonia, nec cibum recipere poterat, nisi quod ponebatur in ore suo de zucaro, et in illo statu stetit agonizans per duos dies, ita quod per medicum suum fuit dimissa incurabilis, et juxta opinionem ipsius medici, quam etiam aliorum hic circumstantium, totaliter de vita ejus desperabatur; lapsis vero dictis duobus diebus, ipsa mulier fuit carens omni virtute corporali, subvertens occulos et tractus faciens, signantes eam eotunc signo sancte † cum candela signata, tenentes ante eam ut in extremis, et amplius pulsum non habuit neque anelitum, credentes totaliter eotunc, ut dicit, omnes ibi circumstantes quod jam spiritus convolasset; et in illo statu stetit per illam diem et totam noctem usque in crastinum, ita quod jam paraverant pro sudario ubi reponeretur funus et de sepultura ejus, ac de exequiis ac funeralibus faciendis pro dicta muliere ordinatum erat ad ipsam sepeliendum, et quod quidam frater dicte nobilis mulieris, nomine suo Galhardus, jam expoliabat hospitium dicte sue sororis, sicut ad eum ad quem pertinebant bona ipsius sororis post mortem ipsius. Et tunc ipse dns Petrus ibidem presens habuit in mente sua dnm Urbanum papam, quem invocavit, et humiliter et devote supplicavit eidem ut ipse dignaretur apud Deum intercedere quod ipsa bona mulier precibus suis sanctis et meritis restitueretur ad vitam; et eo casu ipse vovebat visitare sepulcrum ipsius dni Urbani pape cum ymagine cere. Et facto voto, subito ac incontinenti in presentia omnium hic circumstantium infra cameram, in numero quasi XL.ᵃ personarum, ipsa mulier nobilis plangendo loqui incepit, et occulos aperuit, et virtutem recuperare incepit, taliter prosperando quod post paucos dies sequentes fuit pristine restituta sanitati, et sic ipsa a morte vasit et fuit restituta ad vitam, ad invocationem et per merita, ut pie credit, dni Urbani pape quinti. — Et de predictis omnibus possunt clare testificari, ut dicit, infrascripti, videlicet Galhardus, frater dicte Berengarie, Bertrandus Matfredi et uxor ejus, Galhardus Huc et ejus uxor, dns Stephanus Gilberti, prior ecclesie Sancti Petri, et quamplures alii dicti loci.

**116.** Item etiam retulit dictus dns Petrus Bruni, quod Johannes Fabri, de Nibiano, predicte diocesis, passus fuerat febrem per duos menses, jacens in lecto, et quod medici ipsum dimiserant incurabilem, et quod juxta opinionem circumstantium non sperabatur de vita ejus; sed dum idem presbiter vovit dictum Johannem precibus dni Urbani pape, voto facto, ipsa die fuit liberatus de febre, et bene convaluit de infirmitate, ad invocationem dni Urbani pape quinti. — Que quidem omnia supradicta possunt bene probari per dnm Bertrandum Fabri, presbiterum, per Bartholomeum Maderii et per Guilhelmam Fabressam. — Et ista omnia supradicta ego Jacobus de Oleriis, notarius, scripsi et puplicavi, in presentia et testimonio dnorum Nicholay de Fonte et Johannis Maderii, monachorum.

**117.** Anno quo supra, die xx$^a$ mensis Septembris, hic presens nobilis Ludovicus de Ponte, serviens armorum domini nostri pape, suo asseruit juramento, quod duo anni sunt lapsi et de mense Octobris, ipse veniens de Italia, in quadam grossa barca decoperta, cum aliis in numero quasi xxx$^{ta}$, quadam die dum erant in mari de Brandisio, tanta arripuit eos procella et fortuna maris quod statim credebant omnes periri et submergi, discurrentes per fortunam illam per tres dies et tres noctes, taliter quod perduxit eos in Cossegam, et quod perdiderant velum et antennam, propter quod nullo modo se poterant gubernare, nec etiam cum remis per ventos validissimos, et quod erat tanta aqua infra barcam quod x. homines erant ibi continue aurientes de dicta barca aquam; et tunc patronus illius barque, qui erat de Pissis, dubitans ibidem periri et submergi, dixit omnibus circumstantibus quod quilibet confiteretur peccata sua unus alteri, quia pro certo ipse multum dubitabat de perditione navigii ac ipsorum; propter quod ipse precepit quod illa que in dicta barca erant de mercaturis proicerentur incontinenti in mari : quod ita factum est ; sed statim credebant intrare in profundum maris, clamantes omnes : « Miserere nostri, Deus noster », et invocantes virginem Mariam et sanctos. Iste vero Ludovicus predictus, habens in maxima devotione dnm Urbanum papam, propter diversa miracula que fiebant in mundo meritis ipsius, igitur ipse votum sibi fecit, ut si ipse dignaretur apud Deum intercedere quod ab illa fortuna maris possent evadere, et cum incolumitate possent perduci ad portum salutis, quamcitius ipse posset suum veniret visitare sepulcrum cum entorta cerea iiij$^{or}$ librarum. Et facto voto, statim incepit quodammodo tranquillari procella, prosperando cotidie taliter quod nec ipse neque alius de barca perierunt, sed ad portum salutis cum incolumitate pervenerunt, ad invocationem et per merita, ut pie credit, dni Urbani pape quinti. — Et ista bene possunt probari, ut dicit, per Perrichonum de la Val et per Maretum, socium suum, et per Petrum Perpenati, sartorem ipsius Ludovici. — Que quidem omnia supradicta ego Jacobus de Oleriis scripsi et puplicavi, in presentia et testimonio dnorum Raymundi Macelli, archidiaconi Lodovensis, et Hugonis Montanarii, rectoris ecclesie de Monte Galharde.

**118.** Die predicta, quidam Petrus de Furno, clericus de Lingonia, Mimatensis diocesis, suo asseruit juramento, quod Guilhelma de Furno, soror sua, mulier vidua et honesta, tres anni sunt lapsi nunc quod ipsa graviter infirmabatur, et stetit jacens in lecto inpotens de membris suis per tres menses, nec poterat se vertere neque movere de loco per se, et quod jam credebatur per circumstantes quod non evaderet a morte, aut forte perpetuo remaneret inpotens, et nullum sanitatis remedium a medicis sive medicinis ipsa habere poterat; igitur quadam die, dictus Petrus videns sororem suam sic afflictam et in tanta perplexitate constitutam, quadam die vovit eam humili corde et devoto dno Urbano pape, ut si precibus suis et meritis ipsa mulier, soror sua, evaderet ab illa infirmitate et sub bona convalescentia remaneret de inpotentia, ipse presentaret, quamcitius posset, dictam suam sororem ad sepulcrum dni Urbani pape, cum ymagine cere unius libre. Et facto voto, in nocte sequenti bene reconvalescere incepit et in crastinum melius se habuit, finaliter quod post iiij$^{or}$ dies sequentes ipsa mulier de lecto surrexit, sine inpotentia membrorum suorum, et in fine pristine restituta sanitati, ad invocationem et per merita dni Urbani pape quinti. — Et ista possunt obtime probari per Petrum Pelfoini, filium dicte Guilhelme, per Petrum Pogeti, per Johannem Clavelli et per Guilhelmum Bernardi. — Quod scripsi et puplicavi ego Jacobus de Oleriis, notarius, in presentia testium predictorum.

**119.** Die Dominica xxjª Septembris. — Anno quo supra, die xxjª Septembris, frater Nicholaus de Salerno, ordinis Minorum, de conventu ejusdem, prout juramento ipse asseruit, de anno proxime lapso et de mense Julii, ipse graviter infirmabatur, et fuit febricitans et jacens in lecto per xv dies continue, nullum habens remedium sanitatis; tandem quadam die ipse obmutuit, carens omnibus sensibus corporalibus, non loquens, non videns, neminem cognoscens, agonizans, et quod in extremis videbatur esse per circumstantes, credentes quod statim spiritus convolaret; et, prout ista fuerunt sibi postea notificata, dum videbatur esse in extremis ipsum signaverunt signo sancte †, ut moris est fidelium in extremis signare, cum candela accensa benedicta ante eum, et quod mater dicti fratris Nicholai et soror, ac omnes amici ejus ibidem presentes, flebant et plangebant multum de morte ipsius, ut credebant; et in illo statu stetit quasi per unam horam, et dum erat ipse loquens in illo statu, in mente sua habuit dnm Urbanum papam, cui valde humiliter et devote se recommendavit, et quod dignaretur apud Deum intercedere quod non moreretur ab illa infirmitate; et incontinenti ipse stans in agonia, non vigilando neque dormiendo, quidam probus homo pontificalibus indumentibus vestitus apparuit sibi, levans manum suam dextram et dicens sibi : « Voveas te ad figuram depictam illius quem invocasti, videlicet ad illam figuram depictam ex parte dextra, quia alia figura est etiam depicta ex parte sinistra; nam si hoc feceris, ab hac infirmitate non morieris, sed evades ». Quibus intellectis, ipse humili corde et devotissimo in mente sua votum sibi fecit tale, videlicet quod ad predictam suam figuram depictam offerret quamdam entortam ceream et ibi missam celebraret, et in die Jovis ipse gejunaret, in qua die Jovis una ipse dictus dns Urbanus viam universe carnis fuit ingressus. Et facto voto, subito ac in momento uno ipse loqutus fuit et virtutem recuperavit, et recuperatis sensibus corporalibus fuit etiam eotunc a febre penitus liberatus, et in bono statu valde bene fuit, et in crastinum de lecto surrexit; illi vero circumstantes multum mirabantur, dicentes quia tantum miraculum hic hodie factum est in homine isto : « Benedictus sit Dominus noster Jhesus Xpistus »; et laudes et gratias infinitas ipse loquens ac omnes alii, scientes votum factum per eum, reddiderunt dno pape Urbano, ad cujusi nvocationem et per merita gloriosa ipsius ipse frater Nicholaus fuit de morte ad vitam restitutus, ut pie credebant. — De quibus omnibus supradictis possunt satis clare et evidenter testificari, ut dicit, videlicet mater sui dicti fratris Nicholai, nomine Francisca, ac etiam Johanna, soror ipsius, necnon etiam frater Araymus, socius dicti fratris Nicholai, de ordine Minorum, ac etiam gentes alie dicti loci de Salerno. — Quod scripsi et puplicavi ego Jacobus de Oleriis, notarius, in presentia et testimonio dnorum Johannis de Ansana et Raymundi la Casa, monachorum monasterii Sancti Victoris.

**120.** Die Lune xxij$^a$ Septembris. — Anno quo supra, die xxij$^a$ Septembris, nobilis Johannes de Narcesio, diocesis Caturcensis, suo asseruit juramento, tres anni sunt nunc lapsi et quasi de isto mense Septembris, quadam die ipse erat cum quibusdam aliis armigeris prope locum de Villa Nova, in diocesi Ruthinensi, et equitantes exierunt eis obviam gentes armorum Ancglicorum, qui cum inpetu magno contra dictum loquentem et socios suos viriliter irruerunt, et unus ipsorum cum quodam glavio acerrime percussit dictum nobilem Johannem in latere sinistro, veniens in concavum quasi de longitudine palme, pertingens usque ad cor; et dum fuit percussus, incontinenti cecidit in terram, prostratus velud mortuus; de quo quidem ictu magna efusio sanguinis manabatur; et incontinenti ipse amisit loquelam, stans quasi in extremis per totam noctem, et quod per socios suos hic presentes totaliter desperabatur de vita ejus, et quod nullo modo credere poterant quod a morte evaderet ex illo ictu mortali; et circa auroram, in ipsa nocte, venit quidam clericus, cujus ipsius nomen penitus ignorat, ad presentiam ipsius nobilis tunc agonizantis, et alta voce clamando, dixit eidem : « Voveatis vos humili corde et devoto sanctissimo dno pape Urbano, et spero in Deo quod precibus suis evadetis a morte ». Ipse vero nobilis hoc intelligens in corde suo, humiliter et devotissime recommendans se eidem, votum fecit, ut si precibus suis et meritis apud Deum intercedendo a morte evaderet et sanitati restitueretur, quamcitius ipse posset, veniret pedester peregre sepulcrum ipsius dni Urbani pape visitare, cum imagine cere ibidem offerenda, et faceret depingi figuram ejus in loco suo. Et facto voto, inconti-

nenti ipse loqutus fuit, et exinde dedit laudem et gloriam
Deo benedicto et dno Urbano pape, ad cujus invocationem
et per merita ejus, ut pie credit, evasit a morte, et per
consequens fuit pristine restitutus sanitati, ad invocationem
et per merita gloriosa, ut pie credit, dni Urbani pape quinti.
— Et quod de predictis omnibus possunt satis clare testificari, ut dicit, infrascripti, videlicet Lesbordacus d'Anglesio
et Gaufridus de Sancto Ongio, socii sui. — Quod scripsi
et puplicavi ego Jacobus de Oleriis, notarius, in presentia
et testimonio dnorum Ademari de Strilhis, et Bertrandi
Berici, monachorum [1].

**121.** Die Martis xxiij[a] Septembris. — Anno quo supra,
die xxiij[a] mensis Septembris, Guilhelmus Cardinalis, de loco
de Novimadio, diocesis Coloniensis, familiaris dni Cardinalis
Florentini, prout juramento suo asseruit, de anno proxime
preterito et de mense Febroarii, ipse erat in quodam loco
de Posonio, in Ungaria, et stans ibidem fuit gravi infirmitate detentus, patiens febrem quasi per vj septimanas,
debilitans omni die, et quod totaliter desperabatur de vita
ejus, et erat tantum debilitatus de predicta infirmitate et
atediatus quod prediligeret mori quam stare in tanta pena
quam patiebatur, et quasi erat atenuatus omni virtute
corporali, et quasi carebat visu occulorum suorum
propter nimiam debilitatem. Igitur quadam die, dum ipse
loquens esset in tanta perplexitate, vovit se humiliter et
devote dno Urbano pape, supplicans eidem ut dignaretur
apud Deum intercedere, ut ipse liberaretur ab illa infirmitate aut per vitam aut per mortem ; verumtamen si ipse a
morte evaderet, dum fuisset sanitati restitutus, veniret
sepulcrum ipsius dni Urbani pape visitare, quamcitius
posset, cum entorta cere ibi offerenda. Et facto voto, bene
incepit convalescere, et in ipsa die fuit liberatus de febre,
et post paucos dies sequentes fuit pristine restitutus sanitati,
ad invocationem et per merita, ut pie credit, dni Urbani
pape quinti. — Et quod de premissis omnibus potest clare
testificari, ut dicit, quidam ejus famulus, nomine Thedericus, qui presens fuit dum infirmabatur. — Quod scripsi
et puplicavi ego Jacobus de Oleriis, notarius, in presentia
et testimonio fratris Teodorici de Provanis, prepositi
Ferutasti, monachi, et Petri Alami, monachi.

---

1. [Au bas (effacé): Sclamunda de Rupe, Berbici Adem. de Siet.]

**122.** Anno et die quibus supra, hic vir venerabilis dns Guivetus de Sancto Martiali, miles, frater dni Cardinalis Sancti Martialis, suo asseruit juramento quod hoc anno et de mense Januarii erat in valde gravissimo statu de persona sua, quia per longum spatium temporis febrem cartanam passus fuerat, de qua erat valde debilitatus et dubitabat multum quod per longa tempora pateretur, potissime quia in tempore yemali supervenerat ei; subsequenter vero gravissimum et intollerabilem patiebatur in latere sinistro, circa cor, intrincece, de quodam pleuesin quod vulgariter appellatur, et quod dicebatur esse morbus incurabilis juxta opinionem medicorum, nec etiam ipse credebat a morte evaderet; quapropter quadam die ipse loquens, confidens multum de potestate dni Urbani pape sibi a Domino tradita, ipsum igitur invocare voluit et supplicans eidem votum sibi fecit, ut si ipse dignaretur apud Deum intercedere quod non moreretur, sed quod evaderet ab infirmitate illa, quamcitius ipse posset, suum veniret visitare sepulcrum cum entorta cere x librarum. Et facto voto, post triduum fuit liberatus a febre cartana, et amplius dolorem non sentiit de illo pleuesin, sed fuit de febre et de pleuesin penitus liberatus, ad invocationem, ut pie credit, dni Urbani pape quinti. — Et ista omnia supradicta possunt clare testificari per medicum et per familiarem suum sibi servientem, et per Petrum de Colhis, scutiferos dni Cardinalis predicti.

**123.** Item etiam retulit dictus miles quod non est diu, quod ipse gravissime patiebatur malum de morenis circa posteriora, propter quod dubitabat mori ex eo quia, prout audiverat refferri, dns papa Urbanus mortuus erat eadem infirmitate; igitur eidem supplicavit quod dignaretur apud Deum intercedere, quod liberaretur ab illa infirmitate, et incontinenti ipse fuit penitus liberatus, precibus dni Urbani, ut pie credit. — Quod scripsi et puplicavi ego Jacobus de Oleriis, notarius, in presentia et testimonio illorum supra proxime descriptorum.

**124.** Die Mercuri xxiiij$^a$ Septembris. — Anno quo supra, die xxiiij$^a$ Septembris, Petrus Garini, laborator loci de Lieurono, [.....] diocesis, prout juramento suo asseruit, de anno M$^o$ CCC$^o$ LXXIIIJ$^o$, ipse habebat undecim boves, de quibus per spatium temporis x. dierum perdidit sex boves, qui subito moriebantur propter epidimiam et mortalitatem que erat eotunc inter boves, de quo multum dolebat de perditione tanta, et dubitans multum quod forte alii quinque boves, qui sibi remanserant, fuissent in eadem dapnatione et quod perderet eos per mortem, igitur quadam die ipse votum fecit dno Urbano pape, ut si ipse dignaretur apud Deum intercedere quod illi quinque boves sui remanerent illesi ab illa infirmitate ne[c] morerentur, ipse veniret, quamcitius posset, sepulcrum dicti dni Urbani pape visitare, offerens ibidem unum bovem cere sex librarum. Et facto voto, incontinenti cessavit illa percussio, et salvi facti fuerunt boves illi quinque, ad invocationem, ut pie credit, dni Urbani pape quinti. — Quod scripsi et puplicavi ego Jacobus de Oleriis, notarius, in presentia et testimonio dni Garssie Assenari, presbiteri Pampilonensis diocesis, et Johannis Eximinii, clerici Valentinensis diocesis.

**125.** Die Jovis xxv. — Anno quo supra, die xxv mensis Septembris, Petrus Bero, de civitate Aquensi, suo asseruit juramento, quod nuperrime quasi in principio hujus mensis, quadam die tempore vindemiarum, dum onerabat quemdam suum roncinum de vindemia racemorum, accidit sibi casu fortuito quod ibidem infra vineam ipso existente, cecidit ex transverso, ex parte sinistra, corruens supra quamdam stipitem vitis, taliter quod in illo conflictu aufregit sibi unam costam de dicto suo latere sinistro, de quo fuit et remansit valde afflictus et cum valde gravi dolore, et quod jam audiebat confricare costam confractam intrincece, nec credebat quod ita de facili posset bene curari de illa confractura coste. Igitur ipse invocans dnm Urbanum papam, votum sibi fecit, ut si apud Deum ipse intercedere dignaretur quod bene posset sanari et remanere sine aliqua inpotentia, quamcitius ipse posset suum veniret visitare sepulcrum, cum oblatione sua de cera. Et facto voto, ipse bene reconvalescere incepit, et post iiij$^{or}$ dies inmediate sequentes fuit illa costa, que antea erat confracta, bene consolidata, et per consequens fuit pristine sanitati restitutus, ad invocationem, ut pie credit, dni Urbani pape quinti. — Quod scripsi et puplicavi ego Jacobus de Oleriis, notarius, in presentia et testimonio Guilhelmi de Sancto Johanne et Petri Vitalis, de Massilia.

**126.** Die Sabati xxvij$^a$ Septembris. — Anno quo supra, die xxvij$^a$ Septembris, hic presens Anthonius Bertrandi, notarius civitatis Narbone, prout juramento suo asseruit, de anno LXXIIJ° et de mense Octobris, ipse erat in Avinione graviter infirmans, passusque fuit febrem validam cum nimio dolore capitis, nullumque habens remedium sanitatis; et dum erat in illa perplexitate, quadam die recommendans se humili corde et devoto dno Urbano pape, votum sibi fecit, suum venire visitare sepulcrum cum capite cere, pro oblatione sua. Et facto voto, incontinenti fuit liberatus de febre et d· dolore capitis, ad invocationem, ut pie credit, dni Urbani pape quinti. — Et quod de predicta sua infirmitate ac ejus convalescentia post votum facta et recepta, possunt clare testificari, ut dicit, frater Aymericus de Rippa, ordinis Jherosolimitani, et nobilis Ludovicus de la Balma et fratres sui. — Quod scripsi et puplicavi ego Jacobus de Oleriis, notarius, in presentia et testimonio Isnardi Lombardi et Gondisalvi Gondisalvi, testium.

**127. De contracto bene sanato.** — Die predicta xxvij$^a$ Septembris, Nicholaus Bone, rector ecclesie parrochialis de Bornes, diocesis Leodiensis, residens modo in buticularia domini nostri pape, suo asseruit juramento, quod ipse existente in Avinione de anno LXXJ°, venit in inpotentia omnium membrorum suorum, et stetit inpotens et contractus per annum et medium, vel cum potentiis sive crossis quandoque ambulabat, quia aliter non posset se sustinere super terram, et quod nullum penitus sanitatis remedium a medicis sive medicinis habere poterat, sed omni die debilitabat, nec credebat ipse loquens quod de facili ipse liberaretur ab illa inpotentia, sed quod per longa tempora fuisset contractus et inpotens. Igitur quadam die, dum esset in illa gravi dispositione valde aflictus, habuit in mente sua dnm Urbanum papam, cui humiliter et devote supplicavit, faciens sibi votum, ut si ipse apud Deum intercedere dignaretur, quod ab illa inpotentia sanitati restitueretur, quamcitius ipse posset, sanitate recepta, visitaret sepulcrum ejusdem dni Urbani cum ymagine cerea iiij$^{or}$ librarum. Facto itaque voto, ipsa eadem die bene inceperat convalescere, et in crastinum melius se habuit, ambulando modicum sine potentiis sive baculis, et prosperando per consequens omni die, infra tres septimanas vel circa fuit pristine restitutus sanitati, et hic hodie venit refferens miraculum sibi factum a Deo meritis et precibus dni Urbani pape quinti, et quia antea non compleverat votum suum de oblatione sua IIIJ^or librarum cere, propter quod voluit ultra hec dare unum florenum auri, ob reverentiam memorati dni Urbani pape quinti. Ego vero Jacobus de Oleriis, notarius, predicta omnia scripsi et puplicavi, in presentia et testimonio dni Johannis Comitis, et Stephani de Valle, monachorum Sti Victoris.

. . . . . . . . .

———

## [MENSIS OCTOBRIS

**128.** A]nno Dni mill'o CCC° LXX[VI° et die] tertia men[sis Octobris hic] venerabilis et magnificus vir dns Isnardus de Rossilho[no], miles, dominus de Serena, suo asseruit juramento quod post electionem sanctissimi patris dni Gregorii pape, ipse voluit venire apud Avinionem ad exibendum reverentiam eidem dno pape Gregorio; ipse vero miles dum ibat multotiens ad Sanctam Mariam de Domis, nunquam intrare volebat cappellam ubi confluebant gentes ad visitandum sepulcrum dni Urbani pape sancte memorie, propter quod dicebatur eidem militi a multis suis notis, quare non intrabat cappellam et orationem ibi faceret apud sanctissimum papam Urbanum; ipse vero respondens dicebat eis : « Ego non orabo nec etiam eum onorabo, nam mihi videtur quod nunquam fecerit bonum », propter quod nullatenus ipse credebat ipsum esse in via Dei positum neque salvatum. Tractu temporis, ipse miles voluit reverti ad partes suas, et dum fuit ultra Avinionem quasi per IJ. leucas, arripuit eum gravis infirmitas circa latus sinistrum et quasi per totum corpus suum, taliter quod clamabat sicut mulier in partu, et non poterat urinare nisi modicum valde, et quando urinabat efficiebatur urina nigra velud carbo; nec fuit aliquis medicus qui a predicta infirmitate, quam passus fuerat graviter fere per sex menses, ipsum eotunc infirmum sanari posset, licet quandoque esset in aliqua convalescentia, sed paulopost aliquos dies in eadem infirmitate reincidebat. Quadam vero die, dum ipse loquens pateretur dictam infirmitatem valde graviter, clamans et ululans, ipso existente in partibus suis in propriam donum, quedam filia sua, Beatrix nomine, etatis circiter XXIIIJ annorum, dixit sibi : « Domine pater mi, ego audivi a pluribus refferri quod Jhesus Xpistus multa miracula operatur per merita beatissimi patris Urbani pape, cui dignemini vos eidem recommendare et vovere, et procul dubio spero in Deo quod sanitatem bonam recipietis »; ad quam filiam ipse pater ait : « . . . . . . . . . . . . . . . . pro vobis apud [Deum in]tercedere quod sanitatem . . . . . . . . . . . . . . . . . . . sepulcrum s[uum cum] ymagine cere xii librarum. . . . ». Ipse loquens hoc audito dixit : « Et ego etiam [corde] bono et devoto [hoc] votum consentio, et illud Deo prestante adimplebo pro posse ». Dicto hoc . . . . , subito ac sine aliquo intervallo et medio, sentiit se ex omni parte sui corporis sanatum et sanitati pristine restitutum, et amplius dictam infirmitatem non passus fuit a tempore illo citra, et credit perpetuo evasisse Deo previo et ad invocationem sancte memorie dni Urbani pape quinti, ut pie credit. — Predicta vero retulit in presentia et testimonio dni Johannis de Sanhis, prioris claustralis, Guilhelmi de Monte Olivo, Guilhelmi de Verduno, monachorum monasterii Massiliensis.

**129**. Die predicta, Petrus Ribas, sederius de Montepessulano, suo asseruit juramento quod quidam ejus filius, Germanus nomine, etatis circiter iiij$^{or}$ annorum et medii, de mense proxime lapso maii fuit graviter infirmus, patiens continue febrem nocte dieque, quasi per vj. dies, et debilitans omni die; in fine vero illorum sex dierum fuit agonizans et quasi in extremis videbatur esse, carens virtute ac sensibus corporalibus, et oculos habebat dealbatos et velatos, non videns, non loquens nec membra movens ; et cum crederent omnes circumstantes ibidem quod statim spiritus pueri convolaret, tenebant candelam signatam accensam ante faciem pueri, et signantes eum sepissime signo sancte †, ut moris est fideles in mortis articulo et in extremis signare ; et cum ipse loquens videret filium suum in articulo mortis constitutum, recommendare eum voluit humiliter et devote dno Urbano pape, faciens sibi votum, quod si evaderet a morte dictus ejus filius, quam citius ipse posset, duceret et presentaret dictum puerum ad seppulcrum dicti dni Urbani, cum suo sudario et candelis. Et facto voto, ipse infans stetit quasi per totam noctem sic in agonia, de mane vero ipse loquens recedens de hospitio et accedens per villam pro spatiando, paulopost dum reversus fuit ad domum suam, invenit in carreria dictum ejus filium sanum, vivum, carentem febre et sanitati restitutum ; et sic ipse loquens, ut dicit, credit quod ad invocationem dni Urbani pape quinti et per ejus merita dictus infans a morte evaserit, et fuerit sanitati pristine restitutus, de quo dat laudem Deo et memorato dno Urbano pape quinto. — Et de predictis omnibus Guilhelmus Besseda, dicti loci, testis productus, diligenter interrogatus, juramento suo dixit quod ipse erat presens quando predictus infans erat agonizans, et ipse multotiens signaverat eum signo sancte †, credens quod statim moreretur, et in crastinum audivit quod erat vivus et sanus, per merita sanctissimi patris dni Urbani pape quinti, et ita pie credit. — Testes : dni Johannes Chalcerii et Robertus Ortholani, monachi.

**130.** [Anno quo supra, . . . . . . . . . . .
. . . . . . . . . . .] asseruit [juramento suo. . . .
. . . . . . . . .] de presenti [mense] Octobris, cum dns. . . . . . . . . . . quadam die, videlicet in prima die mensis, venerunt [et ipsi dixerunt cum dis]plicentia valde, videlicet quod in die Veneris proxime lapsa[10], fuit tanta procella et fortuna maris ac etiam inundatio pluviarum, quod alique barque que portabant omnia que dicti dni Cardinalis erant, et certa alia navigia erant perdita in mari et submersa ; que dum audivit, multum anxiatum fuit cor suum et dolens de tanta perditione sua, et ymaginando in illa perditione arripuit eum dolor in capite intollerabilis, quod vix requiescere poterat nec dormire, nec etiam comedere propter capitis dolorem, nullum habens remedium sanitatis ; et cum cotidie ipse dns Cardinalis staret in tanta perplexitate multum afflictus, habuit in mente sua dnm Urbanum papam, et confidens, intercedendo apud Deum, quod ejus merita et intercetiones merito possent eum valde juvare, igitur eidem instantissime supplicavit quod dignaretur apud Deum intercedere, quod liberaretur ab illo gravissimo dolore capitis, de quo multum dubitabat incidere in aliquam gravem infirmitatem, et quod etiam redderet ipsum bene consolatum de novis sibi notificatis de rauba sua perdita, et super hoc vovebat eidem quod sibi offerri faceret duas entortas cereas ad sepulcrum suum, cum armis ipsius dni Cardinalis. Et facto voto et

emisso, ipse fuit penitus liberatus et expoliatus a dolore capitis, ac si expoliaretur indumento suo, et in crastinum ille barque, cum tota rauba sua, ibi ad portum Massilie applicuerunt sine perditione quacumque, quod credit hoc factum fuisse a Deo precibus et meritis dni Urbani pape quinti. — Ego vero Jacobus de Oleriis, notarius, predicta scripsi et puplicavi, in presentia et testimonio dni Marescalli domini nostri pape, et Bertrandi Arnaudi, servientis armorum dni pape, et signo meo signavi.

**131.** [Anno quo supra, . . . . . . . . . . . . . . . . . . . . . . pre]sidio. . . . . . . . . . . . Anthonius fuit. . . . . . sa]gita gra[viter vulneratus in tibia sua] dextra, et extracta incontinenti sagita de tibia sua [sanguinis] effusio super terram manavit, nec ullo modo poterat re[stringi], et ita continuatis diebus novem ac etiam noctibus fluebat sanguis continue, propter quod dubitabat perdere vitam propter effusionem sanguinis manantem, nec per medicos sive alios poterat restringi. Igitur quadam die dicti mensis Novembris, ipse loquens habens in mente sua dnm Urbanum papam, cui se humiliter et devotissime recommendavit, et votum fecit, ut si precibus suis et meritis apud Deum intercedendo, restringeretur sanguis et exinde a plaga curaretur, quamcitius ipse posset suum dicti dni Urbani pape visitaret sepulcrum, cum tibia cere pro oblatione. Et facto et emisso voto, subito fluxus sanguinis cessavit et amplius non exivit, et nichilominus plaga clausa fuit et serrata per se, et subsequenter post aliquos dies sequentes de tibia sua bene convaluit, pristine restitutus sanitati, ad invocationem memorati dni Urbani pape quinti. — Et quod ista omnia supradicta possunt clare probari, ut dicit, per infrascriptas personas, que presentes erant eotunc quando fuit percussus a sagita in tibia, videlicet per dominum de Santpie, per Angelinum Judicis, de Ventemilha, per Miquelinum Judicis et per Jacominum Bonnelli. — Que quidem omnia supradicta ego Jacobus de Oleriis, notarius, scripsi et puplicavi, in presentia et testimonio dni Armandi de Monte Lavardo et Johannis de Oyena, et signo meo signavi.

**132.** Anno quo supra, die quarta mensis Octobris, hic presens Viannetus Guerra, loci de Salinis, diocesis Basuntinensis, prout juramento suo asseruit, quod ipse passus fuerat dolorem gravem de gotassa in genu tibie sue dextre, per septem annos, non continue sed diversis diebus, horis et temporibus, et quando patiebatur non bene poterat ambulare, sed quod in dolore permanebat, et quod dubitabat quod perpetuo non posset bene curari ab illo dolore; tandem quadam die de mense Madii de anno lapso, ipse habens in memoria dnm Urbanum papam, pretendens multa miracula que Deus meritis ipsius cotidie faciebat, igitur recommendans se eidem, votum fecit eidem, ut si ipse dignaretur apud Deum intercedere quod posset liberari a dolore de genu suo perpetuo, ipse, lapso anno uno, veniret peregre sepulcrum ipsius visitare cum tibia cerea unius libre et medie. Et facto voto, ipsa die bene convaluit, nec amplius passus fuit dolorem de uno anno lapso et ultra, et sic credit esse perpetuo liberatus a dolore, ad invocationem et per merita, ut pie credit, memorati dni Urbani pape quinti. — Et quod de predicta infirmitate sua de gotassa possunt testificari clare, ut dicit, et de tempore predicto et de convalescentia post votum factum dno Urbano pape, videlicet Perrinus Joyne, maritus sororis sue, Girardus Jaquineti et Angarinus Jaquineti, ejus filius, et quamplures alii de loco predicto de Salinis. — Ego vero Jacobus de Oleriis, notarius, predicta omnia scripsi et puplicavi, in presentia et testimonio dni Arnaldi Barra, monachi monasterii Moyassii, et nobilis Bertrandus de Verossio, de Andofila, et signo meo signavi.

**133.** Die predicta, Monna Barlessa, uxor Petri Barlle, laboratoris, de loco de Pertusio, diocesis Aquensis, suo juramento asseruit, quod cum ipsa habuisset iiij$^{or}$ infantes, quos cum pepererat, et nati erant ac babtizati, incontinenti moriebantur nec vivere poterant, postremo vero cum ipsa mulier pregnans esset et gravida, nunc sunt tres anni lapsi, et dubitaret multum quod ille infans quem in ventre portabat, dum natus esset, etiam moreretur sicut et alii liberi qui mortui fuerant; igitur ipsa mulier votum fecit dno Urbano pape, ut si ipse apud Deum intercedere dignaretur quod ille infans quem in ventre portabat, dum natus esset, non moreretur, sed viveret longeve, eo casu offerret et presentaret pondus cere pueri, quod fuit xi. librarum, et quod offerret infantem ad sepulcrum predictum dni Urbani pape, cum predicta oblatione. Facto itaque voto, tractu temporis sui partus, peperit filium qui babtizatus fuit, et vixit et adhuc vivit, propter quod credit pie ipsa mulier, ut dixit, quod hoc factum fuit miraculose a Deo, meritis et precibus memorati dni Urbani pape quinti. — Que quidem omnia supradicta Petrus Barlle, maritus dicte Monne, interrogatus dixit et asseruit juramento prout supra continentur penitus fore vera. — Ego vero Jacobus de Oleriis, notarius, predicta scripsi et puplicavi, in presentia et testimonio dni Johannis Comitis, et Stephani de Valle, monachorum Sancti Victoris, et signo meo consueto signavi.

**134.** Anno quo [supra, die] quinta mensis Octobris, quidam Marinus Barba nomine suo, sexagenarius vel circa, laborator de civitate de Grassa, prout juramento suo asseruit, duo anni sunt lapsi vel circa, ipse incepit pati quamdam infirmitatem de fistula in facie sua, subtus occulum ejus sinistrum, ubi erat plaga, de qua fetor orribilis exibat; et quod in tantum processit quod pervenit usque ad occulum illa infirmitas, et incontinenti habuit occulum grossum sive inflatum et clausum, et subsequenter supervenerunt ibi vermes infra occulum, satis grossi, et quod ipsi vermes corroderant circumquaque oculum usque ad radicem, et jam offuscaverant visum illius occuli, nichil videns de eodem, et quod de eodem occulo quidam, suo nomine Guilhelmus Rodilha, textor, extraxit xxiiij[or] vermes de oculo dicti Marini cum quodam molleto. Et nichilominus dictus Marinus mostravit dictum occulum suum cuidam barberio, qui vocatur Stephanus Robaudi, et dum aperuit sibi occulum, dixit quod nunquam videret de eodem nec in eodem curam aliquam poneret, quia videbatur esse visus jam consumptus; ipse vero Marinus nulla alia medicamenta fecerat in plaga fistule, nec etiam in occulo, nisi saltem quod ponebat de scarpilla de panno lineo in eodem; tandem quadam die de mense Augusti de anno proxime lapso, dum ipse esset totaliter carens visu oculi sui sinistri nec credebat quod umquam videret de eodem, propter quod eidem dno Urbano supplicavit ut dignaretur apud Deum intercedere, quod restitueretur sibi visus occuli sui sinistri. Et facto voto, post duos dies inmediate sequentes aperuit occulum ejus et bene clarificatus est, bene videns de eodem ab illa hora in antea, et subsequenter de plaga fistule fuit curatus sine medicamento aliquo medicorum, nisi saltem ad invocationem et per merita dni Urbani pape quinti, propter quod complens votum suum, hic hodie venit et obtulit capud cereum. — Et quod de predicta sua infirmitate possunt satis clare testificari, ut dicit, videlicet magister Stephanus Robaudi, barberius, Guilhelmus Rodilha, qui extraxit vermes de oculo, et Monna, uxor sua, ac uxor etiam Monneti Raymundi possunt testificari. — Ego vero Jacobus de Oleriis, notarius, predicta scripsi et puplicavi, in presentia et testimonio Johannis de Sergio, diaconi diocesis Barensis, et Anthonius Guigonis, de Massilia, et signo meo consueto signavi.

**135.** [Die predicta, Barth]olomeus Rayn[audi, prout juramento suo asseruit], . . . . . ju[venis quida]m ejus filius n[omine suo . . . . ]tus, etatis nunc x. annorum, de anno proxime lapso, vigente morbo. . . . . . qui. . . . ipse puer graviter infirmabatur, qui febrem passus fuit per tres septimanas, et debilitans de infirmitate illa, fuit in fine carens omni virtute corporali, non loquens et neminem cognoscens, et quod medici desamparaverant penitus dictum puerum incurabilem, desperantes de vita ejus, et quod videbatur esse in extremis, habens faciem suam acerritam, sperantes quod statim spiritus convolaret; et tunc idem Bartholomeus, quodam mane circa auroram, videns filium suum jam morti propinquum, ut credebat, invocans ibidem dnm Urbanum papam recommendansque filium suum, humiliter et devote votum fecit, ut si precibus ejus et meritis ejus filius a morte evaderet et sanitati restitueretur, quamcitius posset ipsum sibi ad sepulcrum suum presentaret cum oblatione sua. Et facto [voto], incontinenti ipse puer virtutem recuperavit et loqutus fuit, expande[n]s facies suas cum ylari vultu, et cotidie per consequens prosperavit et post duos dies sequentes de lecto surrexit, carens febre, et subsequenter fuit post paucos dies pristine restitutus sanitati, ad invocationem dni Urbani pape quinti. — Et quod de premissis omnibus, ut dicit, possunt clare testificari magister Arna[ldus] Boquerii, medicus, qui vocat dictum puerum resucitatum, necnon magister Joce J..., medicus, et Rixendis, mater pueri, et quamplures alii dicti loci de Pertusio.

**136.** Eadem die et hora, Stephanus Alberti de Grassa,

suo asseruit juramento, quod quidam ejus filius nomine Stephanus, etatis unius anni, de mense Januarii stetit per xv. dies in gravi statu, debilitans omni die, cum maxima anxietate atque pena, nec poterat mamillas sucgere, sic quod de dicto puero ac de vita ejus totaliter desperabatur; quadam vero die, ipse Stephanus volens accedere apud vineas pro operando, dixit uxori sue : « Si Deus ordinaverit de puero isto quod moriatur, non spectes me pro suis exequiis faciendis; » sed dum ipse loquens erat in vinea, circa horam vesperorum, posuit se genibus flexis ibidem et instantissime supplicavit dno Urbano pape, ut dignaretur ipse apud Deum intercedere, quod filius suus non moreretur, sed sanitati restitueretur, et quod ipse sibi presentaret dictum puerum cum oblatione. Et facto voto, dum reversus fuit ad domum, ipse invenit filium suum in satis bono statu et lactantem, et sic post paucos dies fuit pristine restitutus sanitati, per merita dni Urbani pape quinti. — Que quidem omnia supradicta ego Jacobus de Oleriis, notarius, scripsi et puplicavi, in presentia et testimonio magistri Guilhelmi Columbi, magistri in medicina, et nobilis Johannes de Oyena, et signo meo consueto signavi.

**137.** Anno quo supra, die vj$^a$ Octobris, quidam nomine suo Johannes Saornoni, habitator in civitate Aquensi, prout juramento suo asseruit, Anthonetus ejus filius, etatis qui est nunc circiter quinque annorum, ipso Johanne existente clavario in loco Arearum, duo anni sunt lapsi, infirmabatur valde, qui febrem passus fuit per xv dies continue et disenteriam sive fluxum ventris, debilitans omni die, in fine vero ipse puer amisit penitus omnem virtutem corporalem et sensus corporales, non loquens, non videns, neminem cognoscens, agonizans et in extremis videbatur esse, credentes omnes ibi circumstantes quod statim spiritus convolaret; et dum ipse Johannes recommendavit humili et devoto corde et cum lacrimis dno Urbano pape filium suum semimortuum, et quod si ipse dignaretur apud Deum intercedere quod predictus ejus filius non moreretur ab illa infirmitate, sed sanitati restitueretur, quamcitius ipse posset, suum ibi veniret visitare sepulcrum dicti dni Urbani pape, cum oblatione iiij$^{or}$ librarum et cum eodem puero. Facto itaque voto, subito et in momento ipse puer de lecto surrexit erectus, vidit, cognovit et loqutus fuit, cum bona virtute et convalescentia, et ibidem cibum sibi afferri mandavit, et comedit et bibit et sanitati pristine fuit restitutus, ad invocationem et per merita, ut pie credit, dni Urbani pape quinti. — Et quod de predicto miraculo, ut dicit, mater dicti pueri et gentes suï hospitii, necnon quidam aurifaber de Areis, qui vicinus erat suus,... — Que quidem omnia supradicta retulit in presentia et testimonio dnorum Raynaudi Donadei et Hugonis de Gondelherio, monachorum Sancti Victoris Massiliensis.

**138.** Anno quo supra, die vij<sup>a</sup> Octobris, quedam . . . . . . . . . . . Deo devota, in statu penitentie vivens, residens nunc in Avinione, suo asseruit juramento, quod circa festum Asontionis Domini de anno LXXII° [*6 mai 1372*], ipsa ibat peregrinando apud Sanctum Honoratum de Lerins, et quia ipsa non poterat ambulare, fatigata ex itinere, equitabat supra quoddam animal ; itaque equitando sibi accidit quod cecidit in terram de supra animali, et dum cecidit, habuit brachium suum sinistrum extra locum positum in humero et concassatum de nervis, taliter quod nullo modo posset se juvare de eodem, ymo erat in maxima perplexitate et dolore ; et tunc ipsa invocans sanctum Honoratum et beatum papam Urbanum, eisdem supplicavit ut dignarentur pro ea apud Deum intercedere, quod brachium suum consolidaretur et sine inpotentia remaneret; nec ob hoc ipsa fuit exaudita, sed stetit inpotens de dicto brachio per iiij<sup>or</sup> menses vel circa. Tractu vero temporis, dum fiebat translatio sanctissimi patris dni Urbani pape, ipsa bona mulier erat in Massilia, adhuc inpotens de brachio ; et dum portabatur per gentes valde honorabiliter ipsius sanctissimi pape corpus, et trancibat juxta Carcerem curie reginalis [1], clamor magnus fuit factus per incarceratos; et tunc ipsa habens in maxima devotione dictum dnm papam Urbanum, propter quod eidem supplicavit ut digna-

---

1. *Situation de la prison* [*royale*] :

1397, 19 mai. Une maison à la rue droite devant l'église inférieure des Accoules, confrontant... avec la rue traverse tirant de la *carreria Massarum usque ad Carcerem regium* (Domin. de Marseille, *Reg. H. 2. p. 151*). La rue des Masses est la rue de la Reynarde, par conséquent la traverse qui vient de la rue des Masses à la prison royale n'est pas loin de là. Serait-ce la rue de la Loge ? la rue de la prison actuelle ? il ne semble pas. Dans tous les cas, il est très probable que la prison royale *était attenante au palais des comtes de Provence*, qui était au bas de la rue de la Prison, vers l'Hôtel de ville.

retur apud Deum intercedere quod prestaret sibi sanitatem de brachio, et sequens pressuram magnam gentium sequentium corpus, pervenit hic infra monasterium Sancti Victoris, et dum fuit in terra depositum illius sanctissimi pape corpus, ipsa mulier posuit brachium suum inpotens et aflictum supra capsam in quo erat corpus dicti sanctissimi pape Urbani [*4 juin*]; et subito ac incontinenti ipsa mulier fuit relevata ab omni dolore brachii et sine aliqua inpotentia, per consequens fuit pristine restituta sanitati, ad invocationem et per merita gloriosa, ut pie credit, dni Urbani pape quinti. — Que quidem omnia supradicta ego Jacobus de Oleriis, notarius, in presentia et testimonio dni Bertrandi Berici, monachi, et Guilhelmi Raynerii.

**139.** Anno quo supra, die viij$^a$ Octobris, Raymundus Germani, de Tritis, Aquensis diocesis, suo asseruit juramento quod quidam ejus filius, nomine Gaufridus, etatis circiter unius anni, die Martis in sero et per totam noctem, stetit in valde gravi dispositione de persona, flens et nullum requiem habens, ex eo quia nullo modo poterat urinare, et quod ipse puer habebat inflationem supra membrum virile, et nullum in mundo remedium poterat adhiberi; et dum fuit de mane, ipse puer stabat quasi in agonia, et erant ibi eotunc mulieres multe, que credebant juxta opinionem ipsarum quod ille infans moreretur incontinenti; et dum erat in illo statu, tunc idem Raymundus vovit dictum filium suum dno Urbano pape, et si ipse dignaretur apud Deum intercedere quod infans posset bene urinare et non moreretur, incontinenti sanitate recepta et esset bonum tempus pro puero, faceret eum deportari ad sepulcrum dicti dni Urbani pape, cum media libra cere. Et facto voto, post modicum intervallum, quasi per spatium dicendi semel *Miserere mei Deus*, ipse infans urinavit et sanitati pristine fuit restitutus, ad invocationem dni Urbani pape quinti. — Et ista possunt probari, ut dicit, per Hugam Berigam, per Siletam ejus filiam et per matrem ipsius pueri, ac per plures alias mulieres. — Que scripsi et puplicavi ego Jacobus de Oleriis, notarius, in presentia et testimonio Laurentii Porquerii, de Massilia, et Johannis Milonis, de Tritis.

**140.** Anno quo supra, die nona Octobris, Pontius .. G...d., loci de Bedoino, diocesis Carpentoratensis, suo asseruit juramento quod ipse steterat per viij° annos in matrimonio cum uxore sua, et nunquam potuerat habere prolem, licet ipsa uxor sua esset sufficientis etatis ad habendum liberos, sed qualitercumque esset, ipsi conjuges dubitabant multum quod de cetero amodo nunquam habere prolem possent; verumtamen ipse loquens, quadam die in XL$^a$ proxime preterita, votum fecit dno Urbano pape, valde humiliter et devote ac genibus flexis, ut si ipse apud Deum intercedere dignaretur, suis intercessionibus mediantibus, [quod] ipsi conjuges haberent prolem, eo casu ipse Pontius veniret peregre, pedibus discalciatis, visitare sepulcrum dni Urbani pape predicti, offerens ibidem duas libras cere pro ipsorum conjugum oblatione. Et facto voto, post duos menses vel circa, Huga uxor dicti Pontii concepit et pregnans fuit et est, et dum advenerit tempus pariendi, circa festum Nathalis Domini, ipse loquens sperat habere prolem, Xpisto juvante, et ad invocationem et per merita sanctissimi patris dni Urbani pape quinti. — Ego vero Jacobus de Oleriis, notarius, predicta scripsi et puplicavi, in presentia et testimonio dnorum Johannis Comitis et Petri Alami, monachorum.

**141.** Anno quo supra, die x$^a$ Octobris, frater Raynaudus Chapoti, prior Sancti Stephani, Nivernensis civitatis, ordinis Cluniacensis, prout juramento suo asseruit, quod ipso existente in domo Clarambaudi Boelli, burgensis Nivernensis, vidit Guilhelmum, filium ejus, etatis circiter unius anni, exspirare[1] in presentia patris et matris et nutricis ipsius pueri, et vidit ipsum habentem occulos subversos, non movens membra nec habebat pulsum neque anelitum, et quod subsequenter remansit ex toto frigidus et rigidus in membris suis, sic quod per ipsum loquentem ac per omnes alios circumstantes reputabatur ille infans mortuus, et quod stetit mortuus, ut credebat, quasi per unam horam; et dum dictus loquens vidit dictum puerum jam mortuum, exivit extra cameram et ponens se ad quandam fenestram, habens in mente sua dnm Urbanum papam, pro quo Deus tot et tanta miracula cotidie per universum orbem operatur, igitur eidem humiliter et devote supplicavit et votum fecit, ut si ipse apud Deum intercedere dignaretur

---

1. [*Le notaire ayant écrit* spirare, *a ajouté* ex *en surcharge.*]

quod ipse infans qui mortuus erat restitueretur ad vitam, eo casu ipse loquens veniret visitare sepulcrum dicti dni Urbani pape, hinc ad festum Paschatis, et offerret pro oblatione pueri pondus cere ipsius, quod fuit xv. librarum. Facto itaque voto, paulopost ipse audivit puerum fortiter clamantem et flentem, et in illa hora ipse revixit, et virtutem recuperavit et lac sucgit, et in crastinum fuit pristine restitutus sanitati, ad invocationem et per merita, ut pie credit, dni Urbani pape quinti. — Et quod ista omnia supradicta possunt clare probari per predictos patrem et matrem, ac nutricem ipsius pueri, qui presentes fuerunt in premissis omnibus. — Ego vero Jacobus de Oleriis, notarius, predicta scripsi et puplicavi, in presentia et testimonio dni Johannis de Sanhis, prioris claustralis, et Guilhelmi de Sancto Johanne, monachorum Sancti Victoris.

**142.** Anno quo supra, die xj$^a$ Octobris, Bartholomeus Caroli, de Nemauso, mercator, suo asseruit juramento, quod nunc duo anni sunt lapsi, mortalitas et epidimia erat in civitate Nemausensi, ita quod quidam ejus filius, nomine Stephanus, et quedam filia sua, nomine Jacoba, eodem tempore infirmabantur graviter de febre epidimiali et bossa, taliter quod juxta oppinionem circumstantium de vita eorumdem totaliter desperabatur; et dum ipse loquens vovit dno Urbano pape, humili corde, dictos liberos suos, si precibus suis sanctis ipsi evaderent a morte et sanitati restituerentur, ipse una cum suo filio veniren. sepulcrum dicti dni Urbani pape visitare, cum oblationibus cere pro liberis. Et facto voto, incontinenti bene inceperunt reconvalescere et meliorari, et prosperantes per consequens omni die, post vij dies fuerunt penitus de febre liberati, subsequenter pristine sanitati restituti, per merita dni Urbani pape quinti.

**143.** Item etiam, hic presens Bertrandus de Valuagia, predicte civitatis, qui juramento suo asseruit, iiij$^{or}$ anni sunt nunc lapsi, tempore messium, ipse posuerat ignem inter stipulas, et quia ventus vigebat, fuit incontinenti tantus ignis validus discurrens hic et ubique, quod nullo modo poterat retineri neque suffocari per ipsum loquentem nec per boerium suum, et cum ipse ignis procederet jam prope areas ubi erant blada multa, dubitans forte quod succenderentur propter ignem validum, et dampnum et

detrimentum non modicum exinde sequeretur; igitur ipse
instantissime supplicavit dno pape Urbano, quod dignaretur apud Deum intercedere quod ignis amplius non procederet, neque dampnum faceret, et eo casu suum sepulcrum visitaret et unam libram cere sibi offerret. Et facto
voto, ignis amplius non processit neque dampnum fecit,
sed in brevi fuit suffocatus et extinctus, et hoc credit factum fuisse a Deo ad invocationem dni Urbani pape quinti.
— Que quidem omnia supradicta ego Jacobus de Oleriis,
notarius, scripsi et puplicavi, in presentia et testimonio
Guilhelmi de Sancto Johanne et Hugonis de la Prada,
monachorum.

**144.** Anno quo supra, die xiiij$^a$ mensis Octobris, Manoellus Vassani, loci de Final, diocesis Sahone, suo asseruit
juramento, quod ipso existente in quadam galea de Janua,
infra portum Massilie, accidit sibi heri de mane, circa
ortum solis, dum ipse portabat quamdam barrilam aque,
quod cecidit super bandam galee, sic quod ex illo casu
axidentali fuit et remansit valde opressus et afflictus de
latere dextro in costis, circa cor, taliter quod non potuit se
movere de loco et quod vix loqui poterat, et erat in tanta
anxietate et dolore circa cor quod statim credebat mori,
nullum habens remedium sanitatis, et in illa perplexitate
stetit heri per totam diem, qui neque erectus neque sedens
neque jacens bene stare poterat, sed quod cum dolore
semper erat et ideo volebat mandare pro medico quod sibi
adhiberetur aliquod remedium in dolore suo, sed ipsum medicum habere non potuit; tandem advesperascente die, circa
horam in qua pulsatur pro *Ave Maria*, ipse Manoellus
adhuc graviter dolens vertit se ibi apud monasterium, et
habens in devotione magna dnm Urbanum papam recommendansque se eidem, votum sibi fecit, ut si ipse dignaretur apud Deum intercedere, quod liberaretur ab illo gravissimo dolore quem eotunc patiebatur, sanitate recepta ipse
visitaret suum sepulcrum cum oblatione sua de cera. Et
facto et emisso voto, subito et in eodem momento, fuit
totaliter expoliatus et liberatus a dolore, nullum malum
sentiens, quod ipse credebat non bene curari de facili, sed
longeve dolorem pateretur in latere; sed quia bene curatus
est et liberatus est a dolore, credit pie hoc factum fuisse a
Deo meritis et precibus dni Urbani pape quinti. — Et quod

ista omnia supradicta, ut dicit, possunt clare probari per Rolandum de Florentia, per Nicholaum de Passan, per Quiergo Dadiani, qui ibidem erant presentes quando hoc sibi accidit. — Que quidem omnia supradicta ego Jacobus de Oleriis, notarius, scripsi et puplicavi, in presentia et testimonio nobilis Johannis de Oyena et Petri Mauritii, de Nicia.

**145.** Die predicta, Agnes, uxor Petri de Castro Raynardi, . . . . . . , nunc residentes in Avinione ipsi conjuges in Carrataria, retulit juramento suo quod tempore mortalitatis novissime lapse in Avinione, videlicet tres anni sunt lapsi, ipsa graviter infirmata fuit per quinque septimanas vel circa, patiens febrem epidimialem cum bossa, debilitans omni die, de qua quidem infirmitate sua non sperabatur nisi de morte, tam per medicos quam etiam per circumstantes, juxta eorum opinionem, ut dicit ; finaliter quod in fine ipsa amisit omnem virtutem ac sensus corporales, que nec loqui poterat et neminem cognoscebat ; ipsa tamen mulier continue habuerat in corde suo cum maxima devotione dnm Urbanum papam, durante infirmitate sua, et suis precibus se recommendabat, et dum erat in agonia, in corde suo ac in mente habuit ipsum dnm Urbanum, cui se recommendans humiliter et devote votum fecit, ut si precibus suis et meritis ipsa evaderet a morte et sanitati restitueretur ab illa infirmitate, quam citius ipsa posset, veniret peregre, pedibus discalciatis, sepulcrum ipsius dni Urbani pape visitare, offerens ibi ymaginem cere unius libre. Et facto voto, ibidem in eodem stanti ipsa recuperavit virtutem in presentia omnium circumstantium, loquens et cognoscens quemcumque, et sic ab illa hora voti facti prosperavit bene de infirmitate, et convaluit taliter quod a morte evasit, et in fine fuit pristine restituta sanitati, ad invocationem et per merita, ut pie credit, memorati dni Urbani pape quinti. — De quibus omnibus supradictis prefatus Petrus de Castro Raynardi, maritus predicte Agnetis, diligenter interrogatus, dixit et asseruit juramento suo omnia supra contenta penitus fore vera. — Quod scripsi et puplicavi ego Jacobus de Oleriis, notarius, in presentia et testimonio Guilhelmi de Sancto Johanne, monachi, et Guilhelmi Pertuati.

**146.** Anno quo supra, die xix$^a$ mensis Octobris, Johannes

Calverie, filius Guilhelmi de Massilia, marinerius, etatis circiter xxv annorum, prout suo asseruit juramento, de mense Septembris proxime lapso, ipse fuit per viij° dies continue, nocte dieque, patiens graves dolores in renibus suis, taliter quod nullum penitus remedium habere poterat, sed quod credebat mori; et dum erat in tanta anxietate, quadam die circa ocasum solis, votum fecit dno Urbano pape, ut si ipse apud Deum intercedere dignaretur, quod a dolore renum suorum liberaretur, ipse sibi offerret ad sepulcrum suum renes cere unius quart'. Et facto voto, in crastinum summo mane fuit liberatus totaliter a dolore renum et sanitati pristine restitutus, per merita, ut pie credit, memorati dni Urbani pape quinti. — Et quod de predictis, ut dicit, possunt clare testificari pater et mater ejusdem Johannis. — Quod scripsi et puplicavi ego Jacobus de Oleriis, notarius, in presentia et testimonio Rastesini Johannis, lapiscide, et Bertrandi Franosi, de Massilia.

**147.** Anno et die quibus supra, Maria Locliara, uxor Johannis de Sancto Angelo, oriunda prope Parisius, nunc residentes ipsi conjuges in Massilia, de arte merssarie, tenentes hospitium prope Beatam Mariam de Acuis, asseruit juramento suo, quod de anno lapso et de mense Septembris, ipsa mulier, una cum duabus aliis bonis mulieribus, erant in itinere, accedentes pe[re]grinando apud Sanctum Sepulcrum ultra mare; acidit vero quadam die, dum erant ille bone mulieres in quodam castro, cujus nomen ignorat, videntes ibi tranceundo quendam infantem graviter egrotantem, et tunc dicta Maria habens compassionem in eodem juvene, misericordia mota moram aliquam voluit ibi facere, ad hoc ut aliquod remedium sive juvamen toto suo posse posset sibi conferre; et stans ibi per spatium, alie mulieres socie sue cotidie ambulabant, credentes quod ista bona mulier statim sequeretur ipsas; sed et predicta Maria fuit ab ipsis longe quasi per unam leucam, et dum ipsa sola gressus suos dirigeret, sequendo alias sodales suas, intravit quoddam nemus densum, et ibidem vidit quendam hominem magnum cum armis, accedentem veloci passu erga ipsam, et ibidem erant satis prope alii homines, qui omnes apparebant esse latrones; et dum iste homo fuit prope dictam mulierem, multum ipsa timuit quod per ipsum interficeretur aut vituperaretur de persona sua et derraubaretur, quia ipsa erat in satis etate juvenili et in bono statu de raubis suis accedebat, propter quod ipsa multo plus dubitabat; et tunc dicta bona mulier multum perterrita de predictis, quia sola erat et in remotis partibus, habens subito eotunc in mente sua dnm papam Urbanum, invocando ipsum humiliter et devote, talia verba dixit : « O beate papa Urbane, tibi meum corpus commendo, ne dampnum sive vituperium patiar, tuis sanctis meritis et intercessionibus, sicut te credo fore sanctum in conspectu Dei propter multa et diversa miracula que cotidie et incessanter Deus operatur per universum orbem, et ita veraciter credo esse facta; si igitur dignetur sanctitas tua me liberare ab istis periculis, voveo tuum visitare sepulcrum, accedendo genibus flexis ac etiam cubitis nudis trahentibus per terram, ab introitu ecclesie usque ad sepulcrum ubi est corpus tuum sanctissimum tumulatum, et ibidem offeram stadal de candelis de longitudine mee persone ac etiam grossitudine, et quod votum meum complebo quandocumque contingerit me reverti in Provincia ». Et hiis dictis, fuit ibi prope eam ille homo veniens cum manu armata et ense in manu ; et tunc ipsa mulier salutavit eum, dicens : « Domine mi, valete » ; et ipse homo inquid : « Habes tu vinum ? » Et ipsa mulier dixit : « Habeo vinum et panem ad vestri placitum » ; et tunc ipse homo recipiens buticulam, modicum bibit ac comedit, et postea dimisit in pace dictam mulierem, nichil in mundo sibi loquens; et dum ista mulier ambulabat, iste homo sequtus est eam, usquequo fuit extra nemus in via prope quoddam [castrum]; et tunc ille homo retrocedit, dimittens predictam mulierem, et amplius ipsum non vidit; et sic ipsa bona mulier credit quod miraculose ipsa evaserit a morte et a vituperio sive dampno persone sue, ad invocationem et per merita memorati dni Urbani pape quinti. — Ego vero Jacobus de Oleriis, notarius, predicta scripsi et puplicavi, in presentia et testimonio dni Andree Tronelli, precentoris, monachi, et Ludovici Gaufridi.

**148.** Anno quo supra, die xx$^a$ Octobris, Bertrandus Beati, notarius, de Annicio, suo asseruit juramento, quod de anno LXXIIIJ$^o$ et de mense Augusti, quedam Philipa, uxor sua, graviter infirmabatur de infirmitate pestilentiali, patiens febrem continuam et habens per totum corpus suum lo tat, quod signum dicebatur esse mortale, et juxta opinionem tam medicorum quam aliorum circumstantium ipsa non poterat evadere a morte; et cum ipsa mulier esset gravida et pregnans de quinque mensibus, et dubitaretur multum quod nullo modo infans posset venire ad lucem, igitur ipse Bertrandus votum fecit dno Urbano pape, ut si precibus suis et meritis apud Deum intercedendo infans de ventre matris sue vivus exiret, taliter quod posset babtizari et habere animam in corpore, eo casu ipse Bertrandus infra annum veniret peregre sepulcrum dni Urbani pape visitare, cum ymagine cere pro oblatione pueri. Et facto voto, subito ipsa mulier peperit, et infans incontinenti babtizatus fuit, et recepto sacramento babtismi mortuus est, et subsequenter mater ejus, et sic ipse loquens credit pie quod infans fuerit babtizatus vivus, prout supplicaverat, ad invocationem memorati dni Urbani pape quinti. — Et de premissis omnibus possunt clare testificari, ut dicit, Bartholomeus Vedrina, sabaterius, qui puerum fecit babtizari, et uxor ejus, et Robertus Bosserii et Valensa, uxor ejus, et Alasaxia Cayresa. — Quod scripsi et puplicavi ego Jacobus de Oleriis, notarius, in presentia et testimonio dnorum Anthonii Mutonis et Petri Alami, monachorum Sancti Victoris Massilie.

**149.** [Eadem die,] Johannes Charreserii, giperius, loci predicti, retulit juramento suo, quod de anno LXXIJ°, Isabel, uxor sua, stetit per tres septimanas vel circa, in gravi dispositione, patiens febrem epidimialem, tempore mortalitatis, et ipsa gravida erat, dubitans forte quod nec ipsa nec infans possent a morte evadere; sed dum prefatus Johannes vovit dictam uxorem suam dno Urbano pape, ut si precibus suis et meritis ipsa evaderet a morte, ambo simul venirent sepulcrum dicti dni Urbani pape visitare, cum eorum oblatione. Et facto voto, terminum recepit de febre, liberatus exinde de eadem, et post iiij°r dies fuit pristine restitutus sanitati, ad invocationem dni Urbani pape quinti, ut pie credit.

**150.** Eadem die, Guilhelmus Vinhoni, mercator, diocesis Magalonensis, residens nunc in Avinione apud Infirmarias, suo asseruit juramento, quod tres anni sunt nunc lapsi, ipse erat in mari cum diversis aliis, circa quindecim, in quadam barca, venientes de Italia ad partes istas, et quadam die fuerunt cum tanta procella tempestatis et inundatio[ne] aquarum multarum quasi per duas horas, quod statim credebant periri et submergi ; sed dum ipse Guilhelmus votum fecit dno Urbano pape, quod suum visitaret sepulcrum cum oblatione sua, si precibus suis sanctis evaderent a periculo mortis, venientes ad portum salutis. Et facto voto, paulopost cum incolumitate ad portum salutis pervenerunt, ad invocationem et per merita ipsius dni Urbani pape quinti.

**151.** Subsequenter vero, venientes per terram de Nicia, quadam die dum fuerunt ad quendam fluvium aque, viriliter deccurrentem cum inpetu propter inundationem aquarum, qui quidem fluvius appellatur lo Var, erat tunc tantus quod nemo sane mentis, tam pedester quam equites, erat ausus trancire fluvium, dubitantes ibidem submergi ; et quia ipse loquens et alii socii sui, in numero xij, volebant et cupiebant expedire dietas suas et non retrocedere, igitur de consilio omnium fuit determinatum quod quilibet se recommendaret Deo et virgini Marie ac sanctis Dei, ad hoc ut omnes unanimiter simul juncti possent libere trancire secure, sine periculo quocumque ; predictus vero Guilhelmus, habens in mente sua dnm Urbanum [papam] propter specialem devotionem quam in eodem habebat, recommendans se eidem humiliter et devote, votum fecit, ut si precibus suis et meritis sine periculo de persona sua posset dictum fluvium trancire, quamcitius ipse posset, suum sepulcrum visitaret cum ymagine cerea. Et facto voto, ipse una cum aliis sociis suis, simul juncti posuerunt se in aqua tranceuntes, et dum fuerunt quasi in medio fluvii, fuerunt omnes in aqua usque ad os, et quod jam intrabat aqua per os aliquorum ; et tunc crediderunt omnes ibidem periri et submergi, sed per Dei gratiam et ad invocationem, ut pie credit, memorati dni Urbani pape quinti, ipse loquens una cum aliis sociis suis evaserunt a periculo mortis. — Que quidem omnia supradicta ego Jacobus de Oleriis, notarius, scripsi et puplicavi, in presentia testium supra proxime descriptorum.

**152.** [Anno quo supra], die xxv Octobris, Catherina, uxor Johannis Bessoni, de Annicio, bla[nch]erius, prout juramento suo asseruit, duo anni sunt lapsi vel circa, ipsa passa fuerat dolorem de gotassa in tibia ejus sinistra, quasi per tres menses, de qua quidem tibia non poterat se juvare neque ambulare, neque poterat ipsam tenere rectam sed curvam et plicatam, et quandoque atemptabat ambulare cum baculo, quod bene non poterat sine gravi dolore, et quod etiam semper nocte dieque dolorem in eadem tibia patiebatur, dubitans forte ex eo quod longeve esset in inpotentia ; quadam vero die, dum ipsa mulier esset in illa inpotentia magna de tibia, habens in mente sua dnm Urbanum papam, humiliter et devote supplicans eidem votum fecit, sepulcrum suum in Massilia visitaturam cum tibia cere medie libre, si precibus suis et meritis convalescentiam haberet de tibia sua. Et facto voto, in ipsa eadem die obtime convaluit de tibia, bene ambulans sine baculo, restituta pristine sanitati, ad invocationem, ut pie credit, dni Urbani pape quinti. — Et quod de predictis omnibus, ut dicit, possunt clare testificari prefatus Johannes Bessoni, maritus suus, et Franciscus et Johannes Bessoni, fratres, filii eorumdem Caterine et Johannis conjugum. — Quod scripsi et puplicavi ego Johannes de Oleriis, notarius, in presentia et testimonio dnorum Johannis Aurioli et Johannis de Ansana, monachorum.

**153.** Die predicta, Petrus Garini, pargaminerius, . . . . . . . suo asseruit juramento, quod Ayglina Asteria, uxor sua, quadragenaria vel circa, de anno lapso et de mense Septembris, graviter infirmabatur, que patiebatur febrem continuam et habens lo tat, quod est signum mortale, ut sic asseritur per gentes quod vix aliqua persona habens illud tat per totum corpus evadere potest a morte, et quod ipsa mulier pervenerat in tanta debilitate de xv diebus lapsis, quod quodammodo carebat omni virtute corporali, et juxta opinionem omnium circumstantium desperabatur de vita ejus; ac etiam medicus ipsam dimiserat incurabilem, et receptis sacris ordinibus sive sacramentis Penitentie, Eucharistie ac Extrema unctione, videbatur esse quadam die in mortis articulo constituta, credentes omnes circumstantes ibidem quod in nocte sequenti ipsa mulier moreretur, ordi[n]antes propterea de exequiis faciendis ac de sepultura; et dum erat agonizans, circa horam nonam, tunc ipse Petrus clamando, uxori sue que in extremis esse videbatur talia verba dixit : « Voveas te in corde tuo dno Urbano pape, sepulcrum suum visitaturam si evadas a morte, nam et ego etiam voveo ipsum sepulcrum suum tecum visitare, quamcitius poterimus,

cum duabus libris cere, si precibus suis sanctis a morte evaseris ». Et facto voto, ipsa mulier stetit in agonia per totam illam diem, et in nocte sequenti corroboravit virtutem, requievit et dormivit, et circa mediam noctis terminum habuit de febre, de ea totaliter liberata, et sic per consequens de infirmitate illa incurabili, ut dicebatur, a morte evasit et sanitati pristine fuit restituta, ad invocationem et per merita, ut pie credit, dni Urbani pape quinti.
— Que quidem omnia supradicta ego Jacobus de Oleriis, notarius, scripsi et puplicavi, in presentia et testimonio dnorum Johannis Aurioli et Johannis de Ansana, monachorum Sancti Victoris.

**154.** Eadem die xxv mensis Octobris, Georgius Robaudi, et Augerius de Malasona ac Bernardus de Sarac, domini nostri pape Gregorii cursores, fuerunt hic ad sepulcrum sancte memorie dni Urbani pape quinti, refferentes juramento eorumdem quod quadam die Jovis, videlicet IXª Octobris, circa primam horam noctis, navigantes per mare apud Romam dum predicto dno Gregorio papa, existentes in quodam linho de Sexfurnis, arripuit eos subito fortuna et procella maris per fluctus et ventos validos, quod totaliter credebant omnes periri ibidem in mari, et levantes velum navigaverunt in altum maris, cotidie periclitantes et dubitantes pati naufragium; et sic fuerunt per totam noctem in tanto periculo constituti, discurrentes per mare hic et ubique, quod nec poterant se bene gubernare propter fluctus tempestatis et ventos validissimos, et continue multiplicabat illa procella; in crastinum vero, videlicet in die Veneris, multo plus fuerunt periclitantes, et quod jam omnes naute ac alii in dicto linho existentes de vita eorum desperabant, propter quod quisque confitebatur peccata sua cuidam fratri Predicatori, magistro in sacra pagina, ac socio suo, et continue dicendo letanias alta voce invocabant sanctos et sanctas Dei, ut apud Deum intercederent ne perirent; et dum dicebant dictas letanias, venit quedam ballucaina venti validissimi, inplens et inflans velum taliter quod aufregit et dirrupit cordam cum qua partim gubernabatur velum ad popam linhi; et fracto dicto fune, a casu inveniens quemdam juvenem de buticularia domini nostri pape, circumvolvens eum de illa corda in collo et inter spatulas, ipsum levans viriliter in altum projecit longe a linho in mari, nec amplius ipsum juvenem viderunt, sed hic submersus est ; et tunc omnes fuerunt perterriti valde, credentes etiam periri et submergi ; et cum nullum penitus remedium possent adhiberi nec se gubernare ad tuitionem ipsorum, omnes quotquot essent in dicto linho alta voce cum lacrimis [supplicaverunt] dnm Urbanum papam, ut precibus suis eos adjuvaret ne perirent, et omnes cursores qui ibi erant ac etiam omnes de una banda linhi, in numero xxx$^{ta}$ vel circa, votum fecerunt quod unanimiter facerent fieri unum linhum de cera, ponderis unius quintalis, si a morte eos eriperet ; alii vero de alia banda, quisque faciebat votum per se eidem dno Urbano pape. Et factis votis predictis per eos in die Veneris de nocte, ac etiam jungendo in voto quod in crastinum, in die Sabati, omnes gejunarent in pane et aqua, et incontinenti apparuit eis lumen Sancti Elmi, et videntes hoc signum fuerunt valde consolati, confidentes quod Deus juvaret eos per intercessionem et merita beati pape Urbani ; unus vero illorum cursorum domini nostri pape, nomine Georgius, dicendo orationes quas sciebat, quasi in sompnis visum fuit sibi quod ipse videret facie ad faciem prefatum dnm Urbanum papam, pontificalibus indutum ac si vellet missam celebrare ; a simili modo alter cursor, suo nomine Bernardus de Sarac, vidit eundem dnm Urbanum papam et, ut apparebat sibi, ipse loquebatur cum ylari vultu cuidam alteri cursori, consolans ipsum ; et exinde expergescebantur, tamen nichil videbant. Verumtamen procella maris jam incipiebat tranquillari, taliter quod in die sabati fuerunt sine periculo navigantes, et, sicut voverant, quilibet comedit ipsa die valde modicam micam panis cum aqua, qui non comederant neque biberant aliquid a die Mercuri in sero usque in die Sabati, propter mortis timorem ; et in die Dominica de mane cum incolumitate ad portum de Antibol applicuerunt, et dum fuerunt ad presentiam domini nostri pape Gregorii, sibi de verbo ad verbum miraculum eis factum ad invocationem dni Urbani pape explicaverunt ad plenum, et subsequenter ad sepulcrum predicti dni Urbani peregre veniendo per votum cum linho cereo pervenerunt, et hoc pie credunt factum fuisse a Deo meritis et precibus memorati dni Urbani pape quinti, quia a morte evaserunt. — Et quod de predicto miraculo eis facto possunt etiam clare testificari omnes alii socii eorum, cursores domini nostri pape qui presentes erant, necnon etiam Hugo Gauterii, de Sexfurnis, patronus linhi, ac etiam omnes qui erant in dicto linho, in numero quasi septuaginta. — Que quidem omnia supradicta ego Jacobus de Oleriis, notarius, scripsi e* puplicavi, in presentia et testimonio Johannis Michaelis, clerici de Castro Vere, et cujusdam alterius clerici predictorum cursorum.

**155.** [Anno quo supra], die xxvii Octobris, Johannes Insverti, fornerius residens in Avinione apud Infirmarias, retulit juramento suo, quod iiij$^{or}$ anni sunt lapsi vel circa, graviter infirmabatur, et quod ipse stetit per ix. dies multum debilitatus, carens virtute corporali, nec poterat cibum recipere neque requiem habere, jacens in lecto continue ; et receptis per eum sacramentis fidelium, scilicet Penitentia, Eucharistia et Extrema unctione, in fine fuit agonizans, neminem cognoscens, taliter quod jam videbatur esse in extremis per circumstantes, tenentes ibidem candelam ante eum benedictam accensam et etiam crucem supra eum, credentes jam quod spiritus convolaret ; et dum erat in mortis articulo, quedam bona mulier, vicina sua, dixit uxori dicti Johannis, nomine suo Helis : « Voveas maritum tuum cum sudario suo beato pape Urbano, et quod sepulcrum suum visitabit si a morte evaserit, et spero in Deo quod precibus suis sanctis a morte evadet » ; et tunc ipsa Helis votum illud fecit. Et facto voto per eam, ipse eadem die bene incepit reconvalescere et virtutem recuperare, taliter quod cibum recepit, et in sua bona et sana memoria fuit, et in crastinum fuit de febre penitur liberatus, et sic evasit a morte, et per consequens fuit pristine restitutus sanitati, ad invocationem dni Urbani pape quinti. — Interrogatus fuit qualiter hoc bene scire potest ; dixit quod uxor sua Helis predicta omnia sibi pluries notificavit, necnon etiam ipse magnam habet in beato papa Urbano devotionem, et credit pie quod precibus suis et meritis ipse evaserit a morte et fuerit sanitati restitutus. — Et quod etiam ista omnia supradicta satis clare possunt probari per quendam Bunhetum nomine suo et Margaritam uxorem ejus, et per Johannem fratrem ejus ac per vicinos suos. — Quod scripsi et puplicavi ego Jacobus de Oleriis, notarius, in presentia et testimonio dnorum Bernardi Bedoci, et

Hugonis de la Prada, monachorum, et Johannis de Oyena.

**156.** Die predicta, Guilhelmus Gaufredi, fornerius, residens in Avinione, retulit juramento suo quod ipse passus fuerat febrem cartanam per x. menses vel circa, et quod in fine fuit tantum debilitatus quod erat jacens in lecto, carens omni virtute corporali, et quod neminem cognoscebat, et quod juxta opinionem circumstantium quadam die videbatur esse in extremis; et tunc dum erat in illo statu, uxor sua, Johanneta nomine suo, humili corde et devoto recommendavit eundem Guilhelmum maritum suum dno Urbano pape, et quod si ipse dignaretur apud Deum intercedere quod predictus maritus suus a morte evaderet ab illa infirmitate, ipsa mandaret ad sepulcrum dicti dni Urbani pape unam libram cere et quod idem maritus suus ipsam offerret. Et facto voto, ipsa diemet, dictus Guilhelmus virtutem recuperavit, et bene cognovit quoscumque et cibum recepit, et post duos dies sequentes, quando credebat pati dictam febrem cartanam, nichil penitus passus fuit eandem, sed penitus fuit liberatus de eadem, ab illa hora in antea, et in fine fuit restitutus pristine sanitati. — Interrogatus qualiter scire potest predicta, dixit quod Johanneta, uxor sua predicta, sibi omnia notificavit, prout supra sunt descripta et per eum manifestata, et nichilominus ipse loquens valde bonam habet devotionem erga dnm Urbanum papam, credens pie quod precibus suis et meritis fuerit pristine restitutus sanitati. — Que quidem supradicta ego Jacobus de Oleriis, notarius, scripsi et puplicavi, in presentia testium supradictorum.

**157.** [Anno quo supra, die] xxviii. mensis Octobris, venit hic hodie ad sepulcrum sancte memorie dni Urbani pape Petrus de Calhaco, loci Sancti Projecti, de parochia Cassaniose, diocesis Sancti Flori, ut peregrinus specialiter missus ex parte venerabilis et religiose dne Helis de Monte Peiroso, priorisse dicti monasterii Sancti Projecti, qui quidem Petrus de Calhaco jurans in animam dicte dne priorisse, retulit quod cum quedam domina monialis dicti monasterii hoc anno comiscuisset et rem habuisset ut adultera et fornicaria cum quodam homine, propter quod remanserat pregnans in vituperium et vilipendium ipsius monialis et totius monasterii hoc crimen redundans, dum pervenit ad aures dicte prioresse, volens et cupiens quod tale detestabile crimen nullatenus remaneret inpunitum, voluit de veritate indegare, inquirens contra dictam monialem et petens ab ea cujus hominis erat pregnans, que incontinenti respondit quod illius presbiteri, nepotis ipsius prioresse, qui nuper mortuus erat; quod re vera hoc nullo modo posset esse, ex eo quia fama puplica erat inter notos quod ipse presbiter, dum vivebat, carebat suis testiculis, diu erat expulsis ab eodem, et ipsa prioressa hoc non ignorabat. Et cum ipsa prioressa non bene posset invenire viam ad habendum de facto illo clariorem informationem, propter quod posset punitionem facere et infamia non remaneret in nepote suo, igitur ipsa prioressa invocans humiliter et devote dnum Urbanum papam, votum fecit eidem, ut si ipse dignaretur apud Deum intercedere quod ipsa posset claram et veram informationem habere de facto commisso, dum haberet obtatum suum ipsa ad sepulcrum memorati dni Urbani pape quinti mandaret expresse nuntium certum, offerensque ibidem per eum unum florenum auri pro oblatione, et quod etiam per litteras suas scriberet et notificaret monachis rectoribus vote sepulcri dni Urbani pape miraculum inde subsequtum ad verum. Facto itaque voto, parvo peracto intervallo, ipsa monialis [penitens] voluit confiteri peccata sua, et specialiter delictum suum per eam commissum, que confessa incontinenti venit ad prioressam monasterii, dicens sibi puplice quod ipsa false et injuste accusaverat dictum presbiterum nepotem suum, sed quod de alio homine veraciter pregnans erat, prout sibi revelavit, et sic ipsa dña prioressa credit pie hoc factum fuisse a Deo miraculose meritis et precibus dni Urbani pape quinti. — Quod scripsi et puplicavi ego Jacobus de Oleriis, notarius, in presentia et testimonio dnorum Johannis de Sanhis et Bertrandi Berici, monachorum.

**158.** [Anno quo supra, die] xxiiiᵃ mensis Novembris, magister Petrus Talhani, medicus cirurgicus dni ducis[1] Burbonensis, residens in Sancto Porciano, diocesis Claromontensis, prout juramento suo asseruit, dns Johannes, filius dni comitis Boloniensis, etatis circiter xxx. annorum, de mense Septembris proxime lapso fuit unus annus lapsus,

---

1. [*Le notaire avait d'abord écrit* comitis.]

graviter infirmabatur, patiens febrem continuam quasi per sex septimanas et habens apostema in capite, et quod cibum nullum ipse poterat recipere, et sic stetit debilitans omni die usque fuit quasi in extremis, et quod juxta opinionem tam ipsius dicti medici quam etiam omnium aliorum circumstantium ipse nobilis non poterat evadere a morte ab illa infirmitate, et dubitantes multum amici dicti nobilis de morte potius quam de vita, dixit quod voverant eum beato pape Urbano cum ymagine argentea ponderis x. marcharum ad sepulcrum suum offeranda ; ipse vero medicus, quadam die dum dictus adolescens magnis febribus detinebatur, et jam in mortis articulo esse videbatur, exivit extra cameram ubi tunc jacebat infirmus, et humili corde [imperfect.]

**159**. Eadem die, predictus Petrus . . . . . . . . .
. . . . de Montaneis, diocesis predicte . . . . . .
. . . . . . . . graviter infirmabatur, et fuit usque ad mortem, suis sanctis ordinibus fidelium receptis ac Extrema uncxione, et quod stetit febricitans per xxi dies, et quod per supradictum medicum ac etiam per magistrum Petrum Falque, medicum fisicum, desperabatur totaliter de vita ipsius nobilis mulieris [imperfect.] — Quod scripsi et puplicavi ego Jacobus de Oleriis, notarius, in presentia testium infrascriptorum.

**160**. [Anno quo supra] . . . . . . . . . . . juramento suo [asseruit quod] ipse [habuer]at a domino nostro papa Gregorio illud benefficium curatum dicti loci de Batsoa, quod vacabat eotunc per mortem predecessoris sui, et obtenta gratia, credens intrare per possessionem pacificam in dicto beneficio, nullatenus hoc facere potuit ; nam quidam procurator domini archiepiscopi Auxitani recepit ad manus predicti dni archiepiscopi predictum beneficium jure ordinarii, et sic ipsum benefficium tenuit idem procurator per certum tempus ; et cum ipse dns Arnaldus dubitaret totaliter perdere dictum benefficium quia in manu forti erat, propter quod ipse recurrens ad suffragia dni Urbani pape quinti, suppliciter ipsum invocando, votum sibi fecit quod suum veniret visitare sepulcrum, quam cicius posset, cum entorta cerea, si dictum benefficium quod sibi fuerat collatum in pace possideret. Et facto voto, post xv dies inmediate sequentes, fuit sibi remissum beneficium illud, et in pace obtinuit et nunc obtinet; quod credit pie hoc factum fuisse a Deo ad invocationem memorati dni Urbani pape quinti. — In presentia Jacobi Mersserii, de Massilia, et Petri de Fageto, fabri de Batsoa.

**161.** [Anno quo supra] . . . . . . . . . . .
. . . . . . diocesis, [suo juramento asseruit quod puer] quidam nomine suo. . . . . . . . , filius Guich[ardi, domini de] Autprie (?). . . . . . [diocesis] Viannensis, etatis nunc circiter trium annorum, quadam nocte tenens ipsum puerum mater sua in lecto dormiens, accidit quod dum ipsa mulier, mater pueri, evigilavit a sompno, [invenit eum] ex opressione sua jam mortuum, frigidum, pallidum, nullaque membra moventem, et dum ipsa mulier ipsum vidit jam mortuum, alta voce flendo clamavit; et paulopost venerunt ibi nutrix pueri, que vocatur Guilhelma, et quedam alia bona mulier, nomine suo Elisabet, et capientes dictum puerum etiam invenerunt dictum puerum jam mortuum judicio earumdem, et erat eotunc infans etatis unius anni vel circa; et dicte mulieres tenentes dictum puerum ad ignem, probantes si adhuc vivebat, in faciem ejus anelabant et calefaciebant carnem pueri valde frigidi; verumtamen nichil sibi proficiebant illa et stetit sic quasi per tres horas, et tunc Margarita, mater pueri, cum fletibus magnis invocans dnm Urbanum papam, votum sibi fecit, quod si precibus suis sanctis adhuc viveret, Xpisto mediante, ipsa offerri faceret pro puero entortam ceream ad sepulcrum ejusdem dni Urbani, et etiam monebat deprecando dictas mulieres quod ipse etiam voverent dictum puerum bono corde beato pape Urbano, quod ita factum est. Et facto voto, incontinenti infans virtutem recuperavit, et paulopost lac mamillarum nutricis sue sucgit et sic, ut pie credit, fuit de morte ad vitam restitutus, ad invocationem et per merita gloriosa memorati dni Urbani pape quinti. — Et quod ista supradicta, ut dicit, possunt satis clare probari per predictas mulieres, jam proxime descriptas, que predicto nobili retulerunt. — In presentia ven. et religiosi dni Dalmatii Vigne, ordinis sancti Anthonii, et dni Hugonis de Gondelherio, monachi sancti Victoris Mass.

**162.** [Anno quo supra] . . . . . . . . . . .
ipse erat in Britania cum magistro suo. . . forte propter fatigationem itineris et labores, ipse quodammodo ami-

serat visum occulorum suorum, et propter offuscationem ipsorum valde modicum poterat videre legendo, nec cum vericulis nec sine ipsis, et in illo statu stetit quasi per mensem, dubitans exinde quod pro tempore venturo ipse cecus ex toto efficeretur de occulis suis; igitur quadam die ipse vovit se visitaturum sepulcrum dni Urbani pape, quamcitius posset, cum una libra cere pro oblatione, si visum recuperaret occulorum. Et facto voto, in ipsa eadem die visum clarum pristinum recuperavit, ad invocationem, ut pie credit, dni Urbani pape quinti. — Quod scripsi et puplicavi ego Jacobus de Oleriis, notarius infrascriptus, in presentia et testimonio norum Bernardi Bedoci et Anthonii Novelli, monachorum.

**163.** [Anno quo supra] . . . . . . . . . . . loquens dum de mense Octobris proxime preteriti graviter dictam febrem pateretur, et dubitaret quod longis temporibus dictam febrem cartanam pateretur, potissime in toto tempore yemali, habens quadam die in mente sua dnm Urbanum papam, pretendens diversa miracula que Deus faciebat per universum orbem per merita ipsius, eidem se humiliter et devotissime recommendans, votum tale sibi fecit, ut si ipse dignaretur apud Deum intercedere, quod ab illa febre liberaretur, quamcitius posset sepulcrum suum visitaret cum entorta cerea, et quod ob reverentiam Dei et beati pape Urbani faceret duos pauperes induere, amore Dei. Et facto voto, paulopost ipse se obdormivit, et in sompnis fuit sibi visum quod quedam vox sibi dixit : « Ne dubites in aliquo, quia a febre cartana liberaberis »; et evigilatus a sompno, fuit totaliter liberatus ab eadem, quod credit hoc factum fuisse a Deo ad invocationem et per merita memorati dni Urbani pape quinti. — In presentia et testimonio Guilhelmi de Sancto Egidio et Nicholay de Cravato, de Massilia.

**164.** [Anno quo supra] . . . . . . . . . . . . . . . poterat. . . . dici de ipso puero . . . . a morte evadere non posset, quadam vero die, dum ipse puer erat in gravissimo statu, clamans velud furiosus, dictus dns auditor videns eum in mortis articulo, ut credebat, humili corde et devoto vovit eum dno Urbano pape, et quod si ipse dignaretur apud Deum intercedere, quod ipse nepos suus a morte evaderet et sanitatem perciperet, incontinenti sanitate recepta faceret eum venire sepulcrum ipsius dni Urbani pape visitare, cum oblatione sua. Et facto voto, ut dicit, paulo post ipsa die dictus puer sudorem recepit, et exinde febris eum dimisit, et reconvalescere bene incepit, et per consequens fuit pristine restitutus sanitati, credens pie quod ad invocationem et per merita dni Urbani pape quinti hoc factum fuerit. — Testes : Bonus Stephanus et Gancelmonus de Vallato, monachi.

**165.** [Anno quo supra] . . . . . . . . . . . . . . . . . . . . . . . .penitus mori. . . . . . . . . . sequenti dictam febrem, propter quod ipse invocavit dnm Urbanum papam, supplicans eidem ut dignaretur apud Xpistum intercedere quod posset liberari ab illa febre et sanitatem recipere, et eo casu vovebat quod ipse veniret visitare corpus sanctissimi patris dni Urbani pape, et quod etiam faceret depingi figuram ipsius in loco de Lunata evidenter et devotissime. Et facto voto, amplius dictam febrem non passus fuit, sed de eadem fuit penitus liberatus et sanitati pristine restitutus per consequens, ad invocationem et per merita, ut pie credit, dni Urbani pape quinti. — Testes : dns Stephanus Scavi, presbiter, Petrus Alami, monachus.

**166.** Eadem die et hora, Anthonius, filius de Nichola Rosso, de Venosa civitate, habitator de Varlleta, suo asseruit juramento, quod ipse de mense Julii proxime lapso fuit unus annus lapsus, graviter incepit infirmari, patiens febrem continuam per unum mensem, jacens in lecto, debilitans omni die, finaliter quod quadam nocte agonizabatur, stans in extremis, et jam amiserat virtutem et sensus corporales, non loquens, et eidem tenebatur candela accensa signata ante eum, et juxta opinionem amicorum suorum, ut dicit, ac aliorum circumstantium de vita ejus nullatenus sperabatur, sed potius de morte; ipse vero loquens semper, ut dicit, habebat in corde suo dnm Urbanum papam et eidem se recommendabat, et quod si evaderet ab illa infirmitate a morte, quamcitius ipse posset sepulcrum ibi dni Urbani pape V. pedibus suis visitaret, offerens ibidem candelas sue longitudinis pro stadal. Et facto voto, incontinenti in ipsa nocte, terminum habuit de febre et de eadem fuit penitus liberatus, in crastinum surgens de lecto incolumis, restitutus sanitati, per merita, ut pie credit, dni Urbani pape quinti. — In presentia et testimonio dni Stephani Scavi, presbiteri de Tritis, et Petri Alami, monachi Sancti Victoris.

**167.** [Anno quo supra] . . . . . . . . . . . .
. . . fuit in vigilia Pentecostes. . . . . . ipse una cum aliis equitibus erant accedentes apud Niciam, et dum fuerunt ad quemdam fluvium vocatum lo Var, in diocesi Venciensi, intrantes dictam aquam in numero septem cum equitibus suis, ipse loquens antea tranciverat solus dictum fluvium cum maximo periculo, et dum fuit ultra, vertens se ad alios septem ipsum sequentes, vidit ipsos periclitantes, in aqua labentes cum equis ; quidam vero scutifer, nomine suo Matheus de Sancto Marcello, nobilis, cum suo equo subversus fuit in aqua, tenens se ad collum roncini continue, trahens ipsum per aquam cum inpetu magno, credens penitus quod idem Mathias submergeretur in aqua et periret, desperans totaliter de vita ejus et aliorum, et quod jam unus equs illorum, bonus et fortior aliorum, in dicto fluvio remanserat submersus ; dictus vero loquens videns dictum Matheum in tanto periculo constitutum, habens in mente sua dnm sancte memorie papam Urbanum quintum, humiliter et devote dictum Matheum sibi recommendavit, necnon alios in aqua periclitantes, faciens votum, ut si dictus Matheus illesus exiret de aqua incolumis, quamcitius posset ipse una cum dicto Matheo, a loco de Pertusio procedentes pedibus nudis et discalciatis, venirent sepulcrum memorati dni Urbani pape visitare, cum oblationibus eorumdem. Facto itaque voto, incontinenti visum fuit sibi quod ipse loquens videret facie ad faciem sanctissimum papam dnm Urbanum, subito disparens eidem, et tunc vidit dictum Matheum transversantem aquam cum equo suo ac si traheretur per gentes, taliter quod incontinenti dictus Matheus traxit se ad ripam fluvii cum equo suo, cum incolumitate, et per consequens omnes alii de aqua, preterquam unus equs submersus, de quo ipse dat laudem Deo et beate Marie ejus matri, necnon etiam sanctissimo patri dno Urbano pape, ad cujus invocationem et per merita ipsius, ut pie credit, dictus Matheus necnon alii periclitantes in aqua a periculo mortis evaserunt. — Predicta vero retulerunt prenominati Johannes de Villari et Matheus de Sancto Marcello, in presentia et testimonio dni Guilhelmi Gaucerani, de Rochabertin in Cathalonia, et Petri de Rocha, domicelli, ac Hugonis Novelli, de Massilia.

**168.** [Eadem die] . . . . . . . . . . . . . .
omni die, taliter quod de eo[dem dubita]retur de vita [ejus, et quod medicus] ipsum puerum dimiserat incurabilem per artem m[edicin]e, et quod jam oculos habebat mutatos et dealbatos, ac si esset in extremis, et taliter per omnes circumstantes reputabatur, juxta opinionem ipsorum quia signa apparebant in ipso mortalia, nec etiam loqui poterat, et si fuisset etatis sufficientis, in infirmitate sua fecissent dicto puero condere testamentum, quasi desperantes de vita ejus ; et tunc dicta nobilis Faneta humili corde et devoto vovit dictum ejus filium sanctissimo patri dno Urbano pape, et si precibus suis et meritis evaderet dictus puer a morte et sanitatem reciperet, quamcitius ipsa posset visitaret pedibus suis nudis et discalciatis sepulcrum dicti dni Urbani pape, procedens de loco de Affuvello, ubi erat eotunc dictus puer infirmus, usque hic ac dictum sepulcrum, offerensque ibidem dictum ejus filium cum oblatione sua cere. Facto itaque voto, in nocte inmediate sequenti, bonam recuperavit virtutem et terminum recepit ipsa nocte de febre, amplius non patiens illam ab illa hora in antea ; et sic credit pie, ut dicit, quod ad invocationem dni Urbani pape et per merita ipsius Guilhelmus ejus filius a morte evaserit, et de sua infirmitate sanitatem recuperaverit. — Predicta vero retulit in presentia et testimonio dni Guilhelmi Gaucerani, de Rochabertina in Cathalonia, et nobilis Petri de Rocha.

**169.** [Anno quo supra] . . . . . . . . . . . .
suis, jacens in lecto . . . . . . . . atque sensus cor[porales amiserat . . . . . . . . . credentes jam quod spiritus] convolasset juxta opin[ionem omnium . . . . . . . . et jam paraverant sudarium] ad reponendum eumdem. . . . . . ex . . . inferiori sui corporis. . . . . . . . ; postea . . . non loquens . . . . . erat in agonia ac in extremis, habuit in mente sua dnm Urbanum papam, cui se vovit humiliter et devote, et si ipse suis sanctis precibus et meritis Deum intercedendo posset a morte evadere et sanitatem recipere, ipse eo casu veniret quamcitius posset sepulcrum ipsius dni Urbani pape visitare, cum quinque libris cere pro oblatione. Et facto voto, ut dicit et dictus dns (dns) Pontius sibi hoc retulit, incontinenti virtutem recuperavit, et post modicum spatium

temporis locutus fuit, et in fine fuit pristine restitutus sanitati, ad invocationem et per merita, ut pie credit, dni Urbani pape quinti. — Predicta retulit in presentia dni Johannis de Jherosolima et Guilhelmi Aribaldi, monachorum.

**170.** [Anno quo supra] . . . . . . . . . . . . .
pedem suum sinistrum . . . . . . am et percutiens
. . . . . . . . . pectore, credens penitus [mori] et t[unc re]commen[davit se humiliter et devote] sanctissimo patri dno Urbano pape, faciens sibi votum quod si a morte evaderet precibus suis et meritis, sepulcrum suum visitaret cum candela cerea unius qi'. Et facto voto, ipse subito cum manibus suis se juvavit, erigens se ut melius poterat super cellam, verumtamen remanens multum afflictus ; et fuit per multa tempora subsequenter patiens multas anxietates et dolores in illis locis in quibus percussus fuerat antea per roncinum, et non poterat habere remedium sanitatis ; sed dum dictus Radulphus iterato quadam die humiliter et devote se recommendavit eidem dno Urbano, ut eum vellet juvare de gravi dolore quem patiebatur et sanitatem reciperet, votum quod antea fecerat quam citius posset compleret. Quod dicto, in ipsa eadem hora cessavit dolor penitus et amplius dolorem non sentiit, sed fuit et est pristine restitutus sanitati, meritis et precibus, ut pie credit, et ad dicti dni Urbani pape quinti invocationem. — Testes: dni Johannes de Sanhis, prior claustralis, [et] Petrus Saunerii, monachi Sancti Victoris.

**170ª.** . . . . . . . . . . . . . . .
quapropter . . . . . . . . . . . [precibus suis] sanctis ipsa fieret sana, quod . . . . . . . . . . [visit]aret cum una tibia cere . . . . . . . . . incepit reconvalescere et post paucos dies seq[uentes fuit pristine] restituta sanitati, ad invocationem et per merita dni Urbani pape quinti. — Predicta retulit in presentia dni Bertrandi Beriti et Guilhelmi Aribaldi, monachorum, et mei Jacobi de Oleriis, notarii infrascripti.

**170ᵇ.** . . . . . . . . . . . . . . .
. . . . . . . . . . . . . . . . . . .
. . . . . . . . annum . . . . sua . . .
. . . . [sepulcrum suum v]isitare cum ymagine cere
. . . . ; et facto hoc voto, infra annum quand. . . .

. . . . et adhuc vivit, ad invocationem et per merita, ut dicit et pie credit, prenominati dni Urbani pape quinti. — T[estes] : dns Johannes Chalcerii et G. Aribaldi, monachorum.

**171.** Anno quo supra, die xxij^a mensis Decembris, Johannes Gabbaet, de civitate de Brugis in Flandria, calsaterius, prout juramento suo asseruit, duo anni sunt nunc lapsi quod quadam die, ipse habens rixam cum quodam burgense de Brugis, ipsum acriter cum gladio vulneravit, et incontinenti ipse Johannes fuit captus et ductus ad carcerem dni ducis de Flandris, et ibidem stetit compeditatus in tibiis per unum annum et ultra, et quod ex injuria illata contra dictum burgensem, propter ejus maximam potentiam, petebant eidem Johanni financiam in summa ducentorum auri francorum, quam quidem financiam neque minorem nullatenus solvere posset, et ideo ipse Johannes nunquam credebat exire de carceribus sine morte; et dubitans semper in hiis, quadam die habens in mente sua dnm Urbanum papam, per quem Deus per universum orbem multa miracula operatur, igitur eidem humiliter et devote se recommendans votum fecit, ut si ipse dignaretur apud Deum intercedere quod illesus de persona sua a dictis carceribus exiret, quamcitius ipse posset peregrinando suum veniret visitare sepulcrum, cum oblatione cere ibidem offerenda. Et facto voto, post xv dies inmediate sequentes, ille burgensis, qui gladio fuerat percussus per dictum Johannem, cum eodem bonam voluit facere pacem, ob reverentiam Dei, jubens ipsum Johannem liberari a dictis carceribus et penitus relaxari, dimittens eum in pace sine aliquo detrimento sive dampno in persona sive in bonis, et hoc pie credit factum fuisse a Deo meritis et precibus memorati dni Urbani pape quinti. — Quod scripsi et puplicavi ego Jacobus de Oleriis, notarius infrascriptus, in presentia et testimonio dni Johannis de Sanhis, prioris claustralis, et dni Petri Alami, monachorum Sancti Victoris Massilie.

**172.** Die et hora predictis, Johannes Laurentii, marinerius, retulit juramento suo, quod de mense Novembris proxime lapso, ipse una cum aliis xij erant in quadam barca dicti Petri Sabaterii, in mari de Sardinia, en l'Alguier, navigantes ibidem, et dum fuerunt in loco dicto lo cap de la Galeya, et erat tanta procella et ira meris per totam noctem, laborantes et cum uno solo ferro quod sorgerant in mari, et quod omnes in dicta barca existentes credebant totaliter periri et pati naufragium si perderent ferrum ; et tunc omnes unanimiter qui erant in dicta barca invocantes dnm Urbanum papam, fecerunt votum suum venire visitare sepulcrum, quamdiu possent, si evaderent ab illo periculo mortis, offerentes ibidem quilibet oblationem suam. Et facto voto, statim inceperunt tranquillari de procella, taliter quod de mane in crastinum mare fuit tranquillum, et sine lesione et periculo fuerunt et remanserunt, ad invocationem et per merita, ut pie credit, memorati dni Urbani pape quinti. — Et quod predicta possunt testificari Guilhelmus Trencavelli, de Narbona, Bernardus Robaudi, Stephanus Boderrieu, de Servihano, Jacobus Laure, de Collebeure, Jacobus Vignerii, Petrus Sabaterii, Jacobus Raymundi, de Massilia, ac omnes alii qui erant in dicta barca et qui se voverunt ibi venire. — Quod scripsi et puplicavi ego Jacobus de Oleriis, notarius auctoritate appostolica, in presentia et testimonio dni Guilhelmi Rixendis, elemosinarii, et Isnardi de Rosseto, monachorum Sancti Victoris Massil., et signo meo signavi.

**173.** In die sancti Stephani prothomartiris. — Anno quo supra, die xxvij$^a$ [*leg. 26*] mensis Decembris, Bertrandus Garnerii, castri de Verderia, diocesis Aquensis, quadragenarius vel circa, prout juramento suo asseruit, quod de anno proxime lapso, ipse erat in loco de Armanicis, diocesis Nemausensis, residens cum quodam domino ibidem ut agricultor, et cum predictus dominus cum quo residebat quadam die habuisset rixam cum dno Bodono canonico de Valencia, et post dies aliquos ipse dns Bodonus quadam die accedens apud Nemausum, in itinere fuit per aliquos alios inimi[cos] mortuus ; et quia totaliter ignorabatur per quos fuerat interfectus, suspicabatur per presumptionem quod dns Johannes Asterii presbiter et dictus Bertrandus Garnerii, qui tunc erat famulus suus, debuerant ipsum dnm Bodonum interfecisse ; propter quod fuerunt capti et detenti in carceribus, et dictus Bertrandus stetit in carcerem tenebrosum valde per viij$^o$ menses compeditatus, et quia non constabat per aliquos testes, fuit judicatus ad torturam, et fuit levatus cum pondere in pedibus sexies, ut confiteretur homicidium, ipse vero negabat illud homicidium perpetrasse re vera; et dum septimo quadam die volebatur suspendi in eculeo, et ipse esset corporis sui quasi totaliter viribus destitutus, cupiens eotunc potius mori quam vivere, habens in mente sua dnm Urbanum paparn, invocando ipsum suppliciter votum sibi fecit, ut si ipse dignaretur apud Deum intercedere, quod in justitia eum juvaret et a carceribus illesus de persona exiret, nec etiam amplius poneretur ad supplicium, dum esset liberatus incontinenti suos gressus dirigeret veniendo sepulcrum ipsius dni Urbani pape visitare, offerendo ibidem iiij$^{or}$ libras cere. Et facto voto, incontinenti judex ipsius curie ibidem presens jussit dictum Bertrandum solvi a vinculis manuum suarum, et amplius non fuit positus ad torturam; subsequenter vero post xv dies sequentes, pervenit ad aures curie predicti loci de Armanicis, quod fuerunt clare et bene informati de hiis qui homicidium commiserant, et habita clara informatione, predictus Bertrandus necnon etiam magister suus fuerunt a carceribus liberati et absoluti de casu eis inposito homicidii, quod hoc credit factum fuisse a Deo miraculose meritis et precibus memorati dni Urbani pape quinti. — Et, ut dicit, predicta omnia possunt probari per omnes gentes castri predicti de Armanicis et specialiter per dictum dnm Johannem Asterii, qui suus erat dominus et magister et qui erat in eadem dampnatione, ac etiam per Perrotum de Tholosa, cancellarium et custodem carceris, qui dixerat eidem Bertrando, ipsum monendo, quod se voveret aliquo sancto quod intercederet ad Deum pro eo et quod aliter non credebat quod posset de carceribus illesus exire, et dum hoc audivit beato pape Urbano se vovit et facto voto fuit liberatus. — Quod scripsi et puplicavi ego Jacobus de Oleriis, notarius auctoritate appostolica, in presentia et testimonio dni Johannis de Sanhis, prioris claustralis monasterii Sancti Victoris Massilie, et nobilis Johannis de Oyena, et signo meo signavi.

**174.** Anno quo supra, die xxviij$^a$ Decembris, quedam bona mulier, nomine Catterina, uxor Anthonii Senequerii, de Massilia, retulit juramento suo, quod quadam die Dominica post festum sancte Lucie [*14 déc.*] mensis presentis, de nocte in lecto jacens tenebat quendam filium suum, nomine Anthonium, etatis circiter iiij$^{or}$ annorum; dum ipsa evigilavit a sompno, respiciens in puerum suum, vidit ipsum fore mortuum, ut asseruit, carens anelitu nec membra movebat, et dum ipsum vidit in illo statu, alta voce clamavit et subito de lecto surrexit, tenens ipsum in gremio quasi per unam horam, insuflans in eum, si virtutem recuperaret et adhuc viveret, sed nec ob hoc cognoscere poterat quod animam haberet in corpore; ipsa vero tacta dolore nimio, cum fletibus et lacrimis invocando dnm Urbanum papam, humiliter et devote supplicando eidem votum fecit, ut si precibus suis et meritis apud Deum intercedendo, infans suus restitueretur ad vitam, ipsa offerret dictum filium suum ad sepulcrum dicti dni Urbani pape, cum media libra cere, et ipsa veniret pedibus discalciatis. Et facto voto, infans virtutem recuperavit et statim bene convaluit, per Dei gratiam et per intercessionem et merita, ut pie credit, dni Urbani pape quinti. — Quod scripsi et puplicavi ego Jacobus de Oleriis, notarius auctoritate appostolica, in presentia et testimonio dnorum Andree Tronelli et Fulconis de Massilia, et signo meo consueto signavi.

. . . . . . . . . . . . . . . . . . . . . . . . . . .

**175.** Die predicta, Raymundus Fanguejayre, loci de Cogollino, diocesis Forojuliensis, retulit juramento suo quod quidam ejus filius, nomine Bertrandus, etatis xx$^{ti}$ annorum vel circa, de mense Novembris proxime lapso, incepit pati surditatem in auribus suis, ita quod nichil audire poterat, et cum quadam die ante festum Nathalis Domini per viij$^{o}$ dies dictus Raymundus faceret votum dno Urbano pape, ut si precibus suis et meritis dictus ejus filius recuperasset auditum hinc ad festum Nathalis Domini, dictum ejus filium sibi presentaret ad suum sepulcrum cum auriculis cere. Et facto voto, ante festum predictum Nathalis Domini recuperavit auditum, ad invocationem dicti dni Urbani pape quinti, ut pie credit.

**176.** Eadem die et hora, Monnetus Olivarii, alias Blanqui, loci de Gardia, diocesis predicte, retulit juramento suo, quod ipse passus fuerat infirmitatem et dolorem de gotassa in pede suo sinistro quasi per tres menses, et quod vix ire poterat. Et facto voto dno Urbano pape, quod ipsum peregre visitaret cum pede cere unius libre, ipse bene reconvalescere incepit, et post paucos dies pristine fuit restitutus sanitati, ad invocationem, ut pie credit, dni Urbani pape quinti. — Et quod de predictis possunt testificari Raymundus Leoncii, de Cogollino, et Guilhelmus Olivarii, de Gardia. — Quod scripsi et puplicavi ego Jacobus de Oleriis, notarius auctoritate appostolica, in presentia et testimonio dnorum Andree Tronelli et Fulconis de Massilia, monachorum Sancti Victoris Massilie, et signo meo signavi.

**177.** Die predicta, Giraudus Enpieyra nomine suo, de civitate Dignensi, juramento suo asseruit, quod de anno proxime lapso, ipse stetit per sex menses vel circa inpotens de gotassa in perssona sua, et in fine stetit per quinque septimanas totaliter inpotens de omnibus membris suis, jacens in lecto, non potens se juvare, et quod nullo poterat medicorum remedio liberari ; et dum quadam die ipse Giraudus jacebat in lecto inpotens, humili corde ac devotissimo invocans dnm Urbanum papam, votum fecit suum venire visitare sepulcrum, quamcitius posset, cum ymagine cerea. Incontinenti de aliquibus membris suis bene incepit reconvalescere, et prosperando per consequens omni die, post paucos dies sequentes fuit pristine restitutus sanitati, ad invocationem et per merita, ut pie credit, memorati dni Urbani pape quinti. — Et quod de infirmitate sua ac convalescentia post factum votum dno Urbano pape, dixit quod quamplures gentes de civitate Dignensi possunt testificari. — Quod scripsi et puplicavi ego Jacobus de Oleriis, auctoritate appostolica notarius; in presentia et testimonio dnorum Raymundi la Casa, et Anthonii Mutonis, monachorum Sancti Victoris Massilie, et signo meo consueto signavi.

---

## MENSIS JANUARII [1377]

**178.** Anno quo supra, die xxiiij$^a$ mensis Januarii, venerabilis dns Guilhelmus Thobardi, archidiaconus Bituricensis et vicarius Arelatensis, in presentia mei notarii infrascripti ac testium infrascriptorum, narravit quod dns Archiepiscopus Arelatensis et domini nostri pape Camerarius nuperrime per suas literas sibi scripserat in substantia, quod galee sive navigia, in quibus ipse una cum societate sua, rebus et bonis suis, fuerat in mari collocatus, per Dei gratiam, propter fluctuationem, tempestatem et procellam maris, navigando apud Romam cum domino nostro Papa, nullum penitus dampnum sive destrimentum passi fuerunt, sed liberi et illesi remanserunt ; scribendo super hoc predicto dno Guilhelmo, quod ipse offerret pro eodem dno Camerario dni pape duos cereos ponderis xxv. librarum ad sepulcrum dni Urbani pape quinti, causa devotionis. Qui quidem dns Guilhelmus, cupiens obedire mandatis predicti dni Camerarii, hodie que est dies xxiiij$^a$ mensis Januarii, dictos duos cereos xxv. librarum ad sepulcrum memorati dni Urbani pape quinti [obtulit]. — Quod scripsi et puplicavi ego Jacobus de Oleriis, notarius, in presentia et testimonio dni Johannis de Sanhis, prioris claustralis, et nobilis Johannis de Oyena, et signo meo signavi.

**179.** De mente capto post trienium bene sanato post votum. — Anno quo supra, die xxix$^a$ mensis Januarii, Guilhelmus Guitardi, de Sancto Paulo de Cadajous, prope villam de Laval, in regno Francie, prout juramento suo asseruit, quidam Johannes nomine suo, filius Philipi Guitardi, fratris sui, etatis xxiiij$^{or}$ annorum vel circa, steterat per triennium vel circa furiosus et mente captus totaliter, iens et rediens hic et ubique, nocte dieque, et nullo poterat medicorum remedio liberari, cum plurima expendisset et nichil sibi proficerent ; et nichilominus voverant dictum Johannem mente captum eotunc multis sanctis Dei, per totum tempus trium annorum, sed et ipse adhuc permanebat in illo statu, carens memoria sana, sed ut fatuus et fantasticus permanebat. Hinc est quod nunc sunt tres anni lapsi, ipse Guilhelmus predictus existens in loco de Carcassona, quod distat a loco predicto Sancti Pauli per vij leucas, et ibi operabatur de arte sua in vasis stagni, quadam nocte in lecto existens, dum habuit in memoria dictum nepotem suum, multum dolebat quia mente captus erat, et dum fuit recordatus quod multe oblationes cotidie veniebant ad quamdam ymaginem depictam in quadam ecclesia de Carcassona ad honorem beati pape Urbani, propter miracula que meritis ipsius Deus operabatur, igitur ipse cum lacrimis infinitis flendo, invocans dictum dnm Urbanum papam vovit dictum nepotem suum, visitandum figuram dicti dni Urbani in Carcassona, cum entorta cerea trium librarum offerenda ibidem. Facto itaque voto, transactis viij$^o$ vel x diebus vel circa, quidam homo de Carcassona sibi notificavit quod ipse viderat dictum suum nepotem de mente sua bene compositum atque sanum, quod hoc bene non credere poterat; subsequenter vero venit alter, qui burgensis est et dives valde, [et] dixit sibi similiter quod ipse viderat nepotem ipsius Guilhelmi pristine sanitati restitutum; quo audito, ipse voluit accedere ad locum predictorum de Sancto Paulo, ad probandum si hoc verum fuisset, et dum fuit ibidem, invenit ipsum nepotum suum jam fore sanatum, et in sua bona et sana memoria existentem, rationabiliter loquentem et respondentem; tamen verecundus erat valde, propter illam fatuitatem fantasticam quam ipse longo tempore passus fuerat; et tunc ipse Guilhelmus petiit a fratre suo, quo tempore vel hora filius suus fuerat pristine sanitati restitutus, qui sibi respondit quod quasi erant septem vel viij⁰ dies lapsi, quod dum quodam mane surgebat de lecto, ipse juvenis subito recuperavit sensum suum et in sua bona memoria fuit, per Dei gratiam. Et tunc ipse narravit votum quod fecerat beato pape Urbano dicto fratri suo, pro ejus filio, et quod jam credebat quod in illa nocte in qua votum fecerat, vel saltem in sequenti nocte fuit dictus juvenis pristine sanitati restitutus, ad invocationem et per merita, ut pie credit, memorati dni Urbani pape quinti. — Et quod ista possunt clare probari, ut dicit, per dictum nepotem suum, principalem in facto, et per Philipum Guitardi, patrem ipsius, necnon per omnes gentes dicti loci Sancti Pauli. — Quod scripsi et puplicavi ego Jacobus de Oleriis, notarius publicus, in presentia et testimonio dnorum Johannis de Sanhis, prioris claustralis, et Raimundi la Casa, monachorum sancti Victoris Massilie, et signo meo consueto signavi.

**180.** Anno et die quibus supra, Johannes Martini, clericus castri de Albanea, diocesis Massiliensis, prout juramento suo asseruit, hoc anno proxime lapso ipse stetit quasi per unum mensem surdaster, et quod valde modicum audire poterat de auribus suis; quadam vero die, ipse habens in mente sua dnm Urbanum papam, eidem se recommendans humiliter et devote, votum sibi fecit, ut si ipse dignaretur apud Deum intercedere quod recuperaret auditum, suum ibi veniret visitare sepulcrum, cum oblatione sua. Et facto voto, post tres dies recuperavit auditum, ad invocationem, ut pie credit, dni Urbani pape quinti. — Quod scripsi et puplicavi ego Jacobus de Oleriis, notarius auctoritate appostolica ac inperiali, in presentia dni Hugonis de Gondelherio, monachi, et Anthonii Agassa, de Albanea, et signo meo consueto signavi.

**181.** Anno quo supra, die ultima mensis Januarii, hic vir venerabilis Franciscus Calveti, burgensis civitatis Tholose, retulit juramento suo, asseruit quod de anno LXXIIIJ° quidam nepos suus, nomine suo Johannes, etatis xxv annorum vel circa, vigente eotunc mortalitate in Tholosa, graviter ipse infirmabatur de febre epidimiali, taliter quod per medicos aut alios circumstantes totaliter de vita ejus desperabatur; et quadam die ipso suo nepote existente in mortis articulo et quod statim credebatur quod spiritus evolaret, tunc ipse Franciscus humili corde et devoto recommendavit dictum nepotem suum dno Urbano pape, et quod si ipse dignaretur apud Deum intercedere quod evaderet a morte et sanitati restitueretur, ipse offerret pro dicto suo nepote ad sepulcrum memorati dni Urbani pondus cere ipsius nepotis, quod fuit unius quintalis et medii. Et facto voto, ipse juvenis virtutem recuperavit et inmediate reconvalescere incepit, sic et taliter quod a morte evasit ab infirmitate illa et sanitati pristine fuit restitutus, ad invocationem et per merita dni Urbani pape quinti, ut pie credit. — Quod scripsi et puplicavi ego Jacobus de Oleriis, notarius auctoritate appostolica ac inperiali, in presentia nobilis Johannis de Oyena et Johannis Melli, et signo meo signavi.

**182.** Item die predicta, fuit hic oblata quedam ymago argentea trium marcharum vel circa, ex parte dne Marie, uxoris dni Raimundi de Thorena, causa recommendationis facte dno Urbano pape, pro dicto dno Raimundo de Thorena, existente in Roma.

## MENSIS FEBROARII

**183.** Anno Domini millesimo tricentesimo septuagesimo septimo, indictione xv, die secunda mensis Febroarii, in die Purificationis beate virginis Marie, quidam suo nomine Ludovicus de Fonte, de Massilia, marinerius, prout juramento suo asseruit, de mense proxime lapso Decembris, ante festum Nathalis Domini, quadam die ipse iverat ad piscandum cum barca sua in mari, loco dicto en Planesa, et mittentes retia in mari, subito arripuit eos procella valida maris et fortuna per ventum validum et undas altissimas, taliter quod ipse una cum iiij^or aliis secum quodammodo desperabant de vita eorum, periclitantes; paulopost venit unda permaxima cum inpetu investiens barcam, taliter quod fuit semiplena de aqua usque ad banquos, et tunc crediderunt omnes periri et submergi cum barca, potissime quia statim sperabant aliam undam venturam, que inpleret totaliter barcam de aqua usque ad summum ejus et ex eo intrarent ad fundem in mari ; et dum essent in tanto periculo constituti, periclitantes, tunc predictus Ludovicus invocare incepit dnm Urbanum papam, supplicando eidem humiliter et devote, ut dignaretur apud Deum intercedere quod mare fuisset taliter tranquillum de procella quod libere possent aurire aquam de barca et quod nullum periculum possent incurrere, et ex hoc votum faciebat ad sepulcrum suum offerre unam barcam ceream duarum librarum. Et facto voto, subito ac in momento fuit mare tranquillum et planum, carens omni procella, et incontinenti auserunt aquam de barca et subsequenter ab omni periculo permanserunt, ad invocationem et per merita dni Urbani pape quinti, ut pie credit. — Et quod de premissis omnibus possunt clare testificari Johannes Aymari, Stephanus de Fonte et Monnetus Amblardi, qui in dicta barca erant. — Quod scripsi et puplicavi ego Jacobus de Oleriis, notarius auctoritate appostolica, in presentia et testimonio Pontii Barbasaura et Anthonii Guigonis, de Massilia, et signo meo signavi.

**184.** Die Martis x^a Febroarii, de furioso et mente capto sanato. — Anno quo supra, die x^a mensis Febroarii, dns Hugo Salvati, presbiter, de Gardana, diocesis Aquensis, prout juramento suo asseruit, ipse fuit de mense lapso Januarii, per xv dies vel circa, in valde gravissimo statu, furiosus et mente captus, in defectu sue bone et sane memorie, cupiens eotunc potius malum facere quam bonum ; nam quadam die, dum esset in sua furiositate, credidit proicere quemdam puerum, nepotem suum, stantem secum, de quadam fenestra inferius, quod forte mortuus fuisset ; item alia vice projecit eum in ignem, inter prunas, ut combureretur ; et de predicta furiositate nullo poterat medicorum remedio liberari, sed aliqui ex medicis dicebant et asserebant quod ipse debebat esse potionatus, ex eo quia ipse presbiter semper patiebatur dolorem in corde plangendo, et sic dubitabatur per circumstantes quod non evaderet a morte vel forsitan si viveret semper furiosus esset. Igitur quadam die, dum in illo statu persisteret, Beatrix, soror ipsius presbiteri, nimio dolore correpta, cum lacrimis et fletibus invocans dnm Urbanum papam, humili corde et devoto sibi votum fecit ut si dignaretur apud Deum intercedere, quod ipse frater suus ab illa furiositate liberaretur, et in sua bona et sana memoria reduceretur, quamcitius ipsa posset sepulcrum dicti dni Urbani pape visitaret, pedibus discalciatis veniendo offerensque ibidem ymaginem ceream. Facto itaque voto, post paucos dies sequentes, ipse presbiter reversus fuit in sua bona memoria et nunc est, et pristine sanitati restitutus, ad invocationem et per merita, ut pie credit, dni Urbani pape quinti. — Et quod etiam predicta Beatrix, uxor [*leg.* soror] ipsius presbiteri, sanitate recepta et sua bona memoria recuperata, sibi retulit per ordinem de furiositate quam passus fuerat et qualiter fuit restitutus in sua bona memoria post votum factum beato pape Urbano, et in hoc firmiter credit, ut dicit. — Quod scripsi et puplicavi ego Jacobus de Oleriis, notarius auctoritate appostolica, in presentia et testimonio dnorum Johannis Maderii et Anthonii Mutonis, monachorum Sancti Victoris, et signo meo consueto signavi.

**185. In mari notabile quid.** — Anno et die quibus supra, Guilhelmus Calverie, marinerius, civis Massilie, retulit juramento suo, quod de mense Octobris proxime lapso, quando dominus noster papa Gregorius accedebat apud Romam, ipse Guilhelmus erat in quadam barca sua navigans, sic quod quadam die erat tanta procella et fortuna maris, quod vix poterant se gubernari existentes in barca periclitantes; et accidit quod quadam nocte, currentes dictam fortunam, quedam unda maris alta, investiens eos, subripuit eis timonum barque sive gubernaculum; et incontinenti, dubitantes periclitari, projecerunt in mari ferrum sive anchoram, sustinentes ibi per totam noctem fortunam; sed et ipse Guilhelmus circa mediam noctis, invocans dnm Urbanum papam, talia verba dixit : « O beatissime papa Urbane, si tu digneris intercedere apud Deum, quod possim invenire timonum barque, quod est in mari, et recuperem illud, quam citius ero in Massilia, ad sepulcrum tuum offeram unum timonum cere unius libre ». Et facto voto, dum supervenit dies clara, vidit a casu dictum timonum in mari et ibidem ipsum receperunt, et quod non credebant ipsum recuperaverunt ; et hoc credit, ut dicit, factum fuisse a Deo meritis et precibus dicti dni Urbani pape quinti. — Quod scripsi et puplicavi ego Jacobus de Oleriis, notarius auctoritate appostolica ac inperiali, in presentia et testimonio Rostagni Gassini et Bertrandi Franosi, et signo meo signavi.

**186.** Die Jovis xii<sup>a</sup> Febroarii, de inpotente sanato post votum. — Anno quo supra, die xii<sup>a</sup> Febroarii, magister Obritus de Remis, magister de portu de Aquis Mortuis, quinquagenarius vel circa, residentiam faciens in loco de Aquis Mortuis, prout juramento suo asseruit, de anno M° CCC° LXXV°, in vigilia Annuntiationis beate virginis Marie [*24 mars*], summo mane ipse surgens de lecto in civitate Nemausensi equitare voluit, accedendo apud locum predictum de Aquis Mortuis; et dum fuit in itinere quasi per spatium et tractum trium baliste, subito ex arrupto supervenit ei in junctura sue manus sinistre quedam bossa grocissima, patiens ex eadem dolorem intollerabilem ac inpotentiam de manu, taliter quod nullo modo posset tenere abenas roncini ; et paulopost illa bossa per brachium discurrens venit subtus acxellam in secunda die, et in tertia die descendit usque ad inguinem dextre partis ; et stans ibidem cum maximo dolore, inflatio magna in ventre et in coxa ab illa parte se ostendit ; in quinta vero die, ipse fuit inpotens, quod nullo modo posset ambulare, sed in lecto jacebat, dolens et in maxima perplexitate persistens ; in sexta vero die, ipse existens in lecto, cum tanta inpotentia erat de tota sua persona, quod per se non posset se vertere in lecto, et quod stetit per quinque dies et v. noctes non dormiens nec requiem habens ; et dum ipse esset in tanta afflictione, quadam die Dominica de mane, circa horam prime, post festum Annuntiationis beate Marie, jacens in lecto, fuit recordatus quod ipse unum semel erat in Avinione et audivit infra cappellam, ubi jacebat corpus beati pape Urbani, refferri quoddam maximum miraculum a quadam nobili et potenti domina, que steterat inpotens per sex annos, et meritis et precibus predicti dni Urbani pape fuerat pristine restituta sanitati, et in hoc fuerat ipse testis descriptus ; quam ob rem, ipse invocans dictum dnm Urbanum papam, humiliter et devote supplicando eidem talia verba inquid : « O beate papa Urbane, digneris me juvare in hac mea inpotentia tuis sanctis precibus, sicut juvasti dictam nobilem mulierem de inpotentia sua, nam ego voveo bono corde quamcitius potero tuum visitare sepulcrum, cum entorta cerea vij. librarum ». Subito facto voto, ipse fuit in convalescentia tali, quod per se in lecto se vertit et ibidem nuntiavit circumstantibus, quod per merita dni pape Urbani ipse in momento receperat convalescentiam ; et tunc ipse precepit cuidam fusterio, quod in crastinum faceret sibi potentias sive crossas, et quod posset aliqualiter ambulare : nam confidebat in Deo et per merita beati pape Urbani, quod sanitati pristine restitueretur. Et cum ipse in crastinum deambularet cum ipsis potentiis, subito illa grandula sive bossa et totalis inflatio descendit per tibiam, procedens usque ad plantam pedis et in fine in grosso artelh pedis subtus ungulam crepuit per se et capud[1] fecit ibidem, distillans apostema et consumens illam infirmitatem, atque inflatione cessante ; taliter quod post tres dies sequentes fuit pristine restitutus sanitati, ad invocationem et per merita, ut pie credit, memorati dni Urbani pape quinti. — Et quod in premissis supra descriptis et maniffestatis Bernardus Salvanhi, de Aquis Mortuis, juramento suo diligenter interrogatus, asseruit predicta fore vera ; nichilominusque potest bene probari per Dulciam Aycardam, uxorem dicti magistri Obriti, et per Monnetam Sirventam, et per Johannem de Cliarmont, et per Petrum de Asperis, famulum suum, et quasi per gentes omnes de Aquis Mortuis. — Quod scripsi et puplicavi ego Jacobus de Oleriis, auctoritate appostolica notarius, in presentia et testimonio dnorum Johannis de Vilers et Anthonii Mutonis, monachorum, et nobilis Johannis de Oyena, et signo meo consueto signavi.

**187**. Miraculum de gravella. — Die predicta, Bernardus Salvanhi, de Aquis Mortuis, prout juramento suo asseruit, quidam nepos suus, nomine suo Poncius de Mascono, etatis nunc circiter vj annorum, tres anni sunt nunc lapsi,

---

1. [*Le ms. porte* cāpe, *avec un signe inusité sur la lettre finale.*]

ipse patiebatur lapidem ad virilia, taliter quod bene stetit per xv dies cum maxima anxietate atque pena, non potens mingere sive urinare, et nullum poterat adhiberi remedium id eodem, ymo desperabatur de vita ejus; tandem venit quidam medicus, nomine suo magister Johannes Duflos, vocatus et requisitus ad hoc; palpata infirmitate pueri, dixit quod ipse nullatenus poneret manum in eodem puero ad sanandum eum, quia incurabilis sibi videbatur; sed habita licentia a curia, si moreretur non esset in culpa, quia sicut in mortuo operaretur, et ita factum est quod dum ipse medicus apposuisset manus in puerum per [in]-cisionem, fuit tanta perditio et effusio sanguinis in illa hora quod statim credebatur per circumstantes quod spiritus convolaret, et quodammodo carebat omni virtute corporali; et dum dubitaret de morte dicti pueri potius quam de vita, humili et devoto corde dictus Bernardus recommendans dictum puerum beato pape Urbano, votum fecit ad sepulcrum suum offerre sudarium et ymaginem cere pro puero. Et facto voto, in eodem instanti, lapis quidam de grossitudine unius ovi pulle, fuit sibi sublatus desubtus membrum virile, et eotunc incepit virtutem recuperare, et prosperando cotidie post paucos dies sequentes effectus est sanus et sanitati pristine restitutus, ad invocationem et per merita, ut pie credit, dni Urbani pape quinti. — Et quod predicta possunt bene probari per dictum magistrum Johannem, medicum cirurgicum, ac per matrem pueri et diversos alios tunc presentes.—Quod scripsi et puplicavi ego Jacobus de Oleriis, auctoritate appostolica notarius, in presentia et testimonio testium proxime descriptorum, et signo meo signavi.

**188.** Die Veneris xiij<sup>a</sup> Febroarii. — Anno quo supra, die xiij<sup>a</sup> Febroarii, Johannes Agulhenqui, de Aquis, retulit juramento suo, quod tres anni sunt nunc lapsi, in tempore Pascali quadam die accidit quod quidam ejus filius, nomine Anthonius, qui etatis erat trium annorum vel circa, tenens quamdam arundinem in manu ejus, ex arrupto ipse cecidit et illa arundo sive canna intravit in os pueri infra, taliter quod fuit ex vulnere maxima effusio sanguinis manans et non poterat restringi; propter quod desperabatur totaliter de vita ejus, nec poterat nec potuit de tribus diebus sucgere mamillas; et dum erat in illo statu semimortuus, post biduum, tunc Agnes, mater pueri, cum fletibus et lacrimis.

invocans dnm Urbanum papam devotissime, votum sibi
fecit ut si ipse apud Deum intercedere dignaretur, quod
filius ejus non moreretur, sed ad vitam restitueretur, quam
citius ipsa posset peregre suum ipsius dni Urbani pape visitaret sepulcrum, cum oblatione pueri. Et facto voto, ipse
infans incontinenti lac sucgit et fuit in bona convalescentia,
per Dei gratiam et per merita beati pape Urbani quinti,
ut pie credit.

**189.** Eadem die ac hora, Alamanda, uxor Guilhelmi
Draconis, macellarii, de civitate Agatensi, nunc residentes
in civitate Aquensi, retulit juramento suo quod de mense
proxime lapso Junii, ipsa fuerat per xv dies febricitans et
patiens dolorem in latere sinistro circa cor, et dum die
quadam ipsa mulier febricitans, invocans dnm Urbanum
papam, votum sibi fecit suum peregrinando visitare sepulcrum, cum oblatione sua de cere; et subito ac incontinenti,
facto voto, fuit liberata a febre et a dolore quocumque,
per merita dni Urbani pape quinti. — Et ibidem Guilhelmus Draconis, ejus filius presens, interrogatus dixit et asseruit juramento suo omnia supra contenta penitus fore vera,
quia presens erat. — Que quidem omnia supradicta ego Jacobus de Oleriis, auctoritate appostolica, scripsi et puplicavi,
in presentia et testimonio dni Bernardi Bedoci et Stephani
de Valle, monachorum Sancti Victoris Massilie, et signo
meo signavi.

**190.** Die Martis xvij$^a$ Febroarii. — Anno quo supra, die
xvij$^a$ mensis Febroarii, quidam suo nomine Franciscus
Tomassini, etatis circiter xvj annorum, filius Thome Tho-
massini, hospitis de civitate Carpentoratensi, retulit juramento suo, quod nunc tres anni sunt lapsi, tempore mortalitatis novissime preterite, et ipse juvenis fuit epidimiali
infirmitate detentus, sed in fine bene convaluit, tamen
parvo peracto tempore, quadam die Sabati summo mane,
dum surrexit de lecto, casu fortuito subito supervenit eidem
juveni dolor inextimabilis in tibia ejus sinistra, cum inpotentia totaliter remanens ex eadem, et incontinenti fuit inflata
et grossa valde, et nichilominus retroversa et difformis ;
et sic in tali statu inpotens stetit in lecto jacens, nullo modo
potens ambulare per unum mensem vel circa, nullum
habens remedium sanitatis, et quod jam ipse credebat quod
perpetuo remaneret inpotens ; tandem quadam die, mater

ipsius juvenis, suo nomine Steveneta, dixit filio suo : « Fili mi, voveas te bono corde et devoto sanctissimo pape Urbano, et confidentiam bonam habe in eodem, et spero in Deo quod precibus suis sanctis ab illa infirmitate liberaberis » ; ipse vero hoc audiens, incontinenti humiliter recommendans se eidem, votum sibi fecit suum venire visitare sepulcrum, quamcitius posset, cum tibia cere unius libre sibi offerenda. Et facto voto, ipsa die bene convaluit de dicta tibia, et de lecto surrexit, pristine restitutus sanitati per merita, ut pie credit, memorati dni Urbani pape quinti. — Et quod de predictis omnibus, ut dicit, possunt testificari pater et mater ejusdem, ac diverse persone de Carpentorate, et specialiter Petrus Chauleti, hic presens. — Qui quidem Petrus, super premissis diligenter interrogatus, dixit et asseruit juramento suo, quod ipse sepe ac sepius ivit apud Carpentoratem pro lucrando, et vidit predictum juvenem Franciscum inpotentem de tibia sua, quod nullo modo ipse posset ambulare, sed quod deterius est, dicebatur communiter per gentes Carpentoratis quod semper esset inpotens et nunquam posset ambulare, sed postquam ipse se vovit beato pape Urbano, prout audivit refferri, incontinenti fuit restitutus sanitati. — Quod scripsi et puplicavi ego Jacobus de Oleriis, notarius auctoritate appostolica, in presentia et testimonio dnorum Johannis de Sanhis, prioris claustralis, et Hugonis de Gondelherio, monachorum Sancti Victoris Massilie, et signo meo consueto signavi.

**191.** Die Mercuri xviij$^a$ Febroarii. — Anno quo supra, die xviij$^a$ Febroarii, Johannes Ancelmi, de civitate Aussurre, clericus, ligator librorum, retulit juramento suo, quod de mense proxime lapso Novembris, quadam die stetit quasi per tres horas privatus lumine de occulis suis, et quod valde modicum videre poterat et dubitabat fieri cecus ; sed dum ipse se vovit humili corde et devoto dno Urbano pape, quod ad quamdam figuram depictam ipsius dni Urbani pape, quam citius posset, offerret oblationem suam de candelis, incontinenti, facto voto, bene convaluit de visu.

**192.** Item etiam, ibidem presens Anthonius de Castelleto, hospes de Orgono, diocesis Avinionensis, retulit juramento suo, quod quidam ejus filius, nomine Thomas, etatis circiter xij annorum, tempore mortalitatis novissime preterite, infirmitatem epidimialem patiebatur, cum febre magna et bossa, et in tertia die fuit mortis articulo agonizans per tres horas velud mortuus, non membra movens, et quod jam sperabatur cum candela benedicta accensa ante eum quod spiritus ejus convolaret, desperantes totaliter omnes ibi circumstantes de vita ejus, ut dicit. Et voto facto dno Urbano pape per dictum Anthonium, quod filium suum presentaret ad sepulcrum suum cum oblatione sua, si evaderet a morte, et statim ipse juvenis, in ipsa eadem hora, oculos aperuit et virtutem recuperavit, et ab illa infirmitate epidimiali evasit a morte, et exinde fuit pristine restitutus sanitati, ad invocationem, ut pie credit, dni Urbani pape quinti. — Et quod de premissis omnibus possunt bene testificari, ut dicit, uxor ipsius Anthonii, nomine Fana, et Jacobus Bossa, de Orgono. — Que quidem omnia supradicta ego Jacobus de Oleriis, notarius auctoritate appostolica, scripsi et puplicavi, in presentia et testimonio dni Johannis Maderii et Isnardi de Rosseto, monachorum Sancti Victoris Massilie, et signo meo consueto signavi.

**193.** Die Veneris xxª Febroarii. — Anno quo supra, die xxª mensis Febroarii, quidam Johannes Serrati nomine suo, de loco de Benas, Astensis diocesis, retulit juramento suo, quod quidam ejus filius, nomine suo Are, tres anni sunt lapsi, ipso existente in etate unius anni vel circa, de mense Septembris, per xv dies stetit infirmus et male dispositus, debilitans omni die, et quod in fine stetit per duos dies quod non poterat lac sucgere de uberibus, tandem quadam die ipse infans amisit totaliter omnem virtutem corporalem et quod in extremis videbatur esse, agonizans, non flens, non membra movens, occulos clausos tenens, et quod pater ipsius pueri signavit eum signo sancte †, credens quod statim spiritus convolaret, et ob hoc jam paratum erat de rauba pueri ad induendum eum, ut illam teneret in sepulcro, sicut moris est hujusmodi in partibus illis; et cum predictus Johannes reputaret filium suum jam mortuum, recommendans eum humili corde et devoto dno Urbano pape, votum sib. fecit, suum venire visitare sepulcrum cum ymagine cere unius libre, si filius suus adhuc viveret, suis sanctis precibus mediantibus. Et facto voto, subito ipse infans occulos apperuit et virtutem recuperavit, et ad ubera matris se vertit et lac sucgit, et sic a morte evasit et fuit pristine sanitati restitutus, ad invocationem et per merita, ut pie credit, dni Urbani pape quinti. — Et quod de premissis omnibus possunt clare testificari, ut dicit, Laurentius Franqui, et Franciscus Sarati, et Guilhelminus Gastaudi, et uxor dicti Johannis presentes fuerunt. — Quod scripsi et puplicavi ego Johannes de Oleriis, notarius auctoritate appostolica, in presentia et testimonio fratrum Johannis Maderii et Stephani de Valle, monachorum Sancti Victoris Massilie, et signo meo consueto signavi.

**194.** Anno quo supra, die predicta xx$^a$ Febroarii, Johanneta Atolsa, uxor condam Johannis Atolsi, de Massilia, juramento suo asseruit, quod cum quidam ejus filius, nomine suo Jacobus Atolsi, jurisperitus, etatis circiter xxij annorum, quadam die de mense proxime lapso Octobris, videlicet quadam nocte, existens in domo cum aliis sociis, manualiter cum eis ludos faceret, accidit quod unus illorum inpinxit dictum ejus filium casualiter, sic et taliter quod ipse cecidit versus terram et dedit supra unum quadrum capse de occulo ejus sinistro, tali modo quod fuit facta plaga magna supra occulum, in supercilio, taliter quod totaliter videri poterat radix occuli intrinsece ; item etiam fuit abcisa ejus linga cum dentibus in duabus partibus, taliter quod pendebat, et super hoc dubitabatur per circumstantes quod amisisset occulum, privatus lumine de eodem, et de linga nunquam loqueretur, quia etiam eotunc nichil loqui poterat ; et dubitans super hoc dicta Johanneta quod filius suus fuisset difformis in facie, et privatus lumine de occulo suo ac etiam de linga, propter quod ipsa humili et devoto corde, cum lacrimis invocans dnm Urbanum papam et recommendans dictum ejus filium, votum sibi fecit, presentare ipsum ad sepulcrum suum cum oculo cere, si liberaretur a predictis, precibus suis et meritis. Et facto voto et factis duobus punctibus in linga, loquelam recuperavit et visum occuli sui non amisit, ad invocationem et per merita, ut pie credit, dni Urbani pape quinti.

**195.** Item etiam retulit predicta Johanneta, quod hodie de mane, ipsa veniens apud hoc monasterium, in itinere incepit pati oscuritatem in occulo sinistro, et dum fuit infra monasterium, penitus amisit visum occuli sui sinistri, et dum claudebat alium occulum, nichil tunc videbat de illo sinistro nec lumen candele, de quo multum dolebat et flebat ; et stetit non videns de oculo illo, per spatium dicendi unam missam ; et audita missa, ipsa mulier cum lacrimis et fletibus invocans dnm Urbanum, votum sibi fecit quod ad sepulcrum suum incontinenti offerret occulum cere, si recuperaret visum, suis sanctis precibus, sicut merito confidebat; et facto voto, subito visum recuperavit. — Que quidem omnia supradicta ego Jacobus de Oleriis, notarius auctoritate appostolica, in presentia et testimonio dnorum Johannis de Sanhis, prioris claustralis, et Vesiani de Croso, et signo meo consueto signavi.

**196.** Die Sabati xxJ$^a$ Febroarii. — Anno quo supra, die xxJ$^a$ Febroarii, Guilhelmes de Niveriis, residens nunc in civitate Mimatensi, baxiator pannorum, suo asseruit juramento, quod in die Lune carnisprivii proxime lapso [*16 f.*], circa horam tertiarum, subito fuit in valde gravi dispositione de persona sua, cum vehementi dolore cordis et frenetica capitis, ita videlicet quod carebat omni memoria, et neminem cognoscebat nec loquebatur, sed imaginationes diversas fantasticas semper habebat in capite, et in nocte sequenti furiosus esse videbatur, volens discedere et discurrere de nocte, hic et ubique, et quod vix poterat detineri per circumstantes, sed dabant ei pocula et alia medicamenta, dubitantes quod fuisset potionatus vel sumpsisset venenum : nec propter hoc remediabant eidem in aliquo; in crastinum vero, cum adhuc esset in illa furiositate, in sua mente habuit dnm Urbanum papam et eidem se recommendavit, et votum sibi fecit, quod suum veniret visitare sepulcrum, ubi corpus suum jacet, si in sua bona memoria restitueretur precibus suis sanctis. Facto itaque voto, subito ac incontinenti, ipse reversus fuit in sua bona memoria, et cognovit quemquam, quod antea facere non poterat, de quo dedit laudem Deo benedicto, qui ad preces et per merita, ut pie credit, dni Urbani pape V. fuit reductus in sua bona memoria; et subsequenter in die Mercuri sequenti [*18*] sudorem recepit, et de infirmitate convaluit, et in crastinum, in die Jovis, de lecto surrexit incolumis, pristine sanitati restitutus. — Et quod de premissis omnibus possunt clare testificari, ut dicit, quidam suo nomine magister Merle, sartor, et uxor ejus ac Johannes famulus eorumdem, hic presentes. — Quod scripsi et puplicavi ego Johannes de Oleriis, notarius appostolica, in presentia et testimonio nobilis Johannis de Oyena et Petri Cominhani, de Narbona, et signo meo signavi.

**197.** Die predicta, hic presens Johannes Aprilis nomine suo, residens pro coquo ad parandum cibos in hospitali d'Albrac, Ruthinensis diocesis, asseruit juramento suo, quod de anno LXXIIIJ° et mense Augusti, quadam die ipse erat supra quamdam arborem nucis, colligens nuces in sinu suo; dum volebat descendere de arbore, casu fortuitu, ex arrupto ipse cecidit de arbore, a summo usque deorsum, prostratus de dorso et in capite suo vulneratus, et incontinenti amisit loquelam et semimortuum eotunc se asserebat, nec ullo modo poterat se movere de loco ; et erat ibi secum quidam alius nomine suo Johannes Dorde, qui nullo modo poterat eum juvare, quia jam ipse credebat quod statim moreretur, et in illo statu stetit in articulo mortis, quasi per spatium dicendi septem psalmos ; stans vero in illo statu habuit in memoria dnm Urbanum papam, cui se humiliter et devote in corde suo recommendavit, et vovit hic venire suum sepulcrum visitare, ut citius posset, cum duabus libris cere. Et facto voto, incontinenti ipse se vertit apud socium suum hic presentem, loquens et dicens sibi, quod ilico ipse accederet ad querendum aliquos homines per quos ipse portaretur in hospitium, et ita factum fuit ; et stetit jacens in lecto per tres dies, et in quarto die ipse de lecto surrexit, sine aliqua inpotentia et confractione membrorum suorum, preterquam modicum valde in capite, sed post paucos dies sequentes fuit ipse pristine restitutus sanitati, ad invocationem et per merita, ut pie credit, memorati dni Urbani pape quinti. — Et hoc potest probari, ut dicit, per dictum Johannem Dorde, qui presens erat. — Quod scripsi et puplicavi ego Jacobus de Oleriis, auctoritate appostolica notarius, in presentia et testimonio dnorum Ademari de Strilhis et Bertrandi Grossi, monachorum Sancti Victoris Massilie, et signo meo consueto signavi.

**198.** Die Dominica xxij$^a$ Febroarii. — Anno quo supra, die xxij$^a$ Febroarii, Bertrandus Constancii, oriundus de Tholosa, speciator, nunc residens ad Beatam Mariam de Valle Viridi, suo asseruit juramento, quod de anno lapso ipse, una cum duobus aliis secum, accedebant ad dnum Agoutonum de Saltu, dominum Vallis Olle, et dum fuerunt in Dalfinatu, in loco de Nioniis, fuerunt capti per officiales Dalfini, inponentes eis crimen quod ipsi debebant esse fabricatores false monete pro dicto dno Agoutono, propter quod fuerunt incarcerati, detenti et compediati de ferris, et deducti ad locum del Boys, et ibi fuerunt detenti per vij. menses, et iste Bertrandus fuit questionatus et levatus in eculeo ter, et cum gravissimo pondere in pedibus suis, ad finem quod confiteretur omnia que volebant contra jus et justitiam ; et dum primo vellent eum levare in eculeo, incontinenti in mente sua habuit dnm Urbanum papam, invocans eum et votum sibi faciens, ut si ipse dignaretur apud Deum intercedere quod juvaret eum ad torturam, ne facerent ipsum per vim confiteri ea que non commiserat, ipse veniret ad visitandum sepulcrum ipsius dni Urbani pape, pedibus discalciatis ab introitu Massilie usque hic, et cum ymagine cerea, quamcitius posset. Et facto voto, ipsa hora fuit levatus in eculeo, et stans ibi suspensus cum pondere in pedibus, sed et ipse eotunc nullam penam patiebatur, et stetit per tempus ibidem ; et videns judex quod nolebat confiteri nec anxiabatur de tormentis, fecit eum deponi ad terram, expoliarique eum jussit, et bene circueretur rauba sua et persona sua, si portaret scriptum aliquod sive breu, et cum non invenissent aliquod scriptum, petiit ab eo judex que erat causa quia non timebat tormenta, et ipse dixit quod ipse invocaverat dnm papam Urbanum, quod eum vellet juvare in justitia, fundendo preces suas sanctas apud Deum, « sic quod ego credo firmiter quod hoc me juvavit ac etiam juvabit ». Et audiens hoc judex, jussit eum solvi a vinculis nec amplius fuit positus in tormentis, nec ipse nec socii sui, et finaliter sic omnes evaserunt liberati et absoluti, ad invocationem dicti dni Urbani pape quinti. — Quod scripsi et puplicavi ego Jacobus de Oleriis, notarius auctoritate appostolica ac inperiali, in presentia et testimonio dnorum Johannis de Sanhis, prioris claustralis, et Andree Tronelli, et signo meo consueto signavi.

**199.** Anno et die quibus supra, hic vir nobilis Fulco de Ponteves, dominus de Bargema et de Cotinhaco, dixit et asseruit juramento suo, quod per duos annos vel circa ipse passus fuerat diversas infirmitates, videlicet in sthomaco, in epate et cum febre multotiens, ac alias infirmitates corporales, debilitans omni die et nullo modo credebat quod posset de illa egritudine evadere a morte, et quod nullo poterat medicorum remedio liberari; ipse vero nobilis pretendens inmensas gratias ac miracula, que Deus omnipotens cotidie per universum orbem operabatur per merita beatissimi pape Urbani, et quia etiam dum vivebat et post semper in eo habuerat maximam devotionem, igitur recommendans se eidem humiliter et devote, votum sibi fecit suum venire visitare sepulcrum, cum ymagine cerea, si precibus suis sanitati restitueretur. Hinc est quod paulo post votum factum, dum quadam die existebat in lecto male dispositus et semper habens cor suum in maxima devotione cum magna sollicitudine, accidit sibi quod non totaliter dormiens nec etiam vigilans, sed quasi raptus in mente, videbatur sibi quod ante se videret occulo ad occulum dnm papam Urbanum in sede sedentem sibique loquentem, et respicientem ipsum cum ylari vultu et cum occulo suo borlhe [1], sicut visus erat habere dum erat in humanis; et incontinenti illa visio disparuit, et eotunc invenit se in satis bono statu, carentem febre et remedium habens de aliis infirmitatibus, taliter prosperando ab illa hora in antea quod post paucos dies sequentes de quacumque infirmitate sua fuit pristine restitutus sanitati, ad invocationem et per merita dni Urbani pape quinti. — Quod scripsi et puplicavi ego Jacobus de Oleriis, notarius auctoritate appostolica ac inperiali, in presentia et testimonio dnorum Guilhelmi Rixendis et Bernardi Bedoci, monachorum, et signo meo signavi.

**200.** Item etiam retulit retroscriptus nobilis Fulco, quod in nocte proxime lapsa, ipso existente in quadam hostalaria de Massilia, quia venerat ad complendum suum votum dno Urbano pape, et dum ipse circa mediam noctis evigilavit a sompno, invenit se in gravissimo statu de sthomacho suo, quod totaliter videbatur sibi quod eotunc deberet mori, et sic passus fuit graviter per duas horas vel circa, et circumvolvens se in lecto pre nimio dolore, ymaginabatur in se ipso si aliquod votum expresse fecerat pro malo stomachi quem temporibus retroactis passus fuerat per longa tem-

---

1. Borni, *Borlhe* ou *Borli*, masc. de Borgne, terme pris vulgairement pour le français Borgne, d'après la signification de Borni dans le languedocien des villes, où l'ancien langage est beaucoup dégénéré et qui signifiait autrefois aveugle au propre et obscur au figuré (Diction. Languedocien Français, *par* L. D. SAUVAGES, 1785, t. I, p. 93).

pora; igitur dum esset in tanta perplexitate, votum fecit
eidem dno Urbano pape, ut si ipse apud Deum intercedere
dignaretur, quod haberet ipse remedium de dolore sthoma-
chi, in crastinum sibi offerret ad sepulcrum suum quemdam sthomacum cere unius libre. Et facto voto, cessavit
dolor incontinenti et sanitati pristine restitutus fuit, ad
invocationem et per merita dni Urbani pape quinti, ut pie
credit.

**201**. Item etiam retulit, quod hoc anno proxime lapso,
Johannes Imbaudi, familiaris et cubicularius suus, graviter
infirmabatur et quadam die videbatur esse agonizans, et
medicus ac omnes circumstantes non credebant quod de
lecto surgeret vivus, desperantes totaliter de vita ejus; et
dum dictus nobilis vovit dictum Johannem beato pape
Urbano, sepulcrum ipsius visitaturum cum ymagine cere,
facto voto, ipse juvenis virtutem ibi recuperavit, et post
paucos dies sequentes fuit pristine restitutus sanitati, meritis et precibus dicti dni Urbani pape quinti. — Que quidem omnia supradicta ego Jacobus de Oleriis, notarius
auctoritate appostolica ac inperiali, scripsi et puplicavi, in
presentia testium proxime descriptorum, et signo meo
signavi.

**202**. Die Lune xxiij$^a$ Febroarii. — Anno quo supra, die
xxiij$^a$ Febroarii, hic Bertrandus de Fontaneis, sartor loci
de Argeleriis, diocesis Vapincensis, suo asseruit juramento,
quod de anno illo et tempore quo fuit translatus sanctissi-
mus papa dns Urbanus de Avinione ibi in Massilia, quidam
ejus filius hic presens, nomine suo Petrus de Argeleriis,
etatis circiter xij annorum, graviter infirmabatur et stetit
per x. dies febricitans et jacens in lecto, debilitans omni
die; quadam vero die, quidam miles nomine suo dns Petrus
de Mesolhono, dominus de Argeleriis, querebat ab eodem
Bertrando, si filius ejus curatus erat de infirmitate sua, et
respondens sibi quod non nec credebat quod evaderet a
morte; propter quod ipse miles dixit eidem Bertrando :
« Voveas bono corde filium tuum beato pape Urbano, et
procul dubio ab infirmitate sua liberabitur »; qui hoc audiens, vovit stadal de candelis presentare ad quamdam
ymaginem depictam dicti dni Urbani in loco predicto de
Argeleriis; et cum ipse Bertrandus venisset ad filium suum
post solis occasum, vidit ipsum laborantem in extremis,

signando ipsum eotunc, et incontinenti talia verba dixit :
« O beate papa Urbane, ego te voveram filium meum cum
candela sue longitudinis, te igitur deprecor ut rogites Deum
pro eo, ne moriatur ». Et incontinenti ipse puer incepit
convalescere, virtutem recuperando ; circa vero mediam
noctis, ipse puer iterato fuit in agonia, carens omni virtute
corporali, non movens membra, occulos subvertens, et
pallidus in membris ut mortuus esse videbatur ; et cum
videret ipsum puerum frementem in semetipsum, credidit
eotunc quod Deo redderet spiritum, et signavit eum signo
sancte †, et flendo talia verba inquid : « O beate papa
Urbane, ego te voveram alias filium meum cum suo stadal
de candelis cere, nunc video quod moritur ipse ; igitur supplico sanctitati tue, ut digneris apud Deum intercedere pro
eo, quod non moriatur de presenti et sanitati restituatur,
et eo casu voveo quod, posito quod aliter non possem ire
nisi mendicando, tuum visitabo sepulcrum cum predicto filio
meo ». Et hoc dicto, infans aperiens os suum, subito dixit :
« Et ego, pater, illuc ibo » ; et in illa hora virtutem recuperavit, et bene reconvalescens, cibum recipiens, et post
triduum de lecto surrexit incolumis, pristine restitutus
sanitati, per merita dni Urbani pape V, ut pie credit. — Et
quod predicta possunt probari per Alasaxiam, uxorem
suam, que eotunc presens erat quando hoc accidit. —
Quod scripsi et puplicavi ego Jacobus de Oleriis, auctoritate appostolica notarius, in presentia et testimonio nobilis
Johannis de Oyena et dni Roberti Ortolani, monachi, et
signo meo signavi.

**203.** Die Mercuri xxv Febroarii. — Anno quo supra, die
xxv$^a$ mensis Febroarii, hic presens Petrus Columbi, macellarius, de civitate Nicie, suo asseruit juramento, quod de
mense proxime lapso, fuerunt iiij$^{or}$ anni lapsi, ipse detinebatur quadam gravissima infirmitate apostematis in latere
suo sinistro retro, et erat tanta superficies et grossitudo
infirmitatis predicte, quod ipsemet videre poterat retro
dictum morbum ; finaliter ipse fuit cum ferro abcisus per
artem medicine, et facta dicta cisione, paulopost supervenit ibi fistula, propter apostema, et erat tanta illa plaga in
latitudine et concavitate, quod posset interesse infra plagam una cervelleria capitis ; subsequenter vero ex eadem
infirmitate incidit in inpotentia brachii sui sinistri, de

quo fuit totaliter inpotens per duos menses, ita quod portabat digitos manus sue plicatos et curvos, non potens eos movere ullo modo, et sic dubitabat quod nunquam posset se juvare de brachio illo, sed inpotens permaneret; propter quod quadam die recommendans se dno Urbano pape, humili corde votum fecit suum visitare sepulcrum, si precibus suis sanctis restitueretur in bona convalescentia. Et facto voto, incontinenti ipse incepit movere digitum pollicem et paulopost alios digitos, et ab illa hora voti facti in antea bene prosperavit omni die, taliter quod post paucos dies sequentes, de brachio suo fuit in bona convalescentia, necnon etiam de alia infirmitate aposteme et fistole fuit pristine sanitati restitutus, ad invocationem et per merita, ut pie credit, dni Urbani pape quinti. — Et quod de predictis omnibus magister Guilhelmus Columbi, magister in medicina, hic presens, diligenter interrogatus dixit et asseruit predicta fore vera. — Quod scripsi et puplicavi ego Jacobus de Oleriis, notarius auctoritate appostolica et inperiali, in presentia et testimonio Johannis de Monte Salvio, Ruthinensis diocesis, et dni Petri Johannis, monachi Sancti Victoris, et signo meo signavi.

**204.** [1] *De filia de morte ad vitam restituta.* — Eadem die ac hora, prefatus Petrus retulit juramento suo, quod tempore mortalitatis novissime preterite, quedam filia sua, nomine suo Mondeta, que tunc erat etatis unius anni, quadam nocte circa mediam noctis subito arripuit eam infirmitas epidimialis, cum nimio ardore febris, vexando ipsam taliter quod in eadem hora omni virtute corporali caruit, non movens membra neque flens, sed exinde oculos suos subvertens, et erant ibidem presentes Monnetus Cauderie et uxor ejus Monneta, qui ad sacrum fontem babtismatis dictam filiam tenuerant, tenentes candelam benedictam accensam ante eam et signantes eam eotunc signo sancte †, quando videbant eam laborantem in extremis et subvertentem occulos; et in fine ipsa filia remansit pallida et rigida in membris, ita quod juxta oppinionem circumstantium

---

1. *In exempl. ms. anni 1646, miraculum istud post 203<sup>m</sup> refertur, non sine ratione,* propter verbum prefatus quo orditur et sanationem bracchii. [Dans la copie de M. Albanès les n<sup>os</sup> 204-6 avaient les n<sup>os</sup> 207, 204-6, et les n<sup>os</sup> 217-9 étaient les n<sup>os</sup> 218-9, 217, par suite de la transposition d'un double feuillet dans un cahier de l'original; j'ai cru devoir rétablir un ordre certain, conforme à la chronologie.]

credebatur totaliter quod Deo reddidisset spiritum, et propter hoc fuit paratum sudarium ut reponeretur, et sueretur ibidem funus ipsius filie ; factumque est autem, dum jam suerant cum sudario dicte filie funus usque ad medietatem corporis, dictus Petrus, pater puelle, ibidem presens, flens et lacrimans, talia verba inquid : « O sanctissime papa Urbane, sicut tu per tuam sanctam benignitatem, Xpisto mediante, de maxima mea infirmitate ac inpotentia brachii tuis sanctis meritis fui et sum obtime curatus, deprecor te igitur [ut] digneris apud Deum intercedere quod filia mea, modo defuncta, de morte ad vitam restituatur, et si obtinueris hanc gratiam apud Deum, pro eadem filia mea tuum visitabo sepulcrum cum oblatione sua ». Et facto voto, subito ipsa filia occulos aperuit et virtutem recuperavit, et ubera matris recepit et lac sucgit, et in illa hora bene convaluit, per merita, ut pie credit, dni Urbani pape quinti. Et tunc predicti Monnetus Cauderie et uxor ejus, ac Autranna, hic presentes et videntes, clamaverunt et dixerunt : « Benedictus sit Dominus noster Jhesus Xpistus, nam credimus hoc premaximum miraculum factum fuisse a Deo, prout vidimus oculata fide, ad invocationem et per merita beati pape Urbani quinti ». — Quod scripsi et puplicavi ego Jacobus de Oleriis, notarius auctoritate appostolica ac inperiali, in presentia testium proxime descriptorum, et signo meo consueto signavi.

**205.** Die Sabati ultima Febroarii. — Anno quo supra, die ultima mensis Febroarii, Arnaldus Chatinays, de castro de Anoniaco, diocesis Viannensis, prout juramento suo asseruit, tempore mortalitatis novissime preterite, quidam ejus nepos, nomine suo Albertus, etatis nunc circiter vij annorum, infirmitatem patiebatur epidimialem, et in fine quadam die fuit in extremis laborans, et quod jam omnem virtutem corporalem amiserat, non movens membra et oculos subvertens, ut moris est morientium, ipsum signaverant signo sancte †, credentes ibi circu[m]stantes quod spiritus convolaret; et incontinenti fuit paratum pro sudario, ut ibi reponeretur, et volentes ipsum suere, tunc ipse Arnaldus vovit dictum suum nepotem dno pape Urbano, et si ipse apud Deum intercedere dignaretur, quod precibus suis restitueretur ad vitam, quamcitius ipse posset, peregre suum visitaret sepulcrum dicti dni Urbani, cum ymagine cerea unius libre. Et facto voto, subito occulos aperuit et virtutem recuperavit, et reconvalescere incepit et in crastinum fuit sanitati restitutus, ad invocationem dni Urbani pape V, ut pie credit. — Et de premissis potest clare testificari, ut dicit, quidam canonicus Sancti Ruffi de Valentia, qui suo nomine vocatur dns Poncius et qui presens erat ibidem.

**206.** Item etiam retulit prefatus Arnaldus quod, quadam die circa festum Nathalis Domini, subito de mane supervenit ei dolor irremediabilis circumquaque occulum suum dextrum, ita quod sanitatis remedium habere non poterat per totam diem, jacens in lecto; et dum graviter anxiebatur de nimio dolore, recommendans se dno Urbano pape, votum sibi fecit. Et facto voto, incontinenti cessavit dolor et de lecto surrexit, restitutus sanitati per merita, ut pie credit, dni Urbani pape V. — Que quidem omnia supradicta ego Jacobus de Oleriis, notarius auctoritate appostolica ac inperiali, scripsi et puplicavi, in presentia et testimonio dnorum G. de Monte Olivo et Johannis Maderii, monachorum, et signo meo signavi.

**207.** De mortuo ressucitato. — Die predicta ultima Febroarii, Hugo Jordaneti, loci predicti de Anoniaco, retulit secundum relationem sibi factam per Albertum Bolliassi, loci predicti, tempore mortalitatis novissime preterite, quidam ejus filius dicti Alberti infirmitatem epidimialem graviter patiebatur; et post paucos dies sequentes, quadam die dictus juvenis agonizans Deo tradidit spiritum, propter signa que fecit, ut moris est morientium in mortis articulo, oculos subvertens, faciens tractus sive badals, signantes eum eotunc, et exinde pallidus remanens, non amplius movens membra; et tunc asseruerunt omnes ibi circumstantes quod jam obisset, propter quod faciem pueri coperuerunt, et velata facie, per spatium temporis parentes et amici ipsius pueri ordinabant de exequiis faciendis et sepultura pro ipso; sed cum prefatus Albertus haberet in magnam devotionem dnm Urbanum papam, ipsum invocando talia verba dixit : « O beatissime papa Urbane, si tu digneris apud Deum intercedere, quod filius meus restituatur ad vitam, offeram ad sepulcrum tuum ymaginem ceream valoris trium florenorum auri ». Et facto voto, incontinenti dictus juvenis subtus velamen suspirium dedit, e' discoperta

facie, viderunt ipsum juvenem viventem, et in illa hora
bene reconvalescere incepit, taliter quod post paucos dies
sequentes fuit pristine restitutus sanitati, ad invocationem
predicti dni Urbani pape quinti. — Et sic dictus Hugo
juravit predicta fore vera, in animam dicti Alberti, prout
sibi ita asseruit, et pro ipso obtulit et presentavit ymaginem cere trium florenorum auri, pro voto per eum facto
dicto dno Urbano pape, dicens quod ipse veniet hic personaliter. — De quibus omnibus supradictis hic manifestatis
ego Jacobus de Oleriis, notarius auctoritate appostolica ac
inperiali, manu mea scripsi et puplicavi, in presentia
et testimonio predictorum dnorum Guilhelmi de Monte
Olivo et Johannis Maderii, monachorum Sancti Victoris,
et signo meo consueto signavi.

## MENSIS MARTII

**208.** Anno Domini millesimo CCC° LXX° VIJ°, die prima
mensis Martii, dns Petrus la Garda, monachus, prior Sancti
Stephani de Valle Francisca, diocesis Mimatensis, suo
juramento asseruit quod ipse litigaverat in curia Romana
ad audientiam in Avinione per longa tempora, petens sibi
pars sua adversa summam trecentorum franquorum auri,
et multos terminos tenuerat in dicta causa, et licet ipse
monachus recepisset dictam pecunie summam, ipse incontinenti tradiderat dictam pecuniam cuidam alteri ad quem
credebat quod sibi pertineret; post multum vero temporis
fuit petita dicta pecunia eidem loquenti, et ipse negabat
illam habere penes se, nec poterat ullo modo docere de tra-
ditione quam fecerat subsequenter, propter quod dubitabat
subcumbere, et dictam pecuniam solveret preter expensas
nimias inde factas in dicto litigio. Et cum ipset dubitaret
tantum dampnum pati sine justa causa, igitur quadam die
invocans dnm Urbanum papam, supplicavit eidem, ut
dignaretur eum juvare de sola justitia, quod predictum
debitum non solveret prout non tenebatur; et eo casu quod
hanc gratiam obtineret apud Deum, suum veniret visitare
sepulcrum cum duabus entortis cere. Et facto voto, ad
primam dietam inmediate sequentem procuratores partis
adverse non comparuerunt in termino illo, neque ad secundum terminum neque ad tertium, et lapsis dictis tribus

terminis, nemine comparente pro parte adversa, in absentia ipsorum et pro contumacia, idem monachus fuit absolutus de petitione illa, et allicentiatus recedendi quando vellet, condempnando partem adversam in expensis; et sic ipse credit pie, ut dicit, quod beatus papa Urbanus eum juvavit in justitia et ad invocationem ipsius. — Quod scripsi et puplicavi ego Jacobus de Oleriis, notarius auctoritate appostolica ac inperiali, in presentia dni Raymundi la Casa et Bernardi Ademari, testium, et signo meo signavi.

**209.** *Die Veneris vj$^a$ Martii, de ydropico sanato.* — Anno quo supra, die sexta Martii, hic Johannes de Coarsaco, notarius de Tholosa, residens in carreria Templi, juramento suo asseruit, quod tempore lapso novissime mortalitatis, duo anni sunt lapsi, ipse patiebatur tunc infirmitatem epidimialem, videlicet febrem freneticam et alias graves infirmitates intrincecas corporales, propter quod totaliter de vita ejus desperabatur, et nichilominus, quod deterius est, ydropicus erat, habens ventrem suum inflatum valde et tibias, et quasi per totum corpus suum, et quod semper sitiebat propter illam infirmitatem ydropicam nec poterat satiari ad bibendum, et nullo poterat medicorum remedio liberari, ymo de vita ejus non sperabatur per circumstantes; et cum dictus Johannes non speraret evadere a morte, habens in mente sua quadam die dnm Urbanum papam, invocans ipsum humiliter et devote, votum sibi fecit, sic dicens : « O beate papa Urbane, si tu apud Deum intercedere digneris quod ab hac infirmitate evadam ne moriar, quamcitius potero tuum visitabo sepulcrum, cum oblatione mea ». Et facto voto, bene incepit convalescere de infirmitate epidimiali et habere requiem, prosperans omni die, et de infirmitate ydropisis post aliquos dies sequentes convaluit valde bene, et in fine fuit pristine restitutus sanitati, ad invocationem, ut dicit, memorati dni Urbani pape quinti.

**210.** *Eadem die ac hora,* Vitalis Calciati, sartor de Tholosa, residens ut supra, retulit juramento suo, quod in dicto tempore mortalitatis lapse, ipse graviter infirmabatur de epidimiali infirmitate, debilitans omni die, taliter quod ipse stetit per tres dies quasi in extremis agonizans, et quod per circumstantes desperabatur de vita ejus, ut dicit, credentes quod statim spiritus convolaret; et dum erat in illo statu, tunc uxor sua, nomine Maria, cum lacrimis devotissime invocans dnm Urbanum papam, votum fecit, ut si precibus suis sanctis maritus suus, ipse qui loquitur, non moreretur et sanitati restitueretur, quamcitius posset, sepulcrum ipsius dni Urbani pape visitaret cum oblatione sua. Et facto [voto], ut sibi hoc retulit postea dicta uxor sua, statim ac incontinenti virtutem ipse recuperavit et sensus corporales, et in fine, post paucos dies sequentes, fuit pristine restitutus sanitati, ad invocationem et per merita, ut pie credit, dni Urbani pape quinti. — Que quidem omnia supradicta hic manifestata ego Jacobus de Oleriis, notarius auctoritate appostolica, scripsi et puplicavi, in presentia et testimonio dnorum Ademari de Strilhis et Johannis Maderii, monachorum, et signo meo consueto signavi.

**211.** Anno et die quibus supra, hic vir venerabilis dns Brisaudus, miles, dominus Bellicastri et Argentani, diocesis Viannensis, prout juramento suo asseruit, tres anni sunt jam lapsi, in partibus suis vigebat pestilentialis morbus et mortalitas generalis, ita quod quamplures moriebantur dum detinebantur illa egritudine epidimiali; et cum ipse multum dubitaret quod ipse et uxor ejus forte paterentur dictam epidimie infirmitatem, de qua morerentur, igitur quadam die ipse invocans dnm Urbanum papam, supplicavit eidem humiliter et devote, ut ipse dignaretur apud Deum intercedere, quod ipse et dicta ejus uxor evaderent ab illa epidimiali infirmitate, et ex hoc vovit visitare sepulcrum ipsius dni Urbani pape, cum oblatione sua. Hinc est quod de benigna gratia Dei, et per merita et intercessionem dicti dni Urbani pape, ipsi conjuges evaserunt a morte.

**212.** Item etiam retulit dictus miles, quod quia non habebat prolem a dna Maragda, uxore sua, nec etiam sperabat habere de facili; propter quod ipse votum fecit dicto dno Urbano pape, videlicet quadam die circa festum Nathalis Domini, post hoc anno, ut si ipse apud Deum intercedere dignaretur quod haberet prolem, et quod a die voti sui facti usque in mediam Quadragesimam ipse sciret acertive quod dicta nobilis uxor sua esset pregnans, incontinenti dum hoc sciret infra dictum tempus, ipse peregre veniret ad visitandum sepulcrum ipsius dni Urbani pape, offerens ibidem entortas cereas ardentes, ponderis unius quintalis cere. Factumque est ita, quod dicta nobilis uxor sua est nunc pregnans et gravida, et hoc credit factum fuisse a Deo meritis sanctis ac intercessionibus memorati dni Urbani pape quinti. — Quod scripsi et puplicavi ego Jacobus de Oleriis, notarius auctoritate appostolica ac inperiali, in presentia et testimonio Johannis Casse et Bertrandi Damiani, de Massilia, et dni Guilhelmi de Monte Olivo, monachi Sancti Victoris, et signo meo consueto signavi.

**213.** Anno quo supra, die vij[a] Martii, hic Jacobus Chaysi nomine suo, de Ponte Sorgie, prope Avinionem, mercator, prout juramento suo asseruit, de anno proxime lapso, quadam nocte subito supervenit ei dolor intollerabilis in tibia ejus sinistra, quem dolorem passus fuit graviter quasi per duas horas in lecto jacens, nec bene se posset vertere in lecto eotunc pre nimio dolore ; et videns se cum tanta perplexitate, recommendavit se humili corde et devoto dno Urbano pape, et vovit suum visitare sepulcrum, quamcitius posset, cum tibia cere duarum librarum. Facto voto, incontinenti dolor cessavit et in bona sanitate et convalescentia fuit de tibia sua, pristine restitutus sanitati per merita, ut pie credit, memorati dni Urbani pape quinti. — Quod scripsi et puplicavi ego Jacobus de Oleriis, notarius auctoritate appostolica ac inperiali, in presentia et testimonio dni Fulconis de Massilia, monachi, et nobilis Johannis de Oyena, et signo meo consueto signavi.

**214.** Die Dominica viij[a] Martii, de curato ab inflatione manuum decenni. — Anno quo supra, die Dominica viij[a] mensis Martii, hic presens Bernardus de Ponte, textor pannorum, residens nunc et civis Massilie, suo asseruit juramento, quod quidam ejus filius, nomine suo Arnaldus, etatis circiter xvj annorum, per tempus et spatium x. annorum habuerat manus suas inflatas et grossas valde, potissime in tempore yemali, et specialiter habebat manum suam sinistram in dicto tempore multo plus inflatam, et quemlibet digitum ipsius manus habebat grossum sicut esset brachium unius pueri, et sic erat in maxima difformitate illius manus ; propter quod quadam die hoc anno, post festum Nathalis Domini, ipse Bernardus votum fecit dno Urbano pape humiliter et devote, supplicando eidem, ut si ipse dignaretur apud Deum intercedere quod filius suus haberet manus suas in bono statu et sine inflatione quacumque, ad sepulcrum suum offerret ibidem pro oblatione dicti filii sui unam manum cere. Et facto voto, in eadem septimana in qua fecerat votum, dictus ejus filius habuit manus suas in obtimo statu, omni inflatione cessante ac difformitate, et sic ipse credit pie, ut dicit, quod hoc factum fuerit a Deo meritis et precibus dni Urbani pape quinti. — Que quidem omnia supradicta ego Jacobus de Oleriis scripsi et puplicavi, in presentia et testimonio dnorum Anthonii Mutonis et Petri Alami, monachorum, et signo meo signavi.

**215.** Die Mercuri xj$^a$ Martii, de illo qui steterat per xiiij annos ruptus et crepatus, post votum bene sanatus. — Anno quo supra, die xj$^a$ mensis Martii, quidam nomine suo magister Raymundus Bonifacii, residens in civitate Aquensi, cultellerius, suo asseruit juramento, quod ipse passus fuerat per xiiij. annos et ultra quamdam gravem infirmitatem corporalem intrincecam, videlicet de ruptura intestinorum, que descendebant et habebant meatum usque ad virilia sive ad bossas, et tunc ipse graviter patiebatur, usquequo revertebantur superius; et propter infirmitatem predictam oportebat ipsum portare de necessitate braguerium furcatum, et quod nullo potuerat medicorum remedio liberari; factumque est autem die esterna, summo mane, discedens ipse de Aquis, veniendo hic apud Massiliam, dum erat in itinere, incepit jam pati dolorem de illa ruptura, quia descendebant budelli inferius; ipse vero Raymundus illo mane ex inadvertentia oblitus erat recipere dictum braguerium, quod antea portabat, de quo multum doluit; et habens eotunc in memoria sua dnm Urbanum papam, talia verba dixit : « O beatissime papa Urbane, digneris me juvare, quia braguerium meum mihi necessarium dimisi, et quod digneris etiam deprecare Jhesum Xpistum quod possim bene sanari ab hac infirmitate gravi ; nam ego voveo tuum visitare sepulcrum in Massilia, offerens ibi mediam libram cere ». Et facto voto, incontinenti budelli ascenderunt et reversi fuerunt in locum et statum pristinum, et tunc fuit et remansit sine dolore, nec amplius sentiit neque passus fuit dictam rupturam intestinorum, credens esse penitus et totaliter sanatus et liberatus perpetuo, per merita, ut pie credit, ipsius dni Urbani pape quinti. — Et quod de premissis omnibus testificatus fuit, juramento suo diligenter interrogatus, videlicet Anthonius Boniffacii, etatis circiter xxij annorum, filius dicti magistri Raymundi, dicens et asserens predicta omnia supra contenta penitus fore vera. — Quod scripsi et puplicavi ego Jacobus de Oleriis, notarius auctoritate appostolica ac inperiali, in presentia et testimonio nobilis Johannis de Oyena et Petri Audeberti, lapiscide de Massilia, et signo meo consueto signavi.

**216.** Die predicta xɪᵃ Martii, quidam nomine suo Johannes Marini, de loco et civitate Carpentoratensi, suo asseruit juramento, quod ipse passus fuerat quasi per sex menses surditatem in aure sua dextra, et quod per insuflationem venti inclusivi patiebatur etiam tinnitum et sibilationem in eadem. Tandem quadam die de mense Decembris proxime lapso, circa per xv dies, ipse Johannes patiens eotunc surditatem auris sue, votum fecit dno Urbano pape, ut si ipse apud Deum intercedere dignaretur, quod hinc ad festum Nathalis Domini ipse esset bene curatus de surditate auris et sibilatione, quamcitius ipse posset sepulcrum ipsius dni Urbani pape visitaret, cum capite cere unius libre. Et facto voto, infra dictum tempus, videlicet ante festa Nathalia, fuit ipse bene sanatus de surditate, bene audiens, et cessavit sonus et sibilatio auris, restitutus pristine sanitati, ad invocationem et per merita, ut pie credit, memorati dni Urbani pape quinti. — Quod scripsi et puplicavi ego Jacobus de Oleriis, notarius auctoritate appostolica ac inperiali, in presentia et testimonio predictorum Johannis de Oyena et Petri Audeberti, et signo meo consueto signavi.

**217.** Die Jovis xɪɪᵃ Martii. — Anno quo supra, die xɪɪᵃ mensis Martii, quidam nomine suo Johannes Chaella, fusterius, de loco de Sancto Paolhano, diocesis de Annicio, retulit juramento suo, quod hoc anno lapso et de mense Augusti, ipso existente quadam die Martis in loco dicto el Chabron, venerunt ibi gentes armorum de Anglicis, qui ibidem capserunt dictum Johannem, cum duobus aliis de loco suo et cum etiam diversis aliis, et secum duxerunt; et iste Johannes, de manibus et tibiis suis viriliter ligatus, portabatur supra quemdam roncinum, et etiam alii captivi; et fuerunt deducti ad locum de Carlat, videlicet in quodam fortalitio ruppis, et iste Johannes ad partem custodiebatur per vɪ. pillardos, per quos erat valde male tractatus, verberando ipsum egregie et tenentes ipsum viriliter ligatum cum fune, manus post terga, ne posset ipse capere fugam;

et cum ipse Johannes esset tam male ab ipsis tractatus, dubitans exinde dampnum non modicum pati de persona sua ac bonis, igitur ipse semper in corde suo dnm Urbanum papam invocabat, ut dignaretur eum juvare et liberare ab omni malo ; in die vero Sabati, in sero, circa mediam noctis, invocans eumdem dnm Urbanum papam cum lacrimis et maxima devotione, votum sibi fecit, ut si ipse dignaretur apud Deum intercedere, quod posset liberari de manibus suorum inimicorum sine dampno et lesione persone sue ac bonorum, ipse infra annum sepulcrum suum visitaret in Massilia cum una libra cere. Et facto voto, ipse fuit incontinenti cum tanto gaudio et alacritate, sicut umquam vite sue fuerat, et eotunc ipse incepit se dissolvere de fune cum qua erat ligatus in manibus, et respiciens circumquaque seipsum, vidit illos pilhardos qui erant sui custodes ac alios quoscumque fortiter dormientes, et tunc ipse surgens de loco venit ad murum domus factum de luto et feno, et ibi cum manibus stirpans fecit foramen et exinde exivit foras, descendens de ruppe alta inferius, ut melius poterat et cum bona diligentia, quia periculosum erat valde descendere, taliter quod ipse pervenit ad iter, et exinde gressus suos direxit, et in fine ipse evasit ab omni periculo et dampno, ad invocationem et per merita dni Urbani pape quinti ; et dum iste recesserat, fecerunt illi inimici facere financiam alteri qui erat captus secum, de uno loco oriundi ambo, ad summam xxij franquorum auri, et dictus Johannes solus evasit propter votum per eum factum dno Urbano pape. — Quod scripsi et puplicavi ego Jacobus de Oleriis, notarius auctoritate appostolica et inperiali, in presentia dni Bernardi Bedoci, monachi, et Petri Dalverii, de Salsaleugia, et signo meo signavi.

**218.** Die Veneris xiij<sup>a</sup> Martii. — Anno quo supra, die xiij<sup>a</sup> Martii, hic vir nobilis Petrus de Turre, serviens armorum domini nostri pape, quadragenarius vel circa, suo asseruit juramento, quod in principio hujus Quadragesime, quadam die subito supervenit ei dolor incomparabilis et inpotentia de brachio suo dextro et spatula, in tantum quod ipse nullo modo poterat se juvare nec levare brachium, credens ex eo factus esse inpotens et paraliticus, et quod nullo poterat medicorum remedio liberari, et in illo statu stetit per xv dies et quasi continue jacens in lecto ;

ipse vero Petrus, pretendens multa et diversa miracula que Deus faciebat omni die per merita dni Urbani pape, et quia etiam fuerat servitor et familiaris suus dum erat in humanis, ipso existente papa, igitur quadam die humiliter et devote votum sibi fecit, ut si ipse dignaretur apud Deum intercedere, quod ab illa inpotentia tam brachii quam spatule sanitati restitueretur, incontinenti ipse dirigeret gressus suos veniendo peregre sepulcrum dni Urbani pape visitare, offerens ibidem brachium cere trium librarum. Et facto voto, subito et incontinenti convalescentiam habuit de brachio, levans ipsum in altum, quod antea hoc facere non poterat, et sic ipse fuit pristine restitutus sanitati, et quod, ut pie credit, hoc factum fuit ad invocationem et per merita predicti dni Urbani pape quinti. — Quod scripsi et puplicavi ego Jacobus de Oleriis, notarius auctoritate appostolica ac inperiali, in presentia dni Raymundi la Casa, monachi, et Giraudi Boniparis, de Tharascone, et signo meo signavi.

**219.** Die predicta, quidam nomine suo Giraudus Boniparis, corderius, de loco de Tharascone, diocesis Avinionensis, suo asseruit juramento, quod quidam ejus filius, nomine Jacobus, etatis nunc vıj annorum vel circa, steterat infirmus et febricitans omni die, quasi per sex menses, et quod in fine erat tantum debilitatus et attenuatus virtute corporali, quod non sperabatur nisi de sepultura ejus ; de mense vero Septembris proxime lapso, quadam die circa festum sancti Michaelis, uxor dicti Giraudi, nomine Marta, apud Avinionem acces[s]it pro suis negotiis faciendis, ad vendendum cordas, et in crastinum post prandium, circa horam sextam, ipsa accessit ad Beatam Mariam de Domis, causa devotionis, et facta sua oratione beate Marie, intravit infra cappellam ubi fuerat sepultum corpus beati pape Urbani, et ante ipsius sepulturam, genibus flexis stando, supplicavit eidem dno pape Urbano, ut dignaretur apud Deum intercedere, quod filius suus Jacobetus liberaretur a febre ; nam ipsa vovebat eo casu quod ipsa veniret una cum dicto filio suo ad visitandum dicti dni Urbani pape sepulcrum in Massilia, cum oblatione sua et quamcitius posset. Et facto voto, ipsa in crastinum recessit apud Tharasconem, et dum primo vidit maritum suum, quesivit ab eodem quid faciebat Jacobetus, filius eorumdem, qui respondit sibi quod valde bene, et quod heri circa horam meridiey dimisit eum febris, et postea bene se habuit ; et tunc ipsa Martha sibi dixit : « Certe heri tali hora meridiey, ego eram ante sepulturam dni pape Urbani et quod supplicabam eidem pro filio meo, quod liberaretur a febre, et quod veraciter ego credebam quod hanc mihi gratiam obtineret apud Deum ; et nunc per experientiam video ». Et sic ille infans illa hora in qua factum est votum pro eo, fuit in eadem hora penitus liberatus a febre, nec amplius passus fuit, sed fuit in fine pristine restitutus sanitati, ad invocationem et per merita dni Urbani pape quinti. — Et quod de predictis omnibus poterit clare testificari dicta Martha, uxor sua, dum ibi venerit ad votum suum complendum. — Quod scripsi et puplicavi ego Jacobus de Oleriis, notarius auctoritate appostolica ac inperiali, in presentia et testimonio dni Ademari de Strilhis, monachi, et nobilis Johannis de Oyena, et signo meo consueto signavi.

**220.** Die Dominica xv Martii, de eo qui in mari fuerat lapsus de navicula et stetit per duas horas, post votum liberatus. — Anno quo supra, die xv<sup>a</sup> mensis Martii, quidam nomine suo Johannes Assalbiti, de Narbona, marinerius, etatis nunc circiter xx. annorum, nunc residens in Massilia, prout juramento suo asseruit, de mense proxime lapso Octobris, quando dominus noster papa Gregorius accedebat apud Romam, ipse erat in quadam barca grossa Johannis Almerati, de Massilia ; hinc est quod quadam die Mercuri [8], in sero, arripuit eos fortuna maris valida, dum erant in mari inter Portum Dalfini et Portum Veneris, et erat tanta procella quod nunquam fuit sibi similis ; et discurrentes fortunam, cum nullum remedium habere possent, voluerunt proicere naute ferrum[1] in mari, quod sorgir vulgaliter appellatur ; et cum iste Johannes et quidam alius nomine suo Monnetus Radulfi, in quadam navicula sive gondola ipsius barque essent ambo ad sorgiendum ferrum, venit subito quedam unda maris alta cum inpetu magno, et tunc incontinenti ille Monnetus salvavit se infra barcam, et inveniens dictum Johannem ex arrupto, transversavit eum in mari, et quod stetit subtus aquam quasi per spatium

---

1. [*Ce mot n'est pas douteux, bien qu'il y ait un jambage de trop entre les deux* r *et que* DU CANGE *ait lu à tort* fecerunt *et plus loin* sorgie.]

medie hore et ultra ; et quia non app[ar]ebat desuper, nec
eum etiam videre possent naute propter tantam procellam,
et erat hora noctis quasi tertia, et jam credebant omnes de
barca quod prefatus Johannes fuisset submersus in pro
fundum maris vel forte confractus per frusta ad ruppes
ibidem prope ; verumtamen omnes recommendabant eum
dno pape Urbano, ut perduceret eum ad salutis portum.
Ipse vero Johannes stans infra aquam, desperans totaliter
de vita ejus, in mente sua semper habebat dnm Urbanum
papam, et recommendans se eidem humiliter et devote,
votum fecit se visitaturum suum sepulcrum pedibus discal
ciatis, cum oblatione sua, in camisia et femoralibus tantum,
si evaderet a morte; et paulo post ipse dixit : « Quia in die
Mercuri nunc ego patior mortis periculum, propter quod
voveo abstinere a carnibus in diebus Mercuri semper, si
a morte evadam ; et hoc ad honorem Dei et beati pape
Urbani ». Et incontinenti, hoc dicto, ipse habuit ad manus
suas quamdam arborem sive herbam, que ginesta nominatur, existens supra ruppem, et rapiens se viriliter ad illam,
traxit se ut melius potuit supra rupem, et cum maximo
periculo gradiebatur in altum rupis, quia non poterat se
firmare in aliquo loco, et erat etiam semimortuus ; sed per
Dei gratiam ipse applicuit supra montem altum, et finaliter
ipse pervenit ad portum salutis et a mortis periculo evasit,
ad invocationem et per merita dni Urbani pape quinti, et
hoc miraculum factum fuit a Deo. — Et dum hoc miraculum factum fuit, erant ibi presentes, infra dictam barcam
existentes, videlicet Johannes Almerati, de Massilia, patronus, Raymundus Radulfi, Petrus Mossi, naute, et alii
vinacii, qui possunt testificari de premissis. — Die XXII.
mensis Martii predicti, suprascriptus Johannes Almerati,
de Massilia, patronus barque predicte, super premissis
testis productus et diligenter interrogatus, dixit juramento
suo quod quando dictus Johannes Assalhiti, de Narbona,
pre nimia ira et fortuna maris ceciderat in mari, circa
mediam noctis, amplius videre ipsum non potuerunt de
tota nocte, de quo dolebant et plorabant omnes de barca,
quia jam credebant quod fuisset submersus et missus per
frustra ad ruppem que ibi erat prope ; verumtamen ipse
dictus patronus ipsum juvenem, dum erat infra aquam
maris, voverat beato pape Urbano, cum ymagine cere ad

sepulcrum suum ; sic quod per Dei gratiam et per merita beati pape Urbani, ipse juvenis in crastinum de mane fuit inventus supra ruppem, semimortuus et plagatus acerrime in tibia, et tunc fuit deportatus per gentes ad quemdam locum ibi prope, et in fine fuit bene sanatus, et sic evasit a morte, precibus et meritis memorati dni Urbani pape quinti, per votum sibi factum tam per dictum patronum quam etiam per dictum Johannem lapsum in aqua, prout audivit ab eodem refferri. — Que quidem omnia supradicta ego Jacobus de Oleriis, notarius auctoritate appostolica ac inperiali, scripsi et puplicavi, in presentia et testimonio dni Bernardi Bedoci, monachi, et Stephani de Valle, et signo meo signavi.

**221.** Die predicta, Petrus Mossi, de Narbona, xv annorum vel circa, residens cum predicto Johanne Almerati in Massilia, retulit juramento suo, quod per spatium [...] dierum et ab uno anno lapso citra, ipse passus fuerat infirmitatem et dolorem in capite suo cum calore et ardore febris, et hoc patiebatur continue de duobus in duobus, vel de tribus in tribus diebus, sine fallo, et quod communiter veniebat eidem ille dolor capitis circa horam vesperorum, et patiebatur quasi per totam noctem sine remedio sanitatis, nec quod dormiret, et quod iste Petrus sciebat diem et horam quando debebat pati, quod nullo modo defficiebat; quadam vero die, existens in mari, dum patiebatur, vovit se dno Urbano pape, ut si ipse liberaretur a dolore capitis, suis precibus mediantibus, offerret sibi capud cereum ad sepulcrum suum, et non aliter nisi sanatus esset. Hinc est quod etiam gravabatur post votum sicut antea, propter quod dum veniebat de Roma, duo menses sunt lapsi, in barca sui patroni, quadam die ipse dixit aliis marineriis in dicta barca, quod si ipse voveret dno Urbano pape illud capud cereum, si sanaretur aut non, qui omnes dicebant hoc fore bonum et forte citius sanaretur ; qui hoc audiens, votum fecit sub illa forma eidem dno Urbano pape, quod sine aliqua retentione offerret sibi capud predictum. Et facto voto, bis passus fuit dumtaxat dolorem capitis et multo minus quam antea faciebat, et sic a duobus mensibus citra dictum dolorem capitis non passus fuit, sed quod fuit et est nunc pristine sanitati restitutus, ad invocationem et per merita dni Urbani pape quinti, ut pie credit. — Ego vero Jacobus de Oleriis, notarius auctoritate appostolica ac inperiali, predicta scripsi et puplicavi, in presentia et testimonio dni Bernardi Bedoci, monachi, et Johannis Assalhiti predicti, et signo meo signavi.

**222.** Die Veneris xxᵃ Martii. — Anno quo supra, die xxᵃ mensis Martii, hic vir quidam nomine suo Petrus Guibaudi, mercator loci de Lautriaco, diocesis Castrensis, suo asseruit juramento, quod de anno M⁰ CCC⁰ LXXJ⁰ ipse fuit et stetit inpotens de tibia ejus dextra et genu, habens ipsam tibiam inflatam valde, taliter quod nullo modo poterat ambulare, sed quod stetit in lecto jacens inpotens per vij septimanas vel circa, nullum penitus habens remedium sanitatis per medicos sive medicinas; quadam vero die, de nocte, dum esset in tanta perplexitate, nabens in mente dnm Urbanum papam, votum sibi fecit, ut si ipse dignaretur apud Deum intercedere, quod ab illa inpotentia tibie sue restitueretur sanitati, quamcitius posset, peregre ve-[n]iendo sepulcrum suum visitaret cum duabus tibiis cere duarum librarum. Et facto voto, bene incepit convalescere de tibia, prosperando in ipsa nocte taliter quod in crastinum de mane a lecto surrexit sine dolore tibie seu inflatione quacumque, et accessit ad ecclesiam, ad audiendum missam, refferens ibidem laudes et gratias infinitas Deo altissimo necnon dno Urbano pape, sancte memorie, ad invocationem cujus et per ipsius merita, ut pie credit, fuit sanitati pristine restitutus. — Et quod de predictis omnibus, tam de infirmitate et inpotentia dicti Petri per dictum tempus passa et de convalescentia inmediate recepta post votum factum dno Urbano pape, nobilis Georgius Jordani, Bernardus Molinerii et Johannes Rosselli, dicti loci, dixerunt et asseruerunt juramento eorumdem, interrogati diligenter super premissis, predicta omnia fore vera. — Quod scripsi et puplicavi ego Jacobus de Oleriis, notarius, auctoritate appostolica ac inperiali, in presentia et testimonio dnorum Ademari de Strilhis et Roberti Ortolani, monachorum, et signo meo signavi.

**223.** Die Sabati xxjᵃ Martii, de paralitico sanato post votum. — Anno quo supra, die xxjᵃ Martii, quidam Johannes Rosselli nomine suo, loci predicti mercator, asseruit juramento suo, quod de anno proxime lapso et circa festum Pentecostes, ipse stetit quasi per quinque septimanas graviter infirmus, inpotens et paraliticus de omnibus membris suis, preterquam de linga, jacens in lecto, et quod nullo modo poterat se juvare de aliquibus membris suis, sic quod ipse et omnes ibidem circumstantes et [= qui] eum videbant in illo statu, credebant quod non evaderet ab illa infirmitate vel saltim longeve jaceret in lecto paraliticus; factumque est ita, dum quadam die haberet in mente sua dnm Urbanum papam, eidem se recommendavit humiliter et devote, et vovit sepulcrum suum visitaturum hinc d festum Pentecostes subsequenter venturum, si convalescentiam haberet de illa gravissima infirmitate, offerens ibidem ymaginem cere unius libre. Et facto voto, incontinenti, ut dicit, ipse sentiit tibias et traxit illas ad se, et etiam brachia movit, et sic per consequens de aliis membris suis omni die reconvaluit, taliter quod post viij° dies de lecto surrexit et ambulabat, et post alios viij° dies sequentes fuit in bona convalescentia, ambulans per totum, restitutus sanitati, ad invocationem et per merita dni Urbani pape quinti. — Et quod de predicto miraculo sibi facto, ut asserit, retroscriptus Petrus Guibaudi et Bernardus Bonelli, servitor dicti Johannis, hic presentes, diligenter interrogati ut testes super premissis, dixerunt et asseruerunt juramento eorumdem predicta omnia fore vera, ac etiam quamplures gentes dicti loci de Lautriaco possunt testificari. — Quod scripsi et puplicavi ego Jacobus de Oleriis, notarius auctoritate appostolica ac inperiali, in presentia testium supra proxime descriptorum et signo meo signavi.

**224.** Die predicta, magister Petrus de Paleriis, notarius loci predicti, suo asseruit juramento, quod de anno proxime lapso, ipse stetit quasi per duos menses inpotens de tibiis suis, quod nullo modo posset ambulare, sed continue in lecto jacebat vel sedebat, et nullo poterat medicorum remedio liberari, pro aliquibus medicinis per eos inde factis; et quod aliqui dicebant quod erat gotassa, et alii dicebant quod erat species podrage; dictus vero Petrus in illa perplexitate persistens, quadam die habens in mente sua dnm Urbanum papam, recommendans se suis sanctis precibus, votum sibi fecit, ut si ipse apud Deum intercedere dignaretur, quod ab illa inpotentia tibiarum suarum reciperet sanitatem, suum visitaret sepulcrum quamcitius posset, cum duabus tibiis cere duarum librarum. Et facto voto, incontinenti, ut dicit, de lecto surrexit et ambulare incepit, et post fuit pristine restitutus sanitati, ad invocationem et, per merita, ut pie credit, dni Urbani pape quinti. — Ego vero Jacobus de Oleriis, notarius auctoritate appostolica ac inperiali, predicta omnia scripsi et puplicavi, in presentia testium supra proxime descriptorum, et signo meo signavi.

**225.** Die Dominica xxii[a] Martii. — Anno quo supra, die xxii[a] Martii, quidam Aycardus Vedelli nomine suo, marinerius, civis Massilie, suo asseruit juramento, quod de mense Octobris proxime lapso, ipse erat in quodam pamfilo Nicholay de Cravoto, de Massilia, habens oficium scrivani, et existentes in mari de Portu Dalfini diverse galee et navigia cum domino nostro papa Gregorio, et erat tanta procella et fortuna maris, quod dicta navigia vix poterant se gubernare; quadam vero nocte [bis], fuit tanta illa procella et fortuna maris per fluctuationem ventorum ac inundantiam aquarum multarum, quod omnes pariter credebant periri et submergi, desperantes de vita eorumdem totaliter; circa vero mediam noctis, dum adhuc essent in tanta perplexitate, dictus Aycardus humili et devoto corde votum fecit dno Urbano pape, ut si ipse apud Deum intercedere dignaretur, quod illa fortuna esset in tranquillitate, taliter quod nullum periculum sustinerent, quamdiu ipse fuisset in Massilia offerret ad sepulcrum memorati dni pape Urbani unam galeam cere quatuor librarum. Et facto voto, statim incepit tranquillari fortuna et procella maris, et prosperando cotidie taliter quod per Dei gratiam, et per intercessionem et merita dicti dni Urbani pape, ipsi evaserunt ab omni periculo et naufragio, ut pie credit. — Quod scripsi et puplicavi ego Jacobus de Oleriis, notarius auctoritate appostolica ac inperiali, in presentia et testimonio Guilhelmi Jauberti et Martini Bosqueti, de Massilia, et signo meo signavi.

**226** Die Lune xxiii[a] Martii. — Anno quo supra, die xxiii[a] mensis Martii, hic presens frater Alexander de Sauvoigneyo, monachus monasterii Sancti Benigni de Divione, diocesis Lingonensis, retulit juramento suo, quod de mense lapso Septembris, fuit graviter infirmans, febricitans etiam stetit per novem dies incessanter et sine intermissione, patiens dolorem cordis, et requiem non habebat nocte dieque, nec stare poterat sive jacens sive erectus sive sedens cum requie, sed videbatur sibi quod totaliter defficiebat sibi cor, credens penitus mori ; quadam vero die, dum vehementi dolore cordis graviter affligebatur, habuit in mente sua dnm Urbanum papam, recommendans se eidem devotissime et talia verba dicens : « O beatissime papa Urbane, sicut te novi, dum eras in humanis, fore justum et sanctum, ut pie credo, et fui presens quando Deo reddidisti spiritum tuum, digneris igitur me juvare et apud Deum nostrum intercedere, quod gravissimus dolor cordis, quem nunc patior, auferatur a me et sanitati sim restitutus, nam tuum visitabo sepulcrum, ut citius potero, et cum oblatione mea de cera ». Et facto voto, incontinenti ac in momento fuit liberatus totaliter a dolore cordis, et per consequens a febre, et fuit pristine restitutus sanitati, precibus et meritis et ad invocationem dicti dni Urbani pape quinti, ut pie credit. — Quod scripsi et puplicavi ego Jacobus de Oleriis, notarius auctoritate appostolica ac inperiali, in presentia et testimonio dnorum Bernardi Bedoci et Bertrandi Grossi, monachorum Sancti Victoris Massilie, et signo meo signavi.

**227.** Die Martis xxiiij$^a$ Martii. — Anno quo supra, die xxiiij$^a$ mensis Martii, quidam nomine suo Stephanus de Corberiis, fusterius de loco de Privassio, Vivariensis diocesis, asseruit juramento suo, quod nunc sunt tres anni lapsi, quod vigebat in partibus illis epidimia generalis et mortalitas, et tunc uxor sua, Beatrix nomine, patiebatur infirmitatem pestilentialem, habens duas bossas inguinarias et etiam lo tat, signata per totum corpus suum, propter quod reputabatur mortalis eotunc propter illa signa mortalia : et cum ipsa mulier esset eotunc pregnans et gravida, et prope tempus suum pariendi, igitur de ipsa totaliter desperabatur, et quod nec ipsa nec infans evaderent a morte : hinc est quod dum ipsa mulier quadam die laborabat in partu et eotunc dubitabatur quod spiritus convolaret, prefatus Stephanus habens in mente sua dnm Urbanum papam, cum maxima devotione vovit eandem uxorem sibi, ut si precibus suis et meritis ipsa liberaretur a partu suo, et ipsa nec infans non morerentur, ipse quamcitius posset veniret peregre sepulcrum ipsius dni pape visitare, cum ymagine cerea pro oblatione ipsius uxoris sue. Et facto voto, ipsa mulier incontinenti filium peperit incolumem, et ipsa post paucos dies fuit liberata ab infirmitate epidimiali et a bossis, et sic ipsa et infans a morte evaserunt, ad invoca-

tionem et per merita, ut pie credit, dni Urbani pape quinti.
— Ego vero Jacobus de Oleriis, notarius auctoritate appostolica ac inperiali, predicta scripsi et puplicavi, in presentia testium predictorum et signo meo consueto signavi.

**228**. Die Mercuri sancto. — Anno quo supra, die xxv mensis Martii, quidam nomine suo Mondonus Pascala, dicti loci de Privatio, retulit juramento suo, quod circa tres anni sunt lapsi nunc, ipse graviter infirmabatur, patiens per longum tempus febrem continuam et freneticam in capite, et in fine amisit sensus corporales, non loquens, neminem cognoscens, et sic agonizans videbatur esse in extremis, et quod nemo sperabat de vita ejus, sed saltim de sepultura ejus; et dum videbatur ipsum laborare in extremis, quadam die, uxor sua, Johanneta nomine suo, cum maxima devotione vovit ipsum dno pape Urbano, ut si ipse dignaretur apud Deum intercedere, quod ipse Mondonus evaderet a morte et sanitatem reciperet, quamcitius posset, sanitate ipsa recepta, sepulcrum ipsius dni Urbani pape visitaret cum una libra cere. Et facto voto, incontinenti virtutem recuperavit, ut sibi retulit dicta ejus uxor, et prosperando per consequens fuit restitutus sanitati pristine, ad invocationem, ut pie credit, dni Urbani pape quinti.
— Et in predictis supra manifestatis Stephanus de Corberiis predictus, testis productus, interrogatus et juratus, dixit et asseruit omnia supra descripta et sibi lecta penitus fore vera, nam ipse viderat predictum Mondonum carentem omni virtute corporali, neminem cognoscentem, sed existentem in agonia, et quod nec ipse Stephanus neque aliquis alius loci de Privassio credere posset quod evaderet a morte ; propter quod pie credit quod post votum factum dno pape Urbano per uxorem dicti Mondoni, ipse a morte evaserit et fuerit exinde pristine restitutus sanitati.

**229**. 'tem etiam retulit predictus Mondonus, quod de mortalitatis tempore proxime lapso, uxor sua, Johanneta nomine, graviter infirmabatur, patiens fluxum sanguinis cotidie per posteriora sive dissenteriam, et quod totaliter de vita ejus desperabatur ; sed facto voto dno Urbano pape per dictum Mondonum, cum una libra cere, ipsa mulier bene incepit reconvalescere et cessavit fluxus, et exinde fuit pristine sanitati restituta. — Ego vero Jacobus de Oleriis, notarius auctoritate appostolica et inperiali, predicta scripsi et puplicavi, in presentia Bernardi Bedoci et Bertrandi Grossi, monachorum, et signo meo signavi.

**230.** Die predicta, quidam nomine suo Guilhelmus Gaufridi, loci de Sexfurnis, diocesis Tholonensis, marinerius, prout juramento suo asseruit, de mense proxime lapso Febroarii ipse erat navigans apud locum de Corneto, in quodam linho sive navigio, cum diversis aliis personis in eodem linho existentibus, et dum fuerunt in mari prope locum de Civeta, quod videre bene poterant hospitia, subito fuit procella tanta in mari et fluctuationes, quod statim credebant periri ibidem et feriri in terram, et quod si possent cappi per gentes illius prefecti qui erat in Civeta, quod navigium et ea qua portabant in eodem penitus eis fuissent perdita et in periculo essent de personis eorumdem; et dubitans super hoc, votum fecit humili corde et devoto dno Urbano pape, ut si ipse apud Deum intercedere dignaretur quod de manibus suorum inimicorum de Civeta illesos servaret, quando esset hic Massilie offerret unum linhum cere duarum librarum. Et facto voto, subito cessavit ventus eis contrarius, et habuerunt ventum bonum et prosperum pro eis, et levantes velum in altum prospere navigaverunt, sic et taliter quod in crastinum de mane intraverunt in portu Corneti cum incolumitate, ad invocationem et per merita dni Urbani pape quinti. — Ego vero Jacobus de Oleriis, notarius auctoritate appostolica ac inperiali, predicta scripsi et puplicavi, in presentia testium predictorum, et signo meo signavi.

**231.** Die Jovis sancto. — Anno quo supra, die xxvj. Martii, vir quidam, nomine suo Petrus Floyracii, de Villa Nova, diocesis Avinionensis, lapiscida, prout juramento suo asseruit, ipse passus fuerat per iiij$^{or}$ annos vel circa dolorem in squinis et circa lumbos, quasi continue, sed plus vexabatur uno tempore quam alio, et quando ipse flectebat se versus terram vix poterat se erigere ; propter quod non poterat operari de arte sua, sicut solebat antea, sed quando volebat operari, scindendo lapides, dum de opere suo amovebatur, oportebat ipsum quandoque juvare se cum baculo ad ambulandum, et sic contristatus incedebat in tali statu et nullum penitus sanitatis remedium habere poterat, cum multa fecisset in medicinis et etiam se vovisset multis sanctis, et nondum venerat hora ejus quod sanitatem consequi posset; hinc est quod quadam die de mense Septembris de anno proxime lapso, dum ipse operabatur et cum maxima pena, habuit in devotionem quod ipse se voveret beato pape Urbano, quod ita factum est, supplicans eidem si dignaretur apud Deum intercedere quod restitueretur sanitati, hinc ad tres dies proxime sequentes, ipse eo casu veniret peregre sepulcrum dicti dni Urbani pape visitare, cum squinis cere medie libre. Et facto voto, bene incepit convalescere, et infra dictum tempus, post triduum, perfectam consequutus est sanitatem, et per consequens fuit et est pristine restitutus sanitati, ad invocationem et per merita, ut pie credit, dni Urbani pape quinti. — Quod scripsi et puplicavi ego Jacobus de Oleriis, notarius auctoritate appostolica ac inperiali, in presentia et testimonio dni Fulconis de Massilia et Johannis Cugulhaii, monachorum Sancti Victoris, et signo meo signavi.

**232.** In die sancto Pasche, de incarcerato qui fuit liberatus post votum miraculose. — Anno Domini millesimo CCC° LXX° VIJ°, die xxix$^a$ mensis Martii, in die sancto Pasche, hic vir nobilis Johannes de Sompniaco, alias Bugarelli, loci de Lautriaco, diocesis Castrensis, suo asseruit juramento quod, nunc sunt v. anni lapsi vel circa, ipse quadam die fuit captus per gentes armorum Armaniacorum, et exinde fuit deductus in loco de Amileto, et ibi captivatus stetit cum compedibus in tibiis per xiij. septimanas; et dum ipse dubitaret sustinere maximum dampnum de financia, igitur quadam die ipse habens in devotione dnm Urbanum papam, eidem se recommendavit humiliter et devote, et sibi votum fecit suum sepulcrum visitare pedibus discalciatis veniendo, et offerens ibidem ferros cereos iiij$^{or}$ librarum. Et facto voto, post duos vel tres dies fuit ipse amotus et liberatus de ferris, et subsequenter quadam nocte ipse fugam cepit et evasit de manibus ipsorum suorum inimicorum. Subsequenter vero post multum tempus, videlicet quadam die in fine mensis Julii proxime lapsi, iterato ipse fuit captus per easdem gentes armorum de Armanhaco, et ipsum in quodam fortalitio magno concluserunt, cum compedibus ferreis ponderis xxv. librarum vel circa, et constituerunt eidem quemdam custodem, qui secum cotidie erat nocte dieque, stando, comedendo et jacendo simul, et in tali statu stetit per xiiij septimanas compeditatus; et cum ipse nobilis multum dubitaret propter primam suam captionem, quod esset *novissimus error pejor priore*[1], in dampnum et detrimentum non modicum perssone sue et bonorum, igitur quadam die ipse invocans dnm Urbanum papam, talia verba dixit : « O beatissime papa Urbane, sicut tu me juvasti alias in prima mea captione, tuis sanctis meritis, digneris etiam me nunc juvare in ista captione, Deum intercedendo pro me ; et licet votum quod tibi feceram nondum compleverim, nunc voveo illud tibi complere quamcitius potero, et ultra primum votum, tibi etiam offeram ymaginem cere duarum [librarum], si libere possim evadere ». Et facto voto, ipse invenit a casu juxta se quoddam parvum ferrum de falce et cum illo ferro limabat clavem compedum, quando ille custos dormiebat, sic quod post tres dies fuit liberatus de ipsis, sed ipsos tenebat in tibiis, dubitans de alio qui eum custodiebat. Post viii° dies vel circa post votum, quadam nocte circa mediam, stans in lecto cum illo suo custode, recordatus de dno Urbano papa, talia sibi verba dixit : « O beatissime papa Urbane, digneris mihi ostendere viam per quam possim libere recedere ». Quo dicto, ipse audivit illum custodem, in suo lecto ubi erant simul, fortiter dormientem et ruminantem ; et tunc ipse de lecto surrexit, et ablatis compedibus de tibiis suis, per quamdam fenestram de altitudine v. vel vj cannarum vel circa se projecit inferius, sine fune et quocumque alio ligamine ; et dum fuit in terra, quedam calcatrepa acuta valde et fortis infra pedem suum viriliter intravit, sic quod tam de illo lapsu fortalicii, quam etiam de punctura pedis nichil penitus [sensit] ac si esset in lecto; et pergens gressus suos venit inter gentes scubiarum et multum eotunc dubitavit, sed tamen se recommendabat dicto dno Urbano pape, et ipsi eum videre vel cognoscere potuerunt, et nichil sibi dixerunt, licet eotunc esset clarissimum tempus de diana, et trancivit ; item etiam incidit inter gentes secundarum excubiarum, et fecit ut prius ; et subsequenter per murum dimissus est, et sic evasit in nomine Domini, ad invocationem et per merita memorati dni Urbani pape quinti. — Ego vero Jacobus de Oleriis, notarius auctoritate appostolica ac inperiali, predicta scripsi et

---

1. [S. MATTHEI, XXVII, 64.]

puplicavi, in presentia et testimonio dnorum Guilhelmi de Monteolivo et Johannis Aurioli, monachorum Sancti Victoris, et signo meo signavi.

## SEQUITUR HIC MENSIS APRILIS

**233.** De contracta membris sanata. — Anno Dni mill'o CCC<sub>o</sub> septuagesimo septimo, die prima mensis Aprilis, quidam nomine suo Provincialis Agni, loci de Sancto Stephano, diocesis Sistaricensis, laborator, suo asseruit juramento, quod de anno proxime lapso, Alasaxia, uxor sua, fuit per duos menses cum dimidio in valde gravi dispositione, jacens in lecto inpotens et contracta de omnibus membris suis, ita quod nullo modo poterat se juvare nec vertere in lecto, nisi qui[s] revolveret eam cum linteamine, quia aliter nemo erat ausus tangere eam in aliquibus suis membris quin ipsa clamaret fortiter; et erat in tanta debilitate quod per circumstantes ac etiam per medicum totaliter de vita ejus desperabatur. Quadam vero die de mense Septembris, prefatus Provincialis erat arans et laborans in territorio, et circa horam meridiey, subito venit sibi maxima voluntas flendi acerrime et non poterat se a fletu continere; et tunc in corde suo habuit et perpendit quod uxor sua jam debebat esse deffuncta, et habens in mente sua dnm Urbanum papam, dimittens aratrum, flexis genibus ipsum invocando, talia verba dixit : « O beatissime papa Urbane, si tu digneris apud Deum intercedere quod ego inveniam uxorem meam vivam, et de gravi infirmitate sua sanitati restituatur, voveo tuum visitare sepulcrum una cum dicta uxore mea, quam brevius potero et cum oblatione sua ». Et facto voto, incontinenti ipse accessit ad domum suam et, dum fuit ibi, inmediate vidit dictam uxorem suam existentem ad ignem, que surrexerat de lecto, carentem omni inpotentia, et sic fuit pristine restituta sanitati, per merita dni Urbani pape quinti, ut pie credit. — Et in predictis manifestatis quidam nomine suo Petrus Arnaudi, testis productus, diligenter interrogatus, dixit et asseruit predicta fore vera, juramento suo. — Ego vero Jacobus de Oleriis, notarius auctoritate appostolica ac inperiali, predicta scripsi et puplicavi, in presentia et testimonio dni Anthonii Mutonis, monachi, et Johannis de Oyena, et signo meo signavi.

**234.** Die predicta, Petrus Arnaudi prenominatus, de predictis loco ac diocesi, asseruit juramento suo, tres anni sunt lapsi, vigente mortalitate generali, uxor sua, nomine suo Anthonia, graviter infirmabatur, habens febrem epidimialem continue, cum bossa duplici inguinaria, et fuit per tres dies in valde gravi dispositione, potissime quadam die erat in mortis articulo, et quod per medicum ac per omnes circumstantes de vita ejus totaliter desperabatur; et dum esset quadam die in tali statu, sperantes potius de morte quam de vita, tunc nobilis Franciscus de Mesolhono, dominus Sancti Vincentii, vovit dictam Anthoniam, filiolam suam, dno Urbano pape, ut si precibus suis et meritis ipsa evaderet a morte et sanitatem reciperet, ipse veniret vel saltim mandaret dictam Anthoniam visitare sepulcrum dicti dni Urbani, cum una libra cere. Et facto voto, in crastinum ipsa surrexit de lecto, carens febre, et subsequenter de bossa convaluit et a morte evasit, et fuit exinde post paucos dies pristine restituta sanitati, ad invocationem, ut pie credit, dni Urbani pape quinti. — Predicta vero Anthonia hic presens, ut principalis in facto suo diligenter interrogata, dixit et asseruit predicta omnia fore vera, juramento suo. — Ego vero Jacobus de Oleriis, notarius auctoritate appostolica ac inperiali, predicta scripsi et puplicavi, in presentia et testimonio dni Petri Alami, monachi, et predicti Provincialis Agni, et signo meo signavi.

**235.** Anno et die quibus supra, Hugonetus de Plano, loci predicti ac diocesis, suo asseruit juramento quod de anno M° CCC° LXXIIIJ et de mense Octobris, post festum sancti Michaelis per unum mensem continue vel circa fuit graviter infirmus, debilitans omni die, taliter [quod] de eo desperabatur de vita, et in fine recepit ordines fidelium et etiam Extremam unxionem; et dum ipse in mente sua se recommendavit dno Urbano pape humiliter et devote, et votum fecit sepulcrum suum visitare, quamcitius posset, sanitate recepta, cum una libra cere. Et facto voto, incontinenti ipse bene incepit reconvalescere et virtutem recuperare, et in crastinum de lecto surrexit et sine aliqua febre fuit, et post paucos dies sequentes pristine fuit restitutus sanitati, per merita, ut pie credit, dni Urbani pape quinti. — Quod scripsi et puplicavi ego Jacobus de Oleriis, notarius infrascriptus, in presentia testium predictorum.

**236.** Die predicta, dns Johannes Boneti, presbiter de Senareto, Mimatensis diocesis, prout juramento suo asseruit, ipse graviter infirmabatur usque ad mortem, et de vita ipsius, ut dicit, totaliter desperabatur juxta opinionem ibi presentium; et dum ipse se vovit dno Urbano pape, suum sepulcrum ibidem visitaturum cum oblatione sua, ipse bene incepit reconvalescere, ut dicit, et exinde post paucos dies bonam recepit sanitatem, ad invocationem, ut pie credit, dni Urbani pape quinti.

**237.** Die predicta, Jacobus Odoni, de Marologio, Mimatensis diocesis, prout juramento suo asseruit, de mense Julii anno M° CCC° LXXV fuit graviter infirmus et inpotens, jacens in lecto quasi per v. septimanas, debilitans omni die, taliter quod stetit in fine quasi per tres dies contractus et inpotens de omnibus membris suis, non potens se juvare in aliquo de eisdem; stans vero in ipsa inpotentia et sanitatis remedium nullo modo habere potens, recommendavit se dno Urbano pape et votum sibi fecit quod sepulcrum suum visitaret, si precibus suis sanitatem recuperaret. Et facto voto, post triduum ipse fuit in satis bona convalescentia de membris suis, et exinde paulopost sanitati fuit restitutus, ad invocationem et per merita, ut pie credit, dni Urbani pape quinti. — Quod scripsi et puplicavi ego Jacobus de Oleriis, notarius infrascriptus, in presentia et testimonio Guilhelmi Bardini et dni Johannis Boneti, testium.

**238.** De contracto membris curato. — Die predicta, hic vir quidam nobilis Johannes de la Garda nomine suo, de civitate de Granhavol[1] in Dalfinatu, suo asseruit juramento, quod ipse steterat per xiiij. menses vel circa inpotens et contractus in membris suis, jacens in lecto continue et non poterat ullo modo ambulare neque vertere se in lecto, et quod etiam brachium suum dextrum non poterat levare usque os suum, sed oportebat quod uxor ejus ipsum cibaret; multa vero expenderat in medicis et medicinis, et nichil penitus sibi proficiebant illa, et quod etiam multis sanctis se voverat et fecerat se deportari, et tamen nondum venerat ejus hora ad recipiendam sanitatem; et cum predictus nobilis audivisset multotiens refferri multa miracula facta

---

1. [*Dans la lecture de ce mot, il n'y a de doute que pour l'n; M. Albanès a lu* Gratihanol, *mais avec un point d'interrogation.*]

a Deo meritis et precibus sancte memorie dni Urbani pape quinti, igitur quadam die de anno proxime lapso, ipso stante in tali inpotentia, humiliter et devotissime invocans dnm Urbanum papam, votum sibi fecit, ut si ipse apud Deum intercedere dignaretur, quod restitueretur sanitati ab illa inpotentia, quamcitius ipse posset, suum veniret ibi visitare sepulcrum cum oblatione sua. Et facto voto, subito habuit remedium de dolore et convalescere incepit ipsa die de membris suis, et sic per consequens, post triduum facto voto, ipse de lecto surrexit cum bona convalescentia in membris suis, et ambulavit sine baculis et sine aliqua inpotentia, nisi saltim quod in signum sue inpotentie remansit digitus suus index de manu dextra curvus, plicatus et difformis, licet sit in convalescentia de eodem ; et sic de omnibus membris fuit et est pristine restitutus sanitati, ad invocationem et per merita dni Urbani pape quinti. — Et quod de predicta sua inpotentia ac convalescentia post votum recepta possunt clare testificari, ut dicit, Johannes Maleni, Hugonetus de Vineis, Raynaudus Bellifortis, nobiles, et Johannes Charavelli et quasi tota civitas predicta. — Ego vero Jacobus de Oleriis, notarius auctoritate appostolica ac inperiali, predicta scripsi et puplicavi, in presentia et testimonio predictorum dnorum monachorum, et signo meo signavi.

239. Die secunda Aprilis. — Die Jovis secunda Aprilis, quidam nomine suo Jacobus Dominici, sabaterius, habitator de Nemauso, retulit juramento suo, quod de mense Octobris proxime lapso patiebatur gotassam in anquis suis, ita quod vix posset ambulare, et subsequenter pervenit ei dolor inextimabilis in capite suo, patiens quasi per xv dies dieque nocte, nullum habens remedium sanitatis, et quod totaliter de vita ejus desperabat ; et dum quadam die quidam nomine suo Petrus de Retornata, visitans ipsum, sibi diceret quod se voveret beato pape Urbano et sine dubio haberet remedium sanitatis, quo audito et facto ibidem voto, quod suum visitaret sepulcrum cum oblatione sua, ipse tunc patiens remedium habuit incontinenti de dolore capitis, et in crastinum de lecto surrexit et ambulavit, et post paucos dies sequentes fuit pristine restitutus sanitati, ad invocationem dni Urbani pape quinti et per merita ipsius.

**240.** Eadem die et hora, nobilis Johannes Galhardi, de mandamento Ruppis Colee, in Sabaudia, Morianensis diocesis, retulit juramento suo, quod ipse, tempore mortalitatis proxime preterite, passus fuerat dissinteriam, fluens sanguinem per posteriora quasi per xv dies, et dum ipse se vovit dno Urbano pape humili corde et devoto, cum oblatione sua, incontinenti ipsa die fuit liberatus. Subsequenter ipse incidit in freneticam capitis, cum nimio dolore, quasi per sex dies, nullum habens remedium sanitatis, sed ut furiosus quandoque esse videbatur; et facto voto dno Urbano pape, quod suum veniret visitare sepulcrum cum tribus libris cere, in eodem instanti fuit liberatus, per merita, ut pie credit, memorati dni Urbani pape quinti. — Que quidem omnia supradicta ego Jacobus de Oleriis, notarius auctoritate appostolica ac inperiali, scripsi et puplicavi, in presentia et testimonio dnorum Bertrandi Berici et Bernardi Bedoci, monachorum, et signo meo consueto signavi.

**241.** Die Veneris tertia Aprilis. — Anno quo supra, die tertia mensis Aprilis, hic vir venerabilis dns Johannes Olivarii, jurisperitus, de civitate Aquensi, asseruit juramento suo, quod nunc duo anni sunt lapsi, ipse existens in loco de Draguiniano judex, erat mortalitas maxima ibidem, in qua ipse amisit omnes liberos suos per mortem, exepto uno tantum ; et subsequenter quadam die, ille filius suus unicus, Guilhelmus nomine, recepit infirmitatem epidimialem, habens febrem validam cum iiij$^{or}$ bossis in inguine, ita quod juxta opinionem duorum medicorum ipse puer nullo modo poterat a morte evadere ; post tres dies sequentes, ipse puer, etatis tunc viij° annorum, caruit omni virtute sua corporali, non loquens, sed agonizans videbatur esse in extremis, et quod jam illi medici, videlicet magister Salamon et magister Vitalis, medici, dixerunt quadam die, circa occasum solis, gentibus de hospitio, quod ipse juvenis non videret diem in crastinum, propter illa signa que apparebant in eo mortalia ; et tunc dictus Johannes Olivarii, videns filium suum unicum jam morti propinqum et laborantem in extremis, quasi circa mediam noctis, gravissimo cordis dolore astrictus, talia verba dixit : « O Jhesu Xpiste, fili Dei benedicte, *noli me condempnare* [1]

---

1. [JOB, x, 2.]

propter nimia peccata mea, quod puniar in omnium liberorum meorum perditione et quod saltim iste solus remaneat; et tu, Virgo benedicta, mater Dei, digneris Filium tuum unigenitum deprecare quod hanc gratiam merear ab eo obtinere; nam si vixerit, voveo ipsum ad servitium Dei faciendum. » Stante autem illo filio suo in agonia, dum erat quasi in aurora, dubitans quod illa hora spiritus convolaret, subito habuit in mente sua dnm Urbanum papam, quem invocando et dictum ejus filium sibi recommendando, dixit : « O beatissime papa Urbane, sicut credo te fore sanctum in conspectu Dei, supplico igitur sanctitati tue, ut tu digneris apud Deum intercedere, quod filius meus unicus non moriatur ab hac infirmitate; et si vixerit, mediantibus tuis sanctis precibus, voveo ipsum esse in numero et congregatione filiorum tuorum monachorum Sancti Victoris Massilie, et quamcitius potero, ipsum filium meum ad sepulcrum tuum presentabo, cum oblatione sua ». Quo dicto, incontinenti dictus juvenis occulos apperuit, respiciens patrem suum et primo invocans dictum dnm Urbanum, dixit : « O sancte papa Urbane » et non plus; et videns dictus Johannes quod filius ejus loquebatur et erat in convalescentia, receptis manibus junctis dicti filii sui, dixit sibi : « Fili mi, dicas hec verba in hunc modum : Ego Guilhelmetus voveo tibi, sancte pape Urbane, tuum visitare sepulcrum, quamcitius potero, et quod Deo auxiliante filium tuum [1] ero in numero monachorum tuorum de Massilia » ; et eotunc incepit bene reconvalescere et virtutem recuperare, taliter quod post paucos dies sequentes fuit pristine restitutus sanitati, ad invocationem et per merita, ut pie credit, dni Urbani pape quinti. — Et de predictis omnibus possunt clare testificari, ut dicit, suprascripti medici, necnon magister Anthonius Arnaudi, notarius loci de Moginis, diocesis Gracensis, et magister Anthonius Romayrenqui, de Luco, Forojuliensis diocesis, notarius, ac omnes alii de domo familiares et ibi presentes quando juvenis erat in agonia. — Ego vero Jacobus de Oleriis, notarius auctoritate appostolica ac inperiali, predicta scripsi et puplicavi, in presentia venerabilium religiosorum dnorum Guilhelmi Rixendis, helemosinarii, et

---

1. *En marge :* Filius spiritualis beati Urbani.

Nicholay de Fonte, juris professoris, testium, et signo meo signavi.

**242.** Die Lune vij[a] [*leg.* vj[a]] Aprilis. — Anno quo supra, die vij[a] Aprilis, Nicholaus Brassiforti, de Massilia, mercator, prout juramento suo asseruit, ipse de hoc anno et de mense Febroarii, erat in Janua et cum Ludovico Brassiforti, consanguineo suo, cujus quidem Ludovici filius, nomine Johannes, etatis circiter iiij[or] annorum, graviter infirmatus fuit per viij[o] dies vel circa, patiens febrem et quod vexabatur multum a vermibus infra corpus, et quod jam projecerat per os suum ac per posteriora; propter quam infirmitatem ipse puer fuit in tantum debilitatus quod quodammodo carebat virtute corporali, et quod per medicum desperabatur de vita ipsius et quod jam dimiserat ipsum incurabilem, nec cibum poterat recipere; quadam vero die Sabati, ipse puer amiserat omnem virtutem corporalem nec poterat bene loqui, et neminem cognoscebat, sed videbatur esse in extremis, agonizans, tenentes candelam accensam ante puerum, credentes quod spiritus convolaret et ipsum signarent signo sancte †; incontinenti dictus vero Nicholaus videns dictum puerum semimortuum et in mortis articulo constitutum juxta oppinionem circumstantium, dixit Ludovico, patri dicti pueri: « Voveas cito dictum tuum filium precibus beati Urbani pape, pro quo Deus tanta miracula facit cotidie ». Qui Ludovicus hoc audivit cum humili corde et devoto, et lacrimando acerrime, invocans dictum dnm Urbanum papam, suppliciter deprecans, votum tale sibi fecit, quod si ipse apud Deum intercedere dignaretur, quod ejus filius adhuc viveret et sanitati restitueretur, ipse mandaret ibi ad sepulcrum suum pro oblatione dicti pueri unam entortam cere v. librarum, et nichilominus ipse faceret fieri unum retaule, depingendo ibidem figuram dicti dni Urbani, ad sui honorem, si dictus infans viveret aut forte moreretur, et quod dictum retaule sic depinctum faceret deportari in Placentia, unde ipse est oriundus. Et facto voto, ipse puer paulopost incepit corroborari de virtute sua, et in nocte sequenti ipse modicum requiem habuit et dormivit, et in die dominica sequenti in satis bono statu fuit et quemquam bene cognovit, et cibum recepit et per consequens prosperavit, et in die martis sequenti de lecto surrexit, carens omni febre et in bona convalescentia fuit, quod credit hoc factum fuisse a Deo miraculose meritis et precibus, ut pie credit, dicti dni Urbani pape quinti. — Quod scripsi ego Jacobus de Oleriis, notarius infrascriptus, in presentia et testimonio dni Jacomini Marzarii, archipresbiteri Sancti Pauli de Zavatarello, et Bernardi de Cario, Placentine civitatis.

**243.** Die predicta venit hic Ludovicus Filerna, de Placentia, sub dominio domini Mediolanensis, qui juramento suo asseruit, quod de anno M° CCC° LXXIIIJ° et de mense Augusti, erat epidimia et mortalitas maxima in partibus illis, et ipse Ludovicus illa infirmitate pestilentiali graviter detinebatur, habens bossam grossam in inguine dextro cum febre continua, taliter quod de eo totaliter desperabatur quod mortem pateretur, [tam per] opinionem medici quam per etiam circumstantium; et dictam infirmitatem recepit quadam die Veneris, debilitans exinde cotidie; in die vero Dominice sequenti, de nocte, ipse tunc patiens erat in valde gravi dispositione, dubitans potius de morte quam de vita, et habens in mente sua dnm Urbanum papam, supplicavit eidem instantissime, ut dignaretur apud Deum intercedere, quod a morte evaderet et sanitatem exinde reciperet; et eo casu votum sibi faciebat suum visitare sepulcrum, quam citius posset, cum entorta cerea viij. librarum. Et facto voto, ipse requievit et dormivit in ipsa nocte, et in crastinum de mane, dum evigilavit a sompno, invenit se in bono statu, carentem omni febre et bossa penitus evanuerat, et sic fuit pristine restitutus sanitati, ad invocationem et per merita, ut pie credit, memorati dni Urbani pape quinti. — Quod scripsi et puplicavi ego Jacobus de Oleriis, notarius infrascriptus, in presentia et testimonio Nicholay Brassaforti, de Massilia, et Bernardi de Cario, de Placentia.

**244.** Die Jovis ix$^a$ Aprilis, miraculum de gravella. — Anno quo supra, die ix$^a$ mensis Aprilis, Raymundus Bedoci, olim notarius de Biterris, nunc factus heremita, residens in ecclesia rurali Beati Felicis, Carpentoratensis diocesis, suo asseruit juramento, quod ipse passus fuerat per triennium vel circa infirmitatem de gravella et dolores circa lumbos, ut dolores parturientis, et hoc sepissime patiebatur; quadam vero die de anno lapso et in XL$^a$, dum patiebatur dictam infirmitatem, habens in mente sua dnm Urbanum papam, recommendans se eidem humiliter et

devote, votum fecit suum visitare sepulcrum, quamcitius posset et cum oblatione sua, et quod ipse dignaretur apud Deum intercedere quod sanitati restitueretur. Et facto voto, cessavit dolor, et exinde post paucos dies sequentes de predicta gravella fuit liberatus, et postea illam non fuit passus, per merita, ut pie credit, memorati dni Urbani pape quinti.
— Testes : dns Bernardus Bedoci et Petrus Tornerii.

**245.** Eadem die, quidam Petrus Romei, de Castro Novo de Randono, Mimatensis diocesis, retulit juramento suo, quod quidam ejus filius, nomine Johannes, etatis vj mensium vel circa, dum natus fuit carebat testiculis ubi in locum stare solent, nam unum habebat in ventre et alterum habebat in inguine, et sic dubitabatur quod ipse puer fuisset ruptus et crepatus perpetuo. Igitur quadam die dictus Petrus, invocans dnm Urbanum, vovit dictum puerum precibus suis sanctis, cum quod ipse veniret visitare sepulcrum suum, cum oblatione pro puero. Et facto voto, post triduum testiculi pueri descenderunt ad virilia, et ibidem remanserunt et sanitatem consequtus est, per merita, ut pie credit, dicti dni Urbani pape quinti. — Que quidem omnia supradicta ego Jacobus de Oleriis, notarius auctoritate appostolica ac inperiali, scripsi et puplicavi, in presentia et testimonio dni Bernardi Bedoci, monachi, et Johannis de Oyena, et signo meo signavi.

**246.** Die Veneris x. Aprilis, de eo qui ferrum habebat in capite et post votum fuit sanitati restitutus. — Anno quo supra, die x$^a$ mensis Aprilis, Petrus Honorati, loci de Barrema, diocesis Senescensis, juramento suo asseruit, quod circa duo anni sunt lapsi, tempore guerre de Britonibus, in uno conflictu gentium armorum quadam die fuit percussus de quodam veratono in facie supra occulum prope, in parte sinistra, ita quod totum ferrum erat in capite, de longitudine quasi medii pedis, et credens evellere veratonum de capite nullo modo potuit, sed intus remansit, et non apparebat nisi modicum valde, quod non poterat extrahi per aliquem cum digitis aut cum dentibus ; postremo vero fuit extractum cum quibusdam tenacibus ferreis per vim ; et extracto ferro, subito incepit inflare capud et occulus ac facies ex parte sinistra, et tunc ipse totaliter credidit mori, desperans de vita ejus, aut si forte viveret, amitteret occulum penitus et ex toto ; et dubitans de morte, voluit incontinenti confiteri peccata sua, et facta sua confessione et absolutione recepta, invocavit dnm Urbanum papam, suppliciterque ipsum deprecando talia verba dixit : « O beatissime papa Urbane, digneris apud Deum intercedere quod non moriar de presenti et oculum meum non perdam ; et eo casu voveo tuum visitare sepulcrum, quamdiu potero, cum oblatione mea, offerens capud cereum cum viratono in eodem. Et facto voto, circa horam completorii, in nocte inmediate sequenti requiem habuit et dormivit, et de mane fuit sine aliqua inflatione in capite et in facie, et de oculo suo vidit et subsequenter fuit pristine restitutus sanitati, ad invocationem et per merita, ut pie credit, memorati dni Urbani pape quinti. — Et ibi presentes nobilis Johannes Aurelhe et Alarius Garcini, testes producti, interrogati diligenter super predictis, dixerunt et asseruerunt juramento eorumdem predicta fore vera. — Quod scripsi et puplicavi ego Jacobus de Oleriis, notarius auctoritate appostolica ac inperiali, in presentia et testimonio dnorum Bernardi Bedoci et Johannis de Villeriis, monacorum, et signo meo signavi.

**247.** Nota de eo qui dolores renum patiebatur, subito post votum liberatus. — Anno quo supra, die xiij$^a$ Aprilis, vir quidam nomine suo Johannes Raymundi, de Sallone, diocesis Arelatensis, draperius, dixit et retulit juramento suo, quod de mense Novembris proxime preterito fuit annus lapsus, ipse erat cum diversis aliis mercatoribus draperiis in nundinis de Pesenacio, et ipse qui loquitur graviter incepit pati dolorem in renibus, dum equitabat, nec poterat sustinere dolores et fecit se descendere de equo suo ; et paulopost ascenderunt eum super equm, adhuc gravissimos dolores patiens, et applicuit cum illis sociis suis mercatoribus ad locum de Vallemagna et fuit repositus supra lectum ; de mane et per totam diem, fuit graviter patiens quasi dolores parturientis, et nullo modo bene stare poterat, jacens, sedens, erectus, et quodammodo inpotens erat de membris suis, ex eo quod alii socii sui pascebant ipsum in lecto hora cene, ac si esset inpotens vel infans ; et dum fuit clausa dies, de nocte adhuc graviter patiens in lecto, et erat solus ibi in camera, habuit in mente sua dnm Urbanum papam, humiliter et devote ac cum lacrimis eidem se recommendavit, et sibi votum fecit suum visitare sepulcrum, offerens duas libras cere in figura renum. Et facto voto, ipse voluit temptare si posset se juvare, erigendo se cum brachiis in lecto, et stetit sedens, incontinenti ipse bene se habuit de squinis suis, et videns hoc, de lecto subito surrexit in solo, accedens ad stabulum cum incolumitate, ubi erant socii sui mercatores, et dixit eis trufando : « Est aliquis vestrum qui voluerit luctare mecum ? nam ego sum obtime curatus per Dei gratiam et per merita beati pape Urbani, cui me vovi ». Tunc omnes admirantes valde, dicebant : « Benedictus sit Dominus noster Jhesus Xpistus, qui[a] per merita sanctissimi pape Urbani hoc maximum miraculum fuit hodie factum in momento in homine isto ». — Quod scripsi et puplicavi ego Jacobus de Oleriis, notarius auctoritate appostolica ac inperiali, in presentia dnorum Guilhelmi de Mont Olivo et Andree Tronelli, monachorum, et signo meo signavi.

**248**. Die Martis xiiij<sup>a</sup> Aprilis. — Anno quo supra, die xiiij Aprilis, dns Petrus Barneudi, presbiter de parrochia de Caires, diocesis Anniciensis, retulit juramento suo, de mense proxime venturo Septembris erunt duo anni lapsi, quod quidam ejus frater, nomine suo Nicholaus Barneudi, graviter infirmabatur, patiens febrem quasi per tres septimanas, debilitans omni die ; quadam vero die fuit mandatum pro dicto presbitero, qui residebat in parrochia de Brunhone, quod incontinenti veniret, quia frater suus erat in extremis et quod jam amiserat omnem penitus virtutem atque sensus corporales, et sic agonizabat. Audiens vero dictus presbiter talia nova, dolore cordis nimio fuit astrictus de fratre suo, si moreretur, et subito in mente sua habuit dnm papam Urbanum, et cum maxima devotione recommendavit eidem dictum fratrem suum, faciens sibi votum, quod infra triennium suum dicti dni Urbani pape peregre visitaret sepulcrum, si precibus suis et meritis, Xpisto mediante, frater suus ab illa infirmitate evaderet quod non moreretur et sanitati restitueretur. Hinc est quod in crastinum, ipse presbiter de mane accessit ad locum ubi frater suus jacebat infirmus, et invenit eum in valde bono statu, carentem omni febre, et interrogavit eum qua hora dimiserat eum febris ; qui sibi respondit quod in nocte jam lapsa, quasi prima hora, sudorem recepit et dormivit, et post incontinenti dimisit eum febris et in bono statu remansit ; et tunc iste qui loquitur dixit sibi : « Certe, frater mi, in illa hora in qua dimisit te febris, in illa eadem hora ego feceram votum pro te beato pape Urbano, et nunc bene cognosce quod per merita ipsius Deus liberavit te a febre et evades ab hac infirmitate » ; et ita factum est. — Poncius Verderii, dicti loci, testis productus et diligenter interrogatus, juramento suo dixit et asseruit predicta fore vera, nec credere poterat quod predictus Nicholaus in infirmitate sua constitutus a morte evaderet, et credit pie quod ipse evaserit a morte per merita beati pape Urbani, post votum sibi factum pro dicto Nicholao. — Quod scripsi et puplicavi ego Jacobus de Oleriis, notarius auctoritate appostolica ac inperiali, in presentia et testimonio dnorum Bertrandi Grossi et Bernardi Bedoci, monachorum, et signo meo signavi.

**249.** Die Jovis xvj. Aprilis. — Anno quo supra, die xvj<sup>a</sup> mensis Aprilis, vir quidam, nomine suo Johannes Boniparis, mercator loci de Mosteriis, diocesis Regensis, hic presens, juramento suo asseruit quod quidam ejus filius, nomine Anthonius, etatis circiter xv. annorum, de anno proxime lapso et de mense Julii, graviter infirmari incepit, et quod stetit febricitans continue quasi per vij septimanas, jacens in lecto et debilitans omni die, et in fine fuit per tres dies carens virtute corporali ac sensibus corporalibus, et neminem cognoscebat nec cibum aliquem recipiebat, nisi saltim quod apperiebatur sibi os suum et dabatur ei lac mulieris, et quod per medicos fuerat dimissus incurabilis per artem medicine, et sic agonizans per illos tres dies videbatur esse in extremis ; et dum subvertebat occulos suos, quidam presbiter nomine suo Johannes Bonipar, hic presens, signaverat eum ut est moris in extremis signare fideles ; et tunc iste qui loquitur videns filium suum jam mori propinquum, amplectans eum cum brachiis, multum dolebat et anxiabatur pre nimio dolore, et habens in mente sua dnm Urbanum papam, ipsum invocando humiliter et devote, talia verba dixit : « O sanctissime papa Urbane, digneris apud Xpistum intercedere, quod filius meus de morte ad vitam restituatur et vivat, tuis sanctis meritis et intercessionibus ; et eo casu voveo tuum visitare sepulcrum una cum dicto filio meo et oblatione sua ». Et facto voto, incontinenti juvenis ipse occulos suos aperuit et loqui incepit, primo patri suo, dicens : « Domine mi, afferte michi ad comedendum »; et comedit et bibit, et in illa hora bene reconvalescere incepit, et omni die prosperavit de infirmitate sua, taliter quod post v. vel vj dies sequentes fuit et remansit sine aliqua febre, et post paucos dies fuit pristine restitutus sanitati, ad invocationem dni Urbani pape quinti, ut pie credit. — Quod scripsi et puplicavi ego Jacobus de Oleriis, notarius auctoritate appostolica ac inperiali, in presentia dnorum Bernardi Bedoci et Johannis Aurioli, monachorum, et signo meo signavi. — Testis. Super depositione retroscripti Johannis Boniparis, quidam nomine suo dns Guilhelmus Cathalani, presbiter, loci predicti de Mosteriis, testis productus et diligenter interrogatus super premissis, juramento suo dixit, quod ipse erat presens quando filius dicti Johannis erat in agonia, carens sensibus corporalibus et quod medici ipsum juvenem dimiserant, desperantes totaliter de vita ejus ac etiam ipse loquens; et quod jam steterat per tres dies non loquens et nullum cibum recipiens, et dum videbatur esse in extremis, recommendavit eum humiliter et devote dno Urbano pape, et vovit pro eo venire peregre visitare corpus dicti dni Urbani, pedibus discalciatis, et cum oblatione cere pro ipso. Et facto voto, in ipsa eadem [hora] virtutem recuperavit, et loqutus fuit patri suo, et cibum recepit, et exinde fuit restitutus sanitati, per intercessionem et merita ejusdem dni Urbani pape quinti, ut pie credit. — Testis. Item etiam testificatus fuit, juramento suo interrogatus, quidam nomine suo dns Johannes Bonipar, presbiter, consanguineus predicti Johannis, quod ipse erat presens quando dictus juvenis Anthonius videbatur esse in extremis et dum subvertebat oculos suos, credens quod tunc spiritus convolaret, signavit eum eotunc signo †, ut moris est tales signare in extremis, credens quod eotunc spiritus evolaret; sed dum pater dicti juvenis vovit eum ibidem humiliter et cum lacrimis beato pape Urbano, incontinenti ipse virtutem recuperavit et loqutus fuit patri suo, hic presenti, petens sibi cibum afferri, et sic a morte evasit et fuit pristine sanitati restitutus, ad invocationem, ut pie credit, dni Urbani pape quinti. — Que quidem omnia supradicta ego Jacobus de Oleriis, notarius auctoritate appostolica ac inperiali, in presentia testium predictorum scripsi et puplicavi, et signo meo signavi.

**250.** Die Dominica xix$^a$ Aprilis. — Anno quo supra, die xix$^a$ mensis Aprilis, hic Petrus Folcherii, loci de Trigansa, diocesis Regensis, juramento suo asseruit, quod Raymundus Folcherii, consanguineus suus et compater, tres anni sunt lapsi, ipse graviter infirmabatur, debilitans omni die; tandem quadam die ipse amisit omnem virtutem corporalem, non loquens, non videns et neminem cognoscens, nec membra movebat, oculos tenens clausos et os apertum, et sic videbatur quod laboraret in extremis, et per omnes ibi circumstantes credebatur quod statim spiritus convolaret; et in illo statu stetit agonizans per iiij$^{or}$ dies, et quando volebant sibi dare aliquid de brodio, aperiebatur sibi os suum, sed incontinenti extra proiciebatur nec poterat aliquid retinere, et propter omnia ista signa non credebant quod ipse amplius viveret, et propter hoc amici dicti tunc agonizantis voluerunt recipere clavem capse ad recipiendum pecuniam et omnia ejus expolia, ordinantes de sepultura ejus; et videns eum dictus loquens in mortis articulo, humili corde et devoto recommendans eum dno Urbano pape, votum fecit suum visitare sepulcrum una cum dicto Raymundo, si evaderet a morte, suis sanctis precibus, et cum una libra cere. Et facto voto, circa horam completorii, dictus Raymundus incontinenti incepit virtutem recuperare, et cum nutibus et signis ostendebat cum manu sua quod erat siccitas in ore suo, et tunc dederunt ei bibere, et paulopost loqutus fuit et cognovit quemquam, cibum recipiens ipsa nocte et bene prosperans, taliter quod post votum factum dno Urbano pape ipse Raymundus de virtute corroboravit et prosperavit, et de dicta infirmitate sua bene convaluit, et sic credit pie quod ipse fuerit de morte ad vitam restitutus, ad invocationem et per merita gloriosa sanctissimi patris dni Urbani pape quinti. — Quod scripsi et puplicavi ego Jacobus de Oleriis, notarius auctoritate appostolica ac inperiali, in presentia dni Bernardi Bedoci, monachi, et Johannis Jauberti, et signo meo signavi. — Super predicta proxime depositione dicti Petri Folcherii, presens Raymundus Folcherii, ut principalis et ut testis, diligenter interrogatus dixit juramento suo, quod de tempore supradicto ipse graviter infirmabatur, et in fine ipse amisit omnem virtutem corporalem et fuit per aliquos dies semimortuus, et non loquebatur et neminem cognoscebat, et ignorabat si vivus erat aut mortuus; quadam vero nocte, stans in agonia, subito aperiens occulos suos, vidit et cognovit predictum Petrum, consanguineum suum et compatrem, et ostendit sibi cum manibus quod ipse multum sitiebat, et dum cibum recepit, reconvaluit et loqutus fuit, et prosperavit de infirmitate sua et in fine fuit pristine restitutus sanitati, et credit veraciter, ut dicit, quod Deus benedictus ressucitaverit eum de morte ad vitam, per merita dni pape Urbani, postquam vovit eum dictus Petrus Folcherii, ut sibi retulit. — Item etiam Beatrix Maurella, dicti loci, testis interrogata et jurata, dixit et asseruit predicta omni[a] fore vera, nam ipsa vidit dictum Raymundum in extremis laborantem, et credebat quod ita cito ressuscitarent mortui de ciminterio sicut et ipse Raymundus restitueretur ad vitam; sed postquam dictus Petrus vovit eum beato pape Urbano, in ipsa hora reconvaluit, et hoc credit pie quod fuerit factum precibus suis et meritis. — Quod scripsi et puplicavi ego predictus Jacobus de Oleriis, notarius, in presentia testium predictorum, et signo meo signavi.

**251.** Eadem die, prefata Beatrix Maurella, dicti loci de Trigansa, juramento suo asseruit, quod ipsa steterat inpotens de brachio suo sinistro quasi per duos menses, non potens se juvare de eodem, et quod habebat suam manum inflatam valde et difformem usque ad cubitum; et facto voto dno Urbano pape, quod sepulcrum suum visitaret cum media libra cere, incontinenti incepit reconvalescere, et post xv dies sequentes sine aliqua inpotentia ac inflatione fuit pristine restituta sanitati, meritis dni Urbani pape quinti.

**252.** Item quidam, nomine suo Guilhelmus Aurioli, loci predicti de Trigansa, suo asseruit juramento, quod ipse steterat quasi per duos annos quodammodo carens visu de occulis suis a longe, nec posset discernere aliquam personam, nisi esset juxta eum prope; et dubitans cecus effici; igitur ipse quadam die habens in mente sua dnm Urbanum papam, votum sibi fecit, suum sepulcrum visitaturum cum una libra cere, si precibus suis sanctis Deum deprecando visum occulorum suorum recuperaret. Et facto voto, bene prosperare incepit de visu, et sic per consequens omni die prosperando, post xv dies inmediate sequentes, clare recuperavit visum occulorum suorum, per Dei gratiam et per merita sanctissimi pape dni Urbani quinti. — Quod scripsi et puplicavi ego Jacobus de Oleriis, notarius auctoritate appostolica ac inperiali, in presentia testium predictorum et signo meo signavi.

**253.** Die predicta, fuerunt ibi infrascripti nominati, videlicet Bocho de Neapoli, Cola de Neapoli, magister Johannes, barberius, Thomas de Neapoli, sartor, peregrinantes ad Sanctum Jacobum de Gallicia, qui juramento eorumdem asseruerunt, quod venientes ipsi per mare in quodam linho cujusdam de insula de Martegue, et dum fuerunt in plaja Romana, arripuit eos fortuna et procella maris valida, et fluctuationes multe, taliter quod per unam diem et duas noctes discurrentes fortunam, statim credebant omnes periri et submergi in profundum maris, et desperantes totaliter de vita eorumdem [*imperfect*.]

**254.** Die Lune xxᵃ Aprilis, de contracto post votum bene sanato. — Anno quo supra, die xxᵃ Aprilis, vir quidam nomine Anthonius Bollegoni, oriundus Massilie, nunc residens in civitate Aquensi, in Piscaria, suo asseruit juramento, quod quidam ejus filius, nomine suo Petrus, septennis vel circa, duo anni sunt lapsi, quodam sero jacens et dormiens in lecto incolumis, ut esse credebat, accidit sibi de mane evigilans a sompno, invenit se contractum et inpotentem penitus de tibiis, de genibus, de pedibus, habens dicta membra curva, plicata et retroversa, in juncturis ossium tibiarum et pedum, in maxima difformitate, et sic ipse juvenis inpotens et contractus in forma predicta, stetit quasi per iiijᵒʳ menses, et nullo modo posset ambulare nec cum baculis nec sine baculis, et nullo poterat medicorum remedio liberari, cum ipsum juvenere vidissent et palpassent magister Petrus Forqualquerii ac alii medici, tam phisici quam etiam cirurgici, nullum remedium potentes in ipso adhiberi, sed juxta opinionem ipsorum ac omnium circumstantium credebatur totaliter quod perpetuo esset inpotens et contractus. Quadam vero die, iste qui loquitur, invocans dnm Urbanum papam, cum omni humilitate et maxima devotione supplicans, eidem vovit dictum ejus filium sic contractum, ut si ipse dignaretur apud Deum intercedere quod restitueretur sanitati, offerret et presentaret ipsum hic ad sepulcrum suum, cum oblatione sua. Et facto voto, in ipsa eadem die ipse juvenis reconvalescere incepit et de lecto surrexit, et cum uno baculo ambulavit per solium, et sic prosperando per consequens omni die, post viij° dies sequentes fuit in valde bona convalescentia, ambulans sine baculis, et pedes et tibie qui erant antea tortuosi et difformes reversi fuerunt in statum pristinum sanitatis, et hoc, ut pie credit, factum fuit miraculose a Deo benedicto, precibus et meritis beati pape Urbani quinti. — De quibus quidem omnibus supradictis manifestatis ego Jacobus de Oleriis, notarius auctoritate appostolica ac inperiali, predicta scripsi et publicavi, in presentia dnorum Fulconis de Massilia et Petri Alami, monachorum, et signo meo signavi. — Et quod de predictis omnibus infrascripte persone, videlicet Poncius Autrasii, clericus, Ymbertus Bauda, Bertranda Artuga, Guilhona Alfata, de Massilia, testes producti, diligenter interrogati, dixerunt et asseruerunt juramento eorumdem, predicta omnia fore vera, lecto eis prius titulo miraculi.

**255.** De eodem Anthonio. — Item etiam retulit prefatus Anthonius, juramento suo, quod tempore mortalitatis novissime preterite, habebat quamdam filiam circiter decem annorum etatis, graviter infirmabatur illo tempore febre pestilentiali cum bossa, et quod de vita ejus totaliter desperabatur; et dum videbatur quod esset in extremis, pater et mater dicte puelle voverant ipsam presentare ad sepulcrum dni Urbani pape, cum oblatione sua, et infra certum tempus. Et facto voto reconvaluit; lapso vero die assignato, quo debuerant complevisse votum factum pro puella et non fecerant, accidit quod post duos dies sequentes ipsa puella incidit in quamdam gravem infirmitatem corporalem, multum afflicta et ponens se in lecto, incontinenti talia verba dixit : « Domine pater mi, sepissime vobis dixeram quod duceretis me ad sanctum Urbanum, ad quem me voveratis, et non fecistis, et penitebit vos et videbitis »; et hiis dictis ipsa puella amplius non locuta fuit, sed vertens se ad parietem emisit spiritum; et propter hoc ipsi parentes dicte puelle, dolentes credunt quod ipsa eorum filia fuerit deffuncta, quia non compleverant votum Deo et beato pape Urbano.

**256.** Item etiam retulit dictus Anthonius, sub juramento, quod quedam ejus filia, nomine suo Catherina, etatis duorum annorum, nuperrime de mense lapso Martii incepit febricitari, et febrem passa fuit per xv. dies, et in fine non sperabatur nisi de sepultura ejus et de ejus vita desperantes. Et facto voto dno Urbano pape, quod sibi presentarent eam ad sepulturam suam cum ymagine cere, in crastinum dimisit eam febris et reconvaluit, sanitati pristine exinde restituta, ad invocationem et per merita, ut pie credit, dni Urbani pape quinti. — Quod scripsi et puplicavi ego Jacobus de Oleriis, notarius auctoritate appostolica ac inperiali, in presentia testium proxime descriptorum, et signo meo signavi. — Et quod de predictus omnibus, si necesse fuerit, petiit sibi fieri puplicum instrumentum per me dictum notarium dns Johannes de Sanhis, prior claustralis monasterii Sancti Victoris Massilie.

**257.** Die Mercuri xxij Aprilis. — Die Mercuri xxij$^a$ Aprilis, Bertrandus Pagesii, presbiter de Annicio, suo asseruit juramento, quod vj anni sunt lapsi vel circa, ipse graviter infirmabatur et quod passus fuerat febrem continue per x vel xij dies, et debilitans omni die, taliter quod jam videbatur esse in extremis et quod desperabatur de vita ejus; et tunc quadam die Blasinus Girardi, clericus, jacens in lecto, monuit dictum presbiterum quod se voveret beato pape Urbano, quia credebat revera quod precibus suis esset restitutus sanitati; et audiens hoc dictus presbiter, vovit se visitaturum sepulcrum dicti dni Urbani pape cum tribus libris cere. Et facto voto, circa horam medie noctis, ipse requiem habuit et dormivit, et tunc recepit terminum de febre, et in crastinum de mane in bona convalescentia fuit, et cibum recipiens comedit et bibit, et post paucos dies sequentes fuit pristine restitutus sanitati, ad invocationem et per merita dni Urbani pape quinti. — Et quod suprascriptus Balsius, testis productus et juratus, et diligenter interrogatus, dixit et asseruit predicta omnia fore vera.

**258.** Ad idem, quidam presbiter, nomine suo Johannes Guitardi, prior loci de Codolis, in diocesi Ruthinensi, asseruit juramento suo quod ipse litigaverat dictum beneficium suum de Codolis per duos annos cum dimidio, cum dno episcopo Ruthinensi, quia ipse credebat esse potior in jure, et quia dictus presbiter credebat dictum beneficium juste et sancte habuisse; igitur quadam die invocans dnm Urbanum papam, votum fecit suum visitare sepulcrum, cum tribus libris cere, si precibus suis et meritis posset obtinere in pace dictum beneficium. Et facto voto, in crastinum habuit sententiam pro ipso de dicto beneficio et ipsum postea obtinuit in pace, et hoc credit factum fuisse a Deo meritis et precibus dni Urbani pape quinti. — Que quidem omnia supradicta ego Jacobus de Oleriis, notarius auctoritate appostolica ac inperiali, scripsi et puplicavi, in presentia dni Bernardi Bedoci, monachi, et Bernardi Asemari, clerici, et signo meo signavi.

## SUPPLEMENTUM PARTIS PRIME

**259.** Die xv Augusti, Doussalina, uxor magistri Petri de Arelate, fabri, obtulit quamdam ymaginem cere unius libre et medie, et unum stadal sue longitudinis, quia fuit graviter detenta febre continua per unum mensem vel circa, jacens in lecto, non habens remedium sanitatis per medicos ; ipsa stante in tali statu, videlicet in lecto, vovit se Deo et precibus sanctis dni Urbani, de quo multum confidit, quia dicit quod ter in sompnis suis sibi videbatur quod dns Urbanus papa quintus apparebat eidem, ponens manum suam super capud ejus egrotantis, dicens sibi : « Surge » ; et tunc evigilavit a sompno et invenit se in bona convalescentia et per consequens fuit restituta sanitati, precibus dni pape Urbani, ut pie credit.

**260.** Dicta die, Guilhelma Guiberta, de Avinione, obtulit quamdam candelam cere unius quartaironi, quia dicit juramento suo, quod ipsa steterat per vij dies graviter infirma et afflicta de malo capitis et squinis, et alia infirmitate febrili ; vovit se precibus dni Urbani pape, et facto voto convaluit et restituta fuit sanitati, precibus dni Urbani pape, ut pie credit.

**261.** Dicta die, Raymundus Augerii, de Rocaforti, diocesis Avinionensis, pro quadam filia sua Bartholomea, unius anni vel circa, que habuit infirmitatem febrilem per tres menses, non habens remedium sanitatis ; et dum ipsam vovit, infra vij dies convaluit.

**262.** Item Pandina Ymberta, ejusdem loci, vovit venire ad sepulcrum dni Urbani pape, cum una ymagine cere et una candela unius quartaironi pro quolibet, quia Pontius Ymberti patiebatur malum in brachio dextro, et non poterat se juvare ; et voto facto convaluit. Item pro quadam filia eorum, Anthoneta, que patiebatur febrem per unum menssem ; et facto voto restituta fuit sanitati.

**263.** Item, Agnes Bordiga, ejusdem loci, patiebatur malum in oculis, quod non poterat bene videre ; et dum se vovit dno Urbano, cum una candela cere medii quartayroni, convaluit de oculis in sanitate pristina.

**264.** Item Guilhelma Amelia, ejusdem loci, pro quadam filia sua Bertraneta, que patiebatur malum et febrem per iiij$^{or}$ dies vel circa, vovit eam precibus dni Urbani, cum candela medii quartayroni ; et facto voto, ipsa die convaluit de illa infirmitate, precibus dni Urbani, ut pie credit.

**265.** Item Bertranda Garriga patiebatur malum in oculis, quod bene non poterat videre, sed postquam se vovit cum una candela cere, ilico ipsa die recuperavit visum clarum.

**266.** Item die predicta, Lheonardus Bertrandi, de Conaudo, Uticensis diocesis, patiebatur malum in tibia dextra, de gotassa, vovit se cum [*imperfect.*] In presentia dnorum Poncii Laurentii et Petri Charrols, presbiterorum Beate Marie.

**267.** Die predicta, Mira de Johane, serviens Francisci Sadarini, in Avinione habitatrix nunc, juramento suo retulit quod ipsa, hoc anno et de presenti mense passa fuit febrem valde graviter et tussim per xv dies et ultra, jacens in lecto, non habens remedium sanitatis, propter quod se vovit pro dicta infirmitate precibus sancte memorie dni Urbani pape quinti, offerens sibi presentare ad sepulcrum suum unam entortam cere trium librarum ; et facto voto, circa unus mensis est lapsus, ilico ipsa die convaluit de febre, et per consequens restituta fuit paulatim pristine sanitati, per merita dni Urbani pape quinti.

**268.** Die xvj Augusti, Raymundus Martin, de Burbone, diocesis Avinionensis, retulit suo juramento, quod Dulcia, uxor sua, de mense Julii, ipsa parturiebat nec potuit parere per tres dies, stans in magna perplexitate et timore mortis, quod non posset evadere nec illa, nec infans ve[n]ire ad lucem, subito dictus Raymundus recommendavit ipsam cum partu venturo precibus dni Urbani pape, promittens venire ad sepulcrum dni Urbani pape cum ymagine cere unius libre ; et facto [voto] in die Sabati in sero, in die Dominica sequenti ipsa parturiit et peperit filium sanum et vivum, per intercessionem, ut pie credit, dni Urbani pape. Predicta retulit in presentia fratris Amalrici Cresta et fratris Johannis Brugerie, de ordine Augustinorum.

**269.** Die Sabati xvj Augusti, Johannes, palafrenarius dni Jherosolimitani cardinalis, diocesis Maguntinensis clericus, ipse steterat per unum mensem vel circa male dispositus de quadam maxilla sua dextra, subtus auriculam, propter ictum quod receperat in eodem loco, de quo patiebatur malum et dolorem infinitum, non habens aliquod remedium sanitatis; in qua quidem infirmitate recommendavit se Deo et precibus dni Urbani pape quinti, ut si posset convalescere et sanari ab illa infirmitate, ad sepulcrum dicti dni Urbani portaret unum capud cere unius libre; facto per ipsum voto, ilico ipsam recepit convalescentiam, et subsequenter sanus factus est ab illa infirmitate, per merita, ut pie credit, dni Urbani pape quinti. — Venient ad vesperos. — Predicta suo juramento retulit in presentia dnorum.

**270.** Die predicta, Jacobus Michaelis, de Castro Raynardi, diocesis Avinionensis, suo juramento retulit quod quoddam animal equinum patiebatur malum, per quod non poterat comedere per tres dies, nec credebat quod posset evadere; vovit unam equam cere unius libre portare ad sepulcrum dni Urbani pape, cujus precibus, ut pie credit, dicta equa fuerit reddita sanitati.

**271.** Die Sabati xvj Augusti, Sibilia Bedossa, de Valle Aqueria, Uticensis diocesis, juramento dixit, quod ipsa fuit impotens de gotassa ab omnibus membris suis, per duos menses, jacens in lecto continue, non potens se juvare neque remedium sanitatis habere; in eodem statu stante in lecto, vovit se precibus dni Urbani pape, cum ymagine cere unius quartayroni ad sepulcrum suum portando, si posset convalescere; et facto voto per ipsam, per ix dies sequentes convaluit de infirmitate illa de gotassa et sana facta est, per intercessionem, ut pie credit, dni Urbani. Predicta retulit in presentia fratrum Amalrici Creste et Johannis Brugerie predictorum.

## PARS SECUNDA

**272.** XI. Eodem die Guillelma Ponchenatta, de Cistaricho, denuntiavit michi Anthonio Mayni, notario infrascripto, se passam fuisse phren[esim] in digito manus sinistre spatio xv dierum, et vovisse dictis xv diebus venire ad monumentum dicti dni Urbani et ejus monumentum personaliter visitare; facto dicto voto, gratia Dei et beati Urbani fuit mox curata, et se ad monumentum beati Urbani cura venit et se personaliter presentavit, cum aliquibus candelis cere. — Actum ante monumentum beati Urbani; testes : Jacobus Subrupis, notarius, Johannes Palherii, de Cistarico. — Ego Anthonius Mayni, notarius, hec scripsi et signavi.

**273.** XII. Anno Domini quo supra, die xviiJ° Madii, Beatrix de Ernhono et Dulcieta, ejus filia, denuntiaverunt mihi notario infrascripto, quod dicta Dulcieta, ejus filia, passa fuit malum dictum lu bon juxta aurem sinistram, et promisit presentare dicto dno Urbano unum cereum unius quartaironi; quo voto facto, hodie aportavit et obtulit ad tumbam dicti dni pape dictum cereum, propter gratiam sibi factam, et preces per eum factas Domino nostro Jhesu Xpisto presentavit. — Actum ut supra, ante monumentum dicti dni pape Urbani; testes : Jacobus Subrupis, notarius, Johannes Palherii, de Cistarico. — Ego vero Anthonius Mayni, notarius, hec scripsi.

**274.** XIII. Eadem die, Boeria Nauboncha, de castro Sancti Cannati, denuntiavit mihi dicto notario, quod Dulcia Guigona, dicti castri, habuit et passa fuit in angulo ventris, juxta cogciam dextram, unam bubam et febrem, et se vovit venire ad dictum patrem dnm Urbanum, quod ipsa fuit curata et breviter veniet Deo duce, et obtulit quandam ymaginem iJ. s[ol]. cum primo fuit curata, ut credit, precibus dicti dni pape Urbani factis ad Dominum nostrum Jhesum Xpistum, et predicta notifficavit mihi dicto notario, cum juramento. — Actum et testes ut supra. — Ego vero Ant. Mayni, notarius, hec scripsi et signo meo signavi.

**275.** XIIII. Anno Domini quo supra, die xviii Madii, Ferreria Nauboncha, de Sancto Cannato, denuntiavit mihi notario infrascripto se febricitasse et febrem sustinuisse per unum mensem vel circa, et promisisse dicto dno pape se presentare et venire ad eum, ipsa Domino concedente curata, et precibus dicti domini bone memorie pape fuit et est gratiose curata, et sibi obtulit unum cereum xii. d. — Actum ut supra proxime; testes qui supra in precedenti denuntiatione. — Ego qui supra Ant. Mayni, notarius, hec scripsi et signavi.

**276.** XV. Anno Domini qui supra, die xvj mensis Madii, Johannes Portani, mercator de Narbona, denuntiavit mihi dicto Anthonio Mayni, notario supra et infrascripto, quod unus annus elapsus est, sequendo et eundo cum quodam animali et quadam carreta per iter seu caminum territorii Montispersulani, in terram cum rebus in ea cistentibus cecidit, sic quod ossum dicte spalle sue fregit; quo facto, promisit venire et se dicto dno Urbano in presenti monasterio personaliter presentare. Facto dicto voto, fuit incontinenti liberaliter precibus dicti dni Urbani pape curatus et sanatus, implorato per eum divino domini nostri Jhesu Xpisti auxilio, et presentavit unum cereum trium s[ol]. — Ego Ant. Mayni, notarius, hec scripsi in dicto monasterio, ante dictum altare, in presentia et testimonio Petri Duranti, Jacobi Sartoris, dicti loci, et signo meo signavi. Ut infra : quere supra proxime ad signum prescriptum.

**277.** XVI. Anno Domini millesimo III° LXXVII, die xvi mensis Madii, in vesperis, Raymundus Clementis, de Villamus, denuntiavit mihi Anthonio Mayni, notario, se habere quendam filium masculum septem annorum, qui passus fuit subtus aycellam dextram unam magnam bossam, et febrem sibi dedit in ejus persona, que sibi duravit et substinuit tribus diebus vel circa, qui pie votum fecit dicto dno Urbano ut ad ejus monumentum. . . . . .
. . . . . . . . . . . . . . . . . . . .

**278.** LXXXVII. [1] Anno Domini quo [supra], die iiij. mensis Augusti, Brunetus de Roquis, domicellus [2] archiepiscopatus Tholosani, denuntiavit mihi notario infrascripto se captum fuisse per nonnullos inimicos Ecclesie sacro-

---

1. *En marge :* Quere post ad hoc signum et ideo cancellatur. *Nous copions ce miracle, quoique barré et répété plus bas (n° 280), parce que dans cette deuxième copie la fin manque.* — 2. [*D'abord* d-s *de* Rennazeino.]

sancte, et incarceratus mancipatus quadam die Martis jam elapsa ante festum Circumcisionis Domini proxime lapsum, per nonullo[s] inimicos tunc cist(st)entes in partibus prope Romam, de loco non recordatur [en interligne : in loco provincie Viterbiensis], et fuit ibidem detentus et incarceratus per tres menses vel circa, a quo petebat ille qui eum cepit mille florenos, et subsequenter per spatium certorum dierum VIII$^c$ florenos, et sequentibus certis diebus et unam zonam argenti cum certis aliis rebus, et subsequenter petiit ab eo ille qui eum detinebat trecentos florenos; ita quod tractante hoc idem Brunetus denuntians, vovit et promisit dicto dno Urbano, quod si posset suis precibus implorandis ad dominum nostrum Jhesum Xpistum, quod si pro centum florenis ipsum vellet a carcere relaxare et liberare, quod faceret sibi oblationem quam sibi videretur. Quo voto facto, ille qui illum tenebat captum, pro dictis centum florenis liberavit a dicto carcere et illum abire libere permisit; et ad hunc monumentum predictum miraculum retulit sibi factum fuisse in modum superius declaratum, in presentia dni Nicholai de Fonte, in decretis licentiati[...] monachorum dicti monasterii. — Ego Anthonius Mayni, notarius, hec scripsi.

**279**. LXXXVIIJ°. Eodem die, Perrinetus Flamenqui, scutiffer magnifici et potentis viri dni Raymundi de Agouto, militis, domini Saltus, comitatuum Provintie et Folcalcherii senescalli, denuntiavit michi Anthonio Mayni, notario infrascripto, receptori miraculorum factorum virtute Dei et precibus reverendi patris dni Urbani bone memorie pape V, dicens quod quidam scutiffer qui morabatur cum dicto dno Raymundo, domino suo, cum quodam ense evaginato ipsum denuntiantem percussit, pu[n]ctando ita quod ambas coxias perforavit, usque manubrium dicti ensis, credens denuntians mortu[u]m fuisse, et ibidem absque loquela stetisse spatio octo dierum; qui dictus dns Raymundus et egroti vulnerati dictum vulneratum voverunt dicto dno Urbano, quod sibi placeret pro dicto vulnerato supplicare domino nostro Jhesu Xpisto, quod sibi placeret facere gratiam eidem ut a dicto vulnere curaretur, quod sibi offeret dictus Perrinetus unam ymaginem ponderis xx. librarum. Quo voto facto, dictus Perrinetus fuit gratia divina plenarie et gratiose curatus, et inde obtulit et presentavit monumento dicti dni pape Urbani quandam ymaginem cere cum dicto ense perforante ambas coyxias, prout asseruit predicta vera esse proprio juramento. — Ego vero Anthonius Mayni, notarius, hec scripsi et signavi. — Actum Massilie, ante altare Sancti Victoris, ubi cepultum fuit corpus dicti dni pape Urbani ; testes : Raymundus de Cruce, diocesis Aquensis, Petrus Bartholomei. Ego Anthonius Mayni, notarius, hec scripsi.

**280**. LXXXX. Anno Domini quo supra, die quinto mensis Augusti, Brunetus de Roquis, domicellus archiepiscopatus Tholosani, denuntiavit michi Anthonio Mayni, notario et receptori miraculorum suprascriptorum, quod ipse denuntians captus fuit per inimicos Ecclesie sacrosancte, tunc missus ad partes Lumbardie ad civitatem Viterbii, cum quibusdam aliis armorum gentibus missus per dominum nostrum papam ad partes illas nunc cistentes pro tuitione juris sancte matris Ecclesie ; quo capto, dicti inimici petebant ab eo et habere volebant a dicto Bruneto, pro redemptione persone sue, octingentos florenos pro recapto, et unam zonam argenti pretio centum florenorum ; et idem Brunetus obtulit se daturum illi qui eum ceperat et detinebat, primo centum florenos et postea CL. florenos pro dicta pena, et ille nolebat accipere tunc per viij. dies, et in dicto carcere stetit ultra predicta per quatuor dies et dimidium continuos, quod non comedit nec bibit sua voluntate ; hec atendens et considerans dictus Brunetus vovit ad preces beati Urbani, se sibi ex toto corde recomendans, et vovens quod si meritis ejusdem et precibus liberaretur cum competenti [*deest folium seq.*]

**281**. [LXXXXV]. . . . . . . . . . . . . . . loco de Bessa, per spatium octo dierum vel circa, in tantum quod se regere non poterat et vix loqui ; qui Stephanus ipsam vovit dicto dno Urbano, et si Deus faceret sibi gratiam, intercedendo ad dominum nostrum Jhesum Xpistum ut ipsam curaret a dicta infirmitate, quod sibi offerret unam libram cere cum candelis ; quo voto facto, fuit incontinenti [curata] et fecit oblationem predictam. — Actum ut supra ; testes : Guillelmus Marini, Raymundus Hugoleni, dns Jacobus Veorini, capellanus. — Ego Anthonius Mayni, notarius, hec scripsi et signo meo signavi, ut infra.

**282.** LXXXXVI. Eodem die, Hugo Rostagni [1], dicti loci de Bessa, denuntiavit mihi Anthonio Mayni, notario infrascripto, quod ipse habebat unum bovem infirmum et unum infantem, vocatum Stephanum Rostagni, patientem tempore nunc proxime preterito malum in oculis, ita quod non poterat bene videre, et vovit dictum ejus filium ac dictum bovem [.....] cere et oculos cere offere dicto dno Urbano, si ipsius precibus ipsos omnipotens Deus curaret; quo voto facto, ipsa die fuerunt, ut credit, precibus dicti dni Urbani, gratiose curati, et ita juravit fore verum prout ipse denuntiavit. — Actum et testes, ut supra. — Ego Ant. Mayni, notarius, hec scripsi et signavi, ut infra.

**283.** LXXXXVII. Eodem die, Raymundus Hugoleni, de Bessa, denuntiavit mihi dicto notario, quod ipse habebat unum bovem qui passus fuit malum in ejus persona, qui non poterat laborare anno proxime preterito, et nunc habet unum filium, qui anno proxime preterito passus fuit malum in oculis, ita quod vix poterat videre, et ipsum filium suum vovit dno pape Urbano, cum duobus oculis cere: quo voto facto, fuit, sicut Deo placuit, curatus inst[. . . . . . dic]to die. . . . . . . bovem cere presentavit . . . . . .— Actum et testes, [ut supra. Ego Ant. Mayni, notarius, hec scripsi et signo] meo [signavi].

**284.** LXXXXVIII. Eodem die, Raymundus Hugoleni denuntiavit mihi notario infrascripto, quod ipse habet unum bovem in terra de aquis aratris sui, qui passus fuit tantum malum, quod non poterat comedere neque bibere, et dubitans de morte, ipsum vovit et promisit dicto dno Urbano, quod intercederet ad dominum Jhesum Xpistum ut dictum bovem sibi salvaret et sanum faceret, unum bovem; quo voto facto, incontinenti comedit et bibit bene et decenter, ut solebat et fuerat consuetus, gratia et intercessionibus dicti dni pape Urbani; et ita esse verum juravit ad sancta Dei euvangelia ab eo sponte corporaliter manu tacta. — Actum in capella Sancti Victoris Massilie, ante capellam, in presentia et testimonio Guillelmi Marini, Petri Verreni. — Ego Anthonius Mayni, notarius, hec scripsi et signavi ut infra.

**285.** LXXXXIX. Eodem die, Guillelmus Marini, dicti

---

1. [*Le notaire avait d'abord écrit :* Stephanus Rogerii.]

loci, denuntiavit mihi notario infrascripto, se habere duos
boves et tres vaquetas, qui et que steterunt in territorio de
Tritis egroti et egrote, spatio octo dierum, quod non poterant comedere ut debebant, et tunc dictus Guillelmus vovit
dicto dno pape Urbano, ut gratiam impetraret ab Deo quod
dictum avere restitueret ad sanitatem; incontinenti dicta
animalia biberunt et comederunt, facto primitus dicto voto
per eundem; et ita juravit esse verum ut deposuit et dixit,
et obtulit candelas pro elemosina. Ego vero Ant. Mayni,
notarius, hec scripsi et signo meo signavi.

**286.** C. Eodem die, Stephanus Ancelmochi, de Caprayra,
episcopatus de Massa, juxta Corcequam, denuntiavit mihi
dicto notario, quod ipse habet unum nepotem in dicto loco,
vocatum Manuel, dicti loci ac etiam episcopatus, qui anno
Domini M IIJº LXXIIJ, tempore mortalitatis infirmabatur gravatus usque ad mortem, secundum judicium gentium, patiens pigotam per omnes partes persone sue, qui
per[diderat . . . . . . . . . ] et loquelam, qui
devovit ipsum [dicto dno pape Urbano, quod quam citius]
posset, cum eodem personaliter ad monu[mentum ipsius
. . . . veniret] . . . cum oblatione debita quam
sibi videbitur facienda, si eum curaret ab infirmitate quam
patiebatur predicta; quo voto facto, statim dictus patiens
petiit cibum et potum et sumpsit infra octo dies, et a dicta
infirmitate fuit plenarie curatus et restitutus statim, gratia
Dei et precibus dicti dni pape Urbani; et ita juravit verum
esse, ut deposuit, ad sancta Dei [evangelia].— Actum in capella Sanctis Victoris, ante monumentum dicti condam
dni pape; testes : Ludovicus Gaufridi, Jacobus de Olla,
factor canivetorum, cives Massilie. Ego vero Anthonius
Mayni, notarius, hec scripsi et signo meo signavi.

**287.** CI. Eodem die, Julianus, filius Petri Sanalhi, dicti
loci, denuntiavit michi dicto notario, quod dictus pater
suus ipsum vovit venturum ad dictum dnm Urbanum
papam, cepultum in monasterio Sancti Victoris Massilie,
ratione bossarum et febrarum per eum substentarum quasi
ad mortem in anno proxime preterito de mense Martii; et
proinde venit qui curatus fuit infra octo dies, regratiaturus
Deo et dicto dno bone memorie pape Urbano; et recuperavit
loquelam quam perdiderat et etiam sibum; et ita juravit
esse verum ut denuntiavit, et recuperasse, gratia Dei et pre-

cibus dicti dni pape Urbani. — Actum ut supra, in dicto monasterio, ante tumulum dicti dni bone memorie pape Urbani; testes : Ludovicus Gaufridi, Jacobus de Olla, factor bloqueriorum. Ego Ant. Mayni, notarius, hec scripsi et signavi.

**288**. CII. Anno Domini quo supra, die xvIIIJ. mensis Augusti, Bertrandus de Albaroño denuntiavit michi Anthonio Mayni, notario, quod ipse passus fuit febrem et dolorem brachii dextri, ita quod non poterat loqui per tres dies; et incontinenti se vovit venturum ad monumentum dni pape Urbani, ubi personaliter venit et ob'ulit unam candelam unius cartayroni [pro] gratia sibi primitus facta; quo voto facto, a dictis dolore brachii et febre pretactis fuit gratiose et plenarie curatus, gratia et precibus, ut credit, dicti sancti Urbani; et obtulit ecclesie Sancti Victoris Massilie unum cereum ponderis unius libre [ad] monumentum dicti sancti Urbani. Et ita juravit esse verum ut denuntiavit ad sancta Dei euvangelia, predicta denuntiata esse vera. — Actum in capella monasterii Sancti Victoris Massilie, in presentia et testimonio Johannis de Jumilhaco, Mondonus Carrena, clericus. — Ego vero Anthonius Mayni, notarius, hec scripsi.

**289**. CIII. Eodem die Durantus Giraudi, de Aquis, denuntiavit michi notario supra et infra scripto, quod ipse passus fuit malum inflature in oculo sinistro spatio xvIIJ. dierum, ita quod non poterat videre; et votum fecit dicto dno pape Urbano, quod si Deus sibi gratiam faceret, quod a dicta infirmitate curaretur et Deus restitueret sibi gratiam clare videndi, quod portaret sibi unum cereum ceree; quo voto sic facto, fuit incontinenti plene curatus, gratia dicti dni Urbani pape ;. et ita esse verum juravit, ut deposuit in sua depositione predicta. Quere post. — Actum in capella dicti dni pape Urbani; testes : Guillelmus Foresterii, Mimatensis diocesis, Poncius Iterii.— Ego Anthonius Mayni, notarius, hec scripsi ut supra.

**290**. CIIII. Eodem die, Poncius Iterii, de Apta, denuntiavit michi Anthonio Mayni, notario, se passum fuisse in tibia dextra quoddam malum, dictum festolam, ante festum sancti Michaelis proxime lapsum, et vovit, si Deus faceret sibi gratiam ut a dicta infirmitate curaretur, quod ipse veniret ad dictum dnm Urbanum papam, et sibi portaret unum cereum unius libre, ob reverentiam Dei et dicti sancti Urbani, ut a dicta infirmitate curaretur ; quo voto sic facto, fuit gratia Dei et dicti sancti Urbani liberaliter curatus et sanatus ; et ita juravit esse verum, ut deposuit et suplicavit. Actum in capella predicta, ante monumentum dicti dni bone memorie [pape Urbani]; testes : [ . . . d]e Sancto Maximino, Anthonius Riperti. Ego Ant. Mayni, notarius, hec scripsi et signavi.

**291**. CV. [1] Eodem die, Blasius Aurinencha, de Valansola, denuntiavit michi dicto Anthonio Mayni, notario supra et infrascripto, quod ipse habet quendam filium, vocatum Anthonium Aurinencha, qui passus fuit in ambobus oculis festolam per tres annos proxime lapsos, ita quod consilio nec opere medicorum non poterat tunc curari ; qui pater dolens de malo filii patientis, bona voluntate et gratuita vovit eum venturum ad monumentum dicti dni Urbani, cum candelis cere ; quo voto facto, quasi incontinenti fuit infra tres dies curatus et reductus ad clare visum et bonum statum, precibus, ut credit, dicti dni pape bone memorie Urbani, et recuperavit visum suum bene et decenter, et ipsum faciet ad monumentum dicti dni Urbani venire, cum erit et venerit ad locum de Valansola. Et ita esse verum juravit dictus Blasius pater ad sancta Dei euvangelia ab eo sponte corporaliter manu tacta. — Actum ut supra; testes : Petrus Dalmacii, Anthonius Sabastiani. — Ego Anthonius Mayni, notarius, hec scripsi.

**292**. CVI. Eodem die, Petrus Dalmacii, de Valansola, denuntiavit michi dicto notario, quod ipse habet unum filium, vocatum Johannem Dalmacii, qui passus est unam grandolam in aure dextra, ita quod dubitabatur de morte ipsius infantis per patrem et vicinos suos ; qui pater vovit et promisit ipsum filium venire et presentare dicti dni pape sepulture, cum media libre ceree ; quo voto facto, fuit incontinenti curatus et dictam mediam libram cere monumento dicti dni pape Urbani presentavit. Interrogatus de tempore quo habuit dictam grandolam, dixit quod anno proxime lapso, duo vel tres menses lapsi sunt ; et ita esse verum juravit dictus pater ad sancta Dei euvangelia ab eo sponte corporaliter manu tacta. — Actum in dicta capella Sancti

---

1. *En marge :* Nota de fistula occulorum.

Victoris, ante monumentum dicti dni pape Urbani ; testes : dns Laurentius Garnerii, dns Johannes de Monteolivo, monachi. — Ego Anthonius Mayni, notarius, hec scripsi et signo meo signavi.

**293.** CVIII. [1] Anno Domini quo supra, die vicesima prima mensis Augusti, Anharellus de Doari, de Spoleto, terre Lumbardie domini nostri pape, denuntiavit michi Anthonio Mayni, notario infrascripto, quod cum ipse fuisset captus per dnm Cathalanum, custodem tunc et rectorem terre predicti domini nostri pape, dubitando quod ipse non fuisset partialis et soldatus partis adversse dicti dni pape, et deinde incarceratus et conpeditatus, dubitans de partialitate et de morte non per eum perpetrata, votum fecit lacrimabiliter dicto dno pape Urbano, ut suis precibus dignaretur intercedere ad dominum nostrum Jhesum Xpistum, ut amore Dei et pietatis intuitu a dicto carcere, in quo fuerat positus, faceret liberari et relaxari; et in dicto carcere existente, votum fecit dicto dno Urbano, quod amore Dei et pietatis intuitu, cum ipse nonquam fuerit partialis nec rixas fecerit, ut dicit, quod a dicto carcere faceret liberaliter relaxari. Quo voto facto dicto cero, dormivit dicta nocte circa tres horas, et reductus ad vigilandum, invenit se, ut dicit, cum dictis ferris extra carcerem in territorio de Code, ubi fuerat captus ; et dictos ferros levavit cum auxilio personarum, et illos ferros posuit ad [2] Sanctam Restitutam, ante figuram ibi factam beati Urbani pape, illosque ferros dimisit in ecclesia supradicta. Et ita juravit dictus denuntians ad sancta Dei euvangelia ab eo sponte corporaliter manu tacta. — Actum ante altare beati Victoris Massilie, ubi cepultus est beatus Urbanus, in presentia et testimonio dni Nicholay de Fonte, in decretis licentiati, dni Georgii de Gappo, monachorum. — Ego vero Ant. Mayni, notarius, hec scripsi et signo meo signavi.

**294.** CIX. Anno Domini quo supra, die xxiij. mensis Augusti, in tertiis, Benedictus Scalini, de Sancto Bricio, laborator, episcopatus Magalonensis, denuntiavit michi Anthonio Mayni, notario infrascripto, receptori miraculorum dni Urbani pape bone memorie, quod ipse habet unum

---

1. *En marge :* Nota bene de liberato et translato a carcere. — 2. [*En interligne :* ecclesiam.]

filium, vocatum Petrum Scalonhi, qui, tres anni elapsi, passus fuit febrem continuam, ita quod videbatur [in extremis, propter quod ipse] dubitans de morte filii sui, vovit dicto dno pape Urbano, quod [si] sibi placeret intercedere pro dicto infirmo ejus filio, offerret et portaret sibi unam ymaginem cere, cum uno cereo ponderis trium librarum. Quo voto facto, fuit a dicto morbo seu infirmitate curatus libere, absque aliqua pena, infra octo dies; et ideo dictus pater sine suo filio dictam ymaginem portavit cum dicto cereo ad dictum dnm Urbanum papam, in ecclesia Sancti Victoris Massilie sepulti, prout voverat et promiserat eidem; et ita esse verum juravit ad sancta Dei euvangelia ab eo sponte corporaliter manu tacta. — Ego Anthonius Mayni, notarius, hec scripsi et signo meo signavi. — Actum in dicto monasterio, in capella Sancti Victoris Massilie, ubi fuit cepultus dictus dns papa Urbanus; testes: P. Gassini, Huguetus Unha. — Ego vero Ant. Mayni, notarius, hec scripsi.

**295.** CX. Eodem die, in tertiis, Johannes Stimonis, civis Massilie, Lombardus, presentavit capelle dicti dni Urbani pape bone memorie, nomine cujusdam militis cujus nomen ignorat, quendam cereum, ponderis, ut dicit, xv. librarum, quem petit custodiri in monumento dicti dni pape Urbani usque ad adventum dicti militis, qui venturus est hinc ad octo dies. — Ego Anthonius Mayni, notarius, hec scripsi et signo meo signavi. — Actum et testes ut supra.

**296.** CXI. Eodem die, Beatrix [*bis*] Bessebona, de Pellissana, denuntiavit michi dicto notario supra et infrascripto, quod bene sunt quatuor menses [1] elapsi et plus, passa fuit malum enflature in pectore suo, ita quod non poterat se modo aliquo adjuvare, et transhactis dictis quatuor mensibus non curata, votum fecit dicto dno Urbano pape bone memorie quod sibi placeret intercedere pro ea ad dominum nostrum Jhesum Xpistum, (quod intercedere placeret sibi ad dominum nostrum Jhesum Xpistum,) et a dicta infirmitate inflature plenarie curaretur. Quo voto facto, fuit plenarie a dicta infirmitate curata; et ita juravit esse verum ad sancta Dei euvangelia ab ea sponte corporaliter manu tacta, et obtulit iiij. quandelas. — Actum in ecclesia Sancti

---

1. [*Le notaire a écrit* quatuor anni, *puis ajouté* menses, *en effaçant* quatuor *au lieu d'*anni.]

Victoris Massiliensis, ante monumentum dicti dni pape Urbani; testes : P. Garini, dns P. Rebolli, jurisperitus, Laurentius Aycardi, notarius de Massilia. — Ego Anthonius Mayni, notarius, hec scripsi et signo meo signavi.

**297**. CXII. Eodem die, Salvator Ferrarii, de Pellissana, denuntiavit michi dicto Anthonio Mayni, notario, quod Johannetus Ferrarii, ejus filius, condam passus fuit quandam malam bubam subtus aycellam dextram; qui pater denuntians ejus filium vovit dicto dno Urbano, et vixit filius curatus per x. dies, quibus decem diebus transactis, sicut Deo placuit, obiit et dies suos clausit extremos. — Item dicit dictus pater Salvator Ferrarii, quod ipse passus fuit tempore non longe preterito unam enguenalham in coxia dextra, et vovit se venturum ad monumentum dicti dni pape Urbani cum candelis ceree; quo voto facto, incontinenti fuit gratia Dei et precibus dicti dni Urbani a dicta enguenalha curatus. — Actum in ecclesia Sancti Victoris Massiliensis, ante altare sancti Victoris et ante thombam dicti dni Urbani; testes : Laurentius Aycardi, notarius, P. Rebolli, P. Polaci, de Narbona. — Ego Anthonius Mayni, notarius, hec scripsi et signo meo signavi.

**298**. CXIII. Eodem die, Petrus Pelati, de Pellissana, denuntiavit michi Anthonio Mayni, notario infrascripto, quod ipse passus fuit febrem continuam et in duobus occulis suis malum enflature, ita quod non poterat clare videre nec aliquem cognoscere clare per quatuor menses anni proxime lapsi; et egrotante vovit et promisit dicto dno pape Urbano, quod si acaptaret cum Deo gratiam quod dictos [occulos] suos clarifficaret et reduceret ad bonum et clarum statum, ipsum visitaret ad ejus monumentum cum quodam cereo quatuor librarum. Quo voto facto, dictus denuntians precibus dicti dni Urbani clare et sane curatus fuit; quem cereum presentavit monumento dicti dni Urbani; et hec vera asseruit esse, juramento prius per eum ad sancta Dei euvangelia prestito.— Actum ante altare Sancti Victoris Massiliensis et tumbam dicti dni Urbani; testes : Petrus Gratiani, dns Anthonius Leotardi (?), licentiatus in legibus.— Ego Anthonius Mayni, notarius, hec scripsi et signo meo signavi.

**299**. CXIIII. Anno Domini quo supra, die xx°iiii° mensis Augusti, Rostagnus Angelvini, de Valansola, denuntiavit michi Anthonio Mayni, notario infrascripto, quod ipse habet unum bovem pili blanqui, qui egrotabat graviter jacendo, ita quod non poterat aliquid facere nec in aliquo adjuvare, qui denuntians vovit dicto dno Urbano, quod intercedere vellet pro eo quod dictum bovem reduceret ad sanum statum et bonum, ut posset adjuvare domui sue, offeret pro eo longitudinem stadalis cere et amplitudinem ventris candelarum seu stadalis cere, pro elemosina et statu bono dicti bovis. Quo voto facto, incontinenti convaluit et fuit a dicto morbo plenarie curatus, et nunc presentavit cepulture dicti dni Urbani stadalia longitudinis et amplitudinis ejusdem, et ita juravit fore vera ea que denuntiavit ad sancta Dei euvangelia, esse vera. — Actum ante altare Sancti Victoris et monumentum dicti dni bone memorie pape Urbani ; testes : G. Cordelli, P. Bonneti. — Ego vero Anthonius Mayni, notarius, hec scripsi et signavi.

**300**. CXV. Eodem die et coram dictis testibus, Jacmeta, uxor Petri Perdigoni, de Valansola, denuntiavit michi dicto Anthonio, quod tres anni elapsi sunt vel circa, Johannetus de Tabiculo (?), dicti loci, casualiter percussit eam cum quadam pecia fuste supra brachium sinistrum, ita quod stetit sic egrota quod non potuit operari per quatuor menses vel circa ; pro quibus dicta Jacmeta se vovit dicto dno pape Urbano, ut intercedere placeret sibi pro ea, quod a dicta infirmitate curaretur gratia dicti dni pape Urbani. Quo voto facto, incontinenti fuit curata, et nunc comparuit dicta denuntians et presentavit dicto dno Urbano unum cereum unius libre, et ita juravit esse verum ut denuntiavit. — Actum et testes, ut supra proxime. — Ego vero Anthonius Mayni, notarius, hec scripsi et signo meo signavi.

**301**. CXVI. Eodem die, Rixendis, uxor Petri Guiberti, de Aquis, denuntiavit michi dicto Anthonio Mayni, notario, quod dictus Petrus, ejus maritus, passus fuit gutassam in anqua dextra per tres menses et plus, et vovit et promisit dicto dno Urbano, quod si Deus omnipotens gratia et precibus dicti dni Urbani ipsam a dicta infirmitate curaret, offerret ejus altari candelas. Quo voto facto, fuit incontinenti curata ab infirmitate predicta, et ita ut suprascriptum juravit dicta requirens ad sancta Dei euvangelia ab eo sponte corporaliter manu tacta. — Actum ante altare beati Victoris, ubi est constructa tumba dicti dni bone memorie Urbani pape; testes : Jacobus Augerii, domicellus de Aquis, Rodavius de Agiperia. — Ego Anthonius Mayni, notarius, hec scripsi et signo meo signavi.

**302.** CXVII. Eodem die, Marita Aymeriga, uxor Jacmeti Aymerici, de Berra, denuntiavit michi Anthonio Mayni, notario infrascripto, quod cum ipsa habeat unum filium nominatum Bertrandetum Aymerici egrotantem, qui passus fuit presentialiter febrem et malum cordis per unum mensem et plus, et presentialiter ipsum filium presentaret curatus; dictus quoque beatus Urbanus credit dicta mater quod intercessit pro eo, et nunc curatus est a dictis infirmitatibus gratiose, precibus dicti dni bone memorie pape Urbani, et ita petiit dicta mater scribi. — Deinde incontinenti, uxor dicti Jacmeti dixit et asseruit quod ipsa passa fuit malum casside in ambobus oculis, spatio unius mensis et plus presentis anni vel circa, in loco predicto de Berra, et sic vovit et promisit venire ad monumentum dicti dni pape Urbani; et propter preces et intercessiones quas credit pro dictis marito, se et gentibus domus sue fecisse, et virtute divina fuerunt omnes curati tempore supradicto, precibus dicti dni pape Urbani, ut dicit; et ita juravit dicta Jacmeta esse verum ut supra scriptum est et etiam requisitum. — Actum ante altare Sancti Victoris et tumbe dicti dni pape Urbani; testes : Anthonius Manelha, de Aquis, Petrus Domentoni. — Ego vero Anthonius Mayni, notarius, hec scripsi.

**303.** CXVIII. Et subsequenter incontinenti Bartholomeus Aymerici, de Berra, pater dicti Jacmeti, cum juramento denuntiavit mihi Anthonio Mayni, notario, se mandato dnorum offic[ialium] loci de Berra fuisse ibidem incarceratus et in dicto carcere detentus quatuor menses, absque eo quod aliquis fuerit denuntians contra eum; qui Bartholomeus existens tanto tempore in carcere, sponte et bona voluntate vovit et etiam promisit dicto dno Urbano, quod [si] sibi placeret gratiam a Deo omnipotente obtinere, quod a dicto carcere relaxaretur et liberaretur, portaret et offerret ad ejus [tumbam] unam libram cere; quo voto sic facto, fuit per bajulum a dicto carcere liberaliter relaxatus. — Actum et testes ut supra. Ego vero Ant. Mayni, notarius, hec scripsi et signavi.

**304.** CXIX. Anno Domini quo supra, die xxv. dicti mensis

Augusti, Fulcho Sabaterii et Bileta, conjuges, de Pugeto Tennesii, denuntiaverunt michi notario infrascripto, quod dicta Bileta ejus uxor passa fuit gutassam in latere sinistro persone sue, spatio duorum annorum, in tantum quod non poterat se de membris suis se adjuvare, et transacto dicto tempore vovit dicta Bileta, cum voluntate dicti mariti sui, venire ad monumentum dicti dni pape Urbani, ut brevius posset, cum una ymagine cere ponderis unius libre. Quo voto facto, fuit incontinenti a dicta infirmitate gratia Dei et precibus dicti dni Urbani liberaliter curata, et nunc dicta Jacmeta *(sic)* dictam ymaginem cum candelis presentavit monumento dicti dni pape Urbani ; et ita esse verum juravit ad sancta Dei euvangelia ab ea sponte corporaliter manu tacta. — Actum Massilie, ante altare Sancti Victoris, ante monumentum dicti dni pape Urbani ; testes : Guillelmus Gaufridi, Monnetus Blanca. — Ego vero Anthonius Mayni, notarius, hec scripsi et signavi.

**305**. CXX. Anno Domini quo supra, die vicesima octava dicti mensis Augusti, Petrus Johannis, de Tholosa, in civitate Massilie morans cum Stephano de Brandisio, nunc navigante, denuntiavit michi Anthonio Mayni, notario, receptori et not. nunc miraculorum concessorum per omnipotentem Deum dominum nostrum Jhesum Xpistum dno Urbano bone memorie pape cepulto in ecclesia [Sancti] Victoris Massilie, se heri perdidisse in domo dicti Stephani domini sui, faciendo ignem, unam bursam corii cum quinque florenis et duobus scutis auri, et non potens invenire dictam peccuniam neque bursam, vovit et votum fecit dicto dno pape Urbani bone memorie, quod si dominus noster Jhesus Xpistus suis precibus et suplicationibus dictas bursam et pecuniam posset invenire, sibi seu ad ejusdem dni pape monumentum scitum in Sancto Victore incontinenti portaret unam libram cere. Quo voto sic facto, iterato quesivit juxta fugayronum ubi fecerat ignem, et invenit in sineribus dictas septem pecias auri, videlicet quinque florenos cum dictis duobus scutis auri ; qui quidem denuntians gaudens de inventione auri sui predicti, nil perdito nisi dicta bursa, volens adimplere votum per eum promissum, ivit emptum unam libram cere cum candelis, quas portavit et presentavit monumento dicti dni pape Urbani, pro intercessionibus per eum factis dicto domino nostro Jhesu Xpisto de peccunia supra proxime expressata. Et predicta denuntiavit dictus Petrus Johannis michi dicto notario, cum juramento prius per eum ad sancta Dei euvangelia corporaliter prestito. — Actum in capella beati Victoris, ubi est monumentum dicti dni bone memorie pape Urbani; testes : dns Petrus de Sibona, decretaliste, dni Johannis de Jerusalem, monachorum Sancti Victoris Massiliensis. — Ego vero Anthonius Mayni, notarius, hec scripsi et signo meo signavi, ut infra.

**306.** CXXI. Anno Domini quo supra, die xxviiij. mensis Augusti, Johannes de Hocengiis, episcopatus Nemauzensis, castri de Someriis, denuntiavit michi Anthonio Mayni, notario et scriptori dictorum miraculorum, quod cum ipse denuntians moraretur pro scutiffero cum dno Arnaudo de Lar, gubernatori dni Francie regis, accidit quod propter impotentiam gutte que casualiter pervenit eidem dno gubernatori per diversas partes sui corporis, non poterat se de membris suis modo aliquo se adjuvare; tandem ipse Johannes denuntians sponte vovit et promisit dicto dno Urbano venire et se presentare ad ejus monumentum duas entortas cere, ponderis qualibet quinque librarum, x. librarum pro ambabus, quod a dicta infirmitate ipsum curaret. Quo voto facto, infra octo dies, dictus patiens fuit a dicta infirmitate plenarie curatus; et ita juravit dictus Johannes de Hoccenciis, ad sancta Dei euvangelia ab eo sponte corporaliter manu tacta, predicta per eum denuntiata esse vera. — Actum in dicto monasterio, ante monumentum dicti dni pape Urbani; testes : G. Arnaudi, Insnardus de Rosseto, monachi. Ego vero Ant. Mayni, notarius, hec scripsi.

**307.** CXXII. Eodem die, in vesperis, Petrus Artaudi, de Nantibus, denuntiavit michi dicto Anthonio Mayni, notario, se habere quendam filium, vocatum Guillelmetum (ejus filiam vocatum), qui passus fuit malum seu infirmitatem in guture et ore, quod non poterat comedere neque bibere, et stetit per octo dies jam elapsos, super quibus idem pater vovit et promisit dicto dno Urbano, (quod sibi placeret intercedere ad dominum nostrum Jhesum Xpistum,) quatenus placeret sibi intercedere pro dicto suo filio ad dominum nostrum Jhesum Xpistum quod a dicta infirmitate misericorditer curaretur et sanaretur. Quo voto facto, adduxerunt ad dictum monasterium Sancti Victoris, ad monumentum dicti dni pape Urbani, cum longitudine candelarum cere, quas obtulerunt monumento dicti dni pape Urbani, gratiose curatum ; et ita juravit esse verum dictus pater ut denuntiavit. — Actum in dicta capella Sancti Victoris, ante monumentum dicti dni pape Urbani ; testes : dns Nicholaus de Fonte, dns Johannes de Monteolivo, monachi. — Ego Ant. Mayni, notarius, hec scripsi et signavi ut supra.

**308.** CXXIII. Eodem die, Marita, uxor Raymundi Bartholomei, castri de Nantibus, denuntiavit michi dicto Anthonio Mayni, notario supra et infra scripto, quod in calcat[uris] arearum dicti castri, accidit quod unus bos dicte denuntiantis, in area ubi debebant calcare, malitiose cum joc quod h[ab]ebat in collo pro calcando, dictam Maritam in ejus personam percussit et in terram p[r]ostravit; et tunc se vovit timore dicti bovis, ut a male voluntate et periculo dicti bovis dictus dns Urbanus pro ea intercederet ad dominum nostrum Jhesum Xpistum, ut non offenderet amplius nec irrueret in eam, et portaret ad monumentum dicti dni Urbani unam ymaginem cere unius libre. Quo voto facto, dictus bos se a loco predicto amovit et recessit, absque eo quod ulterius processerit contra eam ; et nunc dictam ymaginem unius libre obtulit monumento predicto ; et ita juravit esse verum ut denuntiavit. Actum et testes ut supra. — Ego Ant. Mayni, notarius, hec scripsi et signo meo signavi.

**309.** CXXIIII. Anno Dni quo supra, die penultima mensis Augusti, dns Petrus de Lassagna, miles de Navarra, denuntiavit michi Anthonio Mayni, notario, se in guerra que vertitur inter dnum ducam Duracii ex una parte, et dnum Carolum Tabie dominos magnates, dominantes et habitantes in Albania, ex altera, fuit percussus cum quadam flechia venenosa seu veneno corrumpta in tibia dextra, uno magno ictu totam tibiam penetrante percussit et graviter perforavit ab ambabus partibus ; propter quod dubitabatur de ejus morte, et vovit et promisit dicto dno Urbano quod placeret sibi intercedere pro eo ad dominum nostrum Jhesum Xpistum, ut a dicto magno et periculoso vulnere curaret, et sibi offerret unam tibiam ceree, ponderis trium librarum. Quo voto facto, quasi incontinenti fuit a dicto vulnere gratiose curatus, virtute divina et gratia ac precibus dicti dni Urbani, ut credit, a dicto vulnere gratiose et plenarie curatus. Quam denuntiationem prescriptam fecit venerab. vir dns Johannes de Panpilornia, rector Galipiensis[1], qui juravit prescripta omnia ad sancta Dei euvangelia vera esse. — Actum ante altare beati Victoris et monumentum dni pape Urbani quinti ; [testes] : dns Anthonius Bocairo, jurisperitus, judex palatii Massiliensis, Burzasaulus de Sancto Johanne, Bayonensis diocesis. Ego Anthonius Mayni, notarius, hec scripsi et signavi, ut infra.

**310.** CXXV. Anno Domini quo supra, die prima mensis Septembris, Bileta Bessa, de Sallone, denuntiavit michi Anthonio Mayni, notario, se passam fuisse malum dictum lupia supra brachium dextrum, spatio unius anni, quinque anni lapsi sunt, absque eo quod de dicto brachio potuit se juvare de toto dicto anno; et existente sic, vovit se et votum fecit dno Urbano bone memorie, quatenus sibi placeret intercedere ad dominum nostrum Jhesum Xpistum, quod a dicta infirmitate curaretur, et dicto dno Urbano offerret unam libram cere. Quo voto sic facto, fuit infra dictos tres dies a dicta infirmitate omnino et plenarie curata et sanata, et dictam libram ceree in uno cereo convertit, et posuit ac obtulit altari dicti dni pape Urbani, ex causis predictis; et ita juravit dicta denuntians esse verum, prout denuntiavit michi dicto notario supra et infra scripto. — Actum in domo et capella ecclesie Sancti Victoris; testes : Johannes de Isia, jurisperitus, Alasacia de Ysia, ejus uxor. — Ego vero Anthonius Mayni, notarius, hec scripsi.

**311.** CXXVI. Anno Domini quo supra, die tertia mensis Septembris, Bartholomea Restinaria, mater Erembosie, filie sue, denuntiavit michi Anthonio Mayni, notario supra et infra scripto, quod tempore mortalitatis proxime lapse, quinque anni elapsi sunt, dicta Erembosia, ejus filia, tunc infans, passa fuit quandam enflaturam in camba sinistra, ita quod fuit valde egrota, in periculo mortis ; que mater vovit et promisit dicto dno Urbano pape, ut aquireret gratiam cum domino nostro Jhesu Xpisto, quod a dicto morbo enflature curaretur, offerret et aportaret monumento dicti dni Urbani unum sudarium tele novum. Quo voto facto per dictam ejus matrem, fuit infra tres dies plenarie et gratiose curata ; et ita juravit dicta mater ad sancta Dei

---

1. *En marge* : Averte quia variat in personis.

euvangelia ab ea sponte corporaliter manu tacta. — Actum in capella Sancti Victoris Massilie ; testes : Johannes Milonis, clericus, dns Andreas Torbelli, capellanus. — Ego Ant. Mayni, notarius, hec scripsi et signavi.

**312.** CXXVII. Anno Domini quo supra, die quintadecima mensis Augusti, Petrus Jordani, pistor de Aquis, denuntiavit michi Anthonio Mayni, notario, se patiisse in tibia dextra malum enflature cum modico vulnere, per annum et medium, et vovisse dno pape Urbano, quod sibi placeret adisirre (?) cum domino nostro Jhesu Xpisto quod gratiam aquireret cum domino nostro Jhesu Xpisto, ut a dicta enflatura tibie et a dicta infirmitate curaretur, sibi offerret unam libram ceree. Quo voto facto, incontinenti fuit ab omnibus dictis infirmitatibus gratiose curatus, et dictam libram ceree nunc obtulit monumento dicti dni pape ; et ita juravit esse verum ut dixit et denuntiavit michi dicto notario. — Actum in ecclesia Sancti Victoris Massilie, ante monumentum dicti dni pape Urbani ; testes : Adam Bosqueti, de Aquis, P. Lageti, dicti loci. — Ego Anthonius Mayni, notarius, hec scripsi et signo meo signavi.

**313.** CXXVIII. Eodem die, Jacobus Sallonis, de Aquis, denuntiavit michi dicto notario, quod duo anni elapsi sunt vel circa, passus fuit malum oculorum, ita quod non potuit videre vix, et vovit presentialiter venire ad ejus monumentum, facta sibi gratia Dei missericordia quod a dicta infirmitate curaretur, veniret ad ejus monumentum, et sibi presentaret duos oculos ceree, pretii xij. den. Quo voto sic facto, fuit gratia Dei et dicti dni pape Urbani plenarie curata ; et ita juravit esse verum ut retulit michi dicto notario. — Actum ut supra ; testes : dns. Aycardus Bilhonis, capellanus de Aquis, et Jacobus Solomes, dicti loci. — Ego Anthonius Mayni, not. hec scripsi et signo meo signavi.

**314.** CXXIX. Eodem die, Alasacia, uxor dicti Jacobi Sallonis, denuntiavit michi dicto notario, quod ipsa passa fuit malum oculorum suorum, ita quod non poterat clare videre per x. dies vel circa presentis anni, et vovit venire et illuminare cum candelis tumulum dicti dni pape Urbani. Quo voto facto, fuit incontinenti curata, precibus, ut credit, dicti dni pape Urbani ; et ita esse verum juravit. — Actum in ecclesia supradicta, in presentia et testimonio dns Aycardus Belhoni, capellanus de Aquis, Jacobus Salomes, dicti loci. — Ego vero dictus Ant. Mayni, notarius, hec scripsi.

**315.** CXXX. Eodem die, Agnesia Lageria, de Aquis, nutrix Amelie Giraude, filie Johannis Giraudi, de Aquis, que passa fuit malum in oculis suis cassie (?), dicta nutrix vovit eam predicto dno Urbano, quod si eam a malo dictorum oculorum curaret, sibi portaret unam ymaginem cere, ponderis unius quartayroni. Quo voto facto, fuit incontinenti curata, et ita juravit esse verum ut deposuit. — Actum in dicta ecclesia Sancti Victoris, ante tumbam dicti dni pape Urbani : testes : dns Artaudus Belhoni, capellanus, et Jacobus Salomes. Ego Anthonius Mayni, notarius, hec scripsi et signavi.

**316.** Anno Domini quo supra, die tertio mensis Septembris, dna Berengaria Pellegrina, de Avinione, denuntiavit michi dicto Anthonio Mayni, notario, quod ipsa passa fuit in Avinione unam grandolam in collo et febrem, spatia unius anni proxime lapsi, ita quod non poterat rationabiliter loqui neque facere negotia sua ; et vovit venire ad monumentum dni Urbani bone memorie, quatenus amore Dei sibi placeret intercedere pro ea ad dominum nostrum Jhesum Xpistum, quod a dictis infirmitatibus curaretur et sanaretur, offerret sibi unam ymaginem duarum librarum. Quo voto sic facto in Avinione, ut dicit, fuit incontinenti curata, involuta prius per eam quodam mantello panni sibi dato, ut dicit, per dictum dnm Urbanum supra personam suam, et fuit plenarie a dictis infirmitatibus curata ; et ita juravit, ad sancta Dei euvangelia ab ea sponte corporaliter manu tacta, predicta esse vera. — Actum in capella Sancti Victoris Massilie, ante monumentum dicti dni pape Urbani, in presentia et testimonio Anthonii Guigonis, P. Ranerii (?). — Ego vero Anthonius Mayni, notarius, hec scripsi et signavi ut sequitur.

**317.** CXXXI. Anno Domini quo supra, die iiij Septembris, Berengaria, uxor Johannis de Bosqueto, civis Massilie, marinarii, nomine dicti mariti sui, denuntiavit michi Anthonio Mayni, notario, quod dictus ejus maritus suus, in mari de Quoquolibero, xv dies elapsi sunt, cum dicta sua barqueta obviavit duabus galeis que dicebantur Sarracenorum, navigantes versus dictum ejus maritum, ita quod flatus venti in viagium dicti mariti sui vigentes, tu[n]c veniendo ad partes Massilie modo debito, cum dicta sua barchia se transtulit incontinenti et cum suis sociis pervenit ad civitatem Massilie, evadendo a dictis Sarrassenis, facto per dictum ejus maritum primo voto, quod si gratia Dei ipsum cum suis sociis a potestate dictorum Sarrassenorum liberaret, portaret seu portari faceret unam barchiam cere unius libre. Quo voto sic facto, ad dictam monumentum dicti dni pape Urbani obtulit unam barchiam unius libre presen.; et in animam dicti ejus mariti asseruit esse vera juravit. — Actum ante altare beati Victoris, ante monumentum dicti dni pape Urbani ; testes : Bertrandus Berengarii, Guillelmus de Verduno, monachus. — Ego Ant. Mayni, notarius, hec scripsi et signavi.

**318.** CXXXII. Anno Domini quo supra, die viij mensis Septembris, Anthonius Audegerii, civis Massilie, maritus Aycardete Audegerie, uxoris sue, denuntiavit michi notario, stipulanti nomine illorum quorum interest, quod dicta ejus uxor egrota et infirmitate detenta stetit in ejus domo per tres menses vel circa, et dictus ejus maritus vovit et promisit dicto dno pape Urbano, quod [si] gratiam obtineret quod a dicta febre in lecto suo jacente curaretur, cura facta portaret sibi unam ymaginem cere muliebris, ponderis unius libre. Quo voto facto, sic incontinenti fuit a dicta febre omnino curata ; qua cura sic facta, nunc portavit et obtulit dictus maritus dictam ymaginem ceree, ponderis unius libre; et ita juravit esse verum ut presentialiter dixit et deposuit. — Actum in capella Sancti Victoris, ante monumentum beati Urbani, [in] presentia et testimonio dnorum Nicholai de Fonte. Ego vero Anthonius Mayni, notarius, hec scripsi et signavi ut infra.

**319.** CXXXIII. Eodem die, in vesperis, Anthonius de Calvari, de Corcica, denuntiavit michi dicto notario, quod ipse in dicto loco de Calvari passus fuit febrem per spatium viginti dierum, absque eo quod potuerit loqui cum aliquo propter febrem predictam ; dubitando de morte, se vovit visitare dnm Urbanum ad ejus monumentum, quod sibi placeret intercedere pro eo, quod a dicta febre curaretur et restitueret sibi loquelam, sine loquela promisit in corde suo et post. Quo voto sic in suo corde facto dicto dno Urbano, incontinenti fuit, ut dicit, a dicta febre et infirmitate gratiose curatus, et restituta clare et plenarie loquela eidem gratia Dei et precibus dicti dni pape Urbani, et proinde, ut promisserat, obtulit monumento dicti dni Urbani unum cereum quatuor librarum ; et ita juravit dictus denuntians fuisse et esse verum ut in dicta denuntiatione per eum facta continetur. — Actum in capella beati Victoris, ante capellam dicti dni pape Urbani, in presentia et testimonio Marini de Vico, filii Hunoli, de Calvi, [et] dni Nicholai de Fonte. — Ego vero Ant. Mayni, notarius, hec scripsi.

**320.** CXXXIIII. Anno Domini quo supra, die nona mensis Septembris, Johannes de Campoclauso, episcopatus Nemauzensis, denuntiavit michi Anthonio Mayni, notario, quod quatuor anni elapsi sunt vel circa, passus fuit febrem continuam et bossam in engulo sinistro, spatio viginti dierum et pluris, et quod sperabatur magis de morte sua quam de vitta; et in fine dictorum viginti dierum, vovit et votum suum fecit dicto dno beato Urbano, quod sibi placeret intercedere ad dominum nostrum Jhesum Xpistum quod a dictis bossa et febre gratiose curaret. Quo voto sic facto, fuit incontinenti gratia Dei et dicti dni Urbani gratiose curatus ab infirmitatibus supradictis, cum una candela. — Actum Massilie, in capella ecclesie Sancti Victoris, ante tumbam dicti dni Urbani pape ; testes : Johannes Regis, cur[ialis] caude domini nostri pape not., Bernardus Boni, de Alesto. Ego vero Ant. Mayni, notarius, hec scripsi.

**321.** CXXXV. Eodem die, Bernardus Boni, de Alesto, denuntiavit michi dicto notario, se passum fuisse febrem terssanam, spatio decem dierum, et votum fecit venire ad monumentum dicti dni Urbani, et sibi portare unam candelam unius quartayroni. Quo voto sic facto, fuit incontinenti curata, et ita juravit esse verum. Actum et testes ut supra. Ego vero Anthonius Mayni, notarius, hec scripsi et signavi.

**322.** CXXXVI. Eodem die, Mabilia de Ysia, uxor dni Johannis de Ysia, jurisperiti, civis Massilie, denuntiavit michi Anthonio Mayni, notario, quod ipsa passa fuit in aycella sinistra unam grandolam et febrem per annum vel circa, qua patiente vovit venire ad monumentum dicti dni Urbani, suis precibus primo curata, auxilio domini nostri Jhesu Xpisti a dictis grandola et febre ; et nunc ad monumentum dicti dni Urbani personaliter curata venit, et obtulit et portavit ad sepulturam dicti dni Urbani unum cereum unius quartayroni ; et ita esse verum juravit dicta denuntians ad sancta Dei euvangelia ab eo sponte corporaliter manu tacta. — Actum ut supra ; testes : dictus dns Johannes de Ysia et Gª ejus uxor. — Ego Anthonius Mayni, notarius, hec scripsi.

**323**. CXXXVII. Anno Domini quo supra, die xiij mensis Septembris, in tertiis, venerabilis religiosus vir dns Bertrandus de Scala, miles Sancti Johannis Jer[oso]limitani, denuntiavit michi Anthonio Mayni, notario infrascripto, quod ipse passus fuit magnam tucim et magnum dolorem in suo pectore, spatio x. dierum et pluris, in tantum quod vix poterat loqui clare; et vovit beato Urbano venire, primo curato, cum uno corporo et aliis necessariis cere, ponderis duarum librarum. Quo voto facto, fuit incontinenti a predictis infirmitatibus curatus, et nunc dictam ceram obtulit presentialiter monumento ubi fuit dictus dns Urbanus cepultus ; et ita dictus dns Bertrandus de Scala promisit esse verum ut deposuit, manum dexteram supra pectus ponendo. — Actum ante altare Beati Victoris Massilie, ubi constructa est tumba dicti dni Urbani condam bone memorie pape, in presentia et testimonio Insnardus de Roceto, monachus, Robertus Ortolani. — Ego vero Anthonius Mayni, notarius, hec scripsi et signavi.

**324**. CXXXVIII. Eodem die, nobilis domicellus Jacobus de Villamus, de Sancta Atulia dominus, Cistar[ic]ensis diocesis, denuntiavit michi dicto Anthonio Mayni, notario, receptori dictorum miraculorum, quod anno proxime lapso passus fuit et habuit unam bossam subtus aurem et dolorem cordis, que sibi duravit et substinuit absque eo quod posset loqui clare x. diebus vel circa ; et vovit se venire ad monumentum beati Urbani, ipso primo curato, cum una ymagine cere, ponderis duarum librarum. Et facto ipso voto, fuit gratia Dei et beati Urbani plene suis precibus curatus ; quam ymaginem duarum librarum obtulit dictus domicellus, et presentavit dicto suo monumento; et ita esse verum juravit dictus nobilis Jacobus de Villamus, ad sancta Dei euvangelia ab eo sponte corporaliter manu tacta. — Actum ante dictum altare Beati Victoris; testes : Insnardus de Roceto, monachus, Robertus Ortolani, clericus, dns Bertrandus de Scala, miles. — Ego vero Anthonius Mayni, notarius, hec scripsi.

**325.** CXXXIX. Anno Domini quo supra, die xv. mensis Septembris, frater Raymundus de Rocaforti, miles Sancti Johannis Jerosolimitani, dixit et asseruit, prestita prius per eum manu dextra supra pectus corporis sui loco juramenti, quod ipse constitut[us] in castro de Lugai'o, diocesis Rutheneusis, quod castrum tunc regebat et gubernabat, dubitans ipse custos de perditione ipsius, propter presentiam, ut credebat, hostium armatorum ibidem presentium et ascistentium, nec resistere ab eis posset, vovit et promisit dictus Raymundus dicto dno Urbano pape bone memorie, quod sibi oblationem faceret, quatuor libras cerce offerret et sibi seu suo monumento portaret, si transirent, ad hoc quod non facerent sibi aliquod malum nec sociis suis. Quo voto sic facto, predicti inimici cum eorum sociis incontinenti recesserunt quo voluerunt, [et] dicto refferenti nec gentibus suis nullum malum fecerunt ; et hec juravit et promisit esse vera, manum suam ponendo supra pectus suum, et inde obtulit ad monumentum dicti dni beati Urbani iiij$^{or}$ libras cere in quodam cereo.

**326.** Item denuntiavit dictus Raymundus de Rocaforti, miles dicti ordinis Sancti Johannis Jer[oso]limitani, michi Anthonio Mayni, notario, quod in vigilia beate Marie virginis de mense Septembris proxime lapso [7], accidit dicto denuntianti quod quidam equs suus per altas montaneas cum quodam suo transvio transitum faciendo, ipso pedes illum ducendo, ronsinus ipse casualiter intra ilias montaneas cecidit seu ipsum desamparavit, et ipsum querendo invenit illum pedes bono modo et letaliter existendo, absque eo quod malum aliquod haberet seu pateretur, intra montaneas supradictas ; et eo sic invento, promisit et vovit idem denuntians portare ad monumentum dicti dni Urbani, ut brevius posset, unam libram cere, quam libram presentialiter obtulit et presentavit monumento suo ; et ita promisit manum suam dextram ponendo supra pectus suum.—Actum in capella Sancti Victoris, ubi est monumentum et corpus dicti dni Urbani pape ; testes : Raymundus de Mundo Jocii, frater Robertus de Sancto Adon. — Ego Anthonius Mayni, notarius, hec scripsi et signo meo signavi.

**327.** [CXL]. Anno Domini quo supra, die xviij mensis Septembris, in tertiis, Isabel, uxor Georgii Gorde, ville Sancti Spiritus, denuntiavit michi dicto Anthonio Mayni, notario, quod duo anni elapsi sunt vel circa, quod dictus Georgius ejus maritus passus fuit febrem cum effusione sanguinis per narras et orem, qua mulier vovit dictum ejus maritum dicto dno pape Urbano, ad ejus monumentum facere portare unam ymaginem cere duarum librarum, ipso primo curato. Quo voto sic per eam facto, dictus ejus maritus stetit dicto vespere et nocte, et tu[n]c die crastina sequenti fuit liberaliter curatus a predictis precibus, ut credit; et nunc presentialiter dicta uxor offert monumento dicti dni pape Urbani dictam ymaginem dictarum duarum librarum cere; et ita juravit dicta Isabel esse vera prout denuntiavit, ad sancta Dei euvangelia ab ea sponte corporaliter manu tacta. — Actum ut supra, in capella Sancti Victoris, ante monumentum dicti dni pape Urbani; testes: Guillelmus Gorda, Johannes Gorda, dicti loci Sancti Spiritus. — Ego Anthonius Mayni, notarius, hec scripsi et signo meo signavi.

**328.** CXLI. Anno Domini quo supra, die xxj. mensis Septembris, Guillelmus Hugonis, de Podionerio, episcopatus Aquensis, denuntiavit michi Anthonio Mayni, notario, quod ipse in messibus proxime decursis exiciebat foras duos ronsinos, ex quibusdam terris suis seminatis annone, in dicto territorio Podii Nerii, [et] casualiter in terram cecidit, in tantum quod pes suus a tibia seu a loco ubi erat positus se amovit, se tamen tenendo, non potens abire ut consueverat, et sic stetit per quinque septimanas vel circa; et sic existendo vovit se et promisit dno Urbano pape, quod si suis precibus omnipotens Deus daret sibi gratiam quod a dicta infirmitate curaretur, offerret sibi unum pedem, ponderis unius libre. Quo voto facto, fuit dictus patiens quasi curatus dicto cero ommino, quod nullum malum habuit seu passus fuit, ita quod nichil aparuit nec sibi aparet de dicto malo, gratia, ut credit, et precibus dicti dni pape Urbani factis domino nostro Jhesu Xpisto, absque juvamine alicujus medici, gratiose curatus; et dictum cereum unius libre obtulit et presentavit monumento dicti dni pape; et ita juravit esse verum dictus Guillelmus Hugonis, ut denuntiavit, ad sancta Dei euvangelia ab eo sponte corporaliter manu tacta. — Actum in capella Sancti Victoris Massilie, ante monumentum dicti dni pape Urbani; testes: Johannes Vesiani, dns Andreas, preceptor monasterii Sancti Victoris Massiliensis. — Ego Anthonius Mayni, notarius, hec scripsi.

**329**. CXLII. Eodem die, in vesperis, Petrus Pelos, de loco de Rodès, denuntiavit michi Anthonio Mayni, notario miraculorum factorum per dictum dnm papam Urbanum, quod ipse passus fuit febrem, cum magno dolore cordis, in tantum quod non poterat loqui clare, spatio octo dierum vel circa; qui egrotans vovit dare et offerre beato Urbano unam libram cere, et suum monumentum personaliter visitare, et quod sibi placeret intercedere pro eo quod a dicta infirmitate curaretur. Quo voto sic facto, fuit a dicta infirmitate curatus et sanatus, ita quod non habuit dictam infirmitatem nisi per octo dies ante dictum votum, et presentialiter obtulit monumento dicti dni Urbani unam libram cere, et ita juravit esse verum ut deposuit. — Actum in capella superiori dicti monasterii Sancti Victoris Massilie, in presentia et testimonio Raymundus de Viridario, diocesis Rutenensis, G. Coculhat, de Rodes. — Ego Ant. Mayni, notarius, hec scripsi.

**330**. [CXLI]II. Die xxvj. Septembris, Andreas de Scala, piscator, civis Massilie, denuntiavit michi dicto notario, dicens quod x. menses elapsi sunt, passus fuit gutassam, quasi per totam personam; et facto voto beato dno pape Urbano, fuit incontinenti curatus, ut omnipotens Deus daret ei remedium salutis, obtulit unam ymaginem unius libre cere monumento suo, et ita juravit esse verum ut deposuit. — Actum ut supra; testes: Ant. Guigonis, P. Sernelli, de Massilia. — Ego Ant. Mayni, notarius, hec scripsi et signavi.

**331**. CXLIIII. Anno Domini quo supra et die xxvij dicti mensis Septembris, Bernardus Verneti, diocesis Barchinonensis, denuntiavit michi Anthonio Mayni, notario, quod ipso studente in Monte Persulano, cum quibusdam aliis, sex menses lapsi sunt vel circa, audientibus logicam, accidit quod ipse loquens eum quodam socio suo habuerunt verba iniqua et injuriosa infra quandam ecclesiam Montispersulani, vocatam Int.      (sic), in tantum quod devenerunt ad arma evaginata, sic quod duo dictorum inimicorum ejusdem fuerunt in brachio et certis locis personarum eorumdem letaliter, ut dicebatur per gentes localiter, vulnerati, absque eo quod dictus Bernardus intulerit ictus seu vulneraverit aliquem dictorum inimicorum suorum. Et hoc acto, vovit et promisit dicto dno Urbano venire ad ejus monumentum, et quod omnipotens Deus ipsos vulneratos curaret et a morte custodiret, precibus dicti dni pape Urbani, et sibi seu ejus monumento offerret duas libras cere, quas tradidit et presentavit monumento predicto; qui vulnerati fuerunt curati infra unum mensem tunc proxime sequentem. Interrogatus si alii qui dicuntur vulnerati, ubi et in qua parte seu partibus personarum fuerunt vulnerati, dixit quod sic, in capite et brachio et aliis vulneribus, ita quod dubitabatur de morte eorum; atamen transhacto uno mense, fuerunt curati omnes dicti vulnerati, tamen negat deponens quod nullum vulneravit, ut dicit, et dictas tres libras ceres nunc dicto dno Urbano ad ejus monumentum obtulit et presentavit; et ita juravit dictus denuntians, ad sancta Dei euvangelia ab eo sponte corporaliter manu tacta. — Actum in dicta capella Sancti Victoris Massilie, ubi cepultus est corpus dicti dni Urbani; testes: Ludovicus Martinelli, diocesis Valentinensis, Nicholaus de Almenar, diocesis Valentinensis. — Ego vero Anthonius Mayni, notarius, hec scripsi et signo meo signavi in testimonium premissorum.

**332.** Die iiij. mensis Octobris, Nicholaus Bayamon, civis Massilie, denuntiavit michi Anthonio Mayni, notario, quod cum ipse denuntians, hoc anno die xxviij Madii, existeret apud Talamonum, in terra et posito assegio pro parte domini nostri summi pontificis, occasione rebelionis gentium dicti castri, fuit percussus et vulneratus cum quodam veratono baliste misse sibi per inimicos Ecclesie sacrosancte, ita quod dubitabat de morte; et vovit se dno Urbano pape, quod sibi placeret intercedere pro eo ad dominum nostrum Jhesum Xpistum, quod a dicto ictu et vulnere a morte liberaret, et sibi faceret et fecit afferendi unam ymaginem cere, ponderis unius libre et medie; quo voto facto, fuit curatus, et dictam ymaginem cere presentavit cepulture dicti dni Urbani, et hec fuerunt in loco predicto, et ita juravit ad sancta Dei euvangelia. — Actum Massilie, in ecclesia Sancti Victoris; testes: Raolinus Vivandi, Bertrandus de Sancto Felice. — Ego Ant. Mayni, notarius, hec scripsi.

**333.** Anno Domini quo supra, die iiij mensis Octobris, Insnardus Graneti, de Barrema, pastor, denuntiavit michi dicto notario, passum fuisse malum in genu tibie sinistre, spatio iiij$^{or}$ annorum vel circa, ita quod non poterat clare abire ; et promisit ac vovit dno Urbano pape bone memorie, ut intercedere sibi placeret ad dominum nostrum Jhesum Xpistum, ut curaretur ab infirmitate tibie, ab uno anno citra ; incontinenti, facto dicto voto, fuit liberatus et sicut Deo placuit curatus, et ita juravit ad sancta Dei euvangelia spontanea voluntate esse verum ut in ipsa denuntiatione continetur. — Actum Massilie, ante altare Beati Victoris ; testes : Fuho Umberti, P. Bermundi. — Ego Ant. Mayni, notarius, hec scripsi.

**334.** Eodem die, Jacobus Blanqui, laborator, civis Massilie, denuntiavit michi dicto notario, quod ipse habet unum ronsinum, die Lune proxime lapsa, qui passus fuit malum casualiter in pede dextro primo, et sibi modicum enflavit, ita quod poterat abire bene, ut dicebat, unum pedem cere medii quatayroni si posset curari, et ita vovit ; quo voto sic facto, fuit incontinenti curatus ; et ita juravit esse verum, et vovit dicto dno Urbano portare unum ronsinum cere, ponderis medii quartayroni, quem portavit et presentavit.— Actum Massilie, ante altare Sancti Victoris Massilie ; [testes] : P. Hugonis, Nicholaus Gestiani, laboratores de Massilia. — Ego Anthonius Mayni, notarius, hec scripsi.

## PARS TERTIA

. . . . . . . . . . . . . . . . .

**335.** Anno Domini quo supra [Mº CCCº LXXVIIIº], die Lune xxvjᵃ die mensis Julii, Guilhermeta, uxor Raymundi Ruphi, marinarii de Massilia, in Piscaria commoranti[s], venit peregre ad sepulcrum sancte memorie dni Urbani pape quinti, cum ymagine de cera ponderante duas libras, videlicet cum oblatione sua quam voverat, et in presentia mei notarii et testium subscriptorum retulit juramento suo, quod die Lune proxime lapsa sunt tres septimane jam elapse, cum esset in cena subito habuit malum cor, in tantum quod non poterat comedere, et videbatur sibi quod per totum corpus suum esset cum cultellis puncta; et subsequenter cum iret de nocte ad dormiendum in lecto, tantum extiterat gravata per totum corpus suum quod non poterat dormire; ipsa tunc, cum non poterat dormire, accepit lumen cum una candela et respexit puerum suum cum ipsa in lecto jacentem, propter nigra que cum lumine tunc inspiciebat brachia sua, et vidit per totum exire bossas magnas ad modum lepre, et subito hujusmodi bosse per totum corpus suum exierunt; ipsa vero surrexit, ut melius, cum maximo timore et vocavit Raymundum maritum suum, qui in alia camera jacebat, qui statim venit [= vidit] uxorem suam sic vulneratam de bossis supradictis, valde timuit et dixit : « O sancta Maria, quomodo potest istud fieri, pro certo tu es leprosa »; que respondit : « Benedictus sit Deus, si ita est non possum aliter facere »; et tunc dicta Guilhermeta florando dixit ista verba vel similia plorando : « O beatissime papa Urbane, pro tua sancta clementia digneris pro me peccatrice in conspectu Altissimi intercedere, quod valeam curari ab ista lepra, et jam promitto vobis quod veniam et visitabo sepulcrum tuum cum oblatione mea ». Et incontinenti, facto voto, cessavit omnis color, et ceperunt bosse evanescere ex toto, et sic restituta [fuit] pristine sanitati, credens pie quod ad preces predicte sancte memorie dni Urbani Dominus benedictus sibi hujusmodi gratiam fecerat. Raymundus ejus maritus dixit suo juramento omnia predicta vera fore, visu et auditu; interrogatus quis vidit predicta, respondit quod nullus, quia de nocte erat. — Actum ut supra, in presentia dnorum Bernardi Bedoci et Hugonis Giraudi, monachorum. Ego vero dictus Johannes de Thama, notarius, hec predicta publicavi et signo meo solito signavi.

**336.** Anno Domini quo supra, die Lune ix$^a$ die mensis Augusti, dns Nicheus Lamberti, clericus Leodiensis diocesis, canonicus Sancti Eviti senioris, Arelatensis diocesis, venit peregre ad sepulcrum sancte memorie dni Urbani pape quinti, cum tibiis et pedibus de cera ponderantes duas libras, videlicet cum oblatione sua quam voverat, et in presentia mei notarii et testium subscriptorum retulit juramento suo, quod bene sunt circiter duo anni cum dimidio jam elapsi vel circiter, ipso existente in Sicilia, in civitate Palerma, ipse habuerat quamdam gravem infirmitatem, scilicet febrem continuam, ductam per medium annum vel circa, in qua quidem infirmitate habuerat pedes et tibias inflatas, quod non poterat se movere de loco quoquomodo; ipse finaliter perdiderat omnes sensibilitates sui corporis nec poterat sumere aliqualem substantiam, medici vero judicaverant ipsum pro mortuo et ipsum desamparaverant; et cum finaliter laborasset in extremis, cogitabat una die quomodo audiverat dici quod predicta sancta memoria diversis personis, cum Xpisti adjutorio, plurima fecerat miracula, vovit eidem sancte memorie humiliter et bono corde, quod si placeret eidem sancte memorie pro ipso precari in conspectu Altissimi intercedere, quod posset recuperare sanitatem et evadere mortem, quod veniret peregre ad sepulcrum predicte sancte memorie cum oblatione sua jam dicta. Et incontinenti, facto voto, incepit recuperare sensibilitates sui corporis, et omnes langores et dolores evanuerunt, et sic palatim restitutus est pristine sanitati, credens pie quod ad preces predicte sancte memorie Deus benedictus sibi hujusmodi gratiam fecerat. — Actum ut supra, in presentia dnorum Johannis Aureoli et Guilhermi Armandi, monachorum. Ego vero Johannes de Thama, notarius supradictus, hec scripsi et publicavi, et signo meo solito signavi.

**337.** Anno Domini quo supra, die Lune nona die mensis Augusti, Philippus Dannarii, d'Ast, venit peregre ad sepulcrum sancte memorie dni Urbani pape quinti, cum entortitio cere ponderis sex librarum, videlicet cum oblatione sua quam voverat, et in presentia mei notarii et testium subscriptorum retulit juramento suo, quod de mense Junii proxime lapsi, in Roma ipso existente cum nonnullis aliis transmontanis, extitit captus in quodam rumore facto per Romanos contra transmontanos, et finaliter interfecerunt quinque de illis qui cum ipso erant capti; ipse cogitabat quomodo audiverat dici quod predicta sancta memoria diversis personis, cum Xpisti adjutorio, plura fecerat miracula, vovit eidem sancte memorie humiliter, plorando bono corde, quod si placeret eidem sancte memorie pro ipso peccatore in conspectu Altissimi intercedere quod posset evadere mortem, quod veniret peregre ad sepulcrum predicte sancte memorie, cum oblatione sua jam dicta. Et incontinenti, facto voto, extitit liberatus sine aliquali damno, nescit tamen qualiter, credens pie quod ad preces predicte sancte memorie Deus benedictus sibi hujusmodi gratiam fecerat. Actum ut supra proxime et testes. Ego vero jam dictus notarius hec scripsi et publicavi, et signo meo signavi.

**338**. Anno Domini quo supra, die Lune nona die mensis Augusti, frater Stephanus Gay, de ordine fratrum Minorum, venit peregre ad sepulcrum sancte memorie dni Urbani pape quinti, cum entortitiis cere ponderantibus sex libras, videlicet cum oblatione sua qua voverat, et in presentia mei notarii et testium subscriptorum retulit juramento suo, quod de mense Junii proxime lapsi, ipso existente in Roma, habuerat quamdam gravissimam infirmitatem, scilicet febrem quotidianam, in qua quidem infirmitate, durante circiter quindecim dies, extiterat tantum debilitatus quod non poterat aliquam sumere substantiam, et etiam perdiderat omnes sensibilitates sui corporis, preter loquelam, medici vero dni pape et alii ipsum penitus desamparaverant et judicaverant pro mortuo ; ipse, laborando in extremis, cogitabat qualiter predicta sancta memoria diversis personis, cum Xpisti adjutorio, plura fecerat miracula, vovit eidem sancte memorie humiliter, bono corde, quod si placeret eidem sancte memorie (in conspectu Altissimi) pro ipso peccatore in conspectu Altissimi intercedere quod posset evadere mortem, quod veniret peregre ad sepulcrum predicte sancte memorie, cum oblatione sua jam dicta, dicendo ista verba vel similia : « O beatissime papa Urbane, pro tua sancta clementia respice quomodo ego in conventu meo et in cella mea habeo eleemosinas et etiam bona pro custodiendis, que omnia, si morirer, erunt perdicta; et ideo pro Dei misericordia, rogeris Deum pro me peccatore ». Et incontinenti, voto facto, cessaverunt omnes langores, et dimisit eum febris nec postea censit dolorem, et sic pristine [fuit] restitutus sanitati, credens pie quod ad preces predicte sancte memorie Deus benedictus sibi hujusmodi gratiam fecerat.— Actum ut supra, in presentia dni Hugonis Emerati, monachi, et nobilis Johannis de Oyena. Ego vero jam dictus notarius hec scripsi et publicavi, et signo meo signavi.

**339.** Anno quo supra, die xvij[a] [*leg.* xvi ¹] mensis Augusti, scilicet die Mercurii, Dulcia Guiramane, uxor Alexandri Guiramani, de Aquis, venit peregre ad sepulcrum sancte memorie dni Urbani pape quinti, cum imagine de cera ponderante duas libras, videlicet cum oblatione sua qua voverat, et in presentia mei notarii et testium subscriptorum retulit suo juramento, quod anno preterito de mense Julii, ipsa habuerat quamdam gravissimam infirmitatem durantem per quindecim dies et amplius, et in qua quidem infirmitate extiterat tantum debilitata quod nullam poterat sumere substantiam: medici enim qui eam in cura tenebant dicebant quod non poterat evadere mortem, et jam propterea ipsam desamparaverant; et cum laborasset in extremis, cogitabat corde suo, ut melius poterat, qualiter audiverat dici de predicta sancta memoria [quod] diversis personis, cum Xpisti adjutorio, plura fecerat miracula, vovit eidem sancte memorie humiliter, bono corde, quod si placeret eidem sancte memorie pro ipsa peccatrice in conspectu Altissimi intercedere, quod posset evadere mortem, quod veniret peregre ad sepulcrum predicte sancte memorie, cum oblatione sua jam dicta. Et incontinenti, voto facto, reliquit eam febris et cessavit omnis dolor, et subsequenter paulatim restituta est pristine sanitati. credens pie quod ad preces predicte sancte memorie Deus benedictus sibi hujusmodi gratiam fecerat. — Actum ut supra, in presentia dnorum Bernardi Bedocii et Guilhermi Marini, monachorum.

Ego vero jam dictus Johannes de Thama, notarius, hec scripsi et publicavi, et signo meo signavi.

**340.** Anno Domini quo supra, die Jovis xix mensis Augusti, Ermesendis, uxor Girardi Chapatii, de Salhone, Arelatensis diocesis, venit peregre ad sepulcrum sancte memorie dni Urbani pape quinti, cum ymagine de cera ponderante unam libram, videlicet cum oblatione sua qua voverat, et in presentia mei notarii et testium subscriptorum retulit suo juramento, quod quidam Johannes Chapatii, filius suus, etatis circiter quatuor annorum, bene est annus jam elapsus, quandam habuerat gravissimam infirmitatem durantem per xv dies et amplius, in qua quidem infirmitate extiterat tantum debilitatus quod nullam penitus poterat sumere substantiam : omnes enim qui ipsum viderant reputaverant ipsum pro mortuo, et fuerat signatus pro mortuo; et cum volebant eum suere in sudario, ipsa Ermescendis incepit plorare et clamare, dicendo ista verba vel similia : « O beatissime pater dne Urbane papa, pro tua sancta clementia ostende potentiam tuam in isto unico filio meo, cum Xpisti adjutorio, qui tanta ad preces tuas facit miracula; nam peregre visitabo sepulcrum tuum cum oblatione mea » jam dicta. Et incontinenti, facto voto, puer jamdictus qui mortuus apparebat incepit loqui, in tantum quod omnes circumstantes admirati sunt et reddiderunt laudem Deo omnipotenti de tanto miraculo; nec postea sentiit dolorem aliquem, et sic paulatim restitutus est pristine sanitati, credens pie quod ad preces predicte sancte memorie Deus benedictus sibi hujusmodi gratiam fecerat. — Actum ut supra, in presentia dnorum Antonii Mutonis et Guillelmi Marini, monachorum. Ego vero jamdictus notarius hec scripsi et puplicavi, et signo meo solito signavi.

**341.** Anno Domini quo supra, die Jovis xix. mensis Augusti, Sibilia, uxor Antonii Riqui, de Salhone, Arelatensis diocesis, venit peregre ad sepulcrum sancte memorie dni Urbani pape quinti, cum ymagine de cera ponderante duas libras, videlicet cum oblatione sua qua voverat, et in presentia mei notarii et testium subscriptorum retulit suo juramento, quod cum ipsa una cum viro suo ad invicem steterant quasi per octo annos quod nullam habere poterant prolem, sic quod tota die maximam habuit brigam et dolorem cum marito suo pro premissis, in tantum quod nesciebat quid facere; ipsa enim Sibilia una die, cum esset anxia et turbata, cogitabat quomodo audiverat dici quod predicta sancta memoria, cum Xpisti adjutorio, plura fecerat miracula, vovit eidem sancte memorie, plorando humiliter, bono corde, quod si placeret eidem sancte memorie in conspectu Altissimi pro ipsa peccatrice intercedere, quod posset habere prolem cum dicto marito suo, quod veniret peregre ad sepulcrum predicte sancte memorie, cum oblatione sua jam dicta. Et cum istud, ut premittitur, voverat circa vesperos, in nocte sequenti concepit filium et peperit cum gaudio, credens pie quod ad preces predicte sancte memorie Deus benedictus sibi hujusmodi gratiam fecerat. — Actum ut supra proxime et testes. Ego jamdictus notarius hec scripsi et puplicavi, et signo meo solito signavi.

**342**. Anno Domini quo supra, die Jovis xix. mensis Augusti, dns Gaufridus de Sua, presbiter de Salhone, Arelatensis diocesis, venit peregre ad sepulcrum sancte memorie dni Urbani pape quinti, cum ymagine de cera ponderante duas libras, videlicet cum oblatione sua qua voverat, et in presentia mei notarii et testium subscriptorum retulit suo juramento, quod Petrus de Sua, ejus frater, bene jam est medius annus elapsus, quod habuerat unam premaximam infirmitatem durantem bene per quinque septimanas et amplius, scilicet febrem cotidianam, in qua quidem infirmitate erat tantum debilitatus quod nullam penitus poterat sumere substantiam, et subsequenter perdiderat omnes sensibilitates sui corporis, medici vero ipsum desamparaverant et judicaverant pro mortuo; et cum laborasset in extremis, et erat signatus et volebant eum in sudario suere, sicut mortuus erat, ipse dictus Gaufridus cogitabat quomodo audiverat dici quod predicta sancta memoria, cum Xpisti adjutorio, diversis personis plura fecerat miracula, vovit eidem sancte memorie humiliter, plorando bono corde, quod si placeret eidem sancte memorie in conspectu Altissimi pro ipso peccatore fratre suo intercedere quod posset evadere mortem, quod veniret peregre ad sepulcrum predicte sancte memorie, cum oblatione sua jam dicta. Et statim, facto voto, dimisit eum febris et cessavit omnis langor, *et incepit loqui qui mortuus fuerat*[1] et paulatim incepit

---

1. [Luc, vii, 15.]

sumere substantiam, et subsequenter restitutus [est] pristine sanitati, credens pie quod ad preces predicte sancte memorie Deus benedictus sibi hujusmodi gratiam fecerat. — Actum Massilie, ut supra, in presentia dnorum Guillelmi Marini et Antonii Mutonis, monachorum. Ego vero jamdictus notarius hec scripsi et puplicavi, et signo meo signavi.

**343.** Anno Domini quo supra, die Veneris xx. die mensis Augusti, Mansa, uxor Hugonis Fusterii, civitatis Aquensis, venit peregre ad sepulcrum sancte memorie dni Urbani pape quinti, cum ymagine de cera ponderante unam libram, videlicet cum oblatione sua qua voverat, et in presentia mei notarii et testium subscriptorum retulit suo juramento, quod Dulcieta, ejus filia, etatis quinque annorum vel [circa], bene est medius annus jam elapsus, habuerat quandam gravissimam infirmitatem, quam nemo cognoscere poterat, durantem per decem dies et amplius, finaliter perdiderat omnes sensibilitates sui corporis; et cum laborasset in extremis, et erat signata et mortua, et volebant eam suere in sudario, ipsa Mansa, tamquam mater dolens, cogitabat quomodo predicta sancta memoria diversis personis, cum Xpisti adjutorio, plura fecerat miracula, vovit eidem sancte memorie plorando humiliter, bono corde, quod si placeret eidem sancte memorie in conspectu Altissimi pro ipsa peccatrice intercedere, quod predicta sua filia posset evadere mortem, quod veniret peregre ad sepulcrum predicte sancte memorie, cum ipsa filia et oblatione sua jamdicta. Et incontinenti, facto voto, incepit ipsa filia, que mortua erat, loqui, sic quod omnes circumstantes admirati sunt vehementer, benedicentes Deum, et paulatim restituta est pristine sanitati, credens pie quod ad preces predicte sancte memorie Deus benedictus sibi hujusmodi gratiam fecerat.—Actum ut supra, in presentia Guillelmi Fabri, notarii, et dni Antonii Mutonis, monachi. Ego vero jamdictus notarius hec scripsi et puplicavi, et signo meo signavi.

**344.** Anno Domini quo supra, die Veneris xx. die mensis Augusti, Johannes de Carcasona, sartor habitatorque Avinionis, venit peregre ad sepulcrum sancte memorie dni Urbani pape, cum ymagine de cera ponderante duas libras, videlicet cum oblatione sua qua voverat, et in presentia mei notarii et testium subscriptorum retulit suo juramento, quod die Dominica erant octo dies proxime jam elapsi, quod ipse cum Thamac' uxore sua et duobus liberis erant cum aliis in ligno Johannis Gues, de Massilia, navigando et veniendo de Roma, et cum essent in mari de Plumbino tanta erat fortuna in mari quod navigium per aliquod spatium extiterat inter duas aquas, finaliter quod omnes credebant mori; ipse enim Johannes cogitabat quomodo predicta sancta memoria diversis personis, cum Xpisti adjutorio. plura fecerat miracula, vovit eidem sancte memorie, plorando bono corde, quod si placeret eidem sancte memorie in conspectu Altissimi intercedere, quod possent evadere mortem et illam fortunam et venire ad bonum portum ad salvamentum, quod veniret peregre ad sepulcrum predicte sancte memorie, cum oblatione sua jam dicta. Et statim, facto voto, cessavit tempestas et venerunt subsequenter ad salvamentum, ad bonum portun, credens pie quod ad preces predicte sancte memorie Deus benedictus eis gratiam fecerat specialem. — Actum ut supra et testes ut supra proxime. Ego vero jamdictus notarius hec scripsi et puplicavi, et signo meo solito signavi.

**345.** Anno Domini quo supra, die Sabbati xxix (*leg.* xxviii) Augusti, Alisa Juliana, de Avinione, venit peregre ad sepulcrum sancte memorie dni Urbani pape quinti, cum ymagine de cera ponderante duas libras, videlicet cum oblatione sua qua voverat, et in presentia mei notarii et testium subscriptorum retulit suo juramento, quod cum heri cum pluribus in comitiva venirent de castro Albanee, eumdo versus civitatem Massilie, et ipsa equitanto super asinum unum, precedendo in via ipsam comitivam suam, nonnulli de dicta comitiva trahebant cum arcubus suis quis eorum longius trahere poterat sagittam, sic quod unus ipsorum longius trahendo quam alii predictam Alisam retro in collo in parte dextera percussit et vulneravit, sic et taliter quod in terram cecidit semimortua nec poterat loqui, et dum comitiva sua supervenit et Raymundus de Scambellis, ejus maritus, ammoverunt sagittam et ligaverunt vulnus ut melius poterant, omnes credebant quod esset mortua; predictus enim Raymundus, ejus maritus, clamabat dicens : « O beatissime pater et domine mi, papa Urbane, cum confido in vobis, placeat tibi pro me peccatore in conspectu Altissimi intercedere, quod uxor mea non moriatur, nam visitabo peregre sepulcrum tuum cum oblatione mea bono corde ». Et facto voto, statim loquebatur que mortua dicebatur, magnificans Deum, dicendo quod dormiebat, ita quod omnes admirati sunt vehementer; et statim venerunt Massiliam et sanata est, credens pie quod ad preces predicte sancte memorie Deus benedictus sibi hujusmodi gratiam fecerat. — Actum ut supra, in presentia dnorum Bernardi Bedocii et Raymundi la Casa, predicti monasterii monachorum. Ego vero Johannes de Thama, notarius supradictus, hec scripsi et puplicavi, et signo meo signavi. — Postquam incontinenti ibidem in predictis omnibus presentes erant Raymundus de Scambellis, maritus predicte Alise, et Anequinus Serralerii, de Avinione, juraverunt ad sancta Dei euvangelia predicta vera fore, quia presentes erant cum pluribus aliis et predicta omnia sic fieri viderunt. — Actum ut supra; testes ut supra. Ego jamdictus notarius hec scripsi et puplicavi, et signo meo signavi.

**346.** Anno Domini quo supra, die Mercurii prima die mensis Septembris, Anto[ni]us de Torris, Carpentoratensis diocesis, venit peregre ad sepulcrum sancte memorie dni Urbani pape quinti, cum ymagine de cera ponderante duas libras, videlicet cum oblatione sua qua voverat, et in presentia mei notarii et testium subscriptorum retulit suo juramento, quod de mense Julii proxime lapsi, ipso cum pluribus aliis existente in galea Stephani de Brandisio, de Massilia, navigando in plagia Romana, supervenit subito talis tempestas, quod propter fluccim aquarum galea per longum ibat et existebat inter duas aquas, perdiderat unum velum [1] et timones, sic quod nulla spes erat de vita, set quilibet ipsorum qui erant in galea se parabant ad mortem; ipse enim Anto[ni]us sciebat quod predicta sancta memoria diversis personis, cum Xpisti adjutorio, plura fecerat miracula, vovit eidem sancte memorie, plorando humiliter, bono corde, quod si placeret eidem sancte memorie pro ipso peccatore in conspectu Altissimi intercedere, quod poterant evadere mortem, quod veniret peregre ad sepulcrum predicte sancte memorie, cum oblatione sua jam dicta. Et incontinenti, facto voto, cessavit tempestas et venerunt ad salvamentum, credens pie quod ad preces predicte sancte

---

1. [*Le notaire ayant corrigé ce mot sur* ver', *M. Albanès a lu* verhum ?]

memorie Deus benedictus eis hujusmodi gratiam fecerat. — Actum ut supra proxime et testes. Ego vero jamdictus notarius hec scripsi et publicavi, et signo meo solito signavi.

347. Anno Domini quo supra, die Jovis secunda die Septembris, Rostangnus Rigaudi, de Jossis, Aquensis diocesis, venit peregre ad sepulcrum sancte memorie dni Urbani pape quinti, cum ymagine de cera ponderante duas libras, videlicet cum oblatione sua qua voverat, et in presentia mei notarii et testium subscriptorum retulit suo juramento, quod quidam filius suus, Bertrandus, etatis quatuor annorum vel circa, de yeme proxime lapsa, post festum Nativitatis Domini, extiterat infirmus per tres septimanas et amplius, infirmitate gravissima detentus et specialiter de febre cotidiana, medici vero nec aliqua persona sibi non poterant juvare, et finaliter in tantum debilitatus quod nullam poterat sumere substantiam, perdiderat enim omnes sensibilitates sui corporis, volebant ipsum suere in sudario velut mortuum; ipse enim Rostangnus, tamquam pater dolens de filio suo, cogitabat qualiter audiverat dici quod predicta sancta memoria, cum Xpisti adjutorio, diversis personis plura fecerat miracula, vovit eidem sancte memorie, plorando bono corde, quod si placeret eidem sancte memorie pro ipso peccatore in conspectu Altissimi intercedere, quod posset dictus filius suus evadere mortem, quod veniret peregre ad sepulcrum predicte sancte memorie, cum oblatione sua jam dicta. Et facto voto, incontinenti incepit puer qui mortuus erat loqui, nec postea sentiit dolorem aliquem, et paulatim restitutus pristine sanitati, credens pie quod ad preces predicte sancte memorie Deus benedictus sibi hujusmodi gratiam fecerat. — Et incontinenti ibidem Guillelmus Verdilhoni, loci predicti, juravit ad sancta Dei euvangelia predicta vera fore, visu et auditu. — Actum ut supra, in presentia dnorum Stephani de Prada et Stephani Raterii, monachorum. Ego vero Johannes de Thama, notarius jamdictus, hec scripsi et puplicavi, et signo meo solito signavi.

348. Anno Domini quo supra, die Jovis secunda die Septembris, Alayeta, uxor Petri Ricardi, de Jossis, Aquensis diocesis, venit peregre ad sepulcrum sancte memorie dni Urbani pape quinti, cum ymagine de cera ponderante duas libras, videlicet cum oblatione sua qua voverat, et in presentia mei notarii et testium subscriptorum retulit suo

juramento, quod Jacobus ejus filius, etatis quinque annorum vel circa, habuerat quandam gravissimam infirmitatem durantem per duos annos, quam infirmitatem nemo cognoscere poterat nec erat aliqua persona mundi qui ipsum juvare poterat, et erat tantum debilitatus quod nullam poterat sumere substantiam, et finaliter laboravit in exstremis per quinque dies, omnes vero qui ipsum viderant dixerant quod mortuus erat, et quod nullo modo poterat evadere mortem ; ipsa enim Alayeta audiverat dici quod predicta sancta memoria diversis personis, cum Xpisti adjutorio, plura fecerat miracula, vovit eidem sancte memorie, plorando bono corde, quod si placeret eidem sancte memorie in conspectu Altissimi pro ipsa peccatrice intercedere, quod dictus filius suus posset evadere mortem, quod veniret peregre ad sepulcrum predicte sancte memorie, cum oblatione sua quam voverat. Et statim, facto voto, incepit puer jamdictus qui mortuus apparebat loqui nec postea sentiit dolorem aliqualem, ita quod omnes admirati sunt, reddentes laudes Altissimo, et paulatim restitutus est pristine sanitati, credens pie quod ad preces predicte sancte memorie Deus benedictus sibi hujusmodi gratiam fecerat. — Et incontinenti ibidem Rostangnus Rigaudi, de Jossis, et Guillelmus Verdilhoni, dicti loci, juraverunt ad sancta Dei euvangelia predicta vera fore, visu et auditu. — Actum ut supra, in presentia dnorum Johannis Comitis et Guillelmi Marini, monachorum. Ego vero jamdictus notarius hec scripsi et puplicavi, et signo meo solito signavi.

**349**. Anno Domini quo supra, die Jovis secunda die mensis Septembris, Gaufridus Guiberti, de Benna, habitator Parisius, venit peregre ad sepulcrum predicte sancte memorie dni Urbani pape quinti, cum ymagine de cera ponderante duas libras, videlicet cum oblatione sua qua voverat, et in presentia mei notarii et testium subscriptorum retulit suo juramento, quod in ultima mortalitate generali, ipse habuerat febrem tempestialem et bossam in enga, in parte dextera, a qua quidem infirmitate vix aliqua persona evaserat mortem ; ipse enim audiverat dici quod predicta sancta memoria, cum Xpisti adjutorio, diversis personis plura fecerat miracula, vovit eidem sancte memorie humiliter, bono corde, quod si placeret eidem sancte memorie in conspectu Altissimi pro ipso peccatore intercedere quod posset evadere mortem, quod veniret peregre ad sepulcrum predicte sancte memorie, cum oblatione sua jamdicta. Et incontinenti, facto voto, evanuit bossa nec postea habuit febrem, et sic restitutus pristine sanitati, credens pie quod ad preces predicte sancte memorie Deus benedictus sibi hujusmodi gratiam fecerat. — Actum ut supra proxime et testes. Ego vero jamdictus notarius hec scripsi et puplicavi, et signo meo signavi. — Et incontinenti Girardus Guiberti juravit ad sancta Dei euvangelia omnia predicta vera fore, visu et auditu. — Actum ut supra et testes. Ego vero jamdictus notarius hec scripsi et puplicavi, et signo meo signavi.

**350.** Similis morbus de gravella. — Anno Domini quo supra, die Jovis secunda die mensis Septembris, Laurentius Paesii, de Enpurie, Forojuliensis diocesis, venit peregre ad sepulcrum sancte memorie dni Urbani pape quinti, cum ymagine de cera et intorticio ponderante quatuor libras, videlicet cum oblatione sua qua voverat, et in presentia mei notarii et testium subscriptorum retulit suo juramento, quod quidam Hugo ejus filius, etatis duorum annorum vel circa, de mense Augusti proxime lapso, per sex dies steterat quod non poterat mingere neque ad cellam venire, sic et taliter quod omnes credebant quod via aliqua non poterat evadere mortem; dictusque Laurentius velut pater nesciens quid facere, set reclamavit dictum suum ac vovit eidem sancte memorie, plorando humiliter, bono corde, quod si placeret eidem sancte memorie in conspectu Altissimi pro ipso peccatore intercedere, quod posset dictus suus puer evadere mortem, quod veniret peregre ad sepulcrum predicte sancte memorie cum oblatione sua jamdicta. Et incontinenti, facto voto, incepit puer ille qui mortuus reputabatur mingere et venire ad cellam, nec postea sentiit dolorem aliqualem, et sic restitutus pristine sanitati, credens pie quod ad preces predicte sancte memorie Deus benedictus sibi hujusmodi gratiam fecerat. — Actum et testes ut supra proxime. Ego vero jamdictus notarius hec scripsi et puplicavi, et signo meo signavi.

**351.** Anno Domini quo supra, die Sabbati quarta die mensis Septembris, dns Philippus Folquerii, presbiter, rector ecclesie Sancti Andree de Exotinis, Mirapiscensis diocesis, venit peregre ad sepulcrum predicte sancte memorie dni Urbani pape quinti, cum ymagine de cera ponderante tres libras, videlicet cum oblatione sua qua voverat, et in presentia mei notarii et testium subscriptorum retulit suo juramento, quod Arnaudus Tot, loci predicti, bene sunt sex anni jam elapsi, habuerat unam premaximam infirmitatem, scilicet febrem cotidianam, sic quod nulla persona mundi poterat adhibere remedium nisi solus Deus; ipse enim dns Philippus videns quod dictus Arnaudus, compater suus, esset in periculo mortis et jam volebant eum suere in sudario, plorando humiliter, vovit eidem sancte memorie, quod si placeret eidem in conspectu Altissimi pro ipso peccatore intercedere quod posset recuperare sanitatem et evadere mortem, quod veniret peregre ad sepulcrum predicte sancte memorie, cum oblatione sua jamdicta. Et incontinenti, facto voto, incepit loqui qui mortuus fuerat nec postea habuit febrem, et paulatim restitutus pristine sanitati, credens pie quod ad preces predicte sancte memorie Deus benedictus sibi hujusmodi gratiam fecerat. — Actum ut supra, in presentia dnorum Johannis Comitis et Guillelmi Marini, monachorum. Ego vero jamdictus notarius hec scripsi et puplicavi, et signo meo signavi.

**352.** Anno Domini quo supra, die Sabbati quarta die mensis Septembris, Martinus Albini, de Merulo, Aquensis diocesis, venit peregre ad sepulcrum sancte memorie dni Urbani pape quinti, cum ymagine de cera ponderante duas libras, videlicet cum oblatione sua qua voverat, et in presentia mei notarii et testium subscriptorum retulit suo juramento, quod Dulcia ejus uxor, bene est annus jam elapsus vel circa, quamdam habuerat gravissimam infirmitatem durantem per xv dies et amplius, scilicet febrem continuam, medici vero ipsam desamparaverant et judicaverant pro mortua, perdiderat enim omnes sensibilitates sui corporis, et finaliter per tres dies laboraverat in extremis et volebant eam suere in sudario; ipse enim Martinus audiverat dici qualiter predicta sancta memoria pluribus personis, cum Xpisti adjutorio, plura fecerat miracula, vovit eidem sancte memorie, plorando bono corde, quod si placeret eidem sancte memorie in conspectu Altissimi pro ipso peccatore intercedere, quod predicta uxor sua posset evadere mortem, quod venire peregre ad sepulcrum predicte sancte memorie, cum oblatione sua jamdicta. Et incontinenti, facto voto, incepit loqui predicta Dulcia nec postea sentiit febrem aliqualem, et paulatim restituta est pristine sanitati, credens pie quod ad preces predicte sancte memorie Deus benedictus sibi hujusmodi gratiam fecerat.— Actum ut supra, in presentia dnorum Isnardi de Rosseto et Antonii Bonivini, monachorum. Ego vero jamdictus notarius hec scripsi et puplicavi, et signo meo solito signavi.

**353.** Anno Domini quo supra, die Dominica quinta Septembris, Jacominus Mantelli, de Nicia, venit peregre cum una pan. annone ad sepulcrum sancte memorie dni Urbani pape quinti, videlicet cum oblatione sua qua voverat, et in presentia mei notarii et testium subscriptorum retulit suo juramento, quod die xiij. mensis Februarii proxime lapsi, accidit quod Laurenseta, filia Raymundi Tardini, filiata sua, etatis novem annorum vel circa, dum cum filosa sua filando iret per viam ad quandam suam possessionem, accasu cecidit in via et eretto fuso in occulo sinistro suo percussit ac perforavit, sic et taliter quod ipsam portarunt ad civitatem semimortuam et omnes gentes dicebant quod mortua erat : duravit enim hujusmodi infirmitas circa tres menses, quod nulla persona mundi sibi vitam promiserat, de quibus tribus mensibus per XL. dies steterat quod non poterat apperire os suum neque aliqualem sumere substantiam ; ipse enim Jacominus considerabat quod predicta sancta memoria diversis personis, cum Xpisti adjutorio, plura fecerat miracula, vovit eidem sancte memorie, plorando bono corde, quod si placeret eidem sancte memorie in conspectu Altissimi pro ipso peccatore intercedere quod predicta Laurenseta posset evadere mortem, quod veniret peregre ad sepulcrum predicte sancte memorie, cum oblatione sua jamdicta. Et incontinenti, facto voto, incepit loqui et sumere substantiam nec postea sentiit dolorem, et paulatim restituta est pristine sanitati, credens pie quod ad preces predicte sancte memorie Deus benedictus sibi hujusmodi gratiam fecerat. — Actum ut supra, in presentia dnorum Isnardi de Rosseto et Antonii Bonivini, monachorum. Ego vero Johannes de Thama, notarius supradictus, hec scripsi et puplicavi, et signo meo solito signavi. — Et incontinenti ibidem, in presentia mei jamdicti notarii et testium predictorum, interrogatus qui sciunt predicta, dixit suo juramento quod Johannes Prelati,

Anto[ni]us Bava, Antonius Blasii, Hugo Repair', de Nicia, et plures alii. — Ego vero jamdictus notarius hec scripsi et puplicavi, et signo meo signavi.

**354.** Anno Domini quo supra, die Dominica xx [*leg.* xix] die mensis Septembris, Johanneta, uxor Aycardi Vedelli, de Massilia, venit peregre ad sepulcrum sancte memorie dni Urbani pape quinti, cum ymagine de cera ponderante unam libram, videlicet cum oblatione sua qua voverat, et in presentia mei notarii et testium subscriptorum retulit suo juramento, quod Honoradeta ejus filia, etatis unius anni et medii, bene sunt xv. dies jam elapsi, taliter infirmabatur, durante infirmitate per vj dies, quod apparebat mortua esse, et sic omnes que ipsam viderant dicebant, volebant enim ipsam suam filiam suere in sudario; ipsa vero Johanneta nesciebat quid facere, set vovit predicte sancte memorie, plorando humiliter, bono corde, quod si placeret eidem sancte memorie pro ipsa peccatrice in conspectu Altissimi intercedere, quod predicta sua filia posset evadere mortem, quod veniret peregre ad sepulcrum predicte sancte memorie, cum oblatione sua jamdicta. Et incontinenti, facto voto, incepit puella que mortua apparebat aperire oculos et demum recipere substantiam, nec postea sentiit dolorem, et sic paulatim restituta est pristine sanitati, credens pie quod ad preces predicte sancte memorie Deus benedictus sibi hujusmodi gratiam fecerat.—Actum ut supra proxime et testes. Ego vero jamdictus notarius hec scripsi et puplicavi, et signo meo solito signavi.

**355.** Anno Domini quo supra, die Dominica xxviij (*leg.* xxvi) mensis Septembris, Mitus Cole, habitator Pontis Sorgie, venit peregre ad sepulcrum sancte memorie dni Urbani pape quinti, cum una cera ponderante viginti libras de cera, videlicet cum oblatione sua qua voverat, et in presentia mei notarii et testium subscriptorum retulit suo juramento, quod cum ipse cum uxore sua plures habuerat liberos qui vivere non poterant, finaliter uxor sua erat gravida, et cum esset in puerperio cogitabat dictus Mitus quomodo predicta sancta memoria diversis personis, cum Xpisti adjutorio, plura fecerat miracula, vovit eidem sancte memorie humiliter, bono corde, quod si placeret eidem sancte memorie in conspectu Altissimi pro ipso peccatore intercedere quod dicta uxor sua poterit habere prolem que vivere poterit ad laudem Dei, quod veniret peregre ad sepulcrum predicte sancte memorie, cum oblatione sua jamdicta. Et incontinenti, facto voto, peperit filium, qui nominatus est Urbanus, ad honorem predicte sancte memorie, qui vivit lete atque sane, credens pie quod ad preces predicte sancte memorie Deus benedictus sibi hujusmodi gratiam fecerat. — Actum ut supra, in presentia dnorum Bernardi Bedocii et Guillelmi Marini, monachorum. Ego vero jamdictus notarius hec scripsi et puplicavi, et signo meo signavi.

**356.** Anno Domini quo supra, die Dominica xxviij (*leg.* xxvi) Septembris, nobilis Raymundus Folquerii, de Manegues, Nemausensis diocesis, venit peregre ad sepulcrum sancte memorie dni Urbani pape quinti, cum ymagine de cera ponderante duas libras, videlicet cum oblatione sua qua voverat, et in presentia mei notarii et testium subscriptorum retulit suo juramento, quod die crastina erunt novem septimane jam elapse, quod equitando et veniendo de Saumeira versus Manegues, ad domum suam veniendo desuper unam rupem, cecidit equs et fregit desuper ipsam rupem tibiam suam dexteram ex toto, sic et taliter quod non poterat ire neque equitare, set Cayroletus de Saumeira, qui cum suis gentibus ibidem prope calcavit bladum, ipsum portarunt ad domum suam in una lichera; et cum esset in domo, cogitabat qualiter audiverat dici a pluribus personis quod predicta sancta memoria diversis personis plura fecerat miracula, vovit eidem sancte memorie humiliter, bono corde, quod si placeret eidem sancte memorie in conspectu Altissimi pro ipso peccatore intercedere quod posset recuperare sanitatem, quod veniret peregre ad sepulcrum predicte sancte memorie, cum oblatione sua jamdicta. Et incontinenti, facto voto, tibia sua extitit consolidata et restitutus est pristine sanitati, ita quod omnes admirati sunt vehementer, credens pie quod ad preces predicte sancte memorie Deus benedictus sibi hujusmodi gratiam fererat. — Actum ut supra, in presentia Leonardi Jacobi et dni Bernardi Bedocii, monachi. Ego vero jam dictus notarius hec scripsi et puplicavi, et signo meo signavi.

**357.** Anno Domini quo supra, die Jovis ultima die mensis Septembris, Johannes d'Arboys, de Burgondia, Besensensis diocesis, venit peregre ad sepulcrum sancte memorie dni Urbani pape quinti, cum ymagine de cera ponderante duas libras, videlicet cum oblatione sua qua voverat, et in presentia mei notarii et testium subscriptorum retulit suo juramento, quod cum hoc anno de estate esset in Roma, ubi omnes clerici et transmontanei fuerant interfecti per Romanos, ipse videns quod esset in periculo etiam moriendi, vovit eidem sancte memorie, plorando humiliter, bono corde, quod si posset evadere mortem et hujusmodi periculum, quod veniret peregre ad sepulcrum predicte sancte memorie, cum oblatione sua jamdicta. Et incontinenti, facto voto, transivit per Romanos, ubi multi coram ipso erant interfecti et non invenit aliquem qui sibi aliquid dixerat, et subsequenter ex toto evasit de manibus eorum, credens pie quod ad preces predicte sancte memorie Deus benedictus sibi hujusmodi gratiam fecerat.—Actum ut supra proxime et testes ut supra. Ego vero Johannes de Thama, notarius jamdictus, hec scripsi et puplicavi, et signo meo signavi.

**358**. Anno Domini quo supra, die Mercurii quinta (*lege* sexta) die mensis Octobris, Bontosetus de Fonte, de Monte Albano, venit peregre ad sepulcrum sancte memorie dni Urbani pape quinti, cum ymagine de cera ponderante duas libras, videlicet cum oblatione sua qua voverat, et in presentia mei notarii et testium subscriptorum retulit suo juramento, quod presentialiter bene per tres menses habuerat quandam gravissimam [infirmitatem], quam infirmitatem nemo cognoscere poterat nec aliqua persona mundi poterat sibi dare remedium, in qua quidem infirmitate extitit tantum debilitatus quod nullam poterat sumere substantiam, medici vero ipsum desamparaverant et pro mortali judicaverant; ipse enim una die cogitabat qualiter audiverat dici quod predicta sancta memoria diversis personis, cum Xpisti adjutorio, plura fecerat miracula, vovit eidem sancte memorie humiliter, bono corde, quod si placeret eidem sancte memorie in conspectu Altissimi pro ipso peccatore intercedere quod posset recuperare sanitatem et evadere mortem, quod veniret peregre ad sepulcrum predicte sancte memorie, cum oblatione sua jamdicta. Et statim, facto voto, sentiit se meliorem nec postea habuit dolorem, et sic paulatim restitutus est pristine sanitati, credens pie quod ad preces predicte sancte memorie Deus benedictus sibi hujusmodi gratiam fecerat. — Actum ut supra, in presentia dnorum Guillelmi Marini et Antonii Bonivini, monachorum. Ego vero jamdictus notarius hec scripsi et puplicavi, et signo meo signavi.

**359.** Anno Domini quo supra, die Veneris xv. die Octobris, Johannes Raynaudi, de Aramono, Uticensis diocesis, venit peregre ad sepulcrum sancte memorie dni Urbani pape quinti, cum duabus tibiis et pedibus de cera ponderantibus unam libram, videlicet cum oblatione sua qua voverat, et in presentia mei notarii et testium subscriptorum retulit suo juramento, quod de messibus proxime lapsis eidem supervenit gravissima infirmitas in tibiis et pedibus quod non poterat de lecto surgere nec se in aliquo juvare, set totaliter inpotens extitit, neque medici nec aliqua persona mundi ipsum poterant juvare neque cognoscere qualis esset hujusmodi infirmitas, et sic steterat in lecto inpotens bene per tres septimanas et amplius; ipse enim una die a casu, quasi existens desperatus, cogitabat quomodo audiverat dici quod predicta sancta memoria pluribus personis diversa fecerat miracula, cum Xpisti adjutorio, vovit eidem sancte memorie, plorando humiliter, bono corde, quod si placeret eidem sancte memorie pro ipso peccatore intercedere quod non remaneret inpotens, quod veniret peregre ad sepulcrum predicte sancte memorie, cum oblatione sua jamdicta. Et incontinenti, facto voto, incepit sentire pedes nec postea sentiit dolorem, et in illa die ambulabat per hospitium et restitutus est pristine sanitati, credens pie quod ad preces predicte sancte memorie Deus benedictus sibi hujusmodi gratiam fecerat. — Actum Massilie, in ytinere, ante ortum Sancti Petri, in presentia Johannis Lamberti et Johannis de la Rochella, habitatorum Massilie. Ego vero jamdictus notarius hec scripsi et puplicavi, et signo meo signavi.

**360.** Anno Domini quo supra, die Mercurii xx. die mensis Octobris, Damianus Deni, de Nicia, mercator, venit peregre ad sepulcrum sancte memorie dni Urbani pape quinti, cum una barcha de cera ponderante iij. libras, videlicet cum oblatione sua qua voverat, et in presentia mei notarii et testium subscriptorum retulit suo juramento, quod circa medium mensis Septembris proxime lapsi, ipso existente cum suis mercantiis et cum aliis mercatoribus in quadam magna barcha, circa xl. milhiaria in mari desuper fussum Romanum, et subito supervenit tanta tempestas durans per duas dies naturales, quod perdiderant velum et timones, sic quod nulla spes erat de vita; ipse enim Damianus cogitabat quomodo predicta sancta memoria, prout audiverat dici, pluribus personis, cum Xpisti adjutorio, plura fecerat miracula, vovit eidem sancte memorie, plorando bono corde, quod si placeret eidem sancte memorie pro ipso peccatore in conspectu Altissimi intercedere quod posset evadere mortem, quod veniret peregre ad sepulcrum predicte sancte memorie, cum oblatione sua jamdicta. Et incontinenti incepit ventus cessare, et venerunt subsequenter ad salvamentum cum mercibus et rebus suis, credens pie quod ad preces predicte sancte memorie Deus benedictus eis hujusmodi gratiam fecerat.—Postque, ibidem incontinenti, Jacobus Gauducii et Mauricius de Polunis, de Ast, mercatores, juraverunt ad sancta Dei euvangelia predicta vera fore, quia presentes erant in omnibus supradictis.—Actum ut supra, in presentia dnorum Bernardi Bedocii et Bertrandi Berici, monachorum. Ego jamdictus notarius hec scripsi et puplicavi, et signo meo signavi.

**361.** Anno Domini quo supra, die Veneris xxij. die mensis Octobris, Monneta, uxor Jacobi Alberti, de Grimaudo, Forojuliensis dyocesis, venit peregre cum Hugone ejus filio, etatis viginti annorum, cum ymagine de cera ponderante iij. libras, videlicet cum oblatione sua qua voverat, et in presentia mei notarii et testium subscriptorum retulit suo juramento, quod circa festum Sancti Michaelis proxime lapsi, est annus jam elapsus, Hugo ejus filius supradictus, quandam magnam habuerat gravissimam infirmitatem, durantem per vj. septimanas vel circa, in qua quidem infirmitate erat tantum debilitatus quod nullam poterat sumere substantiam, medici vero ipsum desamparaverant et judicaverant pro mortuo; ipsa vero Monneta una die cogitaverat quomodo audiverat dici quod predicta sancta memoria diversis personis, cum Xpisti adjutorio, plura fecerat miracula, vovit eidem sancte memorie, plorando humiliter, bono corde, quod si placeret eidem sancte memorie pro ipsa peccatrice in conspectu Altissimi intercedere quod posset recuperare sanitatem, quod veniret peregre ad sepulcrum predicte sancte memorie, cum oblatione sua jamdicta. Et incontinenti, facto voto, dictus Hugo, filius suus, qui mortuus apparebat, incepit loqui nec postea sentiit dolorem, et paulatim restitutus est pristine sanitati, credens pie quod ad preces predicte sancte memorie Deus benedictus sibi hujusmodi gratiam fecerat. — Item interrogata qui sciunt predicta, respondit quod Rostangnus Martini et ejus [uxor ?], et Berengaria Sparessa et plures alii. — Actum ut supra; testes dns Stephanus de Coderquis et Petrus Dodelli, monachi. Ego vero jamdictus notarius hec scripsi et puplicavi, et signo meo signavi.

**362.** Anno Domini quo supra, die Jovis xxviij. die mensis Octobris, Guillelmus Brocha, de Aquis Mortuis, venit peregre ad sepulcrum sancte memorie dni Urbani pape quinti, cum entortitio et ymagine de cera ponderantibus vij. libras, videl. cum oblatione sua qua voverat, et in presentia mei notarii et testium infrascriptorum retulit suo juramento, quod cum die Dominica de cero proxime lapsa, esset cum pluribus aliis tam mercatoribus quam marinariis in portu vocato Galiana, in insula maris Massilie, cum tribus navigiis, viderunt tempestatem validam, et pre timore dimiserunt omnes navigia et posuerunt se in insula in terra firma, et cum essent in terra erat fortuna quod cabule sive corde, cum quibus navigia detinebantur, de duobus navigiis omnes fregerunt et navigia cum omnibus mercantiis perierunt, sic quod nulla persona mundi poterat adhibere remedium; ipse enim Guillelmus videns hoc quod non remanxerat nisi barchia sola et discooperta, in qua erant bona et mercantie sue, clamavit quasi disperatus : « O beate Urbane, placeat tibi pro tua sancta clementia pro me peccatore intercedere in conspectu Altissimi quod non perdam bona mea, nam promitto tibi bono corde quod visitabo sepulcrum tuum cum oblatione mea ». Et incontinenti, facto voto, vidit dictam barchiam existentem in pace ac si fuisset in una camera, et circumquaque undis maris incomparabilibus magnis, ita quod omnes admirati sunt vehementer, et sic barchia sua cum suis mercantiis evasit et venit ad salvamentum, credens pie quod ad preces predicte sancte memorie Deus benedictus sibi hujusmodi gratiam fecerat. — Et incontinenti ibidem Laurentius Maifredi, mercator de Aquis Mortuis, juravit predicta vera fore, quia presens erat et omnia sic fieri vidit. — Actum ut supra, in presentia dnorum Guillelmi Marini et Antonii Bonivini, monachorum. Ego vero jamdictus notarius hec scripsi et puplicavi, et signo meo signavi.

**363.** Anno Domini quo supra, die Lune prima die Novembris, Hugo Verinoni, de Podio, venit peregre ad sepulcrum sancte memorie dni Urbani pape quinti, cum ymagine de cera ponderante duas libras, videlicet cum oblatione sua qua voverat, et in presentia mei notarii et testium infrascriptorum retulit suo juramento, quod Monneta ejus filia, etatis quatuor annorum vel circa, de estate proxime lapsa, habuit quandam gravissimam infirmitatem, durantem per mensem et amplius, sic quod in ipsa infirmitate perdiderat omnes sensibilitates sui corporis, nec erat aliqua persona mundi qui ipsam poterant [juvare], volebant enim ipsam suam filiam sudario suere ; et tunc dictus Hugo clamabat alta voce : « O beate Urbane papa, placeat tibi, pro tua sancta clementia, pro me peccatore in conspectu Altissimi intercedere quod filia mea possit evadere mortem ; nam promitto tibi bono corde quod visitabo sepulcrum tuum, cum oblatione mea » jamdicta. Et statim, facto voto, filia que mortua apparebat incepit loqui et nominare patrem suum, ita quod omnes circumstantes admirati sunt vehementer, et sic paulatim restituta est pristine sanitati, credens pie quod ad preces predicte sancte memorie Deus benedictus sibi hujusmodi gratiam fecerat. — Actum ut supra, in presentia dnorum Guillelmi Marini et Johannis Comitis, monachorum. Ego vero jamdictus notarius hec scripsi et puplicavi, et signo meo signavi.

**364.** Anno quo supra, die Lune viij. die mensis Novembris, Armandus de Eirono, de Podio, venit peregre ad sepulcrum sancte memorie dni Urbani pape quinti, cum ymagine de cera ponderante duas libras, videlicet cum oblatione sua qua voverat, et in presentia mei notarii et testium infrascriptorum retulit suo juramento quod ipse, bene sunt quinque anni jam elapsi vel circa, ipse extiterat vulneratus in pectore sinistro, de qua vulneratione ceciderat in infirmitate gravida, durante per annum unum vel circa, sic quod nulla persona mundi ipsum juvare poterat, medici vero ipsum desamparaverant et judicaverant pro mortuo ; et finaliter cum laboraverat in extremis, cogitabat in corde suo, prout Deus voluit, cum loqui non poterat, quomodo audiverat dici quod predicta sancta memoria pluribus personis, cum Xpisti adjutorio, plura fecerat miracula, vovit eidem sancte memorie in corde suo, quod si placeret eidem sancte memorie pro ipso peccatore in conspectu Altissimi intercedere quod posset evadere mortem, quod veniret peregre ad sepulcrum predicte sancte memorie, cum oblatione sua. Et incontinenti, facto voto, cessavit subito omnis langor nec postea sentiit dolorem aliqualem, et sic paulatim restitutus est pristine sanitati, credens pie quod ad preces predicte sancte memorie Deus benedictus sibi hujusmodi gratiam fecerat. — Postque ibidem incontinenti Johannes de la Barra et Laurentius Mont Agut, de Podio, juraverunt ad sancta Dei euvangelia predicta vera fore, visu et auditu. — Actum ut supra, in presentia dnorum Johannis de Sanhis, prioris claustralis, et Bertrandi Berici, monachorum. Ego vero jam dictus notarius hec scripsi et puplicavi, et signo meo signavi.

**365**. Anno Domini quo supra, die Lune vııı die mensis Novembris, Guigonus Saunerii, de Podio, venit peregre ad sepulcrum sancte memorie dni Urbani pape quinti, cum ymagine de cera ponderante duas libras, videlicet cum oblatione sua qua voverat, et in presentia mei notarii et testium subscriptorum retulit suo juramento, quod ipse extiterat accusatus de morte cujusdam hominis et bona sua omnia fuerint capta ad manus curie, et ipse per septem septimanas sic captus, volebant finaliter ipsum ponere ad torturam; ipse enim Guygonus, cum non esset in culpa, cogitabat qualiter audiverat dici quod predicta sancta memoria pluribus personis, cum Xpisti adjutorio, plura fecerat miracula, vovit eidem sancte memorie, plorando humiliter, bono corde, quod si placeret eidem sancte memorie pro ipso peccatore in conspectu Altissimi intercedere quod non esset positus ad torturam et evaderet mortem, cum non demeruerit, quod veniret peregre ad sepulcrum predicte sancte memorie, cum oblatione sua jamdicta. Et facto voto, dicta die liberatus extitit sine tortura et alio periculo, et bona sua sibi restituta, nescit tamen qualiter, credens pie quod ad preces predicte sancte memorie Deus benedictus sibi hujusmodi gratiam fecerat. — Et ibidem incontinenti Armandus de Eirono, Johannes de la Barra et Laurentius Mont Agut juraverunt predicta vera fore, visu et auditu. — Actum ut supra et testes. Ego vero dictus notarius hec scripsi et puplicavi, et signo meo signavi.

**366.** Anno Domini quo supra, die Lune octava die mensis Novembris, Johannes de la Barra, de Podio, venit peregre ad sepulcrum sancte memorie dni Urbani pape quinti, cum ymagine de cera ponderante duas libras, videlicet cum oblatione sua qua voverat, et in presentia mei notarii et testium infrascriptorum retulit suo juramento, quod bene sunt jam duo anni elapsi vel circa, dum ipse erat in loco de Ales pro certis suis mercantiis faciendis, subito accidit sibi quod habuit permaximam infirmitatem durantem per xxj. diem et amplius, in qua quidem infirmitate extiterat tantum debilitatus quod nullam poterat sumere substantiam, medici enim finaliter ipsum desamparaverant et pro mortuo judicaverant, nec erat aliqua persona mundi qui poterat ipsum juvare; ipse enim cum laborasset in extremis, una die cogitabat in corde suo, cum loqui non poterat, quomodo audiverat dici quod predicta sancta memoria diversis personis plura fecerat, cum Xpisti adjutorio, miracula, vovit eidem sancte memorie quod si placeret eidem sancte memorie pro ipso peccatore in conspectu Altissimi intercedere quod posset evadere mortem, quod veniret peregre ad sepulcrum predicte sancte memorie, cum oblatione sua. Et incontinenti, facto voto, post modicum intervallum incepit loqui et recuperare sensibilitates sui corporis, nec postea sentiit dolorem infirmitatis jamdicte, et sic paulatim restitutus pristine sanitati, credens pie quod ad preces predicte sancte memorie Deus benedictus sibi hujusmodi gratiam fecerat. — Postque ibidem incontinenti Laurentius Mont Agut et Guygonus Saunerii, de Podio, juraverunt predicta vera fore, visu et auditu. — Actum ut supra, in presentia dnorum Johannis de Sanhis, prioris claustralis, et Bertrandi Berici, monachorum. Ego vero jamdictus notarius hec scripsi et puplicavi, et signo meo signavi.

**367.** Anno Domini quo supra, die Lune viii. die Novembris, Laurentius Mont Agut, de Podio, venit peregre ad sepulcrum sancte memorie dni Urbani pape quinti, cum ymagine de cera ponderante duas libras, videlicet cum oblatione sua qua voverat, et in presentia mei notarii et testium infrascriptorum retulit suo juramento quod, cum ipse steterit cum uxore sua per quinque annos, quod non poterat habere prolem, sic quod una die cogitabat qualiter audiverat dici quod predicta sancta memoria, cum Xpisti adjutorio, plura fecerat miracula diversis personis, vovit eidem sancte memorie humiliter, bono corde, quod si placeret eidem sancte memorie in conspectu Altissimi pro ipso peccatore intercedere quod posset habere prolem, quod veniret peregre ad sepulcrum predicte sancte memorie, cum oblatione sua jamdicta. Et incontinenti, facto voto, in illa nocte uxor sua concepit filium, et subsequenter anno quolibet habuit prolem, credens pie quod ad preces predicte sancte memorie Deus benedictus sibi hujusmodi gratiam fecerat. — Actum ut supra et testes. Ego vero jamdictus notarius hec scripsi et puplicavi, et signo meo signavi.

**368.** Anno Domini quo supra,, die Mercurii x. die Novembris, Hanequinus Malini, pistor, de Arras in Picardia, in regno Francie, cum ymagine de cera ponderante duas libras, venit peregre ad sepulcrum sancte memorie dni Urbani pape quinti, et in presentia mei notarii et testium subscriptorum retulit suo juramento quod hoc anno, de estate et de mense Augusti, ipse quandam habuerat gravissimam infirmitatem, durantem per xv. dies vel circa, quam infirmitatem nemo cognoscere poterat nec erat aliqua persona mundi qui ipsum juvare poterat, in qua quidem infirmitate extitit tantum debilitatus quod nullam poterat sumere substantiam, medici vero ipsum desamparaverant et judicaverant pro mortuo; ipse enim una die cogitabat quomodo audiverat dici quod predicta sancta memoria, cum Xpisti adjutorio, plura diversis personis fecerat miracula, vovit eidem sancte memorie in corde suo, cum loqui non poterat, quod si placeret eidem sancte memorie in conspectu Altissimi pro ipso peccatore intercedere quod posset evadere mortem, quod veniret peregre ad sepulcrum predicte sancte memorie, cum oblatione sua. Et incontinenti, facto voto, incepit loqui nec postea sentiit dolorem aliquam, et sic paulatim restitutus pristine sanitati, credens pie quod ad preces predicte sancte memorie Deus benedictus sibi hujusmodi gratiam fecerat. — Actum ut supra proxime et testes. Ego vero jamdictus notarius hec scripsi et puplicavi, et signo meo signavi.

**369.** Anno Domini quo supra, die Jovis xxv die mensis Novembris, venerabilis vir Giraldus de Podio, canonicus ecclesie civitatis Basani, in Vasconia, venit peregre ad sepulcrum sancte memorie dni Urbani pape quinti, cum ymagine de cera ponderante tres libras, prout voverat, et in presentia mei notarii et testium infrascriptorum retulit suo juramento quod, in die Assensionis Domini proxime lapse [*27 mai 1378*], Anglici de nocte ceperunt predictam civitatem Basani; ipse videns quod inimici erant in civitate, exivit per muros et cum fuisset inter suos inimicos intus et extra, in tantum quod quasi impossibile esset quod posset evadere de manibus eorum, vovit eidem sancte memorie humiliter, bono corde. quod si placeret eidem sancte memorie pro ipso peccatore in conspectu Altissimi intercedere quod posset evadere libere de manibus inimicorum quin non esset captus, quod veniret peregre ad sepulcrum predicte sancte memorie cum oblatione sua. Et incontinenti, facto voto, transivit per inimicos videntes et audientes, et nichil sibi dixerant, credens pie quod ad preces predicte sancte memorie Deus benedictus sibi hujusmodi gratiam fecerat. Et incontinenti ibidem Guillelmus Rogeti, servitor predicti dni Giraldi, juravit ad sancta Dei euvangelia predicta vera fore, visu et auditu. — Actum ut supra, in presentia dnorum Bertrandi Berici et Guillelmi Marini, monachorum. Ego vero jamdictus notarius hec scripsi et puplicavi, et signo meo signavi.

**370.** Anno Domini quo supra, die Veneris xxvj. die mensis Novembris, Stephanus Mayseu, habitator Avinionis, venit peregre ad sepulcrum sancte memorie dni Urbani pape quinti, cum entortitio de cera ponderante duas libras, cum oblatione sua, et in presentia mei notarii et testium infrascriptorum retulit suo juramento, quod anno transacto, habuit litigium cum Henrico Dominico, et in dicto litigio plura exp[e]ndiderit bona et finaliter crediderit exheredari; ipse enim una die, cum esset quasi disperatus, cogitabat qualiter audiverat dici quod predicta sancta memoria pluribus personis, cum Xpisti adjutorio, plura fecerat miracula, vovit eidem sancte memorie, plorando humiliter, bono corde, quod si placeret eidem sancte memorie pro ipso peccatore in conspectu Altissimi intercedere, quod posset justitiam invenire et suam questionem lucrari, cum esset jus pro eo, quod veniret peregre ad sepulcrum predicte sancte memorie, cum oblatione sua. Et facto voto, infra tres dies, nescit tamen qualiter, habuit sententiam pro se, credens pie quod ad preces predicte sancte memorie Deus benedictus sibi hujusmodi gratiam fecerat. — Actum ut supra et testes. Ego vero jamdictus notarius hec scripsi et puplicavi, et signo meo signavi.

**371.** Anno Domini quo supra, die xxvj. mensis Novembris, Guillelmus de Sancto Antonino, de Tholone, venit peregre ad sepulcrum sancte memorie dni Urbani pape quinti, cum ymagine de cera ponderante duas [libras, vid.] cum oblatione sua qua voverat, et in presentia mei notarii et testium infrascriptorum retulit suo juramento, quod hoc anno de estate, ipso existente in stipendiis Ecclesie in galea Jacobi Guillelmi, de Massilia, et essent ante Civeta Veylha, et dederunt assaltum, ipse casualiter, nudo in camisia existente, extitit percussus et vulneratus in pectore sinistro cum uno viratono, sic quod omnes qui erant in dicta [galea] dicebant quod mortuus erat et quod nullo modo poterat evadere mortem; ipse enim subito dixit ista verba vel similia in corde suo, cum loqui non poterat : « O beate Urbane, sancte pater, placeat tibi pro tua sancta clementia pro me peccatore intercedere quod non morear sine confessione ». Et statim, facto voto, incepit loqui, ita quod omnes admirati sunt vehementer, et sic paulatim restitutus est pristine sanitati, credens pie quod ad preces predicte sancte memorie Deus benedictus sibi hujusmodi gratiam fecerat. — In predictis vero presens Fulco Textoris, de Tholone, juravit ad sancta Dei euvangelia predicta vera fore, visu et auditu. — Actum ut supra, in presentia dnorum Guillelmi Marini et Ant. Mutonis. Ego vero jamdictus notarius hec scripsi et puplicavi, et signo meo signavi.

**372.** Anno Domini quo supra, die Sabbati xxvij die mensis Novembris, Jacobus Laugerii, de Revesto, venit peregre ad sepulcrum sancte memorie dni Urbani pape quinti, cum entorticio de cera ponderante tres libras, videlicet cum oblatione sua qua voverat, et in presentia mei notarii et testium infrascriptorum retulit suo juramento quod, in ultima mortalitate proxime lapsa, habuit quamdam gravissimam infirmitatem et febrem tempestialem, et talia infirmitatis signa quod medici ipsum desamparaverant et judicaverant pro mortuo, sic nulla spes erat de vita sua; ipse enim cum in ista infirmitate steterit per xv. dies vel circa, cogitabat in corde suo una die, cum loqui non poterat, quomodo predicta sancta memoria pluribus personis, cum Xpisti adjutorio, plura fecerat miracula, vovit eidem sancte memorie, bono corde, quod si placeret eidem sancte memorie pro ipso peccatore in conspectu Altissimi intercedere quod posset evadere mortem, quod veniret peregre ad sepulcrum predicte sancte memorie, cum oblatione sua. Et incontinenti, facto voto, incepit loqui nec postea sentiit dolorem aliquam infirmitatis predicte, et sic paulatim restitutus est pristine sanitati, credens pie quod ad preces predicte sancte memorie Deus benedictus sibi hujusmodi gratiam fecerat. — Actum ut supra et testes. Ego vero jamdictus notarius hec scripsi et puplicavi, et signo meo solito signavi.

**373.** Anno Domini quo supra, die Veneris tertia die mensis Decembris, nobilis Jacobus Flote, filius dni Guygonis Flote, militis de Provincia, venit peregre ad sepulcrum sancte memorie dni Urbani pape quinti, cum entorticio de cera ponderante sex libras, prout voverat, et in presentia mei notarii et testium infrascriptorum retulit suo juramento quod bene sunt quinque septimane jam elapsi vel circa, dum predictus dominus pater suus et ipse cum duobus scutiferis veniebant equitando de Gappo versus Scistaricum, in itinere puplico, subito pater suus dixit : « O domine Jhesu, juva me, ego nichil video penitus, decende me de equo » ; et posuerant ipsum in terra, etiam perdidit loquelam et omnes sensibilitates sui corporis, et stetit quasi mortuus ; videns hoc dictus Jacobus, clamavit alta voce, dicens talia verba : « O beate sancte pater Urbane papa, placeat tibi pro tua sancta clementia in conspectu Altissimi intercedere pro dno patre meo quod non moriatur sic sine confessione, nam promitto bono corde tuum sepulcrum peregre visitare, quam cito potero, cum oblatione mea ». Et incontinenti, facto voto, incepit loqui et recuperare sensibilitates sui corporis, et restitutus est qui videbatur mortuus pristine sanitati, credens pie quod ad preces predicte sancte memorie Deus benedictus sibi hujusmodi gratiam fecerat. — Actum ut supra, in presentia dni Bernardi Bedocii, monachi, et nobilis Johannis de Oyena. Ego vero dictus notarius hec scripsi et puplicavi, et signo meo solito signavi.

**374.** Anno Domini quo supra, die Dominica quinta die mensis Decembris, Petrus de Servilha, de Doays in Picardia, de regno Francie, venit peregre ad sepulcrum sancte memorie dni Urbani pape quinti, cum ymagine de cera ponderante duas libras, videlicet cum oblatione sua qua voverat, et in presentia mei notarii et testium infrascriptorum retulit suo juramento, quod ipse habuerat quandam gravissimam infirmitatem in tibia sinistra, incurabilem prout medici dixerant, durantem per decem annos et amplius, sic quod nulla persona mundi sibi poterat dare consilium; ipse enim una die cogitabat quomodo audiverat dici qualiter predicta sancta memoria diversis personis, cum Xpisti adjutorio, plura fecerat miracula, vovit eidem sancte memorie humiliter, bono corde, quod si placeret eidem sancte memorie pro ipso peccatore in conspectu Altissimi intercedere quod posset recuperare sanitatem, quod veniret peregre ad sepulcrum predicte sancte memorie, cum oblatione sua. Et facto voto, infra diem naturalem incepit ambulare et paulatim sanatus est, nec postea sentiit dolorem, credens pie quod ad preces predicte sancte memorie Deus benedictus ei hujusmodi gratiam fecerat. — Actum ut supra, in presentia dnorum Bernardi Bedocii et Guillelmi Marini, monachorum. Ego vero jamdictus notarius hec scripsi et puplicavi, et signo meo signavi. — Postque ibidem incontinenti, Johannes Textoris et Raynaudus ejus servitor, de loco predicto de Doays, juraverunt ad sancta Dei euvangelia predicta vera fore, visu et auditu. — Actum ut supra et testes. Ego jamdictus notarius hec scripsi et puplicavi, et signo meo solito signavi.

**375.** Anno Domini quo supra, die Martis tertia [*lege* quarta] die mensis Januarii, Bernardus Chavilhaneda, de Alguerio, mercator de Sardinia, venit peregre ad sepulcrum sancte memorie dni Urbani pape quinti, cum brachio de cera ponderante duas libras, videlicet cum oblatione sua qua voverat, et in presentia mei notarii et testium infrascriptorum retulit suo juramento, quod bene sunt duo menses jam elapsi vel circa, quod ipse quandam gravissimam habuerat infirmitatem subito venientem in brachio dextero, durantem per xv. dies et amplius, sic quod nulla persona mundi sibi poterat dare remedium, immo medici dicebant quod infirmitas erat incurabilis; ipse enim Bernardus una die cogitabat quomodo audiverat dici quod predicta sancta memoria pluribus personis, cum Xpisti adjutorio, diversa fecerat miracula, vovit eidem sancte memorie, plorando bono corde, quod si placeret eidem sancte memorie pro ipso peccatore in conspectu Altissimi intercedere quod posset recuperare sanitatem, quod veniret peregre ad sepulcrum predicte sancte memorie, cum oblatione sua. Et facto voto, infra unam horam restitutus [est] pristine sanitati, credens pie quod ad preces predicte sancte memorie Deus benedictus sibi hujusmodi gratiam fecerat. — Actum ut supra, in presentia dnorum Guillelmi Marini et Antonii Mutonis, monachorum. Ego vero supradictus notarius hec scripsi et puplicavi, et signo meo signavi.

**376**. Anno Domini quo supra, die Mercurii quinta die mensis Januarii, Petrus Malpel, de Amiliano, venit peregre ad sepulcrum sancte memorie dni Urbani pape quinti, cum gingivis et dentibus de cera ponderantibus duas libras, [videlicet] cum oblatione sua qua voverat, et in presentia mei notarii et testium infrascriptorum retulit suo juramento quod, bene sunt quinque anni jam elapsi vel circa, ipse in gingivis et dentibus habuerat quandam gravissimam infirmitatem, que duraverat fere per xx. annos, in qua quidem infirmitate crediderat perdere omnes dentes nec aliqua persona mundi poterat sibi dare remedium; ipse enim audiverat dici quod predicta sancta memoria pluribus personis, cum Xpisti adjutorio, plura fecerat miracula, vovit eidem sancte memorie plorando humiliter, bono corde, quod si placeret eidem sancte memorie pro ipso peccatore in conspectu Altissimi intercedere quod posset recuperare sanitatem, quod veniret peregre ad sepulcrum predicte sancte memorie, cum oblatione sua. Et incontinenti, facto voto, infra duas horas restitutus est pristine sanitati, credens pie quod ad preces predicte sancte memorie Deus benedictus sibi hujusmodi gratiam fecerat. — Postque ibidem incontinenti Johannes Navas, de Amiliano, juravit ad sancta Dei euvangelia predicta vera fore, visu et auditu. — Actum ut supra, in presentia dnorum Bernardi Bedocii et Guillelmi Marini, monachorum. Ego vero jamdictus notarius hec scripsi et puplicavi, et signo meo solito signavi.

**377**. Anno Domini quo supra, die Mercurii quinta die mensis Januarii, Bartholomeus Troncherie, de Amiliano, venit peregre ad sepulcrum sancte memorie dni Urbani pape quinti, cum oculis de cera ponderantibus duas libras, prout voverat, et in presentia mei notarii et testium infrascriptorum retulit suo juramento, quod bene sunt quatuor anni jam elapsi vel circa, quod ipse habuerat quandam gravissimam infirmitatem in oculis, que duraverat per quatuor annos vel circa; et cum non poterat invenire remedium de predicta infirmitate, una die vovit eidem sancte memorie bono corde, quod si placeret eidem sancte memorie pro ipso peccatore in conspectu Altissimi intercedere, quod posset recuperare sanitatem, quod veniret peregre ad sepulcrum predicte sancte memorie, cum oblatione sua. Et facto voto, infra duas horas restitutus est pristine sanitati, credens pie quod ad preces predicte sancte memorie Deus benedictus sibi hujusmodi gratiam fecerat. — Postque ibidem incontinenti Petrus Malpel et Johannes Navas, de Amiliano, juraverunt predicta vera fore, visu et auditu. — Actum ut supra proxime et testes. Ego vero jamdictus notarius hec scripsi et puplicavi, et signo meo solito signavi.

**378.** Anno Domini quo supra, die Mercurii quinta die mensis Januarii, Johannes Navas, de Amiliano, venit peregre ad sepulcrum sancte memorie dni Urbani pape quinti, cum equo de cera ponderante duas libras, prout voverat, et in presentia mei notarii et testium infrascriptorum retulit suo juramento, quod bene sunt jam quatuor anni elapsi vel circa, quod Bretonorum societates ceperunt ab eo unum ronsinum domini sui dni Guillelmi de Deves, militis, cum quo steterat; et transactis aliquibus diebus, ipse Johannes vovit humiliter, bono corde, predicte sancte memorie quod si placeret eidem sancte memorie pro ipso peccatore in conspectu Altissimi intercedere quod posset recuperare dictum ronsinum, quod veniret peregre ad sepulcrum predicte sancte memorie, cum oblatione sua. Et facto voto, accidit quod una die predictus dns Guillelmus, dominus suus, pro aliquibus negociis erat inter societates Bretonorum et vidit predictum suum ronsinum, et incontinenti de precepto capitanei predictorum Bretonorum recuperavit suum ronsinum; credens pie quod ad preces predicte sancte memorie Deus benedictus sibi hujusmodi gratiam fecerat. — Actum ut supra proxime et testes. Ego jamdictus notarius hec scripsi et puplicavi, et signo meo signavi.

**379.** Anno Domini quo supra et die Mercurii quinta die mensis Januarii, Johannes Navas, de Amiliano, venit peregre ad sepulcrum sancte memorie dni Urbani pape quinti, cum uno equo de cera ponderante duas libras, prout voverat, et in presentia mei notarii et testium infrascriptorum retulit suo juramento quod, de mense Octobris proxime lapso, devenit apud Amilianum et prope dum esset in uno stritto passu, ducebat ante se unum ronsinum, dictusque ronsinus subito cecidit in quodam orto et deinde de dicto orto cecidit in aqua vocata Tarn, altitudinis xv cannarum vel circa, sic quod quasi erat inpossibile quod poterat evadere mortem ; ipse inquam Johannes subito clamavit, dicens : « O beatissime pater, papa Urbane, placeat tibi pro tua sancta clementia in conspectu Altissimi pro me peccatore intercedere quod non perdam ronsinum meum, nam promitto tibi bono corde quod visitabo sepulcrum tuum, cum oblatione mea ». Et incontinenti, facto voto, ronsinus qui non apparebat, saltabat ex aquam, sanus et sine dampno, credens pie quod ad preces predicte sancte memorie Deus benedictus sibi hujusmodi gratiam fecerat.— Actum ut supra proxime et testes ut supra. Ego vero jamdictus notarius hec scripsi et puplicavi, et signo meo signavi.

**380.** Anno Domini quo supra, die Veneris xij. (*lege* xi) Martii, Guillelmeta, uxor Johannis Aurioli, de Monte Pessullano, venit peregre ad sepulcrum predicte sancte memorie dni Urbani pape quinti, cum oblatione sua qua voverat, videlicet intorticium de cera ponderan[tem] quatuor libras, et in presentia mei notarii et testium subscriptorum retulit suo juramento quod, bene sunt tres anni jam elapsi vel circa, una die hora vesperorum, subito perdiderat visum, auditum, loquelam et omnes sensibilitates sui corporis, et sic tanquam mortua remanxit quasi per totam noctem ; maritus suus et omnes parentes et amici credebant verisimiliter quod esset mortua, et volebant eam suere in sudario ; et cum volebant eam suere, quidam Petrus Aymerici, compater suus, de Monte Pessullano, cogitabat qualiter audiverat dici quod sancta memoria dns Urbanus papa quintus diversis personis, cum Xpisti adjutorio, plura fecerat miracula, vovit eidem sancte memorie, plorando bono corde, quod si placeret eidem sancte memorie pro ipsa peccatrice in conspectu Altissimi intercedere, quod posset evadere de morte, quod veniret peregre cum comatre sua ad sepulcrum predicte sancte memorie, cum oblatione sua jamdicta et cum sudario suo. Et incontinenti, facto voto, dicta Guillelmeta incepit loqui, videre et audire, et restituta est pristine sanitati, credens pie quod ad preces predicte sancte memorie Deus benedictus sibi hujusmodi gratiam fecerat. — Et incontinenti ibidem Petrus Aymerici supradictus juravit ad sancta Dei euvangelia predicta omnia vera fore. — Actum ut supra, in presentia dnorum Stephani Raynaudi et Bernardi Bedocii, monachorum. Ego vero supradictus notarius hec scripsi et puplicavi, et signo meo signavi.

TROISIÈME PARTIE

—

# INFORMATION

*SUR LA VIE ET LES MIRACLES*

DU b[x] [PAPE] URBAIN V

(1390)

# PRÉFACE

Le présent manuscrit renferme le Procès qui fut fait par l'ordre du Pape d'Avignon Clément VII, pour la canonisation du Pape Urbain V; il est très souvent cité sous ce titre par la plupart des auteurs qui ont écrit sur l'histoire de l'Eglise. Nous l'avons transcrit d'après cinq manuscrits, que nous avons trouvés : deux à Rome, un à Marseille, un à Aix et un à Paris.

A. Le premier est le n° 4026 de la Bibliothèque Vaticane ; c'est le plus ancien et le plus important. Il a été écrit au XVᵉ siècle, ainsi que l'indique le genre d'écriture ; et il contient d'ailleurs un acte de 1414. Ce ms. a été cité par un grand nombre d'écrivains, qui tous nous disent qu'il se trouve à la Vaticane sous ce numéro [1]. Bzovius en particulier en a extrait 24 articles qu'il publie dans sa Continuation des Annales de Baronius ; mais il n'en donne que le sens et non le texte [2]. Par la bienveillance de Mgr di San-Marzano, archevêque d'Edesse et premier custode de la Bibliothèque Vaticane, nous avons pu copier intégralement ce ms., qui porte toujours le numéro qu'il avait du temps de Bzovius. Notre transcription, commencée le mercredi 16 février 1859, a été terminée le vendredi 1ᵉʳ avril. C'est un in-folio de 68 feuillets sur papier, formant deux cahiers, l'un de 36, l'autre de 32. Le premier feuillet n'est pas numéroté, il ne porte rien au recto, si ce n'est le timbre de la Biblioth. Vaticane, timbre rond ayant au milieu la tiare et les clés, et autour BIBLIOTHECA APOSTOLICA VATICANA. Le verso de ce même feuillet porte l'Epitaphe du B. Urbain V, qui tient toute la page. Les feuillets sont numérotés (manu antiqua), à partir du second qui a le num. 1, et continuent ainsi jusqu'au 67ᵉ et dernier, en chiffres romains ; mais les 4 derniers sont blancs, ainsi que le verso du 63ᵉ qui n'a que le timbre de la bibliothèque, comme ci-dessus. La couverture de ce ms. est un par-

---

1. RAYNALDI, t. VII, p. 193, 194; WADING, t. VII, p. 232; de SADE, t. III, p. 769, 772.
2. BZOVIUS, t. XIV, col. 1365 et suiv.; PAGI, Breviar., t. IV, p. 204.

*chemin bien conservé. On lit sur le dos* : Vita et miracula Urbani V, *pas très ancien, quoique beaucoup effacé. Sur le plat, qui a aussi le sceau de la Bibliothèque, il y a* : De Vita et Miraculis Beati Urbani pp. quinti ; *on a essayé d'effacer* Beati. *Vers la marge, un peu en biais, on peut lire encore, d'une écriture ancienne presqu'effacée* : Al R$^{mo}$ et Il$^{mo}$ Car$^{le}$ Trivultio ; *et de l'autre côté, presqu'au dos, toujours sur le même plat, une autre inscription pas trop lisible* : M. Angelo Massarelli patrono meo oss$^{mo}$. *Ce parchemin que nous avons dit servir de couverture, n'est rien moins qu'un acte passé à Roquevaire, le 1$^{er}$ février 1501, par lequel Louis Cassin, seigneur de Peypin* (de Podio pino), *arrente à Barthélemy Martini ses terres situées à Peypin, avec sa bastide de la Destrousse* (cum bastita dicta de la Destrosse). *Nous donnerons cet acte plus loin. Ces diverses particularités nous mettent à même de faire l'histoire de ce ms. D'abord, il est évident que ce n'est pas l'original qui dut être présenté à Clément VII ou à ses commissaires. Quoiqu'en disent quelques auteurs qui ne l'ont pas bien examiné, ce ms. n'a été écrit qu'après 1414, puisqu'il contient une copie de la délibération par laquelle, le 18 des calendes de novembre de cette année, l'abbaye de Saint-Victor règle le cérémonial de la fête du B. Urbain. D'ailleurs la couverture du ms. prouve d'une manière non moins évidente qu'il se trouvait encore à Marseille, et probablement à St-Victor, quelques années après 1501, car ce n'est qu'après quelques années qu'on a pu employer comme couverture l'acte qui y est écrit. Enfin, si nous faisons attention aux deux inscriptions encore lisibles qui concernent le cardinal Trivulce et Angelo Massarelli, nous serons convaincus que ce ms. a été enlevé de St-Victor dans la première moitié du XVI$^e$ siècle et apporté à Rome par le cardinal Augustin Trivulce. Nous savons en effet que ce cardinal a été abbé de St-Victor, de 1517 à 1548, selon Guesnay, et nous savons d'un autre côté qu'il ramassait avec beaucoup de soin tout ce qui concernait l'histoire des Papes et des Cardinaux. Voici en effet ce que dit* Ciaconius, *dans ses* Vitæ et res gestæ Pontif. Rom. et S. R. E. Cardinalium [1] : Augustinus Trivultius Mediolanensis... De

---

[1]. Edit. de 1630, col. 1427-28.

Augustini Card. monumentis ad Pontifices et Cardinales spectantibus... subjicio hic quæ præstans Ecclesiasticarum rerum Historicus Onuphrius Panvinius... lectorem monuit. Multa is ab Angelo Massarello, à secretis Pontificis, ad Pontificum et Cardinalium historiam referenda se accepisse fatetur, Massarellumque testatum multa se ex harum rerum locupletissimâ bibliothecâ Trivultiana hausisse. Omnium, addit Panvinius, qui in hac parte desudârunt, sine controversiâ Princeps fuit Augustinus Trivultius... qui indefatigabili propemodùm studio per universas Italiæ, Galliarum, Hispaniæ et Germaniæ urbes diligentissimè omnia que ad historiam Rom. Pontificum et Cardinalium pertinent, conquisivit et magnis propositis præmiis conquiri fecit. *Le ms. 4026 est ainsi catalogué* : Urbani PP. V. vita et miracula. Ex papyro ; cartæ s. n. 63. Ant. in fol. ord.

*B. Le second ms. dont nous nous sommes servi se trouve aussi à la Bibliothèque Vaticane, et porte le n° 787, parmi ceux qui proviennent de la bibliothèque Ottoboni. C'est un petit in-folio, relié nouvellement aux armes de Pie IX, contenant 58 feuillets sur papier, non chiffrés, sans compter les blancs. Le 1er feuillet n'a que ces inscriptions* : Cod. Otthob. 787. VITA VRBANI. P-P. QVINTI ; *plus bas* : Ex Codicibus Ill[mi] et Excell[mi] Dni Joannis Angeli Ducis ab Altaemps ; *plus bas encore* : 787. Ottoboni. *Le 2e feuillet contient au recto l'Epitaphe d'Urbain, et le sceau de la Bibliothèque Vaticane (le verso en blanc). Le texte commence au 3e r°; au 28e r°, au milieu, commence la 2e partie, ou soit les miracles; le texte finit au commencement du 55e v°, qui n'a que 3 lignes, le reste est blanc. Au 56e r° on trouve* Ordo solemnitatis *qui finit au v° du 57e, où est le sceau de la Bibliothèque ; le 58e est occupé par l'antienne, v̊. et oraison. Le ms. est coté dedans et dehors* Ott. 787 ; *c'est un des nombreux manuscrits qui ont été copiés au XVIIe siècle pour la bibliothèque Altaemps, d'où il est passé à la biblioth. Ottobonienne et de là à la Vaticane. Il est évident qu'il a été copié sur le ms. Vat. 4026 ; il le suit pas à pas, même quand celui-ci est fautif, y ajoute quelques fautes de plus, et ne peut que bien rarement servir à le corriger. Le ms. 787 a été vu par les Bollandistes lorsqu'il se trouvait encore dans la bibliothè-*

*que de son premier possesseur. On lit, en effet, dans le* Propylæum ad Acta Sanctorum Maii *(2⁰ part., p. 91) :* Epitaphium eidem sepulchro olim appen_um, in MS. Altempsiano Romæ hujusmodi legitur..... In eâdem Bibliothecâ Altempsianâ inveni sequentem Antiphonam, de S. Urbano Papa V, post informationem de vita et miraculis, quæ fortè etiam invenitur in MS. Vaticano ubi eadem habentur. *Ces derniers mots nous apprennent que les Bollandistes n'ont pas vu le ms. du Vatican, qui contient effectivement les mêmes choses. Le ms. 787 est ainsi inscrit au Catalogue :* Cartaceus. Vita et res gestæ ab Urbano PP. V.

C. *Notre troisième ms. se trouve à Marseille, aux Archives de la préfecture des Bouches-du-Rhône, où il porte au fonds de St-Victor le n⁰ 24 bis. En voici le titre :* Pro canonisatione S. M. D. Urbani pape quinti varij articuli dnis comissarijs a S. Sede deput[atis] oblati. *Ce sont dix cahiers de papier de format in-folio, faisant en tout 80 pages. Le ms. n'est pas complet ; il est probable qu'on en a égaré quelques cahiers ; car ceux qui restent ne vont que jusqu'au 16ᵉ miracle. Ces pages sont toutes de la main de Lefournier ; outre son écriture bien connue, nous en avons pour preuve cette note qu'on lit tout à fait au bas de la 1ʳᵉ page :* dominica in albis quinta aprilis 1739. *Il y avait donc encore à Marseille en 1739 un autre exemplaire du Procès du B. Urbain V, sur lequel Lefournier a fait sa copie ; c'était peut-être l'original, car quelquefois celui-ci semble assez embarrassé pour lire le texte qu'il a devant les yeux. Qu'est devenu cet exemplaire ? nous l'ignorons complètement. Le ms. Marseillais est excellent, et nous a fourni de très bonnes leçons, remplissant même quelques lacunes du ms. de la Vaticane. L'existence du ms. sur lequel Lefournier a fait sa copie est attestée par les auteurs du* Gallia Christiana, *qui, en parlant du procès de la Canonisation d'Urbain V, disent :* asservatur in tabulario Sancti Victoris *(t. I, c. 99, note b.) D'un autre côté, un passage d'une lettre que je lis dans le ms. d'Aix ci-dessous, semblerait indiquer qu'en 1646, l'abbaye ne possédait plus d'exemplaire de cette information : car en transmettant une copie authentique des miracles du B. Urbain, de Gérente semble demander qu'on lui communique en retour le procès. [Cette copie a été depuis réunie à d'autres documents sur Urbain V dans une reliure en parchemin, sans cotature; au dos* : S. VICTORIS/RECUEIL SUR URBAIN V.]

D. *Nous avons trouvé notre quatrième ms. à Aix, à la bibliothèque Méjanes, sous le num. 916. C'est un recueil ayant appartenu au marquis d'Aubais et renfermant sur papier, de diverses écritures du XVII*e *siècle, plusieurs pièces sous ce titre général* : Urbanus Papa quintus splendidissimum et sanctissimum totius orbis, imprimis Galliæ Narbonensis, iubar, decus et ornamentum. *On y a réuni* : 1° *une vie abrégée d'Urbain V (d'après Baluze)* [1]; 2° *p. 13*, Commemoratio B. Urbani Pape V (O fugator simonie); 3° *p. 17-26*, Vitæ Urbani PP. quinti ex ms. codice qui a D. Seguino Domino de Prades Marelogii asservatur in calce historiæ Pontificum Romanorum a Martino Polono scriptæ in quo codice habetur commemoratio præcedens et hic sequens [*voir plus haut, p. 37-49*]; 4° *p. 29-106*, Articuli pro beatificatione Urbani Papæ quinti qui extant in eodem codice ms. (*Il y a à la fin deux commémoraisons et oraisons en l'honneur du B. Urbain V, dont une jusqu'à présent m'était inconnue*); 5° Probationes pro beatificatione ejusdem Urbani Papæ quinti desumptæ ex archivis abbatiæ S. Victoris Massiliensis nobisque datæ a clarissimo viro D. de Gerentes camerario et priore majori claustrali eiusdem abbatiæ; 6° Epistola ejusdem D. de Gerentes dat. 2 decembris an. 1646; 7° *p. 211-278*, Bullarium breue Urbani PP. V (*un assez grand nombre de bulles*); 8° Priuilegia regia concessa Guillermo Grimoardi Urbani PP. V genitori (*et successivement à ses descendants*); 9° Processus executionis dictorum privilegiorum. *J'ai été très content de trouver ce ms.; car j'étais réduit, jusqu'à ce moment, à n'avoir pour presque toute la 2*e *partie, où le ms. de Marseille fait défaut, que les deux mss. du Vatican copiés l'un sur l'autre et souvent fautifs. J'ai collationné avec soin ce ms., dont j'ai tiré souvent de bonnes variantes, mais je n'ai pas toujours noté les formules qui s'y trouvent souvent différentes, spécialement les conclusions des articles.*

---

1. [*Ce recueil, formé par M. de Rignac avant 1650, est antérieur à la publication de Baluze. Voir d'ailleurs la description de ce manuscrit, par* M. ALBANÈS *lui-même, dans le* Catal. gén. des mss. des biblioth. publ. de France, *t. XVI, p. 136-7.*]

E. *Le cinquième ms. est à Paris, à la Bibliothèque impériale, où il porte, parmi les mss. latins, le n° 13080, ancienn. S. Germain 467. Il a pour titre :* Collectanea ex Bibliothecis Italiæ, *et contient diverses choses. Le* Liber de vita et miraculis beati Urbani PP. V *commence au fol. 323, par cette indication :* Ex manu scripto codice olim bibliothece Altempensis, nunc verò Em$^{mi}$ Card$^{lis}$ Ottoboni, notato V. IX. 35. *C'est, on le voit, une copie de notre ms. n° 2 ; elle a été faite sur papier, à la fin du XVII$^e$ siècle. Il était inutile que nous prissions la peine de la collationner, puisque nous avons soigneusement examiné le ms. n° 2 qu'elle reproduit, et le n° 1 qui a servi de type à tous les deux. Il y a d'ailleurs très exactement les mêmes choses que dans ceux-ci.*

[F. *Paris, Bibl. nat., ms. lat. nouv. acquis. 2325, copie, presque en tout semblable et de la même provenance que celle de la Méjanes, D.*

*Comme on le voit, l'auteur a pris pour base de sa copie le plus ancien manuscrit (A) et noté en marge les variantes de trois autres (B-D). Le ms. A, tout en offrant le texte de la rédaction primitive, n'est pas exempt d'omissions et de mauvaises lectures, qui dénaturent le sens. M. Albanès n'aurait pas manqué de refaire sa copie, en introduisant dans le texte les corrections nécessaires, fournies surtout par le ms. C. N'ayant pas le loisir de transcrire à nouveau cette troisième partie, l'éditeur s'est borné à adopter les leçons indispensables au sens. Il semble d'ailleurs que le copiste du ms. C ou plutôt de son original ait parfois rajeuni et amplifié le texte qu'il avait sous les yeux.*]

# LIBER DE VITA ET MIRACULIS BEATI URBANI PAPE QUINTI

## ET PRIMO DE VITA ET GESTIS EJUSDEM

Ad informandum vos Reverendos patres dominos R[aymundum] [1], episcopum Vasionensem [2], et Savaricum, olim abbatem Sancti Andree, nunc vero abbatem Massiliensem, supra infrascriptis [3] commissarios a Sede apostolica deputatos, de et super vita bona [4], laudabili et devota, ac etiam conversatione sancta, exemplari, fructuosa et famosa sancte memorie domini Urbani pape quinti, qui hiis diebus nostris super candelabrum sancte militantis Ecclesie, in summi pontificatus cacumine oriens et lucens velut Lucifer matutinus emicuisse [5] videtur, adeo [6] ut divina voluntas ipsum hanc vitam mortalem agentem, in ipsa etiam [7] corporali morte et post mortem, per dies [8], menses, annos plurimos, diversis, crebris, continuatis et frequentatis miraculorum signis et prodigiis tanquam virum Deo dilectum, gloriosum in virtute et sapientia jubar exhibuerit [9] irradiantissimum gentibus orbis terre ; et ut idem dnus Urbanus, propter vite excellentiam et miraculorum signa predicta monstratus Deo placens, dilectus et ad Deum translatus, a Sede apostolica canonisetur, sanctorum pontificum [10] cathalogo annotetur [11], et ut sanctus ubique terrarum veneretur publice et habeatur, et in sancto suo divina Providentia collaudetur ; dominus Petrus Olivarii, licentiatus in legibus et canonicus Aquensis [12], procurator et procuratorio nomine illustrissimorum principum dnorum

---

1. *A B* Reverendum. — 2. *B* Vasconen. — 3. *C* suprascriptos, *D* supra inscriptos. — 4. *C* b. et. — 5. *A* emiscuisse. — 6. *B* a Deo. — 7. *C D* etiam in ipsa. — 8. *C* dies et per. — 9. *C D* exhibuit. — 10. *C omittit*. — 11. *A B* annuetur, *C* admittetur, *D* annumeretur.

12. *1362, oct. 10.* Petrus Olivarii, canonicus et operarius Aquensis ac officialis Aptensis: hommage de fr. Pierre, évêque de Senez (*Arch. des B.-du-Rh., Cour des comptes, B. 555*). — *1362, 27 Nov.* Petrus Olivarii, canonicus et operarius Aptensis, officialis Aquensis (vic. gen. Johannis Peissoni, archiepiscopi Aquen-

Caroli [1], Dei gratia Francorum, et Ludovici, Hierusalem et Sicilie, regum, olim Andegavensis et Calabrie ducis, necnon Johannis Bituricensis et Philippi Burgundie ducum, necnon reverendorum patrum dnorum Ademari, Massiliensis, et Poncii, Mimatensis, episcoporum, et suorum capitulorum, et totius cleri civitatis et diocesis Mimatensis, necnon universitatis et consillii Massiliensis, universitatis et consillii ville Montispessulani, Magalonensis diocesis, et conventus monasterii Sancti Victoris Massiliensis, et nomine omnium et singulorum quorumcumque catholicorum negocio presenti adherere volentium de presenti aut in futurum, porrigit, dat et offert articulos infrascriptos, narrative et dispositive, ad aliquam superfluam probationem se non volens astringere [2], et petit super eisdem testes et alias probationes per vos recipi et examinari, et ipsas probationes et attestationes in scriptis fideliter redigi; et protestatur quod sibi sit salvum jus corrigendi, declarandi [3], omnemque contrarietatem atque errorem, si in eis aliqualiter apparebit, ex nunc tollit et revocat [4].

**1.** In primis ponit et probare intendit quod a duodecim annis proxime preteritis, et citra et supra, idem sancte memorie dns Urbanus papa quintus, postquam hujusmodi temporalis vite cursum explevit, propter merita que corporaliter vivens, apud Deum per vite sanctimoniam credebatur et creditur communiter meruisse, tanquam sanctus et ut talis fuit et est publice proclamatus et continue proclamatur, ab ecclesiarum prelatis et aliis viris ac

---

sis), confère l'église de St-Pierre-du-Pin (*Arch. de Montmajour, orig.*) — *1363 août 26*. Petrus Olivarii, canonicus et operarius Aptensis, officialis et generalis vicarius in spirit. et tempor. tocius archiepiscopatus Aquensis, provido viro magistro Lamberto Chaberti, notario curie archiepisc. de Jocis (chercher et extraire un acte des protocoles). Datum Aquis... (*Arch. des B.-du-Rh., B. 148, f° 178*). — *1365, 14 mai*. Pierre Olivarii était présent au concile d'Apt: presentibus... dno Petro Olivarii, operario et canonico Aptensi (Martène, *Thes. nov. anecd., t. IV, c. 331*). — *1368, 22 mai*. Dno Petro Olivarii de Falgario, officiali et canonico Aquensi, témoin à Aix, à la présentation à l'archevêque Jean, d'une bulle d'Urbain V contre les envahisseurs de la Provence (*Arch. des B.-du-Rh., B. 567*). — *1378, 28 janv*. Petro Olivarii de Falgario, canonico et operario Aptensi..., assiste à la transaction entre le comte d'Armagnac et la Reine par et chez le cardinal Anglic (*Arch. des B.-du-Rh., B. 581*). — *1831, 27 fév*. Diplôme du cardinal Anglic, in presentia... Petri Olivarii, operarii Aptensis, cappellani commensalis domini nostri pape, in camera mei cardinalis Albanensis (*Arch. des B.-du-Rh., B. 585*).

1. *D om*. — 2. *C D se non astringens*. — 3. *C D declar. etc*. — 4. *C D appareret... tollere et revocare*.

personis ecclesiasticis, et etiam a mundi principibus, imperatoribus, regibus, ducibus, comitibus et aliis baronibus, imperatricibus, reginis, marchionibus, nobilibus et plebeys; ita quod ut sanctus fuit et est nominatus, et devotorum singularium [1] predictorum precibus invocatus, in necessitatum devotorum suorum subsidia et remedia, sicut mos est Xpistianis alios sanctos invocare et ad illorum suffragia recurrere; qui etiam devoti ejus tumulum plures et pluries visitaverunt et adhuc visitant, et visitare disposuerunt et disponunt, et obtulerunt [2] et offerunt, et offerre et offerturos [3] se asserunt diversas suas oblationes et profertas [4], diversimode et in diversis rebus. et formis, prout ipsorum devotio habuit et habet, presertim apud ecclesiam Avinionensem, in qua primo ejus corpus tumulatum, et apud ecclesiam Sancti Victoris Massiliensis, ubi nunc ipsum venerabile corpus translatum [5] requiescit, etiam publice, palam et noctorie [6].

2. Item, quod in diversis et plurimis ecclesiis, etiam patriarchalibus urbis Rome et aliis metropolitanis, cathedralibus, conventualibus, collegiatis et non collegiatis, et aliis plurimis [7] locis publicis et secretis, locorum, terrarum et regionum predictarum, ex devotione plurimarum et diversarum personarum Deo et eidem domino Urbano devotarum ejus ymago et ymagines [8] seu effigies fuerunt [9] et sunt picte, et de die in diem pinguntur, et sic picte honorifice et patenter honorantur cum devotione et reverentia, sicut alie ymagines sanctorum, et ad illam seu illas publice, palam et noctorie, habitus est et habetur concursus devotionis, et fiunt oblationes diverse et diversimode, tanquam ad reverentiam Dei et ipsius sancti, prout superius de ejus sepulcro positum est, et in tantum devotio ad eundem dominum Urbanum fuit et est multiplicata, ut fere in majori parte omnium ecclesiarum Urbis et plurium aliarum totius Xpistianitatis, in locis eminentibus et patentibus ejus ymago depicta sit, cum populari [10] devoto concursu, et profertis et oblationibus ut prefertur.

3. Item, quod omnia et singula supradicta fuerunt ma-

---

1. *C* singulorum, *D* singulariter. — 2. *C om.* disposuerunt, obtulerunt. — 3. *C* oblaturos. — 4. *C* profestas. — 5. *C* tumulatum. — 6. *C D om.* etiam... noctorie. — 7. *C D* pluribus. — 8. *C om.* et imagines. — 9. *C* fuit. — 10. *A B* plura.

nifesta[1] et noctoria fe. re. dno Gregorio pape XI, et hodie sunt domino nostro Clementi pape septimo et omnibus dnis reverendis patribus dnis sancte Romane Ecclesie cardinalibus, et omnibus et singulis clericis et laycis per universum orbem, et presertim infra Xpistianitatem existentibus: sicque, ut predicitur[2], fuit dictum, tentum, creditum et reputatum, diciturque, tenetur, creditur et reputatur, ac fuit et est verum, etiam publice, palam et noctorie.

4. Item, quod actenta famosa[3] devotione predicta, multi et plurimi catholici ecclesiastici, et maxime litterati et devoti, ac etiam seculares principes, et magnus populus catholicus, obtavit et obtat, et clamavit et clamat[4] prefatum dnum Urbanum per Sedem apostolicam canonisari, et tanquam sanctum publice venerari, et de ipso publice et solempniter in universali Ecclesia officiari, tanquam et sicut de aliis sanctis et canonisatis confessoribus officiatur; quodque[5] supradicti illustrissimi principes famosa diversorum et diversa[6] pulsatione pulsati, solempniter et consistorialiter tribus vicibus interpolatis[7] coram sanctissimo domino nostro papa Clemente moderno, fecerunt pro ipsa canonisatione supplicari; et idem dnus noster dictis supplicationibus benigne annuens commissionem[8] vobis[9] prefatis dnis commissariis super hoc fecit, prout[10] in ea continetur. — Item, quod de predictis omnibus et singulis, et presertim[11] in locis supradictis, fuit et est publica vox et fama.

5. Item, ponit et probare intendit quod prefatus dnus Urbanus quintus[12], antequam assumeretur ad papatum vocatus dnus Guilhermus Grimoardus fuit, natus de legitimo matrimonio ex[13] parentibus catholicis, nobilibus, scilicet domino Grimoardo Grimoardi, milite et domino de Grisaco, Mimatensis diocesis, et domina Amphelisia de Monte Ferrando, ejusdem diocesis, conjugibus; qui quidem conjuges ex utraque domo et[14] de Monte Ferrando, fuerunt de antiquis, nobilibus, piis et fidelibus catholicis parentibus fideliter nutriti et educati, et ut catholici vixerunt, sobrie, pie, juste, et in timore Dei et observantia mandatorum

---

1. *C D* manifestata. — 2. *A B* predictum. — 3. *C D* famata. — 4. *A B* om. — 5. *D* quique. — 6. *C D* devota. — 7. *B C* interpellatis, *D* interpollati. — 8. *C D* commissiones. — 9. *B* urbis. — 10. *C D* ut. — 11. *C* ut prefertur. — 12. *C* U. papa q., *D* U. pontifex V. — 13. *C* et. — 14. *C D* om. et.

Ecclesie, usque ad ultimum ipsorum vite exitum ; ideoque [1] ipsum predictum communem eorum filium, statim post nativitatem suam, in forma Ecclesie solempniter baptisari fecerunt, qui ex ipso sacro fonte vocatus Guilhermus [2], succedentibus temporibus ab eis xpistiane fidey rudimenta edoctus et sacro xpismate confirmatus, conscriptus etiam fuit rite [3] et canonice militie clericali.

6. Item, quod prefatus nobilis dnus Grimoardus tempore vite sue fuit et erat extrenuus [4] miles armate militie, corpulentus et bone complectionis, et tam in juventute quam in senectute fuit et erat humilis, largus, dulcis et bone conversationis in dictis et in factis, ac devotus, pius et misericors et affabilis erga suos subditos et quoslibet proximos et vicinos, diligens et frequentans divina officia, et receptis cum maxima devotione omnibus ecclesiasticis sacramentis, in sua bona memoria ab hoc seculo decessit.

7. Item, quod prefata domina Amphelisia, quamdiu vixit, fuit domina [5] honestissima et pulcris moribus ornata, sobria et in loquella, victu, vestitu, gestu et conversatione devota et exemplaris, timens Deum, ita quod [6] missas, sermones et alia divina officia cum magna devotione audiebat, et frequenter et ferventer vacabat orationibus et laudibus Dei, fuitque humilis valde, castissima et caritativa, presertim erga pauperes et mendicantes, per largitionem plurium et diversarum elemosinarum [7], sepissimeque proprio confessori per annum et annos singulos [8] confitebatur, et devotissime sumebat communionem sacratissimi Corporis Domini nostri Jhesu Xpisti ; qua communione in extrema sua corporali egritudine recepta, animam reddidit Creatori ; quodque [9] reputata fuit tam bone vite et sancte conversationis fuisse [10], ut in vita et post mortem dicatur et reputetur a fidelibus diversis miraculis claruisse, et ita quod adhuc multi devoti catholici eam [11] venerantur ut sanctam, et ejus orationibus se commendant, et ad tumbam ejus obtulerunt et [12] offerunt diversas oblationes, cereas, lineas [13], et profertas, prout apparet in ecclesia de Bedoesco [14], Mimatensis

---

1. *B* omninoque. — 2. *D* Guillelmus. — 3. *C* vite. — 4. *C D* sue erat strenuus et bone completionis. — 5. *C* domna. — 6. *A B* itaque. — 7. *D* et div. personarum aliter eleem. — 8. *A B* om. — 9. *D* queque. — 10. *C* om. — 11. *D* multitudo voti catholicam. — 12. *C* om. o. et. — 13. *C* ligneas. — 14. *A* Bedoosco, *B* Bedorsco, *D* Bedeosco.

diocesis, ubi fuit et est tumulata, etiam publice, palam et noctorie.

8. Item, quod prefatus dominus Urbanus, tunc vocatus Guilhermus, per tempus infantie sue, ut plurimum apud parentes ejus, sive prope eos cum aliis honestis personis fuit nuctritus et edoctus [1].

9. Item, quod dictus dnus Urbanus, tempore dicte sue pueritie, in suis gestibus, moribus et loquelis videbatur, quasi future perfectionis indicia [2], inclinationes singulares et sanctas habere, insolitas in tam puerili [3] etate, et adeo taliter se habuit et habebat quod predicta ejus mater frequenter sibi dicebat : « Filli, non intelligo te, sed intelligit [4] te Deus », quasi quadam devota et humili admiratione commota, sicque, ut predicitur, fuit dictum, tentum, creditum et reputatum diciturque, creditur et reputatur, ac fuit et est verum, etiam publice, palam et noctorie. — Item, quod de predictis omnibus et singulis, et presertim in civitatibus et diocesibus Mimatensi et Ruthenensi, fuit et est publica vox et fama.

10. Item, quod predictus dnus Guilhermus Grimoardus [5], nunc dictus dominus Urbanus quintus, cum esset puer, a naturalibus suis principiis, quantum humana fragilitas noscere potuit, bonam habuit animam, fuit ingeniosus et intentus litterarum scientiis [6], et artes liberales didiscit in diversis studiis particularibus et generalibus, et presertim in studio Montispessulani, ubi super coetaneos suos proficiens quasi quodam infuso sapientie spiritu, in paucis diebus in illis prenuntiatis [7] scientiis tantum profecit quantum necessarium est volenti accedere ad alias jurium seu theologicas [8] facultates.

11. Item, quod dictus dnus Urbanus adolescentie annos attingens, in etate illa qua solent sentiri incendia carnalia, se laudabilibus [9] studiis et occupationibus applicavit [10], et audivit jura civilia per quadriennium in studio Tholosano, conversatus caste et honeste inter ceteros illius civitatis [11] studentes per tempus predictum.

12. Item, quod postmodum [12] ex sensu sapientie abjecit

---

1. C seu... nutritus et educatus. — 2. C indicio. — 3. C D juvenili. — 4. D intelligat. — 5. C D Grimoardi. — 6. C scientia. — 7. C om., D primitivis. — 8. C D theologie. — 9. C laudabiliter. — 10. C applicuit. — 11. C D universitatis. — 12. C postquam.

seculi vanitatem, et viam Domini¹ securius extitit secutus², propriam voluntatem abjecit, et patrem spiritualem super caput suum preposuit³ vice⁴ Dey, monasticam vitam elegit, habitumque sancti Benedicti recepit, et factus est monachus expresse professus in prioratu conventuali⁵ Chiriaci, dicte Mimatensis diocesis, et per tempus quod ibi fuit obediens et laudabiliter conversatus fuit, et temporibus congruis ad quattuor minores et alios sacros ordines rite et canonice promotus fuit, usque ad sacerdotium inclusive.

13. Item, quod dictus dominus Urbanus, ab illa hora qua professionem fecit de ⁶ predicto prioratu, honestatem et habitum monachi continue ⁷ servavit, et in quocumque statu fuit, etiam ⁸ in papatu, et usque ad mortem ejus, semper visus est habere et habebat ⁹, et portare et portabat habitum monachalem, scilicet cuculam, flocum, vel capam cum scapulari, vel scapulare ¹⁰, prout status quem habuit requirebat, ac etiam portavit et portabat ¹¹ staminas ¹², et habuit ⁹ et habebat linteamina de stamignis ¹³ in lecto suo, et in illis jacuit et jacebat ¹⁴ prout exigit observantia regularis : sicque, ut predicitur, fuit dictum, tentum, creditum et reputatum, diciturque, tenetur, creditur et reputatur, ac fuit et est verum, etiam publice, palam et notorie.

14. Item, quod predictus dnus Urbanus, post ingressum religionis antedicte, semper cum obedientia utroque ¹⁵ parentum, spiritualium scilicet et carnalium, ad studia Tholosam, Montispessulanum, Parisius et Avinionem ¹⁶ reversus fuit, et ibidem juri ¹⁷ canonico studuit, et ibidem profitens ¹⁸ videtur ¹⁹ et creditur invenisse spiritum sapientie, et effectus fuit bacalarius ²⁰ et demum doctor, per viginti annos vel circa, in predictis statibus et studiis legit. cujus sanam doctrinam facundam et veracem multitudo clericorum studentium et sequentium scollas suas demonstrabat et docebat, ac demonstravit et docuit, quia ²¹ ubicumque in dictis studiis fuit, semper tot scolares vel quasi ipse solus

---

1. *B* donum (*posset ita autograph. legi, sed sensus videtur parum clarus*). — 2. *C* ut viam Domini securius ingrederetur. — 3. *C* posuit, *D* proposuit. — 4. *A B* vite. — 5. *C* c. monast'. — 6. *C* in. — 7. *C* continuo. — 8. *C D* statu etiam. — 9. *C* om. et hab. — 10. *C* om. vel scap. — 11. *C* m. et port. — 12. *C* stamineas. — 13. *C D* staminis. — 14. *C* om. et jac. — 15. *C D* utrorumque. — 16. *D* Montispessulani, Parisiensis et Avinionensis. — 17. *C D* in jure. — 18. *C D* et in brevi proficiens. — 19. *C* visus est. — 20. *C* baccalaureus. — 21. *A B* doc. et dem. et dem. q.

habuit [1] quot et ceteri omnes sui concurrentes in simili statu et lectura, quasi ex ejus ore procedens sapientia diffundenda [2] esset in omnibus partibus orbis terre.

**15.** Item,[3] proxime dicto tempore quo studia frequentabat, et presertim a tempore quo religionem intravit, semper devotus fuit, horas canonicas recitavit, et precepta Dei ac mandata Ecclesie observavit, habitum modestiam [4] ad unguem juxta regulam beati Benedicti portavit, nec pretiosa que sunt [5] indumenta nec abjecta, sed exemplaria et talia quod ex ejus aspectu [6], attenta nobilitate sui generis, ac scientia et probitate sua, multi mali et discoli terrebantur, et boni et humiles edificabantur in melius.

**16.** Item, quod propter ejus sapientiam, mores et bonam famam receptus fuit in vicarium et officiarium Claromontensem, et postea Uticensem, ubi plura et publice judicia [7] egit, et multa fama sanctitatis et justitie laudatus fuit, tanquam vere fructus emictens [8] probitatis et honestatis, et ubique extitit graciosus, et humilis et justus.

**17.** Item, quod vaccans studiis et officiis supradictis, adeo fuit ita mittis in actibus, compositus in moribus, facundus et fructuosus in verbo, tam publicarum predicationum quibus sepissime et devotissime intendebat, quam scientiarum exortationum et admonitionum [9], quam etiam consiliorum et quietationum diversarum discordiarum [10], quod omnes qui sibi convivebant, de ipso et ejus vita, scientia [11] et moribus admirabantur, ipsumque quasi patrem et dominum cordialissime diligebant et reverebantur, et illum quasi [12] unum hominem Deo totum intentum et deditum clamabant, apud seipsos secrete et apud amicos et alias personas, etiam publice, palam et noctorie.

**18.** Item, quod in scientia et sapientia multum ampliavit et quoscumque et presertim pauperes |qui?| ab eo juris consilium seu remedium requirebant [13], benigne et attente audiebat, et illis respondebat, et dedit et dabat consilia seu remedia secundum Deum et suam bonam conscientiam, deposita qualibet affectione negociorum seu personarum.

---

1. C D habebat. — 2. C diffusa. — 3. C D Item, quod. — 4. Sic Codd. modestum? — 5. A quesivit. — 6. C talia que ex ejus religione, D talia que. — 7. C D jud. Dei. — 8. C eminens, D vere emittens. — 9. A B om. et admonit. — 10. C controversiarum. — 11. D sancta. — 12. C cord. admirabantur et q. — 13. C D requir. et requirentes.

ab eisque nichil propter hoc petendo, ymo oblata repellens indistincte, presertim a pauperibus.

**19.** Item, [1] prefatus dnus Urbanus, propter maximam et limitatam [2] justitiam quam tenuit et predicavit, tam in legendo in cathedra quam consulendo in camera, in pluribus [3] et magnis causis assumptus fuit et assumebatur in arbitrum, et etiam in arbitrum arbitratorum [4], et in amicabilem componitorem [5], et in talibus et similibus taliter se habuit et habebat quod reputatus fuit et reputabatur quasi per omnes ejus noticiam habentes, unus [6] de probioribus et melioribus canonistis mundi.

**20.** Item, quod [7] hujusmodi ejus [8] bona fama taliter pervenit ad Romanam curiam, quod per summum pontificem primo ad abbaciam Autisiodorensem [9], demum ad abbatiam Massiliensem extitit promotus, sine sui petitione [10] seu etiam procuratione, quodque [11] dominus Innocentius papa sextus, pro arduissimis Romane ecclesie negociis, ipsum diversis vicibus ad partes Ytalie et Neapolitanas [12] destinavit; ipseque sibi commissa sapienter et [13] laudabiliter expedivit: sicque, ut predicitur, fuit dictum, tentum, creditum et reputatum, diciturque, tenetur, creditur et reputatur, et fuit et est verum etiam publice et palam. — Item, quod de predictis omnibus et singulis fuit et est publica vox et fama.

**21.** Item ponit et probare intendit, quod predictus dnus Guilhermus Grimoardus [14], nunc dictus dominus Urbanus, in quacumque etate et statu fuit [15] usque ad mortem inclusive, semper aspernatus est consorcia, cohabitationes et coloquia malarum et suspectarum seu diffamatarum personarum, et illas personas seu illarum vicia detestabatur et aborrebat secrete et publice, et omnem mali speciem exsecrans, etiam de talibus suspectis seu diffamatis personis non libenter, ymo et rarissime pro utilitate seu necessitate loquebatur: ymo per contrarium bonas personas diligebat, et apud bonos et bene famatos conversabatur et loquebatur, et cum devotis et perfectis personis

---

1. *C D* Item, quod. — 2. *C om.* limitatam, *D* limatam. — 3. *C D* plurimis. 4. *C om.* etiam... arbit. — 5. *C* compositorem, *D* et etiam arbitratorem et amicabilem compositorem. — 6. *C* ut unus. — 7. *D* quod post. — 8. *C* q. postquam ejusmodi. — 9. *D* Antistod. — 10. *C* pensione. — 11. *D* quamquam. — 12. *D* Neapolitanenses. — 13. *A B om.* — 14. *D* Grimoardi. — 15. *C D* fuerit.

libentissime consolabatur, prout fuit in tempore suo dominus Poncius de Euseria [1], ejus consanguineus, qui, ut dicitur, miraculis claruit in [2] vita et post mortem [3], et etiam sancta dna Delphina, comitissa Ariani, que etiam et in vita et post mortem diversis miraculis clarens [4], meruit [5] ut nunc actu ejus canonisationis causa pendeat apud Sedem apostolicam, et frater Johannes, prior Cartusie, et alie plures persone devota.

22. Item, quod in familiaritate sua et domestico servicio, quantum in eo fuit, semper recepit et tenuit gentes mites et humiles, non pomposas sed probas, ac bone conversationis et bone fame, et de quibus non erat verissimile quod superbe ad malum prorumperent, et nichilominus tantum [6] districte prefuit domui sue, ut ipsi sui servitores domestici semper ipsum reverentur [7] et dubitarent, non ydeo quod scirent ipsum esse crudelem et appetitorem confusionis cujuscumque, sed ideo [8] quia sciebant ipsum dominum virtuosum, humilem, mitem, et angustiari in malis quorumcumque xpistianorum, presertim servitorum [9] et sibi propinquorum, et quia ipsum sciebant et videbant probum, sancte [10] intentionis, ubicumque essent timebant ab ipsius voluntate disjungi, cujus vita et doctrina ad Dei [11] amorem quasi continue invitabantur [12].

23. Item, licet cum forti resistentia spiritus, oratione et carnis maceratione et dompmatione [13], corpus spiritui cogeret servire [14], et ipsius corporis oblectamenta, mundi

---

1. *A B C* Enseria, *D* Ensya. — 2. *C* et in.
3. *C* m. diversis miraculis claruit. — *8 mai 1357.* Acte par lequel Pontius de Euseria, decretorum doctor, archipresbiter et canonicus ecclesie Lodovensis, procureur de dame Blanche, veuve de maître Bernard de Cambon, notaire, [donne] aux Carmes de Lodève, une maison et un jardin à Lodève, hors les murs, au-delà du Pont fluminis Lerge, loco vulg. nuncupato lo camp de l'Ospital, ou cimetière de S. Thomas, pour y transporter leur couvent : en exécution des dernières volontés dudit Bernard de Cambon. Fait à Lodève, devant la porte de l'église de S. Ginies (*Pièces de M. Martin, de Lodève*). Brevis historia ordinis Cartusiensis (c'est *la chronique de Calcar*) : (*du temps du prieur Jean Birel*) Domnus Pontius decretorum doctor egregius, quem dominus papa Urbanus canonizare volebat, propter sanctissimam vitam ejus, et multa miracula que in vita fecit pariter et post mortem, singulis annis venire Carthusiam consueverat ad dictum priorem invisendum, ut spiritus ejus recrearetur a tumultibus Romane curie, quibus multipliciter erat illigatus, *etc...* (Martène, Vet. script. et monum. ampliss. coll., *t. V, c. 189*).
4. *D* Delphina, que etiam in vita et p. m. d. m. claruit. — 5. *C* claruit meruitque. — 6. *D* tamen. — 7. *D* revererentur. — 8. *C* contra, *D* imo. — 9. *D* amicorum. — 10. s. vite, *deletum in A*. — 11. *A B* addi. — 12. *B* inmitabantur, *D* mutabantur. — 13. *C D* dominatione. — 14. *D* om.

vanitatem et pompam et superstitionem cum Dei adjutorio vitaret, non tamen [1] ex austeritate vite cum multiplicibus abstinentiis, etiam quandoque [2] a licitis, quas servabat, tristabatur; nec erat discolus seu iracundus, ymo in sancti [3] Spiritus [4] pacem, gaudium et leticiam quasi semper pretendebat, unde non tristiciam, non exterminationem seu extenuationem [5] corporis pertendens [6], semper humilis, castus, prudens, timorate [7] letus, se semper affabilem et propitium exibebat potentibus et pauperibus, notis et incognitis, ita ut omnium pater [8] videretur; quod non ministerio caruit [9], quia [10] cum communi sua locutione omnes suos filios vel filiolos suo urbano et curiali modo loquendi appelaret, demum Xpisti effectus vicarius et omnium pater spiritualis, vocem propheticam [11] actu in ipso dispensatio [12] divina videtur immisisse, ut creditur, et de se patet palam et publice.

**24.** Item, quod quantumcumque [13] vacaverit seu vaccaret occupationibus supradictis, scilicet studii, officiorum, servitiorum seu itinerationum [14], vel apostolice legationi seu alteri actui, ut prefertur, semper et distincte et devote horas [15] suas canonicas recitabat omni die, et missam seu missas audiebat vel ipsemet celebrabat, et semper tria substantialia regule monastice observavit et observabat [16], ita quod semper fuit obediens et sine proprio alio [17] quam administrationum quas gessit, et semper castus, ymo et virgo et a tactu mulierum immunis et mundus: sicque, ut predicitur, fuit dictum, tentum, creditum et reputatum, diciturque, tenetur, creditur et reputatur, ac fuit et est verum, etiam publice, palam et noctorie.

**25.** Item, quod ipse semper in observantia regulari, ubicumque fuerit [18], se adeo prebuit exemplarem, ut a pluribus personis, etiam magnificis [19], pluribus et diversis vicibus habitus fuit in contemptum, et pluries [20] sibi diceba-

---

1. *D* tantum. — 2. *C* cumque, *D* quoque. — 3. *D* fructum. — 4. *C* imo infractum spiritu. — 5. *C* u. nec t. nec e., *D* letitiam animi pretendebat unde nec t. nec exterminationem. — 6. *C* pretendens. — 7. *C* timoratus. — 8. *C* pater esse. — 9. *C* misterio. — 10. *D* quod non quia (sic). — 11. *C D* voce prophetica. — 12. *C D* dispensato. — 13. *D* quandocumque... — 14. *C* itinerationi, *D* officiorum, nunciorum seu itinerationi. — 15. *C D* distincte horas. — 16. *C D* observabat et observavit. — 17. *C* aliquo, *D* et sine alio (sic). — 18. *C* s. observantie regularis ub. fuit, *D* semper observantia... fecit. — 19. *C D* pers. magni status. — 20. *C* plures.

tur [1] quod ad majora promotus fuisset et promoveretur, si aliter seculum sequeretur, quodque [2] ipse omnia vilipendens et contempnens, sepius dicebat et facto monstrabat utilius ut placeret Deo quam hominibus, etiam palam et publice [3]. — Item, quod de predictis omnibus et singulis, et presertim temporibus supradictis, et in locis in quibus conversatus fuit, et fuit et est publica [4] vox et fama.

**26.** Item, ponit et probare intendit, quod fe. re. domino Innocentio papa sexto deffuncto, cetus dominorum cardinalium sancte Romane ecclesie apud Avinionem existens in conclavi, in palacio apostolico, pro celebranda summi pontificis electione, juxta morem solitum diversos inter se tractatus habuerunt, et demum in predictum dominum Guilhermum [5] Grimoardum [6], etatis quinquaginta trium [7] annorum vel circa, tunc abbatem Massiliensem, in partibus Ytalie pro negociis Sedis apostolice degentem, divina gratia favente, omnes concorditer suum intuitum direxerunt, et ipsum tanquam virum meritis et fama preclarum et ad tantum reginem aptum, per viam sancti Spiritus nominarunt et elegerunt in Xpisti vicarium summum, et sancte Romane ecclesie pontificem atque pastorem. etiam publice, palam et noctorie.

**27.** Item, quod prefatus dnus Guilhermus [8] electus ad papatum [9], per ipsum collegium mandatus, venit ad Avinionem, et se electum persentiens [10], cum aliquibus suis secretis dixit quod factus erat Xpisti vicarius, et dubitabat se non posse Domino in tanto officio debite famulari, sed predicti secreti sui suaserunt ut consentiret, ne propter dubium prolixe vacationis que Ecclesie [11] pro tunc valde periculosa timebatur, sub timore et reverentia Dey proposuit humiliter consentire, etiam publice, palam et noctorie.

**28.** Item, quod postmodum per prefatos dominos cardinales [12] infra palacium apostolicum predictum recolectus fuit, et electione de se facta sibi exibita et publicata, eidem humiliter consentiit, et per ipsos dominos cardinales concorditer et solempniter intronizatus [13]; quodque [14] ipse voluit

---

1. *C D* dicebant. — 2. *D* quamquam. — 3. *C D* notorie. — 4. *C D* publice. — 5. *C D* Guillelmum. — 6. *C D* Grimoardi. — 7. *C D* et. lxii. als lxiii. — 8. *D* Guillelmum. — 9. *C D* el. in papam. — 10. *D* presentiens. — 11. *C D* vacationis Ecclesie que. — 12. *D* cardin. concorditer et solempniter. — 13. *C D* inthronizatus fuit. — 14. *D* quamquam.

nominari Urbanus quintus, ideo quia, ut alias sepius dixit, quod omnes alii quattuor Urbani fuerant [1] sancti viri; quodque prefati domini [2] cardinales reverentias et solempnitates solitas in talibus exibuerunt, tanquam vero Romano pontifici, etiam palam, publice et noctorie. — Item, quod de predictis omnibus et singulis fuit et est publica vox et fama.

29. Item ponit et probare intendit quod, post ipsius domini Urbani assumptionem ad papatum plures et plurime bone persone, que ejus personam et mores atque famam noverant, reputaverunt Ecclesie Dey obtime [3] provisum, et per illas, ymo et quasi a majori parte omnium catholicorum fuit dictum et reputatum, quod ejus assumptio a Deo gratiose fuerat inspirata, preordinata et concessa, etiam publice, palam et noctorie.

30. Item, quod satis prope ejus assumptionem predictam [4], fuit visum de celo signum, quasi divine collate gratie populo [5] Xpistiano, dulcedinem significans, et afferens [6] honorabile et devotum presagium majoris dulcedinis divinarum graciarum in tempore grati ministerii ipsius domini Urbani per divinam bonitatem infundendarum Xpistiano populo orbis terre, etiam publice, palam et noctorie.

31. Item, [7] cum circa finem mensis Octobris, ut predicitur, fuisset assumptus, in tempore vernali tunc [8] immediate sequenti, in civitate Avinionensi, in qua residebat, et in suburbiis et territorio ejusdem, per plures dies sive noctes ante solis progressum, quidam ros celestis, albus, quasi subtiliter congelatus, dulcissimus ad vescendum, qui apud phisicos vulgariter dicitur manna, de celo cadebat et cecidit, et per plures ejusdem loci incolas super folia herbarum et arborum reperiebatur, congregabatur et servabatur [9], et reputabatur et erat utilissimus humanis corporibus ad salutem; et cum [10] ab incolis predictis nunquam fuerit [11] scitum vel auditum simile contigisse, nec ex tunc contigit [12], plurime et plures persone notabiles hujusmodi casus novitatem humiliter considerantes, regratiandum [13] Deo ascribebant et reputabant, et credebatur [14] et creditur quod divina

---

1. *C D* erant. — 2. *C D* quodque dni. — 3. *B* ob tunc, *C* esse Dei bene. — 4. *D* om. — 5. *C D* grat. clero et pop. — 6. *C* asserens. — 7. *C D* I., quod. — 8. *C* hunc. — 9. *C D* conservabatur. — 10. *D* tamen. — 11. *D* fuerat. — 12. *C D* contingit. — 13. *B* regratian, *C* regratiantes. — 14. *D* regrantiantes attribuebant et credebant.

bonitate [1] in [2] hoc presagium [3] fuerit venerande assumptionis predicti domini Urbani : etiam publice, palam et noctorie. — Item, quod de predictis omnibus et singulis fuit et est publica vox et fama.

**32.** Item ponit et probare intendit quod prefatus dnus Urbanus in dicendis horis canonicis, missis et aliis officiis celebrandis privatim et publice, fuit et erat valde intentus et attentus, et valde distincte, inteligibiliter et devote illa predicta officia dicebat et dici faciebat, et cum magna complacentia et sine tedio; quodque nusquam creditur auditum ab ore suo quod de se pro horis et officiis, missis vel sermonibus, fuerit molestatus vel monstraverit se gravatum, ymo ut verus amator verbi Dei et divini servicii, antequam diceret missas etiam secretas, illas previdebat in libris, et si aliquod sibi [4] occurrebat dubium, humiliter ibidem statim illud inquirebat cum libris, vel ab aliis suis clericis petebat et humiliter informationem capiebat : etiam publice, palam et noctorie.

**33.** Item, quod prefatus dnus Urbanus, illis diebus quibus erat celebraturus missam, confitebatur valde humiliter et devote, et postquam erat absolutus per confessorem suum, semper remanebat in loco in quo fuerat confessus, et ibi aliquos psalmos sibi devotos recitabat, et postea secrete orationi ibidem cordialiter insistebat, et plurimas devotionis lacrimas [5] effundebat, ita quod dum de ibi surgebat pro accedendo ad celebrationem misse, locus remanebat lacrimarum aqua perfusus, et hoc sepius visum fuit per suos continuos servitores. — Item, quod de predictis omnibus et singulis fuit et est publica vox et fama.

**34.** Item ponit et probare intendit quod dictus dominus Urbanus totum tempus matutinum in audientia danda, horis dicendis et aliis negociis ecclesie Romane pertractandis expendebat, usque ad horam prandii, corpusque suum communiter grosso et quandoque [6] mediocri, vel raro delicato cibo nutriebat ; quodque [7] sedens in mensa servitores suos omni die interrogabat de infirmis et pauperibus curie, et de providendo illis ordinabat et provideri precipiebat, et sepius eis sua propria cibaria mittebat, suique medicis precipiebat ut illos infirmos gratis visitarent.

---

1. C bonitas. — 2. C D om. — 3. A B om. — 4. D om. — 5. A laternias. — 6. C grosso atque. — 7. D quandoque.

**35.** Item, quod post collationem per eum factam, se retrahebat in camera sua secreta, et ibi modicum [1], intervallo medie [2] [hore?] indutus, et solis depositis sotularibus et caligis laneis, lineis tamen caligis resumptis [3], dormiebat, et brevi somno facto surgebat, et postmodum ad signandas suplicationes et expedienda negocia intendebat; et solicite studio et orationi vacabat, et demum, dicto officio mortuorum et [4] officio diei vespertino cum suis servitoribus, bona [5] hora revertebatur ad dandam audientiam, in qua valde attente et continue intendebat, audiendo dnos cardinales et alios magnates et potentes, ceterosque qui cum eo habebant negociari.

**36.** Item, quod post expeditam feliciter juxta Dei beneplacitum [6] audientiam vespertinam, brevi solacio seu exercicio persone, vel ambulando per domum vel viridaria [7] cum suis familiaribus, et plerumque cum aliquibus seu aliquo de dnis cardinalibus seu prelatis, vel aliis personis secularibus vel ecclesiasticis honestis, bona hora, premissa benedictione, cenabat, pauca et brevissima refectione contentus, et sumpta cena et dictis graciis, recipiebat [8] aliquem librum, et studebat usquequo familiares sui in tinello cenassent et ad eum venissent, et quando erant coram eo, colloquebatur cum eis, vel de eo quod studuerat, vel aliis solaciis edificatoriis et utilibus, vel gestis sanctorum, vel de miseria mundi, vel alia materia ex intentione ipsius et bene audientium fructuosa, sic ut [9] omne tempus in Dei memoria et timore patenter videretur [10] ipsum appetere et occupare : etiam publice, palam et noctorie.

**37.** Item, quod post breve coloquium [11] post cenam habitum, dicebat officium matutinum cum confessore suo, et aliis prelatis et cubiculariis suis, valde intelligibiliter, et postea accedebat ad dormitionem vestitus, et ibi dormiebat usque ad necessariam refectionem nature, et postmodum indutus veste papali, ad recitandum divinum officium accedebat et illud recitabat, ut predictum est. — Item quod de predictis omnibus et singulis fuit et est publica vox et fama.

---

1. *D* modico. — 2. *C D* medio. — 3. *C* reassumptis. 4. *C D* om. off. mort. et. — 5. *D* una. — 6. *D* beneplacita. — 7. *C* bradaria. — 8. *D* accipiebat. — 9. *A B* sicut. — 10. *A B* videtur. — 11. *D* breve sermonem et colloquium.

**38.** Item ponit et probare intendit quod ipse dnus Urbanus fuit verax, ymo [1] veracissimus in verbo et [2] facto, et non fuit ventosus nec dissimulator, bilinguis nec mendax, nec fictus nec ypocrita, nec iracundus nec discolus, quodque [3] fuit et erat largus, non prodigus, nec avarus, nec cupidus : etiam publice, palam et noctorie.

**39.** Item, quod ipse dnus Urbanus toto corde sitivit [4] et amavit sapientiam, et illam quesivit et inquisivit multipliciter : etiam publice, palam et noctorie.

**40.** Item, quod ipse multum dilexit legere et studere, et legebat et studebat specialiter dicta et facta sanctorum pontificum Romanorum, et aliorum notabilium qui utiliter [5] Romane ecclesie prefuerunt.

**41.** Item, quod ipse dominus Urbanus [6] toto tempore vite sue vitavit videre res quascumque corporales, inhonestas delectationes corporeas concernentes [7], et ad illas provocantes seu allicientes.

**42.** Item, quod ipse semper refutabat et refutavit audire verba et voces quascumque in [8] offensam Dei, lesionem proximi vel incitamenta ad laciviam, delectationemque [9] magnam habuit et habebat audire culparum correctiones, hominum ex moribus commendationes, predicationes verbi Dei [10], missas et alia ecclesiastica servicia [11].

**43.** Item, quod ipse refutabat et semper recusavit voracitatem ingluviei [12], et quamcumque inebrietatem et gulositatem.

**44.** Item, quod ipse refutabat et semper recusavit audire [13] delectationes odorum, et odorifera contractare [14].

**45.** Item, quod abhorruit et abhorrebat tactum [15] moliciei, et quamlibet libidinosam delectationem : sicque, ut predicitur, fuit dictum, tentum [16], creditum et reputatum, diciturque, tenetur, creditur et reputatur, ac fuit et est verum : etiam publice, palam et noctorie. — Item, quod de predictis omnibus et singulis fuit et est publica vox et fama.

**46.** Item ponit et probare intendit, quod prefatus dnus

---

1. *C* et, *D* imo et. — 2. *D* et in. — 3. *D* quippe qui. — 4. *A B* scivit. — 5. *C* humiliter. — 6. *D om.* dom. Urbanus. — 7. *C* corporeas contueri. — 8. *C* que, *D om.* — 9. *C* incitamenta aut lascivias continentes, delectationem quoque. — 10. *D om.* — 11. *C D* officia. — 12. *C* ingluviam, *D* ingluviem. — 13. *C* gulositatem, refutabat etiam, *D* refutavit et semper recusavit exquirere. — 14. *D* contrectare. — 15. *D* abhorruit t. — 16. *D om.*

Urbanus fuit vir [1] valde catholicus et fidelis ad sanctam fidem catholicam, devotus [2] et magnus zelator fidei catholice [3].

**47.** Item, quod multum virtuose [4] in omnibus personis dilexit scientiam theologie, et alias scientias per quas fides catholica videbatur singi [5] posse et esse sincta [6], et tales personas promovit, etiam inscias et non petentes [7], ad beneficia et dignitates ecclesiasticas, etiam episcopales et majores, etiam ad cardinalatum [8].

**48.** Item, quod ipse, zelo veritatis fidei, personas perfidas, hereticas, perversores [9] dogmatum et malarum opinionum, ad veritatem catholicam caritative per se et alios diversimode reducere satagebat, et si eos reperisset pertinaciter continuantes [10], personas illorum cum criminibus [11] et suis perversis dogmatibus exterminabat, etiam finaliter dimittendo illos [12] curie seculari.

**49.** Item, quod predictus dnus Urbanus, zelo [13] fidei catholice ampliande etiam in exteras nationes, semel apud Avinionem indixit passagium generale ad recuperationem Terre sancte, et predicationem et venerationem [14] fidei [15] in omnem terram, animas Deo plures lucrari cupiens, et nomen Jesu ab omnibus venerari; in qua indictione [16] dicti passagii [17] pulcrum fecit sermonem in latino, in presentia regis Francie et Chipri [18], et dominorum cardinalium; qui quidem duo reges, tunc ibidem cruce signati, ab eo etiam dominum Talayrandum, tunc cardinalem Albanensem, sibi legatum apostolicum et cruce signatum ad dictum passagium receperunt humiliter et devote.

**50.** Item, quod zelo ejusdem [19] fidei dilatande, dedit generale mandatum ut quicumque Judeus baptisari volens libere [20] ad baptismum accederet, et quod omnia bona sua ubique [21] essent sibi salva, ad finem quod propter bonorum perditionem nullus occasionem haberet se retrahendi a suscipiendo baptismo [22], quando sibi hoc divinitus inspiraretur; usuras tamen illos [23] restituere volebat.

---

1. *C om.* — 2. *C D valde dev.* — 3. *D orthodoxe.* — 4. *C om.* — 5. *B D cingi.* — 6. *C videtur defendi posse.* — 7. *C postulantes.* — 8. *C necnon cardinales, D et cardinalatus.* — 9. *C D perversorum.* — 10. *C D contendentes.* — 11. *D civitatibus.* — 12. *C illas.* — 13. *D quod ipse zelo.* — 14. *C dilatationem.* — 15. *D vere fidei.* — 16. *A B D inditione.* — 17. *D om. dicti passagii.* — 18. *C Cipri.* — 19. *D om.* — 20. *C om.* — 21. *C D ubicumque.* — 22. *D baptismate.* — 23. *C D illorum.*

**51.** Item, quod predictus dominus Urbanus Rome existens, ibidem ad obedientiam catholicam induxit et recepit [1] imperatorem Constantinopolitanum, qui [2] ad ejus pedum oscula veniens ante gradus ecclesie Sancti [3] Petri, per ipsum dnum Urbanum [4] ad manum in ecclesia intromissus, ejusdem domini Urbani missam in latino audivit, et confessus processionem sancti Spiritus simul a Patre et Filio, unitatem et superioritatem omnium catholicorum Romano et summo pontifici [5] adhesit et devote obedivit, ipsum devotissime venerando, et in tantum quod propter devotionem quam dictus imperator Constantinopolitanus ad ipsum et mores suos habebat, ipsum sepissime visitabat et jocalia sibi devota tribuebat, et sepius ipso domino Urbano ignorante, dictus imperator non invitatus ad ejus prandium veniebat, et ambo simul, diversis tamen mensis paratis et ornatis more pontificali et imperiali, sua capiebant cibaria pro solo domino Urbano preparata, cum gratiarum actione et devotione; et dictus imperator dicebat se in tali refectione melius refici in corpore et anima, quam cum tumultu et alias solemnissime sibi prandium pararetur.

**52.** Item, quod prefatus dnus Urbanus in Urbe apud Sanctum Petrum canonisavit et sanctorum confessorum cathalogo annotavit sanctum Elziarium [6], quondam comitem Ariani, pro quo ibidem publice coram dominis tunc cardinalibus et toto clero et populo Romano ad hoc devote congregato, solempniter predicavit in laudem dicti sancti et ejus facta et exempla, virtutem [7] sancte fidei catholice declaravit et collaudavit palam [8] et publice. — Item, quod de predictis omnibus et singulis fuit et est publica vox et fama.

**53.** Item ponit et probare intendit quod prefatus dnus Urbanus [9] sepe in lecto [10] clauso cortinis more papali solus existens, dum a cubiculariis suis existentibus infra eamdem cameram dormire et quiescere [11] putaretur, tamen multa suspiria emittere, voces devotas proferre, Deum humiliter nominare, et corporis inquietudines habere, a predictis cubiculariis audiebatur et percipiebatur, tum [12] ad Deum cor habere et referre, et recomendare curas suas et causas [13]

---

1. *C D* rec. dnum. — 2. *A B* quia. — 3. *C D* Beati. — 4. *C* Papam. — 5. *C D* Rom. pont. — 6. *D* Elizarium. — 7. *C D* ad virt. — 8. *C D* pal. et notorie. — 9. *D* quod ipse. — 10. *C* loco. — 11. *C* req-e. — 12. *C D* tunc. — 13. *B* curas.

Ecclesie sue, et sibi commissi regiminis universi, et auxilia et remedia postulare.

**54.** Item, quod cum idem dnus Urbanus esset apud Urbem, fecit ibi [1] duo solempnia capita preciosa, cum corporibus usque ad medium, unum scilicet pro sancto Petro et aliud pro sancto Paulo, et illa [2] in Lateranensi ecclesia fecit collocari, et cum sibi ab aliquibus diceretur : « Pater sancte, quare ista preciosa capita dimictitis [3] in isto loco non forti ? et est dubium quod per aliquos discolos dirripiantur, furentur et detrahantur, propter preciositatem suam » ; tunc idem dominus Urbanus [4] respondebat et respondit cum quadam humilitate devote jocosa : « Numquid videtis quod ille sanctus Petrus habet in manu illas magnas claves, et ille [5] sanctus Paulus habet magnum ensem ? deffendant [6] se ipsos, et bene sperandum est quod ita facient, quia satis sunt [7] prope Deum ».

**55.** Item, cum esset apud Urbem, vineam magnam papalem juxta palacium Sancti Petri, quod tunc habitabat [8], fecit laborari, in qua octingentos vel mille, vel quandoque plures laboratores ad mercedem suam laborare et operari faciebat, et quandoque [9] intrabat illam causa solacii seu recreationis, cum solis suis paucis familiaribus, et quandoque [10] cum uno vel pluribus cardinalibus vel prelatis, in [11] numero tamen pauco, ita ut sepius eveniret quod non haberet secum ultra numerum duodecim [12] vel xv. personarum et quandoque minus [13], et cum [14] deambulando et transeundo, laboratores illos visitando benedicebat illis et [15] cum illis loquebatur, et solaciabatur satis brevibus verbis de materia operis illius, et aliis solaciis utilibus et graciosis, et cum sepe a pluribus diceretur : « Pater sancte, valde bonum esset quod quando huc venitis, essetis bene associatus [16], etiam cum gentibus armorum ; ut enim videtis, isti laboratores [17] sunt multi et plures discoli, et faciliter possent in personam vestram irruere vel vestrorum [18] ». Ipse [19] valde

---

1. C D ibidem. — 2. C ibidem duo pretiosa capita de auro et argento, cum multis lapidibus pretiosis, usque ad medium pectus, unum scilicet in quo repositum est caput sancti Petri et in altero caput sancti Pauli, eaque. — 3. C dimittis. — 4. D om. idem d. Urbanus. — 5. C iste. — 6. C defendent. — 7. C D sunt satis. — 8. D habebat. — 9. D aliquando. — 10. D aliquando. — 11. D om. — 12. D decem. — 13. C nullus. — 14. D tamen. — 15. C vocando benedicebat et. — 16. C associati. — 17. C laborantes. — 18. C nostram, D om. vel vestr. — 19. C Ipse vero.

dulciter respondebat quod *nisi Dominus custodierit civitatem* etc. [1]; concludendo quod divina custodia confisus [2] se humiliter illorum laboratorum aspectibus exibebat, quos carissimos sibi filios reputabat, non inimicos; nec illorum corda ad tale malum incitarentur nisi Domino permittente, de cujus gratia dicebat se confidere quod tale scandalum non eveniret. Et tunc illos operarios salutabat et benedicebat transiens, et ad palacium revertebatur cum suis ylariter, illos dimittens de sua dulci affabilitate plurimum humiliatos et consolatos de tam pio eorum patre, flexis genibus Altissimo gratias refferentes. — Item, quod de premissis omnibus et singulis fuit et est publica vox et fama.

**56.** Item ponit et probare intendit quod, ut conservaretur in predicto amore et caritate Dei, et semper de bono in melius procederet et magis inardesceret, totis viribus opprimebat et repressit [3] propriam carnem, mundum contempsit et demonem cavit, de quibus dicitur vulgariter et est verum quod humano profectui multipliciter incidiantur [4].

**57.** Item, quod ad castigationem [5] proprii corporis et obedientiam sanctarum institutionum [6], inpretermisse et indistincte ante et post papatum, jejunabat et jejunavit per totam Quadragesimam, totum Adventum, et in omnibus aliis vigiliis et jejuniis per Ecclesiam institutis, et omni quarta feria a cibis carnalibus abstinebat, et omni sexta feria jejunabat vel sabbato, vel [7] quandoque utraque die, nisi eum [8] corporalis infirmitas vel egritudo [9] rationabiliter impediret.

**58.** Item, quod quandiu in papatu vixit, juxta antiquam consuetudinem Romanam [10], ordinavit et fecit sub excommunicationis pena [11], quam in contrafacientes protulit, in Romana curia per totum Adventum a [12] carnibus et quibuscumque laticiniis abstineri et jejunari, saltem per omnes personas ecclesiasticas, nisi essent rationabiliter excusate.

**59.** Item, quod ipse, ne caro quomodolibet esset sibi molesta ex delectatione seu replectione, omni die dum ad

---

1. Psalm. cxxvi, 1. — 2. *C divine custodie confusus.* — 3. *C D reprimebat.* — 4. *D quod homini m. infidiantur.* — 5. *B castitatem.* — 6. *C D instructionum.* — 7. *D et.* — 8. *C cum.* — 9. *A B ingratitudo.* — 10. *C Romanorum.* — 11. *A B penam.* — 12. *A B et.*

mensam sedebat in prandio et in cena, quando comedebat, illo tunc quando [1] sapidior erat sibi cibus et magis sapide comedebat in conspectu servitorum suorum, quasi repente per servitores ipsos faciebat et fecit a mensa sua cibaria removere et portare [2] ad usus pauperum [3].

60. Item, quod carnis curam in desideriis agere omnino [4] sibi refutabat et refutavit, quodque [5] medici sui sepius et sibi dixerunt quod magnitudo et assiduitas laboris [6] quos indefesse sustinebat, nedum conservationi sanitatis prejudicabant, ymo et diversimode causas egritudinum inducebant, quare consuluerunt et consuluebant [7] sibi ut labores remitteret, et corpus plus reficeret et quietaret ; ipseque propter [8] hoc non cessavit nec cessabat, ymo incessanter pristinam solicitudinem, caritatem et humilitatem [9] observavit et continuavit.

61. Item, quod quando aliqua corporali egritudine tenebatur, prout sibi contingit [10] de lapillo [11] vel aliis passionibus, et de consilio medicorum habebat recipere medicinam vel minutionem [12], vel balneum vel alia remedia morbo adhibere, semper captabat sibi et captavit tempus congruum, et horam talem quod propter ipsa auxilia [13] medicine corpori suo adhibenda, ab exequtione injuncti officii non impediretur, ymo capelle, consistorio et audientiis diligenter insisteret [14] sicut prius.

62. Item, quod quandoque [15] fuit sibi tanta violentia morbi quod necessario ipsum opportebat et oportuit in camera remanere, et laboribus et negociis impossibile sibi fuit exponere sicut prius, et tunc expedire illa omisit, atque omittendi facta [16] impossibilitas ipsum excusabat et excusavit, ut sunt consistoria, audientie publice et ceteri publici actus, cetera vero negocia infra [17] cameram ut poterat expediebat et expedivit ; verumtamen horas suas canonicas inpretermisse dicebat cum suis, more solito, et dixit, et missas etiam audivit omni die indistincte, licet infra [18] cameram, etiam in egritudine de qua decessit ; et quando

---

1. *C* cum. — 2. *C D* removeri et portari. — 3. *C D* paup. vel infirmorum. — 4. *C* omnimode. — 5. *D* quamquam. — 6. laborum ? — 7. *C* om. et cons., *D* consulebant. — 8. *D* propterea. — 9. *A B D* humiliter. — 10. *D* contigit. — 11. *C* calculo. — 12. *A B* munitionem. — 13. *D* concilia. — 14. *A B* insistere. — 15. *C* cum, *D* quando. — 16. *A B* omittenda facti. — 17. *C* intra. — 18. *C* audiebat... intra.

loqui non potuit, fecit tamen nutus [1] et signa, per que fecit missas coram se celebrari et horas canonicas recitari, usque-quo morbi gravitas ad agoniam, Deo permittente, deduxit, quo agonizante per suos servitores nichilominus hore canonice fuerunt recitate, et horis congruis [2] misse celebrate [3].

**63.** Item [4] tantum refrenabat et refrenavit, et aborruit inordinatam carnis delectationem, ut etiam ad auditum de preterito carnis libido sibi fuerit et fuit plurimum odiosa; dum enim unus familiaris suus commendando prolem quam ex propria uxore susceperat, truffando diceret eidem domino quod, si ipse haberet unum filium, multa bona ei faceret, quia experiretur quid est amor filiorum, idem dominus illum increpando respondit, quod magis vellet esse mortuus et sepultus quam esse vel fuisse illa macula maculatus.

**64.** Item, quod quantumcunque [5] diversis passionibus morborum fuerit agravatus, etiam in egritudine ultima de qua decessit, semper humiliter [6] servavit sillentium consuetum [7], et semper abstinuit a plangendo seu ululando, sine planctu quolibet vel ejulatu; quodque [8] dum morborum passiones vel dolores corporis [9] fortius patiebatur, tunc cum forti constantia dolores illos amore sperati premii parvipendens [10] humiliter et devote, Deum laudabat et laudavit, et gratias eidem referebat et retulit, et frequenter querebat et quesivit a Deo veniam, quia quandoque propter necessitates [11] corporis a solicitudine injuncti officii, saltem corporaliter desistebat. — Item, quod de predictis omnibus et singulis fuit et est publica vox et fama.

**65.** Item ponit et probare intendit, quod predictus dnus Urbanus mundanalibus rebus sic usus est parce [12], quod illas inordinate amare refutavit; unde sepius [13] dixit quod volebat et obtabat esse pauper, sed [14] propter reverentiam Ecclesie et quietem subditorum, non penuriosus [15]; tamen fixa animi destinatione cupiebat mori et volebat ut verus monachus, nec erat sibi cura de auro nec argento et lapidibus preciosis, que omnia terram pollutam appellabat, nisi quantum ad Dey beneplacitum et quietem subditorum illis uti poterat, prout illis et continue usus est et utebatur.

---

1. *C* notas. — 2. *C* et tempore congruo. — 3. *D* dicte. — 4. *D* Item in. — 5. *D* quamquam. — 6. *C om.* — 7. *D* assuetum. — 8. *D* sive pl. quol. sive ejul. quanquam. — 9. *C D* corporeos. — 10. *A B* perimpendens. — 11. *D* necessitatem. — 12. *A B* parte. — 13. *C* sepe sepius, *D* sepe et sepius. — 14. *C D om.* pauper sed. — 15. *A* permorosus.

**66.** Item, quod dum sepius incenia more papali auro seu argento, seu lapidibus preciosis, seu panis cericeis [1], aureis seu laneys ad devotionem instoriatis [2], sibi donabantur, statim cogitabat et cogitavit non mundanaliter [3] retinere, sed ibidem vel paulo post ad Dei servicium et honorem illa deputabat et deputavit, unde talia donaria vel encenia sibi facta, si quandoque [4] apta essent ad Dei servicium et devotionem populi augmentandam, omnia et singula dabat et dedit diversis et pluribus ecclesiis, monasteriis et locis religiosis.

**67.** Item, quod ad divitias mundanas cor refutabat apponere et refutavit, unde [5] circa principium sue felicis promotionis ad papatum [6], diligenter revideri [7] fecit quidquid erat in papali palacio Avinionensi, et de vasis argenteis et aureis [8] fractis, libris ecclesiasticis, theologie, jurium, medicine, ystoriarum [9], de pannis etiam, vestimentis et ornamentis ecclesiasticis, magnam reperiit quantitatem; tunc dicebat et dixit quod omnia illa erant quasi inutiliter [10] mortua; et omnia precepit de facto et fecit distribui et donari, libros scilicet monasteriis, ecclesiis et personis indigentibus, secundum quod ipsis donatariis congruebant, vestimenta et ornamenta eodem modo; de argento precepit fieri, et de facto fuerunt facti circa trecenti calices argenti [11].

**68.** Item, quod postquam plurima per se ipsum distribuerat et distribuit, commisit domino tunc Urgellensi [12] cardinali, civi Romano, ut totum illud quod distributum non erat, donaret et distribueret ecclesiis, monasteriis et capellis in Urbe, de ornamentis supradictis, quod predictus dnus cardinalis cum magna diligentia et devotione fuit exequtus; in tantum quod [tam ?] per ministerium ipsius domini Urbani, quam predicti domini cardinalis, omnia et singula supradicta, libri scilicet, vestimenta [13] et ornamenta, et calices argentei supradicti, fuerunt donata et actualiter tradita predictis locis, in Urbe pro majori parte, et residuum quibusdam personis et locis lingue Occitane [14] et Provincie, quos dominus Urbanus noverat actualiter indigere.

---

1. *C* pannis sericis, *D* sericeis. — 2. *C* hist-s. — 3. *C D* mundialiter. — 4. *D om.* — 5. *D* refutavit appon. unde. — 6. *D om.* ad papatum. — 7. *D* removeri. — 8. *C D om.* et aureis. — 9. *C D* historiatis. — 10. *D* erant ibi quasi inutiliter et. — 11. *C D* argentei. — 12. *D* Vercellensi. — 13. *D* et vest. — 14. *C* Occitanie.

**69.** Item, dum esset apud Urbem et audivisset quod a tempore domini Bonifacii pape octavi, certi thesauri papales fuissent in civitate Assisii reservati [1] et adhuc reservarentur, in quindecim vel viginti saumatis [2], fecit coram se aportari, et reperiit quod ibi erant multe sanctorum reliquie, multi libri et alia ecclesiastica ornamenta; tunc illa refutavit penes [3] se retinere, sed ecclesiis Urbis omnia predicta distribuit, donavit et realiter traddidit, excepto capite beati [4] Blasii, martiris, et quibusdam aliis reliquiis diversorum sanctorum, quas et quod solempniter reconditas in [5] auro et argento et lapidibus preciosis, usque ad valorem mille quingentorum florenorum de camera, ad suam Mimatensem ecclesiam destinavit, et ibi [6] nunc actualiter dicte reliquie et dictum caput in magna veneratione habetur [7]; et excepto uno capillo beate Marie virginis, quem solempniter in auro et argento recludi fecit, et cum una cruce cristalina ad ecclesiam Beate Marie de Quesaco, Mimatensis diocesis; et excepta una magna portione crucis domini nostri Jhesu Xpisti, quam solempniter recludi fecit in auro et argento et lapidibus preciosis, usque ad valorem trium millium florenorum, quam dedit monasterio Sancti Benedicti Montispessulani, licet ipsius donationis exequtio ejus morte fuerit impedita.

**70.** Item cessavit et abstinuit, cessabat et abstinebat indistincte quoscunque viros seu mulieres amare ad complacentiam seu consolationem mundanam, adeo et in tantum quod ejus servitores quantumcumque [8] intimi et amici carissimi, et omnes qui ejus consortium frequentabant, patenter agnoscerent, et eis videbatur et visum fuit quod ipse erat a mundialitate [9] totus abstractus, et cogitatione et aviditate cum Deo conversabatur, et solum et dumtaxat in illum vel propter illum consolationem habebat; si enim quandoque ipsum consolari viderunt [10] in rebus mundanalibus [11] vel personis, pro hoc solum videbant et cognoscebant quod consolabatur, quia per illarum rerum seu personarum remedia ad Dei beneplacitum tendebatur.

**71.** Item, quod vanitatem mundialem [12] aborruit et abor-

---

1. *C D* om. — 2. *D* saumate. — 3. *D* apud. — 4. *D* exceptis cap. S. — 5. *D* diversorum quas solemniter in. — 6. *C D* ibidem. — 7. *C* habentur. — 8. *A B* quandocunque. — 9. *B* mundanitate. — 10. *C D* vid. et cognoscebant quod consolabatur. — 11. *C* mundialibus. — 12. *B* mundanam.

rebat, ità ut etiam proprii generis sui viros quoscunque et mulieres fecit stare humiliter, nec propter papatum passus est illos extolli inordinatis statibus vel expensis, ymo et abstinuit dare illis etiam [1] pugillum terre, ymo omnino impedivit donationem quingentarum librarum redditualium, quam dominus Johannes, tunc Francie rex illustris, fecerat domino Grimoardo Grimoardi [2], militi, domino de Grisaco, carnali patri suo predicto, et illius donationis effectum omnino impedivit et illi contradixit perpetuo [3].

**72.** Item patri suo predicto carnali multum honorifice, et sobrie, et moderate, cum paucis servitoribus providebat et providit in vite necessariis apud Avinionem, et aliquibus aliis paucis de genere suo dedit stipendia que etiam darentur aliis servitoribus, et quedam alia pauca pro victu necessario [4], omni [5] superfluitate et pompa omnino rejectis.

**73.** Item, quod etiam existens Papa se servavit [6] et abstinuit a quibuscunque muneribus recipiendis a personis pauperibus vel talis status quod per illa munera donata viderentur effici quomodolibet pauperiores; parva tamen donaria ex devotione sibi oblata, sicut unam vel duas galinas, vel parvam amphoram plenam vino [7], vel fructus in modica quantitate, caritative recipiebat et recepit, et incontinenter [8] illis qui talia sibi obtulerant largas elemosynas faciebat et fecit de facto donari, et realiter illis tradi [9].

**74.** Item et [10] omni tempore preservavit indistincte a quibuscunque questibus et concussionibus, etiam a communitatibus singularibus quibuscunque, ymo [11] gaudebat et gavisus est in quiete et bono statu omnium et singulorum subditorum suorum, adeo et in tantum quod etiam contra colectores sue camere apostolice, qui in recipiendis [12] spoliis et aliis juribus camere prosequendis graves et excessivi [13] dicebantur, certas condidit ordinationes, quas sub bulla mandavit per cameram inviolabiliter observari.

**75.** Item et in proximis illam mundialem [14] rapinam et

---

1. *C* imo et abhoruit dare illis vel de novo acquirere pro illis, *D* imo et abstinuit dare illis vel de novo acquirere pro illis etiam. — 2. *D om.* — 3. *C add.* unde nec effectum sortita est. — 4. *C D* necessaria. — 5. *C om.* — 6. *C D* reservavit. — 7. *C* amph. vini. — 8. *C D* incontinenti. — 9. *C* tradi cum magna animi satisfactione, *D om.* et fecit... tradi. — 10. *C D* quod. — 11. *C* quest. etiam et conc. ab omnibus comm., imo. — 12. *C D* collectores suos et camere apost. qui in recuperandis. — 13. *B* excessum. — 14. *B* mundanam, *C D* m. cupiditatem.

concussionem quantum potuit aborruit et cohibuit, unde generales fulminavit excommunicationes, etiam contra proprios servitores quoscunque aliquid recipientes pro introitibus portarum sui palacii seu camere sue, seu causis, negociis vel supplicationibus ad eum in camera defferendis seu introducendis.

**76.** Item contra plures [1] usurarios diversa et plurima, et in maximis quantitatibus dari fecit et dedit judicia, in tantum quod diversis personis a quibus fuerant extracte [2], tam per se [3] quam per certum commissarium quem ad hoc ex officio deputaverat, magnas fecit fieri restitutiones, et, ut dicitur, plus quam de centum millibus florenorum [4], diversis tamen et a diversis.

**77.** Item, contra ambiciosos in beneficiorum pluralitate processit, et multos privavit omnibus queque [5] mundialiter et ambiciose tenebant, et certas super hoc edidit constitutiones.

**78.** Item, quod prefatus dnus Urbanus quantum potuit reprimebat et repressit symoniacos et symoniam [6], in tantum quod bonis personis solum, pure et libere beneficia conferri et conferre intendebat, et potius beneficiis quam personis providere [7] curabat.

**79.** Item, quod concussiones, raptus, predonicos [8] ac [9] malefactores quoscunque aborruit et aborrebat, et quantum potuit eos compescuit [10] et destruxit, et presertim in Romana curia, Franciscum Rubey cum sua sequella, Johannem Rolari et Larinum cum eorum sequacibus [11], qui in Romana curia de die et de nocte omnia mala faciebant, et etiam sociales plures regnum [12] Francie more predonico pervagantes, et etiam multos alios. — Item, quod de predictis omnibus et singulis fuit et est vox publica et fama.

**80.** Item ponit et probare intendit quod prefatus dominus Urbanus in vita sua a demone sibi cavit diligentissime, quodque quicquid sibi fiebat honoris seu reverentie, attribuit et attribuebat [13] soli Deo et bonitati divine, et illi gra-

---

1. C quamplurimos, D plurimos. — 2. C D exacte. — 3. D tam ipse. — 4. C D florenis. — 5. C que. — 6. C sim. confutavit. — 7. C provideri. — 8. B predonios. — 9. C concussores, raptores, predonistas et, D concussionis raptus et. — 10. A B compestivit. — 11. C D om. Franc. sequac. — 12. C de regno, D regni. — 13. C attribuit semper.

tias agebat, sepe dicendo [1] : « Non nobis, Domine, non nobis, sed nomini tuo da gloriam » [2].

**81.** Item, quod infinitos et immensos honores recepit et habuit, presertim in coronatione papali, in introytu civitatis Massiliensis [3], in loco Montispessulani et Avinione [4], per dominum Carolum, tunc imperatorem Romanorum, et dominum Johannem, regem Francie, dnos regem Chipri, regem Dacie [5], et in introytu Rome per predictum dominum imperatorem sibi destratoris [6] officium exibentem, et populum Romanum, et predictum regem Chipri, et per dominas reginam Sicilie, reginam Scocie [7], per imperatricem Romanorum [8] et imperatricem Constantinopolitanam, ac per imperatorem Constantinopolitanum [9], qui omnes et singuli suis vicibus [10], humiliter, publice suas reverentias exibuerunt, et privatim et in missis sibi [11] servierunt, prout eorum statum decet, sicut est quod imperator Romanorum [12] predictus dicat sibi evangelium et sibi serviat in habitu diaconali in missa, et quod reges alias sibi reverentias et honores catholico more exibebant, et licet ubicunque in introytibus villarum et Urbis, vel quaruncunque aliarum civitatum vel aliorum locorum, in quibus populus xpistianus devotus ad eum conveniens clamabat : « Vivat pater sanctus, vivat semper ! » humiliter gaudens de devotione creaturarum, ad creatorem humiliter ista verba sepissime proferebat et protulit : « Non nobis, Domine, non nobis, sed nomini tuo da gloriam ».

**82.** Item, quod predictus dnus Urbanus quoscunque inopinatos, duros seu asperos successus sibi vel commissis regiminibus evenientes, semper consideravit et considerabat pro meliori a Deo fieri seu permitti, et equanimiter illos tolerabat et toleravit, constanter et magnanimiter, et semper erat et fuit patiens [13] et firmus, nec ad iracundiam [per ?] murmur aliorum [14] seu quamlibet blasphemiam provocatus, ymo ad Deum semper referebat et retulit, adeo et in tantum quod auditis etiam mortibus

---

1. *C gratias agens, frequenter exclamabat.* — 2. Psalm. cxiii, 1. — 3. *D introitu Massiliensi.* — 4. *C Mass. civ. nec non Montispessulanensis et Avinionensis, D Avenionensi.* — 5. *C dnos reges Cyprie et Datie, D reges Cypri et Dacie.* — 6. *C dexteperatorio, D destiperatoris.* — 7. *C reginas Sicilię nempe et Scotie, D reginas Sicilie et Scotie.* — 8. *C Romanam.* — 9. *C D om. ac per imp. Const.* — 10. *B viribus.* — 11. *C om. et in missis sibi.* — 12. *C Romanus.* — 13. *A passiens.* — 14. *C D. irac., murmurationem.*

patris vel matris carnalis, seu quorumlibet quantumcumque carorum et proximorum [1] suorum, semper cessavit et abstinuit ab omni verbo inordinato, sed potius sapientibus verbis nihil aliud quam honorem Dei [2] et ejus beneplacitum, ymo omni tempore provisus [3] frequenter dicebat et dixit quod ad moriendum sumus omnes et nescimus horam, quare caute et cum diligentia semper debemus esse parati.

83. Item, quod cum predictus dnus Urbanus [4] esset apud Urbem, et misisset apud civitatem Mimatensem plures artifices pro capite cathedralis ecclesie fabricando et ecclesia reparanda, et multe expense ibi per [5] hoc facte essent, una die casualiter tectum majoris partis ecclesie et campane unius campanilis, et unum campanile ab intra incendio combuste fuerunt, que erant valde dificilis reparationis; et dum hec nova sibi relata fuissent, non turbatus, sed ut [6] semper equanimus [7] et adversus demonem provisus, formaliter vel in effectu dixit verba que secuntur : « Benedictus Deus, qui licet permiserit hoc damnum evenire, tamen et concessit per me posse reparari, et plus reparabimus et plus boni ibidem faciemus quam demon fecerit ibi [8] mali ».

84. Item, quod etiam existens in minoribus, a pluribus etiam magnatibus et aliis plures et diversas ac atroces injurias passus fuit, de quibus vindictas potuisset fecisse seu procurasse [9], maxime factus Papa, tamen semper erat et fuit patiens [10], et a quacumque vindicta injurie cujuslibet, persone sue seu caris suis illate, vindictam facere seu querere [11] abstinuit, licet [12] aliquando caritative aliquos verbo increpaverit, cum verbis tamen cordis pacifici et honesti [13].

85. Item [14] injurias Deo seu Ecclesie irrogatas diligenter et vigorose, ut potuit, satagebat vindicare, personas scilicet corrigendo, et deformata seu injuriata ad statum justicie debitum reducendo, ut potuit [15], de Viterbiensibus qui contra curiales fecerunt rumorem, dum idem dnus Urbanus cum curia esset apud Viterbium [16], et pluribus aliis personis

---

1. C propinquorum. — 2. A B verbo seu verbis inordinato seu inordinatis, vel sapient. aliud quam timorem ibi. — 3. D tempore et. — 4. D Item, cum ipse. — 5. C ad. — 6. C om. ut. — 7. D equanimis. — 8. C fecit ibidem. — 9. C D facere seu procurare. — 10. A passiens. — 11. C q. omnino. — 12. D illate licet. — 13. C pacificis et honestis. — 14. C D Item, quod. — 15. D patuit. — 16. C apud eamdem urbem.

apud Ytaliam, maxime provinciam Provincie et linguam Occitanam [1].

**86.** Item, quod prefatus dnus Urbanus inordinationem habituum seu vestimentorum [2] in quibuscumque personis ecclesiasticis et secularibus multum aborruit et aborrebat, et quantum potuit compescebat et compescuit, etiam per penas spirituales et temporales illa dimittere.

**87.** Item, quod ipse dnus Urbanus quamplurimos laycos compulit desistere a portatione prolixitatis capillorum et forme muliebris, et a portatione sotularium rostratorum et vestium [3] nimis [4] brevium.

**88.** Item, quod ipse dnus Urbanus in tantum aborruit inordinationem vestimentorum quorumlibet et habituum, quod quando concedebat plenariam indulgentiam, semper illi cui concedebat injunxit et injungebat vestimentorum honestatem, et inhonestorum seu supersticiosorum dimissionem, et hoc sepe in litteris indulgentie describebantur [5]. — Item, quod de predictis omnibus et singulis fuit et est publica vox et fama [6].

**89.** Item ponit et probare intendit quod prefatus dnus Urbanus fuit et erat tante caritatis [7] ad Deum, quod semper dixit et dicebat, quod homines debent Deum diligere [8] plus quam corpus suum et animam suam, nec seipsum debet homo diligere nisi in quantum est creatura Dei et ad beneplacitum creatoris intenditur; et ideo Deum super se ipsum et super omnia creata diligebat et dilexit, usque ad mortem exclusive.

**90.** Item etiam [9] dictus [10] dnus Urbanus, omni tempore et hora gaudentissime [11] de Deo vel sanctis ejus libentissime loquebatur et loqutus fuit, de Deo et sanctis ejus verba modo simili audiebat et audivit [12], et sacramentales confessiones et penitentias plurimum frequentabat et frequentavit.

**91.** Item, quod ipse dnus Urbanus, propter amorem et

---

1. *C* max. Provinciales et lingue Occitane. — 2. *D* vestium. — 3. *C* portat. capillorum prolixorum et forme mulieris, et sotulariorum rostatorum et vestimentorum. — 4. *A B* minus. — 5. *D* describebat. — 6. *C* inordinatam vestim. quor. deportationem, quod maxime apparet quod cum alicui plen. indulg. concederet, ipsi injungebat quantocius dimissionem talium vestimentorum, ut in multis indulgentiarum litteris apparet, que omnibus patent palam et publice. — 7. *B* qualitatis. — 8. *C* Deum, quod predicabat homines debere diligere Deum. — 9. *C D* Item, quod. — 10. *C* predictus. — 11. *A* gautentissime. — 12. *C* loqueb. et ejusmodi verba similiter audiebat.

caritatem quam ad Deum habuit, in Urbe cumque magnis sumptibus reparari fecit palacium Sancti Petri jamdiu ante dirruptum, et quintam partem majoris ecclesie Sancti Petri, et majorem partem [1] ecclesie Lateranensis, et ecclesiam Sancti Pauli extra muros.

92. Item, quod prefatus dominus Urbanus apud capellam que dicitur Sancta Sanctorum, presente senatore et majoribus Urbis, cum certis suis dnis cardinalibus, sacrosanctas [2] sanctorum reliquias ibidem ab antiquo satis occulte reconditas, personaliter cum humilitate et devotione maxima perquisivit, et demum inter ceteras reliquias capita [3] apostolorum in vasculis argenteis satis parvis et judicio suo minus nobilibus [4] quam decebat [5], reperiit et invenit, que humiliter et devote flexis genibus veneranter osculatus fuit, in reverentiam Dei et sanctorum ipsorum.

93. Item etiam [6] prefatus dnus Urbanus [7], prius dictis [8] certis antiphonis et orationibus, reverenter manibus propriis et per manus dominorum tunc Ostiensis et Urgellensis cardinalium, publice monstravit et monstrari fecit ad venerandum universo clero et populo Romano, in magna platea, subtus capellam predictam, ad hoc specialiter convocatis.

94. Item [9] prefatus dnus Urbanus, ad majorem reverentiam Dei et sanctorum predictorum, statim fecit fieri [10] suis sumptibus duas caxas [11] seu statuas argenteas, unam scilicet in forma medie [12] persone beati Petri, scilicet ab umbilico supra, ponderantem mille septingentas [13] marcas argenti, et modo consimili aliam ad formam sancti Pauli, in consimili pondere argenti, et ordinavit et fecit in singulis de illis reponi singula sanctorum [14] capita supradicta, et postea illa collocari in loco patenti et eminenti, ubi a populis xpistianis [15] devocius honorarentur et viderentur.

95. Item, quod prefatus dnus Urbanus [16] rogavit per suas litteras illustrissimum principem dominum Carolum tunc Francorum regem, necnon dominam Johannam quondam

---

1. *D om.* ecclesie... partem. — 2. *A B* sacrosancta. — 3. *C* capita sanctorum. — 4. *C* congruis, *D* notabilibus. — 5. *C* deceret. — 6. *C* quod. — 7. *D* Item, quod ipse. — 8. *C* recitatis. — 9. *C D* Item, quod. — 10. *C* statim fieri jussit. — 11. *B* caceas. — 12. *C* media. — 13. *B* septuagentas, *C D* septuaginta. — 14. *C* ejusdem ponderis argenti, et in singulis fecit reponi. — 15. *C* populo xpistiano. — 16. *D* Item, quod ipse.

Francie et Navarre reginam, et dnam Johannam tunc reginam Sicilie et Hierusalem, ut tanto bono operi predicto vellent esse participes; qui quidem dnus rex duos flores aureos [1] cum gemmis et lapidibus preciosis magni valoris, [2] ultra quatuor millia florenorum, et regina Francie crucem auream cum margaritis et lapidibus preciosis magni valoris, et regina Sicilie supradicta unum capeletum reginale [3] cum gemmis et lapidibus preciosis, etiam magni valoris, pro amore Dei et ornatu capitum predictorum sanctorum transmiserunt.

96. Item, quod nonnulli domini cardinales et prelati [4], ad rogatum domini Urbani, nonnullos preciosos lapides pro predicto opere dederunt [5].

97. Item prefatus dnus Urbanus [6] omnia et singula jocalia supradicta, et predictos lapides preciosos, cum magna quantitate auri sui proprii, et plurimis de suis lapidibus preciosis et margaritis magni valoris, posuit in decus et ornatum [7] caxarum predictarum, et illas pulcherrime et nobilissime [8] adornavit, decoravit, et nobilitavit, adeo et in tantum quod argentum, et aurum, et lapides preciosi per ipsum dominum Urbanum in structura ornatus et caxarum seu statuarum predictarum appositi, levi [9] et vera communi extimatione apud peritos illius artis, extimabatur valere [10] ultra triginta millia florenorum de camera, et ultra [11].

98. Item, quod dictus dominus Urbanus in cappella papali apud palacium Sancti Petri predictas duas caxas [12] seu statuas, in ornatu et forma, ut predicitur, perfectas [13] et consumatas [14], juxta formam in Pontificali contentam gaudenter et devote ore et manu propriis benedixit, et incontinenti universo clero et populo Romano ad hoc specialiter convocato, dnis Sancti Petri et de Ursinis cardinalibus illas tradidit, qui illas devote recipientes cum pluribus luminaribus portari fecerunt publice, processionaliter peditantes [15], cum clero [16] et populo supradicto, usque ad Lateranum, et

---

1. *C* aureos liliorum. — 2. *Sedecim sequentia verba prius oblita in A eadem manu ad finem paragraphi apposita sunt, sed in C inseruntur et in D.* — 3. *C* capilletum reginale de auro, *D* regale. — 4. *C* transmiserunt; nonnulli etiam dni cardinales. — 5. *C D* concesserunt — 6. *C om.*, *D* Item, quod ipse. — 7. *C* ornamentum — 8. *C D* notabilissime. — 9. *C* certa. — 10. *A B* valore. — 11. *C D om.* et ultra. — 12. *A* taxas, — 13. *A B* prefatas, *C* artificiose perf. — 14. *C* completas. — 15. *A B* predicantes. — 16. *C* pedetantes cum choro.

ibidem juxta predictam ordinationem predicti domini Urbani, caput beati Petri in ymagines seu statua sancti Petri predicta [1], et caput beati Pauli in consimili forma beati Pauli statua predicta [2] devote et reverenter collocaverunt et reposuerunt, et consignaverunt certis annullis et sigillis et fortiter recluserunt, et postea supra majus altare ecclesie Lateranensis, in loco super quatuor columpnas ad hoc specialiter preparato [3], predictas ymagines seu statuas cum predictis sanctorum apostolorum in eis reclusis capitibus, honorifice collocaverunt, ubi adhuc stant collocate, ad Dei et sanctorum ipsorum gloriam et decus, et devotionem totius populi Romani [4]. — Item, quod de predictis omnibus et singulis fuit et est publica vox et fama [5].

**99.** Item ponit et probare intendit, quod idem dnus Urbanus [6], statim post felicem assumptionem suam ad papatum, ecclesiam Sancti Victoris Massiliensis, in qua erat abbas tempore felicis assumptionis sue predicte, suis sumptibus fecit reparari, et ibidem construi magnum campanile, et campanas plurimas, magnas, parvas et mediocres, ultra numerum viginti, fecit fieri et in dicto campanili reponi, ubi adhuc sunt, ad Dei reverentiam et sanctorum.

**100.** Item caput beati Victoris, primi ejusdem monasterii fundatoris [7], fecit reponi in caxa argentea et aurea, et diversis preciosis lapidibus adornata, facta ad formam capitis dicti sancti, cum duobus angelis sibi adsistentibus [8], etiam de auro et argento et lapidibus pretiosis, in tantum quod totum ipsum jocale [9] communi et vera extimatione adhuc reputetur [10] valere quatuor milia florenorum et ultra, et est adhuc in dicta ecclesia publice veneratum [11], ad Dei et ejusdem sancti reverentiam et honorem.

**101.** Item et modo consimili incaxavit in auro et argento in magno valore caput beati Cassiani, cujus corpus in eodem monasterio requiescit, et ipsam ecclesiam pluribus aliis preciosis auri et argenti jocalibus et reliquiariis insiggnivit, et plurimis etiam cericeis [12] et aureis vestimentis pontificalibus et sacerdotalibus, ut sunt casule, dalmatice,

---

1. *C* imagine sua seu statua. — 2. *C om.* beati Pauli stat. pred. — 3. *C D* preparatas. — 4. *C D* xpistiani. — 5. *C* pop. xpist., de quorum omnium est vox publica et fama. — 6. *D* quod ipse. — 7. *C* patroni. — 8. *C D* astantibus. — 9. *A B* tale. — 10. *C* reputatur. — 11. *C* et adhuc in d. e. veneratur p. — 12. *C* sericis.

tunicelle et pluvialia, et panni affigendi parietibus, preciosi et in magno numero, que omnia adhuc in eodem monasterio reposita venerabiliter conservantur.

**102.** Item, ne malignorum incursibus apud predictum monasterium contingeret [1] cultum divinum et Dei [2] sanctorum reverentiam impediri, sumptuose fecit ipsum monasterium incastelari et in fortalicium redigi, et licet sorte humana preventus ad votum forsitan [3] non deduxerit, tamen post ejus mortem ipsius meritis, et [4] pie creditur, pro magna parte juxta conceptum quem habuerat, ymo pro parte maxima est perfectum.

**103.** Item apud Montempessulanum de novo fundavit, construxit et dotavit unam magnam ecclesiam, principaliter in honorem beate Marie virginis, et beati Benedicti confessoris, et beati Germani [5] confessoris, et beati Blasii martiris, cum quatuordecim capellis in honorem [6] aliorum diversorum sanctorum in ambitu [7] ipsius ecclesie ab intra, cum quatuor magnis campanalibus [8], ubi etiam fecit fieri de novo et in eisdem campanalibus collocari [9] plurimas campanas, parvas scilicet, magnas et maximas, ultra numerum viginti quatuor.

**104.** Item, contigue ad eandem ecclesiam, fecit edificari solempniter [10] monasterium, cum omnibus consuetis habitationibus et officiis pro xxx. sex monachis, quos idem taliter et de facto [11] instituit, id est more regulari collocavit ad servicium Dey et sanctorum ; voluit tamen ad universalis Ecclesie profectum sexdecim de illis studentes esse et studere in jure canonico [12], quibus etiam libros et alia necessaria ministravit, et ipsos omnes colegialiter esse voluit et perpetuum collegium ordinavit, de quibus sexdecim semper studeant, ut prefertur.

**105.** Item, quod prefatus dnus Urbanus, propter reverentiam Dey et sanctorum, de Avinione accessit personaliter [13] ad Montempessulanum cum fere omnibus dnis sancte Romane ecclesie tunc cardinalibus, ubi majus altare dicte ecclesie consacravit solempniter, presentibus dnis cardina-

---

1. *A B* contigerit. — 2. *C D* div. cult. Dei et. — 3. *C D om.* — 4. *D* ut. — 5. *C* Germ. episcopi et. — 6. *C D om.* in honorem. — 7. *C* circuitu. — 8. *C D* campanilibus. — 9. *C* camp. et in eisdem quas de novo fieri fecit collocavit. — 10. *C D* edificare solemne. — 11. *C* ibidem tal. et discreto. — 12. *C* can. et sacra pagina. — 13. *C* processit processionaliter.

libus supradictis, et eos invitavit ut tam pio operi se participes exhiberent ; quare quilibet de predictis cardinalibus et ceteris prelatis, qui induti sacris eidem domino Urbano in dicta consecratione astiterunt, dedit sive dederunt ipsi ecclesie supradicte vestimenta seu paramenta sua quibus ornati fuerant dum assisterunt consecrationi predicte.

**106.** Item, quod prefatus dnus Urbanus, presentibus supradictis dnis cardinalibus, dedit et realiter tradidit ecclesie supradicte unam ymaginem argenteam beate Marie virginis, auro et multis lapidibus preciosis ornatam, una cum tabernaculo et duobus angelis de argento, ponderis trecentum quinquaginta marcharum vel circa, et caput beati Benedicti de argento etiam, et auro ac [1] lapidibus preciosis in magno valore ornatum. cum certa portione ossium dicti sancti interclusa in eodem, una cum duobus angelis de argento sibi assistentibus [2], et modo consimili aliud caput ad formam sancti Blasii, una cum duobus angelis de argento sibi assistentibus [3] magni valoris et ponderis, in honorem Dei et sanctorum, ut dicitur, donavit, et ad incitandum devotionem populi xpistiani, ad honorem Dei et sanctorum ipsorum ad ipsam ecclesiam, una cum omnibus prelatis qui tunc in sua curia erant, in pontificali ornatu processionaliter portari fecit et ibidem collocari.

**107.** Item quod prefatus dnus Urbanus [4] dedit et ad prefatam ecclesiam apportari processionaliter fecit illa [5] vice unum caput de argento, auro [6] et lapidibus preciosis ornatum, ad formam sancti Germani Autisiodorensis episcopi et confessoris, cum certa portione ossium ejusdem sancti ibidem interclusa [7], necnon brachia sanctorum Jacobi apostoli, Blasii, Germani et Benedicti predictorum, singulariter singula [8], in auro et argento reclusa, que ipse fecerat noviter includi et incaxari [9].

**108.** Item ipse dominus Urbanus [10] dedit et realiter tradidit eidem ecclesie de auro et argento plurima et diversa reliquiaria, cruces et caxas, diversorum sanctorum novi et etiam veteris Testamenti reliquias continentes, necnon unum

---

1. *C* argento deaurato cum multis. — 2. *C D* astantibus. — 3. *C D om.* et modo... assist. — 4. *D* quod ipse. — 5. *C D* alia. — 6. *C* deaurato. — 7. *C D* inclusa. — 8. *C* Blasii martiris, Germ. et Bened. confessorum predict. singula. — 9. *D* singulorum singula, in auro scilicet et argento inclusa, que ipse fecit noviter caxari et includi. — 10. *D* Item, quod ipse.

calipcem aureum ponderis octo marcharum vel circa, margaritis et aliis preciosis lapidibus ornatum, unam mitram solempnem cum laminis argenteis deauratis, margaritis et gemmis pluribus et diversis ornatis et in magno valore, ac crossam, plures calices, et candelabra [1], turibula [2], et cetera ad sacrum ministerium instrumenta.

**109.** Item, quod prefatus dnus Urbanus eidem ecclesie dedit et realiter tradidit multa et diversa vestimenta, ornamenta [3], pontificalia, sacerdotalia, diaconalia et subdiaconalia, et plurima pluvialia de pannis aureis et cericeis [4], et alia diversa et diversi generis ornamenta, et libros solempnes ad altare et quorum pertinentes, prout diversimode divina officia peraguntur.

**110.** Item, quod prefatus dnus Urbanus dedit et realiter tradidit colegio monachorum in predicta ecclesia et monasterio per ipsum ibidem noviter instituto, fundato et dotato, multos et plurimos libros, bonos et magni valoris, diversarum scientiarum, scilicet theologie, philosophie, jurium, ystoriarum, sermonum, contemplationum, speculationum et devotionum, de quibus ordinavit et fieri fecit publicas librarias in ipso monasterio, ut sic quicumque pauperes, seu alias [5] non habentes libros, in loco ipso possent optatas [6] consolationes gaudere. — Item, quod de predictis omnibus et singulis fuit et est publica vox et fama [7].

**111.** Item ponit et probare intendit quod prefatus dominus Urbanus, propter amorem et reverentiam Dei et amorem proximi, construxit funditus, erexit et dotavit [8], pro magna parte de bonis suis patrimonialibus, novam ecclesiam et collegium presbyterorum canonicorum secularium, cum [9] uno presidente decano, in honorem beate Marie virginis, apud locum de Bedoesco [10], Mimatensis diocesis, qui quidem [11] locus fuit et erat de suo proprio patrimonio [12], cum omnimoda jurisdictione, alta scilicet et bassa, et ibi edificavit solempne edificium, ecclesiam scilicet et fortalicium, ad servicium [13] Dei et dictorum canonicorum, et utilitatem

---

1. *C* candel. plurima et. — 2. *D* candel., plura thur. — 3. *C D* div. instrumenta, vest. et orn. — 4. *C* sericis. — 5. *C D* paup. vel alii. — 6. *D* oblatas. — 7. *C* optatis consolationibus gaudere, et predicta omnia tam publica sunt ut in ore omnium versentur. — 8. *B* donavit. — 9. *A B D* et. — 10. *B* Bedresco. — 11. *D* quandoquidem. — 12. *D* matrimonio (*en marge:* forte patrimonio). — 13. *D* honorem.

incolarum totius terre ibi circumvicine, scilicet ut in ipso fortalicio hostilitatis tempore compatriote possent [1] secure reducere se et sua, sicut de facto nunc fit, quia per illud toti illi patrie conservatur defensio et refugium.

**112.** Item construxit de novo et [2] fundavit parrochialem ecclesiam apud locum de Grisaco, ubi ejus domus paterna fuit et est, ut prefertur, extra tamen castrum domus paterne, fere ad jactum [3] baliste, quia in ipso castro, licet paternum esset, abstinuit semper exponere in quantumcumque meliorationem [4], scilicet edificiorum vel redituum, usque ad unum denarium exclusive; et illam ecclesiam sufficienter pro duobus servitoribus dotavit, quia enim locus ipse de Grisaco distabat et distat a sua antiqua parrochiali ecclesia per unam leucam vel circa, et sepe propter [5] aquas vel nives, vel alias indispositiones temporis, contingebat accessum ad predictam [6] parrochialem ecclesiam impediri, ideo bonum sibi fuit visum et est, noviter edificasse [7] parrochialem ecclesiam antedictam.

**113.** Item, quod singulas duas ecclesias statim dictas [8], scilicet de Bedoesco et de Grisaco, munivit, scilicet quamlibet de quatuor bonis campanis, libris etiam, calicibus, reliquiariis, et ornamentis et vestimentis, honorifice, prout decet. — Item, quod predicta omnia et singula sunt vera et notaria, et de ipsis est publica vox et fama.

**114.** Item ponit et probare intendit, quod prefatus dominus Urbanus erexit novum [9] collegium canonicorum secularium, cum uno presidente decano, apud ecclesiam et in ecclesia Beate Marie de Quesaco, diocesis Mimatensis, et loci illius redditus ad sufficientiam augmentavit, ubi ejus expensis edificatum fuit et est fortalicium post ejus mortem, juxta ordinationem quam ipse vivens fecerat et fecit, ad tuitionem dicte ecclesie et [10] collegii, et securitatem patrie et compatriotarum, ut proxime est dictum de Bedoesco.

**115.** Item reparavit sumptuose claustra monasterii de Chiriaco supradicto, post mortem suam, prout ipse vivens ordinaverat et ordinavit sumptuose [11].

---

1. *D* possint. — 2. *C D* et de novo. — 3. *C* et ut prefertur extitit, tamen locum seu castrum paternum per jactum fere, *D* tamen ut *D*. — 4. *C D* quacumque melioratione. — 5. *D* propter aliquas inondationes. — 6. *C D* pred. antiquam. — 7. *C* edificare. — 8. *C* supradictas. — 9. *D* unum. — 10. *C* et dicti. — 11. *C C.*, quod factum est post mortem suam sumptuose, ut ipse vivens ordinaverat, quia ibi habitu sancti Benedicti indutus fuerat.

**116.** Item, pro edificatione nove ecclesie cathedralis de Mimata magnum aparatum et magnos sumptus fecit et fecerat, saltem sumptuose ultra viginti milia [1] florenorum, et post ejus mortem edificium dicte ecclesie inceptum est, et speratur quod ejus meritis opus sic inchoatum ad bonam consumationem deducetur.

**117.** Item dedit et realiter tradidit eidem ecclesie Mimatensi unam ymaginem beate Marie virginis, ornatum auro et lapidibus preciosis, et aliam ymaginem etiam [2] deauratam unius angeli portantis unam spinam de corona domini nostri Jhesu Xpisti, et crossam argenti et mitram preciosam, et plura alia instrumenta et ornamenta ad divinum ministerium necessaria, ut sunt vestimenta pontificalia, sacerdotalia [3], dyaconalia, subdiaconalia, et panni aurei et cerici ad ornatum [4].

**118.** Item, quod prefatus dnus Urbanus de pannis cericis et aureis, quibus galea in qua ipse navigavit de Massilia usque Cornetum, quando curiam transtulit in Ytaliam, erat ornata, precepit fieri et realiter facta fuerunt plura et diversa sacerdotalia vestimenta, que omnia fecit distribui et realiter tradi, singula scilicet singulis indigentibus parrochialibus ecclesiis, et ecclesiis religiosorum mendicantium civitatis et diocesis Mimatensis.

**119.** Item [5] omnes pannos aureos, cericeos et lineos, quibus inclite memorie dnus Carolus, tunc Francorum rex, ornaverat unam galeam solempniter more papali, pro ipso domino Urbano, et novem alias pro novem cardinalibus, in qua et cum quibus ipse dnus Urbanus navigavit de Corneto usque Massiliam, quando curiam de partibus Ytalie ad partes istas Occitanas reducebat feliciter et reduxit, dedit et realiter transtulit in ornatum et ornatus [6] predicte ecclesie Mimatensis. — Item de predictis omnibus et singulis fuit et est publica vox et fama.

**120.** Item ponit et probare intendit quod prefatus dnus Urbanus, propter amorem Dei et sanctorum, adeo [7] et in tantum dilexit et diligebat decorem domus Dei, ut quotien-

---

1. *C D* viginti unum millium. — 2. *C* virginis argenteam ornatam ... necnon aliam etiam imaginem argenteam, *D* et aliam imaginem etiam argenteam, ornatam et. — 3. *D* sacerd. etc. — 4. *C* necessaria, pannis aureis et sericis adornata. — 5. *C D* Item, quod. — 6. *C* real. tradidit ornamenta. — 7. *A B* a Deo.

cumque et quandocunque facultas sibi occurreret, per seipsum, ut premictitur, edificando, reedificando, reparando, ornando, viribus [1] suis animose intenderet et intendebat, et etiam ultra talia facti exempla, alios ad similia [2] invitabat et invitavit, ut de facto patuit, quia ante corporalem mortem suam expresse mandaverat et ordinaverat quod domini tunc cardinales episcopi, scilicet Penestrinus et Albanensis, quilibet ipsorum LXXX marchas argenti, et ceteri prelati, circa numerum sex vel octo, oriundi de diocesi Mimatensi, quilibet ipsorum XL. marchas argenti donarent [3] ad Dey honorem, in decus ipsius matricis [4] ecclesie Mimatensis. — Item, quod de predictis omnibus et singulis fuit et est publica vox et fama.

**121.** Item ponit et probare intendit, quod prefatus dnus Urbanus maximum zelum caritatis habebat et habuit cum materialibus edificiis supradictis etiam spiritualia edificia fabricare, et semper appetebat et appetivit Ecclesiam Dey bonis personis, licteratis, morigeratis et devotis plenius habundare, unde quia [5] a prima die quo potuit per effectum demonstrabat et demonstravit se bonas personas et licteratas diligere, illis multipliciter proficiendo et illos [6] promovendo [7], prout ipsorum sufficientia exhigere sibi videbatur; multi ante ejus promotionem licterati et graduati ad majorem licteraturam, majores gradus et majores honores [8] cum Dei adjutorio fuerunt promoti, multi illiterati et allii licterati non graduati, et etiam alii male morigirati, ad licteraturam, et gradus et bonos mores sunt reducti, ipso occasionante, ut predicitur, [9] et Deo favente, provecti.

**122.** Item, quod prefatus dnus Urbanus a principio sue felicis assumptionis ad [10] papatum, in diversis studiis particularibus, in artibus fecit tenere [11] magistros suis expensis, qui gratis omnibus venientibus ad scolas suas legerent et docerent, in moribus et doctrina, et diligenter omnia alia facerent consueta per magistros discipulis suis venientibus ad scolas grammatice, logice et philosophie.

**123.** Item, quod ipse dominus Urbanus, suis expensis,

---

1. *C* totis viribus. — 2. *C* talia sancti exempla, alios ex familia, *D* intendebat et alios et familiam. — 3. *C* donaverunt. — 4. *A B* ipsorum matut. — 5. *C* abundare, quod etiam. — 6. *C* litter. amare, illas multipl. — 7. *D* multipl. providendo. — 8. *C* litter. et majores mores, *D* mores. — 9. *D om. seq.* — 10. *A B D om.* ad. — 11. *C* teneri.

cum illis magistris artium [1], in diversis locis tenuit ultra mille studentes, et tenebat et tenuit usque ad tempus mortis sue inclusive.

**124.** Item, quod [2] quando aliqui ex illis erant provecti in illis scientiis primitivis [3], ut plurimum suis expensis [4] mittebat eos ad studia generalia ad alias [5] facultates, scilicet jurium vel medicine, et loco recedencium alios surrogabat et subrogavit [6].

**125.** Item, quod prefatus dnus Urbanus etiam a principio sue felicis assumptionis predicte, per studia Montispessulani et [7] Tholosani [8], et alibi etiam, fecit perquiri subtiliores et doctibiliores [9] pauperes studentes in juribus canonico et civili [10] qui ibi erant, usque ad numerum de centum et ultra, quos suis propriis sumptibus et expensis misit apud Bononiam ad studendum, et ibidem in necessariis omnibus, tam victus, vestitus, quam librorum eisdem providebat actualiter et providit.

**126.** Item, quod quando aliqui ex illis erant licentiati et doctorati, mittebat illos et misit ad legendum in aliis studiis, vel quandoque [11] illi exponebant se [12] ad servicia dominorum, tunc loco illorum recedentium alios surrogavit et subrogabat suis expensis ad studium, ut est dictum.

**127.** Item etiam plurimis aliis studentibus, etiam [13] aliis studiis, quibus in expensis non providebat, [14] in relevamentum illorum dabat eis quandoque libros, quandoque provisiones vini, quandoque bladi [15], quandoque etiam ignorantes, id est non petentes, beneficiavit et beneficiabat prout sibi visum fuerat et fuit expediens beneficiis et personis, ex quo erat una maxima causa et occasio quod studia suo tempore multum fuerunt dilatata, et in personis clericorum viguerunt plurimum boni mores.

**128.** Item, quod apud Montempessulanum erexit et fundavit collegium novum duodecim medicorum studentium ibidem perpetuo, et illud colegium dotavit sufficienter, ut ibi plures informarentur sanitati plurimum [16] profuturi [17],

---

1. C etiam. — 2. C tenuerit ultra mille studentes et tenuit usque ad diem mortis sue, et. — 3. D om. — 4. C om. prim. ut plur. suis exp. — 5. C D gener. et ad illas. — 6. C et alios substituebat loco recedentium, quod toto tempore vite sue inviolabiliter observavit. — 7. C D om. — 8. A B Tolosam. — 9. A B doccibiliores. — 10. C c., civ. et theologia. — 11. D aliquando. — 12. C vel cum illi se tradidissent. — 13. C D etiam in. — 14. A B p. et. — 15. C vini et bladorum. — 16. C hominum, D plurimorum. — 17. B pro futuro.

**129.** Item, quod tam in artibus [et ?] medicina, quam [1] juribus canonico et civili, tenuit et tenebat, tempore mortis sue scilicet, in diversis locis et studiis, ut prefertur, ultra mille et quadringentos studentes suis sumptibus et expensis.

**130.** Item, quod circa regimen dictorum studentium [2] hanc fecit et faciebat diligentiam observari, ut si qui ex illis essent, rectoris ipsorum [3] studentium judicio, discoli, scandalosi, aut alias male morigerati et incorrigibiles, statim illis ejectis, loco [4] illorum alios habiles surrogavit et surrogabat.

**131.** Item, quod dictus dnus Urbanus tantum intendit et intendebat proficere proximis [5], ut dum aliquando sibi diceretur [6] : « Quare facitis vos tot clericos et studentes, et cotidie eorum numerum ampliatis ? » idem dnus Urbanus dulcissime respondens dixit [7] et dicebat : quod multum erat appetibile et ipse appetebat [8] quod bone persone in Dei Ecclesia habundarent, et licet non omnes illi quos tenebat in studio essent futuri ecclesiastici beneficiati, tamen essent multum [9] religiosi, et multi seculares et uxorati, ita quod ad quemcunque statum devenirent, etiam si venirent ad opera mecanica, semper profuerit [10] eis studium [11], et essent melius doctibiles [12] et magis apti. — Item, quod de predictis omnibus et singulis fuit et est publica vox et fama.

**132.** Item dicit [13] et probare intendit quod prefatus dnus Urbanus tante fuit charitatis, quod quandocunque scivit seu sciebat aliquos homines seu mulieres qui indigerent, secrete eis elemosinas fieri faciebat et fecit [14], et multas puelas pauperes de suis propriis bonis decenter maritavit et [15] adjuvit, et hoc servavit quasi ubique in terris patrimonii Ecclesie, et civitate et diocesi Mimatensi, et alibi.

**133.** Item, quod ipse dnus Urbanus per certas personas sue domus inquirebat et inquiri fecit qui erant apud curiam pauperes, specialiter verecundi et infirmi, et illis largitus est et largiebatur largas elemosinas, vel de cibariis propriis vel de pecuniis propriis, juxta personarum qualitatem, [16] seu vestimentis seu aliis bonis.

---

1. *C D* quam in. — 2. *C D* studiorum. — 3. *C D* essent magistrorum illorum. — 4. *A* locorum. — 5. *C* proximo suo. — 6. *C* dicerent. — 7. *C* respondebat. — 8. *C* optabile et sperabat. — 9. *C D* multi. — 10. *D* op. mercantia, semper proficeret. — 11. *C* op. merentia, semper proficerent cum studio. — 12. *A B D* doccibiles. — 13. *C D* ponit. — 14. *C* mul. essent in indigentia, cito secrete elemosinas eis erogabat. — 15. *C D* et plurimas. — 16. *D om. seq.*

**134.** Item, quod prefatus dominus Urbanus specialiter ordinavit et ordinaverat ut buticularii [1] sui vinum, quandocunque ab eis peteretur, semper darent infirmis, et nunquam suum celarium sive buticularia clauderetur [2] infirmis, de qua ordinatione plurimi infirmi multa relevamina consecuti sunt, ut specialius patuit apud Viterbium, annis quibus ibi fuit, ubi plures et diverse infirmitates viguerunt.

**135.** Item, quod dum Rome immineret caristia [3], propriis pecuniis et sumptibus fecit ibi portari blada de Campania, Maritima et aliis locis circumvicinis, cum quo blado providit toti Urbi, nec caristia ibi fuit, quia semper ipse usque ad messes novas tenuit ibi bladum suum venale, et dabat saumatam [4] pro minori precio unius floreni vel medii quam sibi constarat, ita quod communiter ibi saumata non fuit vendita ultra duos vel ad majus tres [5] florenos.

**136.** Item, quod modo consimili providit civitati Avinionensi et majori parti lingue Occitane in circumvicinia [6] ipsius civitatis, scilicet mittendo blada de illuc, scilicet Campania et maritima, sicque, quandiu fuit Papa, ubicunque fuerit non fuit caristia, nec juxta loca in quibus [7] curia residebat.

**137.** Item, quod predictus dnus Urbanus, ut proximiorum pauperum necessitatibus succurreret, pe totum unum annum quo fuerunt rare [8] messes in diocesi Mimatensi, publicas elemosinas fecit fieri continue in pane et quandoque pecunia et potagio [9] et aliqua pitantia, scilicet in civitate Mimatensi omnibus pauperibus ibi venientibus indistincte, et idem fecit fieri [10] in loco monasterii de Chiriaco. — Item, quod de predictis omnibus et singulis fuit et est publica vox et fama.

**138.** Item ponit et probare intendit, quod prefatus dnus Urbanus pro communibus utilitatibus labores etiam gravissimos [11] amplexus fuit et devotissime amplexabatur, unde

---

1. *B* bncticularii, *C* bitucularii. — 2. *C* suam cellerariam seu bituculariam clauderent. — 3. *B* carestia. — 4. *B* summa tam. — 5. *A B* duos. — 6. *C O.* et circum vicina. — 7. *C* ubicumque resederit, non fuit charistia ibi nec in locis ubi. — 8. *C* ut proximior paup. neces. succurere per totum annum posset quo fuerunt chare, *D* proximorum pauperum... care. — 9. *D* pane, potagio. — 10. *C* i. fieri iussit. — 11. *C* g. charitative.

pro majori bono, ut sibi videbatur, et dicebat et dixit, personaliter ivit de Avinione apud Massiliam devotionis causa, et ad visitandum ecclesiam Sancti Victoris quam reparaverat [1], ut dictum est, et ibidem altare ipsius ecclesie consecravit, et Massiliensem populum, quem diligebat, visitavit, et illi multipliciter benedixit, [2] et demum transiens fuit Avinionem reversus [3].

**139.** Item et post aliquem tractum temporis de Avinione fuit apud Montempessulanum, fere cum omnibus dnis cardinalibus, ubi monasterium quod in honorem beate Marie et beati Benedicti, ut supradictum est, fundaverat, visitavit [4], et altare majus ipsius ecclesie consecravit, et populum ipsius ville, quem singulari affectu diligebat, etiam visitavit, et plures ex illis confirmavit [5], et plures clericos ordinavit, et demum ipsi populo multipliciter benedixit, et de ibi recedens et transiens per Nemausum, fuit in Avinionem reversus.

**140.** Item, post paucos dies, seipsum cum tota curia de Avinione transtulit apud Viterbium, et demum tractu temporis ad Romam [6], et fuit in partibus illis comoratus per tres annos cum dimidio, usque scilicet quod audita discentione illustrium regum [7] Francie et Anglie, disposuit Avinionem redire, prout et reversus fuit, et licet esset corpore debilis, disposuit tunc in estate sequenti accedere ad aliquem locum congruum et communem predictis regibus, ut ibi cum illis personaliter [8] conveniens, inter ipsos pacis fedus [9] reformaretur [10].

**141.** Item, cum noviter venisset Romam cum sua curia, ibi juxta palacium suum apostolicum fecit, ut dictum est, laborari unam maximam vineam [11], in qua per totam yemem singulis diebus erant ultra octingenti seu mille laboratores, capientes mercedem seu salarium, in tantum quod in laborando seu colendo [12] illam vineam, expendit ultra viginti octo milia florenorum, et quando sepius dicebatur et sibi dictum fuit [13] : « Pater sancte, quare facitis in hoc tantam

---

1. *D* recuperaverat. — 2. *D om. seq.* — 3. *C* et deinde Avinionem reversus est. — 4. *C* visitaret. — 5. *C* visitaret, et multos sacramento confirmationis unxit. — 6. *C* et post breve tempus Romam petiit. — 7. *D* illustrissimi regis. — 8. *C* ibi pariter cum illis. — 9. *B* fideliter. — 10. *C* federa pacis reformaret, *D* pacem reformaret. — 11. *C* apost. plantavit un. vin. max. — 12. *A B* et calendo. — 13. *C* et cum sep. sibi diceretur, *D* sepius sibi dicebatur.

expensam ? » ipse dulcissime respondebat et dixit : quod non apparebat sibi quod fructuosius et utilius posset facere bonam elemosynam pauperibus Romanis, et hoc pro tanto quod ipsi Romani erant tunc ociosi, propter quod forte ad multa mala et pecata erant inclinati, et nunc in labore illo honeste occupabantur et lucrabantur pecunias, et erat eis occasio sentiendi et assuefaciendi dulcedinem [1] lucri, et illud ocium et desidiam evitendum [2], et de fructu illius vinee camere apostolice erant comoditates quamplurime proventure, unde comuniter extimabatur quod illa vinea esset annis singulis trecentas vel quadringentas pipas vini redditura.

**142.** Item, cum prefatus dnus Urbanus esset Rome, et sciret plures de Romanis esse discolos et in moribus errantes, plurimos de ipsis Romanis majoribus, mediocribus et infimis [3] diversimode ad se traxit, nunc per secreta particularia colloquia [4], nunc per publica parlamenta, nunc invitando ipsos ad prandia et ipsos alloquendo, in tantum quod propter ista et propter predicationes quas eis fieri faciebat per solempnes personas, et propter justiciam quam faciebat observari, ipsos plurimum ad bonos mores convertit, ita quod plures ex ipsis inceperunt cum propriis uxoribus comedere, quod [5] antea non faciebant, et inceperunt dies festos colere [6], et missas et sermones audire, et temporibus ab Ecclesia constitutis confiteri et recipere ecclesiastica sacramenta; in tantum quod dominus tunc episcopus Aretinus [7], qui pro ipso domino Urbano tunc erat et diu ante [8] fuerat vicarius in Urbe, penultimo anno quo predictus dnus Urbanus in Urbe fuit [9], eidem dno et pluribus aliis retulit quod postea quam ipse dominus Urbanus papa tunc existens Rome transtulerat curiam usque tunc, quod spacium non erat ultra trium annorum, viginti milia personarum venerant ad confessionem et comunionem in Urbe, qui antea nunquam fuerant confessi nec comunionem receperant [10], licet ad hoc [11] perfectam etatem haberent [12]; et apud omnes Romanos et circumvicinos comuniter

---

1. *C* ad dulc. — 2. *C* evitandam, *D* evitandi. — 3. *C* ipsis de variis conditionibus. — 4. *B* alloquia. — 5. *A B* que. — 6. *A* collere, *B* colore. — 7. *A B* Areticinus. — 8. *A* donante, *B* durante. — 9. *C* Urbe comoratus est. — 10. *C* et recep. sanctam commun. — 11. *C* hec. — 12. *D om.* in Urbe ... haberent.

mores inceperunt [1] reparari, et modus vivendi meliorari, in tantum quod et tunc vivente domino Urbano et nunc, scilicet post ejus mortem, omnes Romani et circumvicini ipsum patrem sanctum et sanctum hominem in terra viventem, et post in celis regnantem aclamarent et aclamaverunt, et adhuc non deserunt [2] aclamare. — Item, quod de predictis omnibus et singulis fuit et est publica vox et fama [3].

**143.** Item ponit et probare intendit quod predictus dnus Urbanus caritative adeo caram habuit justiciam et quietem in proximorum favorem, ut [4] si informatus esset aliquem quantumcunque magnum, regem aut principem, apud Ecclesiam seu subditos catholicos dure [5] agere, ipsos caritative quandoque verbaliter, dum in sui presentia erant, quandoque per nuncios seu litteras [6] ipsos monebat, exortabatur, increpabat, et quantum in se erat corrigebat et correxit; unde [7] tantus fuit zelator veritatis et justicie, ut ab omnibus mundi principibus, regibus et magnatibus timeretur, et fortius a cardinalibus, patriarchis, archiepiscopis, episcopis et prelatis, ac personis ecclesiasticis quibuscunque, ad laudem et amorem bonorum, et vindictam malorum non zelantium causam Dei.

**144.** Item, quod prefatus dnus Urbanus fuit continue [8] valde justus et justiciam dilexit et exercuit multipliciter omnibusque modis quibus poterat; nam continue omni tempore tenebat et tenuit consistoria sua secreta et publica diebus consuetis, indefectibiliter, nisi evidens et absoluta necessitas ipsum excusaret.

**145.** Item, quod prefatus dnus Urbanus, amore justicie quam diligebat, fecit quod marescallus suus in Romana curia per se et officiales suos tenebat omnes cortesanos [9] laycos in timore et tremore, ac etiam securos ab omni violentia et opressione, quodque maxima justicia exercebatur per curiam marescalli [10], et pro nulla re vel precibus substinebatur morte dignus, alias [11] reus existens in posse dicte curie, quin [12] per brachium justicie pena debita secun-

---

1. *C D* inceperant. — 2. *C* desistunt, *D* desinunt. — 3. *C* non desistunt acclamare : que omnia et singula in ore omnium tanquam vera predicantur. — 4. *C* quietem proximorum ut, *D* proxim. ut. — 5. *C D* dire. — 6. *D* per amicos seu litteras et nuntios. — 7. *C* verum. — 8. *C* Urb. amore justitie quam diligebat fuit continuo. — 9. *B* artesanos. — 10. *D om.* quodque ... maresc. — 11. *C D* vel. — 12. *A B* quando, *C* cum.

dum jus tribueretur et imponeretur ; et similiter imponebantur continue [1] alie pene corporales criminosis, justicia suadente; quodque idem dnus Urbanus ordinavit et fecit quod plures mali homines, et presertim garsiones [2] et alii familiares cardinalium, qui ante assumptionem ipsius ad papatum soliti fuerant inferre et intulerant magna et gravia dampna cortesanis, et [3] mutilationem membrorum et occisiones, et depredationes multiplices, et vix aut raro justicia fiebat de ipsis, non fuerunt ausi dicta crimina committere seu perpetrare, ex eo quia mandavit dicto marescallo ut indifferenter de quibuscunque criminosis, etiam si essent scutifferi vel alii familiares layci dominorum cardinalium, et etiam si essent familiares pape, justiciam ministrare [4], propter quod idem marescallus quamplures de familiaribus dnorum cardinalium homicidas et aliter criminosos morte dignos, publice suspendi et aliter mori fecit, ac aliter de ipsis justiciam ministravit [5], ex quo omnes alii territi fuerunt, et a criminibus solitis abstinuerunt : etiam publice, palam et noctorie.

**146.** Item pari modo fecit quod auditor camere justiciam ministravit publice de quibuscumque [6] cortesanis criminosis in ipsius posse existentibus, et quandoque clericos familiares pape et dnorum cardinalium, et aliorum magnatum potentum indifferenter, criminosos, dum in ipsius posse pervenerant, punivit corporaliter, secundum canonica instituta, nec aliqua compositio pecuniaria cum criminoso admittebatur, cum illam fieri generaliter [7] prohibuerat idem dominus Urbanus ; et eodem modo ordinavit et fecit quod indiferenter de quibuscumque criminosis officiariis Avinionensibus, et [8] viguerius et judices temporales curie Avinionensis de subditis ipsorum ministrarunt [9] justiciam ; quodque actentis premissis, toto tempore quo dnus Urbanus vixit, fuerunt omnes cortesani in curia stantes, et inde recedentes, et ad illam venientes, in plena et pacifica securitate, de die ac de nocte, et de personis ipsorum et de bonis eorum, et [10] sine metu captionum et interfectionum

---

1. Ç quotidie. — 2. *C D* gartiones. — 3. *C D* per. — 4. *D* om. etiam si ... ministr. — 5. *C* susp. et al. justitiari fecit aut secundum scelera punivit. — 6. *D* quibusdam. — 7. *C* illa generaliter expresse fieri. — 8. *C* Avenionensis. — 9. *C D* ministrarent. — 10. *C D* nocte, et de personis ipsorum.

vel vulnerationum personarum, et depredationum bonorum ipsorum, etiam publice, palam et noctorie.

**147.** Item, quod prefatus dominus Urbanus, justicia mediante, mandavit, dum casus contingebat, acriter contra archiepiscopos, episcopos, abbates et alios prelatos potentes quarumcumque partium, per eorum potentiam opprimentes personas inferiores, laycas vel ecclesiasticas, et quod dicte commissionis et mandati vigore artati [1] fuerunt omnes dicti prelati abstinere a dictis oppressionibus et restituere dampna que intulerant, vel aliter amicabiliter concordare cum parte lesa per ipsos, quodque omnibus Xpistianitatis fuit publica vox et manifesta [2] grandis [3] justicia dicti domini Urbani ; et quicumque extra curiam oppressi, presertim viri ecclesiastici ac etiam layci a viris ecclesiasticis, habuerunt et habebant recursum ad ipsum dominum Urbanum, sperantes consequi ab eo justiciam et consequebantur, palam et publice.

**148.** Item, quod actenta magna justicia que regnabat in domino; Urbano, ipse fuit habitus in magna reverentia, timore et dilectione per imperatorem Romanorum et regem [4] Francie et regem Anglie, et alios quoscunque reges, principes et dominos temporales catholicos; quodque [5] ad instantiam et requisitionem domini Urbani abstinuerunt ab occupationibus jurium, rerum et bonorum [6] ecclesiarum [7], et occupationes et invasiones ante per aliquos ex eis factas de rebus, juribus ecclesiarum et personarum ecclesiasticarum, revocavit et realiter revocari fecit, et dampna illata resarciri vel aliter concordari amicabiliter de dictis dampnis illatis [8] mandavit, procuravit et fecit, palam et publice [9].

**149** Item, quod prefatus dnus Urbanus adeo fuit fervens in exequtione justicie, quod pluries [10] dum pateretur infirmitates corporis, nollebat quiescere ad sanitatem corporis, prout eidem dabatur per medicos in consilio, quinymo dabat audientias suas publicas et tenebat consistoria sua quandoque privata et quandoque publica, causa audiendi querelas et justiciam ministrandi, et etiam ut expediret negocia universalis Ecclesie occurrentia toto posse ; quodque

---

1. *C D* arctati. — 2. *C* omnibus locis fuit publicata et manifestata. — 3. *D* publicata grandis. — 4. *D* reges. — 5. *A B* quoque, *D* quique. — 6. *D* jur. et bon. — 7. *C* jurium ecclesiarum et personarum nec non bonorum earumdem. — 8. *C* illusis. — 9. *D* notorie. — 10. *C D* plures.

in suis audientiis, quando videbat pauperes vel alias miserabiles personas, vel etiam divites qui [1] propter presentiam [2] dominorum cardinalium non erant ausi ad eum accedere, vocabat eos ad se motu proprio, etiam obmissis et quandoque interruptis verbis cardinalium, et inquirebat ab eis humiliter quid volebant, et eos audiebat et auditos expediebat illico in eorum justis et graciosis [3] desideriis [4], et valde delectabatur et consolatus remanebat de ipsorum expeditione, ex quo plurimum [5] mirabantur; quodque adeo fuit intentus expeditioni subditorum ad se recurrentium, ne per moras et dilationes dampna et expensas ultra debitum substinerent, quod ubi ad voluntatem ejus aliquando non expediverat multa negocia subditorum, propter occupationes necessarias sui corporis [6] vel aliter, dolens erat in mente et a Deo veniam humiliter petebat, pretendens quod dictam diem, ut sibi videbatur, inutiliter pertransisset.

**150.** Item, quod idem dominus Urbanus sepius dixit cum magno cordis ardore, prout ex facie et ex verborum prolatione evidenter apparebat, quod inter augustias et dolores mentis qui sibi contingebant, erat ei valde grave et penale quod qualibet die naturali consumebat seu expendebat necessario multum de tempore [7] in recreatione corporis ejus, videlicet tam in esu et potu quam sompno et aliis vigiliis, quod tempus expendi poterat utiliter in expeditione negociorum Ecclesie occurrentium et subditorum indigentium, et quod ipse animose ad dictam expeditionem dictum tempus expenderet, si dicta corporis [8] necessaria refectio non obsisteret seu subesset, vel sine illa transire posset: etiam publice, palam et noctorie.

**151.** Item, quod quando aliquos principes, vel magnates et potentes videbat, audiebat vel sciebat esse oppressores bonorum et jurium ecclesiarum et ecclesiasticarum personarum, et quod nolebant, caritative admoniti [9] per ipsum vel ejus mandato, abstinere ab hujusmodi oppressionibus, terrebat eos suis verbis quandoque, et quandoque suis licteris, et quandoque per nuncios ejus, et adeo se iratum et provocatum contra eos ostendebat, quod timore penarum

---

1. *C D* qui tamen. — 2. *C* potentiam.— 3. *C* generosis. —4. *D* justis desid. — 5. *C D* plurimi. — 6. *B* sin corpus. — 7. *C* multum tempus. — 8. *A B D* temporum. — 9. *B* admonere, *D* nolebat charitative admonere.

et indignationis ipsius, abstinebant [1] et cessarunt [2] a dictis oppressionibus : etiam publice, palam et noctorie.

**152.** Item, quod ipse dominus Urbanus, ut sui officiales non essent remissi in justicia ministranda, aut odio vel gratia seu favore nichil facerent, et si aliquid fieret ut ipse melius provideret de remedio opportuno, deputavit et deputabat secretissime certas personas ydoneas, quas jurare faciebat de faciendo ea que eis injungeret, et si aliter facerent in eos excommunicationis sententiam promulgabat, eisque precepit et precipiebat ut secrete se informarent de quibuscunque malis que fiebant in curia, et presertim de violentiis, injuriis et oppressionibus, si que inferebantur in curia per aliquos prelatos seu alios potentes, etiam si essent cardinales vel eorum familiares, ac etiam se informarent si que barraterie vel oppressiones, seu alia gravamina inferebantur per officiarios et familiares suos, quicunque essent, et quod eidem domino Urbano duntaxat refferrent [3] secrete que reperirent, et quod nulli dicerent se ad hoc esse deputatos.

**153.** Item, quod vigore hujusmodi commissionis et deputationis multa crimina et oppressiones que [4] fiebant in curia Romana devenerunt ad noticiam ipsius domini Urbani, et ipsorum culpabiles, ipso mandante et justicia mediante, fuerunt puniti [5], et oppressi ab oppressionibus liberati.

**154.** Item, quod propter premissa omnes communiter, et presertim prelati et alii potentes, ac eorum familiares et officiales curie, cessarunt et abstinuerunt ab hujusmodi oppressionibus, barrateriis [6] et injuriis, etiam publice, palam et noctorie. — Item, quod de predictis omnibus et singulis fuit et est publica vox et fama [7].

**155.** Item ponit et probare intendit quod prefatus dnus Urbanus, quamdiu vixit, fuit valde constans, firmus et verax, observavitque et observabat promissiones suas, cessavitque et cessabat a deceptione [8] alicujus, et a simulatione vel fictione quacunque, tam in collatione beneficiorum quam aliis quibuscunque rebus.

**156.** Item, quod dictus dominus Urbanus in exequtione

---

1. C abstinuerunt. — 2. D cessabant. — 3. C Urb. fideliter referrent. — 4. C que secrete, D que occulto. — 5. B privati. — 6. A B barratariis. — 7. C notorie omnibus patet et fama est. — 8. B ad iceptionem.

justicie ac etiam in collationibus ecclesiarum cathedralium, monasteriorum et aliorum quoruncunque beneficiorum ecclesiasticorum, ac etiam quaruncunque dignitatum, etiam pontificalium, rejecit et non consideravit importunitatem supplicationum [1], nec displicentias principum vel aliorum magnatum, quibus supplicationibus salva conscientia [2] complacere non poterat nec volebat, ut justiciam ministraret et bene provideret dictis dignitatibus et beneficiis de personis ydoneis; quin ymo [3] stabilis et constans judicium et justiciam faciebat et fecit, et providebat prout melius sibi videbatur dictis dignitatibus et beneficiis de personis ydoneis; quodque continue abstinuit ad supplicationem imperatorum, regum, principum et aliorum dominorum tam ecclesiasticorum quam temporalium facere vel committere directe vel per indirectum aliquam injusticiam, et [4] contra pauperem, viduam vel aliam miserabilem personam [5], seu etiam facere aliquas promotiones et collationes beneficiorum et dignitatum ecclesiasticarum quaruncunque injustas seu de personis non ydoneis [6]; quodque firmus et constans in bono proposito existens, magis voluit incurrere illorum displicentiam et rancorem, quam ipsius constantiam et conscientiam frangere vel onerare in aliquo.

**157.** Item, quod ipse dnus Urbanus fuit valde fortis et constans, quia a prima die qua fuit ad papatum assumptus, vitam et mores suos juxta retro acta tempora [7] servavit, nec propter hujusmodi assumptionem nec propter honores fuit inflatus, nec propter onera fractus, nec propter carnis passiones et dolores emolitus, sed constantiam semper servavit: etiam palam, publice et noctorie.

**158.** [8] Item, quod prefatus dnus Urbanus, etiam antequam assumeretur ad papatum, fuit valde caritativus et magnus elemosynarius, et in domo sua habebat quasi semper plures pauperes ibidem amore Dei comedentes, quibus competenter providebat in necessariis.

**159.** Item, quod plures dni tunc cardinales, et alii prelati et persone ecclesiastice, cognoscentes [9] ipsius domini Urbani prudentiam et temperantiam in cibis et moribus,

---

1. C supplicantium. — 2. C supplicantibus s. constantia. — 3. D non poterat, quin imo. — 4. C dir. aut indirecte aliquam injuriam et. — 5. C pauperes, viduas vel alias m-es p-as. — 6. C minus idoneis. — 7. C temp. sanctorum pontificum. — 8. C D om. totum paragr. — 9. C cognos. et videntes.

et cognoscentes quod dictus dnus Urbanus cibariorum superfluitatem et exquisitionem [1] detestabatur et fuit detestatus, aliqui ex eis amore et aliqui ex timore seipsos juxta proportionem [2] suam retraxerunt, et ad temperamenta cibariorum plurimum reduxerunt [3] : etiam publice, palam et noctorie.

**160.** Item, quod ipse dnus Urbanus semper pauperes dilexit, et in eis tam in sua quam eorum domibus provideri mandavit et fecit, et ad eorum domos hospitale servicium transmittebat et transmisit, et de cibariis propriis, ubi poterat, sive indigentiam seu necessitatem secrete provideri faciebat et fecit, etiam magni status et generis; quodque in die Jovis sancta pauperes in pedibus lavabat et lavavit devotissime, et illis in persona propria humiliter serviebat et servivit [4].

**161.** Item, quod prefatus dnus Urbanus adeo ita [5] deditus Deo, quod pauci viri [6] mundani ipsum bene cognoscebant, sed persone devote et timorose [7] ipsum clarissime intelligebant et dicebant seu [= se ?] illum inteligere [8], et humiliter ei adherebant, et ipsum frequentabant, gaudentes quod ejus consortio interessent [9], ut [10] patuit in dominis cardinalibus [11] Cesaraugustano, Uticensi, Aquensi, Urgelensi, et pluribus aliis notabilibus.

**162.** Item, quod prefatus dnus Urbanus fuit et erat omnimode segregatus a carne et a diabolo, et quod in solum Deum cor suum effunderat et effudit [12], et in solum Deum [13] cogitatum suum jactaverat et jactavit [14], et ad illius servicium se totum dedicaverat et dedicavit; quodque juxta possibilitatem suam sola serviciorum immensitas erat circa opera divina et temporalia sibi commissa [15] mensura: etiam publice, palam et noctorie.

**163.** Item, quod prefatus dnus Urbanus, circa octavum annum sue assumptionis, assumpsit quandam infirmita-

---

1. *C* et quod ipse cibariorum superfluitatem exquisitorum. — 2. *D* portionem. — 3. *C* juxta posse suum retraxerunt ad temperantiam, quos plurimi imitati sunt. — 4. *C* mandavit hospitale servitium et etiam misit de cibariis propriis mense sue, indigentibus vero secrete omnia necessaria provideri faciebat abundanter, etiam magni status et generis; in die Jovis sancta pauperibus ipse pedes lavabat devote et humiliter in mensa abunde serviebat q. idem. — 5. *C* d. Urbanus ita erat, *D* fuit adeo. — 6. *B* vero, *C* om. — 7. *C* timorate. — 8. *C D* om. et dic.... int. — 9. *C* g. suo interesse consortio. — 10. *A B* et. — 11. *A B* cardinali. — 12. *D* effuderat et. — 13. *C* effundebat et in ipsum. — 14. *C* jactabat. — 15. *D* com. in.

tem, de qua apud Avinionem correptus [1] febribus [2], et semper existens in magna sanitate sensus memorie et bone rationis, spiritum emisit Altissimo : etiam publice, palam et notorie.

16 . Item, quod prefatus dnus Urbanus in eadem egritudine [3] suos solitos mores servavit et servabat, etiam preter consilia medicorum, et omni die divinum officium recitavit et recitabat cum predictis prelatis et servitoribus suis, et duas missas audivit et audiebat qualibet die, sicut faciebat dum sanus erat.

165. Item, quod prefatus dnus Urbanus appropinquans morti, ut sibi et aliis videbatur, fecit vocari omnes familiares suos, confessorem [4] ejus et camerarium, et quamplures alios notabiles dominos, et coram eis devote dixit et expressit [5] se tenere et credere firmiter, et confiteri simpliciter, quicquid sancta catholica et apostolica ecclesia credit, docet et predicat, et si in preteritum [6], legendo, docendo, conferendo aut disputando, aliud vel aliter dixisset, totum illud in quantum insanum [7] vel malesonans esset [8], revocavit et revocabat, et se intelexisse et inteligere sub determinatione catholice fidei orthodoxe, fuit protestatus et asseruit, devote, sana mente atque devota : etiam publice et palam et notorie.

166. Item, quod humilitatem quam in mente gerebat volens servari [9] post mortem, ordinavit ut [10] quando ab hac luce migrasset, corpus ejus sepeliretur more pauperum in terra pura humiliter, apud Beatam Mariam de Donnis [11] Avinionensem, et dum corpus suum ibidem esset inceneratum, ossa portarentur apud Massiliam in ecclesia Sancti Victoris, et ibi sepelirentur ante altare majus in terra, ita quod de super poneretur unus lapis solo [12] supereminens de tribus vel quatuor digitis et non plus, ita quod nichil impedimenti ibi fieret servitoribus et ministris.

167. Item, quod existens in eadem egritudine, cum non posset comode per seipsum missam celebrare, fecit suum

---

1. *A B* corruptis. — 2. *C* ass. ad papatum, quamdam infirmitatem contraxit apud Avenionem, scilicet febres acutas. — 3. *A* agritudine. — 4. *C* confessarium. — 5. *C* professus est. — 6. *D* preterito. — 7. *D* insane. — 8. *C* illud tanquam insane et malesonans esse. — 9. *C D* servare. — 10. *A B* et. — 11. *B* domus, *C* sepulture m... h. traderetur in ecclesia B. Marie de Domnis. — 12. *A B* solum.

confessorem predictum venire et confessus fuit eidem pecata sua humillime, more suo [1] et devote, et ex post fecit per dictum confessorem suum missam in sui presentiam celebrari, qua celebrata et per ipsum audita [2], devotissime sacratissimum sacramentum Corporis Domini nostri Jhesu Xpisti recepit, more catholico, cum quanto potuit amoris et venerationis affectu, prout omnibus sibi astantibus videbatur et visum fuit; et processu morbi [3] postea [4] ingravescente, aliis omnibus sacramentis ecclesiasticis devotissime per eum receptis, anno etatis sue sexagesimo primo [5], die decima nona mensis Decembris, circa horam nonam, pontificatus sui anno nono, in camera domus habitationis domini cardinalis Albanensis, januis patentibus et apertis omnino, ut quilibet volens ad videndum ejus finem felicem et catholicum introire posset [6], salutifere sancte crucis signum tenens in manibus, animam suam Creatori recomendans, de misero carnis eductus ergastulo, ad celestia, ut creditur, evolavit, vestitus semper existens, nec de illa infirmitate jacuerat quomodoquoque [7] denudatus [8].

**168.** Item, quod post ejus felicem [9] transitum ab hoc mundo, corpus ejus adeo remansit mundum et coloratum, ut cuicunque intuenti devotionem et mentale gaudium generaret, nec aspectui terrorem, nec palpatui abhominationem, nec odoratui fetorem, nec aliquod turpe seu inconveniens emittebat seu emisit, ymo ipsum corpus lavatum [10] et more papali ornatum per illos qui ipsum manibus propriis contractaverunt, reperiebatur valde ductibile [11], et ipsum contractantes inducens et provocans ad devotionem ; in tantum quod unus vir notabilis ecclesiasticus, licentiatus in legibus et baccalarius [12] in decretis, adhuc vita comes, qui conversationem ipsius viventis plene [13] noverat, dum illud sanctum corpus quasi nudum, ymo vere nudum, exceptis femoralibus, vidisset, ad devotionem provocatus, flexis genibus, humiliter osculatus est ipsius corporis pedem et manum et os, et inde surgens dixit ista verba formali-

---

1. *C D* venire ad se et eidem confessus est pecc... more solito. — 2. *C* celebrari, quam pie et attente audivit et. — 3. *D* et morbo. — 4. *C* et postea vi morbi. — 5. *D* suo 61° vel 71°. — 6. *A B* possent. — 7. *C* infirm. nunquam fuerat. — 8. *D* infir. quomodolibet jac. den. — 9. *C* post felicem ejus assumptionem et, *D* assumptionem alias. — 10. *C* levatum. — 11. *C* delectabile. — 12. *D* baccalaureus. — 13. *C* plane.

ter [1] vel in effectu : « Vere istud corpus possedit unam sanctissimam animam, et fuit [2] habitaculum Spiritus sancti, et intercedat pro nobis apud Deum ipsa beata [3] anima que hoc corpus habitavit [4] ».

**169.** Item, quod multi fideles catholici in ipsum viventem magnam devotionem habuerant, et corpus [5] post ejus félicem transitum habuerunt, ita quod tertia die ab ejus transitu, que fuit dies depositionis corporis sui in terram, inceperunt ejus miracula publicari, quia ad ejus sepulcrum candele ceree [6] et alia luminaria fuerunt in ipsius reverentiam ibidem apportate [7], ita quod ab illa die divina bonitas per diversa miracula, propter ipsius dni Urbani merita, ut pie creditur, et ad ejus invocationem facta, illius sanctitatem mundo diversimode publicavit et demonstravit ipsum viventem Domino placuisse.

**170.** Item, ut pie creditur, miraculorum factio [8], quam Deus meritis et intercessione dicti domini Urbani exercuit et exercet, duravit et adhuc durat, quotidie multiplicando ultra quadraginta dies, ymo [9] verissime ab ejus depositione predicta usque ad hodiernum diem, a qua fluxerunt viginti anni et ultra, ita quod propter miraculorum multiplicitatem, et concursum et frequentiam populi et devotionem, que evenerunt post ejus mortem ad ejus sepulcrum [10] in ecclesia Beate Marie de Donnis, in qua fere per XVII [11] menses requievit, dominus Gregorius papa undecimus, ejus successor, non fuit passus corpus illud apud Massiliam in tanta humilitate, sicut vivens ordinaverat, sepeliri, sed precepit solempne sepulcrum more papali sibi fieri, in quo mille floreni fuerunt expensi, [12] ad quod sepulcrum postea est translatus, et requiescit ibidem de presenti.

**171.** Item, quod dum predictum corpus in predicta ecclesia Beate Marie de Donnis requiesceret, de omnibus partibus terre ibidem confluebant peregrini pro beneficiis a Deo ejusdem domini Urbani intercessione receptis, oblationes apportantes, scilicet in cera, ymaginibus argenteis, pannis lineys, luminaribus, peccuniis, et multipliciter [13] ipsorum populorum confluentia ejus sanctitatem predicabant.

---

1. *B* firmaliter, *C* dixit sequentia. — 2. *C D* fuit maximum. — 3. *C* beatissima. — 4. *C* q. presens c. inhabitavit. — 5. *C D om.* corpus. — 6. *D* cere. — 7. *C D* apposita. — 8. *C* operatio. — 9. *C* Urbani perpetratus est usque in presentem diem, quotidie multiplicando ultra XL. dies, imo. — 10. *C* tumulum. — 11. *D* decem et octo. — 12. *D om.* si *jq.* — 13. *D* multiplici.

**172.** Item, quod dum predictum corpus de Avinione apud Massiliam portaretur in quadam lectica, pannis rubeis more papali cooperta, populus Avinionensis et alius populus qui in civitate Avinion. propter curiam tunc erat, premaxima devotione ad ipsum corpus confluebat et confluit, adeo et in tantum ut vix ipsum corpus portari potuerit et potuit apud Sanctum Ruphum, ubi eidem corpori oblate fuerunt quamplurime proferte [1] in pecuniis et cera ultra [2] quinque vel sex quintalia, et idem [3] populi [4] pre devotione totum illum pannum rubeum quo dicta lectica cooperta erat frustratum [5] pro reliquiis ex devotione ipsius corporis receperunt, et ad domos suas secum apportaverunt, palam et publice.

**173.** Item, dum predictum corpus in ipsa ecclesia Sancti Ruffi per predictam noctem stetisset, in crastinum dum in predicta lectica per duo animalia [6] portaretur et portandum tradderetur versus Massiliam [7], devotio populi ad ipsum corpus confluentis tantum invaluit, quod ipsam lecticam desuper animalia predicta deposuerunt, et devoti homines lecticam cum corpore super suos humeros portaverunt usque [8] ad locum de Urgono [9], et in ecclesia ejusdem loci predictum corpus [10] tota illa nocte quievit, ubi ex devotione plurimas oblationes diversi populi eidem [11] corpori obtulerunt, palam et publice.

**174.** Item, quod in crastinum modo consimili super humeros devotorum ipsum corpus in lectica supradicta fuit portatum apud Sellonum [12], et ibidem tota illa sequenti nocte requievit, ubi etiam plurime oblationes in cera et peccunia fuerunt eidem corpori ex devotione diversorum de populo apportate et donate, palam, publice et noctorie.

**175.** Item, quod die sequenti, scilicet in crastinum, modo consimili super humeros devotorum ipsum corpus in lectica supradicta fuit portatum apud locum de Pennis, et ibidem in ecclesia tota illa sequenti nocte requievit, ubi etiam plurime oblationes in cera et pecunia fuerunt eidem

---

1. *D* offerte. — 2. *D* intra. — 3. *B* et tidem, *D* iidem. — 4. *C* populus. — 5. *C* frustratim frangentes, *D* frustatim. — 6. *B* miliaria. — 7. *C* in crast. duobus jumentis impositum portandum crederetur Mass. — 8. *D* deposuerunt usque. — 9. Orgono ? — 10. *C* depos. et hilariter et devote portantes usque ad locum de Urgono pervenerunt, et in ecclesia ejusdem loci reponentes. — 11. *C* eidem sancto. — 12. *A B* Celonum, *D* Cellonium.

corpori ex devotione diversorum de populo aportate et donate, palam, publice et noctorie [1].

**176.** Item, quod die immediate sequenti de ipsa ecclesia de Pennis ipsum venerabile corpus in lectica, ut predictum est, ad humeros devotorum ejusdem domini Urbani portatum fuit ad civitatem Massiliensem [2], cum maxima et solempni processione cleri et populi, in qua plurimi prelati, et plurimi nobiles et viri alii magni status [3], et quasi infinita plebs interfuerunt actualiter, cum plurimis luminaribus cereys, et in tanto numero, quod ab introytu territorii civitatis Massiliensis usque ad ecclesiam Sancti Victoris Massilien., in devotionem et honorem ipsius domini Urbani, communi extimatione portata fuerunt ardentia ultra triginta quinque millia intorticiorum seu aliorum luminarium cereorum, palam, publice et noctorie.

**177.** Item, quod propter devotionem ad eum et miracula que in ipsius corporis translationem et deportationem [4] usque ad sepulcrum, in quo nunc requiescit, facta fuerunt multipliciter et quasi continue, magna quantitas cleri et populorum predictorum de Avinione, de Orgone, de Sellone [5], de Aquis et de aliis plurimis circunvicinis locis, itinerando [6] de Avinione ad Massiliam ipsum corpus veneranter associavit, usque scilicet [7] factum fuit solempne officium sue depositionis et corpus ipsum deppositum [8] in sepulcro pro ipso noviter fabricato in ecclesia et prope [9] latus altaris majoris Sancti. Victoris Massiliensis : etiam palam, notorie et publice.

**178.** Item, quod actentis predictis ejus vite excelentia et sanctitate, morte catholica et devota, miraculorum ad ejus invocationem factorum et illorum continuatione, maximarum, mediocrium et parvarum [10] personarum [11] ad ipsum devotione et veneratione, pie creditur a fidelibus universis quod divina bonitas per signa monstrare voluerit et velit ipsum dominum Urbanum sibi placuisse et placere, juxta et prout ex miraculis infrascriptis videtur et cre-

---

1. C fuerunt consimili modo a populo oblate et donate, palam et publice. — 2. C Pennis levantes venerabile corpus, super humeros devotorum ad civitatem Massiliensem fuit portatum. — 3. D alii, magistratus. — 4. D translatione et deportatione. — 5. C Urgone, de Sallone, D Urgono, de Cellone. — 6. C D itinerantibus. — 7. C videlicet, D assoc. et. — 8. C reconditum. — 9. C prope dextrum. — 10. D privatarum. — 11. A B om. person.

ditur patentissime declarari [1] : etiam publice, palam et notorie.

**179.** Item, quod Dominus noster Jhesus Xpistus precibus et meritis ac intercessionibus prefati domini Urbani, post ejusdem domini Urbani [2] mortem, fecit et ostendit miracula infrascripta, videlicet :

## SECUNDA PARS, UBI DE MIRACULIS

**1.** In primis quod, cum nutrix sive bajula Leonis de Neapoli [3], servientis armorum domini nostri pape, portaret spaciando et solaciando per carreriam dictam la Garlandria [4], in civitate Avinionensi, quandam infantem nomine Philipellam, filiam dicti Leonis, etatis quinque mensium, accidit quod dicta filia subito inter brachia dicte nutricis decessit penitus et fuit mortua ; quod audiens [5] idem Leo tristis et dolens, flendo et lacrimando yvit ad ecclesiam Sancti Anthonii Avinionensis, ibique invocavit dnum Urbanum papam quintum sancte memorie, quatenus dignaretur intercedere ad Deum pro filia sua, quod si possibile esset suis sanctis precibus viveret, et emissa hujusmodi invocatione, incontinenti venit quidam filius suus clamans fortiter post eum, dicendo quod dicta filia sua erat restituta de morte ad vitam, et confestim ipse pater veniens ad locum ubi erat dicta filia, invenit eam vivam et ylarem, Dei gratia, meritis et intercessione ipsius domini Urbani [6] sancte memorie.

**2.** Item, quod Gaufridus Bartholomey de Coreis [7], Tholonensis [8] diocesis, natus fuit habens tibiam suam dextram siccam [9] totaliter, pronam [10] seu subtilem [11], debilem et plicatam retro, ipsamque [12] habuerat in tali statu a nativitate [13] sua per viginti quinque annos, taliter quod dicta tibia erat incurvata et juncta ad coxam [14]; tandem audiens miracula que Deus operabatur ad preces Urbani pape quinti, sancte

---

1. *C* infras. evidentissime patebit. — 2. *C* ejusd. sanctissimam. — 3. *D* Nepoli. — 4. *C* Garlandaria. — 5. *B* adveniens. — 6. *C* Urb. pape quinti, *D* Urb. pape. — 7. *B* decores. — 8. *C* Bartholomeus de Torres, Coloniensis, *D* de Tores, Tolonensis. — 9. *C* om. — 10. *A B* prunam, *D* primam. — 11. *A B* subcolem. — 12. *C D* retro ipsum, quam. — 13. *C D* juventute. — 14. *A* toxam.

memorie, confidendo de ejus benignitate, vovit [1] eidem humiliter et devote, rogando Deum, ut si qua miracula faceret pro aliquo, meritis et precibus ipsius dni Urbani, restitueret sibi sanitatem et daret [2] in dicta tibia, ipse veniret ad sepulcrum suum, cum una tibia cere ponderis quinque librarum; et voto emisso, infra quindecim dies immediate sequentes incepit convalescere, et dictam tibiam recte erigere, et pedem firmiter ponere supra terram, sentiendo carnem crescere, cotidie consolidari nervos et roborari [3], suffragiis et intercessionibus prefati dni Urbani pape quinti, sancte memorie.

3. Item, quod Peyroneta [4], uxor Guilhermi [5] Audiberti, fusterii Avinionensis, peperit filium non spirantem, nec emitentem hanelitum, neque moventem aliquo modo membra; videns mater et audiens etiam per obstetricem et alias mulieres ibi astantes, quod ipse filius erat mortuus, et quod non flebat vel ululabat [6], recomendando ipsum Deo et dno Urbano pape quinto, sancte memorie, quod si ejus intercessione et suffragiis dictus infans posset venire [7] ad salutem, videlicet ad vitam, et [8] saltem recipere baptismum et habere animam xpistianam, ipsa portaret et offerret ad sepulcrum suum unam ymaginem cere unius libre, et stadal [9] longitudinis dicti infantis; et facto voto, ipse infans illico qui, sicut predicitur, erat et steterat mortuus per magnam horam, recuperavit virtutem in membris et cepit flere, et fuit baptisatus et adhuc vivit Dei gratia, precibus et meritis predicti dni Urbani pape quinti, sancte memorie.

4. Item dnus [10] Bertrandus de Baucio, miles, quondam existens in partibus Neapolitanis, fuit et stetit per unum annum omnino cecus et privatus lumine oculorum penitus; tandem audiens [11] miracula que Deus faciebat ad invocationem dni Urbani pape quinti, sancte memorie, vovit eidem ut si suis sanctis precibus et suffragiis visum et lumen oculorum recuperaret, ipse caput argenteum quod habebat portari et offerri faceret ad sepulcrum suum; quo voto emisso, ipse Dei gratia, meritis et intercessione ipsius dni Urbani pape quinti, sancte memorie, lumen et visum

---

1. *B* vov. se. — 2. *C D* restit. et daret sanit. — 3. *A* colorari, *B* colorarii. — 4. *C D* Pironeta. — 5. *B* Guilielmi, *C* Guillmi. — 6. *D* eo quod non flebat nec ejulabat. — 7. *A B* vivere. — 8. *C* aut. — 9. *A B* scadal, *C* scadal, als seodal, *D* stadalili. — 10. *C D* Item, quod. — 11. *A B* audivit.

recuperavit, et dictum caput argenti apportari ad dictum sepulcrum et offerri fecit.

5. Item, quod Johanna, filia Petri Clauset [1], de Villa Rolla, diocesis Nemausensis, etatis circa sex annorum, fuit graviter infirma, a febre continua per quindecim dies detenta, non habens aliquam requiem nec aliquod remedium sanitatis, nec comederat etiam quicquam per tres dies naturales continuos, et exinde in tantum debilitata quod dies suos tunc clausit extremos, ut apparebat per signa mortalia, quia non movebat [2] membra, et astantes tangentes eam et palpantes non sentiebant aliquem pulsum, et singultus sive badals [3] fecerat, ipsamque cum signo crucis signaverant, et occulos ejus velatos et coopertos, ac faciem ejus more jam deffunctorum cooperierant, et velaverant; et sic stando per spatium unius hore, videns pater eam jam penitus mortuam, eam humiliter et devote recomendando precibus et meritis dni Urbani pape quinti, sancte memorie, vovit eidem quod si dicta filia sua restitueretur ad vitam et liberaretur ab illa infirmitate, ipse veniret ad sepulcrum suum cum una ymagine cere, medie libre, ibidem offerenda; et hujusmodi voto emisso, illico ipsa filia respiravit, occulos aperuit et locuta fuit, ac cibum ad comedendum peciit, que non comederat ut supra, et ita fuit de morte ad vitam restituta et sanitati pristine, intercessione et suffragiis prefati domini Urbani pape quinti, sancte memorie.

6. Item, quod dudum existente guerra inter dominum Galeacium de Mediolano et dominum marchionem Montisferrati, cum dictus dnus Galeacius per vim armorum, et ejus gentes armigere [4], volentes [5] omnino habere et capere locum Lugurni [6], Vercellensis diocesis, omnesque gentes q' [7] illius loci vellent se et dictum locum reddere et tradere predicto dno Galeacio et ejus gentibus armorum [8], tandem nobilis Jacobus de Farmentono [9], filius quondam Dampsoni, oriundus de dicto loco, nullo modo consentire volebat, sed quantum poterat contradicebat, nichilominus dictus locus captus fuit per dictas gentes armorum, et cum

---

1. C Claurene. — 2. C mov. brachia nec alia. — 3. C badails, D badaillos. — 4. B emergentes armigiri, C gentes armorum. — 5. D gentes vol. — 6. C Lugutii, D Lucentinum, *forsan* Lugnoni. — 7. C D quasi. — 8. D Guillelmo et ejus gent. — 9. B Farmentour, C Fermentono, D Fermentorio.

fuisset scitum quod ipse nobilis Jacobus non consentierat [1] in redditione predicti loci, ymo quantum potuerat contradixerat, gentes predicti domini Galeacii, [2] trahendo lingam ipsius Jacobi cum uno clavo extra os suum, eamdem penitus usque ad radicem sibi cum quodam gladio seu cutello amputaverunt [3], et ejus occulos ei eruerunt, ac pugnum etiam ipsius super bassineto suo absiderunt, et sic omnino loquellam perdiderat nec quicquam loqui poterat [4], et sic stetit per quadraginta tres dies; et tunc quidam frater Minor, nomine Anthonius de Morosio [5], ipsum Jacobum in hujusmodi dolore et tristicia existentem consolando, monuit exortando ut se devote et humiliter recomandaret Deo et precibus dni [6] Urbani pape quinti, sancte memorie, dicendo eidem quod fama erat in illis partibus quod Deus miraculose operabatur quotidie ad preces dicti dni Urbani, sicque [7] ipse Jacobus acquiescendo verbis dicti fratris votum fecit in corde suo, quia ore non poterat, quod si suis sanctis meritis et precibus obtinere posset a Deo quod recuperaret saltem loquellam, ipse faceret construere unam cappellam ad honorem Dei et reverentiam ipsius dni Urbani, ut citius posset; et facto hujusmodi voto, ipsamet die, ipso Jacobo stante in oratione, loquelam recuperavit, bene et perfecte sicut ante loquendo, et ab illa hora in [8] antea loqutus est et loquitur sine linga, Dei gratia [9], suffragii. et intercessione ipsius domini Urbani pape quinti, sancte memorie.

7. Item [10] dom. Ludovicus Textoris, monachus monasterii Sancti Honorati, prior Sancti Johannis de Rocasteron [11], Arelatensis diocesis, habuit unam gravem infirmitatem per quindecim annos in tibiis suis, que appellatur malum mortuum, habendo largas plagas et magna vulnera in multa [12] quantitate, in tantum quod propter fetorem et putrefactionem infirmitatis tibiarum et ipsarum plagarum, nullus poterat stare prope eum, nec per medicos neque per [13] medicinas [14] poterat habere aliquod remedium, quin ymo de eisdem extraxerat unum os ipsemet dom. Ludovicus, nervos

---

1. *C D* consentiebat. — 2. *C* Galeatii, ipso capto et in carcere constituto, multum vexarunt et. — 3. *D* gladio amput. — 4. *A B* potuerat. — 5. *C* Marosio. — 6. *C* Beati, *D B*. — 7. *C D* sic quod. — 8. *D* ut. — 9. *D* lingua *D. gr. et.* — 10. *C D* Item, quod. — 11. *C* Rocasterii. — 12. *C* magna, *D* et vul. in magna. — 13. *C* med. nec per chirurgicos nec. — 14. *D* med. nec chirurgicos.

sciderat ¹, quia hoc medicus cirurgicus nullathenus temptare ² audebat ; et tandem ipse ³ votum fecit Deo et dno Urbano pape quinto, sancte memorie, quod si intercedendo pro eo ad Deum haberet remedium sanitatis ⁴ predicte infirmitatis, ipse visitaret sepulcrum suum cum una tibia cere unius libre ; et facto hujusmodi voto et complecto, incontinenti habuit sanitatem et nichil senciit de malo, et infra decem dies sequentes fuit omnino sanatus de dictis plagiis et de tota illa infirmitate, precibus et meritis predicti domini Urbani pape quinti, sancte memorie.

**8.** Item, quod Vitalis Danyelis, pelliparius ⁵, de Banholis ⁶, Uticensis diocesis, habuit per triginta duos annos vel circa manum suam grossam et inflatam fortiter, et similiter partem brachii, adeo quod de ea nec de ejus digitis nullathenus se juvare poterat, et per intervalla quandoque inflabatur ex dicta infirmitate, in tantum quod pellis ipsius manus rumpebatur et dilacerabatur, et in primis decem annis multas fecerat ⁷ medicinas et nichil ei proficiebat ; et sic in hujusmodi infirmitate et impotentia constitutus, audiens miracula que Deus operabatur ad invocationem et intercessionem dni Urbani pape quinti, sancte memorie, recomandavit se Deo et dno Urbano pape quinto, et vovit eidem, ut si pro eo intercedendo ad Deum ⁸ posset curari et habere remedium et convalescentiam de manu sua, ipse veniret ad sepulcrum suum cum quadam manu cere unius libre ; et facto hujusmodi voto, habuit convalescentiam et omnino restitutus fuit pristine sanitati, precibus et meritis prefati dni Urbani pape quinti, sancte memorie.

**9.** Item, quod dna Augeria ⁹ in ¹⁰ Avinione, valde gravi infirmitate detenta, novem diebus continuis habuit febrem continuam, adeo quod per dictos novem dies nichil comedebat, et exinde ¹¹ fuit tantum debilitata quod omnem virtutem et sensus corporales omnino amiserat, non videbat, non audiebat, non odorabat ¹², non loquebatur nec anelabat, neque aliquem pulsum habebat, clauserat oculos, manus, et pedes et nasum valde habebat frigidos, eamque signaverant et velut mortue

---

1. *B* monos scinderat, *C* scinderat. — 2. *D* hoc chirurgus non. — 3. *C* aud.; in tanta molestia et infirmitate positus. — 4. *C D* om. — 5. *C* periperius. — 6. *B* Baussolis, *D* Bagnolis. — 7. *A B* fecerunt. — 8. *C* si per invocationem ejusdem. — 9. *B* Angeria. — 10. *C D* nomine de. — 11. *D* ex eo. — 12. *A* adorabat.

faciem ejus velaverant, et sic penitus dies suos, ut omnibus videbatur astantibus, clauserat extremos [1]; videns quidem [2] filius [3] suus, Johannes Chapucii [4] nomine, festinanter ivit ad sepulcrum dni Urbani pape quinti, sancte memorie, in ecclesia Beate Marie de Donis Avinionensis, et ibi humiliter et devote recomendans dictam Augeriam [5] matrem suam Deo et dno Urbano, vovit se facturum et oblaturum unam ymaginem cere duodecim librarum, cum tabernaculo suo, ad honorem ipsius dni Urbani; et emisso hujusmodi voto, reversus statim ad hospicium, invenit dictam dnam [6] matrem suam vivam, loquentem, audientem et bene cognoscentem, ac alias bene et in bona convalescentia existentem, et resuscitatam [7] precibus et intercessione prefati dni Urbani pape quinti, sancte memorie.

**10.** Item, centum viginti quinque persone, de diversis partibus, venientes per mare de Neapoli ad Massiliam in uno magno navigio vocato panphil [8], in quo portabatur vinum grecum dni archiepiscopi Neapolitani, inter quos centum viginti quinque erat Martinus Helie, cujus una cum certis aliis de Massilia erat dictum navigium, Johannes Martini, Petrus Gassini [9] et alii usque ad dictum numerum, existentes in golpho Janue [10], in mari de Corsega, habuerunt tantam fortunam in dicto mari et tempestatem cum grandine et lapidibus, et maximam pluviam duobus diebus et duabus noctibus continuis, quod vix potest

---

1. *D* sic ab omnibus mortua putabatur. — 2. *C D* quidam. — 3. *A B* om. — 4. *C* Capucis, *D* Capucii. — 5. *A B* Augeniam. — 6. *D D.* Augeriam. — 7. *C* restitutam.

8. *C* pamphil. — *23 août 1362.* Item placuit dicto consilio [civitatis Massilie] reformare quod quidam *pamfilus*, qui portum intravit oneratus blado, nullathenus cum blado recedat nec ipsum bladum de civitate Massilie extrahatur *(Reg. des délibérations de la commune de Marseille.)* — *16 janv. 1362/3.* Item proposuit in dicto consilio nobilis vir Antonius Deodati, syndicus et syndicario nomine universitatis Massilie, quod duo *panfili* onerati blado presentialiter applicuerunt ad catenam portus Massilie, ...., quorum *panfilorum* alter ex patronis seu mercator *etc.* ... et etiam si alter mercator alterius *panfili* grano onerati, quod asserit esse domini Cardinalis de Magalona, *etc. (Ibid.)* — *6 mars 1366/7).* Galea non armata in solidum, seu lignum aut *panfilum*, medium florenum. *(Ibid.)* — Il paraît que ce mot de panfil *était le nom commun donné à une certaine classe de navires. Ainsi le dit d'ailleurs* Ducange, *citant un passage d'une Chronique qui compte tant de galères et tant de* panfils [V 50°]. *Il y a aussi une addition dans la nouvelle édition de Ducange, où est cité le passage des miracles d'Urbain V; seulement l'auteur a mal lu, car il dit* panifil, *ce qui, dit-il, est la même chose que* panfil. *Or, le texte porte clairement* panfil *par une* n *et l'exemplaire de Lefournier par une* m.

9. *D* Grassini. — 10. *D* golfo Januensi.

exprimi, et ducendo eos hujusmodi fortuna et tempestas hinc inde per [1] ducenta miliaria et ultra per mare, fracta velum et antempna [2], et tymonum [3] et bayonum medietas, et erant in aqua in maxima quantitate infra navigium ; et videntes se quasi submersos, non habentes aliquod remedium, jam posuerant [4] in mary et ejecerant extra navigium vina et alia onera, omnes unanimiter flentes amare, clamaverunt et [5] ad Deum et sanctos misericordiam, confessi fuerunt pecata sua, ac si essent et prout esse credebant [6] in articulo mortis ; et tunc dictus Petrus Gassini de Massilia invocavit in adjutorium dnum Urbanum papam quintum, sancte memorie, rogando devote quod pro eis existentibus in tanto periculo intercedere dignaretur ad Deum ut salvi fierent, faciendo votum predictus Petrus inter alios, quod si posset venire ad portum salutis sanus et incolumis, postquam esset in terra non comederet carnes quousque visitasset sepulcrum dni Urbani pape quinti, et quod a portali primo, intrando Avinionem, iret nudus, excepta camisia et [7] femoralibus, usque ad dictum sepulcrum, ibidem offerendo unam ymaginem cere, libre et medie; et facto hujusmodi voto tam per ipsum [8] quam per alios multos [9], omnes pervenerunt ad portum et aplicuerunt Massiliam, sani et incolumes, precibus et intercessione prefati domini Urbani [10], sancte memorie.

**11.** Item, quod alia vice quidam Anthonius Nycolay, de Urbe, de Campo de Flore, existens in mari una cum viginti quinque aliis [11], veniendo de Corneto ad portum Plombinum, in quadam barca onerata diversis mercantiis, fuerunt in tanta fortuna et tempestate maris quod non esperabant [12] aliquo modo evadere quin submergerentur, et presertim quia [13] jam perdiderant arborem, velum et tymonum [14], et erant sine aliquo gubernaculo, nec sciebant quid facere ; tandem omnes clamaverunt misericordiam Deo et beate virgini Marie, invocando sanctos et specialiter dnum Urbanum papam quintum, sancte memorie, facientes vota eidem,

---

1. *C* ex. deducendo eos hinc inde quo ad. — 2. *A B* atenpa, arenpa? *C* fracta fuerunt velum et entempna. — 3. *D* fracte fuerunt vele et antemna, timonum. — 4. *C* projecerant. — 5. *C D* om. — 6. *A B* credebatur. — 7. *C D* iret pedibus nudis et nudus, exceptis. — 8. *D* ip. Petrum. — 9. *C D* om. — 10. *C D* U. pape quinti. — 11. *C* al. et aliis pluribus, *D* al. et pluribus. — 12. *C D* sperabant. — 13. *D* eo presertim quod. — 14. *C* timonem.

aliqui se abstinere a carnibus, aliqui se jejunaturos, aliqui se oblationes oblaturos, aliqui se orationes perpetuo dicturos, et dictus Anthonius se venturum Avinionem, visitatum sepulcrum ipsius dni Urbani, illuminando ibidem missam [1], et emissis hujusmodi votis, dicta barca per se sola, sine aliquo gubernaculo, cepit iter suum, a meridie usque ad sero portavit eos bene per quadraginta miliaria et ultra, et ibidem in portu de Plombino per se sola recepit portum, et omnes pervenerunt sani et incolumes, cum omnibus eorum bonis, precibus et intercessione prefati dni Urbani pape quinti, sancte memorie.

**12.** Item, quod Guigona, uxor Guillelmeti [2] dey pays [3] Montismajoris prope Diam, ex infirmitate perdidit omnino visum occulorum suorum, et ita stetit in magna tristicia et dolore per tres menses continuos, in tantum quod ire nesciebat nec poterat eo quod [4] ceca erat, et nichil videbat neque videre poterat; posuit se in oratione in ecclesia Sancti Marcelli Diensis, ante altare, et ad instigationem dni Bernardi, presbyteri dicte ecclesie, flexis et nudis genibus recomendavit se dno Urbano pape quinto, faciendo [5] votum eidem [6] quod, si dignaretur pro ea intercedere apud Deum ut recuperaret visum et lumen occulorum suorum, ipsa veniret visitatum peregre [7] sepulcrum ipsius dni Urbani pape quinti, offerendo ibidem unam libram cere ad honorem ipsius; et facto hujusmodi voto, illico recuperavit visum et perfecte vidit ex tunc, precibus et meritis dni Urbani pape quinti, sancte memorie.

**13.** Item, quod cum Giraudus [8] de Bugassono [9], Sarlibotensis diocesis, familiaris dni abbatis Sancti Cipriani in Veneciis, sanus, et ilaris et incolumis in nocte intrasset lectum, et quidam dnus Johannes de Montesio [10], monachus, jaceret secum, subito circa mediam noctem evenerunt eidem Giraudo [11] dolores grandes in corde, tantum et per talem modum quod omnem virtutem vitalem perdidit, quia non audiebat, non videbat, nec loquebatur, neque movebat aliqua membra sua; quod videns dnus Johannes de Montesio, monachus, qui ea nocte jacebat secum in dicto [12] lecto,

---

1. *C D* m. ad honorem suum. — 2. *B* Guilmeti. — 3. *C* Guiliberti de pays, *D* Guilberti de pays. — 4. *A B* a quo. — 5. *A B* om. — 6. *C D* e. v. — 7. *D* peregrine. — 8. *D* Gerardus. — 9. *C* Bongassono. — 10. *D* J. Semontensis. — 11. *D* Girando. — 12. *C* eodem.

clamavit alios de domo et circumvicinos, qui venientes trahebant dictum Giraudum per nasum, et barbam et alia membra, et nichil sentiebat, propter quod credebant ipsum penitus mortuum, tenendo os suum et oculos clausos ; tandem vocaverunt dictum dominum abbatem, qui veniens reperiit predictum Giraudum [1] mortuum, et palpando eum nullam pulsum poterat invenire, et jamdiu, antequam veniret idem dnus abbas, fecerat dictus Giraudus suspiria [2], prout alii morientes faciunt ; et tum prefatus dominus abbas recomendavit eum humiliter et devote dno Urbano pape quinto, sancte memorie, votum faciendo pro eo ut, si idem dnus Urbanus dignaretur intercedere ad Deum quod viveret et [3] convalesceret, idem dominus abbas offerret ad sepulcrum ipsius dni Urbani candelam cere unius libre ; emisso hujusmodi voto, statim in presentia omnium respiravit, et vitam ac virtutem recuperavit, cognovit, vidit et loquutus fuit, et in crastinum omnino restitutus fuit pristine sanitati, precibus et meritis ac intercessionibus, et ad devotionem [4] prefati dni Urbani pape quinti, sancte memorie.

**14.** Item, quod Angelus de Nycolao [5], porcinar[ius] [6] ville Sulmone, in regno Neapoli, Valvensis [7] diocesis, habuit per annum lepram orribilem per totum corpus suum, nec per medicos neque medicinas remedium sanitatis aliquo modo habere poterat, et in tantum quod in dicto loco Salmone erat ordinatum ut eiceretur extra, et poneretur in domo [8] leprosorum, cum aliis leprosis, et jam volebant facere ; ipse audiens famam in illis partibus quod Deus multa miracula faciebat ad invocationem domini Urbani pape quinti, sancte memorie, humiliter et devote recomendavit se eidem, vovendo ut si dignaretur pro eo intercedere apud Deum quod posset curari a dicta lepra et restitui sanitati, ipse veniret visitatum sepulcrum in ipsius domini Urbani, cum oblatione sua quinque librarum cere offerenda personaliter ; et facto hujusmodi voto, incontinenti dum discessit de dicto loco, veniendo ad dictum sepulcrum, incepit sanari, et subsequenter antequam pervineret ad ipsum sepulcrum sanatus perfecte fuit [9], in dicto sepulcro [10] ostendit quasi omnes

---

1. *D* Girardum. — 2. *C G.* lou galon, *D* Girardus lo a galon. — 3. *A B om.* — 4. *C* invocationem. — 5. *C* Nicholo. — 6. *A* portinar, *C* Porcinar, *D om.* — 7. *B* Valnen. — 8. *C D* loco. — 9. *D* f. et dum fuit. — 10. *C* f. a dicta lepra, et ibi.

partes corporis sui, in quibus apparebant vestigia seu cicatrices dicte infirmitatis a qua omnino curatus erat, meritis et precibus ac intercessione prefati domini Urbani pape quinti, sancte memorie.

**15.** Item, quod cum dnus Poncius Raymundi [1], prior de Lunello, veniret de Monte Pessulano ad dictum locum Lunelli cum uno scutiffero suo equitante unum corserium suum, et secum deportante supra dictum corserium unum puerum nepotem suum, et cum pluribus aliis, accidit quod portalia dicti loci Lunelli fuerant [2] clausa, eo quod tarde venerat, et erat nox et valde obscurum [3]; et non valentes intrare dictum locum, nec videntes unde discernere iter suum, requiescebant ibidem nescientes quo ire [4]; et erat ibi juxta viam unus puteus [5] plenus aqua, latitudinis quinque palmorum, et tunc dictus corserius habens supra se dictos scutifferum et puerum, a casu invenit ante se dictum puteum, in quem intravit suis primis pedibus, et cecidit infra eum cum scutiffero et puero, et capite primo, taliter quod scutiffer et puer fuerunt de subtus et corserius desuper; quos ut [6] videns [7] dictus dominus prior, non valens juvare eos, ymo credens quod essent omnino submersi et extincti, invocavit dnum Urbanum papam quintum, sancte memorie, ut dignaretur intercedere pro eis ad Deum quod ipsi exire possent et votum emisit; quo facto, aqua levavit se in altum, taliter quod puer apparuit de super, et expost dum aqua descendisset, iterato se levavit et puerum aduxit, et eo tunc ipsum extraxit extra puteum, et subsequenter [8] paulo post apparuit in aqua scutiffer erigens se viriliter supra eam; receperunt eum ut melius poterant [9], et extra puteum posuerunt; et subsequenter corserius erexit se supra aquam, et ipsum extraxerunt, et sic puer, scutiffer et corserius exiverunt sani et illesi, precibus ac intercessione prefati domini Urbani pape quinti, sancte memorie.

**16.** Item, quod quedam quadriga dum transiret per carreriam Avinionensem [10], inveniens ante se unum puerum, etatis circa quinque annorum, jacentem in ipsa carreria, nomine Johannetum, filium Mathey Manoelli [11] et Symone

---

1. *C D* Raymundus Pontii. — 2. *C D* fuerunt. — 3. *C D* nox valde obscura.
— 4. *C* requirebant nes. quo irent. — 5. *C D* p. quasi. — 6. *D om.* — 7. *C* vidit.
— 8. *C* app., quem manu aprehensum de aqua levavit et, — 9. *C D* potuerunt.
— 10. *C* Avenionis. — 11. *C* Mancelli, *D* Mantelli.

conjugum, non advertens quadrigarius de hujusmodi infante, accasu transivit dicta cadriga supra ipsum et supra caput ipsius, pulsus sive ossa pulsuum [1] fregit et quasi totum caput; et videns quedam vicina ipsum infantem sic atritum, levavit de subtus quadrigam predictam, quem suscipiens mater velut penitus mortuum. eo quod dictus infans non habebat aliquam virtutem vitalem, quia non anelabat [2] nec aliquem pulsum redebat, neque movebat aliqua membra sua, nec etiam sentiebat quidquam, tenuit eum in tali statu [3] per totam diem, et credens quod expirasset, ipsum humiliter et devote recomendavit dno Urbano pape quinto, sancte memorie, vovens eidem ut si dignaretur ad Deum intercedere, taliter quod dictus filius suus revivisceret, et convalescentiam et sanitatem haberet, ipsa veniret flexis [4] genibus a domo sua usque ad sepulcrum domini Urbani pape quinti, cum uno capite cere pro ipsius infante ibidem offerendo; et emisso hujusmodi voto, infans in modum faciendi singultum, emisit per os suum de fleumate [5], quod et videns mater quod vivus erat, ex hoc confortata, iterum eumdem recomendavit dicto domino Urbano; quo facto, statim infans loqui cepit et demum convaluit, et factus fuit sanus et incolumis, et de fractura [6] capitis et ossium perfecte sanatus, precibus et intercessione prefati domini Urbani pape quinti, sancte memorie.

**17.** Item, quod Silleta, uxor Johannis Bernardini, de Monfrion [7], Uticensis diocesis, cum esset gravida et prope tempus pariendi, passa fuit per septem dies et totidem noctes continue fluxum sanguinis per nares, et dum claudebat nares, credens restringere sanguinem, exiebat per os, et sic nec per medicos nec per medicinas restringi poterat [8]; et existens in hujusmodi statu, peperit infantem masculum abortivum et mortuum, remanens semimortua et valde debilis ex hujusmodi fluxu, et videntes obstetrices et alie mulieres infantem mortuum, paraverunt cepelire extra cimiterium, eo quod baptisatus non esset; audiens mater, humiliter et devote recomendavit se et dictum filium suum dno Urbano pape quinto, sancte memorie, vovens ut si

---

1. *C* ipsius, ossa pulsum. — 2. *D* halenabat. — 3. *C D* st. quasi. — 4. *Finis cod. C.* — 5. *D* flegmate. — 6. *D* fract. ossium. — 7. *B* Monfrien, *D* Montefrin. — 8. *A B* poterant.

dignaretur intercedere ad Deum quod dictus filius viveret, taliter [1] quod posset baptisari et ejus anima salvari, ipsa mandaret offerri ad sepulcrum ipsius dni Urbani unam candelam cere unius carteroni [2]; et facto voto, statim infans respiravit, et signa fecit et monstravit quod vivebat, anelabat et movebat membra, quod antea nondum fecerat, et inmediate ipsum baptizari fecerunt, et supervixit sanus et incolumis, et mater similiter sanata fuit ad invocationem, precibus et meritis prefati [3] dni Urbani pape quinti, sancte memorie.

18. Item, quod quidam Raymundetus nomine, scutiffer olim dni Giraudi de la Roca [4], nepotis fe. re. dni Gregorii pape undecimi, dum detineretur in Montepessulano incarceratus et compeditatus, et jam sic stetisset per sexdecim septimanas, in hujusmodi miseria [5] dubitavit multum et non inmerito de deterioratione et dampnificatione persone sue, et nesciens quid aliud faceret [6], recomendavit se humiliter et devote dno Urbano pape quinto, sancte memorie, deprecando eumdem ut (si) dignaretur pro eo intercedere apud Deum et juvare ut [7] illesus exire posset, vovendo eidem quod si exire posset, veniret ad ejus sepulcrum visitatum cum oblatione sua; facto voto, accidit eidem dormienti in nocte quodam sompnium, per quod videbatur sibi quod exisset a carceribus, sed dubitabat multum ne custodes et servientes insequerentur eum; similiter et alia nocte, dormiendo, evenit tale signum, [8] sompnium cum magno labore et angustia, timens ut supra; et dum se evigilasset, ivit ad januam carceris quam invenit apertam, et cum quodam panno [9] lineo sui capitis involvit ferros quibus erat compeditatus, ne quis audiret eos, et exivit a carceribus circa horam sextam noctis, et veniens ad secundam portam cujusdam aule prope egradarium, invenit eam similiter apertam, et accedens palpando, quia obscurum erat et nichil videbat, ad magnam januam [10], invenit pertusolum apertum, et dum fuit extra totum hospicium in carreria, nec sciens quo yre posset, iterum invocavit dnum Urbanum, ut sicut eum liberaverat a carceribus, dirigeret ipsum ad

---

1. *D* fil. suus viv., saltem. — 2. *D* libre. — 3. *D* san. precibus et intercessione. — 4. *B* Roque. — 5. *A B* memoriam. — 6. *D* facere. — 7. *A B* et. — 8. *D* et simil. altera nocte tale evenit. — 9. *A B* parvo. — 10. *D* portam ejusdem aule.

locum tutum ; et yens hinc et inde per carrerias, et quia non videbat nesciebat quo ibat, circa septimam horam noctis invenit se in quadam carreria in qua morabatur [1] magister monete regis, et invenit pertusolum [2] janue apertum, et ascendens superius venit ad januam cujusdam camere, vocando dictum magistrum monete [3], amicum suum : erat autem tunc ibi hospitatus dnus Robertus Le Conte [4], familiaris dni ducis Andegavensis, qui audiens ipsum clamare, quesivit quis esset, et tunc ipse abscondit se, dubitans ne quis esset sibi contrarius, qui eum revelaret, sed dum percepit quod erat dnus Robertus, venit ad eum notificans sibi gratiam ei a Deo precibus et intercessione dni Urbani factam [5]; dictus dnus Robertus retulit quod, eo tunc quando venit, sompniabat quod ipse Raymundetus exiebat de carceribus; et incontinenti dedit sibi vias et societatem [6] et equitaturas ad exeundum de Montepessulano, et sic evasyt illesus, precibus et meritis prefati dni Urbani pape quinti, sancte memorie.

**19.** Item quidam Vitalis Fayardi, de Vas [7], Aniciensis [8] diocesis, cum extitisset per annum et ultra cecus omnino et privatus penitus lumine occulorum suorum, in tantum quod yre nesciebat nec poterat, quin ymo eum ducebat hinc inde quidam filius suus, Johannetus nomine, etatis circa decem annorum, audiens famam miraculorum que Deus operabatur ad invocationem et preces dni Urbani pape quinti, sancte memorie, humiliter et devote recomendavit se eidem, genibus flexis, vovendo se venturum visitatum [9] sepulcrum suum peregre, offerendo sibi stadal [10] cere longitudinis sue ; et facto hujusmodi voto, ipsa die recuperavit visum, lumen et claritatem occulorum suorum, et perfecte videt [11] ex tunc, ad invocationem, precibus et meritis prefati dni Urbani pape quinti, sancte memorie.

**20.** Item Jacobus de Palheriis [12], parrochie Ville Fortis, Uticensis diocesis, cum esset in loco Sancti Ambrosii, dicte diocesis, qui distat a loco de Palheriis, parrochie Villefortis [13], per sex leucas, recepit tantam infirmitatem in solis sive

---

1. *D* mor. quidam amicus suus. — 2. *A B* pertuselum. — 3. *D* dict. Augerium mon. mag. — 4. *A* sé. compté. — 5. *A B* om. — 6. *D* secretatem. — 7. Vans? — 8. *B* Anicen., *D* Vasanicien. — 9. *D* se genibus flexis venturum ad. — 10. *A B* scadal', *D* stadal de candelis. — 11. *D* vidit. — 12. *D* Pelheriis. — 13. *D* a predicto loco.

plantis pedum suorum quod ¹ ire non poterat nisi cum baculis, et cum maximo dolore et labore, in tantum quod quatuor dies posuit in revertendo ad dictum locum suum, et ponens se in lecto extitit per quatuor annos impotens, non valens se movere sine juvamine alicujus; demum cum non haberet unde se et uxorem et liberos suos aleret, fecit se juvare ad eundum, et ivit cum baculis ² pro fodiendo et laborando, ad quandam possessionem suam, tota die genibus flexis operando, pro victu suo acquirendo, et licet aliqui vicini sui transeuntes illic velent eum portare de sero ad domum suam, tamen nolebat, sed remanebat ³ de nocte, et ibi uxor sua aportabat sibi ad comedendum; et sic stetit in dicta possessione laborando genibus flexis, per sex septimanas, valde modicum operando, quia nec poterat nisi genibus flexis, quod actendens reversus fuit ad domum suam, in qua stetit in hujusmodi angustia per illos ⁴ quatuor annos, et ita per octo ex quo dicta infirmitas arripuit eum; tandem ad instigationem quorundam mercatorum de Anicio videntium eum esse in tanta miseria, asserentium ⁵ sibi quod Deus multa miracula operabatur ad invocationem et preces dni Urbani pape quinti, sancte memorie, ipse humiliter et devote se recomendavit eidem, rogando eum ut dignaretur pro eo intercedere apud Deum, nam si convalescentiam recuperaret, vovebat venire ⁶ peregre ad sepulcrum suum cum duobus pedibus cere; et facto voto, paulo post fuit sanatus et perfecte restitutus pristine sanitati, precibus et meritis ac intercessione prefati dni Urbani pape quinti, sancte memorie.

**21.** Item, quod quedam dna, nomine Maria, uxor Johannis de Francia, habitatoris Bononie, juxta Sanctum Dominicum, quadam nocte subito ex infirmitate amisit omnino visum oculorum suorum et in consequenti auditum, sed non in totum ut visum, et stans continue in hac infirmitate per novem septimanas, quia nec ire poterat nec habere ductorem ⁷, recomendavit se humiliter et devote D. Urbano pape quinto, sancte memorie, vovendo venire visitatum sepulcrum suum cum ymagine cere unius libre; et facto voto, nocte immediate sequenti recuperavit visum penitus

---

1. *B* et. — 2. *D* baculo. — 3. *D* r. ibi. — 4. *D* alios. — 5. *B* videntes... asserentes. — 6. *A B* pervenire. — 7. *D* pot. nisi cum ductore.

oculorum suorum, precibus et intercessione prefati dni Urbani pape quinti, sancte memorie.

22. Item, quod nobilis [1] Poncius de Albaserra et Guilhermus Gombaudi, castri de Merna, Agatensis diocesis, cum essent in flumine Rodani in quodam navigio, cum uno presbitero et duobus aliis marinariis, in portu Tharasconensi, volentes omnes descendere [2] ad terram, ipse Poncius et Guilhermus solum [3] descenderunt, sed alii pro [4] tunc non potuerunt; accidit quod dictum navigium intus fuit [5] eversatum, et qui remanserant in eo, ut melius potuerunt, receperunt se supra in dorso dicti navigii, et non valentes ipsum retinere, descendit sic eversum per aquam inferius circa mediam leucam, quod videntes dicti Guilhermus et Pontius, illos esse in tanto periculo, recomendaverunt ipsos dno Urbano pape quinto, sancte memorie, deprecando ut eos juvaret, promittentes offerre pro ipsis ad sepulcrum suum, si evaderent, quisque ipsorum unam ymaginem cere unius libre, et currentes cum alio navigio, aplicuerunt ad illud et duxerunt ad portum, et qui in eo erant periculum evaserunt, et nichilominus in dicto navigio quod sic eversatum extiterat invenerunt unum sacum in quo erant tacee, instrumenta [6] et matutine beate Marie, que omnia [7] credebantur esse deperdita propter hujusmodi eversionem, que tamen fuerunt salva et illesa, precibus et intercessione prefati dni Urbani, sancte memorie.

23. Item, quod cum Johannes Peyria, de Auraica [8], una cum viginti aliis in societate irent peregre ad Sanctum Jacobum in Galicia, accidit quod cum descenderent de quodam castro vocato de Sancto Andrea, in itinere Sancti Jacobi, ascenderunt quemdam magnum montem altum valde, habentem nivem in magna quantitate, in tantum quod vix poterant ire, nec poterant agnoscere iter nec scire quo ire, ibique arripuit [9] eos tanta magna insuflatio et vis venti cum nive, quod eos prostrabat hinc inde et omnia que portabant, et licet esset magna dies, tanta obscuritas obumbravit eos et nubes, quod unus non poterat videre alium nec audire alter alterum, quamobrem quinque vel

---

1. *D* nob. D. — 2. *B* ascendere. — 3. *D* soli. — 4. *B* quod. — 5. *D* nav. fuit penitus. — 6. *D* er. libri. — 7. *B* omnino. — 8. *D* Aurayca. — 9. *A B* arripuerit.

sex de eis ibidem decesserunt, aliis superstitibus quasi desperatis de vita eorum ex hujusmodi fortuna; quod et videns ipse Johannes recomendavit se humiliter et devote dno Urbano pape quinto, sancte memorie, vovendo eidem quod si evadere posset, ipse in regressu suo veniret visitatum sepulcrum suum cum suo stadal [1] candelarum [2] cere; et emisso voto, statim habuerunt magnam claritatem solis, et viderunt unum castrum ante se satis prope, ubi aplicuerunt sani et incolumes, et per consequens iter suum ad Sanctum Jacobum continuantes, et precibus, et meritis ac intercessione prefati domini Urbani pape quinti, sancte memorie.

**24.** Item, quod Catherina, uxor inde Thomacii de Ascole de la Dronda [3], marchie Anconitane, cum extitisset paraliticata pro quatuor mensibus [4], et esset de omnibus membris suis ac etiam linga, votum fecit in corde suo dno Urbano pape quinto, sancte memorie, quod si suis [5] precibus posset convalescere, ipsa veniret visitatum sepulcrum suum; et dum dormiebat de nocte in lecto, aparuit sibi in sompnis dictus dnus Urbanus, dicens ei hec verba: « Veni ad domum meam et curaberis »; et dum se evigilavit a sompno, sensiit se in bono statu et in bona convalescentia, et post paucos dies fuit perfecte sanata, precibus et intercessione ipsius domini Urbani pape quinti, sancte memorie, et ipsa quod voverat adimplevit.

**25.** Item, quod in loco de Villamuris [6], diocesis Aquensis, dum edificaretur ibi quoddam hospicium, accidit quod quasi totum edificium de muris [7], trabis et fustis cecidit supra quemdam juvenem, infra dictum hospicium quod edificabatur existentem, nomine Petrus Farie, filius Petri Farie, dicti loci, etatis circa viginti annorum, et ipsum penitus coperuit totum preter modicum faciey, omnesque hujusmodi fuste et due magne trabes nove in tribus partibus propter nimium pondus lapidum et muralium fracte fuerunt, que omnia ceciderunt et erant supra dictum juvenem; et dum ibidem adsistentes [8] viderunt modicum de facie illius, incontinenti, ut sitius potuerunt, levaverunt hujusmodi muralia, lapides magnos, et trabes et fustamenta alia, ipsum juvenem

---

1. A scadal, B scateralo. — 2. D om. — 3. D Catharina, uxor judicis Tomacii. — 4. D paralitica per 4 menses. — 5. D s. sanctis. — 6. D Vilamurs. — 7. A B mirabilibus. — 8. D existentes.

extrahentes velut mortuum penitus et extinctum, et omnes videntes eum dicebant mortuum, et ut talis portatus fuit ad hospicium cum multitudine gentium; quem mater ejus, nomine Matheas [1], videns mortuum, flendo et lacrimando recomendavit humiliter et devote dno Urbano pape quinto, sancte memorie, vovens eidem quod si filius suus jam penitus mortuus, ut credebat [2], restitueretur ad vitam, ipsa cum dicto filio suo veniret peregre visitatum sepulcrum suum cum oblatione candelarum; et facto voto, incontinenti ipse occulos aperuit, quasi evigilaret a sompno, dicens matri sue ne fleret, quia nullum malum habebat neque dolorem aliquem sentiebat, et exinde sanus et incolumis fuit, precibus et meritis ac intercessione ipsius dni Urbani pape quinti, sancte memorie.

**26.** Item, quod cum Fulco Favardi [3], de Tritis, Aquensis diocesis, nunc habitator Draganiensis, Forojuliensis [4] diocesis, habuisset per triginta tres annos et haberet quandam gravem infirmitatem vocatam fistola [5], in coxa et tibia, ac latere ejus sinistro, habendo magnas plagas et orribiles in latere et in ventre, et coxam perforatam ab utraque parte, imponendo unam candelam unius palmi et medii de uno foramine ad aliud, in tantum quod non poterat ire nec juvare se, et multa expendiderat [6] et se depauperaverat in medicinis, et nichil proficiebat sibi; tandem audiens gratias et miracula que Deus operabatur ad invocationem et preces D. Urbani pape quinti, sancte memorie, jacens in lecto in hujusmodi miseria et aflictione, vovit quod si vivens liberaretur a hujusmodi infirmitate, infra viginti dies a die voti facti, ipse veniret visitatum sepulcrum ipsius D. Urbani in camisia et femoralibus tantum, cum una tibia cere trium libr. et cum duabus candelis grossis, si autem moreretur infra XXI dies, quod dicte oblationes ponerentur ibi et luminaribus B. M. de Betleem dicti loci ad honorem ipsius et dicti D. Urbani [7]; et facto voto, post tres dies immediate sequentes fuit omnino sanatus, et penitus liberatus a dicta infirmitate et fistola, et omnes plage fuerunt clause et sanate, precibus et intercessione prefati dni Urbani, sancte memorie.

---

1. *D* Matthea. — 2. *D* credebatur. — 3. *B* Fanardo. — 4. *B* Ferovilien. — 5. *B* festola. — 6. *D* expenderat. — 7. *A B om.* in camisia ... Urbani.

**27.** Item, quod cuidam infanti, nomine Johanneti, etatis circa duorum annorum, filio Poncii de Moria, servientis curie [1] Sancti Remigii, Avinionensis diocesis, quontigit in dicto loco tale accidens quod ipse infans quadam die acasu subito fuit sicut omnino mortuus, non valens loqui, stivilhans [2] se et extendens membra sua, subvertens occulos suos, haben(te)s illos velatos, et sic stetit etiam per duas horas noctis non anelans [3] nec movens aliqualiter membra sua, ipsumque signaverunt [4] velut jam mortuum, et sic totus frigidus et rigidus erat ; et tandem dictus Poncius pater vovit dno Urbano pape quinto, sancte memorie, quod si suis precibus et intercessione dictus filius suus restitueretur ad vitam, ipsum portaret [5] ad sepulcrum ipsius dni Urbani cum suo sudario et stadal' [6] de candelis, et mater ipsius infantis vovit ipsum portare pedibus nudis ad dictum sepulcrum ; et facto voto, in crastinum de mane ipse infans fuit restitutus perfecte ad vitam et sanitatem, precibus et meritis prefati dni Urbani pape quinti, sancte memorie.

**28.** Item, quod cum quedam Johanneta, filia Jacobi Stephani, de Salonne [7], Arelatensis diocesis, etatis circa quinque annorum, stetisset et esset contracta et impotens de tibiis [8], ac muta et nichil loquens a nativitate sua, in tantum quod non poterat aliquid [9] ire nec se juvare de pedibus [10] suis, ymo trahebat se per terram cum manibus suis, et in tali statu, non loquens, non yens, fuisset a nativitate sua, tandem dictus Jacobus pater vovit dno Urbano pape quinto, sancte memorie, ut si suis sanctis precibus ipsa filia sanaretur et convalesceret de tibiis et loquella, ipse presentaret eam ad sepulcrum ipsius domini Urbani cum ymagine cere unius libre, et cum suo stadal [11] de candelis ; facto hujusmodi voto, eadem die, circa horam completorii, dicta filia bene et perfecte yvit et loquuta fuit, et ab inde [12] sic continuavit, et precibus et meritis, ac intercessione prefati domini Urbani pape quinti, sancte memorie.

**29.** Item, quod Bertrandus Bremundus [13], de Massilia, dudum cum octo annis continuis fuisset omnino et stetisset penitus non videns et orbatus oculo ejus sinistro, accidit

---

1. *B* curia. — 2. *B* sterilhans, *D* stetilhans. — 3. *D* halenans. — 4. *D* signaverant. — 5. *D* presentaret. — 6. *B* scadalam. — 7. *B* Callonné, *D* Gallon. — 8. *D* tibia. — 9. *D* nihil poterat. — 10. *D* tibiis. — 11. *A* scadal', *B* scadalo. — 12. *D* fuit et semper. — 13. *D* Bernardus.

similiter visum perdidit in totum alterius oculi sui dextri [1], et sic totaliter cecus remansit utroque oculo per annum et ultra, et adhuc esset ; tandem vovit dno Urbano pape quinto, sancte memorie, quod si suis sanctis precibus dignaretur intercedere apud Deum, ut recuperare posset visum et lumen occulorum suorum, ipse se presentaret ad sepulcrum suum cum ymagine cere medie libre, et idem faceret annuatim quamdiu viveret ; et facto hujusmodi voto, incontinenti visum et lumen recuperavit, et exinde bene et perfecte vidit, precibus et meritis, ac intercessione prefati dni Urbani pape quinti, sancte memorie.

**30.** Item, quod Beatrix, relicta Petri Vuerny [2], de Aquis, cum esset paralitica de latere suo sinistro, adeo quod se juvare non poterat, nec sentire neque loqui quod saltem posset inteligi, et sic stetisset in eodem statu impotens per decem annos, tandem vovit dno Urbano pape quinto, sancte memorie, ut si suis sanctis precibus posset sanari et convalescere, ipsa, ut sicius posset, veniret visitatum sepulcrum suum cum brachio cere unius libre ; et facto voto, incepit convalescere, et dum suum votum complesset [3], fuit omnino sanata et perfecte liberata, precibus et intercessione prefati dni Urbani pape quinti, sancte memorie.

**31.** Item, quod Catherina, uxor Symonis Anglesii [4], sartoris de Aquis, cecidit de solario hospicii sui inferius et fregit sibi crus sinistrum, ita quod ex hoc facta fuit impotens et tam graviter aflicta, quod per decem septimanas continuas non potuit se movere de lecto, nec aliquod poterat habere remedium sanitatis ; et ideo vovit se dno Urbano pape quinto, sancte memorie, quod si posset sanari et convalescere de coxa sua, ipsa veniret pedibus nudis visitatum sepulcrum suum cum coxa cere unius quarti [5] ; et facto voto, incepit ire cum baculis [6], et paulo post perfecte sanata fuit, precibus et meritis, ac intercessione prefati dni Urbani pape quinti, sancte memorie.

**32.** Item, quod Guilhermus Pagesii, de Massilia, cum stetisset et esset impotens et contractus de coxa sua sinistra per septem annos continuos, adeo quod ire non poterat sine baculo, dum corpus dni Urbani pape quinti, sancte me-

---

1. *D* accidit et quod visum perdidit in alio oculo. — 2. *D om.* r. P. V. — 3. *D* complevisset. — 4. *D* Eglesii. — 5. *D* quaternionis. — 6. *D* baculo.

morie, fuit apportatum Massiliam, ipse votum fecit eidem offerre unam coxam cere, duarum librarum ; facto voto, existens ante sepulcrum ipsius dni Urbani, omnino sanatus fuit et ibidem baculum dimisit, et sanus et ilaris ad domum rediit, ad intercessionem, meritis et precibus ac intercessione prefati dni Urbani, sancte memorie.

**33.** Item, quod Petrus, de civitate Veneticorum, parrochie Sancti Johannis de Bragola [1], fuit et stetit cecus omnino et privatus lumine oculorum suorum per [2] annos tresdecim [3] continuos, ita quod per sex dictorum tresdecim annorum fuit ductus hinc inde per gentes, et per reliquos septem per unum canem quem docuerat esse ductorem suum ; accidit quod quadam die jacens in lecto, vovit dno Urbano pape quinto, sancte memorie, ut si dignaretur ad Deum intercedere pro eo, et suis sanctis precibus et meritis impetrare quod posset visum et lumen oculorum suorum recuperare, ipse incontinenti veniret visitatum sepulcrum suum cum oblatione juxta possibilitatem suam ; et emisso hujusmodi voto sompnium arripuit eum, et dormiendo vidit quendam probum virum senem, ut sibi videbatur, quodam mantello rubeo inductum, spargentem [4] aquam supra oculos suos, et dum se evigilavit invenit occulos suos aquosos ipsosque apperuit, et exinde bene illuminatus fuit et perfecte vidit, precibus et meritis, ac intercessione prefati dni Urbani pape quinti, sancte memorie.

**34.** Item, quod Jacobus Pelicerii, de Massilia, passus fuit et habuit per viginti annos continuos quandam gravem infirmitatem de fistola [5] in tibiis, habendo ipsas grossas et inflatas, et in eisdem multa foramina et plagas magnas redentes fetorem, et postema et lutum in quantitate magna, et de toto tempore predicto nullum remedium nec per medicos nec per medicinas habere potuit ; contingit quod in translatione corporis dni Urbani pape quinti, de Avinione ad Massiliam, ipse Jacobus et Mathiera [6], uxor sua, recomendaverunt se eidem dno Urbano, deprecando eum ut dignaretur intercedere apud Deum pro ipso Jacobo, quod haberet reconvalescentiam de tibiis suis, vovendo offerre ad

---

1. *D* Baragola. — 2. *A d'abord* per undecim *(exponctué)*. — 3. *D* per 13 annos. — 4. *D* aspergentem. — 5. *D* inf. fistola vocatam. — 6. Mathiena, Mathurina ? *D* Massiena.

sepulcrum suum annuatim, quandiu viveret, tibias cere unius libre; et facto voto, post quindecim dies inmediate sequentes bene convaluit sine inflatione quacunque, foramina et plage omnino fuerunt bene et perfecte clause et sanate, et per omnia [1] in omnibus pristine sanitati restitutus, meritis et precibus prefati dni Urbani pape quinti, sancte memorie.

35. Item, quod Bertranda, uxor Hugonis Longii, de Arnhono [2], diocesis Massiliensis, habuit infirmitatem de fistola in tibia sua sinistra, habendo plagam in ea per triginta annos vel circa, in tantum quod juvare se non poterat de eadem nec exire hospicium, quin ymo fuerat per totum dictum tempus impotens, et erat penitus contractata; et facto voto dno Urbano pape quinto, sancte memorie, post paucos dies fuit omnino sanata, precibus et meritis, ac intercessione ipsius domini Urbani pape quinti, sancte memorie.

36. Item, quod Raymundus Lerusii [3], de Inter Castris, Forojuliensis diocesis, stetit impotens et contractus de latere suo dextro, ancha, coxa et tibia, per quatuor annos continuos, taliter quod ire non poterat sine baculis, nec facere aliquod opus pro vita sua acquirenda; tandem audiens quod Deus miraculose operabatur quotidie ad invocationem domini Urbani pape quinti, sancte memorie, vovit eidem ut si suis precibus sanctis posset habere convalescentiam de dicta infirmitate, ipse veniret visitatum ejus sepulcrum cum candelis cere pro stadal [4]; et facto voto, convaluit et post paucos dies omnino sanatus fuit, precibus et intercessione prefati domini Urbani pape quinti, sancte memorie.

37. Item Guilhermus Gobini, civis Massiliensis, laborator, etatis circa viginti [5] annorum, habuit febres continuas per tres septimanas, jacens in lecto, multum aflictus et debilitatus, taliter quod non erat in eo virtus nec poterat recipere cibum, nec in eo erat nisi pelis et ossa, ipsaque ossa perforaverant pelem in multis partibus sue persone, quem quidam medicus espiciens et palpans, dixit quod nec per ipsum nec per artem medicine dictus juvenis poterat evadere; contigit quod quadam die, hora tertiarum, ipse perdidit omnem virtutem, loquellam, auditum, visum et

---

1. *D* om. et. — 2. *B* Cruhono, Orgnono? *D* Longi de Orgono. — 3. *D* Leontii. — 4. *A* scadal'. — 5. *D* 22.

omnem noticiam, occulos stellatos subvertit, et duos badalhs [1] fecit, propter quod ibidem astantes ipsum cum candella benedicta assensa signo sancte crucis signaverunt, ut moris est morientibus, et ob hujusmodi signa credentes ibidem presentes ipsum obiisse, omnes velut mortuum, velatum sive coopertum faciem suam, dimiserunt eum, ordinando ejus sepulturam ; tandem Hugoneta, soror dicti juvenis [2], sic ut predicitur deffuncti, hora vesperorum flendo tenerrime de morte fratris sui, humiliter et devote recomendavit eum dno Urbano pape quinto, sancte memorie, vovit eidem ut si suis sanctis precibus et intercessione ad Deum pro dicto fratre suo, dictus frater suus restitueretur ad vitam, ipsa offerret ad sepulcrum suum unam ymaginem cere, medie libre; et facto hujusmodi voto, in instanti dictus juvenis incepit recuperare virtutem et habere colorem bonum, ac si haberet dormire seu dormiret, et circa horam matutinarum [3] loqutus fuit, et exinde convalescendo, post paucos dies, sanatus perfecte et restitutus sanitati pristine, precibus et intercessione prefati dni Urbani pape quinti, sancte memorie.

**38.** Item, quod magister Raymundus de Aulona [4], operarius et factor campanarum, dum idem, una cum quibusdam aliis suis sociis ejusdem artis, composuisset quandam magnam campanam in monasterio Sancti Victoris Massiliensis, orologio [5] ibidem faciendo, accidit quod cum ipsa campana traheretur superius in quadam turri alta, ubi dicta campana debebat poni, ipse prius se recomendaverat precibus domini Urbani pape quinti, sancte memorie, ut ipsum deffenderet ab omni periculo ; posuit se supra dictam campanam, ascendendo in altum, et dum fuit quasi in medio turris, corda magna et telholla [6], cum quibus campana trahebatur superius, fuit fracta, propter quod et ipse et campana ceciderunt in terra, et cadendo ipse devocius se muniendo signaculo sancte crucis, recomendavit se eidem dno Urbano; et dum fuerunt in terra, una pecia metalli dicte campane que fracta fuerat cadendo, et que pecia erat ponderis trium quintalium et ultra, percussit eundem in collo et fregit taliter quod velut mortuus reman-

---

1. *A B* padalhs, *D* badalhos. — 2. *D* Joannis. — 3. *D* matutinam. — 4. *D* Abilona. — 5. *D* pro horologio. — 6. *D* talhola.

sit prostractus in terra, subvertit occulos more morientium, extendit membra sua nec movit pro tunc amplius ea, propter quod omnes stantes [1] credebant eum mortuum, et tunc quidam monachi portaverunt eum ad sepulcrum dni Urbani, dicentes : « O beate pater, sancte Urbane, adjuva istum juvenem tuis sanctis precibus, ut restituatur ad vitam, qui in hoc sancto opere hoc recepit » ; et dicta hac oratione incepit movere oculos et membra, et in hujusmodi statu, sine noticia, ignorans ubi infirmitatem recepisset et ubi esset, non sentiens plagas, stetit per quindecim dies et ultra, vulneratus in tibia in tribus partibus, et in collo taliter quod dum sumebat colatum [2], quia comedere non poterat, apparebat per plagam colli, et de eadem bene extraxerunt decem ossa et duos dentes, multaque accidentia per fluxum sanguinis et alia signa mortalia substinuit, sed confidendo in suffragiis ipsius dni Urbani pape quinti, sancte memorie, sanatus fuit omnino, et bene convaluit precibus et intercessione ejusdem.

**39.** Item, quod Ysabel, uxor Miloti auri fabri, habitatoris Avinionensis, fuit quasi per unam [3] diem naturalem laborens in pariendo, et tandem multum aflicta peperit quendam masculum, ea [4] relicta semimortua nec loquente quicquam, qui quidem partus erat velut mortuus, non habens figuram humanam, eo quod caput, scapule [5] et membra omnia erant simul juncta, nec flebat nec movebat se aliqualiter, et in maxima deformitate, habebatque in capite suo tres plagas, quamlibet latitudinis unius franchi, nec sciebat qua de causa poterat habere dictas plagas sine violencia aliqua, et colum habebat extensum a parte ante ; quapropter dictus Miletus, pater, vovit humiliter et devote dno Urbano pape quinto, sancte memorie, ut si suis sanctis precibus dignaretur intercedere apud Deum quod dictus viveret Petrus [6] et baptisatus esset, ipse ut sicius posset, veniret visitatum sepulcrum suum, nichil comedendo nec bibendo in itinere nisi panem et aquam ; et facto hujusmodi voto, dictus Petrus [7] respiravit, membra movit, et tandem in ecclesia baptisatus [8] solempniter, sanus et ilaris fuit, et mater etiam restituta ad sanitatem, preci-

---

1. *D* astantes. — 2. *D* coladam. — 3. *D* per totum unum. — 4. *D* et. — 5. *D* spatule. — 6. *B* petens, *D* dict. partus viveret. — 7. *D* partus. — 8. *D* bapt. est.

bus ac meritis et intercessione prefati dni Urbani pape quinti, sancte memorie.

**40.** Item, quod Jacobus de Benda [1], clericus ville de Bedolsam [2], diocesis Gerundensis, studens in studio generali in civitate Ylardensi [3], tempore generalis epidemie, habuit febres continuas et bossiam [4] in inguine, per septem dies non valens dormire nec habere aliquam requiem, et tam graviter aflictus ex dolore, etiam capitis quod penitus socii sui non sperabant de vita ipsius, eo presertim quod tam invalebat mortalitas in dicta civitate quod vix aliquis habens bossiam poterat evadere; et in tantum hujusmodi febres et infirmitas eum aflixerant quod jam omnem virtutem amiserat [5], et videntes ipsum socii in tali statu ordinaverant de sepultura sua et ejus exequiis; tandem recomendaverunt eum dno Urbano pape quinto, sancte memorie, voventes ut si evaderet, ipse veniret pedester visitatum sepulcrum suum cum duobus intorticiis ponderis decem octo librarum et cum sudario; et facto voto, virtutem recuperavit et omnino sanatus fuit, precibus et intercessione prefati dni Urbani pape quinti, sancte memorie.

**41.** Item, quod Elziarius, filius Bernardi Ferribas, civis Aquensis civitatis, etatis circa trium annorum, ludendo supra quandam ezedram, ut moris est infantium, cecidit supra terram et [6] supra quadrum unius lapidis quasi mortuus, nec valens se substinere de membris suis, et in crastinum dictus pater tentans de manu si dictus infans erat impotens, erexit eum de lecto, qui non potuit se substinere, ymo stabat totus curvus et opressus in latere suo, propter quod credens ipsum pater impotentem, perpetuo contractum, recomendavit eum devote dno Urbano pape quinto, sancte memorie, vovendo ut si suis sanctis precibus dictus filius suus reconvalesceret, ipse presentaret eum ad sepulcrum suum cum offerta sua de cera; et facto hujusmodi voto, incepit convalescere et in crastinum surrexit de lecto, totus sanus et incolumis, precibus et meritis ipsius dni Urbani pape quinti, sancte memorie.

**42.** Item, quod Bertranda, uxor Johannis Rasolcii [7], de Istre, Aquensis diocesis, cum per annum habuisset bra-

---

1. *B* Venda. — 2. *B* Ledolsam, *D* Belsodani. — 3. *D* Ylerdensi. — 4. *D* bossam. — 5. *A B* obmiserat. — 6. *D* om. s. t. et. — 7. *D* Raysolfi.

chium suum grossum valde et inflatum, in tantum quod ipsum in altum non poterat levare nec de eo se juvare, et sic de eo totaliter impotens, nec per medicos potuerat aliquod habuisse remedium ; tandem vovit domino Urbano pape quinto, sancte memorie, ut si suis sanctis precibus, pro ea intercedendo ad Deum, sanitatem haberet, ipsa, ut citius [1] posset, veniret peregre et pedester ad sepulcrum suum cum uno brachio cere unius libre ; et facto voto fuit liberata ab infirmitate predicta, intercessione et meritis ipsius dni Urbani, sancte memorie.

**43**. Item, quod nobilis [2] Adheymarius Labernardia, de Sancto Chamasso, Arelatensis diocesis, habuit per tres dies febrem continuam cum frenetica [3] capitis, in lecto multum aflictus, adeo quod die quarta sequenti, omnem virtutem amisit : non videbat, neminem agnoscebat, nec movebat aliqua membra [4], nec habebat aliquem pulsum, in tantum quod videntes eum credebant ipsum penitus mortuum, et cum cruce et candella assensa signaverunt eum, et jam portaverant pro eo sudarium ad suendum ; tandem ipse in corde suo recomendavit se devote dno Urbano pape quinto, sancte memorie, vovendo ut si evadere posset, ipse veniret ad sepulcrum suum cum imagine cere quinque librarum ; et facto voto, illico respiravit, oculos aperuit et locutus fuit, et recepto sudore, fuit liberatus a febre, et in crastinum surrexit de lecto, sanus et incolumis, meritis et suffragiis prefati dni Urbani pape quinti, sancte memorie.

**44**. Item, quod nobilis et potens vir D. Raymundus de Stagno, frater bone memorie dni cardinalis Ostiensis, alias Bituricensis, habuit infirmitatem renium [5], de lapide seu gravela, continue per sex annos, cum dolore flanqui, quorum [6] seu laterum, adeo quod non poterat urinare nec stare in lecto spoliatus, omni die et nocte clamans velut mulier parturiens, non habens aliquod remedium nec requiem per quoscunque medicos ; tandem recomendans se devote dno Urbano pape quinto, sancte memorie, vovit eidem ut si ejus sanctis suffragiis et intercessione posset a dicta infirmitate curari, ipse faceret fieri unam ymaginem cere, precio trium florenorum, et eam offerri ad sepulcrum

---

1. *A B* sicius. — 2. *A B* nos. — 3. *D* fractura. — 4. *D* cogn.; non loquebatur nec movebat membra sua. — 5. *D* renum. — 6. *D* cum flancorum.

suum; et emisso hujusmodi voto, lapsa ipsa die, de cetero nichil penitus sentiit de dicta infirmitate, ymo perfecte fuit restitutus pristine sanitati, meritis et precibus prefati dni Urbani pape quinti, sancte memorie.

**45.** Item, quod Petrus Bonifacii, laborator de Massilia, habuit gravem dolorem in uno dente et maxila [1] ejus dextera; [2] duravit hujusmodi dolor incessanter per annum, et anno sequenti evenit in massila ipsa, ex infirmitate dentis, infirmitas orribilis, dicta fistola, in tantum quod perforavit maxilam, et adhibitis medicis et medicinis continuis, nichil profuit [3], et multa expenderat nec comedere poterat ex parte ila; multis et diversis sanctis se voverat, et nullum remedium inveniebat; tandem cum extitisset octo annis [4] in hujusmodi infirmitate, quadam die dum affligeretur graviter ex nimio dolore, audiens tot et tanta [5] que Deus operabatur ad invocationem et preces dni Urbani pape quinti, sancte memorie, recomendans se devote eidem, vovit ut si sanari posset, ipse se presentaret ad sepulcrum suum, et offerret ibi unum caput cere; et facto hujusmodi voto, illico incepit convalescere, [6] infra quindecim dies sequentes fuit bene curatus, et [7] dicta fistola et plage sue sive foramina maxille clausa et sanata, et plene et perfecte restitutus pristine sanitati [8], meritis et precibus ipsius domini Urbani, sancte memorie.

**46.** Item, quod cum boves transirent per carreriam dictam Tripariam, in Massilia, accidit quod unus illorum bovum inveniens ante se quandam juvenem, nomine Bitronetam [9], etatis quinque annorum, filiam Stephani Valaroni [10], laboratoris de Massilia, ludentem cum aliis puelis [11], recepit eam impetuose cum cornu aposito in capite dicte filie subtus aurem ejus, et eam sic portavit quasi per totam careriam, et dum gentes insequerentur eum, projessit eam retro se in terra quasi mortuam, credentes quod jam obiisset, eo quod non loquebatur, oculos subverterat more morientium, nec aliquo modo movebat membra sua, et erat tota nigra in corpore velut corbo; tandem quedam femina, uxor Petri Catalani, avuncula sive amita [12] illius

---

1. *A B* mastila, *D* maxilla. — 2. *D* d. et. — 3. *D* medicinis octo annis continuis, nihil proficiebat. — 4. *D* a. dictis. — 5. *D* t. miracula. — 6. *D* c. et. — 7. *D* fuit perfecte curatus a. — 8. *D* et integre sanitati fuit restitutus. — 9. *D* Bitionetam. — 10. *D* ᴧallatoris. — 11. *D* pueris. — 12 *B D* amica.

filie, videns eam in tali statu velut mortuam, devote recomendavit ipsam dno Urbano pape quinto, sancte memorie, vovendo eidem ut si suis sanctis precibus intercederet ad Deum, quod dicta filia restitueretur ad vitam [1], ipsa offerret pro ea ad sepulcrum unum caput cere ; et facto hujusmodi voto, dicta filia respiravit et loqui cepit, et paulo post fuit bene et perfecte sanata, et penitus restituta pristine sanitati, meritis et precibus, ac intercessione prefati dni Urbani pape quinti, sancte memorie.

**47**. Item, quod Bertrandus Armiena [2], marinarius de Massilia, cum esset in una barca cum Johanne Anglesii, veniendo per mare ad portum Massilie, circa locum del Foras, subito arripuit eum infirmitas de gotassa, in squinis et [3] circa lumbos, taliter quod factus fuit contractus et impotens, non valens ire nec se quoquo modo juvare de persona sua, in tantum quod oportuit quod per alios portaretur et portatus fuit ad hospicium suum, reponendo ipsum in lecto, ubi stetit et jacuit per quindecim dies continuos, absque quod se moveret et se movere posset, nisi per alium seu alios moveretur, clamando pre nimio dolore, sicut mulier pariendo ; tandem existens in tanta anxietate, devote recomendavit se domino Urbano pape quinto, sancte memorie, vovendo eidem ut, quam citius [4] posset ire cum baculo saltem, vel alias quovismodo trahendo se per terram cum manibus et pedibus, ipse veniret visitatum sepulcrum suum ; et facto voto, incepit convalescere et cum baculis yre, et cum magna angustia venit flendo amare valde ex nimio dolore persone sue, et dum fuit ante sepulcrum, facta oratione et ejus oblatione, inmediate convaluit, et sanus et incolumis factus fuit, et sine baculis per seipsum letanter, cum gratiarum actione, ad domum suam rediit, precibus et intercessione prefati domini Urbani, sancte memorie.

**48**. Item, quod Guilhermus Praveti, de Carpentorate, dum passus esset per septem dies et pateretur febrem continuam, habuit et habebat infra corpus orribile epostema, ut medici asserebant [5], propter quod habebat graves agritudines et dolores in latere suo dextro, dictique medici ipsum

---

1. *D* sanitatem. — 2. *B* Arimena, Arnuena ? *D* Armena. — 3. *D* om. de g., in s. et. — 4. *D* eid. quantocius. — 5. *B* apparebant.

tanquam incurabile et non valentem liberari a morte, ut dicebant, omnino dimiserant ; quod videns Bertranda, ejus uxor, ipsum devote recomendavit dno Urbano pape quinto, sancte memorie, vovendo eidem ut si suis sanctis precibus intercedat ad Deum quod evadat [1] mortem et sanitatem recipiat [2], ipsa cum eo veniret visitatum sepulcrum suum, cum imagine cere et sudario ; et facto voto, dimisit eum febris, et in crastinum evomuit [3] epostema [4], convalescendo, et paulo post fuit restitutus pristine sanitati, precibus et intercessione ipsius dni Urbani pape quinti, sancte memorie.

**49.** Item, Raymundus Raisiti, de Alpibus, habuit per decem annos [5] tinitum [6] per sufflationem venti in aure sua sinistra, propter quod erat penitus surdus ex ea ; tandem recomendans se dno Urbano pape quinto, sancte memorie, vovit eidem ut si intercederet pro eo ad Deum, quod recuperaret auditum, ipse, ut citius posset, offerret ad sepulcrum unam aurem cere unius libre ; et facto voto, incepit convalescere de auditu, et subsequenter infra quindecim dies sequentes recuperavit in totum auditum, precibus ac intercessione ipsius dni Urbani pape quinti, sancte memorie.

**50.** Item, quod Bernardus Andree, de Mayosco [7], diocesis Nemausensis, et triginta octo alii, dum essent [8] in mari, in una galea Januensi, de Janua veniendo Massiliam, habuerunt maximam et terribilem fortunam, et ventos contrarios per duos dies et tres noctes continuos, et ducente eos hujusmodi fortuna hinc inde, fracta fuit antena, pervenerunt prope Barbariam, et timentes ne captivarentur [9] ab infidelibus, fuerunt quasi desperati, et omnes unanimiter, nescientes quid aliud facere, una voce clamantes, humiliter et devote se recomendaverunt dno Urbano pape quinto, sancte memorie, supplicantes ut dignaretur pro eis intercedere apud Deum, quod evaderent ab hujusmodi fortuna, et quod non permitteret eos venire in manus inimicorum ; et facta hujusmodi deprecatione, ventus mutavit se, reducens eos retro viriliter usque prope Cor-

---

1. *D* evaderet. — 2. *D* reciperet. — 3. *A B* evomit. — 4. *D* apostema. — 5. *D* an. continuos. — 6. *B* tinicum. — 7. *B* Maiosio, *D* Mairosio. — 8. *A B* esset. — 9. *D* caperentur.

segam [1], et dum adhuc essent in periculo submergendi, eo quod unde et aque maris involvebant eos taliter, quod licet bene clausissent ab extra hostium galee, omnesque quasi essent desubtus, exceptis aliquibus nautis qui remanserant desuper, tamen tanta abundantia aque intraverat galeam quod existentes infra eam, et quia erant clausi, dubitabant suffocari, nec audebant facere aperiri, ne [2] ex dictis undis intraret amplius aqua ; quapropter iterato omnes unanimiter clamantes voce magna, lamentabiliter invocarunt eundem dnum Urbanum, supplicantes eidem humiliter et devote, ut si suis sanctis precibus intercedere dignaretur pro eis ad dominum nostrum Jhesum Xpistum quod evaderent ab illa fortuna, [3] voventes se venturos pedibus nudis, in camisis et femoralibus tantum, visitatum sepulcrum suum, quilibet [4] cum oblatione sua secundum facultatem suam ; et facto hujusmodi voto et oratione per omnes lacrimabiliter, ipse Bernardus, oculis corporalibus, vigilando [5], vidit dnum Urbanum, indutum pontificalibus et vestibus rubeis, et duos alios secum, et in propria figura sicut sepissime viderat eum vivum, palpantem manibus suis galeam et eam circumvolvendo, et statim cessavit fortuna et ceperunt habere bonum ventum, in tantum quod in illa nocte tertia pervenerunt ad palayam [6] Toloni, et cum tranquilitate maris ibidem portum receperunt, sani et incolumes et illares, precibus et suffragiis ipsius dni Urbani pape quinti, sancte memorie.

**51.** Item, quod Johannes de Mondolio, Castri Novi, Sarlatensis diocesis, dum veniret de Sancto Jacobo in Galicia et de Sancto Anthonio Vienensi, et transiret per locum Sancti Nazarii, Valentinensis diocesis, captus fuit et ibi arrestatus, eo quod diceretur [7] esse spiator et castrum Sancti Nazarii debebat capi prodicionaliter, et fuit positus in profundo cujusdam male turris valde obscure, ubi stetit per quinque septimanas in maxima miseria ; et interrogatus per curiam nichil fuit confessus, quia nesciebat quid hoc erat [8], propter quod fuit quater levatus ad eculeum, et per vim confessavit [9] quod petebant, et redditus in carcere [10]

---

1. *A* Cossegam. — 2. *B* nec. — 3. *D* ad Deum. — 4. *B* quem. — 5. *D* oc. vigilantibus et corporalibus. — 6. *D* plagam. — 7. *D* crederetur. — 8. *D* quia nihil sciebat. — 9. *B D* confessus fuit. — 10. *D* redactus in carcerem.

habuit multas diabolicas temptationes ut se interficeret, quia credebat quod non posset a morte evadere ; tandem Dei gratia dolens de hujusmodi mala cogitatione, evenit sibi in memoria dnus Urbanus papa quintus, sancte memorie, cui se devote recomendando, rogavit eum ut pro ipso intercederet apud Deum, ne veniret in desperationem et perderet animam suam, vovendo ut si exire posset, ipse veniret visitatum cum oblatione sua sepulcrum suum ; facto voto, accidit quod quidam alii in solario dicte turris incarcerati, dixerunt ei quod ipsum extraherent de inferius cum duobus linteaminibus ligatis, et juvaret eos ad capiendum custodem, ut exire postmodum possent et recedere, quod et concessit, dum tamen dictus custos non interficeretur ; et ita factum fuit, et dum custos intravit, volentes eum capere, ipse Johannes posuit manum suam ad os custodis ne clamaret, dictusque custos cum dentibus recepit policem illius taliter quod adhuc apparent sicatrices, et sic dictus custos evasit ab eis, ipseque Johannes et duo alii incarcerati exiverunt et se absconderunt ; quo facto, dictus custos clamans et perquirens hinc inde dictos fugitivos, invenit ante se ipsum Johannem, cui dedit de manu sua taliter impingendo quod ipsum prostravit ad terram, et sic dimittendo eum recessit, et ipse Johannes surrexit et aufugit ; deinde duodecim homines insecuti sunt eum, volentes capere, videntes ipsum occulo ad oculum nichil dicebant sibi, sed perquirentes invenerunt illos [1] duos quos reduxerunt ad carceres, et sic evasit ipse Johannes et liberatus fuit a morte et a carceribus, precibus et meritis prefati dni Urbani pape quinti, sancte memorie.

**52.** Item, quod Bernardus Borgondiani [2], habitator loci de Privas, Vivariensis diocesis, habuit per tres annos continuos tibias et coxas valde grossas et inflatas, adeo quod ire non poterat sine baculo nec se juvare de eis, nec cibum sumere nisi valde modicum ; habuit similiter per duos annos continuos infirmitatem vocatam diacursum ventris cum fluxu sanguinis, et licet fuisset ad balnea multa et plures peregrinationes sanctorum, non tamen poterat reperire aliquod remedium, in tantum quod erat in maxima anxietate et impotentia ; tandem in sompnis evenit sibi

---

1. *D* alios. — 2. *D* Bigurdani.

quod, si se recomendaret dno Urbano pape quinto, sancte memorie, sanitatem haberet; et expergefactus, incontinenti devote recomendans se eidem, vovit ut si intercederet ad Deum pro eo, quod haberet sanitatem, ipse veniret peregre ad sepulcrum suum, faciendo ibidem novenam et illuminando eam qualibet die; et facto voto, per tres dies post ipse convaluit, bene comedit, inflatio et fluxus ventris cessaverunt [1], et consequenter penitus restitutus fuit pristine sanitati, meritis et precibus ipsius dni Urbani pape quinti, sancte memorie.

**53.** Item, quod Salvator Bremundus [2], filius Bertrandi Bremundi, laboratoris de Aquis, etatis circa viginti quinque annorum, cum quasi per totum mensem Augusti habuisset febrem continuam, in fine [3] fuit in tanta debilitate [4] quod quasi amiserat omnem virtutem corporalem, et stetit per quindecim dies quod non comedit, non audivit, non vidit nec loquutus fuit, nec memoriam seu noticiam habuit, tenens continue oculos appertos, non dormiens die neque nocte, nec redens debitum nature, id est non habens beneficium ventris, in tantum quod medici ipsum tanquam non valentem evadere mortem penitus dimiserant, omnesque videntes eum dicebant mortuum; tandemque Aysclaria [5], uxor Manueti [6] Jordani, de Aquis, pietate mota erga dictum infirmum, recomendavit ipsum dno Urbano pape quinto, sancte memorie, vovendo eidem ut si intercederet pro eo ad Deum quod evaderet, ipsa pro dicto infirmo [7] veniret visitatum sepulcrum suum pedibus nudis, cum oblatione; facto voto, incepit convalescere, noticiam habere et bene comedere; subsequenter infra paucos dies fuit integre restitutus pristine sanitati, precibus et meritis ac intercessione prefati dni Urbani pape quinti, sancte memorie.

**54.** Item, quod quidam conjuges, burgenses civitatis de Cenis, cum haberent unum [8] filium etatis circa sex annorum, accidit quod ex infirmitate decessit, quem pater devote recomendans domino Urbano pape quinto, sancte memorie, vovit eidem humiliter ut s. suis sanctis precibus et intercessione dictus filius [9] restitueretur ad vitam, ipse

---

1. *A B* cessant. — 2. *B* Brecmidus. — 3. *A* om. — 4. *D* tantum debilitatus. — 5. *B D* Ayselaria. — 6. *D* Manneti. — 7. *D* evad. ab illa infirr·itate, ipse. — 8. *D* quid. burgensis civitatis de Senis cum haberet unicun.. — 9. *D* fil. suus.

faceret depingi ymaginem suam, scilicet dni Urbani, et desubtus fieri altare, in quo celebraretur ad laudem Dei et honorem dicti dni Urbani. Tandem dictus filius mortuus, fuit sepultus et positus infra quandam tumbam lapideam et ibidem clausus; deinde mater ipsius defuncti quasi furiosa venit ad tumulum, prostrata quasi furiosa stetit [1] super ipsum per spacium duarum horarum, clamans continue atque dicens : « Beate pater Urbane, redde michi filium meum vivum, per nimiam confidentiam quam in te habeo »; et illico infans fecit magnum planctum, quod audientes circunstantes cum matre, subito levaverunt lapidem monumenti, et invenerunt dictum infantem vivum et sanum, quem recepit mater letanter et obsculata est eum, et inter brachia portavit ad domum cum magna leticia et gratiarum actione, eo quod infans ille suffragiis et intercessione ipsius dni Urbani resurrexit a mortuis; et consequenter de consensu domini episcopi Cenensis [2], constructum fuit ibi altare cum ymagine et figura prefati dni Urbani, in quo omni die lune in principio cujuslibet mensis celebratur missa, ad laudem Dei et honorem supradicti dni Urbani pape quinti, sancte memorie.

**55.** Item, quod Jacobus Autrasi [3], de Mota, Diensis diocesis, fuit et stetit impotens et contractus de ejus tibia et coxa, habendo nodum coxe sive anche subversum extra locum consuetum, sic et taliter quod tribus annis continuis non potuit ire nec sese juvare nec opus facere; tandem in translatione corporis dni Urbani pape quinti, sancte memorie, audiens miracula que Deus operabatur suffragiis et intercessione ipsius, devote vovit eidem ut si suis sanctis precibus intercedendo pro eo ad Deum, haberet convalescentiam et ire posset, ipse veniret visitatum sepulcrum suum cum una libra cere, ibidem faciendo novenam ; et facto voto, incontinenti incepit convalescere, et cum baculo ire, et infra tres septimanas sequentes ivit sine baculo, et fuit integre sanus seu restitutus pristine sanitati, meritis et precibus prefati dni Urbani pape quinti, sancte memorie.

**56.** Item, quod Petrus Turrelli [4], laborator de Massilia, dum parabat atram [5] suam, arripuit eum infirmitas, ex

---

1. *D om.* q. f. s. — 2. *D* Senensis. — 3. *B* Antrasi, *D* Antrasii. — 4. *D* Cutelli. — 5. *D* aream.

qua et per quam factus fuit contractus penitus et impotens de omnibus membris suis, jacens in lecto, non valens se juvare nec vertere, neque se quoquomodo movere, ymo deponebat subtus se in lecto pondus nature, et sic stetit in hujusmodi impotentia per sex menses ; tandem uxor sua recomendans ipsum dno Urbano pape quinto, sancte memorie, vovit eidem ut si pro eo intercedendo ad Deum, restitueretur sanitati, ipsa offerret unam ymaginem cere unius libre ad sepulcrum suum ; et facto hujusmodi voto tam per uxorem quam per maritum infirmum, incontinenti convalescere incepit, et post quasi per unum mensem ex integro sanatus fuit, precibus ipsius dni Urbani pape quinti, sancte memorie.

**57.** Item, quod dnus Laurentius Granerii [1], presbiter, de Alzezira [2] de Fara, in Yspania, dum ipsa civitas de Alzezira fuit capta per Sarracenos, ipse una cum quinque milibus hominum fuerunt capti et ducti in civitatem de Gilbocat [3], ubi fuerunt captivati in compedibus et manicis ferreis per unum annum, saltim ipse et quatuor allii, scilicet Guilhermus Fernandi [4], Rodericus de Conqua, Foncius Garcie de Sibilia [5] et Johannes Martini, frater ipsius presbiteri, qui quidem fuerit, ipsique [6] quinque fuerunt postea ducti in civitatem Granate, ubi steterunt captivati similiter ut supra per duos annos, multum afflicti et in maxima penuria et miseria ; et audientes referri miracula que Deus faciebat meritis et suffragiis dni Urbani pape quinti, sancte memorie, circa mediam noctem Annunciationis beate Marie, recomendarunt se humiliter et devote eidem domino Urbano, vovendo ut si intercederet ad Deum pro eis, quod possent exire et evadere manus infidelium, ipsi venirent ad sepulcrum suum cum oblatione eorum, manifestantes miraculum eis factum, et eundem semper haberent in devotione ; et facto hujusmodi voto, arripuit eos sompnum, et dormiendo ipse presbyter vidit intrantem carcerem dnum Urbanum, inductum vestibus sacerdotalibus, et beatam Virginem portantem filium suum benedictum in brachiis suis, et quattuor angelos secum, dictus-

---

1. *B* Graverii, *D* Garneri. — 2. *D* Alsazira. — 3. *B* Gibocat, *D* Gilboac. — 4. *B* Feraudi. — 5. *D* Sevilla. — 6. *D* presb. Joannes Martini, quidquid fuerit de aliis, ipsi.

que dnus Urbanus recepit ipsum presbiterum, ut sibi videbatur, per digitum parvum manus dextre, dicentem [1] sibi quod recederent; et evigilantes invenerunt se dissolutos a ferris pedum et manuum, et portam carceris apertam, et extra carcerem quendam Sarracenum custodem carceris dormientem, habentem unum canem ligatum ad pedes ipsius custodis etiam dormientem; et procedentes ultra invenerunt duas alias portas que claudebantur et firmabantur cum magnis catenis et seris ferreis, que similiter eo tunc fuerunt aperte, et libere transeuntes, nemine eos vidente, pervenerunt ad domum cujusdam xpistiani noti ipsorum, qui erat custos regis Sarraceni [2], in introytu et exitu dicte civitatis, narrantes eidem miraculum sibi factum per dominum Urbanum, qualiter evaserant; qui ipsos tenuit absconditos amicabiliter in domo sua per quinque dies, et demum quodam mane ante auroram eos exire fecit a dicta civitate Granate, et venerunt ad portum Sancte Marie de la Mar, et ibi inveniendo unam barcam posuerunt se in ea, et tandem aplicuerunt [3] ad Barchinonam in Catalania, et sic evaserunt salvi [4] et incolumes, suffragiis et precibus ipsius dni Urbani, sancte memorie.

**58.** Item, quod Johannes Bardonis, masselarius Montispessulani, dum iret per vineam suam, videndo quodam lignum stipitis, vulneravit tibiam suam sinistram cum magna plaga, ex cujus punctura ipsa tibia fuit valde grossa et inflata, ipsaque ostensa cuidam barbario cirurgico [5], nullum potuit remedium adhibere, ymo [6] magis aumentabatur infirmitas, in tantum quod in ea intervenerunt morbi seu infirmitates sanctorum Anthonii, Eligii et Marcialis, et taliter quod ire non poterat sine baculo et cum maximia pena, non sperans unquam posse sanari; tandem evenit sibi in mente dnus Urbanus papa quintus, sancte memorie, et recomendando se eidem humiliter et devote, ut si ejus intercessione et precibus posset sanari, ipse veniret visitatum sepulcrum suum cum una tibia cere ibidem offerenda; et statim, facto voto, incepit convalescere et ire, et veniendo de Montispessulano ad dictum sepulcrum, cum nondum plaga clausa esset, et recepisset pannos lineos ad

---

1. *D* dicens. — 2. *D* Saracenorum. — 3. *B* applicaverunt. — 4. *D* sani. — 5. *A* suo giro. — 6. *D* infl. neque a barberio siurgico potuit sanari, imo.

purgandum eam in itinere, dicta plaga incepit se claudere, et cum perveniret [1] ad predictum sepulcrum, fuit omnino sanata plaga et penitus clausa, et dicta tibia perfecte et integre restituta pristine sanitati, meritis et suffragiis ipsius dni Urbani pape quinti, sancte memorie.

**59.** Item, quod Bertrandus Ymberti, de Niney [2], Forojuliensis diocesis, fuit valde graviter infirmus, impotens et contractus de tota persona sua, jacens in lecto, non valens se movere de loco, nisi per alios moveretur, et sic stetit continue per sexdecim menses, credens quod perpetuo remaneret impotens et quod nunquam ire posset; tandem dum quadam die Ramis palmorum [3] portatus esset ad solem ibique jaceret, habuit in mente dnum Urbanum papam quintum, sancte memorie, et devote recomendans se eidem, vovit ut si, intercedendo pro eo, ejus intercessione posset recuperare convalescentiam et ire cum baculo ipse hinc tunc ad quindecim dies post Pascha, pro tunc quam citius posset visitatum veniret sepulcrum suum cum una libra cere; et facto hujusmodi voto circa horam meridiei, eadem die, hora completorii convalescentiam habuit et de loco surrexit, et cum baculo [4] tandem se adjuvando ad domum rediit, et infra dictos quindecim dies post Pasca bene convaluit de membris suis, et sine aliquo baculo perfecte ivit; et cum adhuc esset impotens de brachio dextro nec posset bene se juvare de eo, iterato suplicando dicto dno Urbano, vovit ut si intercederet pro quod haberet sanitatem in brachio, sicut recuperaverat in aliis membris, ipse offerret duas libras cere ad sepulcrum suum, et inmediate hujusmodi voto emisso, bene convaluit in dicto brachio, integre et perfecte sanitatem habuit in omnibus membris suis, precibus et meritis prefati dni Urbani, sancte memorie.

**60.** Item, quod Julianus, filius Natalis Marssari [5], textoris de Nemauso, etatis circa duorum annorum, habendo nescio quod accidens, subito cecidit in terra prostractus velut mortuus, tendens membra sterilhando, habens occulos caliginosos et albos, eos clausit [6], tres badalhs [7] fecit, et tunc signato eo per astantes, ex post anelitum non dedit

---

1. *B* pervenerit, *D* pervenit. — 2. *D* Muey. — 3. *D* in Ramis palmarum. — 4. *D* baculo ivit et. — 5. *D* fil. Maresari. — 6. *D* conclusit. — 7. *D* badalhos.

nec pulsum habuit, et sic stetit per bonam mediam horam, propter quod astantes credebant eum esse mortuum, et parabatur ei sudarium ; tandem pater dolens et tristis de morte filii sui, vovit domino Urbano pape quinto, sancte memorie, ut si suis sanctis precibus restitueretur ad vitam, ipse visitaret sepulcrum suum cum duabus libris cere ; et facto voto, subito infans respiravit, oculos apperuit, et clamando patrem suum nominavit, et exinde integre restitutus fuit pristine sanitati, et intercessione ipsius domini Urbani, sancte memorie.

**61.** Item, quod quidam, nomine Privatus, etatis sex annorum, filius Johannis Marronis [1], de Monteaverso [2], in Mimatensi diocesi, stetit a nativitate [3] mutus, per quatuor annos non loquens nisi tantum balbuciendo, taliter quod nullus eum poterat inteligere ; et audiens dictus Johannes pater refferri [4] que Deus operabatur ad preces dni Urbani pape quinti, sancte memorie, vovit eidem ut si dictus filius ejusdem domini Urbani meritis et intercessione haberet loquelam et loqueretur, ipse visitaret sepulcrum suum ; et facto voto, infra octo dies dictus infans loquutus fuit bene et inteligibiliter, et perfecte loquitur, meritis et intercessione prefati domini Urbani, sancte memorie.

**62.** Item, quod Bernardus [5] Ricardi, bacalarius in decretis, stetit per triennium [6] cecus omnino et privatus lumine oculorum, in tantum quod ducebatur, et aliter nullo modo poterat aut sciebat ire, per Bernardum filium suum etatis quatuordecim [7] annorum ; tandem recomendans se humiliter et devote domino Urbano pape quinto, sancte memorie, vovit eidem quod si suis sanctis precibus recuperaret visum et claritatem oculorum, ipse veniret ad sepulcrum suum cum una ymagine cere ; et lapsis inmediate octo diebus, ipse incepit videre, non tamen perfecte, propter quod voluit et incepit venire ad complendum votum suum, dicto filio suo ipsum ducente ; et dum fuit in Nemauso et haberet aliquos francos et florenos ligatos in raupa sua supra spatulam, dictus filius suus furtive illos recepit, et loco eorum alios cupreos et plum-

---

1. *D* Marieusis. — 2. *D* Monteaureso. — 3. *D* nat. cecus et. — 4. *D* refferri miracula. — 5. *B* Bertrandus. — 6. *B* biennium, *D* stet. multo tempore. — 7. *D* 13.

beos ibidem reposuit, et quia pater ipsum redarguendo de hoc et reprehendendo percussit, propterea dictus filius ab eo aufugit et ipsum solum dimisit ; quapropter contristatus et anxiatus multum eo quod filius suus ipsum dimiserat, pecuniam suam perdiderat, non habens unde viveret, nesciens [1] quid facere nec quo ire sine duce et in alienis partibus, recomendans se devote eidem dno Urbano, ipsum rogavit ut eum juvaret et gubernaret ; quod et videns et audiens Guilhermus Arnaudi, de Marmanda, Agennensis diocesis, qui in societate ipsorum patris et fillii venerat, dixit ipsi patri quod eum duxeret ob reverentiam Dei et dicti dni Urbani ; et dum fuerunt extra Nemausum, recuperavit visum, et bene scivit ire sine duce et perfecte videre [2], meritis et intercessione ipsius dni Urbani pape quinti, sancte memorie ; ipse quod voverat adimplevit, ut potuit.

**63.** Item, quod cum nobiles et potentes viri dni Raymundus Agoucus [3] et Fulco de Agouco [3], ac dominus de Cabreriis et quamplures alii, euntes ad regem Aragonie in quadam galea, essent in alto mari, volentes venire ad portum Barchinonie, habuerunt fortunam terribilem per duos dies, taliter quod duo vela magna fuerunt fracta et perdita, uno parvo tersayrol [4] ibidem remanente ; ventus erat validus, undè maris unde [5] cooperientes galeam, et omnes erant subtus infra eam bene clausam et aptatam [6], exceptis aliquibus nautis, et subito quedam magna unda et alta valde cooperuit eam et posuit subtus aquam per tres balistatas ; propter quod credentes perire, eo tunc [7] se humiliter et devote [recomendaverunt] Deo, et Virgini gloriose et sanctis, et presertim dno Urbano pape quinto, sancte memorie, ipseque dnus Raymundus vovit eidem ut si intercederet ad Deum pro eis quod possent evadere, ipse veniret visitatum corpus suum et sepulcrum cum una galea cere, ponderis viginti quinque librarum, et quatuor intorticiis duodecim librarum pro oblatione ; et emisso hujusmodi voto tam per ipsum quam per multos alios, inmediate se levavit super aquam, et durante predicta for-

---

1. *D* vivere nec sciens. — 2. *D* vidit. — 3. *D* de Agouto. — 4. *D* tayssayrol. — 5. *D* validus valde, unde maris alte. — 6. *D* tapatam. — 7. *D* per. et submergi, omnes unanimiter clamantes recomendaverunt.

tuna, quidam canis niger existens in galea, sicut rabidus subito cucurrit per longitudinem galee, ab uno capite usque ad aliud, projiciens se in mari, et dum fuit submersus, incontinenti habuerunt tranquilitatem, credentes quod canis esset malignus spiritus qui velet eos submergere et dampnare ; et tandem illa die aplicuerunt omnes salvi et incolumes ad portum Barchinone, per merita et intercessionem prefati dni Urbani pape quinti, sancte memorie.

**64.** Item, quod Michael Guiboni [1], de Tulletta, Vasionensis [2] diocesis, sexagenarius, fuit et stetit a tempore juventutis sue hucusque tunc continue impotens de toto corpore (*bis*) suo, materque sua in illa juventute sua multas unctiones et medicamina [3] fecerat, et nichil proficiebat sibi, in tantum quod ex tunc non potuit se juvare nec quicquam operis facere ; tandem recomendavit [4] se humiliter et devote dno Urbano pape quinto, sancte memorie, vovit eidem ut si dignaretur intercedere ad Deum pro eo, quod infra mensem haberet convalescentiam de persona sua, ipse veniret visitatum sepulcrum suum cum sua oblatione ; hinc fuit quod infra mensem bene convaluit, et exinde integre restitutus fuit sanitati pristine, meritis et precibus, ac intercessione prefati domini Urbani pape quinti, sancte memorie.

**65.** Item, quod Monetus Dredoni, habitator Cardaneci, Cavaliciensis [5] diocesis, graviter fuit infirmus, passiens febrem et jacens in lecto, adeo quod laborans in extremis jam omnem virtutem perdiderat, non videbat, non loquebatur, neminem cognoscebat nec membra aliqualiter movebat, in tantum quod omnes videntes eum credebant et dicebant mortuum, clamantes et flentes amici sui de morte ipsius ; tunc noverca sua, Berengaria nomine, recomendavit eum dno Urbano pape quinto, sancte memorie, ut si suis sanctis meritis et precibus ac intercessione restitueret ad vitam et sanitatem haberet, et inmediate [6] convaluit.

**66.** Item, quod Petrus Barre [7], de Tholono, balistarius, habuit quandam infirmitatem vulgariter appelatam lous bous [8], habens collum inflatum, et faciem, pectus et spatulas

---

1. *D* Gibon. — 2. *B* Vasconen. — 3. *D* medicamenta. — 4. *D* recomendans. — 5. *B* Camalicien., *D* Moneta Dordoni, habitator Cardineti, Cavallicen. — 6. *D* sanit., ipsa veniret ad sepulcrum suum, et perfecte convaluit. — 7. *D* Barra. — 8. *D* los bous.

grossas et inflatas [1] usque ad ventrem, equalis in inflatione per totum, nec in eo apparebat figura hominis, comedere non poterat, nec videre neque dormire; et sic stetit continue per novem dies, semper jacens in lecto, medicique cognoscere non valentes infirmitatem, dicebant quod evadere non poterat mortem, dimitendo eum penitus; tandem existens in angustia, humiliter et devote recomendavit [2] se in mente sua dno Urbano pape quinto, sancte memorie, vovit eidem ut si suis meritis et precibus posset evadere et remanere in bona convalescentia et sine deformitate, ipse veniret visitatum sepulcrum suum cum uno capite cere medie libre et candelis cereis pro oblatione sua, et quod annuatim omni tempore vite sue visitaret dictum sepulcrum cum omni [3] oblatione; et facto hujusmodi voto, habuit convalescentiam et de oculo dextro, de quo dubitabat ne ex dicta infirmitate amisisset visum, vidit, inflatio cessavit, crepuit et foramen, in quo una nux volvi poterat, fecit, et taliter post paucos dies bene curatus fuit et perfecte restitutus pristine sanitati, precibus et meritis ipsius dni Urbani, sancte memorie.

**67.** Item, quod quedam mulier, etatis circa viginti annorum, de loco Budicni [4], in regno Boemie, fuit et erat demoniata, detenta ac vexata a demone per tres annos, circuens et discurrens hinc et inde per loca et nemora, nocteque die non habens requiem, destruebat quecumque tenere poterat, Deum et sanctos blasphemabat, demones invocabat, et semper erat in pena et anxietate; amici vero sui eandem sepissime presentaverant diversis et pluribus sanctis, ut eorum meritis et intercessionibus posset liberari, et nichil profuit; tandem in civitate Gebennensi [5] quidam frater Minor gardianus, videns hanc mulierem habentem demonem, conjuravit eum ut per virtutem passionis domini nostri Jhesu Xpisti exiret ab ea et amplius eam non vexaret; demon respondit quod duo demones alii erant secum intra corpus dicte mulieris, et quod non exiret; tunc idem frater invocavit dnum Urbanum papam quintum, sancte memorie, eidem supplicando humiliter et devote, ut pro ea intercedere dignaretur quod liberaretur a demonibus, vovitque ipse fra-

---

1. *A* inflatus. — 2. *D* recommendans. — 3. *D* simili. — 4. *B* Bndictii, *D* Biduen, Mimat. dioc. — 5. *B* Geberin.

ter et per amicos dicte mulieris voveri fecit, ut si meritis et precibus ipsius dni Urbani dicta mulier demoniata liberaretur a demonibus, offerrent pro ea ad sepulcrum suum oblationem ; et facto hujusmodi voto, unus demon clamans dixit quod ipsi suffocarent eam et interficerent, eo quod dominum Urbanum invocaverant, ipsamque eo tunc demones levaverunt in altum taliter quod omnes ibidem presentes crediderunt quod eam occidissent, tamen per Dei gratiam dimiserunt eam sanam et incolumen, et sic fuit liberata penitus a demonibus, et integre restituta sanitati mentis et corporis, precibus et suffragiis prefati dni Urbani, sancte memorie.

**68.** Item, quod Alacia [1] Perdigana, de Oleriis, Aquensis diocesis, stetit per duos annos paraliticata [2] de anca, coxa et tota tibia dextra, eamque non sentiebat, velut membrum mortuum, non poterat se juvare, nec ire nisi curva valde et inclinata versus terram, cum maxima pena et dolore, juvando se cum baculo ; tandem audiens tranlationem corporis dni Urbani pape quinti, sancte memorie, lacrimando humiliter et devote vovit eidem, ut si intercedendo pro ea ejus precibus haberet convalescentiam de hujusmodi impotentia, ipsa, ut citius posset, veniret visitatum sepulcrum suum cum tibia cere medie libre ; facto hujusmodi voto, eadem die se rexit bene et [3] recte, et bene ire cepit, baculum dimisit et perfecte restituta fuit pristine sanitati, meritis et intercessione ipsius domini Urbani pape quinti, sancte memorie.

**69.** Item Johanneta, filia quondam Mathey de la Fredeyria [4], parrochie Beate Marie de Sausa [5], Sancti(s) Flori diocesis, habuit gravem infirmitatem in oculis per tres annos, habens illos offuscatos ex putredine in eis eveniente ; multas medicinas, vota et peregrinationes fecerat, multa expendiderat et nichil proficiebat, et lapsis dictis tribus annis, penitus amisit visum et omnino fuit facta ceca, nec poterat nec sciebat ire, tanquam nichil videns, sine duce, et sic privata lumine oculorum suorum stetit per duos annos ; tandem quidam Stephanus Bilhi [6], dicte parrochie, instigatus per Petrum Fredeyria, de Sassanhis [7], quem dnus

---

1. *D* Alazasia. — 2. *D* paral. et contracta. — 3. *D* die erexit se recte. — 4. *B* Frederya, *D* Fredayria. — 5. *B* Sansa, *D* Bausa. — 6. *D* Belhi. — 7. *D* Frederya de Gassagnis.

Urbanus papa quintus, sancte memorie, suscitaverat a mortuis, ut dicebat, dictam cecam humiliter et devote recomendans eidem dno Urbano, vovit ut si suis precibus et meritis recuperaret visum, ipse cum ea veniret ad sepulcrum suum cum una libra cere ibidem offerenda ; et facto voto [1], post tres dies inmediate dicta mulier cepit videre et, antequam votum hujusmodi fuisset completum, ipsa perfecte vidit, suffragiis et intercessione prefati dni Urbani pape quinti, sancte memorie.

**70.** Item, quod Jacobus de Sancto Michaele, de Claromonte, Lodovensis [2] diocesis, dum erat super tegula sua alta a terra per sex canas, pro ea aptanda, accidit quod tectum super quo erat cecidit ad terram, multum confractus de tota persona sua et cassatus, et specialiter brachium sinistrum habuit confractum et quinque vulneribus perforatum, in quibus evenit fistola, et medicus ipsum curans dictum brachium iterato fregit quatuor vicibus, pro curatione citius facienda, nec adhuc poterant propter hoc se jungere ossa fracta, sic quod fuit impotens, in aliquo se juvare non valens per novem menses, eratque quotidie in maxima anxietate, habens manum nigram et quodammodo siccam, et opportebat scindi facere eam, dictusque medicus eundem dimiserat tanquam incurabilem ; dixit tamen eidem infirmo quod se recomendaret dno Urbano pape quinto, sancte memorie ; nam credebat quod suis precibus sanari posset et non aliter, quod et fecit ipse infirmus, ac vovit eidem ut si suis precibus sanari posset et haberet convalescentiam, ipse veniret ad sepulcrum suum cum uno brachio cere, unius libre, offerendo ibidem ; et emisso hujusmodi voto, incepit convalescere sine aliquo medicamine, et infra quindecim dies sequentes juvit [3] se bene cum dicto brachio operando et perfecte sanatus fuit, intercessione et suffragiis ipsius dni Urbani pape quinti, sancte memorie.

**71.** Item, quod Silvester, filius Bertrandi Baroni [4], fusterii in fusteria Avinionensi, etatis circa septem annorum, fuit graviter infirmus, habens febrem continue per septem dies, in lecto jacens, non valens comedere, nec [5] dormire

---

1. *A B om.* — 2. *B* Lodonen. — 3. *D* invenit. — 4. *B* Barini, *D* Baconi. — 5. *D* comed. neque bibere neque.

neque requiem habere, medicusque dixerat quod evadere non poterat; quapropter cum de vita hujus pueri non speraretur, ipse Bertrandus pater venit ad capellam in qua corpus domini Urbani pape quinti, sancte memorie, fuerat sepultum, in ecclesia Beate Marie de Donis [1] Avinionensis, humiliter et devote eidem ibidem supplicando, vovit ut si ejus meritis et suffragiis apud Deum intercedendo filius suus restitueretur ad vitam, ipse veniret visitatum sepulcrum suum in Massilia, cum ymagine cere unius libre ; facto itaque voto et oratione sua, illico ad domum rediit, et invenit filium suum quiescentem et dormientem, et dum se evigilavit, patri suo dixit : « Comedere volo, quia valde famesco »; et tunc de lecto surgens sanus et incolumis, comedit et bibit, et febris eum dimisit, et sic evasit precibus et meritis, ac intercessione prefati domini Urbani pape quinti, sancte memorie.

**72.** Item, quod quidam puerulus, nomine Poncius, etatis circa trium annorum, filius Bertrandi domini de Bello Monte, Aquensis diocesis, fuit in valde [2] gravi dispositione per quatuor dies, habens vomitum, quicquid recipiebat emitebat extra et nichil remanebat, et evomit xvi [3] vermes, propter quod fuit in maxima debilitate et in agonia, amisit omnem virtutem corporalem, oculos subvertit, non loquens, nec videns neque anelitum habens, signaverunt eum ut moris est signare morientes, fuit frigidus in omnibus membris suis et remansit totus rigidus, et plangentibus omnibus amicis et parentibus, existentibus [4] infra [5] cameram in qua infans decesserat, et parantibus exequias ; tandem pater intravit quoddam stabulum, et ibidem flexis genibus, lacrimando de morte filii sui, humiliter et devote invocavit dnum Urbanum papam quintum, sancte memorie, vovens eidem ut si intercedendo ad Deum filius suus ejus meritis restitueretur ad vitam, ipse pedibus discalciatis et nudis veniret ad sepulcrum suum, cum una ymagine cere unius libre, ibique faceret celebrari unam missam; et facto voto, ipso patre adhuc in stabulo orante, venit quidam dicens ei quod veniret, quia infans vivebat; et veniendo festinanter, invenit infantem vivum, qui mortuus extiterat quasi per

---

1. *D* Donnis. — 2. *A B* valde in. — 3. *D* 46. — 4. *B* exeuntibus? — 5. *A B* om.

horam, loquentem et bene stantem, precibus prefati dni Urbani, sancte memorie.

**73.** Item, quod Sanxia, uxor Guilhermi Bartholomey, habuit quandam infirmitatem in facie sua, subtus oculum in parte sinistra, vulgariter appellatam lous bous [1], in tantum quod habuit collum, caput et pectus grossum valde et inflatum, faciem valde deformem, labra grossissima, os tortum, nichil loquens neque videns, propter nimiam inflationem, per tres dies, taliter quod videntes eam in tam gravissimo statu credebant quod nunquam evadere posset quin [2] perpetuo deformis remaneret; tandem dictus Guilhermus maritus, advertens quod Deus tot et tanta faciebat miracula ad invocationem et preces dni Urbani pape quinti, sancte memorie, humiliter et devote eidem recomendans eam, vovit ut si liberaretur ab hujusmodi infirmitate et remaneret sine deformitate, ipsi ambo conjuges venirent ad sepulcrum suum pedestri cum una libra cere ibidem offerenda; et facto voto, incepit convalescere, et infra octo dies subsequentes fuit sanata per omnia et sine deformitate aliqua, meritis et intercessione ipsius dni Urbani pape quinti, sancte memorie.

**74.** Item, quod Guilherma [3], uxor Hugonis Laugerii [4], de Sancto Albano, Mimatensis diocesis, habuerat per octo annos podagram et habebat quandoque in estate, quandoque in yeme, taliter quod per mensem [5] movere se non poterat neque ire; tandem vovit dno Urbano, sancte memorie, ut si suis meritis et intercessione posset liberari ab hujusmodi infirmitate, ipsa veniret ad sepulcrum suum cum uno pede cere ibidem offerendo; et facto voto, fuit omnino liberata, et ex post dictam podagram non habuit, precibus et intercessione prefati dni Urbani pape quinti, sancte memorie.

**75.** Item, quod Johannes de Claromonte, habitator Carpentorati [6], Stephanus Formerii [7], de Massilia, Poncius Bernardi, Guilhermus Muratoris et quamplures alii, venientes de Janua ad Massiliam in quadam barca grossa Ludovici Loquerii, de Massilia, dum fuerunt in mare de Albenga, habuerunt de nocte tam terribilem fortunam et ventos

---

1. *D* los bous. — 2. *D* sed. — 3. *B* Guilmina. — 4. *B* Langerii. — 5. *B* nesciendo. — 6. *D* Carpensis. — 7. *D* Fornerii.

quatuor ad invicem contrarios, quod omnia vella fuerunt fracta et perdita, nescientes quid facere nec quo ire, hujusmodique venti fortissimi contrarii eversabant ipsam barcam tam potenter hinc et inde, quod credebant statim eversari et submergi in mari, tenuitque eos ista fortuna quasi per totam noctem ; et circa auroram desperantes penitus de eorum vita, nullum habendo remedium quo evadere possent, omnes unanimiter clamantes invocaverunt dnum Urbanum papam quintum, sancte memorie, voventes eidem, inter ceteros ipse Johannes, humiliter et devote quod si ejus meritis et precibus possent evadere et ad salvum [1] portum venire, ipse veniret ab introytu [2] jejunus, flexis genibus et nudis pedibus [3], ad sepulcrum suum cum una libra cere ibidem offerenda ; et facto voto, ibidem incontinenti cessavit hujusmodi fortuna, et habentes bonum ventum sine velo pervenerunt ad portum sani et incolumes, suffragiis et intercessione ipsius dni Urbani, sancte memorie.

76. Item, quod Alasacia [4], uxor Bertrandi Blancafortis, de Piniaco [5], Forojuliensis diocesis, fuit graviter infirma per octo dies, continue habens febrem et duas grandulas [6] in inguine de generali peste, de qua communiter moriebantur multe persone, et in tantum debilitata quod comedere nec cibum recipere poterat, omnem virtutem corporalem amiserat, habens pedes frigidos ut gelu et alia signa mortalia, propter quod credebatur per omnes quod evadere non posset, et postquam comunicaverat [7], tanquam existenti [8] in articulo mortis et quasi in agonia dederunt ei Extremam unctionem, et tanquam de mortua aliqui amici flebant, aliqui de bonis suis contenpdentes illa inter se [9] dividebant ; tandem cum ipsa audiisset miracula domini Urbani pape quinti, sancte memorie, ipsum habuit in corde, et recomendans se humiliter et devote eidem, vovit quod si ejus suffragiis et meritis posset evadere et sanari, ipsa veniret ad sepulcrum suum cum pondere ipsius cere ibidem offerendo ; et facto voto, incepit convalescere, et paulo post fuit integre restituta pristine sanitati, precibus et interces-

---

1. *D om.* — 2. *D* introitu Massilie. — 3. *A B om.* — 4. *B* Alasaria, *D* Alsasia. — 5. *D* Blancaforte de Pumaco. — 6. *D* glandulas. — 7. *A B* conutaverat. — 8. *D* communicavit ut. — 9. *B* interesse.

sione dicti dni Urbani, sancte memorie [1], et ipsa complens quod voverat, fuit unius quintalis et novem libris cere.

**77.** Item, quod Johannes, filius Fulconis [2] Martini, de Ruppe Martina [3], Avinionensis diocesis, etatis duorum annorum, cum esset infirmus, habens febrem, quadam nocte habuit accidens, clamans infremuit de omnibus membris suis, oculos subvertit, evomit apostema et per posteriora debitum nature reddidit, tractus fecit sive badalhs [4], ipsum signaverunt ut est moris in extremis, caput et collum inclinando, amplius membra non movendo, propter quod credebant quod jam expirasset; tandem dictus Fulco pater, recomendans filium suum humiliter et devote meritis et suffragiis dni Urbani pape quinti, sancte memorie, vovit eidem ut si intercedendo ad Deum filius suus restitueretur ad vitam et haberet sanitatem, ipse presentaret eum ad sepulcrum suum cum sua oblatione et ymagine; et facto voto, incepit plangere et convalescere, et post tres dies febris cum dimisit, et penitus restitutus fuit pristine sanitati, precibus et intercessione dni Urbani, sancte memorie.

**78.** Item, quod Bartholomea, etatis septem annorum, filia Rolandi Ayme, de Massilia. habuit quandam infirmitatem intrincece, appelatam communiter lou reufle [5], in maxima pena et anxietate per tres annos, nocte dieque, credens extingui seu extrangulari ex illa infirmitate multociens, in tantum quod illa infirmitas arripuit eam quadam die taliter in suo guture quod ipsam suffocavit et extinxit penitus, caput [6] inclinans, faciem et aspectum mutavit, oculos clausit, non movens membra velut mortua, remansit frigida in omnibus membris per duas horas; tandem mater sua flens, lacrimando, humiliter et devote vovit dno Urbano pape quinto, sancte memorie, ut si intercedendo ad Deum filia sua restitueretur ad vitam et sanitatem, ipsa presentaret eam ad sepulcrum suum cum una ymagine cere duarum librarum; et facto voto, cepit reconvalescere, et paulo post fuit plene sanitati restituta, precibus ipsius dni Urbani, sancte memorie, pape quinti.

**79.** Item, quod Johannes, filius Deodati [7] Galhardi, de

---

1. *D om. cœt.* — 2. *B Falconis.* — 3. *B Mortua.* — 4. *D badalhos.* — 5. *B reufle, D remfle.* — 6. *A B om.* — 7. *B Derdati.*

Sallone [1], Arelatensis diocesis, etatis quinque annorum, habuit febrem et grandulam [2] in aycela [3] sua sinistra, de peste seu ypidimia generali que eo tunc vigebat, de qua plurimi, infantes precipue et juvenes, moriebantur, et de qua infirmitate simili quidam alter filius ipsius Deodati et frater dicti Johannis decesserat, et propterea credebatur quod non posset evadere sicut nec alter fecerat; propter quod pater ipsum devote recomendando dno Urbano pape quinto, sancte memorie, vovit eidem ut si evaderet ab infirmitate, eumdem presentaret cum una ymagine cere unius libre ad sepulcrum suum; tandem accidit quod infans iste fuit subito in agonia, palidus valde et frigidus totus, subvertit oculos, et signaverunt eum ut mortuum, velantes faciem velut mortui, ut credebant; quod pater audiens, flendo invocavit eundem dnum Urbanum, deprecando ut dignaretur pro filio suo exorare quod viveret, et quod quam cicius posset quod voverat adimpleret; quo dicto, infans illico respiravit, et paulo post fuit integre restitutus pristine sanitati [4], precibus et intercessione dni Urbani, sancte memorie.

80. Item, quod Petrus Olivarii [5], de Majoricis, patronus cujusdam linchi decoperta, et cum eo Berengarius de Sanctas [6], Bernardus Albusani [7] et Bartholomeus Mari [8], dum essent cum dicto lincho in mari quod dicitur las Tinhas [9], habuerunt terribilem fortunam et ventum validum, in tantum quod ipsos et linchum perduxit ad siccum, timonum fuit fractum; credentes eo tunc omnino submergi, et sic periclitando per totam noctem, nescientes quid facere, omnes unanimiter invocaverunt sancte memorie dnum Urbanum papam quintum, supplicando ut dignaretur pro eis intercedere quod evadere possent, votum facientes quod quam citius possent venire[nt] peregre pedibus nudis, in camisia et femoralibus, ad sepulcrum suum cum uno lincho cere, ponderis trium librarum et medie, ibidem offerendo; et statim voto emisso, fortuna cessavit et linchum [10] a sicco [11] evasit, et ad portum pervenerunt sani et incolumes, meritis et precibus dicti dni Urbani, sancte memorie.

---

1. D Salon. — 2. B graminutam. — 3. D glandulam in aissella. — 4. A B voluntati. — 5. D Olivari. — 6. D Sancas. — 7. D Albussani. — 8. D Marini. — 9. D Lostinas. — 10. A B lincum. — 11. D subito.

**81.** Item, quod Johannes Pesagerii [1], habitator insule de Martegue [2], fusterius, cum haberet Huguetum, etatis tresdecim annorum, filium suum, infirmum graviter, habentem febrem continuam per xxj. dies, et quia comedere nec cibum recipere non poterat, ad tantam pervenerat debilitatem quod omni virtute corporali carebat, propter quod non credebant quod evadere posset a morte; habebat et alium filium, nomine Pancrasium, etatis annorum trium, qui post alio tempore fuit in gravi infirmitate, habens febrem continuam per tres septimanas, debilitando, non valens comedere nec lac matris suggere, amisit omnem virtutem corporalem, oculos subvertit velut in extremis, tenentes candelam benedictam ante eum signaverunt sicut mortuum; tandem pater ipsos in illis partibus recomendans dno Urbano pape quinto, sancte memorie, vovit eidem quod si viverent et sanitatem reciperent [3], eosdem presentaret ad sepulcrum suum, utrumque eorum cum sua ymagine; et factis hujusmodi votis, reconvaluerunt, et integre paulo post fuerunt restituti pristine sanitati, meritis et suffragiis dni Urbani predicti, sancte memorie.

**82.** Item, quod Gassedeta [4], filia Hugonis Blanchardi, de Ruppeforti, etatis annorum tredecim, habuit valde gravem infirmitatem et febrem, continue [5] in lecto per tres septimanas, in tantum quod fuit in agonia, omni virtute corporea destituta, non loquens nec videns, neminem cognoscebat, membra non movebat nec pulsum aliquem habebat, tota frigida et rigida fuerat effecta; propter quod pater dolens et tristis de morte filie sue, flendo, humiliter et devote recomendans eam dno Urbano pape quinto, sancte memorie, devote vovit eidem ut si [6] ejus meritis et precibus adhuc viveret et sanitatem haberet, ipse presentaret eam ad sepulcrum suum cum una ymagine cere pro oblatione sua; et facto voto, dicta filia recuperavit sanitatem et consequenter fuit omnino sanata, suffragiis et intercessione prefati dni Urbani pape quinti, sancte memorie.

**83.** Item, quod cum quidam quadam die dominico luderent in Massilia, projiciendo telum sive dardum, ad modum jacendi lanceam, inter quos erat Jacobus Pellicerii, accidit

---

1. *D* Pagaserii. — 2. *B* Martegne, *D* Martega. — 3. *B* recuperarent. — 4. *D* Gassandeta. — 5. *D* continuam. — 6. *A B om*.

quod unus eorum proiciens dardum suum, cum ipso percussit ipsum Jacobum in tibia sinistra, taliter quod eam et cum ferro dicti dardi perforavit ab una parte usque ad aliam, et extracto hujusmodi telo sive dardo et ejus ferro de dicta tibia, ipse fuit in maxima anxietate et impotentia, non valens eam levare nec de ea quoquomodo se juvare; tandem habens in devotione dominum Urbanum papam quintum, sancte memorie, recomendans se eidem, vovit ut si suis meritis et suffragiis haberet sanitatem de dicta tibia sua, ipse presentaret ad sepulcrum suum unam tibiam cere cum tello et ferro perforatam; et incontinenti emisso voto, levavit tibiam et incepit convalescere, et paulo post fuit perfecte sanatus de ea, precibus et intercessione domini Urbani pape quinti, sancte memorie.

84. Item, quod Aycelena, uxor Guilhermi, masselerii de Petrusio [1], Aquensis diocesis, fuit et erat mente capta penitus et furiosa, in tantum quod oportebat eam teneri ligatam, et cum hoc vix poterat teneri; tandem dictus Guilhermus nesciens quid facere de sua uxore, recomendavit eam humiliter et devote sanctissimo patri dno Urbano pape quinto, vovens eidem quod si ejus intercessione dicta uxor sua restitueretur in suam sanam mentem et bonam memoriam, ipse, ut citius posset, veniret [2] cum ea peregre cum ymagine cere ad sepulcrum ipsius dni Urbani, pedibus discalciatis et nudis ex quo primo inciperet videre monasterium et ecclesiam Sancti Victoris in Massilia; et emisso voto, incontinenti dicta mulier fuit reducta in sua sana mente et bona memoria, precibus prefati dni Urbani pape quinti, sancte memorie.

85. Item, quod Stephanus Porcerii, de Lovacio [3], fusterius, Forojuliensis diocesis, habuit in pedibus suis gravem infirmitatem et impotentiam, in tantum quod per tres menses jacens in lecto continue, non potuit yre cum baculo vel sine baculo: tandem recomendans se humiliter et devote sancte memorie Urbano pape quinto, vovit eidem ut si suis sanctis meritis et precibus seu suffragiis posset sanari, ipse veniret ad sepulcrum suum. ibidem off rendo duos pedes cere duarum librarum; et emisso voto, post triduum surrexit de lecto et ivit sine baculo, et perfecte

---

1. *D* masselarii de Pertusio. — 2. *A B* venire. — 3 *D* Porcelli de Lonacio.

restitutus fuit pristine sanitati, precibus et intercessione, ac meritis prefati dni Urbani pape quinti, sancte memorie.

**86.** Item, quod Guilhermus Fasema [1], fusterius, habitator de Areys, Tholonensis diocesis [2], habuit gravem infirmitatem de ydropisi, inflatus valde per totum corpus, *a planta pedis usque ad verticem* [3], cum magno calore et ardore, et semper siciens, et inde multum afflictus stetit in lecto per septem septimanas, non valens se movere, nec remedium aliquod sanitatis habere per medicos neque per medicinas; quapropter Cecilia, uxor sua, eundem recomendans humiliter et devote dno Urbano pape quinto, sancte memorie, vovit eidem ut si suis precibus et meritis haberet sanitatem, ipsa cum eo veniret peregre ad sepulcrum suum, cum una ymagine cere pro oblatione ibidem offerenda; et facto voto [4], incontinenti surrexit per se [5] de lecto, per cameram ambulando, et post paucos dies fuit de ydropisi et tota inflatione liberatus perfecte, et integre restitutus pristine sanitati, intercessione et meritis, ac suffragiis prefati dni Urbani pape quinti, sancte memorie.

**87.** Item, quod Moneta, uxor Poncii Gascineli [6], de Massilia, cum ivisset ad lavandum [7] pannos filii sui, Audiberti nomine, etatis octo [8] mensium, dimiserat eum sedentem in quodam granerio, in quo erat avena, que rediens invenit prostratum, tenentem faciem suam supra avenam, non flentem nec sua membra moventem, et festinanter currens ad eum, levans [9] de loco illo, reperiit ipsum penitus mortuum et extinctum, habentem suam faciem nigram, oculos subversos, et in ceteris membris palidum, frigidum et rigidum, nec habentem pulsum aliquem ; quapropter alta voce clamans, quodammodo in desperatione, quodammodo [10] diabolo instigante, volebat se interficere aut se submergere, dubitans etiam de marito suo, ne quando veniret, reputaret eandem culpabilem de morte filii sui ; et venientes vicine [11] dictum infantem anelabant [12] et caleffaciebant, et nichil proficiebant quia revera [13] mortuus erat ; tunc ipsa mater invocando dominum Urbanum papam quintum, sancte memorie,

---

1. *D* Fassena. — 2. *A B* om. — 3. Deuter. xxviii. 35 ; Job, ii, 7 ; Isai. i, 6. — 4. *A B* om. — 5. *A* de, *B* pede. — 6. *D* Castanelli. — 7. *B* landum. — 8. *D* circa 7. — 9. *D* et lev. — 10. *D* clam. quasi in desperatione. — 11. *B* vicini. — 12. *B* anhebant. — 13. *D* vere.

flexis genibus, lacrimando et flendo, humiliter et devote vovit eidem, ut si suis sanctis meritis et precibus dictus suus infans restitueretur ad vitam, ipsa presentaret eum ad sepulcrum suum cum sua oblatione ; et emisso hujusmodi voto, infans ille incepit plangere et ubera resuggere [1], et perfecte statim ad vitam restitutus fuit, suffragiis et intercessione prefati dni Urbani, sancte memorie.

88. Item, quod Raynaudeta [2], filia Anthonii Millani [3], etatis quatuor annorum, circa horam completorii habuit accidens, quod subito velut mortua amisit omnem virtutem corporalem, subvertit oculos, non loquens, nec membra movens, tractus sive badalhs [4] sicut moriens faciens ; tenendo ante eam candelam accensam, et sicut mortua stetit a prima hora noctis usque in galli cantu ; tandem sua mater tristis et flens de morte filie sue, habens in mente dominum Urbanum papam quintum, sancte memorie, ipsum invocando humiliter et devote, vovit eidem ut si intercedendo ad Deum pro filia sua, ipsa restitueretur ad vitam. quod presentaret eam ad sepulcrum suum cum media libra cere ibidem offerenda ; et facto hujusmodi voto, incontinenti respiravit, matrem suam vocavit, et plene restituta fuit pristine sanitati, precibus et meritis ipsius dni Urbani pape quinti, sancte memorie.

89. Item, quod Franciscus, filius Moneti de Turries [5], insule de Martegue [6], etatis duorum annorum cum dimidio, cum poneretur per matrem suam in cunabulo seu bressio pro dormiendo, habuit quandam parvam grandulam in inguine suo, non tamen quod propterea doleret ipse infans, ymo erat letus [7] : accidit quod paulo post dictus infans incepit agonisare, stans in extremis sive in articulo mortis, occulos subvertit, tractus mortis [8] fecit, omni virtute naturali caruit, ipsumque cum candela accensa quamplures ibi presentes velut mortuum signaverunt ; quapropter mater tristis, dolens, devotissime ipsum recomendavit domino Urbano pape quinto, sancte memorie, vovens eidem ut si ejus intercessionibus et suffragiis filius suus adhuc viveret et sanitatem reciperet, ipsa, quam cicius posset, eum pre-

---

1. *B* ultra res uggere. — 2. *D* Raymundeta. — 3. *D* Milani de Massilia. — 4. *D* badalhos. — 5. *D* om. de T. — 6. *B* Martigne, *D* Martegua. — 7. *D* lete. — 8. *D* tract. et badalhos.

sentaret ad sepulcrum dicti domini Urbani, cum ymagine cere duarum librarum, et quod nunquam comederet quousque ad sepulcrum dicti domini Urbani venisset ; et voto emisso, illico infans revivixit, et paulo post fuit integre restitutus pristine sanitati, precibus et meritis predicti domini Urbani pape quinti, sancte memorie.

## INDEX ARTICULORUM PRÆSENTIS PARTIS

*(In nullo manuscriptorum index talis invenitur)*

PARS PRIMA : DE VITA ET GESTIS BEATI URBANI PAPÆ QUINTI

1. Qualiter ab omnibus, etiam a prelatis, etiam a mundi principibus, tanquam sanctus proclametur, nominetur, invocetur et colatur, præsertim ad ejus sepulcrum.
2. Qualiter ejus imago in plurimis ecclesiis, etiam patriarchalibus Romæ, depicta fuerit et sicut imagines sanctorum honoretur.
3. Quod hic cultus est manifestus et notorius Papæ, Cardinalibus et universo orbi.
4. Quod omnes optant et petunt ejus canonizationem.
5. Nascitur Guilhermus Grimoardus ex nobilibus parentibus, et baptizatur.
6. Pater ejus Grimoardus Grimoardi, strenuus miles, pie vixit et sancte decessit.
7. Amphilisia de Monte Ferrando, ejus mater, sanctissima femina, a multis veneratur ut sancta.
8. Guilhermus Grimoardus a parentibus suis diligenter educatur.
9. A tempore suæ pueritiæ inclinationes singulares et sanctas incipit habere.
10. Studiis applicatus multum proficit.
11. Jus civile Tholosæ audit per quadriennium, castus et honestus.
12. Fit monachus in prioratu Chiriaci, et sacerdotio initiatur.
13. Habitum monachalem ex hoc semper portavit, et observantiam regularem perfecte coluit.
14. Juri canonico studet, fit Doctor, et per viginti annos docet.
15. Dei et Ecclesiæ mandatorum observator eximius, beati Benedicti regulam ad unguem sequitur.
16. Eligitur in vicarium episcopi Claromontensis, posteaque Uticensis.
17. In suis studiis et officiis omnibus placere, omnibus prodesse studet.
18. Omnibus, præsertim pauperibus, gratuita consilia largitur.
19. Reputatur egregius canonista, et persæpe in arbitrum eligitur.
20. Nominatur abbas Autissiodorensis, dein Mussiliensis, et ad partes Italiæ mittitur.
21. Malas aut suspectas personas abhorret et devitat, bonas diligit et frequentat.

22. In suo servitio nonnisi homines bonæ famæ admittit.
23. Vitâ licet austerus, omnibus se præbet affabilem et propitium.
24. Officium recitare, missam audire vel celebrare, vota religiosa servare, nunquam omisit.
25. In observantia regulari exemplarem semper se exhibuit.
26. Defuncto Innocentio sexto, absens in Papam concorditer eligitur.
27. Avenionem venit, et electioni de se factæ, pro bono Ecclesiæ, consensum præstat.
28. Intronizatur et vocari vult Urbanus quintus.
29. Ejus assumptio bonis placet, et dicitur a Deo inspirata.
30. Apparet præsagium gratiarum in isto Papatu a Deo infundendarum.
31. Ros cœlestis per plures dies cadit de cœlo.
32. Urbanus in horis, missis et officiis celebrandis intentissimus.
33. Missam celebraturus, confessione, oratione et lacrimis se disponit.
34. Post matutinum tempus negotiis concessum, mediocri prandio accumbit.
35. Post breve somnum, denuo ad negotia expedienda intendit.
36. Post audientiam vespertinam, brevi solatio vacat, modice cænat, et spirituali colloquio studet.
37. Officio matutino cum confessore recitato, vires corporis dormitione reficit, vestitus.
38. Urbanus erat in verbis veracissimus, et largus.
39. Toto corde amavit sapientiam et illam inquisivit.
40. Multum dilexit legere et studere.
41. Res et delectationes inhonestas semper devitat.
42. Verba Deum et proximum offendentia audire refutat.
43. Ingluviem et inebrietatem nescit.
44. Delectationes odorum recusat.
45. Mollitiem abhorret.
46. Fuit vir valde catholicus, et magnus zelator fidei catholicæ.
47. Multum dilexit scientiam theologiæ et alias, et doctos viros ad dignitates promovit.
48. Hæreticos ad fidem reducere satagit, pertinaces curiæ sæculari dimittit.
49. Indicit passagium ad recuperationem Terræ sanctæ, cruce signantur reges Franciæ et Cypri.
50. Judæis baptizari volentibus favet, usuras tamen eorum comprimit.
51. Romæ apud Sanctum Petrum imperatorem Constantinopolitanum Ecclesiæ reconciliat.
52. Item ibidem canonizat S. Elziarium, comitem Ariani, et prædicat.
53. Quod sæpe in lecto, dum dormire putaretur, Deum exorabat.
54. Romæ in Lateranensi ecclesia capita SS. Petri et Pauli in thecis pretiosis includit.
55. Vineam magnam juxta palatium S. Petri plantat, ut laborem pauperibus dare posset.
56. Quod carnem repressit, mundum contempsit, dæmonem cavit.
57. Quod frequenter jejunabat et abstinentiam servabat.
58. Quod curiam Romanam jejunia et abstinentiam per Adventum servare præcepit.

59. Quod sapidiores cibos a mensa sua ad usus pauperum amoveri faciebat.
60. Quod curas et labores Pontificatus, etiam renitentibus medicis, nunquam remisit.
61. Quod propter morbos et ægritudines ab executione officii sui non cessabat.
62. Quod in morbis gravioribus, quæ poterat in camera expediebat, horas dicebat et missam audiebat.
63. Quod abhorrebat inordinatam carnis delectationem.
64. Quod dolores morborum cum forti constantia patiebatur.
65. Quod paupertatem amavit, et divitias in contemptu habuit.
66. Quod donaria pretiosa sibi facta ecclesiis largiebatur.
67. Quod bona quæ invenit in palatio Avenionensi ecclesiis, monasteriis, pauperibus distribuit.
68. Quod multa ornamenta, libros, calices, Romæ et in Provincia, distribuit.
69. Quod thesauros a Bonifacio octavo Assisii reservatos ecclesiis Urbis donavit.
70. Quod nullam personam amavit ad complacentiam, sed propter Deum.
71. Quod propinquos suos supra statum suum extolli non est passus.
72. Quod patri suo sobrie et moderate in necessariis providit.
73. Quod abstinuit a recipiendis muneribus a personis pauperibus.
74. Quod præservavit se a quæstibus et collectores cameræ suæ apostolicæ continuit.
75. Quod abhorruit et cohibuit rapinam et concussionem.
76. Quod usurarios per judicia compressit, et ad restitutiones redegit.
77. Quod beneficiorum pluralitatem prohibuit.
78. Quod simoniam et simoniacos repressit.
79. Quod compressores, raptores, prædones ac malefactores, quantum potuit, destruxit.
80. Quod, a dæmone cavens, quidquid ei fiebat reverentiæ, bonitati divinæ attribuebat.
81. Quod infinitos honores quos habuit, præsertim ab imperatoribus et regibus, Deo semper referebat.
82. Quod asperos casus et dolorosos eventus æquanimiter tulit.
83. Quod ecclesiæ Mimatensis ruinam et incendium patienter audivit.
84. Quod ab omni vindicta injuriarum sibi illatarum semper abstinuit.
85. Quod injurias Deo seu Ecclesiæ irrogatas diligenter vindicavit.
86. Quod inordinationem vestimentorum compescuit.
87. Quod prolixitatem capillorum et formæ muliebris reprobavit.
88. Quod habituum honestatem, indulgentias concedendo, expresse injungebat.
89. Quod infinitæ erat caritatis erga Deum.
90. Quod de Deo et de sanctis libentissime loquebatur.
91. Qualiter reparari fecit palatium Sancti Petri, et ecclesias S. Petri, Lateranensem et S. Pauli.
92. Qualiter sanctorum apostolorum capita invenit.
93. Qualiter ea propriis manibus populo Romano, in magna platea convocato, monstravit.

94. Qualiter pro iis capitibus reponendis duas argenteas statuas fabricari fecit.
95. Qualiter ad earum ornatum Reges plurimos invitavit.
96. Qualiter, ad ejus rogatum, dom. cardinales huic operi dederunt.
97. Qualiter ipse magnam auri quantitatem, lapides et margaritas, de suo subministravit.
98. Qualiter in his statuis, SS. Apostolorum capita solemniter sunt collocata.
99. Quod ecclesiam Sancti Victoris Massiliensis fecit reparari et decorari.
100. Quod caput sancti Victoris in capsa argentea et aurea reposuit.
101. Item incaxavit caput sancti Cassiani, et multa ornamenta monasterio dedit.
102. Monasterium ipsum fecit incastellari.
103. Apud Montempessulanum fundavit ecclesiam Beatæ Mariæ et Sancti Benedicti.
104. Item juxta eam ædificavit monasterium pro xxxvi. monachis.
105. Ad consecrandum majus altare istius ecclesiæ, de Avenione personaliter accessit.
106. Huic dedit imaginem argenteam beatæ Mariæ, et capita S. Benedicti et S. Blasii.
107. Item reliquias plurium sanctorum.
108. Item plurima et diversa ornamenta et vasa sacra.
109. Item multa vestimenta pontificalia, sacerdotalia, etc. et libros.
110. Prædicto monasterio plurimos libros tradidit, et publicas librarias fieri fecit.
111. In Bedoesco ecclesiam et collegium canonicorum erexit.
112. In Grisaco, ubi fuit domus ejus paterna, ecclesiam parochialem fundavit.
113. Duas prædictas ecclesias campanis, libris, calicibus, ornamentis, munivit.
114. In Quesaco novum collegium canonicorum instituit.
115. Claustra monasterii de Chiriaco sumptuose reparavit.
116. Pro ædificatione novæ ecclesiæ cathedralis Mimatensis, magnos sumptus fecit.
117. Ecclesiæ Mimatensi reliquias et ornamenta plurima dedit.
118. Ecclesiis diœcesis Mimatensis multa vestimenta sacerdotalia distribui fecit.
119. Item multos pannos aureos, sericeos, lineos, ad ornatum hujus ecclesiæ donavit.
120. Ad decorem domus Dei multa largitus est, et per alios fecit largiri.
121. Quod appetivit ecclesiam abundare personis litteratis, graduatis, quodque eas promovit.
122. Quod suis expensis tenuit magistros gratis legentes et docentes.
123. Quod etiam suis expensis plurimos studentes tenuit.
124. Quod magis provectos ad studia generalia mittebat.
125. Quod subtiliores in jure canonico et civili Bononiam misit, omnia eis necessaria subministrando.
126. Quod licentiatos et doctoratos mittebat ad legendum in aliis studiis.
127. Quod omnibus de libris et cibis, et beneficiis providebat.

128. Quod apud Montempessulanum fundavit collegium novum duodecim medicorum studentium.
129. Quod mortis suæ tempore ultra mille et quadringentos studentes suis sumptibus tenebat.
130. Quod studentes discolos, incorrigibiles, aliis subrogatis, ejiciebat.
131. Quod semper intendebat proficere proximis, ut Ecclesia bonis personis abundaret.
132. Quod indigentibus eleemosynas secrete faciebat, et puellas pauperes dotabat.
133. Quod specialiter inquiri faciebat verecundos et infirmos, largiter eis subveniendo.
134. Quod vinum suum infirmis nunquam recusari ordinavit.
135. Quod tempore caristiæ frumentum minori pretio vendere faciebat Romanis.
136. Item Avenioni et in Occitania.
137. Quod in diœcesi Mimatensi, dum raræ essent messes, largas distributiones fecit.
138. Quod Massiliam venit, ad visitandam ecclesiam S. Victoris, et altare majus consecravit.
139. Item ivit Montempessulanum ad consecrandum majus altare ecclesiæ S. Mariæ.
140. Item ivit Viterbium et postea Romam, fuitque in partibus illis per tres annos.
141. Romæ per hiemem octingentis vel mille pauperibus laborem et mercedem dedit.
142. Romanos discolos et in moribus errantes ad religionis semitam reduxit.
143. Tantus fuit zelator veritatis et justitiæ ut ab omnibus timeretur.
144. Consistoria publica et secreta continue tenuit.
145. Maximam justitiam fecit exerceri contra omnes criminosos indistincte.
146. Magnam securitatem adduxit, punitis nocentibus.
147. Prælatos opprimentes inferiores repressit.
148. Per Imperatorem et Reges in magna reverentia et dilectione est habitus.
149. Toto posse incubuit in expediendis Ecclesiæ negotiis et pauperum.
150. Quod ægre ferebat multum expendi de tempore in corporis recreatione.
151. Quod principes et magnates ecclesiarum oppressores, verbis, litteris vel minis terrebat.
152. Quod per personas idoneas secrete de malis quæ fiebant in curia informationes capiebat.
153. Quod sic criminosos et culpabiles puniri faciebat.
154. Quod propter ejus timorem cessatum est ab oppressionibus et injuriis.
155. Quod fuit valde constans, firmus et verax.
156. Quod non attendebat importunitatem supplicationum et considerationem personarum.
157. Quod fuit valde fortis, constans et humilis.
158. Quod fuit valde caritativus et magnus eleemosynarius.

159. Quod ad illius exemplum multi prælati moderationem in victu suo adhibuerunt.
160. Quod semper pauperes dilexit, eisque benefecit.
161. Quod personæ devotæ et sanctæ ei gaudenter adhærebant.
162. Quod omne cogitatum suum in Deum jactaverat, eique totis viribus serviebat.
163. Qualiter anno 1370 Avenione extrema infirmitate correptus sit.
164. Qualiter in hac ægritudine officium semper recitavit et missas audivit.
165. Qualiter morti appropinquans catholicam fidem publice profiteri voluit.
166. Qualiter sepulturam suam elegit in ecclesia S. Victoris Massiliensis.
167. Qualiter peccata sua confessus et sacramentis munitus, sancte decessit.
168. Qualiter post ejus transitum, corpus remansit mundum et coloratum.
169. Qualiter die depositionis ipsius cœperunt ejus miracula publicari.
170. Qualiter de die in diem ejus miracula multiplicata sunt.
171. Qualiter de omnibus partibus terræ Avenionem ad ejus tumulum conveniebant.
172. Qualiter solemni pompa corpus ejus transferendum Massiliam, prima die ad S. Rufum portatum est.
173. Qualiter secunda die de S. Rufo ad Orgonum super humeros devotorum translatum est.
174. Qualiter tertia die modo consimili detulerunt eum ad Salonum.
175. Qualiter quarta die fuit portatum ad locum de Pennis.
176. Qualiter die sequenti cum immensa hominum frequentia Massiliam ad S. Victorem est allatum.
177. Qualiter inter infinitos populorum concursus in sepulcro suo depositum est.
178. Qualiter per ejus miracula sanctitas ejus demonstretur.
179. Qualiter meritis B. Urbani infrascripta miracula Deus operatus est.

PARS SECUNDA : DE MIRACULIS BEATI URBANI PAPÆ QUINTI

1. Philipellam, filiam Leonis de Neapoli, mortuam suscitat Avenione.
2. Gaufridi Bartholomæi, de Coreis, tibiam dextram a nativitate siccam, post 25 annos sanat.
3. Filium Peyronetæ, uxoris Guilhelmi Audiberti, mortuum natum, Avenione suscitat.
4. Bertrando de Baucio, militi, omnino cæco, Neapoli visum restituit.
5. Joanna, filia Petri Clauset, de Villa Rolla, mortua suscitatur.
6. Jacobus de Farmentono, diœcesis Vercellensis, lingua amputata, loquelam recuperat.
7. Ludovicus Textoris, monachus, ab inveteratis et insanabilibus tibiarum plagis liberatur.
8. Vitalis Danielis, Uticensis diœcesis, post triginta duos annos ab infirmitate brachii sanatur.
9. Domina Augeria, in Avinione, mortua suscitatur.
10. Centum vigintiquinque personæ, in navigio pamphil, a tempestate et morte certissima liberantur.

11. Antonius Nicolai, Romanus, cum aliis vigintiquinque, ab imminente naufragio eruuntur.
12. Guigona, uxor Guillelmeti, diœcesis Diensis, cæca illuminatur.
13. Giraudus de Bugassono, Sarlibotensis diœcesis, mortuus suscitatur.
14. Angelus de Nicolao, Valvensis diœcesis, in regno Neapoli, leprosus mundatur.
15. Scutifer et nepos Pontii Raymundi, prioris de Lunello, in puteum lapsi, illæsi extrahuntur.
16. Puer Johannetus, filius Matthæi Manoelli et Simonæ, a quadriga caput contritus, suscitatur.
17. Silletæ, Joannis Bernardini uxoris, infans abortivus mortuus reviviscit.
18. Raymundetus, in Monte Pessulano, a carcere mirabiliter educitur.
19. Vitalis Fayardi, Aniciensis diœcesis, cæcus omnino, visum recipit.
20. Jacobus de Palheriis, per annos octo pedibus impotens, restituitur.
21. Maria, uxor Joannis de Francia, Bononiæ a cæcitate liberatur.
22. Viri tres, in flumine Rhodani, everso navigio, a morte salvantur.
23. Joannes Peyria, de Auraica, et alii plures ad S. Jacobum peregrini, ab interitu præservantur.
24. Catharina, uxor inde Thomasii de Ascole de la Dronda, in marchia Anconitana, paralytica sanatur.
25. Petrus Farie, filius Petri Farie, diœcesis Aquensis, in ruina cujusdam ædificii contritus, suscitatur.
26. Fulco Favardi, de Tritis, diœcesis Aquensis, ab antiqua fistula et plagis horribilibus sanatur.
27. Johannetus, filius Pontii de Moria, de Sancto Remigio, a morte revocatur.
28. Johanneta, filia Jacobi Stephani, de Salone, tibiis impotens et muta, loquitur et ambulat.
29. Bertrandus Bremundus, de Massilia, cæcus omnino, visum recuperat.
30. Beatrix, relicta Petri Vuerny, de Aquis, ex apoplexi paralytica, ad tumulum sancti sanatur.
31. Catharina, uxor Simonis Anglesii, sartoris de Aquis, crure fracto, sanatur.
32. Guilhermus Pagesii, de Massilia, a septem annis contractus et impotens, ad tumulum sancti sanatur.
33. Petrus, de civitate Venetiarum, a tredecim annis cæcus, lumen oculorum recipit.
34. Jacobus Pelicerii, de Massilia, a fistula, inflatione et plagis pessimis liberatur.
35. Bertranda, uxor Hugonis Longii, diœcesis Massiliensis, a fistula et plaga triginta annorum sanatur.
36. Raymundus Lerusii, de Intercastris, Forojuliensis diœcesis, impotens et contractus, perfecte convalescit.
37. Guilhermus Gobini, Massiliensis, post longum morbum defunctus, suscitatur.
38. Magister Raymundus de Aulona, apud S. Victorem, de turri cum campana cadens, confractus sanatur.

39. Ysabel, uxor Miloti, aurifabri Avenionensis, post difficillimum partum, cum prole sua restituitur.
40. Jacobus de Benda, clericus diœcesis Gerundensis, a peste mirabiliter sanatur.
41. Elziarius, filius Bernardi Ferribas, de Aquis, membris impotens, erigitur.
42. Bertranda, uxor Joannis Rasolcii, de Istre, Aquensis diœcesis, brachii usum recuperat.
43. Adheymarius Labernardia, de S. Chamasso, Arelatensis diœcesis, morti proximus, reviviscit.
44. D. Raymundus de Stagno, frater cardinalis Ostiensis, a lapide seu gravela, post sex annos, liberatur.
45. Petrus Bonifacii, de Massilia, a fistula in maxilla sanatur.
46. Bitroneta, filia Stephani Valaroni, de Massilia, a bove dire agitata et quasi mortua, sanatur.
47. Bertrandus Armiena, de Massilia, a dolorosa gotassa ad tumulum sancti liberatur.
48. Guilhermus Praveti, de Carpentoracte, ab horribili apostemate curatur.
49. Raymundus Raisiti, de Alpibus, surdus, auditum recipit.
50. Bernardus Andreæ, diœcesis Nemausensis, cum triginta octo aliis, ab imminenti naufragio servantur.
51. Joannes de Mondolio, Sarlatensis diœcesis, a carceribus et a morte liberatur.
52. Bernardus Borgondiani, de Privas, Vivariensis diœcesis, a diuturna inflatione et fluxu sanguinis sanatur.
53. Salvator Bremundus, de Aquis, desperata a medicis salute et jam-jam moriturus, convalescit.
54. Puer sex annorum, in civitate Senarum, mortuus et sepultus, resurrexit.
55. Jacobus Autrasi, de Mota, Diensis diœcesis, tibia et coxa omnino impotens, sanatur.
56. Petrus Turrelli, de Massilia, per sex menses in lecto contractus jacens, sanitati restituitur.
57. Laurentius Granerii, presbyter Hispanus, cum quatuor aliis, a carceribus Saracenorum educuntur.
58. Joannes Bardonis, macellarius Montispessulani, ab insanabili tibiæ plaga curatur.
59. Bertrandus Imberti, de Niney, Forojuliensis diœcesis, de tota persona sua contractus, sanatur.
60. Julianus, filius Natalis Marssari, parato jam sudario, reviviscit.
61. Privatus, filius Joannis Marronis, de Monteaverso, Mimatensis diœcesis, a nativitate mutus, loquelam recipit.
62. Bernardus Ricardi, baccalaureus in decretis, a tribus annis cæcus, visum recuperat.
63. Nobilis Raymundus de Agouto, et alii, a terribili tempestate et naufragio salvantur.
64. Michael Guiboni, de Tulletta, Vasionensis diœcesis, sexagenarius, a juventute toto corpore impotens, sanatur.

65. Monetus Dredoni, Cavallicensis diœcesis, in extremis laborans, immediate convalescit.
66. Petrus Barre, de Tholono, ab horribili infirmitate, desperatus et a medicis derelictus, perfecte sanatur.
67. Mulier quædam de regno Bohemiæ, a tribus annis dæmoniaca et furiosa, liberatur.
68. Alacia Perdigana, de Oleriis, Aquensis diœcesis, de latere dextro paralytica, sanatur.
69. Joanneta, filia quondam Matthæi de la Fredeyria, diœcesis Sancti Flori, cæca, illuminatur.
70. Jacobus de Sancto Michaele, de Claromonte, diœcesis Lodovensis, bracchio fracto et desperatus, sanatur.
71. Silvester, filius Bertrandi Baroni, Avenionensis, jam morti proximus, sanitati restituitur.
72. Pontius, filius Bertrandi domini de Bellomonte, diœcesis Aquensis, mortuus, reviviscit.
73. Sanxia, uxor Guilhermi Bartholomæi, a periculosissimo morbo quasi desperata, sanatur.
74. Guilherma, uxor Hugonis Laugerii, diœcesis Mimatensis, a diuturna podagra liberatur.
75. Joannes de Claromonte, habitator Carpentoracti, cum sociis plurimis, a certo naufragio eripitur.
76. Alasacia, uxor Bertrandi Blancafortis, de Piniaco, diœcesis Forojuliensis, peste jam moritura, sanatur.
77. Joannes, filius Fulconis Martini, Avenionensis diœcesis, mortuus suscitatur.
78. Bartholomæa, filia Rolandi Ayme, de Massilia, mortua suscitatur.
79. Joannes, filius Deodati Galhardi, de Salone, Arelatensis diœcesis, de peste mortuus, suscitatur.
80. Petrus Olivarii, de Majoricis, cum aliis tribus, a terribili fortuna maris eripiuntur.
81. Huguetus et Pancratius, filii Joannis Pesagerii, de Martegue, desperata salute convalescunt.
82. Gassedeta, filia Hugonis Blanchardi, de Ruppeforti, mortua suscitatur.
83. Jacobus Pellicerii, de Massilia, tibia sinistra telo perforata, sanatur.
84. Aycelena, uxor Guilhermi de Pertusio, Aquensis diœcesis, insana et furiosa, sanam mentem recuperat.
85. Stephanus Porcerii, de Lovacio, Forojuliensis diœcesis, impotentia pedum laborans, sanatur.
86. Guilhermus Fasema, de Areys, Tholonensis diœcesis, de hydropisi et maxima inflatione liberatur.
87. Filius Monetæ, uxoris Pontii Gastineli, de Massilia, Audibertus, mortuus suscitatur.
88. Raynaudeta, filia Antonii Millani, mortua suscitatur.
89. Franciscus, filius Moneti de Turries, in insula de Martegue, mortuus reviviscit.

www.ingramcontent.com/pod-product-compliance
Lightning Source LLC
Chambersburg PA
CBHW050237230426
43664CB00012B/1727